YORK VON WARTENBURG

JOH. GUSTAV DROYSEN

YORK VON WARTENBURG

EIN LEBEN PREUSSISCHER
PFLICHTERFÜLLUNG

EMIL VOLLMER VERLAG

HERAUSGEGEBEN VON ALEXANDER KLEINE
AUS DEM VERLAGSARCHIV DES
J. G. COTTA'SCHEN VERLAGS

Gesamtherstellung : Millium Media Management
Printed in Germany

ISBN 3-88851-160-7

INHALTSVERZEICHNIS

1. Buch

I. Die Jugendjahre 7

II. Der erste Feldzug 12

III. Der holländische Dienst 18

IV. Die Rückkehr in den preußischen Dienst 27

V. Breslau und Polen 34

VI. Johannisburg und Mittenwalde 42

VII. Der Auszug von 1805 52

VIII. Jena und Altenzaun 56

IX. Waren und Lübeck 64

2. Buch

I. Der Friede vom Tilsit 70

II. Die Steinschen Reformen 77

III. Die Vorgänge von 1809 und 1810 85

IV. Die Agonien von 1811 92

V. Der Anfang des Feldzuges von 1812 119

VI. Zerwürfnisse und Unterhandlungen 127

VII. Die Konvention von Tauroggen 151

3. Buch

I. Preußisch oder russisch? 173

II. Die Gründung der Landwehr 204

III. Das russische Bündnis. Kriegsanfang 214

IV. Groß-Görschen und Bautzen 236

4. Buch

    I.   Katzbach 259

   II.   Wartenburg 284

  III.   Möckern 301

  IV.   In Wiesbaden 322

    V.   Über den Rhein 332

  VI.   Montmirail 343

 VII.   Laon 356

VIII.   Paris 377

5. Buch

    I.   Das letzte Dienstjahr 395

   II.   Schluß 405

ERSTES BUCH

I

DIE JUGENDJAHRE

Die Tradition der Familie nennt England die Heimat der Yorks. Dort blühe das Geschlecht in den Earls von Hardwicke, wenn auch nichts als das Wappen, das blaue Andreaskreuz im silbernen Schilde, und die Devise nec cupias nec metuas, die alte Verwandtschaft bezeuge. In den Zeiten Cromwells habe die Abzweigung der jetzt deutschen Yorks begonnen. Als Katholiken und treue Anhänger der Stuarts seien sie bei deren erstem Sturze ausgewandert, mit den Leslies nach Schweden, unter Karl XII. nach der preußischen Ostseeküste gekommen. Eine Heirat sei der Anlaß zum Wechsel der Religion geworden. Eben daher mochte ein Anteil des Gutes Gustkow bei Bütow stammen, nach dem sich Yorks Großvater, Johannes Jarcken, Gustkowsky nannte. Doch läßt eben jene Form des Namens – Jarcken – der Vermutung Raum, daß die Familie in den Kreis des in jener kassubischen Gegend so zahlreichen kleinen Adels, der sogenannten Pancken, gehört.

Nur um so mehr hätte es dann nach der Stimmung der Zeit zu bedeuten, daß sich jener Johannes Jarcken zum Studium der Theologie entschloß. Seit 1715 war er Prediger in Rowe bei Stolpe. Und wenigstens den ältesten seiner Söhne bestimmte er wieder zur Gottesgelehrtheit; ein zweiter Sohn wurde Seefahrer. Den beiden jüngsten Söhnen – sie waren noch Knaben, als der Vater starb – boten sich andere Lebenswege.

Es war die Zeit, wo Friedrich Wilhelm I. das preußische Heer schuf. Vor allem darum gelang ihm diese Aufgabe, weil er in dem zahlreichen und meist armen Adel seines Landes das Menschenmaterial fand, einen in sich geschlossenen und geordneten Stand von Führern, gleichsam das feste und starke Knochengerüst, zu gründen, dem sich immer neue Scharen gleich plastischer Masse sicher anfügen und anformen ließen. Das Heer wurde recht eigentlich der Kern des preußischen Staatswesens.

Die alte Bedeutung des Adels war dahin; aber mit diesem Dienst im Heer war dem Preußens eine neue und analoge Aufgabe gegeben, seine Pflicht und Ehre von neuem an die Person des Regenten geknüpft. Solcher Dienst galt nun für ein Recht des Adels, aber auch für seine Pflicht.

Die jungen Edelleute traten als gefreite Korporals in die Regimenter. Nicht mehr wie früher von den Obersten hing ihre weitere Beförderung ab; noch weniger waren, wie damals in den meisten anderen Armeen, die Patente der Kompanien, Bataillone und Regimenter auf Kauf und Verkauf gestellt. Der „Junker" ward, wenn er in jener Pflanzschule genügend zugerichtet war, durch „Allergnädigstes Patent" in den Offiziersstand erhoben, zunächst als Fähnrich die Fahne, das soldatische Heiligtum, zu tragen; dann nach dem Dienstalter und nach seinen „Meriten"

folgte stufenweise das langsame Emporsteigen. Man weiß, wie Friedrich
der Große das von dem Vater Gegründete weiter zu bilden verstand;
seine Kriege vollendeten es, indem sie der Ehre des Standes das Selbstgefühl glorreicher Taten, den Ruhm der preußischen Waffen hinzufügten –
Dinge, die doch mehr als nur militärische Bedeutung haben. Während
der Adel anderer Länder, soweit er nicht nach dem noch nachlebenden
Geiste des einst europäischen Rittertums, gleichsam ohne Vaterland, in
soldatischem aber diplomatischem Dienst abenteuernd umherzog, daheim entweder in Hofjunkerei entartete oder träg auf seinen Gütern her-
umliegend verkam, wurde der Adel Preußens durch eben diesen kriegerischen Geist seiner Könige wie neu belebt und neu geweiht, in erster
Reihe dessen Träger und Vorkämpfer. Hier im Heer galt nicht die Zahl
der Ahnen, der höhere oder niedere Adelsrang, der Unterschied der Be-
güterung; der ganze Stand bildete eine gleiche Kameradschaft der Ehre
und des Dienstes, nur gegliedert nach den strengen Abstufungen der
militärischen Grade.

    So die Grundzüge dieses Systems. Freilich erlitt es in der Anwendung
manche Beschränkung; bei den minder geachteten Truppen, den Freikorps, Husaren, Artilleristen wurden auch Nichtadlige Offiziere, in
Kriegszeiten fanden einzelne auch wohl bei den Feldregimentern eine
Stelle; aber es änderte das so wenig an dem Grundsatz als an dem Charakter des Ganzen, den die Ordnung des Friedens schnell wiederherzustellen pflegte. Am wenigsten wurde fremden Kavalieren der Eintritt
versagt; mit dem Fahneneid waren sie Preußen.

    In diesem Kreise adliger Offiziere finden wir die beiden jüngsten Söhne
des Predigers zu Rowe, Yorks Vater und dessen Bruder. Jenen, „den
gefreiten Corporal David Jonathan von Jork" hat Friedrich II. am 28. Juli
1747 „gut gefunden, wegen seiner Ihro angerühmten guten Qualitäten
zum Fähndrich bei dem zweiten und dritten Bataillon Dero Königl.
Guarde Allergnädigst zu declariren und zu bestellen". Fünf Jahre später
(3. Okt. 1752) wird er Sekondeleutnant in der Garde. Der siebenjährige
Krieg fördert ihn schnell weiter; bereits im Februar 1759 ist er Hauptmann; mit seiner Kompanie „Lossauischen Grenadierbataillons" finden
wir ihn in den sächsischen Winterquartieren, die nach der blutigen
Schlacht von Torgau bezogen wurden. Vor Eröffnung des neuen Feldzugs
am 26. März 1761 macht er zu Eisenberg in Sachsen sein Testament. Er
wird sich wacker geschlagen haben; er erhielt den Orden pour le mérite.

    Während er im Felde war, am 26. Sept. 1759, war ihm in Potsdam ein
Sohn geboren. H a n s   D a v i d   L u d w i g, unser York. Die Mutter war
eine Potsdamerin, Marie Pflugin, die Tochter eines Handwerkers.

    Nach beendetem Kriege kam der Vater in Garnison nach Königsberg
und zeitweise, wie es scheint, nach Braunsberg in Ostpreußen. Hier wird
der Ludwig seine Knabenjahre verlebt haben. Mit einem jüngeren Bruder und zwei Schwestern wuchs er auf; „solche Kinder", heißt es in einem
Briefe des Vaters an die Geschwister in Rowe, „lasse ich sehr gut durch
die Hofmeisters erziehen, in allen Stücken, damit ich keinen Vorwurf

habe, wenn was fehlt." Es mochte an gar vielem fehlen, am meisten an Freundlichkeit und Fürsorge, die in jener Zeit, zumal bei Kriegsleuten, für weiblich gegolten hätte. „Wachet und betet", war des Vaters Spruch; er meinte, auch bei dem besten Soldaten sei nicht ein Tag wie der andere, und da müsse man stets auf seiner Hut sein und Gott danken, wenn man nichts versehe. Pedantische Strenge und absolute Autorität übertrugen sich von selbst vom Exerzierplatz in das Haus. Auch der Unterricht wird sich auf das gewöhnlichste beschränkt haben. Desto stärkere Eindrücke mochten auf den lebhaften, heißblütigen Knaben die Offiziere auf der Parade mit dem blanken Sponton, die dienstliche Autorität, die den Vater umgab, die Erzählungen der Grenadiere vom letzten Kriege her machen. Elf Wunden hatte der Vater davongetragen; sein Bruder Ephraim war bei Kunersdorf gefallen. In diesem Hause lebten und webten die Erinnerungen des glorreichen Krieges. Daß der Junge gleichfalls Soldat wurde, verstand sich von selbst.

Den ersehnten Augenblick, mit der ersten Uniform in die Reihe von Sr. Majestät Junkern einzutreten, brachte das vollendete zwölfte Jahr. Der Vater ließ den Knaben am 1. Dezember 1772 in das damals 16te Regiment v. Borcke in Königsberg eintreten und bereits 1773 zu dem neuen Füsilierregiment übergeben, das in Braunsberg von dem Generalmajor von Luck gebildet wurde.

Mag schon damals und auch beim Luckschen Regiment die Einrichtung bestanden haben, die wenigstens späterhin in der Armee allgemein war, daß der Feldprediger den Junkern des Regiments Unterricht gab, sehr weit reichte dieser nicht. Noch in späten Jahren hat York bedauert, so wenig in der Jugend gelernt zu haben; er teilte nicht die wunderliche Eitelkeit, die so lange in der Armee geherrscht hat, die Muttersprache nicht einwandfrei zu beherrschen. „Die verdammten mirs und michs", pflegte er zu sagen, „beim Schreiben geht es noch, da macht man einen Zug, und jeder kann es lesen wie er will; aber beim Sprechen muß man heraus damit."

Besonders wurde jegliche Art körperlicher Kraft und Gewandtheit geübt. Den Degen in Hieb und Stoß führen, tanzen und voltigieren, das wildeste Pferd reiten, alles das konnte York mit ungewöhnlicher Meisterschaft; und diese steten und kräftigenden Übungen gaben ihm eine Elastizität und Straffheit der Glieder, eine Gewohnheit und Sicherheit der eigenen Kraft, die er später, den Gegensatz der alten Massentaktik erfassend, auf so eigentümliche Weise auf seine Lieblingswaffe zu übertragen verstand.

Soweit „die Wissenschaft und Kunst" für den Junker. Die Hauptsache aber war der Dienst. Und der war dann im Luckschen Regiment in vorzüglichster Übung. Noch in späten Jahren pflegte York vom General Luck, dem Chef des Regimentes, zu erzählen – „Caspar Fabian von Luck", wie er ihn dann rühmend bezeichnete; ein langer, hagerer Alter, ebenso langweilig wie peinlich streng, ein wahrer Cato gegen die lockeren jungen Herrn; keinen anderen Schauplatz der Lebensfreuden kennend,

als den Exerzierplatz, keine andere Tugend als strengen Gehorsam und
guten Dienst, kein anderes Buch als das Dienstreglement und das Gebet-
buch. So herb und mürrisch wie der Chef waren dann die, welche unter
ihm leiden mußten, gegen die ihnen Untergebenen, nur daß die „Herrn
Junkers" die letzten in dieser Reihe und vorerst angewiesen waren, zu
schweigen und zu dulden.

Nach drei Jahren kam endlich das erste Patent für York; er wurde zum
Fähnrich bestellt und hatte damit die erste Stufe zu jeder militärischen
Herrlichkeit erstiegen, nicht jedem Gefreyt-Corporal gelang es, nicht allen
so früh. Zwei Jahre darauf, am 11. Juni 1777, erfolgte das Leutnantspa-
tent.

Freilich vorerst ein „glänzendes Elend". Mit zehn Talern monatlich,
ohne Zuschuß vom Hause sollte man gar sorgsam haushalten. York
pflegte später seinen jüngeren Kameraden zu sagen: „Wenn ein Subalternoffizier hungert, so muß er sein Patent lesen und sich an der Phrase
ergötzen: daß er alle Prärogativen seines Standes genieße."

Immerhin ein übler Scherz; aber es lag darin doch etwas von der höheren Anschauung, die York für seinen Stand begeisterte. Der Stand der
Offiziere war der erste im Staate, der beim König nächststehende; der
König selbst rechnete sich zu demselben. Diesem Stande der Ehre und
des Ruhmes anzugehören, in der großen Hierarchie der Führer seine
Stelle zu haben, in der Gesellschaft neben den Vornehmsten zu gelten
und abgesehen vom Dienstrang ihresgleichen zu sein, – vor allem die
stolze Zuversicht, durch eigene Kraft zu den höchsten Ehren emporsteigen zu können, das waren die Vorrechte dieses Standes, und sie waren
wohl dazu angetan, die Mühen und Entbehrungen verachten zu lehren,
die der Anfang dieser Laufbahn mit sich brachte.

Freilich zu solch hohem Flug der Gedanken gab der Friedensdienst
in der Garnison eine nicht eben begeisternde Praxis. Nichts ermüdender als dieses tägliche, geistlose Einerlei des Exerzierens, der Parade,
des kleinen Dienstes, dazu die mürrische Strenge des Chefs, die nie endenden Förmlichkeiten der „Konduite"; kein Spaziergang vor das Tor
ohne hin- undhermeldende Gefreite, ohne schriftliche Wachtrapporte;
auf Schritt und Tritt war man unter Aufsicht; bald war den Vorgesetzten dies nicht recht oder jenes zu viel; vermied man es auch, es bis zu
ihren Verweisen kommen zu lassen, es gab da auf der Parade und an
der Tafel des Chefs kalte Blicke und anzügliche Worte, die nicht minder
peinlich waren.

Regelmäßig einmal im Jahr gab es für das Regiment eine Zeit großer
Aufregung. Im Monat Juli versammelten sich die ost- und westpreußischen Truppen bei Mockerau in der Nähe von Graudenz, um von dem
Könige besichtigt zu werden. Schon mit dem Frühling trat die einleiten-
de Exerzierzeit ein; General von Luck eröffnete sie damit, daß er auf der
Parade dem versammelten Offizierkorps die Anzeige davon machte, regelmäßig mit dem Stoßseufzer: „daß der allmächtige Gott den Anfang
und das Ende zum Besten wenden möge"; dann folgte der Parolebefehl:

„daß alle Vergnügungen und anderweiten Geschäfte aufzuhören hätten", und dann das weitere.

Man hatte wohl Anlaß, wenn es vor den König ging, sich Gott zu empfehlen; man wußte, daß dort bei der Besichtigung plötzlich aus heiterer Luft alle Donnerwetter losbrechen konnten, dann ging es daher über Gerechte und Ungerechte, mit und ohne Grund; Bataillone, die noch vom Kriege her übel angeschrieben waren, wenn sie auch in ihrem ganzen Offizierkorps verändert waren, konnten nichts zu Dank machen; Chefs, die nicht beliebt waren, brachten Unheil „über Offiziere und Gemeine des Regiments". Da gab es dann Versetzungen, tausendfache Kränkungen; des Königs Willkür und Laune war unnachsichtig. So war damals der große König. Der furchtbare Kampf der sieben Jahre hatte ihn doch tief verwandelt, die frühere kecke Frische und Heldenlust war dahin; er war herber, herrisch, bitter geworden; er verachtete die Menschen. Schon stellten sich die Beschwerden des Alters ein; nicht, daß er sich von ihnen auch nur einen Augenblick seiner Pflicht hätte entziehen lassen; aber rücksichtslos gegen sich selbst wurde er es noch mehr gegen andere; er war zufrieden, gefürchtet zu sein. Nicht, als wäre so damals in der Armee gesprochen worden, der Geist der Subordination hätte das unmöglich gemacht; man schimpfte nicht; man ertrug das Unvermeidliche als Gottes und des Königs Willen. Aber begreiflich das damals geflügelte Wort: „man gehe leichteren Herzens zu einer Bataille als zu einer Revue vor dem Könige". Wie mancher Kommandeur, der sonst so kleinlich im Dienste und schroff im Umgang war, wurde mit jedem Marsch näher an Mockerau gütiger, kleinlauter, weichmütiger, zu nicht geringem Spott der jüngeren Offiziere, wenn sie abends den „Kameraden auf Wache" besuchten; sie konnten sich ein Beispiel nehmen, wie sie es dereinst nicht zu machen hätten.

Eine jüngere Generation wuchs heran; die unermeßliche Umwandlung des Geistes, welche der siebejährige Krieg hervorgebracht hatte, begann ihre Wirkung auch unter dem jüngeren Adel der Armee zu äußern. Man war kecker, hochmütiger, herausfordernder; man las viel französisch, man lernte etwas von jener Leichtigkeit und Schärfe der Auffassung, jener rationellen Gewandtheit, die auf die nächsten Interessen übertragen deren Wesen zugleich deutlicher erfaßte und bewußter verfolgte. Man war nicht mehr bloß aus Gewohnheit streng im Dienst, dem Könige treu, der erste Stand; es begann sich das Bewußtsein darüber eine eigene Meinung zu bilden. Und das in eben der Zeit, wo auch in den bürgerlichen Kreisen und in der vaterländischen Literatur sich völlig neue Auffassungen entwickelten. Dazu kam ein anderes. Jene älteren Offiziere waren und blieben in der strengen Gewohnheit des kirchlichen Dienstes, wie sie unter Friedrich Wilhelm geherrscht hatte; sie hielten auf Gottesfurcht auch unter den Soldaten. König Friedrich störte sie darin nicht; aber man wußte wohl, daß er für sich in diesen Dingen seine eigenen Wege ging. Die jüngere Generation kam mehr und mehr auf ähnliche Wege; und es waren nicht eben die Beschränktesten oder die minder

Tüchtigen, welche sich einer aufgeklärteren Ansicht der Dinge zuwand-
ten. Nun erst, so mochten sie meinen, fange des großen Königs Geist an,
in der Armee verstanden und verwirklicht zu werden.

Und eben jetzt sollte ein Krieg Gelegenheit geben, den alten Ruhm der
Armee mit frischen Lorbeeren zu erneuern. Der weitere politische Anlaß
wird den „Herren Offiziers" sehr gleichgültig gewesen sein.

II

DER ERSTE FELDZUG

Noch im tiefen Winter 1778 wurden die ost- und westpreußischen
Regimenter mobil gemacht. So schnell geschah der Abmarsch nach
Glatz, daß nicht einmal der Eisgang der Weichsel abgewartet wurde.

Dort waren bereits die Truppen aus Pommern, der Mark und Schlesien versammelt, eine imposante Armee, in dem Gefühl völliger Überlegenheit, in einer Stellung, welche die Wahl ließ, den noch ungerüsteten
Feind entweder in Böhmen oder in Mähren zu überfallen.

Aber man wartete von Mitte Mai an, den ganzen Juni hindurch, auf
den Befehl zum Aufbruch. Kaiser Joseph gewann Zeit, seine Heere zu
sammeln und mit ihnen die Stellungen von Hohenelb bis Königsgrätz,
die Elbe mit ihren hohen Ufern vor sich, zu besetzen, während eine
zweite Armee den Norden Böhmens von Gabel bis Teplitz gegen das
schon nach Dresden dirigierte Armeekorps unter Prinz Heinrich deckte.

Der König, der so rasch und kühn die Vorbereitungen zu diesem Kriege getroffen hatte, zauderte, ihn wirklich zu eröffnen. „Er war niederge-
schlagen, traurig, unzufrieden und mit allem, was ihn umgab; sein Anblick erfüllt jeden, der sich ihm nahte, mit beunruhigenden Empfindungen." Er hatte seine diplomatischen Einreden gegen die österreichischen
Anmaßungen in Sachen der bayerischen Erbfolge mit einer militärischen
Demonstration unterstützen wollen. Aber Kaiser Joseph hatte sich nicht
einschüchtern lassen; er war bereit, den Angriff zu erwarten; die während
des Juni fortgesetzten Verhandlungen waren ohne Resultat.

Der König entschloß sich endlich zum Angriff. Am 5. Juli ward bei
Nachod die Grenze überschritten. Der König hielt zu Pferde an der
Grenzbrücke, erwartete die heranziehenden Truppen, voran die neuen
Regimenter. York sah ihn da, hörte die Worte der Anrede an die Truppen: „– und ihr, meine neuen Regimenter, sollt die vordersten Kolonnen
bilden, um Gelegenheit zu haben, euch dem Feinde furchtbar zu machen,
wie es die alten Regimenter sind; zeigt euch des preußischen Namens
würdig … Bald werdet ihr den Feind sehen, ihr werdet ihn angreifen, ihr
werdet ihn schlagen. Auf denn, Soldaten, lasset die Fahnen fliegen, lasset
das Spiel rühren! Und nun, Marsch in Feindesland!"

Unter lautem Jubel und Kriegsmusik wurde abmarschiert, ins Böhmische hinein. Dies Gebiet bis gegen die Elbe hin wurde besetzt, die Vorpo-

stenkette zog sich an ihrem linken Ufer hinab, aber der Feind blieb jenseits auf seinen höheren Uferstellen unbeweglich. Die etwa 100 000 Mann Preußen waren auf engem Raum zusammengedrängt, er sollte sie ernähren. Umsonst waren die Klagen auch der Führer, daß die Truppen Mangel litten, daß Unordnungen einrissen, daß verheert und geplündert werde, daß man die Einwohner zur Verzweiflung treibe. „Die Leute müssen wissen, daß sie den Feind im Lande haben", war des Königs Antwort. Dieses Mittel schien zu wirken. Die Kaiserin sandte, ohne Wissen ihres Sohnes, des Kaisers, den Baron Thugut mit erneuten Anerbietungen an den König. Doch die Verhandlungen zerschlugen sich.

Man hoffte in der Armee, es werde endlich zu energischen Unternehmungen kommen. In der Tat wuchs die Ungeduld, der Mißmut, der Mangel. In fünf Wochen hatte die Armee 7000 Mann durch Krankheit und Desertion verloren. Die Kavallerie hatte immer ärgere Not, Fourage zu schaffen, und mußte sich mit den leichten Truppen des Feindes herumschlagen, um nur das Notdürftigste zu erhalten; „in diesem Feldzuge", hieß es, „gewinne man Gras und Heu statt, wie sonst, Lorbeeren." Selbst die kleinen Scharmützel, die vorkamen, zeigten nur, wie herrliche Kräfte man unnütz vergeude; der König schien sich selber nicht mehr zu gleichen.

York erwähnte, wenn er von diesen Dingen erzählte, gern eine Geschichte, die ihm als Beispiel „für berühmte Generale, für die ihr Generalstab denkt", zu dienen pflegte. Ein General hatte einen vortrefflichen Zug ausgeführt; der König war über ihn des Lobes voll; er solle stets die Streifkorps führen. Man war erstaunt, da die sehr mittelmäßige Befähigung jenes Mannes bekannt war; man wagte dem Könige Vorstellungen zu machen; es sei jener Erfolg das Verdienst nicht des Generals, sondern seines trefflichen Adjutanten. Der König beharrte bei seiner Meinung und bei seinem Befehl. In den nächsten Wochen ging alles gut, dann ward der Adjutant versetzt, und nun folgten Schlappen auf Schlappen. Möglichst lange wehrte sich der König, es zu bemerken; aber endlich wurde die Wirtschaft zu toll; der König ließ den General kommen: „Höre er, ich habe mich doch in ihm geirrt; er ist wirklich ein dummer Teufel", und gab ihm den Abschied.

Der König hatte sein Hauptquartier in dem Lager bei Walsdorf; es war so ungeschickt gewählt, daß man nicht einmal sichere Verbindung mit dem Hauptkorps, das bei Nachod stand, hatte. Es lehnte sich dicht an einen großen Wald, in dem die Vorposten des Feindes standen; der Feind konnte sich unbemerkt hinter dem Walde sammeln, das preußische Lager überraschen; die Person des Königs selbst war in Gefahr. Es bedurfte hier der größten Achtsamkeit, um einem Unglück vorzubeugen. An einer sehr wichtigen Stelle, einer Brücke stand einmal York mit einer Abteilung auf Vorposten, als der Oberst Erbprinz von Hohenlohe, von seinem Adjutanten v. Holtzmann begleitet, auf die Runde dorthin kam. Er setzte dem jungen Leutnant die große Wichtigkeit seines Postens auseinander und ermahnte ihn, denselben ja und um jeden Preis zu

halten; schon wegreitend wandte er sich noch einmal um: „Bleiben Sie ja
auf Ihrem Posten, ich verlasse mich darauf." Der Leutnant fühlte sich
durch das Mißtrauen, das diese vervielfachten Mahnungen enthielten,
nicht wenig verletzt: „Sie können sich beruhigen, Durchlaucht, ein preußischer Edelmann hat eben soviel Mut als ein deutscher Reichsfürst."
Und der Prinz mit dem ihm eigentümlichen, vornehm ruhigen Wesen:
„Kommen Sie, Holtzmann, der Herr wird hitzig."

Endlich hieß es, der König habe eine Offensive beschlossen. Man marschierte am 15. August nordwärts ab; es gelte weiter hinauf die Elbe zu
überschreiten, die linke Flanke des Feindes zu umgehen. Man ging weiter
und weiter ins hohe Gebirge; endlich am 26. August in Lauterwasser
ward halt gemacht; die Hindernisse seien unübersteiglich; man müsse
sich damit begnügen, so lange als möglich in Böhmen zu bleiben. Nun
erst recht begann Not und Mangel, Krankheit der Menschen und Tiere,
„der höchste Grad von Mißmut und Verzweiflung". Alle Vorstellungen,
die man dem höchst übelgelaunten Könige zu machen wagte, waren
vergebens. Endlich am 8. September wurde der Rückzug angetreten,
über unerträgliche Bergwege, unter steter Beunruhigung von seiten der
leichten Truppen des Feindes, gegen die der Prinz von Preußen mit großer Auszeichnung den Rückzug deckte. Man erreichte am 21. Sept.
Schatzlar, die letzte böhmische Stadt; hier blieb der König, während er
seine Truppen zum Teil über die Grenze nach Schlesien hineinverlegte.

Die Kaiserlichen hatten inzwischen dem Erbprinzen von Braun-
schweig gegenüber, der in Oberschlesien stand, bereits Jägerdorf und
Zuckmantel besetzt, streiften bis Neiße. Dies bewog den König, von
Schatzlar nach Oberschlesien hin zu marschieren. Der Feind wich ihm
aus. Anfang November bezog man die Grenze entlang auf preußischem
Gebiet die Winterquartiere.

Aber man kam nicht zu rechter Ruhe. Die Überlegenheit der leichten
Truppen des Feindes zeigte sich in immer kühneren, immer häufigeren
Überfällen. In Gabelschwerdt empfängt das Regiment Luck bei einer
Überrumpelung durch die Einwohner eine böse Schlappe. Es verlor seine
Fahnen und den größten Teil der Offiziere und Mannschaften. York ist
einer der wenigen, die entkommen. Der Waffenstillstand (7. März) nahm
die Aussicht, die Scharte auszuwetzen, der bald folgende Teschener Frie-
de brachte die Kriegsgefangenen zurück.

So der erste Feldzug, den York mitmachte. Wie wenig entsprach das
Erlebte den hohen Bildern von soldatischem Ruhm und preußischer
Waffenehre, die ihn erfüllten. Er gehörte einem Regiment an, das nun
ohne Achtung in der Armee war; was half es ihm, daß er persönlich seine
Schuldigkeit im besten Sinn getan hatte. Ihn zunächst sollte die Ungna-
de des Königs gegen sein Regiment treffen.

Die Armee war sehr mißvergnügt aus diesem „Kartoffelkrieg" zurückgekehrt. Immer lassen unglückliche und tatenlose Feldzüge, zumal unter
den jüngeren Offizieren, eine bittere Stimmung zurück; sie haben ein
Anrecht darauf, daß das Ganze, dem sie ihre Ehre anvertrauen, und für

das sie ihr Leben daranzugeben bereit sind, solcher Hingebung würdig bleibe; ist es anders, so lockern sich die Bande, die den einzelnen fest und sicher hielten. Getäuschte Erwartungen, unbefriedigte Ansprüche, das Gefühl, ohne eigene Schuld doch nichts geleistet zu haben, gegenseitige Vorwürfe oder Spöttereien kommen hinzu, den Mißmut zu steigern und böse Stimmungen zu retten. Je höher die soldatische Ehre geachtet wird, desto peinlicher werden die Wirkungen hervortreten. Es lag in der Art jener Zeit, daß diese nicht wie jetzt auf das Ganze gerichtet und als Abkehr von den Richtungen und Personen, die am Ruder sind, erschienen, sondern daß sie sich in der trotzigen Rücksichtslosigkeit des einzelnen in seinem Bereiche – als sogenannte Fähnrichsstreiche Luft machten.

In seine Garnison Braunsberg zurückgekehrt, begann das Lucksche Regiment bald sich höchst unangenehm bemerkbar zu machen; Übermut gegen die Bürgerlichen, Gelage und nächtlicher Lärm, Duelle, Ausgelassenheiten und Ärgernisse aller Art waren an der Tagesordnung; und der Chef des Regiments, sonst so fest und streng, konnte oder wollte dem Unfug nicht steuern. Die Geistlichkeit des Orts versuchte es mit Strafpredigten, ohne anderen Erfolg als ärgeren Spott; sie wandte sich endlich klagend an den König, aber die Allerhöchste Antwort war mehr als nachsichtig und gab dem Gelächter neue Nahrung. Es blieb in dem Regiment so, bis gegen das Ende des Jahre 1780 General Luck den erbetenen Abschied erhielt und sein Nachfolger Oberst von der Goltz die Zügel der Disziplin straffer anzog.

York war zur Zeit dieser Vorgänge nicht mehr beim Regiment. Ein Vorfall bald nach der Rückkehr in die Garnison hatte über sein Schicksal entschieden.

Nach damaligen Vorstellungen wurde die Ehre des Offizierkorps von Geschichten wie die angedeuteten nicht berührt; aber es gab Erinnerungen aus dem letzten Feldzug, welche bedenklicherer Art waren und die gegenseitigen Neckereien nicht immer harmlos erscheinen ließen. Einmal auf der Parade neckte man sich darüber, was jeder aus dem Feldzuge mitgebracht habe; war man doch oft genug auf das Plündern angewiesen gewesen. York nahm an diesen Neckereien wenig Anteil; als aber von dem Stabskapitän von Naurath gesagt wurde, er habe eine Altardecke aus der und der Kirche mitgebracht, warf York dazwischen: „Das ist ja gestohlen."

Der weitere Verlauf dieser Geschichte ist nicht mehr mit Sicherheit festzustellen. Nach der einen Angabe beschwerte sich Naurath bei dem Chef des Regiments, der dann eine Untersuchung gegen York anordnete. Da in dieser York freigesprochen wurde, hätte die Entlassung des Kapitäns notwendig folgen müssen; der König aber, so heißt es, durchstrich das Urteil, indem er die Worte hinzuschrieb: „Geplündert ist nicht gestohlen, York kann sich zum Teufel scheren."

Stammen diese Angaben auch von einem Offizier her, der damals im Luckschen Regiment stand, so sind sie doch kaum zuverlässig; wenig-

stens die weiteren Folgen erklären sich besser aus der anderen Überlieferung, die aus nicht minder naher Quelle stammt.

Allerdings, so sagt dieselbe, war es bekannt, daß Kapitän Naurath im
Felde nicht eben reine Hand gehalten; er hätte schleunigst den Abschied
nehmen müssen. Aber er schien die Neckereien, und dann auch die ern-
steren Andeutungen seiner Kameraden, nicht verstehen zu wollen. Man
ließ ihn endlich wissen, daß die Ehre des Offizierkorps nicht länger gestatte, mit ihm zu dienen. Dennoch erschien er, die nächste Wachtparade zu kommandieren. York sollte sie als wachhabender Leutnant führen.
Wie Kapitän Naurath antrat und das Kommando begann, kehrte Leutnant York das Sponton zur Erde – und jeder verstand das Zeichen.
Sofort ward er abkommandiert, der Degen ihm abgenommen, er selbst in
Arrest geführt. Er hatte erwartet, daß jeder Leutnant nach ihm, wie
verabredet worden war, dasselbe tun und so bezeugen werde, daß man
mit Kapitän v. Naurath nicht mehr dienen könne. Aber schon der nächste Aufgerufene folgte ohne weiteres. Es wurde Kriegsrecht über York
gehalten, er wurde schuldig erkannt, zur Kassation und einjähriger Festungsstrafe verurteilt, das Urteil von dem Könige bestätigt.

So beide Erzählungen; möglich, daß die erste Allerhöchste Äußerung
wirklich erfolgte, daß York in derselben keineswegs eine Dienstentlassung
sah, daß dann erst die Szene in schon formierter Wachtparade erfolgte.

Genug, er wurde auf die Festung abgeführt; die Friedrichsburg, die
Zitadelle von Königsberg, ward ihm angewiesen, seine Strafzeit abzusit-
zen.

– So war denn des eben Zwanzigjährigen militärische Laufbahn mit
Kassation beendet; und seine Regimentskameraden dienten weiter mit
eben jenem Kapitän, den des Königs Gnade deckte. Es war vielleicht
eine Gunst, aber eine bittere, daß York die Strafe eben da absitzen mußte, wo des Vaters Grenadiere den Dienst hatten.

Von York in jener ersten Dienstzeit wird berichtet, daß sein frischer,
keck heiterer Sinn, sein in aller Lebhaftigkeit, ja Leidenschaft sicheres
und vornehmes Wesen ihm allgemeine Zuneigung gewonnen habe. Hatte
der Feldzug schon ihm mancherlei Enttäuschungen bringen müssen, so
konnten die letzten Vorgänge in Braunsberg nur dazu dienen, in dem
jugendlichen Gemüt eine Bitterkeit zu wecken, die ein so heftiger Charakter nur um so schärfer ergriff. Solche Naturen sind nicht gemacht,
von den Schlägen des Schicksals gebrochen zu werden; eine glückliche
Gleichmäßigkeit des Lebenslaufes vernutzt und verwetzt sie; in heftigen
inneren und äußeren Erlebnissen, in diesen Erschütterungen des Gemüts
erarbeiten sie die gediegene Schärfe und Härte eigener Art.

In der einsamen Muße seiner Strafzeit wandte sich York vor allem
darauf, die Versäumnisse seiner bisherigen Ausbildung nachzuholen. Er
mochte sehr bald mit sich einig sein, irgendwo außerhalb Preußens seine
militärische Laufbahn zu suchen; vielleicht daß sich die Gelegenheit bot,
Großes zu leisten; der Trotz seines Wesens mochte sich darin gefallen,
sich eine Zukunft zu denken, in der der Glanz kühn erworbenen Ruhmes

seine Rache gegen das Vaterland sein sollte, das ihn verstoßen hatte. Jedenfalls ordnete er seine Studien in diesem Sinne. Er übte das Französische bis zur vollkommenen Geläufigkeit; er las so viel wie möglich kriegsgeschichtliche Bücher; vor allem studierte er die Schriften des Marschalls von Sachsen, wie er denn in späteren Jahren demselben den größten Einfluß auf seine militärische Art aussprach.

Aber war denn keine Möglichkeit, durch des Königs Gnade Wiedereintritt in die Armee, vielleicht eine Kürzung der Strafzeit zu erreichen? Es liegt keine ausdrückliche Angabe vor, daß York ein Gnadengesuch eingereicht habe; aus seiner sonstigen Art vermuten wollen, ob er sich dazu überwunden habe oder nicht, würde überflüssig sein. Aber Bemühungen in dieser Richtung sind, allerdings erfolglos, gemacht worden.

Einen zweiten Versuch machte der Vater, als die Zeit der Haft zu Ende war. Des Königs Antwort (Potsdam, 8. Februar 1781) lautet: „Mein lieber Kapitän von York. Ich kann Eurem bei dem Regiment von Götz gestandenen Sohn, da derselbe wider die Subordination gehandelt, und dieserhalb kassiert worden, auf die in Eurem Schreiben vom 1sten dieses für ihn gethane Bitte nicht helfen. Es würde solches von nicht guten Folgen sein. Ich bin inzwischen darum nicht weniger Euer wohlaffectionirter König."

Yorks Entschluß, Preußen zu verlassen und auswärtigen Dienst zu suchen, stand fest. Der preußische Offizier wäre ihm Empfehlung genug gewesen, sogleich irgendwo in der Nähe, im Dienst der Zarin oder der Republik Polen, im sächsischen oder dänischen Dienst ein Unterkommen zu finden; aber seine Pläne gingen weiter hinaus.

Es war die Zeit des amerikanischen Krieges, England stand im Kampf gegen die aufsässigen Kolonien, gegen die Bourbonen von Frankreich und Spanien. In Nordamerika dienten allerdings ein paar ehemalige preußische Offiziere, unter ihnen Baron Kalb und der ehemalige Adjutant des Königs, Baron von Steuben; man wußte von ihnen, daß sie nicht ohne Einfluß auf die Organisation der Truppen seien, und daß namentlich Steuben Washingtons Vertrauen habe; auch die glänzende Rolle Lafayettes machte den Blick dorthin lenken. Wahrscheinlich an letzter Stelle kam es bei York in Betracht, ob die Kolonien ihren Kampf für die Freiheit unternommen hätten oder nicht. – Glänzender wäre englischer Dienst gewesen. Die Traditionen der Familie führten auf England zurück; die großen Kriege, in die eben jetzt England verwickelt war, gaben Aussicht in Fülle; aber die eigentümliche Kriegsverfassung Englands erschwerte ausländischen Offizieren den unmittelbaren Eintritt ungemein. Man bedurfte der besten Empfehlungen. Der Vetter in London, Dr. Gottlieb Leslie der Apotheker – seine Mutter war eine Schwester von Yorks Vater – stand mit der Familie in brieflichem Verkehr; von ihm konnte man wenigstens weitere Nachweise erhalten.

Im Haag war derzeit Ritter Yorke, Bruder von L o r d H a r d w i c k e , englischer Gesandter und am Hofe im Haag hoch angesehen. Die vielfachen Beziehungen zwischen Preußen und dem Haag – namentlich war die Gemahlin des Prinzen Erbstatthalter eine Nichte des Königs, eine

Schwester des Prinzen von Preußen – gaben Aussicht, dorthin Empfehlungen zu erhalten und dann weiter nach England empfohlen zu werden.
So war Yorks ursprünglicher Plan; aber die Dinge gingen ihren Gang,
ohne sich um seine Luftschlösser zu kümmern. Mit den letzten Tagen des
Jahres 1780 ward das alte Bündnis zwischen England und der Republik
durch die englische Kriegserklärung zerrissen. Der Haag blieb in Yorks
Plan freilich als nächstes Ziel; wenn nicht anders, so konnte er sich ja der
holländischen Kompanie „verkaufen".

Aber wie es erreichen? Der Vater hatte nicht die Mittel, ihn auszustatten; die ganze Mitgift, die er von diesem erhielt, betrug zwanzig Dukaten, und damit war kaum das Reisegeld zu bestreiten. Er selbst besaß
nichts – nichts als ein Paar schöne Pistolen, ein Geschenk seines Vaters.
Sie waren noch in Braunsberg bei einem Kameraden; mit schwerem Herzen entschloß er sich, sie diesem zum Kauf anzubieten. Man wußte dort
schon sein Vorhaben; man kannte seine Verhältnisse; jener Kamerad sah
wohl, was York zum Verkauf des für ihn so wertvollen Besitzes bestimmte. Er machte den Vorschlag, die Pistolen, die gewiß jeder so gern wie er
selbst als ein Andenken an York besitzen werde, unter dessen näheren
Bekannten auszuspielen. Es geschah; der Stabsoffizier, der sie gewann,
übersandte sie mit dem Erlös von 150 Talern als Geschenk an York, mit
der Bitte, sie als Andenken an seine Braunsberger Freunde mit in die
Welt hinaus zu nehmen.

So war für den nächsten Bedarf gesorgt. Bereits hatte York das Attest
seines ehemaligen Chefs; ein zweites Attest von seiten des Regiments
bezeugte ihm, „daß er sich, des von ihm wider die Subordination began-
genen Vergehens, weshalb er vom Regimente cassirt werden müssen,
nicht zu gedenken, übrigens jederzeit gut aufgeführt und als ein tapferer
Officir bezeiget hat." Auch an besonderen Empfehlungen fehlte es nicht.
In den ersten Tagen des Mai verließ York das Vaterland.

Er ging von Pillau zu Schiff nach Kopenhagen, wo sich nach ein paar
Tagen ein anderes Schiff zur Weiterreise fand.

III

DER HOLLÄNDISCHE DIENST

Amsterdam stand damals noch in der ganzen Herrlichkeit einer Welt-
stadt, der Mittelpunkt des wenn nicht größten, so doch bei weitem reichsten Kolonialgebietes, das es gab. Die Friedenspolitik, auf welche die
einst so streitbare Republik sich allmählich zurückgezogen hatte, war
freilich der Machtbedeutung derselben in Europa in hohem Maße verderblich gewesen; aber Handel und Reichtum waren nun um so üppiger
aufgeblüht, und während das emporstrebende England alle seine Kräfte
in immer neuen kriegerischen Anspannungen zu erschöpfen schien, hatten die Bürger der Republik in dem satten Behagen unermeßlichen

Reichtums sich wohl gefühlt. Der amerikanische Krieg selbst, der England mit dem ungeheuersten Verlust bedrohte, schien nur dazu angetan, den Gewinn der niederländischen Kauffahrtei um alle die Vorteile, die die kriegführenden Flaggen einbüßten, zu mehren. Freilich, die Republik hatte die Mittel, im Augenblick der Gefahr sich zu schützen, versäumt. Der Beitritt zur Seeneutralität der nordischen Mächte, welcher das Versäumte ersetzen sollte, beschleunigte nur den Ausbruch der Gefahr. Die Kriegserklärung Englands im Dezember 1780 traf sie ungerüstet; gleich die ersten Monate der eröffneten Feindseligkeiten brachten den Niederlanden ungeheure Verluste. Aber es waren die ersten Schläge, und der Reichtum dieses wunderbaren Landes schien viel zu fest und tief begründet, als daß er deren nicht ganz andere auszuhalten hätte fähig scheinen sollen. Die Pracht, Üppigkeit und Behaglichkeit des holländischen Lebens war noch in nichts verändert; nur den vaterländischen Geist, den nationalen Stolz, den kriegerischen Sinn der Väter schien die Gefahr aus langem Schlummer zu wecken.

Die ersten Eindrücke, die das damalige Amsterdam mit seinem Wohlstand, seinem unermeßlichen Getriebe auf Kanälen, Straßen und Plätzen, seinen unzähligen Schiffen, Karossen und Portechaisen, dem Zusammenströmen von Fremden aus allen Ländern Europas, ja aus den andern Weltteilen, auf jeden Reisenden machte, mußten um so größer sein, wenn man wie York noch nichts Größeres gesehen hatte, als den Verkehr von Königsberg und die langweilige Pracht der Kopenhagener Schlösser. Er selbst erzählte in späteren Jahren gern davon, wie förmlich benommen er hier zuerst gewesen sei. Man habe ihm gesagt, daß er in den größten Gasthäusern am billigsten leben und es auch zu seiner Empfehlung gereichen werde, dort einzukehren; für einen Kavalier gehe es nicht anders. So habe er sich denn nach dem besten Gasthause erkundigt und sei dort eingekehrt. Freilich bei seiner schon schwindenden Kasse sei ihm etwas bedenklich geworden, als er die Pracht dort gesehen habe: marmorne Treppen, mit weichen Teppichen belegt, goldner Zierat an den Wänden, seidene Vorhänge vor den Fenstern, mehr als fürstliche Pracht in den Zimmern. Er habe mit Seufzern an den Preis des Gedeckes gedacht, der solcher Pracht entsprechen werde; er sei ausgegangen, um sich ein paar Semmeln zu kaufen, und habe sich zu Bette gelegt; als dann der Kellner gekommen sei, zu fragen, was der Herr zu Abend befehle, habe er geantwortet, er sei leidend und wünsche nur Tee. Zu diesem habe er dann seine Semmeln mit großem Appetit verzehrt, in der Hoffnung, den nicht unbedeutenden Reist des Abends zu verschlafen. Am andern Morgen habe er seine Rechnung erhalten, und siehe da, sie habe für Abendessen einen Dukaten betragen. Er habe mit möglichst ruhiger Miene bemerkt, das müsse wohl ein Irrtum sein, da er nur Tee genommen. Darauf habe er denn hören müssen, daß in diesem Hause das der Preis des Abendessens sei, gleichgültig, was er dafür verzehre. Da habe er denn allerdings, so lange er noch dort geblieben, um so tapferer zur Nacht gegessen.

Er beeilte sich, seine Empfehlungen zunächst in Amsterdam, dann in Rotterdam und im Haag abzugeben. Namentlich am Hofe fand er eine sehr gnädige Aufnahme und die gütigsten Zusicherungen. Freilich zunächst auch nicht mehr. Seine eigene Angelegenheit ließ ihn bereits einen Blick in die Verhältnisse dieses eigentümlichen Staatswesens tun, dem er hinfort angehören sollte.

Wie war das alles vollkommen anders als in der preußischen Heimat. Es herrschte hier nicht etwa ein Fürst mit fester und ausschließlicher Selbstherrlichkeit; seit dem Beginn des englischen Krieges war der alte Gegensatz der Staaten gegen den Erbstatthalter, der republikanischen gegen die monarchischen Elemente der Verfassung auf das lebhafteste in den Vordergrund getreten; der Krieg hatte plötzlich alle Schäden des Staates offengelegt, aber statt sie an ihrer Quelle, der unzulänglichen Verfassung und dem engherzigen Partikularismus der einzelnen Provinzen und Städte, zu ergründen, begann die öffentliche Meinung, verwirrt und aufgehetzt zugleich durch eine ebenso boshafte wie populäre Presse, alle Schuld auf die Nachlässigkeit, die falsche Politik, die selbstsüchtigen Bestrebungen der vollziehenden Gewalt zu wälzen.

Kurz vor Yorks Ankunft hatte der Zwiespalt der Richtungen zu einem ernsten Zerwürfnis geführt. Allerdings war die Land- und Seemacht der Republik in hohem Maße vernachlässigt, aber nicht durch den bösen Willen des Statthalters. Seit Jahren schon hatte er auf diese Mißstände aufmerksam gemacht und angemessene Bewilligungen beantragt; aber teils Eifersucht und Mißtrauen des „Souverän", teils die krämerhafte Sparsamkeit der einzelnen Staaten hatte alle Bemühungen vergeblich gemacht.

Es konnte nicht fehlen, daß York, wie sehr er sich auch in den Kreisen der Kavaliere bewegen mochte, von diesen politischen Dingen Notiz nahm; dieser Lärm der Presse, dieser Wirrwarr der Parteiumtriebe und Kompetenzkonflikte, diese hochmütige Selbstgefälligkeit und Selbstsucht regierender Magistraturen und kaufmännischer Souveräne, diese wirre Weitläufigkeit und juristisch schwerfällige Kleinmeisterei in Dingen, die raschen Entschluß und sicheres Handeln forderten, – das waren Eindrücke, die dem politischen Urteil eines auf das Wesentliche und Zweckmäßige gewandten Kopfes wohl eine sehr bestimmte Richtung zu geben geeignet waren. Hatte er in der Heimat gesehen, wie eine feste und energisch geübte Autorität auch mit mäßigen Mitteln einen Staat zu stolzer Selbständigkeit zu erheben vermochte, so sah er hier, wie die Freiheit auch die größten Kräfte lähmte, unermeßliche Hilfsmittel vergeudete, durch Mißtrauen, Selbstsucht und neidische Aufgeblasenheit sich selber zu schützen versäumte und verlernte.

Allerdings war York bei Hofe sehr gnädig aufgenommen worden; aber der Statthalter nahm Anstand, ihm, dem Ausländer, eben jetzt eine Anstellung in der Armee zu geben; er vertröstete ihn auf später.

Wenigstens nicht länger müßig liegen wollte York; es bot sich ihm Gelegenheit, ein für ihn neuartiges Kriegsunternehmen mitzumachen.

Die Engländer hatten, sowie sie den Krieg erklärt hatten, sich mit ihrer ganzen Überlegenheit auf die Kauffahrtei der Niederlande gestürzt. Unzählige Handelsschiffe waren aufgebracht, kaum daß ein oder das andere Kriegsschiff der Republik sich auf See zu zeigen wagte. Hunderte von Kauffahrern lagen segelfertig in den Häfen und warteten in der Fremde auf eine schützende Flotte, sie heimzugeleiten; die Versendungen nach allen Richtungen hin stockten. Schon seit dem März hatte die ostindische Company und die Kaufmannschaft von Amsterdam den dringenden Antrag gestellt, ein Geleit für die nach Norwegen und der Ostsee bestimmte Kauffahrtei zu bestellen. Mit der äußersten Anstrengung war es gelungen, eine hinreichende Zahl von Kriegsschiffen soweit instand zu setzen, daß sie mit dem Ausgang des Juli in See gehen konnten. York wurde aufgefordert, diese Expedition mitzumachen.

Am 20. Juli segelte die Flotte unter Befehl des Schout by Nacht Zoutman auf dem Admiral Ruyter mit 64 Kanonen von Texel aus. Sie hielt sich zunächst an der Küste auf, um noch einige Schiffe zu erwarten, die auf der Reede von Vlieland zu ihr stoßen sollten. Am 1. August ging der ganze Zug nordwärts in See, sieben schwere Schiffe von 40 und mehr Kanonen, fünf Fregatten von 36 und drei Kutter von 24 Kanonen, endlich fünf Advisjachten und Ausleger; im Geleit dieser Schiffe siebzig Kauffahrer. Das Geschwader segelte in zwei Kommandos, von denen das eine unter Zoutmann, aus vier schweren Schiffen und fünf Fregatten bestehend, bei diesen Kauffahrern blieb, das andere unter Kapitän Kinsbergen einige Ostindienfahrer, die in norwegische Häfen eingelaufen waren, abzuholen bestimmt war.

Am 5. August, einem Sonntag, bei Tagesanbruch, als man sich in der Gegend der Doggerbank befand, sah man etwa drei Seemeilen in Nordosten entfernt eine große Flotte unter vollen Segeln. Der Wind war nordost. Der Kommandierende signalisierte sofort die Vorbereitungen zu einem Gefechte; während die Kauffahrer, von einer Fregatte, einem Kutter und den kleineren Schiffen geleitet, sich entfernten, legten die übrigen acht Schiffe, sämtlich Zweidecker, nach Nordosten, um sich in Reihe hintereinander auf Kabeltaus-Länge zu rangieren. Der Kutter Ajax, geführt von Kapitän Graf Walderen, der die Spitze der Eskader gehabt und zum Rekognoszieren voraufgegangen war, brachte jetzt die Meldung, daß man eine englische Flotte von sieben schweren Schiffen, vier Fregatten, einem Kutter vor sich habe, welche Kauffahrer aus dem Sund, etwa hundert Schiffe, geleiteten. Die feindliche Flotte kam näher, um 7 Uhr zeigte sie ihre Flagge, und, indem sie ihre Kauffahrer mit dem Winde gehen, ihre Fregatten sich zur Jagd auf die holländischen Kauffahrer anschicken ließ, ging die Hauptstärke der Eskader in Schlachtordnung.

In dem Gefecht wurde die englische Flotte unter stärksten Verlusten gezwungen, den Rückzug anzutreten. York wurde beauftragt, die Nachricht von dem Sieg dem Prinzen-Statthalter auf einem offenen Seeboot zu überbringen.

Zum Dank für seine Botschaft gab der Fürst Statthalter ihm eine

Kompanie seiner Garde. Die Erbstatthalterin fügte in zuvorkommender
Güte „zur Beihülfe für die kostbare Equipirung" eine Rolle Dukaten
hinzu.

Und damit hatten die Verlegenheiten für York, die schon sehr peinlich
zu werden begannen, vorerst ein Ende. Denn allerdings, sein Geld aus der
Heimat war längst aufgebraucht. Das Leben am Hofe, die unter den
Kavalieren herrschende Üppigkeit, das hohe Spiel, dem er sich nur zu
gern hingab, nicht bloß, weil es zum guten Ton gehörte; seine Art, der
Ehre des Standes, wie man es nannte, auch nicht das geringste zu vergeben, das alles hatte ihn bereits arg in Schulden verwickelt, und wenn
nicht jene Wendung seines Glückes kam, sah er den Augenblick nahe, wo
er die bedenklichen Wege eines Abenteurers, wie es deren in jener Zeit so
viele gab, hätte suchen müssen.

Für Charaktere wie Yorks, voll Phantasie, Leidenschaft, Kühnheit,
ist die größte Gefahr die, daß ihre reiche Begabung, der festen Fassung
entbehrend, die ein erkanntes höheres Ziel oder das adelnde Bewußtsein einer Pflicht gewährt, sich selbst zerstöre. Für York war mit seiner
Kassation daheim mehr als eine äußere Stellung zusammengebrochen;
dort hatte ihn die Treue gegen den Monarchen, die Pflicht seines Berufes, die Gemeinsamkeit seines Standes gehalten. Man erkennt wohl, wie
das Edlere in ihm danach drängt, neue Bindungen zu suchen, sich in
Dankbarkeit und Treue dem fürstlichen Paar verpflichtet zu fühlen.
Aber die Art des Lebens hier, die Verschwendungen des Hoflebens, immer neue Verlegenheiten lassen ihn nicht zur Ruhe kommen; die Langeweile eines höfischen und wenig militärischen Dienstes ist die Rechtfertigung, die er vor sich selber geltend machen kann. Er verkauft seinen Posten und deckt mit dem Ertrag seine Schulden. Eben jetzt bietet
sich Anlaß, eine andere Karriere zumachen, ganz besondere Dinge zu
erleben und zu leisten. Mit solchen blendenden Bildern mochte er es vor
sich selbst beschönigen, wenn er sich nun doch „der ostindischen Compagnie verkaufte".

Während die Republik noch weit davon entfernt war, die von seiten
Frankreichs lebhaft gewünschte Allianz abzuschließen, hatte die ostindische Compagnie, durch die Gefahr, die ihren indischen Besitzungen und
dem Kap drohte, bestimmt, bereits im Sommer 1781 einen Vertrag in
Paris abgeschlossen, nach welchem auf ihre Kosten mehrere Schiffe in
Frankreich ausgerüstet, auch zum Dienst auf dem Kap und Ceylon ein
neu zu errichtendes Regiment im Hafen l'Orient eingeschifft werden
sollte. Der Schweizer v. Meuron hatte die Bildung dieses Regiments
übernommen, und York entschloß sich, als Kapitän in dasselbe einzutreten. Das Patent für Mr. Louis d'York ist in Paris ausgestellt und datiert
„den 1. Juni 1781".

Sowohl die Schiffsrüstung wie die Bildung des Regiments kostete län-
gere Zeit, als man erwartet haben mochte. Nach wenig erfolgreichen
Werbeversuchen am Niederrhein erhielt York den Auftrag, sich nach
Paris zu begeben, um Waffen und Montierung für das Regiment anzu-

schaffen, während andere Offiziere namentlich in der Schweiz die Werbungen besorgten.

York war mehrere Monate in Paris; nicht bloß alle Reize des Lebens, der höchsten Bildung, der auserlesensten Geselligkeit boten sich hier dem für Glanz, Genuß und Geist gleich empfänglichen jungen Manne dar. Es war die Zeit, wo die Geburt eines Dauphin Frankreich entzückte, wo in dem Seekrieg mit England der alte Adel Frankreichs, die Suffren, Boulli, de la Touche, la Motte Piquet, neue Lorbeeren erwarben. Es war noch einmal das alte Frankreich, das so bald völlig zusammenbrechen sollte, in vollem Glanz. So sah es York; bis in sein spätes Alter sind ihm die Eindrücke dieser Monate besonders lebendig geblieben; vor allem war und blieb das große Theater Gegenstand seiner Bewunderung.

Am 2. September 1782 frühmorgens ging das ganze Geschwader, vier Linienschiffe, fünf Fregatten, mehrere Korvetten und Kutter und fast dreihundert Kauffahrer, in See.

Man hatte an der spanischen Küste ruhige Fahrt. Nur die große Zahl der Schiffe, die beieinander gehalten werden mußten, hielt die besseren Segler um der schlechteren Schiffe willen auf.

Auf der Höhe der Küste von Portugal begannen die Äquinoktialstürme. „Ein starker Südost", sagt der Reisebericht eines Offiziers vom Regiment, „war der Vorläufer derselben, der die See so außerordentlich auftrieb, daß die größten Schiffe wie Bälle umhergeworfen wurden." Dann folgten 19 furchtbare Sturmtage, jeder Augenblick schien den Untergang zu bringen. Und zwischendurch waren gerade in diesem tollen Wetter die englischen Kaper am ärgsten hinter den Kauffahrern her; zwei solcher Kaper von 24 Kanonen wurden glücklich aufgebracht. Als endlich der Sturm sich legte, sammelte die Flotte sich wieder, und nur elf Kauffahrer waren verloren.

Dann nach dem Sturm rasch wechselndes Wetter, dicke Luft, viel Regen, heftige Windstöße; es gab viele Kranke, so daß man, wie der Reisebericht sagt, fast alle Tage einige Tote den Fischen zur Speise über Bord werfen mußte.

Am 8. Oktober gingen sie auf der Reede von St. Truz vor Anker. Man hatte dort herrliche acht Tage. Oberst Meuron mit seinen Offizieren wurde von der Garnison der Insel sowie von den vornehmsten Häusern auf das verbindlichste aufgenommen; Tag für Tag gab es Feste, Bälle, Gelage, Spazierfahrten nach den schönsten Landhäusern, wo gerade Weinlese war; vor allem gefiel es, wenn an den stillen, kühlen Abenden unter Orangen und Weinlauben die schönen Spanierinnen „mit schwarzen Augen und ungepudertem Haar, das sie ganz natürlich tragen", zur Gitarre ihre graziösen Tänze aufführten.

Am 16. Oktober ging man wieder an Bord, am 17. in See. In wenigen Tagen erfolgte Windstille mit außerordentlicher Hitze; sie währte ungewöhnlich lange. Dann wieder ein paar Tage gute Fahrt und wieder Windstille. Der Kapitän des Fier erklärte, er sei nicht mit Lebensmitteln auf eine so ungewöhnliche Verzögerung eingerichtet. Der Oberst überzeugte sich von dem Hinschwinden der Vorräte; wie sollte man die tausend Menschen an Bord bis zum Kap hinfüttern! Man setzte die täglichen Portionen auf die Hälfte herab; die schon einreißende widerliche Schiffskrankheit, der Scharbock, nahm rasch zu; man hatte endlich 230 Kranke an Bord. Es blieb kein anderer Ausweg, als sich an die anderen Schiffe des Geschwaders um Beihilfe zu wenden. Oberst Meuron begab sich an Bord der Hermoine, stellte die üble Lage der Truppen vor, bat um schleunige Abhilfe.

Am 13. Dezember passierte man die Linie, am 4. Januar den Wendekreis. Eine ungemein langweilige Fahrt; man mußte sich so gut wie möglich mit Fischfang und Schachspiel unterhalten. Von soldatischer Zucht war eben auch nicht die Rede; genug, wenn sich die Leute leidlich miteinander vertrugen.

Endlich am 6. Februar 1783 sah man den wunderlich abgeflachten Berg des Kaps sich über den Horizont erheben. Am andern Morgen fuhr man in den Hafen von Kapstadt ein. Das Regiment Meuron, nach den Verlusten auf der Seereise noch 850 Mann stark, hielt seinen feierlichen Einzug.

In dem früher sehr eintönigen Leben der holländischen Kolonisten hatte die große Masse französischer Soldaten eine merkwürdige Veränderung hervorgebracht. Bei der französischen Armee war überhaupt nicht die Mannszucht, der strenge Dienst, die fest geschlossene Weise, die in Preußen herrschte; die so schon lockere Disziplin und die geringe Autorität der Offiziere führte unter Verhältnissen wie hier am Kap zu den ärgsten Dingen, und der Übermut dieser „Retter des Kap", denn dafür forderten sie zu gelten, ward den ehrsamen Kolonisten um so peinlicher, als er ihren Frauen und Töchtern unwiderstehlich war. Nur die äußere Form war in den Kreisen der höheren Gesellschaft eine andere. Die jungen lebenslustigen Offiziere waren mit nur zu vielem Erfolg den Ton, die Moden, die Sitten und Unsitten von Paris einzuführen bemüht gewesen; die jungen Damen der Kolonie waren entzückt von ihren Liebenswürdigkeiten, lernten, wie ein Bericht sagt, Tag und Nacht französisch, um mit ihnen singen und plaudern zu können. Die Bälle auf dem Gouverneurshause, die kleinen Romane der Promenade, wo die treffliche Kapelle vom Regiment Meuron spielte, das Liebhabertheater der Offiziere, ein Taumel von immer neuen Zerstreuungen und in ihrem Gefolge unzählige Geschichten von bedenklicher Zweideutigkeit, – das waren die Interessen der Gesellschaft auf dem Kap.

York versäumte gewiß nicht, seinen Anteil an diesen Dingen zu nehmen. Nicht lange und ihn fesselte das ausschließliche Interesse für ein sehr schönes, aber armes Mädchen.

Unerwartet schnell ward er abkommandiert. Mit andern Truppen erhielt die eine Hälfte des Meuronschen Regiments Befehl, sich gen Ceylon einzuschiffen. So kam York in die Nähe eines der größten Seehelden aller Zeiten, des größten, den Frankreich gehabt hat; noch in späten Jahren gedachte er mit Stolz und Bewunderung des unvergleichlichen Suffren, des Kommandanten dieser Flotte. Er hatte als Malteserritter im steten

Kampfe gegen die Ungläubigen seine Schule gemacht; vierzig Jahre hatte er fast immer auf den Meeren zugebracht. Dann endlich 1781 war ihm die nach Indien bestimmte kleine Eskader anvertraut worden; und von der Zeit herrschte die Lilienflagge in den indischen Gewässern; den Teufels-Admiral nannten ihn die Engländer. Bewundernswürdig, wie er alles Größte und Kleinste umfaßte. Mit derselben Sicherheit ordnete er die kleinsten Ausbesserungen an Segel und Tauwerk und die größten strategischen Entwürfe an; und so vollkommen war er mit der Leistungsfähigkeit seiner Schiffe vertraut, seiner Leute gewiß, Meister seines Materials, daß er das Kühnste mit Zuversicht wagen durfte. Es war die Stärke des Charakters, die ihn unüberwindlich, unwiderstehlich machte. Wenn er, ohne allen Prunk, über die langen Matrosenhosen das bloße Hemd, das Haar mit einem Segelgarn zurückgebunden, auf dem Deck herumging, strengsten Ernst im Blick, das glühende Auge überall, selten ein Wort sprechend und dann nur ein strenges, dann fühlte jeder die Gewalt des höheren, des zum Gebieten geborenen Geistes. Und im Sturm, in der Schlacht wuchs diese Gewalt mit der Gefahr; sie hätte alle zu allem entflammt.

Die Flotte Suffrens hatte die Kapschiffe in Trincomale auf Ceylon getroffen. Es kam die Meldung, daß Cuddalore zu Lande von James Stuart bedroht werde, und daß Edward Hughes mit achtzehn schweren Schiffen der Reede der Feste zusegele, um Entsatz unmöglich zu machen und selbst Truppen ans Land zu werfen. Allerdings erschien die englische Flotte am 8. Juni auf der Reede, setzte die beiden hannoverischen Regimenter 15 und 16 ans Land, die sofort unter Oberst von Wangenheim sich mit Sir James' Truppen vereinten.

Schon am folgenden Tage war auch Suffren da; er war um drei schwere Schiffe schwächer als der Gegner; aber so geschickt und kühn wußte er sich an die Küste zu drängen, daß der Feind, ohne den Angriff zu wagen, das Weite suchte. Schleunigst setzte Suffren Verstärkungen für die Feste, eben jenes Regiment Lamarque, ans Land. Gar sehr zur rechten Zeit; schon am 13. begannen die Engländer ihren Angriff. Ein mörderischer Kampf entspann sich um zwei vorgeschobene Batterien; die Franzosen räumten sie endlich, aber auf seiten der Feinde war der größere Verlust an Toten und Verwundeten, unter letzteren auch ein Kapitän von Scharnhorst.

Admiral Suffren hatte dem Kampf von der Reede aus zugesehen. Am 17. Juni ließ er, nachdem er die Truppen wieder an Bord genommen, die Anker lichten, um Sir Edward zu suchen; bald fand er ihn; vergebens waren dessen Manöver, dem Gefecht auszuweichen. Am 20., nachmittags begann es; nach drei Stunden setzte der Engländer alle Segel auf, um gen Madras zurückzueilen und dort seinen Schaden auszubessern. Suffren eilte nach, um den Kampf zu erneuern. Aber am 25. traf die Nachricht vom Abschluß des Friedens in Madras ein. Sir Edward sandte sie mit der Fregatte Medeaan den französischen Admiral, der den englischen Kapitän mit den Worten entließ: „Ich hoffe, die Engländer werden auf

die Superiorität ihrer Flagge wenigstens in den indischen Gewässern
nicht mehr Anspruch machen."

York ward, wie es scheint, in eben jener letzten Schlacht verwundet.
Den vom Vorderdeck Stürzenden rettete die Ankerspitze, die ihm freilich das Fleisch an der Wade zerriß, vor dem Tod in den Wellen. Er ward
mit seinen Schweizern in Ceylon an Land gesetzt, vorerst zur Besatzung
in Trincomale zu bleiben. In wenigen Wochen war er hergestellt.

Der Weltkrieg war beendet und der junge Kapitän York in der Frie-
densgarnison auf Ceylon; das stolze Geschwader Suffrens war auf dem
Heimwege nach Europa, und er blieb hier, den Schmuggelhandel der
Küste oder das Einsammeln der Zimtrinde im Innern zu überwachen, im
Dienst einer Kompanie von Kaufleuten, über deren Besitz noch die Li-
lienflagge wehte. Nicht einmal die Gemeinschaft des kleinen militäri-
schen Körpers, dem er angehörte, umfaßte ihn hier; eine größere Pflicht,
eine höhere Gesamtheit entbehrte er doppelt schmerzlich. Unter den
Kammeraden fand er nur einen, dem er sich näher anschloß. Sandoz le
Roi von Neufchatel.

Desto reichlichere Mühen gab der Dienst. Die Art der Schweizer-Trup-
pen war ganz die französische, hier um die volle Einwirkung der fremdar-
tigen Umgebung zügelloser. Nur York war nicht gewillt, die Dinge laufen zu lassen, wie sie wollten. Der Aufenthalt auf dem Kamp war zu kurz
gewesen, um seine Kompanie so zurecht zu machen, wie ihm notwendig
schien. Jetzt begann er damit. Wie sonderbar kam es diesen trotzigen,
übermütigen, verwilderten Kerlen vor, daß sie Ordnung, Gehorsam,
Zucht lernen, daß sie streng ihren Dienst üben, auf der Wache bleiben, zu
bestimmten Stunden im Quartier sein sollten. Es gab da wilde Szenen,
Meuterei; mit Degen und Pistole mußte York unter sie fahren; wenn er
nachts ausging, die Posten, die Quartiere zu revidieren, oder aus der
Soiree des Gouvernementshauses heimging, trug er seine Pistolen in der
Schärpe; jeden Augenblick konnte es auf Leben und Tod gehen. Aber er
wurde ihrer Meister, er bändigte sie; der chevalier prussien, der petit
diable wurde gefürchtet; bald genoß er die Verehrung aller; sie wetteiferten um seine Zufriedenheit.

Die Zeit, die der Dienst nicht beanspruchte, wurde der Jagd und den
Studien gewidmet. Auch an kleinen kriegerischen Vorfällen mit den
Truppen des Kaisers von Candia scheint es nicht gefehlt zu haben; sie
gaben Gelegenheit, das moralische und tatsächliche Übergewicht weniger, aber wohlgeleiteter Truppen gegen wüste Massen zu erproben und
jene Art des Dienstes, jene Beweglichkeit, Selbstgewißheit und umsichti-
ge Keckheit zu üben, die für leichte Truppen das Wesentlichste ist. Vor
allem aber war es die Jagd, der York hier mit ganzer Leidenschaft nach-
ging; die eigentümlichen Gefahren, die hier Wald und Sumpf und Dik-
kicht bargen, waren nur ein Reiz mehr.

Mit dem Herbst 1783, so scheint es, kehrten die Meuronschen Truppen
nach dem Kap zurück.

Die Verhältnisse dort hatten sich nicht eben zum Besseren geändert.

Die französischen Truppen waren – dank der engen Verbindung, die Holland mit Frankreich eingegangen war – immer noch auf dem Kap, aber das Mißtrauen der Kolonisten gegen die Absichten der Franzosen hatte den höchsten Grad erreicht.

York sah bei seiner Rückkehr nach Kapstadt jenes Mädchen wieder, das seit seiner Abreise nach Ceylon noch zurückgezogener als früher gelebt hatte. Es liegt außer dem Bereich dieser Darstellung, den Verlauf eines Liebesverhältnisses innigster Art zu schildern; es blieb der Welt verborgen, nur der treue Sandoz wußte darum. York gedachte allen Ernstes, um dieses Mädchens willen auf dem Kap zu bleiben; und wieder war sie entschlossen, mit ihm in die Welt zu gehen, wohin er wolle. Ein junger Kaufherr vom Kap, ein wackerer, sehr vermögender Mann, trat als ein wenn auch ungefährlicher Nebenbuhler auf. Er wandte sich endlich nach dortigem Brauch an die Eltern; ihnen bekannte das Mädchen, daß sie nicht mehr frei sei, daß in Kapitän Yorks Hand ihr Schicksal liege. Der Kaufherr glaubte sich am sichersten an York selbst zu wenden; mit Offenheit stellte er ihm die Lage des Mädchens, ihrer Eltern vor, York war auf das heftigste ergriffen. So fand ihn Sandoz, erfuhr bald, was vor sich gegangen war; mit der Besonnenheit eines wahren Freundes riet er York, das Glück des treuen Mädchens nicht an sein ungewisses Schicksal zu ketten, seine eigene Zukunft nicht durch eine Leidenschaft zu vernichten, die doch nicht sein ganzes Leben zu erfüllen, ihn für Größeres, das er zu leisten Kraft und Beruf habe, zu entschädigen imstande sein werde. Nach tagelangem Kampfe hatte er sich selbst überwältigt, übergab das ihm teuerste Wesen unter unendlichen Tränen der Armen dem wackeren Mann; er bat nur um die Gunst, der Trauung beiwohnen zu dürfen. Wenige Wochen, und sie fand statt. York stand in der Kirche zur Seite, hörte fest und kalt der Rede des Pfarrers zu; als die Braut ihr Ja sprach, brach er zusammen.

Er wünschte sich hinweg vom Kap. Er bat um Urlaub nach Europa, verkaufte seine Kompanie; mit dem nächsten Schiffe kehrte er nach Europa zurück.

IV

DIE RÜCKKEHR IN DEN PREUSSISCHEN DIENST

York scheint zu Anfang des Jahres 1785 nach dem Haag zurückgekehrt zu sein. Wie war da alles verwandelt. Die im Jahre 1781 ausgestreuten Saaten der Zwietracht und des demokratischen Fanatismus waren in demselben Maße gediehen, als die militärische Ohnmacht der Republik nach außen zu immer neuen politischen Erniedrigungen geführt hatte. War der Krieg mit England mit ungeheuren Verlusten für die Niederlande geführt, so war endlich der Friede mit noch schwereren Opfern erkauft worden. Sofort eilte alle Welt, von der offenbar gewordenen Schwäche der einst so stolzen Niederlande seinen Beuteteil zu gewinnen. Vor allem die um Rechte und Verträge unbekümmerte Politik des Kaisers Joseph hetzte mit immer neuen Forderungen und Drohungen. Frankreich, das immer noch Trincomale besetzt und das Kap mitbesetzt hielt, war der einzige Staat, der helfen mochte, aber für den Preis einer Allianz, die die Niederlande ganz an die Politik der Bourbonen ketten sollte.

Diese Allianz zu erzwingen, darauf ward von seiten der Pariser Diplomatie und der niederländischen Patrioten gleich eifrig und mit allen Mitteln gearbeitet. Die Kriegsdrohungen des Kaisers Joseph forderten Gegenrüstungen. Man berief den französischen General Maillebois, übertrug ihm die Stelle, aus der der Herzog von Braunschweig hinausgedrängt worden war. Hunderte von französischen Offizieren wurden ins Land gezogen, mit ihnen jener zerfetzende Geist, der sich schon zu tief in die alte germanische Art dieser Staaten eingefressen hatte. Andere Abenteurer, die Matja, Sternbach, Lega, vor allem der hinterlistige Rheingraf von Salm bildeten Freikorps, deren Wesen mehr noch gegen Oranien als gegen die auswärtigen Feinde gerichtet war. Überall drängten die „Patrioten" zur Volksbewaffnung, und der Geist dieser Schützen-Gesellschaften und Exerzier-Gesellschaften ward namentlich in Holland mehr und mehr fanatisiert und förmlich anarchisch. Schon wurde den Garden ihr Oranisches Wappen genommen, schon die Oranier-Farben als Aufruhrzeichen verboten und bestraft. Die wildeste Frechheit der Presse, die starrköpfige Wut der mennonistischen Priester, der Ehrgeiz der bürgerlichen „Regenten" aus den kleinen und großen Städten, die Gaunerstreiche der französischen Abenteurer, die hier in den festen Niederlanden leichte Beute fanden, die Raserei der belogenen und betrogenen Masse, die von tausend und abertausend Schulmeistern, Advokaten und lokalen Berühmtheiten mit Phrasen, mit Volksschmeichelei und Verleumdungen aufgestachelt, sich zu jedem Unsinnigsten bereit finden ließ – das waren die Symptome der Auflösung, der Verwesung eines Staatskörpers, der bis vor wenigen Jahren noch durch seinen Reichtum, seine freiheitliche Stetigkeit, seine hohe geistige Entwicklung den Monarchien Europas gegenüber die Vorzüge der Selbstregierung veranschaulicht hatte.

In diese Verhältnisse kehrt nun York zurück. Noch war er Offizier der Kompanie; zum Hofe des Statthalters führten ihn seine früheren Beziehungen; durch General Sandoz, den Chef der Schweizer-Regimenter im Haag – wie es scheint, den Vater seines Freundes am Kap – kam er in unmittelbarste Verbindung mit den militärischen Kreisen, in denen sich der allgemeine Zwiespalt der Meinungen und Interessen auf das peinlichste wiederholte. Die französischen Offiziere spielten natürlich die erste Rolle. Unter ihnen war auch Macdonald, der spätere Marschall Napoleons.

Eben jetzt folgten Beleidigungen gegen das fürstliche Paar, Verfassungsverletzungen zugunsten der „Freiheit", Pöbelexesse, förmliche Meuterei.

Es schien zum Bürgerkriege kommen zu müssen. York hatte bereits seine Stellung genommen.

Man hatte nichts unversucht gelassen, ihn für den Dienst der Staaten zu gewinnen. Man bot ihm die Beförderung zum Oberstleutnant im Salmschen Korps, die Errichtung eines eigenen Korps, ein reiches Gehalt. Die Lage der Dinge war dazu angetan, daß sie einen so jungen Mann wohl reizen konnte. Was hatte er, wenn er nicht annahm? Dagegen bot jene Stellung glänzende Einnahme; und sichtlich war die Sache der Patrioten im Aufschwung, sie ward von der in Paris herrschenden Partei getragen; ihr sich anschließend, konnte man eine glänzende Karriere machen. Freilich in diesem Lande völligster Zerrüttung, in diesem Heere, dessen Offizierkorps nach Yorks Ausdruck meist Gesindel war. Und dann fühlte er sich dem Fürsten Erbstatthalter und dessen Gemahlin verpflichtet; es schien ihm eines Edelmanns nicht würdig, mit den Herren Bürgermeistern, Pensionären und Dorfpfarrern, mit dem Janhagel der Exerzier-Gesellschaften und der Jahrmarktsbuden Partei zu machen gegen einen Fürsten, – gegen diesen Fürsten, der ihm gütig gewesen, gegen dessen Gemahlin, die preußische Prinzessin. Vor allem in der gebietenden Hoheit ihres Wesens dem wüsten Parteilärm gegenüber, in der hohen und kühnen Haltung, mit der sie dem zu gütigen, zu behutsamen, sich selbst mißtrauenden Gemahl zur Seite stand, lag für York etwas Imponierendes und Fesselndes. Er entschloß sich, seinen Abschied zu fordern.

Er erhielt ihn mit der üblichen Pension; Verwundungen, die man im Dienst erhalten, gaben weitere Anwartschaft, diese wie jene ließ er nach der etatsmäßigen Weise der Kompanie sich in Kapital auszahlen; es blieb nach Deckung der Schulden noch eine Summe für den nächsten Bedarf.

Yorks Sehnsucht war, nach Preußen zurückzukehren. Aber der alte strenge König pflegte unerbittlich gegen solche zu sein, die einmal seinen Dienst verlassen. „Seine Armee sei kein Taubenschlag", war ein bekanntes Wort von ihm. Es war kaum denkbar, daß er die Kassation von 1779 vergessen haben sollte. Auch Yorks Vater hatte des Königs Ungnade getroffen. „Seine Wunden und sein hohes Alter", schrieb damals der Sohn, „verhinderten ihn zuletzt die Manövers bei der Armee mitzumachen; er blieb einst am Fuß eines Berges, den er nicht mehr ersteigen konnte, ermattet liegen, und sein Abschied war die Folge dieses Fehlers. Der Tod befreite ihn endlich von Mangel und Widerwärtigkeiten, welche nunmehr die einzige Erbschaft seiner hinterbliebenen unglücklichen Familie ausmachen."

Also in Preußen war wenig Aussicht; aber wohin denn sonst? Wieviel Treffliches auch das französische Offizierkorps haben mochte, York rühmte stets den Korpsgeist, die vortreffliche Kameradschaft, wo die Uniform ein Kreditbrief sei und alle für jeden hafteten –die Erfahrungen, die er mit dem französischen Wesen am Kap gemacht hatte, reizten ihn eben nicht. Wenigstens einem großen und wirklich militärischen Heerwesen anzugehören, war dennoch sein Verlangen. Er hatte zu diesem

Zweck in Brüssel Verbindungen angeknüpft, es war in Betreff seiner an den Kaiser Joseph berichtet worden; die Antwort lautete: „Der Hauptmann York gehört zu denjenigen, von welchen nichts Gutes kommen kann", ein Urteil, von dem es ungewiß bleiben muß, ob es dem ehemaligen Preußen oder dem Rufe galt, welchen sich York im Haag gewonnen hatte; für ihn selbst jedenfalls kein Tadel, wenn es auch seine augenblickliche Verlegenheit nur steigern mochte.

York äußerte gelegentlich einer Audienz bei der Erbstatthalterin sein lebhaftes Verlangen, in preußische Dienste zurückzukehren, wo eben jetzt die Errichtung mehrerer Bataillone leichter Truppen ihm Gelegenheit geben werde, seine gemachten Erfahrungen zum Besten des königlichen Dienstes zu verwenden; er bat um die gütige Fürsprache der Fürstin. Sie sagte dieselbe zu: aber es werde, so lange ihr Oheim, der König Friedrich II., lebe, wenig Aussicht für ihn bestehen, auch ihre eindringlichste Verwendung wenig bewirken; aber sie wolle ihm Empfehlungen an ihren Bruder, den Prinzen von Preußen, mitgeben, in dessen Hand die Regierung doch bald übergehen werde; bis dahin schlage sie York vor, als Attaché der holländischen Gesandtschaft nach Berlin zu gehen. Alsbald erfolgte die betreffende Ausfertigung und gleichzeitig tausend Dukaten als Geschenk der Fürstin.

Mit dem Ausgang des Jahres 1785 verließ York Holland.

Ein erster Versuch bei dem großen Könige war bereits mißglückt, und zwar in einer für ihn empfindlichen Weise.

Allerdings war seit dem Herbst 1785 die Vermehrung des leichten Fußvolks im Werk, es sollten vier Regimenter auf dem Fuß von Freibataillons aus Landeskindern errichtet, daneben ein fünftes Regiment Schweizer-Fußvolk geworben werden, und man nannte bereits den Berner Oberst Müller, der sich im amerikanischen Kriege bewährt hatte, als den vom Könige bestimmten Chef desselben; man sagte, ihm sei zugestanden worden, die Offiziere seines Korps selbst zu bestellen. Diese leichten Bataillone waren es, bei deren Einrichtung York eine Stelle zu finden gehofft hatte. Er wird nicht unterlassen haben, für das Gesuch, das er beim Könige einzureichen im Begriff stand, Fürsprache zu suchen; er wird in dem Gesuch selbst – denn eine Audienz wurde ihm nicht gewährt – von seinen früheren dienstlichen Verhältnissen in Preußen wenig, dafür um so mehr von seine späteren lehrreichen Erlebnissen gesprochen haben. Er erhielt folgenden Tages des Königs Bescheid:

„Bester lieber besonderer. Nach seiner eigenen Anzeige von gestern hat Er auf der Flotte unter dem Befehl des französischen Generals von Suffren gedient. Wenn Er also den Seedienst wohl verstehen mag, so ist doch nicht zu vermuthen, daß Er sich zum Landdienst schicket; und dazu sind doch einzig und allein bestimmt die neu errichtet werdenden Frei-Regimenter Seines wohlaffectionirten

Potsdam, den 3. Febr. 1786   Friedrich.

An den holländischen Capitain von York in Potsdam."

Noch an demselben Tage reichte York ein zweites Schreiben ein, in dem er den Irrtum, als ob er nur zur See gedient habe, beseitigt haben wird. Wieder folgendes Tages erhielt er zur Antwort:

„Bester lieber besonderer. Ich muß nach seinen letzten Seediensten billig Bedenken tragen, Ihn bei der Infanterie wieder anzustellen; und würde das eben so viel sein, als wenn ein Koch wollte Tanzmeister werden. Von Seiner ersten Antwort kann demnach auf Seine Bitte von gestern nicht abgehen Sein sonst wohl sein wollender affectionirter

Potsdam, den 4. Februar 1786   Friedrich.

An den holländischen Capitain von York in Potsdam."

So mit zerstörten Hoffnungen kam er am 7. Februar nach Berlin. Dem Baron von Reede, dem holländischen Gesandten, attachiert, hatte er Gelegenheit, einen Blick in die diplomatischen Verhältnisse zu tun.

In den damaligen diplomatischen und Hofzirkeln Berlins – andere gab es dort kaum – war namentlich der soeben angekommene Mirabeau Gegenstand der lebhaftesten Aufmerksamkeit; mit der ihm eigenen genialen Frechheit, die durch den Reiz der höchsten gesellschaftlichen Gewandtheit und noch größeren geistigen Überlegenheit unterstützt war, begann er in den Salons eine Art Herrschaft zu üben, welche in der schon sichtbaren Auflösung der alten Verhältnisse – man sah das Ende des großen Königs nahe – um so größeren Einfluß zu gewinnen drohte. Es war, als wenn sich die konzentrierte Kraft der zerfetzenden, leidenschaftlichen, aggressiven Gewalten des französischen Geistes, wie er schon die Literatur, die Gesellschaft, die Jugend Frankreichs durchdrang, auf Berlin gestürzt hätte, um dort Besitz zu ergreifen.

Am 17. August starb Friedrich II. In Mirabeaus allerdings mit absichtsvollster Schärfe schildernden Briefen hat man ein immerhin karikiertes Bild der Anfänge Friedrich Wilhelms II. Auch York beobachtete sie, und seiner Art nach darf man glauben, daß er sie in ähnlicher Weise sah. Wie untergeordnet seine Stellung auch war, die Verhältnisse enthoben ihn den Kreisen subalterner Beobachtung.

Es kämpften sofort zwei große Richtungen um den entscheidenden diplomatischen Einfluß auf den König – und sie suchten mit allen Mitteln, auch denen, die auf die persönlichsten Eigentümlichkeiten des Monarchen und seiner Vertrauten berechnet waren, sich den Rang abzulaufen. Die holländische Frage war es, in der sie sich am schärfsten gegenüberstanden. Frankreich hoffte den Gewinn der holländischen Allianz sich dadurch zu sichern, daß es Preußen in der zuwartenden Stellung festhielt, die Friedrich II. eingenommen hatte; England bemühte sich um eine preußische Allianz, um durch Preußen eben jenen Einfluß zu brechen, der dann England zufallen zu müssen schien.

York versuchte verschiedentlich, eine Wiedereinstellung in das preußische Heer zu erreichen. Schließlich konnte es nicht fehlen, daß der junge, in südlichen Zonen gebräunte, mit ehrenvollen Wunden gezierte Kapitän, der zwei berühmte Seeschlachten mit angesehen und zugleich in der holländischen Sache, die das allgemeine Interesse erregte, über Personen und Zustände Auskunft geben konnte, die Aufmerksamkeit der höheren Kreise in Anspruch nahm. Namentlich vom General Möllendorf wurde York mit Auszeichnung behandelt, und bald erkannte der General seine ungewöhnlichen Eigenschaften, seine militärische Tüchtigkeit. Auf Grund dieser und ähnlicher Anknüpfungen, wie es scheint, wandte sich York in einem neuen und eingehenderen Gesuch an des Königs Gnade: „Bald sieben Jahr habe er den schmerzlichen Gedanken, seinem König und seinem Vaterland nicht dienen zu können, in allen Weltteilen mit umhergetragen; jetzt erflehe er des Königs große Gnade, diese marternde Buße zu enden." Der König forderte (19. Nov. 1786) Nachricht über seine Dienstentlassung, bestimmtere Anträge. Auf die geforderte Eingabe folgte der nicht ganz entmutigende Bescheid: „Da jetzo keine Vacance bei der Armee sei, so könne York bei solcher nicht angestellt werden."

Indes war der von Friedrich II. bereits eingeleitete Plan der Bildung leichter Infanterie wieder aufgenommen worden. Er wurde um so lebhafter betrieben, als man namentlich wegen des beginnenden Fürstenbundes die Möglichkeit eines Konfliktes mit Osterreich, dessen Überlegenheit in dieser Waffe sich erwiesen hatte, ins Auge faßte. Man erweiterte den früheren Plan dahin, daß aus den in Bildung begriffenen leichten Regimentern, aus den stehenden Grenadier-Bataillonen und den geeigneten Leuten der Garnison-Regimenter zwanzig Füsilier-Bataillone zu etwa 680 Mann gebildet werden sollten. Ihnen sollten besonders die kleineren und leichteren Leute der Aushebungen, die die Linie nicht gern aufnahm, überwiesen werden; ihre Ausstattung sowie ihr Dienst erhielt etwas Jägerartiges: grüne Uniformröcke, außer der Flinte ein breites, im Gebüsch verwendbares Seitengewehr; neben der Bataillons- und den vier Kompanietrommeln acht Hornisten und Wald- und Signalhörnern; endlich bei jedem Bataillon 40 Scharfschützen, ausgesucht unter den gewandtesten Mannschaften des Bataillons, „Leute, die um sich wissen", wie des Königs Ausdruck lautete. Man war bemüht, diesen Bataillonen bewährte Offiziere zuzuweisen.

Gerade für einen derartigen Dienst fühlte sich York besonders geeignet. Er erneute seine Bitte an den König. Die Antwort war bereits „an den Capitain von York außer Diensten" adressiert, sie lautet:

Bester lieber Getreuer. Ich werde zusehen, daß ich Euch bei Errichtung leichter Infanterie placiren kann; und vorläufig mag Euch dies auf Eure Bitte vom 23sten hiermit nicht verhalten Euer gnädiger König

Berlin, d. 26. Febr. 1787　　　　　　　　　　　　　　Fr. W."

Für die bevorstehenden Frühjahrsübungen der Berliner Garnison bat und erhielt York die Erlaubnis, denselben beizuwohnen und die Uniform der Armee tragen zu dürfen.

General Möllendorf, Gouverneur von Berlin, hatte die Berliner Inspektion. An seiner Seite machte York die Übungen mit. Sie waren noch ganz in der Art, wie er sie von früher her kannte; er konnte an ihnen ermessen, wieviel er selbst weiter gekommen war, wie ergiebig für ihn jene Wanderjahre gewesen waren. Möllendorfs Güte bot die Gelegenheit, Beobachtungen und Urteile auszusprechen, deren Schärfe und Sicherheit des kriegskundigen Generals Beifall im hohen Maße fanden. Mit erneutem Eifer verwandte er sich für Yorks Wiederanstellung. Endlich erfolgte sie. Durch ein vordatiertes Patent „vom 30. Mai 1786" – für den „in auswärtigen Diensten gestandenen Hans Ludwig von York" geruhte der König denselben wegen seiner Ihro angerühmten guten Qualitäten und erlangten Kriegs-Experientz – nicht nur zu Dero Capitain anzunehmen, sondern ihm auch die vom Saßschen Regiment zum Plüskowschen Bataillon Füsiliers genommene Proschsche Compagnie in Gnaden zu conferiren und anzuvertrauen."

So war denn endlich das lange und mit Hartnäckigkeit verfolgte Ziel erreicht. Er hatte nun sein Vaterland wieder; wir begreifen es, daß er sich von diesem Preußen, dem mühevoll wiedergewonnenen, doppelt fest umklammert fühlte. In seinem ganzen Tun ist fortan eine Frische, eine Zuversicht, der man wohl ansieht, daß sie den tiefsten Lebensquellen entspringt. Es ist, als ob er endlich festen Boden unter den Füßen fühlt.

Freilich, er ist als ein ganz anderer Mensch heimgekehrt. Noch ist in ihm zwar dieselbe Heftigkeit des Empfindens, dieselbe Gewaltsamkeit aller Leidenschaft; aber sie ist hart umkrustet, unter der kalten Form von Gemessenheit, Vornehmheit, Sarkasmus fortglühend, nicht ohne die immer neue Gefahr vulkanischer Ausbrüche. Und bändigte er sie schon sonst mit der stolzen Strenge des Pflicht- und Ehrgefühls, so hatten die Erlebnisse dieser sieben Jahre nicht seinen Stolz gebrochen, noch seine Strenge gemildert, aber sie hatten ihn gelehrt, von den Menschen und von den Verhältnissen weniger zu erwarten, als sie zu versprechen scheinen, und nicht zu erstaunen, wenn sie auch nicht dem wenigen entsprechen. Unter Hunderten und Tausenden, mit denen er verkehrt, wie wenige hatte er gefunden, die über den Bereich ihrer Gewohnheit oder Selbstsucht auch nur den Blick zu erheben vermochten; wie wenige, die der Pflicht und der Ehre ihre Interesse, ihre Bequemlichkeit, ihre Popularität zu opfern die Kraft gehabt hätten! Aber diese wenigen, diese C h a r a k t e r e herrschten, wo sie die Macht ihres Willens daransetzen wollten. Und die vielen empfanden es angenehm, so beherrscht zu sein; ja ratlos, blind durcheinander lärmend, verächtlich, wo sie sich selber überlassen waren, erschienen sie, so geleitet, zu allem Tüchtigen brauchbar, in strengster Pflicht willig, selbst dem Gefühl für Ehre zugänglich.

Für solche Naturen, die angelegt sind, zu gebieten, liegt die Gefahr nahe, die Menschen entweder als Nieten zu verachten oder als Mittel in Rechnung zu stellen. Yorks lebendiger Drang zum Tun und Wirken sicherte ihn vor jener Versumpfung der Beschaulichkeit; und sein Selbstgefühl war immer dann erst in voller Kraft, wenn er sich selbst ganz einem größeren Zusammenhang eingeordnet, für die Kraft und Ehre eines Ganzen in Anspruch genommen fühlte. So wenig war er mürrisch oder blasiert, daß er sich vielmehr an den Torheiten und Widersprüchen, den Kleinlichkeiten und Lächerlichkeiten, aus denen sich den meisten Menschen ihr Leben summiert, mit unerschöpflichem Humor weidete. Die eigene, schwer errungene, innere Sicherheit und Selbstbeherrschung

machte ihn um so mitleidloser gegen die, welche sie nicht einmal zu
erringen versuchten oder sonst in den Tag hineinlebten.

Man sieht wohl, es liegt in diesem Charakter eine Doppelheit eigentümlicher Art. Es ist, als wenn zwei Naturen gegeneinander ringen um
den Sieg. Eben darum war es so gefährlich, wenn seine Schicksalschläge
ihn wiederholt an die Grenzen des Abenteurerlebens schleuderten; denn
ein Schritt weiter, und er war der Verwilderung verfallen; günstige Fü-
gungen gaben jedesmal seinem edlen Selbstgefühl die Möglichkeit, vor
dem Abgrund umzukehren. Aber ebenso in den ruhigen Tagen, die für
ihn nun beginnen, ist er keineswegs in seinem Gemüte still und befriedigt. Wie gern er sich auch das Bild solchen Friedens ausmalt, sich nach
solchem Behagen sehnt, die anderen dunkleren Triebe seines Wesens
sind in steter Arbeit. Binden ihn die gegebenen Verhältnisse, die gebotenen Rücksichten, die ganze träge Tagtäglichkeit kleinlicher und unterge-
ordneter Verhältnisse – so sucht er wenigstens in so engem Rahmen noch
die Spannungen und Gegensätze, in denen er allein sein Genüge findet.
Daher die stets wache Eifersucht, alles das, was zum Wesen seines Standes gehört, auszuprägen und zur Geltung zu bringen; die Entschiedenheit eines stets treffenden und oft schneidigen Urteils, dem die Gewandtheit und Vornehmheit seiner Formen nur um so mehr Stachel gab; die
trotzige Geschlossenheit und, man möchte sagen, die stets gespannte
Muskelkraft seines ganzen Wesens, als gälte es jeden Augenblick, auf
dem Platz zu sein und das durchzufechten, wofür man einsteht.

So trat er in den Kreis seiner neuen Kameraden. Er, der noch nicht
Dreißigjährige, schon Hauptmann; ein unerhörter Fall! Schon das machte manchen Neid rege, weckte manchen Zweifel über sein Verdienst; am
wenigsten den nächsten Kameraden mochte seine Art zusagen. Er war
schwerlich bemüht, sie zu gewinnen; er hatte den Stolz, nur das gelten zu
wollen, was er leisten würde.

V

BRESLAU UND POLEN

Das Füsilierbataillon von Plüskow erhielt seine Garnison in Namslau,
einem Städtchen einige Meilen von Breslau entfernt. Es war aus dem
alten Garnisonregimente (6ten) von Cosel gebildet, das im Siebenjährigen Kriege unter General Latorf die bedrohte Festung mehr als einmal
glorreich verteidigt hatte.

Freilich jetzt sollte es in eine völlig neue Schule genommen werden.
Den Füsilierbataillonen war als Aufgabe gestellt: „Einübung der Mannschaft auf Terrainbenutzung und mannigfache Vorfälle des Krieges."
Statt der alten schwerfälligen und pedantischen Massentaktik der Linie
sollte hier etwas eigentümlich Neues geschaffen werden. Hatte, wie erwähnt worden, die Überlegenheit der österreichischen Armee an leich-

tem Fußvolk den Anstoß zur Bildung dieser Bataillone gegeben, so war allerdings der nächste Zweck, diesen Leuten das, was die Jäger der Gebirge und die lauernden Hüter der Grenze von selbst können, gleichsam durch Methode und Übung beizubringen; die Achtsamkeit, Umsicht, Schlauheit, Behendigkeit jedes einzelnen Mannes mußte das Ziel sein, auf das man sich richtete. Dazu aber kam ein zweites; die Lehre vom Gelände begann damals die militärische Theorie lebhaft zu beschäftigen; man übte sich, es als mittätigen Faktor zu würdigen, während die bisherige Praxis sich begnügt hatte, es als einen zufälligen Vorteil oder Nachteil anzusehen; so kam man dahin, eine solche Beweglichkeit und Anschmiegsamkeit der taktischen Körper zu suchen, daß sie je nach den Bedingungen des Geländes tätig zu sein, gleichsam mit demselben sich zu ergänzen vermochten. Die Sache der Offiziere war es, in diesem Geist ihre Mannschaften zu leiten und zu erziehen.

Aufgaben, die wie für Yorks Jägernatur geschaffen erschienen; er war unermüdlich, seiner Kompanie diese neuen Dinge einzuüben, die einzelnen auszuarbeiten, sie mit eigenem Verstand handeln zu lehren. Aber er war auch der einzige Stabsoffizier des Bataillons, der in den Geist der neuen Einrichtung einzudringen verstand. Der Chef desselben, der Oberst Plüskow, war fast ein Sechziger, in dem alten Liniendienst eingerostet; der nächste Stabsoffizier, Major Aschersleben, war noch älter als er; immer wieder drängten sich ihnen die „Distanzen" und der gravitätischen „Paradeschritt" in den Vordergrund. Mehr oder weniger wiederholten sich dieselben Mißstände bei den übrigen Bataillonen, und es fehlte nicht an Offizieren, welche diese ganze „neue Mode" mit einer gewissen Geringschätzung betrachteten, ja in ihr den Untergang der militärischen Größe Preußens zu erkennen meinten.

Um so wichtiger war es, daß die sieben schlesischen Füsilierbataillone, zu einer besonderen Brigade formiert, zum Inspekteur einen General erhielten, der in vorzüglichem Maße das, worauf es ankam, erfaßte. Es war Fr. W. v. Götzen, derselbe der im Siebenjährigen Kriege einer der tätigsten und vertrautesten Adjutanten Friedrichs II. gewesen war und in mehr als einer kühnen Waffentat sich bewährt hatte; sein Dübener Streich (1760) war recht eigentlich im Geiste des Dienstes, wie er ihn jetzt beaufsichtigen sollte; er, der Infanterieoffizier, hatte sich an der Spitze von fünfzig Husaren an einen feindlichen Haufen geschlichen, dann ihn mit so keckem Hurra überrannt, daß er fast noch einmal so viel Gefangene, als er Leute hatte, heimbrachte. Götzen leitete die ersten Übungen der Füsiliere, er suchte vor allem die Aufgabe zu präzisieren und zum Bewußtsein zu bringen. Er wurde zu früh – schon Anfang 1778 – von dieser Stelle abberufen.

Sein Nachfolger wurde Erbprinz von Hohenlohe, den wir schon bei der böhmischen Expedition zu erwähnen hatten. Seit eben jenem Kriege war in der Armee über die außerordentliche militärische Begabung des Prinzen nur eine Stimme, und es galt für eine Auszeichnung der schlesischen leichten Brigade, daß er ihr zum Chef gegeben war.

York hatte nicht unterlassen, dem Prinzen zum Antritt seines Kommandos seinen Glückwunsch zu übersenden. Der Prinz antwortete: er werde mit der größten Freude jede Gelegenheit benutzen, ihn von seiner Wertschätzung, seiner besonderen Zuneigung (de l'attachement particulier) zu überzeugen. Es waren das nicht bloße Worte; der junge Kapitän hatte in den militärischen Kreisen bereits einen Namen, und der Prinz erinnerte sich seiner wohl von der Brücke bei Welsdorf her.

Der Prinz, aus jenem reichsfürstlichen Hause, dessen einstiger Erbe er war, im kräftigsten Mannesalter, voll Raschheit und Lebenslust, von hoher weltmännischer Bildung, fürstlich repräsentierend, bildete in Breslau bald eine Art militärischen Hof, der der Sammelplatz der vornehmen Welt Schlesiens wurde. Es war damals noch bei weitem nicht wie in späterer Zeit, daß die ferne königliche Residenz einen dominierenden Einfluß über die Provinzen geübt hätte; und aus der ständischen Zeit her hatte Breslau mehr als irgendeine andere Stadt der Monarchie den Charakter eines landschaftlichen Mittelpunktes. Namentlich den Winter pflegten die großen Familien des Landes in Breslau zuzubringen, wo die meisten von ihnen ihre eigenen Häuser, auch wohl Paläste, besaßen. Dann hatten auch die Regimenter wenig zu tun, und die Offiziere der Landstädte und Festungen gingen gerne auf Urlaub nach Breslau, um die Gesellschaften und Bälle, das Theater, die Spielbanken, den Karneval dort mitzumachen. Der belebende Mittelpunkt dieses höchst glänzenden geselligen Lebens war der Prinz und seine junge Gemahlin, die reiche Erbin des Grafen Hoym zu Dreißig.

Allerdings gab es in diesen Breslauer Kreisen mancherlei Reibungen und Konflikte. Nicht mit den Bürgerlichen, sie zählten damals nicht zur Gesellschaft. Schlesien war in die preußischen Verhältnisse noch keineswegs so eingewohnt, wie die alten Provinzen; der altbegüterte Adel dort sah doch mit Ungunst auf die hohe Bevorzugung des Offizierstandes, er war nicht gewillt, denselben als ebenbürtig zu betrachten; die Stifts- und ritterfähigen Familien nahmen ohne weiteres für sich Vorzüge der Hoffähigkeit und des Ranges in Anspruch, die der Offizierstand entschieden nicht anerkennen wollte. In dieser Form geselliger Konflikte zeigte sich hier der Gegensatz des ständischen und monarchischen Wesens, der in den älteren Provinzen seit dem Großen Kurfürsten beseitigt war, in seinen letzten Nachklängen.

York war im hohenlohischen Palast besonders gern gesehen. Er vor allen war ein rüstiger und kecker Vertreter der preußischen Art gegen die schlesische, der monarchischen gegen die ständische, der Kavaliere gegen die Ahnen; mehr als einmal hat er Gelegenheit gehabt, seinen Degen gegen die Kammerherrenschlüssel und Stiftsfähigkeiten in die Wagschale zu werfen; oft genügte sein entschiedenes Auftreten, das, was ihm als Anmaßlichkeit erschien, niederzuwerfen. So ging er einst, mit einem Kameraden sprechend, langsam die Treppe in dem prinzlichen Palast hinauf; ein Graf aus der Umgegend, einer der stolzesten von jener anderen Art, kam hinter ihnen schneller herauf, ging ohne weiteres zwischen sie hindurch, berührte York im Vorüberstreifen; York faßte sofort seinen Rock-schoß, zog ihn zurück: wer bei dem Kapitän York vorbeigehe, möge sich vorsehen, nicht hängen zu bleiben. Der Graf war außer sich vor Wut, eilte in das Zimmer des Prinzen, sprach mit der äußersten Entrüstung über die Beleidigung, die von einem seiner Offiziere ihm und in ihm einer der ältesten Familien des Landes zugefügt sei, forderte glänzende Genugtu-ung. Und der Prinz in seiner jovialen Weise: der Kapitän York sei ein Mann, der gewiß gern jede Genugtuung zu geben bereit sei. Er wußte – wie es dann auch tatsächlich geschah – daß der Graf nicht eine der ältesten Familien des Landes in die Gefahr bringen werde, Trauer anzulegen.

In der Natur der Sache lag es, daß es in diesen Kreisen tausenderlei Romane und Liebesabenteuer gab, daß die ehelichen Verhältnisse nach der damaligen vornehmen und an höchster Stelle nur zu sehr befolgten Sitte nichts weniger als streng behandelt wurden, wie denn einer der Vornehmsten in dieser Breslauer Gesellschaft, wenn er seine Gemahlin und Kinder vorstellte, zu sagen pflegte: das sei seine Gemahlin und das seien ihre Kinder. Es war an der Tagesordnung, nur aus materiellen Gründen Ehen zu schließen; und mancher arme junge Offizier hatte sein Glück gemacht, indem er sich irgendein reiches Ehejoch auflud.

Allerdings war dieses Breslauer Leben im hohen Maße kostspielig; das unvermeidliche Spiel kam dazu, Yorks Finanzen nicht wenig zu zerrüt-ten; er hatte allen Anlaß, an Abhilfe zu denken. Teilnehmende Freunde rieten ihm, eine angemessene Partie zu machen; es gab da eine reiche Dame, freilich „mit etwas äsopischer Gestalt", die sich überaus gern hätte beglücken lassen. Mit halbem Scherz ging York auf die ersten vor-bereitenden Schritte ein; er bemerkte, daß die Erfolge rascher eintraten als er vermutet hatte; jene Freunde drängten vorwärts; bei dem nächsten Zusammensein sollte die gegenseitige Erklärung, die förmliche Verlo-bung erfolgen. Schon hatte York die Einladung. Da ward das ganze Bild des üblen Handels und seiner Folgen in seiner Seele lebendig; es erwachte in ihm, wie ein Freund in späteren Jahren niederschrieb, „die Sorge, ob nicht nach so argem Anfange einst frevelhafte Gedanken in ihm rege werden könnten". Er ging in die Gesellschaft, mit einer humoristischen Wendung wich er dem ersten Angriff aus, dann empfahl er sich, freilich die zu gütigen Freunde in einiger Verlegenheit zurücklassend, aber leich-teren Herzens.

Nicht lange darauf (6. Juli 1792) vermählte er sich wirklich. Die Er-wählte war eine Bürgerliche, J o h a n n a S e i d e l, eines Namslauer Kaufmanns Tochter, ohne Vermögen, aber anmutig und anspruchslos, von weichem, anschmiegsamen Sinn, voll innigster Liebe für ihn. So wenig war er bereit, dem Vorurteil der „Gesellschaft" nachzugeben, die erstaunt gewesen sein mag, wenn York auf die Frage, was für eine gebo-rene seine Braut sei, antwortete: „gar keine geborne".

Eben jetzt schien ein Krieg im Anzuge. Es wird nicht nötig sein, die politische Weltlage weiter, als sie York interessierte, zu überschauen; und in Wahrheit, ihn interessierten diese Dinge, die außer seinem Wirkungskreise lagen, auf die Dauer immer weniger. Den holländischen Zug im Herbst 1787 wird er mit der Aufmerksamkeit, zu der so viele persönliche Beziehungen auffordern mußten, verfolgt haben. Selbst die Anfänge der französischen Bewegung traten ihm wie den meisten Preußen offenbar in den Hintergrund gegen das große russisch-österreichische Bündnis, dem gegenüber Preußen, namentlich als Belgrad gefallen war (8. Okt. 1789), um das bedrohte Gleichgewicht zu sichern, sich mit allem Ernst zum Kriege vorbereitete, entschlossen, im Bunde mit der Pforte, mit Schweden und Polen den beiden kaiserlichen Kabinetten entgegenzutreten.

Auf die Kunde von diesen Verhandlungen Preußens mit der Pforte hatte Österreich ein Heer unter Laudon an der böhmischen Grenze gesammelt. Man beeilte sich preußischerseits, die Truppen an die Grenze zu ziehen. Der König selbst kam, nahm sein Hauptquartier in der Nähe von Frankenstein. Jeden Augenblick konnte der Ausbruch der Feindseligkeiten erfolgen.

Auch die Plüskowschen Füsiliere waren dorthin beordert. Wie überall, so auch bei ihnen, brachte die Mobilmachung allerlei Schaden, der sich in den Friedensjahren eingeschlichen, zum Vorschein. Der alte Plüskow war in tausend Ängsten, wie dies und das gehen werde. Das Unglück wollte, daß er einen Teil der Vorposten kommandieren mußte. Da kam ihm die plötzliche Meldung, daß der Feind heranziehe, schon angreife. Sofort ließ er die Lärmkanonen lösen, alarmierte die ganze Linie. Es war blinder Alarm; bei einiger Besonnenheit hätte er wissen können, daß die gemeldete Bewegung des Feindes nicht möglich sei: es war unzweifelhaft ein leichtsinniger Streich, der ihm gespielt worden war. Die Folge war, daß er zum Depot abkommandiert wurde. So streng York solchen Unfug der Untergebenen tadelte, er lachte herzlich, daß man den stumpfsinnigen Alten auf so gute Weise los geworden war.

Es kam nicht zum Ausbruch des Krieges; der Reichenbacher Kongreß, der Mitte Juni 1790 begann, brachte zwischen Preußen und Österreich eine Verständigung. Auch die Hoffnung zu einem Kriege gegen Rußland – schon war die Belagerung von Riga projektiert – verging in nichts; man kehrte allseits ruhig in die Garnisonen zurück.

Nicht bloß für York, den von manchen bisherigen Beziehungen das neue Interesse einer eigenen Familie abziehen mochte, war das Garnisonsleben ein anderes geworden; die großen Vorgänge in Frankreich begannen sozusagen die Atmosphäre, in der man bisher gelebt hatte, zu verwandeln. An der Seite der bisher ausschließlichen Gesellschaft erhob sich ein eigentümliches geselliges Leben jenes gebildeten Mittelstandes, der zugleich, getragen von der schon reifenden heimatlichen Literatur, und den unermeßlichen Einwirkungen, die seit den letzten zwei Dezennien von dem fortschreitenden wissenschaftlichen Leben der Universitäten geübt worden waren, dem Vorrecht und der Gewohnheit gegenüber ein gewisses intellektuelles Übergewicht fühlen durfte. Wandlungen, deren Bedeutung sich sehr bald auch auf die öffentlichen Verhältnisse ausdehnten; deren praktischer Anspruch es zum Bewußtsein bringen mußte, daß für diesen Faktor des nationalen Lebens in dem alten strengen System des friderizianischen Staates keine Stelle gelassen war.

Er lag tief in der Art der preußischen Verhältnisse begründet, daß der Offizierstand, im großen und ganzen betrachtet, jener deutschen Literatur und Bildung fernblieb, daß er, wo in ihm Bildung und Geist vorhanden waren, sein Gepräge den großen französischen Mustern entnahm. Daß auch York so dachte, ist bereits erwähnt worden. Und doch, es führte ihn der eigentümliche Zug seines Wesens auch zu dem Heimischen; aus der Fremde heimkehrend, hatte er eine Literatur – Wieland, Herder, Schillers Anfänge vorgefunden; dem letzteren wandte er sich mit wachsender Neigung zu, vor allem aus dem Wallenstein, dem Don Carlos mußte er ganze Stellen auswendig, liebte es, sie in der Pracht ihrer schönen Diktion herzusprechen.

Möglich, daß hierin die Neigung seiner jungen Frau – sie las ungemein viel und mit seinem Verständnis – sie las ungemein viel und mit seinem Verständnis – nicht ohne Einfluß auf ihn gewesen ist. Das schnelle Hinsterben der ersten Kinder gab diesem häuslichen Kreise trübe Stunden genug, gab dem Charakter Yorks auch diese Erfahrungen des reichsten Schmerzes.

Ja, als sollte keinerlei Versuchung erspart bleiben, diese groß angelegte Natur in den Bereich engster Interessen zu bannen und mit kleinlichen Alternativen mürbe zu machen; in Sachen des Avancements erfuhr er Zurücksetzungen, die ihn um so mehr kränken durften, als er sich bewußt war, sie nicht verdient zu haben. So lange der Major v. Aschersleben, der unmöglich Bataillonschef werden konnte, vor ihm stand, war das erklärlich, und als die Füsilier-Bataillone zu je vier in Brigaden zusammengelegt und sämtliche Brigaden zum Avancement verbunden wurden, kam er durch Einschub des Majors v. Kloch gar um eine Stelle tiefer, wurde der Dritte zum Bataillonschef. Die Vorbereitungen zum Kriege von 1792 ergaben weitere Veränderungen, und wieder hatte die erste schlesische Brigade und namentlich York Einschub zu erleiden. Man wandte sich mit Beschwerden an den Prinzen von Hohenlohe, York reichte bei dem Könige ein unmittelbares Gesuch ein.

Der König ließ ihm antworten:

„Mein lieber Capitain von York. Ihr könnt versichert sein, daß ich Euch als einen diensteifrigen, tätigen Offizier kenne und Euch bei der nächsten Gelegenheit gern avanciren werde. Die gegenwärtige Anstellung des Prinzen von Anhalt kann Euch eigentlich nicht zur Beschwerde gereichen, weil der abgegangene Major von Kitzing extraordinaire pensionirt ist. Ich bin usw."

Unter dem 27. November 1792 erfolgte Yorks Ernennung zum Major.

Es ist vorher der Reichenbacher Kongreß erwähnt worden. Er bildete den Anfang zu der folgenreichsten Umwandlung, die das politische System Preußens erleiden sollte. Man verbündete sich mit Österreich, um Frankreich zu bekämpfen; man suchte die Allianz mit Rußland, um von

Polen, das durch die Targowizer Konföderation völlig eine russische Beute zu werden drohte, wenigstens auch einen Teil zu gewinnen. Der Feldzug in der Champagne 1792 gab dem preußischen Waffenruhm einen ersten, erschütternden Stoß; dem nicht erfolgreichen Kriege von 1793 zur Seite ging die sogenannte zweite Teilung Polens, eingeleitet durch das Einrücken Möllendorfs in Großpolen (März 1793), die Einverleibung Danzigs, Thorns, der sämtlichen nordwestlichen Woiwodschaften von Plock bis Czenstochau, dann jene empörenden Verhandlungen auf dem polnischen Reichstage, die endlich durch die Verdorbenheit der großen polnischen Familien russische List und Brutalität zu dem von den Kabinetten gewünschten Resultat führten. Der Osten bis zum Bug war an Rußland abgetreten, russische Truppen standen über den noch erhaltenen Rest der Republik verbreitet.

Noch gab es ein polnisches Heer von 30 000 Mann, auch dieses sollte nach russischem Befehl auf die Hälfte herabgesetzt werden. Da brach der längst eingeleitete Aufstand los, Kosciusko an seiner Spitze; von Krakau aus rief er die Polen zum Kampf für die Unabhängigkeit auf. Am 17. April brach der Aufstand auch in Warschau los, mehr als 2000 Mann der russischen Besatzung wurden erschlagen, der Rest zog sich gen Lowicz zurück, wo die Preußen unter Bonin beobachtend standen.

Dem Beispiele Warschaus folgte Wilna, ganz Litauen erhob sich. Schon nahm die Bewegung einen gewaltsamen Charakter an; da und dort wurden Russenfreunde vom Volk umgebracht, ihre Schlösser geplündert, während sich in wilder Bewegung überall das Landvolk, mit Sensen bewaffnet, sammelte. Aber es fehlte die rechte Leitung des Ganzen. Während Kosciusko dem russischen Korps unter Denisof, das ihm den Weg nach Warschau sperrte, beobachtend gegenüberzubleiben gezwungen war, geschah von Warschau aus wenig oder nichts, um Zusammenhang und Organisation in die Bewegung zu bringen.

Preußischerseits waren in Schlesien schleunigst Truppen, unter diesen die Füsilierbrigade von Schulz mobil gemacht; unter General Favrat rückten sie gegen Ende Mai in der Richtung von Krakau vor, zogen im Marsch einige von den mobilen Truppen in Südpreußen an sich. Der König selbst übernahm den Oberbefehl.

Denisof war auf dem Wege nach Krakau bis über Kielce südwärts vorgerückt, den rechten Flügel der Pilica zu, wo er die Verbindung mit dem heranziehenden preußischen Korps suchte. Dieser zuvorgekommen, stürzte sich Kosciusko am 5. Juni bei Jedrzjow, vier Meilen östlich der Pilica, auf die Russen und warf sie. Die Nacht hinderte am weiteren Verfolgen. Am nächsten Morgen fand er in seiner linken Flanke die Preußen, die von Szekoczyn anrückten.

Sofort entspann sich das Gefecht. York befand sich mit dem Bataillon Eyssenhardt in der Vorhut auf dem rechten Flügel. Ein altes tapferes Regiment, das ihm zunächst an dem Angriff teilnehmen sollte, stutzte, wich, riß Yorks Schar mit sich. York fuhr mit seiner ganzen Gewalt zwischen sie; ein sonst übelberüchtigter, widersetzlicher Füsilier sprang an seine Seite: „Herr Major, wo Sie stehen, stehe ich auch;" rasch folgten die andern, sammelten sich; mit gefälltem Bajonett ging es nun auf die Sensenmänner; der linke Flügel der Polen wurde geworfen und löste sich in wilder Flucht. Der König hatte in der Nähe dieses glänzenden Angriffs gehalten. Ein Adjutant kam herangesprengt, den Allerhöchsten Beifall zu melden. York hörte ihn kaum bis zu Ende an: „Schaffen Sie schleunigst Kavallerie zum Nachsetzen." Der Adjutant eilte zurück; bald waren Schwadronen und Geschütze hinter den Feinden her; sie verloren 1000 Mann, elf Geschütze, sie waren von Krakau abgedrängt; die Sensenmänner, die in dem Gefecht besonders gelitten hatten, verschwanden aus dem polnischen Heere. Die weitere Folge war die mühelose Einnahme von Krakau.

Das Gefecht von Szekoczyn hatte dem Bataillon Eyssenhardt hohe Ehre gemacht, der König sandte zwei Orden pour le mérite für dasselbe, von denen nach damaliger Sitte der eine dem Chef, der andere dem Bataillon, wie man sich ausdrückte, zukam; letzteren pflegte dann der älteste Hauptmann zu erhalten. Major Eyssenhardt nahm, obschon er an dem Gefecht nicht teilgenommen hatte, den Orden an und wünschte, daß York den für das Bataillon erhalte. York verbat sich die Ehre auf Kosten des Bataillons.

In so kläglicher und unheilvoller Weise wurde der Feldzug weitergeführt, daß er für Preußen die bedenklichsten Folgen hätte haben müssen, wenn nicht die Russen, die lange mit absichtlicher Untätigkeit zugeschaut, endlich im Oktober mit plötzlicher Energie den Kampf aufgenommen und ihn durch Suwarows furchtbaren Sturm auf Warschau (4. November 1794) beendet hätten.

Wenige Wochen später wurden die Garnisonen bezogen; die eine Hälfte des Bataillons kam nach Sieradz, etwa 8 Meilen von Kalisch an der Warthe, York mit dem Rest nach Widawa, einem Städtchen vier Meilen südlicher.

Ein jammervoller Aufenthalt. Widawa war, wie diese kleinen polnischen Städte alle, ein armseliges Nest, außer der Kirche und dem Kloster kein festes Gebäude darin; nichts als erbärmliche Lehmhütten, nur daß die des Edelmanns einen gemauerten Schornstein zu haben pflegte; ein Teil der Wohnungen aus Erdhütten, Löchern unter der Erde bestehend; die Hälfte der Einwohnerschaft Juden. Überall der größte Schmutz, die Wohnungen voll Ungeziefer; die Straße ungepflastert, voll Kotpfützen; dazu die traurigste Umgegend, die Widawa durch ein sandiges Flußtal hinschleichend; da und dort eine magere Wiese, ein klägliches Ackerfeld; keine Allee, kein Gärtchen am Hause, kein Baum auf dem Feld; der polnische Bauer mochte die Bäume auf dem Felde nicht, sie gehörten nach seiner Meinung in den Wald.

Begreiflich, daß nach den letzten Vorgängen die Polen nicht eben freundlich gegen Preußen und preußische Soldaten waren.

Und doch war mit diesen Leuten gar wohl fertig zu werden, wenn man sie richtig nahm. Warum auch ihre Eitelkeit geflissentlich kränken, ihre

Gutmütigkeit hochmütig abweisen, ihre Sitte verhöhnen? Man weiß, wie
bald sich die preußische Herrschaft in diesen neuen Provinzen verhaßt
gemacht hat; statt durch Ordnung und Wohlwollen zu gewinnen, quälte
sie durch Schwerfälligkeit, ohne doch durchzugreifen; und den Rest der
guten Meinung verdarb die maßlose Selbstsucht derer, welche die blinde
Günstlingswirtschaft in Berlin mit Domänen und konfiszierten Gütern
überschüttete.

York hat stets mit besonderer Zufriedenheit an seinen zweijährigen
Aufenthalt in Widawa zurückgedacht. Er verstand es, sich Achtung und
Vertrauen zu erwerben. Als er die Vermessung der nächsten Umgebung
zu machen hatte, waren die Edelleute erstaunt, daß er ihre Bestechungen
nicht annahm; zutraulichst bat ihn einer, er möge doch ihn persönlich
nicht auf die Karte bringen. Freilich, man mußte da manches Prahlen,
manche Eitelkeit hinnehmen; aber er verargte ihnen nicht, daß sie sich
wenigstens ihres Kosciusko, ihres Dombrowsky rühmten, daß sie, auch
der bettelarme Slachtiz, sich rühmten, zu Königen geboren zu sein, daß
jener Kutscher mit Wohlgefallen erzählte, wie bei der letzten Königs-
wahl auch auf ihn beinahe eine Stimme gefallen wäre. Und wenn der
polnische Hausherr den Ankommenden an der Schwelle seines unsaube-
ren Hauses mit dem Pokal ohne Fuß voll Ungarwein begrüßte, wenn er
abends wieder beim Ungarwein von Sobiesky und den Türkenkriegen
erzählte, von dem gütigen Könige und den tapfern Regimentern des
Königs sich erzählen ließ, wenn dem Weggehenden der gastfreie Wirt in
herzlicher Ergebenheit den Kleidersaum küßte, – dann war wohl zu erkennen, daß man, um dies Volk an den Thron Preußens zu ketten, nicht
verfahren müsse, wie es unter Hoyms Leitung und in der Verblendung
des Berliner Übermutes fort und fort geschah.

VI

JOHANNISBURG UND MITTENWALDE

Länger als zwei Jahre lebte York in dieser Abgeschiedenheit zu Widawa. Am wenigsten ward es ihm schwer, den großen Verkehr mit der
politischen Welt zu entbehren; je mehr er sich als Soldat fühlte, desto
weniger hatte er den Wunsch, über den klaren und festen Bereich seiner
Dienstpflicht hinaus beteiligt zu sein.

Die Umformung der Füsilier-Brigaden, die mit dem Ausgang des Jahres 1796 eingeleitet wurde, ließ ihn hoffen, endlich ein eigenes Bataillon
zu erhalten. Aber erst im September 1797 wurde nach mehreren vergeblichen Versuchen sein Wunsch erfüllt.

Im Oktober 1797 übersiedelte York mit seiner Familie nach Johannisburg. Das Städtchen liegt in einem mehrere Meilen großen Forst, der von
Seen und Morästen durchschnitten ist, fernab von den großen Straßen,
doppelt öde in Winterzeit; es kam vor, daß die Schildwachen auf dem

Posten erfroren, und die Regel war es, ihnen scharfe Patronen zu geben gegen die Wölfe, die der Hunger aus dem Forst hereintrieb.

Da nun sollte er leben. Auch nicht einmal ein Haus war da, wie York es brauchte, wenn er seine Offiziere und sich sehen und ihnen und sich den Aufenthalt hier erträglich machen wollte.

Und allerdings war darauf Yorks Aufmerksamkeit in vorzüglichem Maße gerichtet. Es ist sehr bemerkenswert, wie er dies Verhältnis des Chefs zu seinen Offizieren auffaßt. Er meint keineswegs, daß jeder nach Ableistung sich selber angehöre und seine Wege gehen könne; er ist bemüht, sie möglichst nahe, möglichst persönlich an sich zu ziehen, eine stete und innige Gemeinschaft mit ihnen zu gründen; ein Offizierkorps, äußert er, ist ein Orden. Es liegt ihm wenig daran, mit der sonstigen Einwohnerschaft Verkehr zu haben, so strenge er darauf hält, daß man mit derselben im besten Einvernehmen sich befindet; aber die Garnison müsse man, meint er, wie eine Art Feldlager ansehen; wie bequem oder unbequem sie auch ist, der echte Soldat ist alle Zeit wie auf dem Feldfuß.

In diesem Geiste, lebte er mit seinen Offizieren, und, wie einer von ihnen später bezeugt hat, es war unvergleichlich, wie er den Ton seines Korps zu adeln, durch Erzählung und Gespräch zu beleben, selbst der Eintönigkeit des Dienstes Reiz und Schwung zu geben verstand.

Nicht bloß, weil er sich hier einen dauernden Aufenthalt versprach, sondern auch, um den geselligen Bedürfnissen seines Korps genügen zu-können, wünschte er sich ein eigenes Haus zu bauen. Der König – seit dem Herbst 1797 Friedrich Wilhelm III. – bewilligte eine Unterstützung an Baugeldern.

Mit dem Herbst 1798 war der Bau fertig; „in schlicht edlem Styl" mit dem freundlichen Garten war allerdings wie ein kleiner Palast neben den Johannisburger Häuschen. Das Innere ward stattlich und geschmackvoll eingerichtet; auch eine kleine Bibliothek befand sich dort, die den Offizieren gern geöffnet wurde.

Mit besonderem Fleiß war die Ausbildung des Bataillons betrieben worden. Hatten überhaupt die Übungen der Füsiliere die der Linie weit überholt, so war York bemüht, alles was er in der Fremde gesehen und erfahren hatte, in seinem Bataillon nutzbar zu machen, selbst auf die Gefahr hin, daß es den Pedanten der alten Schule als Verbrechen erscheinen würde. Ein kundiger Kritiker sagt: „Sein damaliges Bataillon mochte dem Ideal ziemlich gleichkommen, das die neuere Erfahrung und die verbesserten Taktik seitdem in unserer ganzen Infanterie eingeführt hat."

Allerdings gaben die einsichtigen Instruktionen, die Friedrich Wilhelm III. bei seinem Regierungsantritt erlassen hatte, einen wichtigen Anhalt, aber es fehlte viel, daß man überall in ihren Geist eingedrungen wäre. Viele Führer, an den alten Schlendrian gewöhnt, bleiben bei dem Unwesentlichen stehen, übten fort und fort Handgriffe und festes Aufstampfen bei Marsch und Wendung; der neu eingeführte Geschwindschritt erschien ihnen mehr als bedenklich – „jakobinisch", wie ein Witzbold sagte. Denn bis dahin hatte man sich, das Entwickeln und Schwenken ausgenommen, nur in dem pathetischen Tempo von 75 Schritt in der Minute bewegt; die rechten Schüler des Herzogs von Braunschweig wollten auch dieses Tempo noch zu hitzig finden, nur 71 Schritt in der Minute gestatten; nun mit den mehr als 100 Schritt in der Minute meinten sie nichts anderes, als daß alles drunter und drüber gehen werde. Ein weiteres Ärgernis war die damals von Rüchel aufgebrachte Richtung eines Bataillons nach vorgenommenen Punkten und die Verlängerung dieser Punkte für eine ganze Linie; da gab es ewige Unordnungen und Weitläufigkeiten, und mehr als einer der Offiziere scheiterte mit seinem Augenmaß an diesem immer von neuem peinlichen Experiment. Die auserlesenen Grobheiten, deren sich bei den Inspektionen Rüchel namentlich in solchem Fall zu bedienen liebte, machte die Sache nur noch unerträglicher; die Autorität werde erschüttert, die Würde des Standes gehe zugrunde.

Daß York auch mit diesen Dingen rasch und sicher fertig wurde, versteht sich von selbst. Aber er forderte von seinen Füsilieren mehr. Es ist früher bereits die Richtung angedeutet, welche er seinen Übungen zu geben wußte; hier in Johannisburg hemmte ihn niemand, und recht mit Behagen übte er seine wackren Litauer und Masuren in jener kecken, schlauen und beweglichen Weise, zu der ihr Naturell, wenn es einmal geweckt ist, sich so trefflich eignet.

In besonderem Maße merkwürdig war es, wie York die Disziplin zu handhaben verstand. Damals galten Schimpfen, Mißhandeln, Prügel, um die Kerle zu dressieren und zur Ordnung anzulernen, als unumgängliche Erfordernisse. Freilich hatte sich namentlich Möllendorf bemüht, eine humanere Weise einzuführen; „der König", hatte er schon 1796 in einem Parolebefehl gesagt, „hat keine Schlingel, Canaillen, Hunde und Kropzeug in seinen Diensten, sondern rechtschaffene Soldaten, was auch wir sind, nur daß uns das zufällige Glück höhere Chargen gegeben." Aber wie wenig hatte er Einfluß über die, wie man meinte, wohlerprobte Gewohnheit; nach wie vor blieb der Stock, das Fuchteln, das Spießrutenlaufen der Kitt des preußischen Soldatentums. Ausdrücklich wird bezeugt, daß York diese Mittel körperlicher Züchtigung äußerst selten, auf dem Exerzier- und Paradeplatz nie anwenden ließ. Allerdings war er streng, forderte viel; aber er verstand es, in seinem Bataillon ein soldatisches Ehrgefühl zu wecken, das, indem es den einzelnen Mann erhob, der Disziplin ganz andere und wirksamere Handhaben bot, als die brutalsten Körperstrafen je gewähren konnten. Als einmal bei der Besichtigung vor dem Generalinspekteur ein altgedienter Füsilier bei der gewöhnlichen Chargierung den Ladestock fallen ließ und der Inspekteur exemplarische Strafe forderte, – da diktierte York dem armen Teufel, eine Zeitlang bei dem langweiligsten Unteroffizier des Bataillons nachzuexerzieren, zum großen Ergötzen seiner Kameraden. Als sicherste Probe für den Geist des Bataillons ergab sich, daß Desertionen, an denen die Garnisonen überall krankten, hier in der völlig offenen, mit Wald und Wildnis umgebenen Stadt gar nicht vorkamen; das Vertrauen, das den Leuten geschenkt wurde, die größere Freiheit, die ihnen gewährt wurde, weckte ihre Anhänglichkeit und ihr Ehrgefühl in dem Maße, daß die Entlassung vom Bataillon eine Strafe wurde.

Es ist ja allgemein bekannt, wie tief die Politik Preußens schon damals in Schlaffheit und Widersprüchen versunken war. Der großen Koalition von 1799 beizutreten, konnte man sich nicht entschließen; aber man fürchtete, daß Kaiser Paul eine so unglückliche Neutralität damit strafen werde, daß er Friedrichs II. plötzlichen Einfall in Sachsen gegen Ostpreußen nachahme. Ein in besonderem Rufe stehender Stabsoffizier aus der nahen Umgebung des Königs war dieser Ansicht in solchem Maße, daß er die nötigen Winke nach Ostpreußen kommen ließ. York empfing diese Weisungen mit großer Freude; er wünschte sehnlichst, einmal mit seinem Bataillon eine Feldprobe zu machen. Von der diplomatischen Lage der Dinge hatte er so wenig eine Ahnung, daß ihm Preußen, um seinen Ausdruck zu brauchen, dem ruhenden Mars zu gleichen schien. Er meinte nicht anders, als daß der Thronwechsel von 1797 allen jenen Übeln, deren Anfang er in nur zu deutlicher Nähe gesehen hatte, ein Ende gemacht habe; statt der Ärgernisse, die bis dahin der königliche Hof gegeben hatte, ging ja nun von demselben das Beispiel edler Einfachheit und Lauterkeit aus, und es begann sich in den höheren Schichten der Gesellschaft wirksam zu zeigen. Es war auch im Militärleben vieles besser geworden, mehr Ordnung, angemessenere Übung, Beförderung nicht bloß nach Gunst und Zufall. Von den übrigen Dingen, von der sich selber nicht trauenden Befangenheit des jungen Königs, von den sich kreuzenden Intrigen seiner Umgebung, von der wachsenden Zusammenhangslosigkeit der politischen Maßnahmen Preußens merkte man freilich in Johannisburg nichts.

Bald sollte York Gelegenheit erhalten, diese Dinge aus größerer Nähe zu beobachten.

Im Oktober 1799 schrieb der ehrwürdige General von Brünneck an York, ob er wohl Neigung habe, Kommandant des Fußjägerregimentes zu werden, oder ob seine feste Ansiedlung in Johannisburg ihm eine solche Veränderung nicht wünschenswert erscheinen lasse.

York hatte nicht im entferntesten an eine so frühe Veränderung seiner Stellung gedacht; sie war ihm unerwünscht. Nicht bloß, daß er sich endlich einmal häuslich niedergelassen hatte; sein Städtchen war ihm lieb geworden, lieb auch um der Gräber der Kinder willen, die er hier bestattet hatte. Sodann war sein Bataillon nun in bester Ordnung, war ganz nach seinem Sinn, hatte ein Offizierkorps, wie er es nie zu finden gewiß sein konnte; sollte er es verlassen, um jenes in der ganzen Armee berüchtigte Jägerregiment zu übernehmen und da von vorne anzufangen, vielleicht ohne aus diesen verwöhnten und verwilderten Burschen etwas Gescheites machen zu können? Er entschloß sich, Brünnecks Anfrage verneinend zu beantworten. Er habe sich, antwortete er (12. Okt.) ein Haus gebaut, mit vieler Mühe und vielen Kosten habe er die Einrichtung seines Bataillons vollendet, so daß ihm in Rücksicht seiner Vermögensumstände eine abermalige Versetzung schwer fallen würde.

Er hoffte damit die Sache als abgetan. Einige Wochen später kam des Königs Befehl:

„Mein lieber Major v. York. Da die jetzt verfügte Versetzung des Major v. Uttenhoven vom Regiment Fußjäger als Commandeur zum dritten Bataillon des Regiments v. Zenge es notwendig macht, dem Jägerregiment einen ganz kapablen Commandeur zu geben, und Ich Mich überzeuge, daß Ihr die zu diesem wichtigen Posten erforderlichen Eigenschaften in Euch verbindet, so will Ich Euch hierdurch zum Commandeur des Jägerregiments ernennen. Ich glaube Euch durch diese anderweite Anstellung um so mehr einen unverkennbaren Beweis Meines Vertrauens und Meiner Zufriedenheit mit Eurem Eifer für Meinen Dienst zu geben, weil das Jägerregiment für die Armee ein sehr interessantes Corps ist und Mir also vorzüglich daran liegen muß, dasselbe ganz in der Verfassung zu wissen, worin es, um seinem Zweck zu entsprechen, sein soll; und Eure Mir bekannte Kenntniß von dem ganzen Umfang des Dienstes, verbunden mit einer so rühmlichen Thätigkeit, ist Mir Bürge, daß Ihr das Eurem Commando untergebene Jägerregiment stets in bester Ordnung halten werdet. Ich überlasse Euch nach Eurer neuen Bestimmung abzugeben, sobald Eure häuslichen Angelegenheiten solches gestatten, übersende Euch zu dieser Reise anliegenden Vorspannpaß und bin übrigens Euer wohlaffectionirter König."

York hatte die Kabinettsorder seiner Berufung Ende November erhalten. In wenigen Tagen war das Notwendigste vorbereitet. Der Familie mußte die Winterreise erspart werden. Er selbst kam am Silvesterabend nach Mittenwalde.

Er begann damit, die Offiziere auf dem Silvesterball zu überraschen und dort, wo Tanz und Wein sie bequemer und entgegenkommender machte, ihre Bekanntschaft zu machen. Am nächsten Tag sprach man dann hin und her über den noch so jungen Kommandeur, über sein erstes, sehr zuversichtliches Auftreten, und daß er wohl werde lernen müssen, wie man mit dem Regiment umzugehen habe. Wenige Wochen, und er kannte sein Personal, hatte seine Stellung, war auch der Mürrischen und Widerstrebigen teils mit guter Laune, teils mit festem Ernst Herr geworden.

Es war klar, daß man das ganze Korps im eigentlichen Sinn des Wortes umformen mußte. Freilich die Rücksicht auf den alten Chef des Regimentes, der das vierzig Jahre lang konservierte Wesen für vortrefflich hielt, hinderte dienstliche Anordnungen sehr; und wenn den Stabsoffizieren von dieser oder jener notwendigen Änderung eine vorläufige Mitteilung gemacht wurde, so schüttelten sie bedenklich den Kopf: die Jäger würden schwer dahin zu bringen sein. Sei es auf den Rat guter Freunde oder aus eigenem Takt, der General nahm für den Sommer Urlaub. Und nun eilte York, Hand ans Werk zu legen.

Da mußte denn von den ersten Elementen des Dienstes angefangen werden. Halb Mitleid, halb Lachen konnte es erregen, die alten Oberjäger, die gewohnt waren, jagdmäßig und bequem sich gehen zu lassen, Anstand, Haltung und Tritthalten lernen zu sehen. Manche hatten nicht übel Lust, sich solchen Neuerungen zu widersetzen. Es kostete einige harte Worte, einige energische Auftritte; die Jungen, namentlich auch die jüngeren Offiziere, fügten sich leicht und gern den verständigen Anordnungen, freuten sich des sichtlich frischeren Geistes im Dienst; man kam in kurzer Zeit zu einer völlig anderen Haltung der einzelnen und des Ganzen.

Dabei war York weit davon entfernt, mit Nebendingen zu quälen; er verstand, sie beiläufig mit abzumachen.

Man weiß, bis zu welcher Pedanterie damals die Gleichförmigkeit und automatische Bewegung der Truppen getrieben wurde: man machte, wie es ausgedrückt worden, die Bataillone zu Linealen, die auf dem Übungsplatz hin und her geschoben wurden. York liebte dergleichen nicht überall; ihm kam es weniger auf das Stampfen des Paradeschrittes und die mechanische Genauigkeit der unwesentlichen Äußerlichkeiten als auf die Leichtigkeit und Sicherheit der Bewegung an.

Von größter Bedeutung war es, die Jäger in dem ihrer Waffe entsprechenden Felddienst zu üben und sicher zu machen. York war unermüdlich und unerschöpflich in Erfindungen und Weisungen dieser Art. Er lehrte seine Jäger, ihre Kunst auf den Zweck des Krieges zu übertragen. Den weiten und sichern Schuß der Büchse möglichst ruhig, möglichst bedeckt anbringen, zum sorgfältigen Laden Zeit und Sicherheit behalten, nie „den Schuß übereilt weggeben, sondern stets mit Wirkung schießen", das war für den einzelnen die Hauptsache. Darum die „unabänderliche Regel", stets zu zweien vorzugehen; „diese beiden Jäger", sagt die Instruktion, „müssen sich jeder Zeit wie ein Körper betrachten, daher der eine den anderen defendirt, so daß, wenn der Eine geschossen hat und also wehrlos ist, der andere geladen und im Verteidigungszustand sich befindet; diese Regel muß jedem Jäger unverbrüchliches Gesetz sein, indem seine Ehre und sein Leben davon abhängt." Dann galt es, daß jeder jede Deckung zu benutzen, schlau und mutig heranzuschleichen, liegend, kniend oder wie sonst immer schußfertig zu sein lernte. Von selbst ergab sich die zerstreute Feuerlinie; im Haufen beieinander blieb nur der Rückhalt, der in sicherer Entfernung von den Vorposten ihren Bewegungen vor und zurück folgte, die Zurückeilenden aufnahm, um andere nach anderer Richtung in gleicher Weise zu entsenden.

Den Offizieren lag es nach Yorks Instruktionen ob, den Zusammenhang der Bewegungen je nach der Aufgabe und dem Gelände entsprechend zu leiten. Vortrefflich gelang es bei den jüngeren, und mit wachsender Lust lernten und lehrten sie an der Hand ihres unermüdlichen Kommandeurs. Aber mit den alten, eingerosteten Majoren und Hauptleuten war wenig oder nichts anzufangen. York versuchte dies und das; wo irgend möglich, suchte er ihnen nachzuhelfen, gab ihnen ausgebildete jüngere Offiziere zur Seite, versuchte, sie durch Besprechungen aufzuklären. Sie sollten zu Pferde die Übungen leiten; allerdings mußten sie etatsmäßig Pferde haben, aber es war seit Menschengedenken im Korps üblich, daß sie diese ihre Verpflichtungen in Kutschpferden leisteten, um

mit Frau und Kind spazierenfahren zu können; sie blieben auch jetzt bei
der Gewohnheit und begnügten sich, mit ihren Kutschpferden in die
Manöver zu reiten. Das war mehr als alles andere Yorks Ärger; er ließ
keinen Anlaß vorübergehen, wenn die alten Herren auf ihren feisten,
unvorschriftsmäßigen Gäulen hinschlenderten, dreinzufahren, sie bis auf
das äußerste zu hetzen: „Reiten Sie, reiten Sie, Herr Hauptmann, brechen Sie den Hals, wenn es nicht anders gehen will; warum reiten Sie
solche Schindmähren." Und sie jagten auf Leben und Tod, um das ver-
wünschte Ende der schon bekannten Redeweise nicht mehr zu hören. Er
war unerschöpflich in immer neuen Sarkasmen; er verstand es, seinem
Tadel die allerempfindlichste Schärfe zu geben; er ging bis an die äußerste Grenze des Erträglichen. Ungeschick und Beschränktheit bei den
Feldübungen, meinte er, seien das allerübelste, strafbarer als auf dem
Schlachtfelde, wo man das, was man versehen habe, durch Bravour wieder gutmachen könne. Und in diesem Geist äußerster Strenge verfuhr er
unnachsichtig, trieb die Ungeschickten bis zur förmlicher Verzweiflung.

Ausdrücklich wird hervorgehoben, daß er mit besonderem Takt eben
diejenigen, die er im Dienst auf das härteste angefaßt hatte, abends in der
Gesellschaft völlig kameradschaftlich und ohne die geringste Erinnerung
an die peinlichen Vormittagsstunden behandelte. Kam jemand – was
namentlich in den ersten Monaten oft geschah – ihn zur Rede zu stellen,
so empfing er ihn mit der ihm eigenen vornehmen Höflichkeit, unterhielt
ihn sehr angelegentlich, ließ ihn nicht auf den Anlaß seines Besuches
kommen; und unterbrauch dann jener, etwa weil der Dienst oder ein
Geschäft ihn erwarte, so hieß es: „Ich will Sie nicht aufhalten, wir sprechen bei besserer Muße davon, essen Sie heut mit uns, " und dergleichen,
und mit freundlicher Entschiedenheit war der Kläger hinauskomplimen-
tiert. Wie oft, daß ein Offizier, der sich vermessen hatte, dem Komman-
deut einmal die Wahrheit zu sagen, dann, er wußte selbst nicht recht wie,
unverrichteter Sache zurückkam und sich obendrein von den Kameraden mußte auslachen lassen. So war York nicht beizukommen. Am meisten entfernt war er davon, etwa an seinen Launen und Eigenwilligkei-
ten die Dienstbeflissenheit zu erproben: wer solche Augendienerei versucht hätte, würde übler bei ihm angestoßen haben, als der männlich
Widersprechende. Durch eine solche Szene würdiger Gegenrede gewann
einer der wenigen, mit denen er eine innige und bis in das Grab dauernde
Freundschaft bewahrte, Valentini, seine Hochachtung.

In der Tat, es war ein eigentümlicher und neuer Geist, den er in diesem
Offizierkorps erweckte; der Wetteifer der jüngeren ließ den Mißmut und
das Ungeschick der älteren vergessen. Bis dahin waren die Duelle im
Jägerregiment an der Tagesordnung gewesen, sie waren förmlich zu Re-
gulatoren der guten Sitte geworden. Mit Yorks Eintritt machte der edlere Anstand, den er geltend zu machen verstand, der Unsitte ein Ende,
und in den schriftlichen Aufzeichnungen eines damaligen Offiziers vom
Regiment wird bemerkt; er wisse von keiner einzigen Rauferei seit dem
Eintritte Yorks.

Es ist bereits erwähnt worden, wie York die Ausbildung seiner Jäger behandelte. Er war keineswegs der Ansicht, die höhere Meinung, welche sie von ihrem Korps hatten, brechen zu müssen; er verstand es, sich derselben zu bedienen, um das Ehrgefühl und den Wetteifer aller zu beleben. Außer der Übungszeit ließ er seine Leute gern gewähren. Besonders war die Freijägerei im Korps sehr im Gange; alle Augenblicke kamen Klagen von den adligen Gütern und Domänen. Man hatte früher die Gewohnheit, besonders arge Wildschützen einfach vom Regiment zu entfernen; York ließ sich durchaus nicht dazu bewegen: „Der König würde damit seine besten Leute verlieren." Er hatte im Grunde seine Freude an den schlauen und kühnen Wildschützstreichen; er meinte, das sei die rechte Schule für den Jäger. Er ermahnte und warnte freilich; aber ein ordentlicher Jäger, meinte er, dürfe sich nicht fangen lassen. Gegen Ungeschickte ließ er den Gerechtigkeit freien Lauf.

Schon das nächste Herbstmanöver zeigte das Jägerregiment bedeutend verwandelt, und der König sprach seine hohe Zufriedenheit mit Yorks Leistungen aus. Im Juni 1800 ernannte er ihn zum Oberstleutnant. Jede spätere Übung zeigte weitere Fortschritte des Regimentes; York hatte, ohne irgend Wesentliches zu opfern, aus den Jägern eine völlig neue Waffe zu bilden verstanden. 1803 erfolgte seine Ernennung zum Obersten der leichten Infanterie.

Bald darauf wurde er in die Kommission für Versuche mit Büchsen und Gewehren berufen und erhielt so Gelegenheit zu längerem Aufenthalt in Potsdam und Berlin.

Es liegen zu fragmentarische Notizen vor, um darstellen zu können, wie ihm die Dinge dort erschienen. Gewohnt, scharf zu beobachten und am wenigsten sich mit freundlichen Illusionen zu täuschen, mochte er bald genug festgestellt haben, in wie bedenklicher Lage sich die öffentlichen Verhältnisse, in wie unsicheren Händen sich deren Leitung befand. Vielleicht noch zusammenhangsloser und dem Zweck widersprechender als die damalige Zivilverwaltung Preußens war der Organismus der militärischen; zwischen dem Militärkabinett, dem Kriegsdepartement und dem Regimentsquartiermeisterstab waren weder die Ressortverhältnisse klar geschieden, noch ihre Gemeinsamkeiten geordnet, weder Einfachheit noch Einheit in den Geschäften. In der Nähe mit anzusehen, wie sie betrieben wurden, mochte denen doppelt lehrreich sein, welche aus der Entfernung ihrer Garnisonen her die Dinge nur mit jenem erhabenen Schein zu sehen bekamen, den man in den oberen Regionen geschickt genug war, zu bewahren. Was in den Provinzen als letzte, höchste, apodiktische Entscheidung unbedenklich verehrt wurde, aus wie kleinlichen Motiven, Rücksichten, Überlieferungen sah man es hier in seiner Quelle zusammenfließen. Am wenigsten jene feste, energische, wie York sie zu nennen pflegte, jene „herrische" Art war hier im Schwunge, die allein einem Militärstaat wohl ansteht. Desto eifriger war man, sich gegenseitig zu loben und zu bewundern, wenigstens nach außen, denn in der Stille wußte jeder an jedem desto mehr Bedenkliches zu bezeichnen. Ohne alle

Frage befand sich die Armee in einem Zustande taktischer Vollkommen-
heit, der selbst die Dressur des alten Dessauers überbot; wahrscheinlich
ist nie korrekter marschiert, peinlicher die Gleichheit der Zöpfe und der
Fußspitzen beobachtet worden als in den tonangebenden Regimentern
von Berlin und Potsdam. Aber mitten in dieser Überreife untergeordne-
ter Vortrefflichkeiten, in diesem Großsein in kleinen Dingen begann man
mit einer gewissen Unruhe zu begreifen, daß man in eben den Richtungen, denen Bonaparte seinen wachsenden Ruhm verdankte, in hohem
Maße unreif sei, daß man weder die Ideen, noch die Charaktere, noch die
Leidenschaften besaß, welche die Größe bedingen. Man beeilte sich, den
praktischen Mängeln auf theoretischem Wege beizukommen; mit Heftigkeit warf man sich auf strategische Studien; und während die einen
mit hochfahrendem Sibyllenton alles verwarfen, was nicht in den genialen Kreis höchststrategischer Erleuchtungen hineinreichte, suchten andere mit ebensoviel Geist wie Dünkel Einrichtungen zu schaffen, in denen sie ihre strategisch-politischen Kombinationen zum Mittelpunkt des
Staatswesens machen wollten. Man sagte sich oft und gern, daß man mit
voller Sicherheit sich auf sich selbst stützen könne. Und der auf Eroberung, Arrondierung, französische Allianz drängende Eifer der Genialen
steigerte in demselben Maße, als die Leitung der preußischen Politik
systemloser und unberechenbarer wurde, die Gereiztheit der Stimmungen und die Bitterkeit der Gegensätze.

Yorks ganzer Art konnten diese Dinge nicht anders als in hohem Maße
peinlich sein; am wenigsten er war der Charakter, ein solches Durcheinander ohne scharfe und beherrschende Normen, solche Strömungen und
Gegenströmungen von Einflüssen, Rücksichten und Absichten auch nur
erträglich zu finden. Auf Grund seiner Stellung konnte er nirgends maßgebend eingreifen. Was er sah und hörte, verletzte sein Selbstgefühl;
seinen Stolz widerten die Eitelkeiten an, nie war er aufgelegter zum Wi-
dersprechen, zum Tadeln dessen, was andere bewunderten, zu Sarkasmen.

Zur Mode gehörten damals die Entzückungen über die Königin; alles,
was sie tat und sprach, galt für bezaubernd; ihre Schönheit wurde unzählige Male Gegenstand enthusiastischer Gespräche. York gefiel sich darin,
diesen Geschmack nicht zu teilen: ihre Hand sei zu groß, ihr Fuß häßlich.
Es verdroß ihn, daß man den König neben ihr in den Schatten stellte; er
glaubte, daß sie einen Einfluß auf den Hof, ja auf die Geschäfte übe, den
er beklagte. Allerdings war der alte, militärisch herbe Charakter des Hofes – er meinte durch sie – im Hinscheiden; als einst über den Rang der
Kammerherren und Kammerherren und Obersten gestritten ward, trat
die Königin hinzu, sprach für den Vortritt der Kammerherren; und York
erwiderte: „Möge in den Kammern der allerhöchsten Herrschaften der
Kammerherr vorausgehen, auf dem Schlachtfelde würden Sr. Majestät
Obristen nicht zu besorgen haben, daß man ihnen den Rang streitig
mache." – Unter den Prinzen des Hauses zog keiner mehr als der Prinz
Louis Ferdinand die Blicke auf sich; alles, was genial war oder scheinen

wollte, suchte sich an ihn zu drängen; seine Beziehungen reichten weit
hinab in die bürgerliche Geselligkeit, die in den geistreichen jüdischen
Zirkeln Berlins ihren Anfang genommen und immer noch vorherr-
schend, wenn auch seit der Konkurrenz der Romantiker nicht mehr
ausschließlich, in ihnen ihre Blüte hatte. York ergoß sich in Spott über
die ästhetischen Offiziere, über ihren Umgang mit Schauspielern und
Juden. – Man hatte ihn zum Mitglied jener militärisch-wissenschaftli-
chen Gesellschaft ernannt, die, von Scharnhorst angeregt, die tiefe Umgestaltung der Bildung der Offiziere einleitete, die später die Kriegsschule im größeren Maßstabe ausgeführt hat. Es ist wohl erklärlich, daß in
jenen Anfängen noch ein starker Beigeschmack des Dilettantischen
steckte, und daß die Mode, wissenschaftlich zu sein, auch auf Trivialitä-
ten oder rein praktische Dinge übertragen wurde. York gefiel sich darin,
sich den „gelehrten" Offizieren gegenüber als den bloßen Praktiker und
Autodidakten, als Soldaten nach dem natürlichen, gefunden Menschen-
verstand zu bezeichnen. Ihm sei, erzählte York wohl, ganz unheimlich
geworden, als er zum ersten Male dieser Gesellschaft beigewohnt habe;
auf gepolstertem Stuhle gebannt, in schwüler Gelehrtenluft, in allgemei-
nem gespannten Zuhören habe er die langweiligsten Reden und Betrachtungen anhören müssen über Dinge, die sich in der Regel von selbst
verstanden hätten.

Es mochte York wohl sein, gegen Mitte Dezember 1803 in seine stille
Garnisonstadt zurückkehren zu können. Sein häusliches Leben freilich
gewann jene Annehmlichkeiten nicht wieder, die es in den Johannisburger Tagen gehabt hatte. Seiner Frau war es in der doch beschränkteren
Stellung dort wohler gewesen; immer wieder in fremde Kreise gestellt,
fühlte sie sich vereinsamt. Und immer neue Opfer forderte der Tod von
ihm; von sechs Kindern, die sie geboren hatte, lebten nur noch ein Knabe
und ein jüngstes Töchterchen. Sie vermied es, ihren Gemahl sehen zu
lassen, wenn sie im stillen um ihre Toten weinte. Wohl erfreute sie Yorks
glänzende Laufbahn; aber es war ihr, als vermöge sie ihm nicht auf derselben zu folgen. Sie verstand es ja nicht, ein Haus zu machen, wie er es
bedurfte; sie war ja nicht aus jenen hohen Kreisen, in denen er sich zu
bewegen hatte; früh hinwelkend, was konnte sie ihm noch sein? Wer mag
sagen, wie tiefen Anteil diese still wachsenden Trübungen des häuslichen
Lebens, diese kleinen peinlichen Alltäglichkeiten, die sie mit sich bringen
mußten, an den Schärfen hatten, die in Yorks Art mit jedem Jahre mehr
hervortraten; am wenigsten zum Sentimentalen neigte er.

Desto ungeteilter lebte er seinem Beruf. Man glaube nicht, daß er ihn
nur in den praktischen Übungen sah, daß er den Wert theoretischer
Betrachtungen verkannt hätte. Noch sind zahlreiche und ausführliche
Hefte von seiner Hand vorhanden, in denen er seine Beobachtungen,
seine Auszüge aus militärischen Schriften, seine Entwürfe zu Instruktionen und taktischen Problemen niedergeschrieben hatte. Seine Studien
beschränkten sich nicht auf das Militärische. Er sprach gern mit den
jüngeren Freunden über philosophische Probleme; er äußerte seine Be-

wunderung über Kant, der eben die Pflicht so in ihrer ganzen Bedeutung dargestellt habe. Er kam dann wohl auf den Satz: „man müsse nie zufrieden sein". Das Zufriedensein erschien ihm als ein Zustand des Genusses, wie er nur aus Selbstsucht und Selbsttäuschung hervorgehen könne. Er forderte wie von sich, so von seinen Freunden alle Selbstverleugnung um der Pflicht willen; für die Masse sei Furcht oder Hoffnung Triebfeder des Handelns.

VII

DER AUSZUG VON 1805

Wieder war York wegen einer Zusammenkunft der Gewehrkommission im Oktober und November in Potsdam und Berlin.

Gerade in dieser Zeit brachte die Nachricht von der Abführung des englischen Residenten in Hamburg, des Herrn Rumbold, durch französische Soldaten die äußerste Aufregung hervor; es ward das als eine Beleidigung gegen den König aufgenommen, der die Obhut des niedersächsischen Kreises habe.

Zum ersten Male sprach sich in solcher Allgemeinheit und Entschiedenheit die Stimmung in Potsdam gegen Frankreich und Napoleon aus. Weder der Luneviller Friede noch die Besetzung Hannovers hatten besonderen Eindruck gemacht; die Hinrichtung Enghiens war ergreifend, aber erklärlich; daß sich Napoleon zum Kaiser machte, gab zu manchen Sarkasmen Anlaß, indem man in dem modernen Gepränge, mit dem er die neue Krone ausstaffierte, allerlei Lächerliches und Theatralisches, wenig Geschmack und viel Eitelkeit fand. Aber jenes polizeiliche Eingreifen an der Elbmündung, gleichsam vor den Toren Berlins, traf plötzlich, setzte alles in Aufregung, Zorn, Bestürzung. Man debattierte lebhaft, wie sich Preußen Genugtuung verschaffen, den Krieg gegen Napoleon führen müsse.

York vermied die Teilnahme an diesen Debatten: „Er liebe es nicht, daß der Soldat politisiere". Nur im engsten Kreise äußerte er sich, da aber mit der äußersten Besorgnis über die Lage des Staates, über dessen Mittel, über die leitenden Kräfte. Auch der König hatte diese Ansicht; er sandte statt der gereizten Note seines Ministers Hardenberg vom 1. November 1804 ein eigenhändiges Schreiben an den Kaiser, dem die sofortige Freigebung Rumbolds folgte.

Es zogen sich schwerere Wetter zusammen; Napoleon rüstete im ungeheuersten Maßstabe, von Boulogne aus England zu überfallen. Pitt war wieder am Ruder; es wurde an der Erneuerung einer Koalition gearbeitet, mit der man Napoleon endlich zu erdrücken hoffte. Im Frühling 1805 deutete alles auf nahen Krieg. Wie wird sich Preußen entscheiden?

Auch in den Garnisonen wurde die Frage besprochen. York pflegte dann wohl zu äußern: Preußen habe überall nur Feinde, das Heer müsse bereit sein, nach allen Seiten hin Front zu machen. Es war die Summe jener altpreußischen Ansicht; es war das System, das mit dem großen Kriege der sieben Jahre besiegelt war. Es ist bekannt, daß man in Berlin zu einer Formel kam, die äußerlich dieser Ansicht ähnlich war; aber wenn man die Anerbietungen Napoleons wie der Koalition zurückwies, wenn man das seit zehn Jahren beliebte System der Neutralität beibehielt, so war es nicht im Gefühl der Kraft, mit der Zuversicht eines positiven politischen Gedankens, nicht mit der Voraussicht der Gefahren, denen man zu begegnen haben werde.

Bis in den Sommer 1805 hinein erhielt das Berliner Kabinett weder von Napoleon noch von der Koalition offizielle Eröffnungen. Aber schon in den Vorberatungen zum Konzertvertrage hatte Novosilzoff gegen Pitt geäußert: Rußland glaubte Preußens Beitritt erzwingen zu können; Pitt empfahl ihm, für den Beitritt die Rheinlande zu bieten. Ende August kam von Napoleon gesandt Duroc nach Berlin, für ein Bündnis mit Frankreich Hannover anzubieten. Wenige Tage später verließen die französischen Truppen Hannover, ließen nur in Hameln eine Besatzung zurück. Schon hatte der Schwedenkönig in seinem pommerschen Gebiet Truppenmassen gesammelt; russischerseits waren alle möglichen Kauffahrer in der Ostsee gemietet und nach Petersburg geschickt, um Truppen aufzunehmen. Während die Österreicher an die bayerische Grenze vorrückten, sammelte sich ein russisches Heer am Bug. Endlich am 21. Sept. übergab der russische Gesandte in Berlin das Ersuchen, russischen Truppen den Durchmarsch von Stralsund nach Hannover, vom Bug nach Mähren hin zu gestatten.

Man hatte Duroc ausweichende Antworten gegeben. An Rußland ward geantwortet, daß man keinerlei Durchmarsch, weder durch Südpreußen noch durch Schlesien noch durch Norddeutschland gestatten könne. Es wurden sofort die Befehle erlassen, derartige Versuche mit bewaffneter Hand zurückzuweisen.

Es liegt außer dem Bereich dieser Darstellung, zu erörtern, in wie unheimlicher Lage Preußen, dessen Truppen nirgends gesammelt, dessen Festungen völlig unvorbereitet waren, sich der völlig gerüsteten und schon an der Grenze stehenden Heeresmacht gegenüber befand. Begleiten wir die Vorgänge beim Jägerregiment.

Am 22. September, am Tage nach der Überreichung jener russischen Note, kam der Befehl, alle Kompanien auf die volle Kriegsstärke von 150 Mann zu bringen. Zugleich wurde York zum Kommandeur en chef ernannt. Es wurde befohlen, sich marschfertig zu machen; es sollten vier Kompanien nach Ostpreußen, drei nach Südpreußen, drei nach Pommern gehen.

Der Eindruck, den diese sich hastig folgenden Befehle hervorbrachten, war doch sehr eigentümlicher Art. Die Marschrouten zeigten, daß es gegen Rußland ging; warum, war entweder gar nicht oder nur gerüchteweise bekannt. Den jüngeren Offizieren war es erwünscht, daß man überhaupt einmal zum Schlagen kommen sollte; unter den älteren waren

mehrere, die sich ungern aus ihrer Ruhe, dem Kreise der Ihrigen aufge-
schreckt sahen. York war kalt und sicher wie immer.

Bald stellten sich die ersten größeren Sorgen ein. Bevor noch die gegen
die russischen Grenzen bestimmten Truppen sich versammelten, hatte
Napoleon das ohne Anfrage getan, was Alexander wenigstens in der
Form einer Frage angezeigt hatte: Bernadotte war am 3. Okt. durch das
preußische Gebiet in Franken marschiert.

Sofort wurde dem Kaiser Alexander angezeigt, daß Preußen zur Herstellung völliger Gleichheit auch den russischen Truppen den Durchmarsch nach Mähren wie nach Hannover gestatte. Aber man ging weiter:
Hardenberg schrieb am 14. Okt. an Duroc einen förmlichen Absagebrief:
„Preußen sehe sich genötigt, seine Armeen diejenige Stellung einnehmen
zu lassen, die für die Verteidigung des Staates notwendig werden werde."
Die Truppen erhielten Befehl, westwärts zu marschieren. Am 25. Okt.
kam Alexander nach Potsdam; man verständigte sich, daß Preußen die
bewaffnete Vermittlung übernehmen, Napoleon die Bedingungen eines
allgemeinen Friedens vorlegen und, wenn derselbe von ihm bis zum 15.
Dez. nicht angenommen sei, ihm den Krieg erklären solle.

York war bereits am 11. Okt. nach Berlin berufen worden; er empfing
dort die näheren Anweisungen; er sollte die Jäger, die noch in Mittenwalde waren, dem Korps von Niedersachsen unter dem Herzog von Braunschweig zuführen, während ein zweites Korps unter dem Kurfürsten von
Hessen in Westfalen vorging, ein drittes unter dem Fürsten Hohenlohe
sich gegen Thüringen wandte.

Am 9. Nov. traf York mit seinem Adjutanten Seydlitz in Hildesheim
bei dem kommandierenden General, dem Herzog von Braunschweig,
ein. Die preußischen Heere mußten nach dem vorerwähnten Vertrage
eine Stellung gegen die Mainlinie nehmen, welche Napoleon nötigen
konnte, auf die Vermittlung Preußens einzugehen.

Am 14. Nov. war Herr v. Haugwitz aus Berlin abgereist, um Napoleon
jene energische Vermittlung Preußens anzutragen; einen Tag früher hatte der Kaiser Wien besetzt. Empfing er auch Haugwitz nicht so bald, so
konnte ihm nicht unbekannt sein, was in Potsdam verabredet war; die
Truppenmärsche Preußens erläuterten die drohende Note Hardenbergs
vom 14. Okt. Es kam alles darauf an, einen entscheidenden Schlag zu
führen, ehe Preußen in der Lage war, seine Macht mit in die Waagschale
zu werfen. Napoleon eilte nach Mähren den anrückenden Russen entgegen. Haugwitz folgte ihm nach Brünn, noch mit der Ausführung seines
Auftrages zögernd.

Für Preußen sollte der 15. Dezember der entscheidende Tag sein. Die
Siegeszuversicht Alexanders konnte sich nicht zügeln. Obschon er wissen
mußte, daß eben jetzt der preußische Antrag bei Napoleon war, eilte er,
auch ohne nur seine sämtlichen Armeekorps an sich gezogen zu haben,
Napoleon zu begegnen. Es galt ihm wenig, daß er damit Preußen auf das
äußerste bloßstellte.

Es ist nicht ersichtlich, welchen unmittelbaren Einfluß Alexander auf die militärischen Bewegungen der preußischen Armee übte. Anfang Dezember bewegte sie sich südwärts. Die Vorhut des Hohenloheschen Korps unter Blücher erreichte den Main im Bayreuthischen.

Am 13. Dezember erhielt York in Meiningen die Nachricht von der Austerlitzer Schlacht. Um so gewichtiger konnte jetzt Preußens Macht in die Waagschale fallen. Er eilte am 15. über Meiningen südwärts hinaus.

Noch in derselben Nacht erhielt er Befehl, seine Marschroute zu ändern, sich links über Schleusingen nach Hildburghausen zu ziehen. Dort wartete er auf neue Befehle am 18. und 19. Dezember. Sie kamen, sie lauteten: zurück nach Jena. So ging es über den schneebedeckten Thüringer Wald. Am Weihnachtsabend stand York mit der Vorhut in Lobeda bei Jena.

War man, ohne auch nur einen Feind gesehen zu haben, besiegt? Nach der Niederlage von Austerlitz hatte Kaiser Alexander, da Napoleon dem in seinem Lager persönlich erscheinenden Kaiser Franz als erste Bedingung den Rückmarsch der Russen gestellt hatte, seine Truppen schleunigst nach Polen zurückgeführt; die in Mecklenburg und Schlesien stehenden Truppen hatte er dem König von Preußen zur Verfügung gestellt. Die gleichzeitigen Verabredungen, die sich Haugwitz erlaubte, stellten Preußen in die Alternative, den Krieg fortzusetzen oder für die fränkischen Fürstentümer Hannover zu nehmen.

Es wagte das Berliner Kabinett weder das eine noch das andere. In den ersten Tagen des Januar 1806 ward eine Bekanntmachung an die Truppen erlassen, daß die freundschaftlichen Beziehungen zu der französischen Regierung wieder angeknüpft seien, daß die Truppen aber jeden Augenblick sich bereithalten sollten, wieder ins Feld zu gehen.

Traurige Winterquartiere! Man fühlte wohl, daß der Augenblick zu einem großen entscheidenden Schlag verpaßt war; daß jede Woche längeren Zögerns Preußen politisch und militärisch tiefer hinabdrückte; man war erbittert, daß die militärische Macht Preußens durch eine klägliche politische Leitung kompromittiert sei.

York empfand diese Dinge vielleicht bitterer als alle anderen; sein militärischer, sein Preußenstolz war im tiefsten verletzt. Aber er sprach kaum mit den Vertrautesten darüber, mit Seydlitz, Valentini.

Man lag da inmitten jener kleinen sächsischen und thüringischen Reichsgebiete, deren Fürsten wohl Grund hatten, mit ängstlicher Spannung zu warten, wie das Schicksal über ihre Ohnmacht entscheiden werde. Sie hatten keinen Schutz als Preußen, sie sahen in den preußischen Truppen ihre letzte Rettung. Den preußischen Offizieren ward an diesen kleinen Höfen viel Zuvorkommenheit erwiesen. York sah es ungern, wenn diese Fürsten, wie es wohl geschah, ihre Stellung vergessen zu lassen bemüht waren; die Gemessenheit, mit der er sich selbst ihnen gegenüber benahm, war nicht bloß der Stolz eines preußischen Offiziers, sondern zugleich der Anspruch, der landesherrlichen Würde, wie klein oder groß auch ihr Bereich war, nichts zu vergeben; er meinte wohl, das seien die Herren ihren Untertanen schuldig. Luden sie ihn ein, sein Quartier in ihren Schlössern zu nehmen, so lehnte er es ab; er versäumte in ihrem Gebiet keine der Aufmerksamkeiten, die dem Landesherrn gebührte. Aber die Herzlichkeit, die manche dieser Herren liebten oder zur Schau trugen, schien ihm verächtlich; einen Hof, wo man ihm die Pfeife präsentierte, nannte er das beste Kaffeehaus, das er kenne.

Man blieb in diesen Gegenden bis in den Februar. Dann wurde langsam in die Garnisonen zurückmarschiert.

VIII

JENA UND ALTENZAUN

Von der schmachvollen Geschichte der preußischen Staatslenkung in der ersten Hälfte des Jahres 1806 ist für den Zusammenhang dieser Darstellung nur der allgemeine Eindruck in Erinnerung zu bringen, den sie auf die Armee machen mußte.

Der Schönbrunner Vertrag war nur die Einleitung zu einer Reihe von Demütigungen, welche durch die Begehrlichkeit, die die preußische Diplomatie inmitten ihrer Schwäche und Schande noch fortsetzte, nur um so greller hervortraten. Preußen ließ sich bereden, Hannover zu nehmen als Ersatz für Franken; es ließ sich, da das Reich deutscher Nation durch den Rheinbund zerstört worden war, ohne daß man bei dem Berliner Kabinett auch nur eine Anfrage darüber gemacht, mit dem Projekt eines norddeutschen Kaisertums ködern. Und dann, nachdem England wegen Hannover Preußen den Krieg erklärt hatte, stellte Napoleon den Engländern die Rückgabe Hannovers in Aussicht, um den Frieden mit ihnen herzustellen. Über Preußen hinweg verständigte sich Napoleon mit Rußland, nicht ohne den Gedanken einer Wiedervereinigung Polens als russischer Zweitgeburt anzuregen. Mit jedem Tage wurde Preußen isolierter, haltloser, verachteter.

Und am Ruder blieben dieselben Personen, welche den Staat in diese unheilvolle Lage getrieben hatten, vor allem Haugwitz; es schwoll die Mißstimmung in der Armee, in der Bevölkerung; sie begann bis in des Königs nächste Nähe zu dringen; mehrere Prinzen des Hauses, mehrere Generale stellten in einer Denkschrift die entsetzliche Lage des Staates, die Notwendigkeit einer Veränderung des Kabinetts dar. Der König sah in diesem Schritt nur strafbare Anmaßung; in der Überzeugung, nicht in der Lage zu sein, einen Krieg führen zu können, glaubte er, diejenigen Minister an seiner Seite behalten zu müssen, die bisher die Anlehnung an Frankreich empfohlen hatten, und damit Bürgen des Friedens schienen. Und gerade diese Minister waren es, die dann, als sich der tief verletzte Stolz der Armee, wenigstens in Berlin und Potsdam, immer heftiger äußerte, als die Offiziere eines tonangebenden Berliner Regimentes auf den Stufen der französischen Gesandtschaft ihre Degen wetzten, ihre

Wachtmeister ins Theater schickten, um in Wallensteins Lager den Chor mitzusingen – da waren es eben diese Minister, welche plötzlich voll Furcht vor dem esprit public dem König rieten, sich in den Krieg zu stürzen. Und er folgte ihnen, indem er bereits, ohne sie davon wissen zu lassen, mit England und Rußland in Unterhandlung getreten war; und sie blieben im Amte, gleich als müsse dem Kriege vom Anfang her auch der Schein der Volkstümlichkeit entzogen werden, die vielleicht für das endlich kämpfende Preußen hätte erwachen können.

Es liegen keine Unterlagen vor, aus denen zu entnehmen wäre, wie York in diesen peinlichen Monaten die Lage Preußens auffaßte. Durch und durch Preuße wie er war, mußte er sich durch die drohende Alternative, Preußen entweder eine russische oder französische Hilfsmacht werden zu sehen, beleidigt fühlen; er war zu sehr auf das Praktische und Reale gewandt, als daß er nicht hätte erkennen sollen, daß nur auf dem Wege einer raschen und klaren Machtentwicklung im Innern – und das Heerwesen würde deren Hauptaufgabe gewesen sein – Preußen die selbständige, unabhängige, gebietende Stellung wieder zu gewinnen vermöge, welche die Diplomaten wohl verspielen und vergeuden, nicht aber mit ihren Kartenkunststücken wieder herstellen konnten.

Das ist in solchen Zeiten das Entsetzliche, daß der einzelne, wie klar er auch den Schaden sieht und die notwendigen Maßnahmen erkennt, nichts vermag gegen den verhängnisvollen Gang der Dinge, gegen die Verblendung, die sie unaufhaltsam zum Abgrund drängt.

York tat, was er konnte; noch eifriger, strenger, rücksichtsloser als sonst übte er seine Jäger; keinen Kunstgriff, keine Möglichkeit ihres Dienstes, den sie nicht auf ihrem Exerzierplatz versuchen mußten. Dort am Waldessaum, die Weidenreihe an der Wiese entlang, gegen die Ackerlehnen drüben wurden Tag für Tag die Jäger geübt und geplagt. Er gestand es wohl selbst, daß sie schweren Dienst hatten, daß er sie anstrenge.

Er war nicht leichten Mutes. Inmitten der Gefahr kalt, sicher, ruhigen Blicks war er, solange sie nur drohte, voll Unruhe, voll finstrer Bilder; jede Möglichkeit in leidenschaftlicher Anschaulichkeit vorausschauend, durchlebte er alle Qualen ihrer Wirkungen im voraus. Nach dem Spiel der Wolken schauend, sah er dann beginnendes Getümmel, wilden Kampf, Niederlagen.

In dem Frühling des Jahres 1806 sahen ihn oft die Nachbarn in seinem Garten unruhig auf- und abgehen, oder vor dem Gartenhause sitzend in die Wolken schauen.

Nicht mehr als sonst war er mit seiner Frau und dem Kind zusammen. Die Leute sagten, er kümmere sich wenig um sie; das einzige, was er lieb habe, sei sein Kanarienvogel. In der Tat, er versäumte ihn nie, jeden Morgen gab er ihm sein Futter, sein Stückchen Zucker.

Im Mai war ein Armeekorps unter dem alten General Kalkreuth gegen Schweden zusammengezogen. Man war ja mit Schweden und England im Kriege.

Mit dem Juli begannen Kriegsgerüchte anderer Art. York wurde nach

Berlin befohlen. Von dem treuen Seydlitz begleitet reiste er ab. Dort bemerkte er die heftig bewegte Stimmung unter den Berliner Offizieren, er erlebte jene Szenen im Theater. Wie vollkommen widersprach das seinen Vorstellungen von Disziplin, von der Stellung der Soldaten; sollten die Offiziere der Gens d'armes und Garden die Politik Preußens machen? Sollte aus der Monarchie der Hohenzollern eine Berliner Prätorianeroligarchie werden? Und in solchem Zustande gedachte man gegen napoleonische Heere zu kämpfen? Aber wer hörte seine Mahnungen!

Hoffnungsloser kehrte er zurück. Am 31. August wurde der Ausmarsch befohlen.

Mit sechs Märschen erreichte man über Möckern die Elbe bei Krakau dicht vor Magdeburg. In Naumburg, dem Hauptplatz der Magazine, traf man am 15. Sept. ein. Den Feldzugsplan des Höchstkommandierenden, des Herzogs von Braunschweig, zu erkennen, war noch nicht möglich; man erfuhr nur, daß die schlesische Armee unter Hohenlohe, mit den Truppen des Kurfürsten von Sachsen vereint, über die Elbe vorwärtsdringe.

York mit den vier Kompanien Jäger, die er bei sich hatte – die übrigen standen bei anderen Korps – wurde der Vorhut der Hauptarmee zugeteilt, die unter dem Herzog von Weimar stand; dessen Hauptquartier lag in Nieder-Roßla. Man fand eine glänzende Gesellschaft dort zusammen; der Herzog erschien voll kriegerischen Eifers. Nach dem Diner wurde in einzelnen Gruppen lebhaft diskutiert. Seydlitz hörte dem Hauptmann Liebhaber vom Generalstab zu, der mehreren Husarenoffizieren die Strategie des Feldzuges erläuterte: „Bis jetzt hat der Feind keinen Schritt getan, den wir ihm nicht vorgeschrieben, unsere Operationen sind so kombiniert, unsere Korps so gestellt, daß der Feind überall abgeschnitten und in das strategische Netz getrieben ist. Napoleon ist so gewiß unser, als wenn wir ihn schon in diesem Hut hätten." Viele, fügt Seydlitz' Journal hinzu, erhoben sich auf den Zehen und sahen in den Hut hinein, in den Liebhaber mit dem Finger deutete.

Man hatte im Hauptquartier wenig Kunde von den Bewegungen des Feindes, keine Vorstellung von der Schnelligkeit und Genauigkeit derselben. Der Herzog von Braunschweig hatte die Armee aus Hannover, 40 000 Mann unter Rüchel, in Richtung auf Eisenach an den Westabhang des Thüringer Waldes dirigiert; die Sachsen und die schlesischen Truppen unter dem Prinzen von Hohenlohe, mehr als 50 000 Mann, versuchten über den Osthang desselben Gebirges die obere Saale zu erreichen und hinter Tauentzien, der mit einigen tausend Mann als Vorhut bei Hof stand, bis Jena hinab aufzurücken. Nach Erfurt hin zog sich die Hauptarmee, 70 000 Mann, unter des Herzogs eigener Führung. Am 5. Oktober stand die Armee von der Werra über Eisenach, Gotha, Erfurt, Weimar bis Jena, bei Rudolstadt und Hof die Vorhut des hohenlohischen Flügels, bis an die Pässe des Inselberges die Vorhut des Zentrums.

Während man im Hauptquartier unschlüssig war, was man mit diesen Heeresmassen anfangen sollte, kam der Herzog von Braunschweig auf die Idee, mit einem kleinen Teil derselben einen „schönen Coup" machen zu lassen. In der Ansicht, daß die feindliche Armee auf der großen Mainstraße ebenso verwirrt marschiere, wie die preußische auf der thüringischen, schien es ratsam, ihm mit 1500 Pferden „wie ein Isolan" in die Bagage zu fallen und gelegentlich die Feste Königshofen zu nehmen, die für eine wichtige Position, für den Schlüssel der Stellung galt, die der Feind nehmen werde.

Diesen Handstreich durchzuführen ward der Herzog von Weimar mit seinem Korps, das sich aus 12 000 Mann bester Truppen zusammensetzte, beauftragt. Gleichzeitig sollten Streifkorps von der Rüchelschen Armee, unter den Generalen Winning und Pletz nach dem untern Main schweifen, den Stoß, den Weimar auf den mittleren Main machen sollte, zu unterstützen.

Es war eine Heeresgruppe, die am rechten Tage auf der rechten Stelle Großes leisten konnte. Jetzt ward sie seitab gesandt über ein Gebirge hinweg, das zu überwinden Tage nötig waren. York erlaubte sich, sein Bedenken zu äußern, dem Feind so nahe dürfe man sich nicht so zersplittern, nicht untergeordnete Vorteile suchen; so werde das Korps nur exponiert oder zwecklos verwandt. Natürlich war es vergebens: „Der Herzog von Braunschweig zieht lieber den Springer als die Königin." Es blieb bei dem Isolanstreich. Nach vielem Hin und Her erreichte man am 13. Oktober Ilmenau.

Am andern Morgen deckte ein dichter Herbstnebel die Landschaft; als er sich gegen acht Uhr verzog, lag das schöne Thüringen im Sonnenlicht, im stillen Frieden da. Es waren keine neuen Weisungen gekommen. Die Streifpatrouillen kehrten gegen Mittag zurück; sie meldeten, Saalfeld sei schwach besetzt, die Kanonen, welche durch die Niederlage bei Saalfeld verlorengegangen waren, ständen frei auf dem Markt aufgefahren. Wie verlockend war es, dorthin einen Ritt zu machen. Der Herzog wagte nicht, sich zu engagieren. Bisweilen glaubte man fernen Kanonendonner im Nordosten zu hören.

Am Nachmittag kam klarere Kunde. Ein nach Weimar gesandter Offizier hatte dort dem Schloß gegenüber im Wiebichtholz den General Rüchel gefunden; seit Tagesanbruch war in der Richtung von Jena heftiges Geschützfeuer; Hohenlohe, der dort kämpfte, zu unterstützen, wollte Rüchel weiter marschieren, er ließ den Herzog von Weimar dringend bitten, sofort auf Weimar zu marschieren, wo der Herzog von Braunschweig ihn schleunigst zu haben wünsche.

So schnell als möglich war der Abmarsch bewerkstelligt; mit der Abenddämmerung zog man aus Ilmenau auf dem Wege nach Arnstadt, in der Kolonne rechts dem Feinde zu die leichten Truppen.

Gegen Morgen am 15. erreichte man Arnstadt; Zersprengte berichteten von der völligen Niederlage des Hohenloheschen, des Rüchelschen Korps. Ohne Rast ging es weiter auf Erfurt. Auf der Höhe westlich der Stadt zwischen Schmiera und Stedten wurde halt gemacht.

Da erfuhr man den ganzen unermeßlichen Jammer, den der vorige Tag über die Monarchie Friedrichs des Großen gebracht hatte. Wie Hohenlohe bei Jena, war Braunschweig bei Auerstädt vollkommen vernichtet, beide Heere in völliger Auflösung, der Oberfeldherr selbst auf den Tod verwundet.

Die Trümmer des stolzen preußischen Heeres, ein gräßlicher Knäuel aufgelöster Bataillone und Schwadronen, eine wüste, jämmerliche, breiartige Masse wälzte sich der Festung zu, füllte sie schon. Feldmarschall Möllendorf als ältester General sollte befehlen, erschöpft, verwundet, einundachtzig Jahre alt; wirrer als die Masse des zerrütteten Heeres war das Ducheinander von Befehlen und Gegenbefehlen, die unter seinem Namen liefen.

Der Herzog von Weimar konnte hier sein Korps nicht opfern wollen; in Langensalza, hieß es, sammle sich die Armee; es lag alles daran, ihr einige feste Regimenter als Kern zuzuführen. Nach zweistündigem Halt brach die Infanterie unter York auf. Statt der sich sammelnden Armee füllten Massen Zersprengter und geflüchtete Bagagen Langensalza. Um Mittag ging es weiter nach Mühlhausen.

Dort stieß der Herzog mit den Reitern wieder zum Korps; mit ihm zugleich kamen die Generale v. Winning und v. Pletz mit ihren Brigaden, die Rüchel vom Main zurück nach Eisenach berufen hatte, völlig unversehrt, eine treffliche Verstärkung.

Auch Hauptmann Valentini war gekommen, für York eine große Freude. Er war am Tage von Jena in der Nähe des Fürsten von Hohenlohe gewesen; durch ihn erhielt York das erste Bild jener unheilvollen Schlacht. Es war klar, daß es die Truppen an Mut nicht hatten fehlen lassen, daß der Fürst getan hatte, was möglich war. Als Valentini das Gelände beschrieben, jene Wege zum Landgrafenberg hinauf, jenes Rauchtal in der linken Flanke, erwähnt hatte, daß der ausdrückliche Befehl des Höchstkommandierenden an den Prinzen gelautet habe, sich nicht in ein ernsthaftes Gefecht einzulassen, selbst nicht anzugreifen, daß Massenbach diesen Befehl spät abends am 13. von Weimar mitgebracht habe, da fuhr York auf: „Der unselige Massenbach, der pflegt doch sonst nicht so schnell zu reiten, er hätte stürzen und sich aus Patriotismus den Hals brechen sollen." In der Tat, ohne Braunschweigs ausdrücklichen Befehl wäre der Feind nicht jene Steilwege heraufgekommen, man hätte ihn beim Hinaufklimmen die Abhänge hinunterschleudern müssen. Dann beschrieb Valentini, wie sich das Gefecht eingeleitet, wie vergebens auf General Holzendorffs Mitwirkung auf dem linken Flügel gerechnet worden war, wie man stundenlang im schwersten Kampf auf General Rüchel gewartet hatte, der, keine drei Stunden entfernt, schon morgens um 9 Uhr zur Stelle hätte sein können, wie er endlich um 3 Uhr angerückt, als schon alles verloren und in Auflösung war, wie Rüchel selbst gleich darauf verwundet und sein Korps in den Strudel des allgemeinen Unterganges hineingerissen worden sei. Nicht an der Tapferkeit der Truppen, sondern an der Zusammenhangslosigkeit der Befehle und der Eigenwilligkeit der Befehlshaber war die Schlacht gescheitert; den Untergang aber vollendet hatte es, daß die Disziplin des Heeres nicht die Niederlage zu überdauern vermochte.

Es kam alles darauf an, das noch völlig feste Weimarsche Korps an die Elbe zu bringen. Man eilte über Dingelstedt dem Harz zu; am 18. war Kloster Teistungen und Duderstadt erreicht. Nach so vielem Jammer kam hier endlich einmal eine kleine Genugtuung. Ein Vorposten hatte erfahren, daß, von geringer Kavallerie begleitet, 10 000 Gefangene von Erfurt her vorüberkommen würden; der Posten, 50 Husaren stark, lauerte ihnen auf; beim Dorfe Eichenrode nahe vor Eisenach erspähte er den langen Zug, aber von etwa einem Bataillon französischer Infanterie eskortiert. Er legte sich in einen Hinterhalt, wartete das Ende des Zuges ab, warf sich auf die Deckung, zwang sie zur Flucht. Dann ging es unter dem Geschrei der Gefangenen im vollen Jagen nach der Mitte, nach der Spitze des Zuges; die Begleitmannschaft wurde zum größten Teil erschlagen, und 10 000 Mann waren befreit. Trauriger Gewinn; wohl wurden sie nach Göttingen gebracht, wo General v. Zweiffel sie übernehmen sollte; die Befreiten selbst weigerten sich, wieder die Waffen zu nehmen; sie hatten kein Herz mehr für die Sache Preußens. Es war eine furchtbare Kritik des alten Systems.

Das Weimarsche Korps ging über Clausthal und Goslar durch den Harz. In das Hauptquartier nach Wolfenbüttel war Blücher gekommen; York vermied es, dort zu erscheinen; er sandte seinen Adjutanten Seydlitz hin. Durch die Berichte, die er zurückbrachte, gewann man endlich eine Übersicht der Verhältnisse. Die völlig aufgelöste Armee Braunschweigs und Kalkreuths hatte sich nach der Niederlage von Auerstädt gen Magdeburg gewälzt, eben dahin war ein Teil der Hohenloheschen Truppen geraten; sie glaubten die ganze Wucht der siegenden Feinde hinter sich. Man wußte in Wolfenbüttel noch nicht, daß bereits das Reservekorps des Herzogs von Württemberg bei Halle geschlagen, daß Leipzig genommen sei, Sachsen sich ergeben habe, Napoleon im Begriff war, bei Dessau über die Elbe und auf Berlin zu gehen, daß endlich die große Festung Magdeburg, gleich Erfurt außerstande, dem fliehenden Heere zum Sammelplatz zu dienen, dem erschütterten Mute der Besatzung und ihrer Befehlshaber überlassen wurde. – Blücher hatte nach der Niederlage von Auerstädt ein paar Tausend Mann zusammengerafft, hatte auf der Flucht etwa vierzig Stück Geschütze aufgenommen, sie mit 600 Pferden bespannt über den Harz nach Braunschweig gerettet. Er und der Herzog von Weimar beschlossen, beieinander zu bleiben, sich weiter stromab nach der Elbe zu wenden, dort den Übergang zu suchen. Beide Korps vereint mochten 30 000 Mann stark sein.

Am 22. Oktober brach die große Kolonne, die Blücherschen Truppen einen Marsch voraus, von Wolfenbüttel auf, um über Oebisfeld, Gardelegen, Stendal an die Elbe zu kommen; eine Meile weiter ihr zur Rechten die deckenden leichten Truppen. Von Gefangenen, die eingebracht wurden, erfuhr man, daß man das allerdings überlegene Soultsche Korps sich gegenüber habe. Um so behutsamer mußte man marschieren.

Man hatte zum Elbübergang die Fähre Sandau gegenüber bestimmt, von Stendal gut drei Meilen entfernt; die Bagagen waren einen Marsch voraus, General Zweiffel hatte die nötigen Vorbereitungen getroffen. Die Hauptkolonne erreichte nach Tagesanbruch des 26. Oktober die Fährstelle.

York war mit der Deckung des Rückzuges beauftragt; die Nacht durch kampierte er mit der gesamten Nachhut in der Nähe von Stendal. Nach zwei Uhr morgens brach er auf.

Altenzaun ist ein Dorf etwa 5 Kilometer oberhalb der Fährstelle von Sandau. Es liegt auf der Senkung des hügeligen Geländes, das rechts die Uferwiesen der Elbe hat und wenige hundert Schritt nordwärts von dem Dorfe sich gegen eine weite, mit Alleen, Gräben und Gebüschen durchschnittene Ebene absetzt. Am nördlichen Rande dieser Höhen fließt ein Graben, der Geestgraben, aus einem Teich, dem Münzsee, westwärts hinab, an der Polkritzer Kirche vorüber, bei der jenes Hügelland in Waldstrecken übergeht. Diese Ebene wird von den Uferwiesen der Elbe durch den Elbdamm getrennt, der, bei Altenzaun an die Höhe ansetzend, an dem Dorfe Osterholz und weiter dem Dorfe Rosenhof hart vorüberzieht. Die Landstraße nach Sandau führt von Altenzaun nordwestlich über das hügelige Gelände zu dem Geestgraben hinab und dann 800 Meter weiter über einen zweiten Graben (Straßengraben) bei Zackenkrug über die Ebene nach Rosenhof.

So das Gelände, in dem York den Feind zu erwarten beschloß; es war wie geschaffen für seine Waffe. Der Wald bei der Polkritzer Kirche deckte seinen rechten Flügel; zwei Kompanien Jäger, dort aufgestellt, besetzten mit ihren Posten das Gehöft und den Kirchhof; ihnen schlossen sich links hinter dem Geestgraben die Schützen der drei Füsilierbataillone an bis zum Münzsee; eine dritte Jägerkompanie dort deckte die buschige Ebene zwischen dem See und Osterholz; eine vierte besetzte das Dorf, schob ihre Posten an dessen Rand und über den Elbdamm links hinaus. Als Mittelpunkt für diese vorgeschobene Linie wurde der Zackenkrug genommen, hinter demselben, am weitesten zurück, bezogen ein Füsilierbataillon, vor demselben, an beiden Seiten der Brücke dort, zwei Jägerkompanien, noch weiter vor, auf dem halben Wege zur Geestbrücke, die zwei anderen Füsilierbataillone Stellung. Der Feind konnte entweder auf der Landstraße oder auf dem Damm entlang gegen Osterholz durchzubrechen suchen; die beiden Jägerkompanien am Straßengraben standen beiden Punkten nahe genug, um schnell herangeholt werden zu können.

„Wenn man", sagt Valentini bei der Darstellung dieses Gefechts, „diese Aufstellung beobachtet, so möchte man sie als die Norm ansehen, nach welcher sich später unsere vorschriftsmäßige Gefechtsstellung gebildet hat; diejenigen, die Yorks Jägermanöver bei seinen Friedensübungen nicht kannten, hätten glauben können, er habe erst an diesem Tage und in diesem Terrain diese Aufstellung extemporiert."

Der Feind zögerte unerwartet lange. Erst vier Uhr nachmittags erschien Kavallerie, durchstreifte das Gebiet von Altenzaun bis zur Polkritzer Kirche hin, wo das plötzliche Feuer der Jäger sie zu eiliger Umkehr zwang. Eine Stunde später rückten Infanterieabteilungen vor, und zwar auf dem Elbdamm in Richtung auf Osterholz, während eine dichte Vorpostenkette gegen die Jäger zwischen dem Dorf und dem Münzsee geworfen und ein heftiger Anlauf gegen das Dorf selbst versucht wurde.

Yorks Abwehr wurde mit größter Raschheit und Sicherheit ausgeführt. Er brachte den Feind in eine peinliche Lage; er verlor, von drei Seiten ins Feuer genommen, von 400 Büchsen, die in einem Raume von 600 Schritt um sie herstanden, überaus viel Mannschaft.

Hatten die Franzosen, durch ihre unglaublichen Erfolge der letzten Tage übermütig, gemeint, auch hier nur eines stürmischen Anlaufes zu bedürfen, um die entmutigten Preußen über den Haufen zu rennen, so kamen sie schon nicht mehr mit dem einfachen Zurückgehen davon. York hatte seine zwei Geschütze heranholen lassen; in dem Augenblick, wo diese von der Geestbrücke und vom Elbdamm aus in die dichten Kolonnen der Feinde zu feuern begannen, ging er seinerseits zum Angriff über. Ein abgesessenes Dragonerregiment ward überrascht und ergriff in vollkommenster Verwirrung die Flucht; die auf den Elbdamm vorgerückten Bataillone wurden nach Altenzaun zurückgetrieben; York schob seine Vorposten bis auf einige hundert Meter vom Dorf vor. Er selbst und seine Leute waren in der Stimmung, daß sie es mit einem doppelt so starken Gegner hätten aufnehmen mögen.

York hat immer mit besonderer Genugtuung an dies Gefecht von Altenzaun zurückgedacht. Als ihm Major Gumtau mitteilte, daß er die Geschichte der preußischen Jäger bearbeiten wolle, schrieb er ihm: „Ich mache Sie besonders auf das Gefecht bei Altenzaun aufmerksam und empfehle es in jeder Beziehung als Beispiel; besonders aber, da es zu den seltenen seiner Art gehört, weils sechs Jägerkompanien auf einmal zum Gefecht gekommen waren und sich darin die vorzüglich gute Benutzung eines wahren Jägerterrains vorteilhaft auszeichnete." Jene klassische Charakteristik von Yorks Kampfweise: „Ausdauernd im Gefecht und besonders geschickt, es zu nähren und hinzuhalten", ist in diesem meisterhaften Gefecht exemplifiziert.

Aber vorerst hatte York noch den zweiten und schwierigeren Teil der Aufgabe vor sich. Der Übergang des übrigen Korps war bewerkstelligt. Wie nun nachkommen? Wie in so großer Nähe des überlegenen Feindes abziehen? York nahm seine Zuflucht zu der alten verbrauchten List mit den Wachtfeuern und wandte sie mit so viel Kühnheit und Geschick an, daß sie vollkommen gelang.

Und damit Marschall Soult nicht an derselben Stelle die Elbe überschritte, wurden, sobald man über den Strom war, die Elbkähne möglichst sorgsam und schnell vernichtet. York selbst betrieb es, wie eine unserer Quellen sagt, „mit der ihm eigenen Gewissenhaftigkeit".

IX

WAREN UND LÜBECK

So war alles glücklich vollbracht. Es war nach so unermeßlicher Schande preußischer Waffen das erste glückliche Gefecht; die alte soldatische Kunst und Sicherheit war in einer neuen glänzenden Probe bewiesen. Wahrlich nur der rechten Leitung und Verwendung bedurfte es, um mit den Truppen alles zu teilen. Nur um so bitterer schmerzen mußte es, zu sehen, wie Generale und Kommandeure in Verzweiflung und Kopflosigkeit, Feigheit und Leichtsinn wetteiferten. Jetzt hatte man die Resultate jener Schlaffheit und Aufgeblasenheit, die man so lange geduldet; jetzt zeigte sich, was es bedeute, wenn man alten abgelebten Menschen Regimenter, Divisionen, Armeen anvertraut, daß man, zwischen dem geistlosen Paradedienst und dem geistreichen strategischen Dilettantismus her- und hintaumelnd, vergessen hatte, daß der Soldat vor allem ein Mann sein muß. Wahrlich herzempörend mußte einem Mann wie York sein, was er erlebte; wenn Zorn, Erbitterung, Verachtung in ihm emporschwoll, wer mochte es ihm verargen? Wenn ein General zu ihm sagte: „Es bleibt nichts übrig als Unterwerfung unter den allgewaltigen Napoleon, meine Brigade wenigstens wird keinen Schuß mehr aushalten", wer mochte York verargen, daß er antwortete: „Herr General, wer das im Ernst glaubt, der muß, wenn er noch Ehre im Leibe hat, sich die Kugel durch den Kopf jagen." Er ahnte noch nicht, daß erst der kleinere Teil der Schande, der Erniedrigung, des Verderbens über Preußen gekommen war. Jenseits der Elbe erst sollten Dinge geschehen, die den preußischen Namen brandmarkten.

Am Morgen des 27. Oktober, als York mit der Nachhut in Sandau stand, war das Hauptquartier Weimars in Havelberg, Blücher neun Meilen weiter jenseits Ruppin, der Fürst von Hohenlohe in der Gegend von Boitzenburg. Man war also weit hinter Blücher zurück. In Havelberg legte, nach dem ausdrücklichen Willen des Königs, der Herzog von Weimar sein Kommando nieder, um in sein Land zurückzukehren. General v. Winning trat an seine Stelle. Am 19. Oktober hatte der König vor seiner Abreise aus Magdeburg dem Fürsten von Hohenlohe das Kommando über die gesamte Armee übertragen, der Fürst den General Tauentzien, der mit ihm marschierte, zum Chef aller Infanterie, General Blücher zum Chef aller Kavallerie ernannt.

Zwischen Elbe und Oder stand eine noch immer bedeutende Truppenmacht; durch die Zuzüge aus den hannoverischen Garnisonen mußte sie bald anwachsen. Daß der Fürst von Hohenlohe das Kommando bekommen hatte, ließ York Hoffnung schöpfen, er ehrte ihn, er kannte ihn als tapfer, edelmütig, von fürstlicher Haltung; er hatte, wie aus Valentinis Berichten hervorging, selbst in dem Unglück von Jena die ruhige Haltung des Feldherrn nicht verloren, und Tauentzien blieb an seiner Seite; war auch bekannt, daß Blücher von früher her nicht eben in gutem

Vernehmen mit dem Fürsten stand, die Lage Preußens war derart, daß man von jedem Selbstverleugnung fordern durfte. Hohenlohes Absicht mußte sein, Stettin zu erreichen; er hatte Major v. d. Knesebeck und Hauptmann Gneisenau vorausgesandt; gewann man einen solchen Stützpunkt, so war man stark genug, dem anflutenden Feinde die Stirn zu bieten.

Es kam zunächst darauf an, sobald als möglich die Verbindung mit dem Blücherschen und Hohenlohischen Korps zu gewinnen; von der Elbe her hatte man für den Augenblick nichts zu besorgen; die untere Havel gab bald eine zweite Deckung. Die Gefahr drohte bereits von der Spree her; am 24. hatte sich Spandau ergeben.

Auf dem halben Marsch nach Stettin, erfuhr man, daß der Fürst von Hohenlohe am 28. bei Prenzlau sich mit mehr als 10 000 Mann kriegsgefangen gegeben habe. Ein erschütternder Schlag. Also auch diese Hoffnung war zu Schanden geworden, ja recht eigentlich zu Schanden! Nun war der Weg zur Oder, zum Osten der Monarchie gesperrt, nun war man von Preußen abgedrängt. Wohin nun? Sollte man sich ins Schwedische werfen, nach Stralsund? General Winning entschloß sich, in Rostock Schiffe zu besteigen.

In der Nacht kam Meldung, daß man dem Blücherschen Korps ganz nahe sei, daß Blücher eine Stunde östlich in Kratzburg stehe. Am 31. Oktober lagen im Nordosten des großen Müritzsees eine Meile voneinander die beiden Korps; – immer noch eine streitbare Macht von mehr als 20 000 Mann. Blücher übernahm das Kommando dieser ganzen Truppenmacht; Oberst Scharnhorst, Hauptmann Müffling waren in seinem Generalstabe.

Blücher verwarf den Plan des Marsches nach Rostock: seine Meinung war, über die Elbe einen unerwarteten Angriff zu machen oder auch in günstiger Stellung eine Schlacht zu wagen. Das Nachdrängen des Feindes zwang zur höchsten Eile. Man war vierzehn Tage unablässig auf der Flucht fünfzig Meilen marschiert, ohne geordnete Verpflegung, Menschen und Pferde erschöpft, die Stimmung auf das äußerste niedergedrückt. Man mußte weiter.

Am 1. November ward der Marsch westwärts fortgesetzt. York hatte die Nachhut. Er führte seine Jäger durch Waren hindurch, gedeckt durch Major Schmude mit 300 Mann Königin-Dragoner, die in dem Städtchen hielten. Er hatte zwei Schwadronen Husaren, die im Verein mit den Jägern die Dragoner aufnehmen sollten. Kaum eine Viertelstunde später sieht er feindliche Reiter in Masse aus dem Städtchen hervordrängen, sich aufstellen; die Dragoner müssen überrumpelt worden sein, sich ergeben haben, ohne daß auch nur ein Schuß gefallen ist. Schnell läßt er das Fußvolk Karree, die Husaren zum Angriff fertig machen, aber ihre Zahl ist zu gering gegen die feindliche Übermacht. Da erblickt York links in einiger Entfernung über die Hügelreihen andere Husaren; er sprengt zu ihnen, es ist Major v. Katzeler vom Regiment Pletz. Sofort ist dieser bereit, es wird mit Linksschwenkung nach der Landstraße geeilt;

sie finden schon völliges Handgemenge. York sprengt mitten hinein, einen Hieb von hinten fängt die Hutkrempe auf; ein Stich nach dem Kopf stürzt ihm den Hut über die Augen. Wie er den Säbel in der Faust ausholt zum Hiebe, ruft ihm ein Husar polnisch zu, zur Seite zu biegen; des Gegners Hieb, statt ihm den Kopf zu spalten, trifft den Arm. In so wüstem Handgemenge werden die Gegner geworfen, bis an die Stadt zurückgejagt.

Inzwischen hatten dem Befehle gemäß die Füsiliere in Karrees über die Ebene, die Jäger links am See ihren Weg genommen; die Jäger oft zurücksehend nach ihrem Obersten, der gerade heute den ihnen wohlbekannten Braunen, sein schlechtestes Pferd ritt, – bald sahen sie ihn nicht mehr in dem Getümmel. Welcher Jubel, als er dann mit 30 Gefangenen, darunter der feindliche Oberst, und mit zahlreichen Beutepferden zurückgesprengt kam. Da ward denn ein herzlicher Abschied von dem braven Katzeler genommen: nie werde er ihm den Liebesdienst von Waren vergessen. Er vergaß ihn nicht. Nach dem Kriege lebte Katzeler in einem schlesischen Grenzstädtchen verlassen und vergessen, in kümmerlichsten Verhältnissen. Bei der Errichtung eines neuen Ulanenregimentes fragte der König York, ob er nicht einen tüchtigen Kommandeur für dasselbe wisse. Er nannte Katzeler: „Ich habe ihn nur bei einer Gelegenheit gesehen; aber er beißt an; solche Männer brauchen Ew. Majestät." So ward Katzeler durch York dem Dienste wiedergewonnen. Glorreichste Tage sollten sie aufs neue vereinen.

Zwischen dem Schweriner und Plauer See vor Alt-Schwerin ging man in Biwak. Nach der großen Anstrengung hatte man wohl kärgliche Verpflegung, aber desto köstlichere Erinnerungen. Jeder hatte von Erlebnissen, von herrlichen Schüssen, von schlauen Beschleichungen zu erzählen; da war auch nicht einer, Offizier oder Jäger, dessen man sich zu schämen gehabt hätte; aber von dem „Alten" sprach man mit Ehrfurcht und heißester Hingebung; für den und mit dem durchs Feuer!

Es waren kleine zwei Meilen, die man gemacht hatte; aber man hatte die ganze Wucht des nachdringenden Feindes gehalten, auch nicht einmal war man durchbrochen.

York hatte seine Wunde nicht beachtet. Nun in der Nacht wuchsen die Schmerzen, es stellte sich ein Wundfieber ein, der Arm schwoll; er fühlte sich am nächsten Morgen außerstande, zu Pferde zu steigen, konnte die Uniform nicht anziehen, er ging im Mantel und die Schärpe drüber. Aber die nächsten Obersten weigerten sich, das Kommando zu übernehmen; York mußte sich verpflichten, gleich seinen Wagen zu verlassen und auf dem Platz zu sein, wenn es zum Gefecht käme. Indes langte noch zur rechten Zeit der Befehl vom Hauptquartier an, das Korps von der Nachhut abzulösen.

So hatte man freilich am 2. November bloß zu marschieren; aber Marschieren war peinlicher und verderblicher als das Fechten. Was sollte das Marschieren? Wohin wollte man? Die nur zu erkennbare Unentschlossenheit des Hauptquartiers wirkte tief; in den Marschbestimmungen selbst fühlte man die Unsicherheit; es gab Befehl und Gegenbefehl. Das alles wirkte niederdrückend, die Zahl der Maroden nahm zu, das Vertrauen schwand mehr und mehr; „viele Soldaten", heißt es in dem Bericht von Blücher „fielen vor Hunger um und waren tot"; aber den Hungernden wurde streng verboten, sich irgend etwas zu requirieren. General Pletz war außer sich, als ihm gemeldet wurde, daß seine Husaren einem Schulmeister seinen Bienenkorb geplündert hätten: „Nun bleibe nichts übrig, als zu kapitulieren." York erwiderte ihm: er werde seinen Jägern gern den Honig der ganzen Welt lassen, wenn er ihnen damit das Schicksal dieses Tages versüßen könne.

Es ist nicht unsere Aufgabe, den Rückzug Blüchers nach Lübeck zu rechtfertigen oder die Motive zu beurteilen, die nachmals zu dessen Rechtfertigung geltend gemacht worden sind. Es konnte in dieser Darstellung nur die Absicht sein, die Dinge, so wie sie in Beziehung auf York und nach dessen Beurteilung erscheinen, darzulegen. Es mag dabei nicht unbemerkt bleiben, daß York nicht bloß in der tiefen Mißstimmung jener Tage – und die Schmerzen des wunden Armes machten sie nur noch trüber – so geurteilt hat; er ist auch in späterer Zeit bei derselben Ansicht geblieben, und sein Urteil über Blücher hat im wesentlichen die Fassung behalten, die es in jenen furchtbaren Tagen angenommen hat.

Wenn es die Absicht des Blücherschen Hauptquartiers war, einen Punkt zu gewinnen, den man lange genug behaupten konnte, um durch Fesselung eines möglichst großen Teiles der feindlichen Truppen den Russen Zeit zum Vorrücken nach der Weichsel zu geben, so war unstreitig Lübeck glücklich gewählt. Allerdings waren die alten Festungswerke der Stadt nicht mehr instand, zum Teil geschleift, die Wälle in Promenaden verwandelt. Aber die Lage der Stadt war von ungemein natürlicher Festigkeit.

– Die Spitze des Blücherschen Korps erreichte am 5. November gegen Abend Lübeck. Vergebens machte der Lübische Rat die Neutralität der alten Reichsstadt geltend. Es ward eingerückt; die ersten Regimenter, Kavallerie und Fußvolk, zogen durch das Holstentor weiter auf die Stadtdörfer, um die Linie der Trave stromaufwärts bis gegen das neutrale dänische Gebiet zu decken. Yorks Jäger waren unter den letzten, die herankamen. Ob Blücher damals York beim Einreiten gesehen und flüchtig gesprochen hat, ist zweifelhaft, noch zweifelhafter ist es, ob sie früher einander kennengelernt haben.

York war todmatt; den hochgeschwollenen Arm in der Binde, den grünen Mantel mit der Schärpe umgürtet, mit Mühe sich auf dem Pferde haltend, war er eingeritten. Im „großen Christophel" am Kohlmarkt erhielt er mit Seydlitz und einigen Jägern Quartier. „Um jeden Preis müsse er schlafen, aber man möge ihn wecken, sowie das geringste passierte." Das war um 9 Uhr morgens. Das Hauptquartier befand sich wenige Häuser weiter im „goldenen Engel".

Der Feind drängte an drei Punkten heran, von der Nordseite her Bernadotte, gegen das Höxter Tor Murat, von Süden her Soult. Mehrere

Stunden lang stand das Gefecht an allen drei Toren. Um ein Uhr meldete
der Herzog von Braunschweig: der Feind dränge in Kolonnen heran, ob
er die Truppen vor dem Tore zurückziehen oder noch weiter das Feld
behaupten solle? Blücher ließ ihm sagen: „Er könne hier in der Stube nicht
wissen, was draußen zu tun sei, aber Sr. Durchlaucht möchten sich hüten,
daß nicht mit seinen Truppen zugleich der Feind in das Tor dringe."

Wenige Minuten später, und man hörte bereits in den Straßen schießen; es kamen feindliche Dragoner die Breite Straße heraufgejagt, schon
sperrte ihre wachsende Masse das Haustor des Hauptquartiers, in dessen
Hof und Flur die gesattelten Pferde standen. Blücher eilte instinktartig
hinunter, zwei Adjutanten ihm nach, schwang sich aufs Pferd, bahnte
sich, auf Freund und Feind wie ein Wütender einhauend, den Weg nach
dem Markt hin, wo eine Reserve aufgestellt war; ihr Kommandeur hielt
da „wie versteint vor Schreck und Entsetzen". Von allen Seiten stürzten
Jäger, Füsiliere, andere aus den Häusern, Flüchtende kamen hinzu; Blüchers mächtiges Wort brachte sie zum Stehen.

York war bereits mitten darunter zu Fuß, den Degen in der Linken.
Gleich beim ersten Schießen war er erwacht, hinuntergeeilt; die nächst-
liegenden Jäger sammelten sich schnell auf dem Platz.

Vor allem galt es, die Straßen zum Holstentor und Mühlentor zu dek-
ken, die Breite Straße und die ihr gleichlaufend die Stadt durchschnei-
dende Königsstraße wieder zu gewinnen. Die winkligen Baulichkeiten
um Rathaus, Börse, Marienkirche her waren trefflich für die Jäger; bald
hatte man beide Straßen besetzt; aus den Kellern, Fenstern, von den
Dächern herab wurde der Feind beschossen, die Straßen hinab, auf den
Kaufberg zurückgedrängt, über diesen hinaus verfolgt. Aber neue dichte
Massen strömten vom Burgtor herein, Geschütz hinterher, drangen die
Burgstraße hinauf. Vom Kaufberg aus in die Königs-, die Breite Straße
hinein ward mit Kartätschen gefeuert. Gleich einer der ersten Schüsse
traf York; immer furchtbarer ward die Wirkung der Feuerschlünde,
selbst die braven Jäger wichen. „Jäger, wollt ihr euren blutenden Ober-
sten verlassen?" rief Blücher ihnen zu. Mit neuer Wut drangen sie vor; es
gelang, den Kaufberg zu gewinnen, in die Burgstraße vorzudringen, die
Häuser rechts und links zu besetzen und die Straße völlig zu säubern.
Der Feind hatte bereits einen andern Weg an der Trave entlang zum
Holstentor genommen.

York war am rechten Schlüsselbein getroffen worden; in Ohnmacht
zurücktaumelnd, war er auf einen Jäger gestürzt, den dieselbe Kugel in
die Brust getroffen; des Sterbenden Todeskrämpfe hatte ihn aus seiner
Ohnmacht erweckt; nach dem Degen greifend, fühlte er den rechten Arm
kraftlos; aber die Beine sind noch gesund. Mühsam richtet er sich auf;
schon haben sich mehrere Jäger um ihn gesammelt, helfen ihm auf, erreichen mit ihm eine Nebengasse. An deren Ende stehen einige Wagen; man
hofft, sich da durchzuschleichen. Aber nahe dem Ausgang zeigt sich, daß
dort alles voller Feinde ist; schnell formiert stürzt sich eine ganze Kolonne mit dem Bajonett auf die schon Abgeschnittenen. York erhält einen

Stich in die linke Brust, daß er niederstürzt, seine Leute werden teils niedergestoßen, teils entwaffnet, die Lebenden wie die Toten geplündert. Dabei kniet ein Kerl auf Yorks Unterleib mit solcher Gewalt, daß sofort ein Doppelbruch heraustritt. In so furchtbarem Schmerz ruft York einen französischen Offizier um Hilfe an.

Er lag eine kleine Weile, dann kam ein französischer Unteroffizier und drei Chauffeurs, richteten ihn auf, leiteten ihn an das nächste Haus, die Ratsapotheke, pochte an: sie ward nicht geöffnet.

„Wir Hausbewohner", so erzählt einer derselben, „hatten uns in den Keller geflüchtet, um Schutz gegen die ins Haus dringenden Kugeln zu finden. Noch während des Schießens in der Straße wurde heftig an die Haustür geschlagen, und ich, der ich derzeit Lehrling in der Apotheke und der einzige war, welcher französisch sprach, dazu ersehen, die Tür zu öffnen. Es standen da Unteroffizier Masson und noch drei Chasseurs, in ihrer Mitte einen verwundeten Offizier führend, welcher den Arm in der Binde und einen grünen Mantel trug. In der Meinung, er sei Franzose, redete ich ihn französisch an, worauf er mir erwiderte: er sei ein preußischer Offizier und soeben gefangen. Er wurde sofort in den hinten im Hause befindlichen Saal geführt, von wo er indes, als eine halbe Stunde später mehrere französische Verwundete ins Haus gebracht wurden, hinweggebracht und in eine Kammer neben dem Saal, aber mit besonderem Ausgang, gelegt wurde."

Da lag nun der verwundete Mann. Die gräßliche Plünderung der Stadt, die den Rest des Tages und tief in die Nacht hinein währte, machte es unmöglich, ärztliche Hilfe zu schaffen; die Hausgenossen halfen, so gut es ging, mit kalten Umschlägen und Blutstillung. Erst am folgenden Tage wagte sich der Wundarzt Els, der gegenüber im alten Schrangen wohnte, über die Straße. Er fand Yorks Wunden leidlich, den Bruststich hatte die Brieftasche matt gemacht, auch die Verletzung des Schlüsselbeins war ohne Gefahr, forderte nur Geduld.

Schon am vierten Tage durfte York auf sein. Von seinem Hausherrn Sager erfuhr er die Greuel, die die Sieger in der unglücklichen Stadt geübt hatten und noch übten, Greuel der Plünderung, der Blutgier, der Notzucht, viehischer Verwilderung. Er erfuhr, nach wie blutigem Kampf die Franzosen endlich die Stadt behauptet hätten, daß man 5000 Leichen aus den Straßen und Häusern weggeschafft habe.

In den ersten Januartagen 1807 ward York auf Ehrenwort entlassen, mit der Bestimmung, bis zum Friedensschluß in seinem früheren Garnisonorte Mittenwalde zu bleiben.

Er vermied auf der traurigen Heimreise die große Straße; er berührte Berlin nicht; wo er Soldaten sah, waren es feindliche. Sein altes Preußen war zerbrochen. War er es minder?

Als er in sein Haus, in das Zimmer trat, ward er von seiner Frau, seinen Kindern nicht wiedererkannt! Aber das Vögelchen im Käfig flatterte wie vor Freuden hoch auf, fiel dann tot hin.

ZWEITES BUCH

I

DER FRIEDE VON TILSIT

So war, wie das 22. Bulletin Napoleons es ausdrückte, die schöne und große preußische Armee wie ein Herbstnebel vor dem Aufgang der Sonne verschwunden. Bis zur Weichsel hin gab es außer Kolberg und den oberschlesischen Festungen keinen Punkt mehr, der preußisch war. Das alte brandenburgische Stammland der Monarchie hieß jetzt Departement Berlin, neben demselben die Departements Magdeburg, Stettin und Küstrin; die Zivilbeamten waren in Eid und Pflicht genommen, „die ihnen von Sr. Majestät dem Kaiser der Franzosen und König von Italien anvertraute Gewalt mit der größten Loyalität auszuüben"; auch selben preußische Minister fanden es unbedenklich, in dieser Weise dem Feinde zu dienen. Und die „Untertanen" in Stadt und Land zahlten und leisteten, was eben gefordert wurde. Die polnischen Gebiete, die seit 1794 gewonnen waren, fielen mit dem Beifall Frankreichs von Preußen ab, proklamierten die Wiederherstellung Polens.

Indes waren die russischen Heere herangerückt, den Kampf mit Napoleon aufzunehmen; einige 20 000 Mann Preußen unter Lestocq bildeten ihren rechten Flügel an der unteren Weichsel. Die furchtbare Winterschlacht von Eylau blieb unentschieden, aber ohne das kühne Manöver der Preußen, das Scharnhorst angab, waren die Russen vernichtet. Auch Yorks Johannisburger Füsiliere hatten an dem Kampf rühmlichen Anteil genommen; „daß ich nie von ihnen gegangen wäre", äußerte er in jenen Tagen.

Aber auch die Jäger bewährten seine Schule. Fast jeder von ihnen, der gefangen worden war, wußte Mittel, zu entkommen, schlich sich hindurch bis an die Weichsel oder nach den Festungen, die sich noch hielten. In Cosel, in der Grafschaft Glatz, in Danzig, in Kolberg fanden sich Jäger-Detachements zusammen; namentlich die Kolberger leisteten auf den kühnen Streifzügen Schills und in der Festung die trefflichsten Dienste. York war, soweit irgend Nachricht zu erhalten war, auf jeden einzelnen aufmerksam; nur wenige, die nicht von selbst sich zur Armee begeben hätten. Einer, der sich stets vortrefflich benommen hatte, ein besonders guter Schütze, war bei seinem Vater, einem Förster in der Nähe der Heerstraße von Dresden nach Berlin, geblieben. York nahm Anlaß, ihn darüber zur Rede zu stellen; der schlaue Jäger antwortete: er sei hier dem König nützlicher, als er irgend sonst sein könne; er habe von seinem Versteck aus schon manchem Franzosen das Lebenslicht ausgeblasen, manchem Kurier und mancher Ordonnanz; und wenn er Briefschaften finde, wisse er auch die an den rechten Mann zu bringen. York befahl ihm, sich zur Armee zu begeben, – er gestand nachmals selbst, daß es ihn Überwindung gekostet habe.

Ihn selbst band sein Ehrenwort. Er harrte mit Sehnsucht der Auswechselung. Blücher, dessen Sohn, Tauentzien, der junge Zastrow, viele andere wurden frei, konnten wieder zum Heere; seiner Freigebung traten immer neue und neue Schwierigkeiten entgegen. Namentlich General Hülin war erfinderisch in Ausflüchten.

Als sollte nichts versäumt werden, dies stolze und harte Gemüt mit dem allertiefsten Haß zu erfüllen. Zu den Bestialitäten der glorreichen Franzosen, die er in Lübeck erlebt hatte, zu der Habgier und Gaunerei, die er um sich her in dem französischen Verwaltungspersonal sah, fehlte nur noch solches Erlebnis völlig unritterlicher und unsoldatischer Tücke und Schadenfreude, um dem patriotischen Zorn die ganze Schärfe persönlicher Erbitterung hinzuzufügen.

Endlich kam der Auswechselungsbefehl. Ohne allen Verzug reiste York nach Preußen ab. Er glühte vor Ungeduld vorwärts zu kommen, aber überall gab es absichtliche Verzögerungen; auf jeder Station erhielt man nur zu viel Zeit, sich an der Anmaßung der Fremdherrschaft und ihrer Werkzeuge zu ärgern. Es war, als suchte York eine Genugtuung darin, alles zu erspähen und zu erforschen, was seinem Haß Nahrung geben mochte; nie war sein Humor schneidiger, seine Sarkasmen bitterer, seine Zornesausbrüche jäher, als in jenen Tagen; die ganze vulkanische Tiefe seiner Natur war wie im Aufruhr.

Unterwegs erfuhr man die Kapitulation von Danzig; man mußte den Jubel der Franzosen und ihrer Bundesgenossen mit ansehen – und der Fall dieses Platzes gab der Hoffnung Preußens den letzten Stoß. Nun erst konnte Napoleon, an der ganzen Weichsel Herr, zur Entscheidung schreiten. York und seine Genossen wurden nicht mehr hindurch gelassen, um bei den Vorposten übergeben zu werden; hinter der Linie der französischen Armee durchlebten sie jene Tage höchster Spannung, die mit der Schlacht von Friedland (14. Juni), mit dem Rückzuge der russischen Armee, mit der Besitznahme von Königsberg endeten (16. Juni).

Man fand Königsberg bereits von den Franzosen besetzt, unter französischer Verwaltung; man eilte ohne Säumen weiter nach Memel.

Dorthin, in den letzten Winkel seiner Monarchie waren am 6. Juni der König, sein Gefolge, die Staatsregierung geflüchtet, bereit, jeden Augenblick weiter nach Riga zu gehen; war doch zu Anfang des Krieges und später dann im April in den Bartensteiner Verhandlungen mit dem russischen Kaiser auf die Bedingung hin abgeschlossen worden, nicht eher die Waffen niederzulegen, als bis das alte Machtsystem und Preußen in demselben wiederhergestellt sei; hatte doch Kaiser Alexander, angesichts der Garden den König umarmend, unter Tränen die Worte gesagt: „Nicht wahr, keiner von uns beiden fällt allein, entweder beide zusammen oder keiner von beiden."

Noch war die Grenze Rußlands unberührt; die preußischen Truppen standen mit den russischen vereint hinter dem Njemen; die Verfolgung der Franzosen war so matt und langsam, daß man wohl erkannte, wie sehr auch sie erschöpft waren. Gab es in Memel auch eine Partei der „Schwäche und Unterwerfung", der König erschien fest und entschlossen; er hatte ja Alexanders Wort. Schon war Blücher mit 7000 Preußen in Rügen gelandet, mit den Schweden und 30 000 Engländern, die bereits in See gegangen waren, im Rücken der französischen Macht zu operieren; noch hielten sich in Kolberg Gneisenau, in Graudenz Courbiere. Die an sich schwerfällige Volksstimmung in Pommern, in der Mark, in dem größten Teile Norddeutschlands wurde lebhafter, bei geschickter Ausnutzung ließ sie die bedeutendsten Resultate erwarten.

Aber am 21. Juni schloß Alexander ohne seinen Verbündeten Waffenstillstand; einige Tage später bekam auch Preußen eine solchen bewilligt. Dann folgten die Verhandlungen beider Kaiser in Tilsit, erst am zweiten Tage wurde auch der König hinzugezogen; es kam zwei Tage nach dem französisch-russischen Frieden, von Kalkreuth mit unerhörter Gedankenlosigkeit verhandelt, jener Friede zustande, der, indem er Preußen um die Hälfte seines Gebietes minderte, dadurch noch demütigender wurde, daß der Rest dem Könige gelassen wurde als ein „Zeugnis der Achtung, die Napoleon dem Kaiser Alexander hege", dadurch noch bitterer, daß auch Rußland sich mit einem Stück preußischen Gebietes vergrößerte. Die von demselben General verhandelte Konvention vom 12. Juli über die Räumung Preußens vollendete mit der Schmach die Lähmung, ja Unterjochung des Landes, indem sie die wichtigsten Festungen, die wichtigsten Straßen in Feindeshand ließ, bis die Abbezahlung der ungeheuren Kontributionen das Land völlig erschöpft haben mußte. Und damit keinerlei Zweifel bleibe an der vollkommenen Abhängigkeit Preußens von der Laune Napoleons, mußten auf sein Verlangen Hardenberg und Rüchel sofort ihren Abschied nehmen.

York befand sich seit dem 18. Juni in Königsberg. Er war unter denen, welche die Fortsetzung des Krieges wünschten; aber er erwartete sie nicht. Der Fall von Danzig hatte ihn erkennen lassen, was Preußen sich von der Freundschaft mit Rußland zu versehen habe; der Waffenstillstand überraschte ihn nicht mehr.

Bereits am 18. Juni war York durch Kabinettsschreiben zum Generalmajor ernannt. Freilich für den Augenblick war aller Sinn auf die Verhandlungen gerichtet, deren Ausgang doch entsetzlicher war, als auch die größten Pessimisten für möglich gehalten hätten. Man erzählte sich Äußerungen der beiden Kaiser, welche die heuchlerische Freundschaft Alexanders und die übermütige Bosheit Napoleons gleich empörend erscheinen ließen; – keine lehrreichere als die Napoleons: „Er fürchtete Preußen nicht, es könne ihm fortan nicht mehr schaden; er habe daher keinen Grund mehr, es zu schonen."

Noch unter den Eindrücken dieser trostlosen Entscheidungen ward York an des verabschiedeten Rüchel Stelle mit dem Befehl über die Truppen in Memel und der nächsten Umgegend sowie mit der Kommandantur in Memel betraut.

Fortan führten ihn seine dienstlichen Verhältnisse vielfach in des Königs Nähe. Auch die Königin sah er öfter; ergriff ihn doch die Hoheit, mit der sie ihr Schicksal trug. Ein neues Verhältnis sollte ihn noch inniger an dies Königshaus knüpfen.

Man hatte die Empfindung, jetzt alle Kraft zusammen nehmen, alles von Grund aus bessern, alle Schäden heilen, in engerem Raum desto Tüchtigeres leisten zu müssen. Der edle Eifer der Königin überwand die Rücksichten, von denen ihr Gemahl sich am liebsten bestimmen ließ; und einmal des Mißtrauens gegen sich und andere befreit, trat die schlichte Gediegenheit seines Charakters, eine Empfänglichkeit selbst für das Große hervor, die er sich sonst für Schwäche auszulegen für Pflicht hielt. Er selbst arbeitete gern und mit Verständnis an dem, was nun zu schaffen war. Die Neugestaltung des Heeres entwarfen zum Teil nach seinen Grundrissen Scharnhorst, Gneisenau, Grolman; für die Reorganisation des Staates war Freiherr vom Stein zurückberufen. Besonders die Königin hielt sich verpflichtet, in so ernsten Tage anders als bisher für die Erziehung des Kronprinzen sorgen zu müssen. Sein bisheriger Führer Delbrück besaß weder Charakter noch Geist genug für einen so reich begabten Zögling. Es liegen nicht ausdrückliche Beweise vor, daß es die Königin war, die York zum Erzieher des Thronerben wünschte; war es ihr, war es des Königs Gedanke, man konnte an York nur darum gedacht haben, weil man in furchtbarsten Erlebnissen erkannt und erprobt hatte, was einem König am wenigsten fehlen dürfe. So wurde General Köckeritz beauftragt, York vorläufig im tiefsten Vertrauen des Königs Absicht mitzuteilen.

Uns liegt der Entwurf der Antwort vor, die York an Köckeritz am 8. August 1807 richtete; er ist mit sicherer Hand fast ohne Korrektur niedergeschrieben und ist das erste Dokument seiner Hand, in dem der ganze Mann uns entgegentritt. Die Antwort lautet:

„Das Zutrauen, welches Ew. Hochwohlgeboren mir durch die vorläufige Äußerung von der Allerhöchsten Intention des Königs in Bezug auf meine künftige Bestimmung zu erzeigen die Güte hatten, verdient meinen größten Dank, und ich bitte sich gütigst zu überzeugen, daß die in Rede stehende Sache nach dem Schluß dieses Schreibens als nie gedacht von mir betrachtet werden soll. Da aber einerseits die Sache von der größten Wichtigkeit ist, andererseits meinen Prinzipien nach ein Untertan nur mit Behutsamkeit und mit Bezug auf wahre Grundsätze sich der von seinem Könige über ihn verhängten Bestimmung entziehen darf, so erlauben Ew. Hochwohlgeboren, daß ich Ihnen hier den Gesichtspunkt, aus welchem ich die Sache betrachte, darstelle und den Grund anführe, auf dem mein Entschluß der Ablehnung der in Rede stehenden Bestimmung beruht. Verzeihen Sie, wenn ich bei einer so wichtigen Sache weitläufig bin.

Der Gedanke, daß mein König bei der Wahl eines Mannes, dem Er die wichtige Bestimmung geben will, um die Person des Thronerben zu sein, auch nur meiner gedacht hat, macht mich unendlich glücklich; ich fühle diese große Gnade des Zutrauens in seiner ganzen Größe. Wäre unbe-

grenzte Liebe für den König und sein Haus, wäre unerschütterliche
Treue und Patriotismus, wären Aufopferungen jeder Art von meiner
Seite die einzigen Erfordernisse zur Erreichung des vorliegenden Zwek-
kes, so würde mich mein stolzes, ich kann sagen gerechtes Selbstgefühl
unbedingt zu einem Entschluß führen, der für mich so ehrenvoll als
glänzend sein würde.

Diese Erfordernisse sind aber nach meiner Ansicht der Sache nicht
hinreichend. Der Mann, der um einen Fürsten ist, muß, wenn er auch im
strengen Verstande nicht Erzieher sein soll, doch vorsichtiger Führer
sein, er muß mit Behutsamkeit und mit unendlich mannigfaltigen Rücksichten auf den Charakter des Prinzen wirken. Dieser Mann muß die
Kraft besitzen, Gefühle zu erwecken, Leidenschaften zu leiten und in
dem jugendlichen Herzen die Keime zu pflanzen und zu pflegen, die auf
die künftige Bestimmung, einen kraftvollen, selbständigen, nicht eigen-
sinnigen, aber festen und entschlossenen Charakter einen so wesentlichen Einfluß haben müßten. Dieser Mann muß die ganze Kunst verstehen, der Natur nicht entgegenwirken zu wollen, sondern sie nur unver-
merkt zum großen Zweck zu führen. Er muß ferner in die Jahre der Kraft
sich zurückstimmen können, um die Zuneigung seines jugendlichen
Freundes sich zu gewinnen, ohne einen gewissen Abstand zu verlieren,
der ihn in Würde, ich möchte sagen, in Ehrfurcht erhält. Verfehlt er das
erstere, so wird er ein Pedant; im andern Falle verliert er den erforderlichen Einfluß. Der Mann an der Seite eines jungen zum Throne bestimmten Fürsten muß, wenn auch nicht ein erfahrener Staatsmann sein, so
doch eine Übersicht von der Kraft, der Form und dem Zweck der Regierung und des Landes haben; er muß die nicht leichte Kunst besitzen, den
Prinzen immer nach den Ansichten des Ganzen zu führen, das Individuelle nur als einpassend und Folge zu zeigen. Ein König ist eine irdische
Gottheit; wie die Gottheit das Unglück zum Zwecke des allgemeinen
Glückes geschehen läßt, so muß der Fürst auch nur den Zweck des Ganzen im Auge haben. – Hieraus folgen denn auch die Grundsätze der Moral
für einen Fürsten. Sie ist anders, die Moral des Fürsten, als die des Privatmannes. Zu viel Gefühl für ein einzelnes Unglück macht zu weich und
bringt das Ganze aus der Waage; zu große Gleichgültigkeit gegen das
Unglück macht gefühllos; der Zweck, zur Kraft zu führen, würde Tyrannei schaffen. Ein Schatz von Menschenkenntnis ist dem Mann notwendig, der einen jungen Fürsten bei so häufigen Veranlassungen über die
Menschen sprechen muß. Schon im gemeinen Leben muß man gegen die
Menschen vorsichtig sein, ein Fürst muß gegen sie mißtrauisch sein.
Wird die Grenzlinie dieses Mißtrauens aber nicht mit vieler Behutsamkeit gezogen, so entsteht sehr leicht Verachtung gegen die Menschen
daraus; dieses könnte zu ebenso schlimmen Folgen führen, als ein zu
großes Vertrauen des Fürsten gegen die Menschen tun würde.

Meines Erachtens gibt es nur zwei Hebel, die Kräfte des Menschen
vorteilhaft zum Zweck des allgemeinen Guten in Bewegung zu setzen.
Diese Hebel sind Hoffnung und Furcht. Aber es ist keine gemeine

Kenntnis, beide Hebel gehörig in Wirkung zu bringen. Die Wege anzuzeigen, diese Kenntnis zu erlangen, ist wieder kein gemeines Wissen. Bei
der unumgänglichen Notwendigkeit, daß ein Fürst über alles unterrichtet sein muß, dieser Unterricht auch viel schneller vollendet sein muß, als
es bei einem Privatmann der Fall sein darf, ist es unmöglich, daß er durch
Bücher und eigenes Aufsuchen der einzelnen Teile diesen Unterricht
schöpfen kann; der Mann, der um einen jungen Prinzen ist, muß also
wenigstens enzyklopädische Kenntnisse haben, um keine Frage unbe-
friedigt zu lassen, weil er sonst leicht den Verdacht des völligen Nichtwis-
sens auf sich ziehen könnte; und dann ist sein Zweck verfehlt. Endlich
muß der Mann an der Seite eines jungen Prinzen die feinen Hofsitten
haben, er muß einen leichten und geschmeidigen Vortrag der Unterhaltung haben, gleich entfernt von Steifheit oder Fatuité. Er muß die Kunst
besitzen, nicht abzuschrecken und doch stets würdevoll zu bleiben. Er
muß die allgemeine Stimme für sich haben.

So, mein Herr General, ist das Bild im allgemeinen, welches ich mir
von den Eigenschaften mache, die ein Mann notwendig besitzen muß,
der es unternimmt, an der Seite eines Fürsten zu leben, welcher die Bestimmung zum Throne hat. Nach dieser Skizze habe ich meine Selbstprüfung vorgenommen. Eine gemäßigte Eigenliebe hebt den Menschen,
eine verblendete kann ihn wider Willen zum Verräter machen oder doch
wenigstens mit Schande vom Schauplatz zurückbringen. Es ist meinen
Ansichten nach weniger nachteilig, seine Schwäche zu gestehen, als sie
durch Beschönigung schädlich anzuwenden. Aus diesem Grunde kann
und darf ich nie den Vorschlag annehmen, der mir eine Bestimmung
geben würde, der ich nicht entsprechen kann.

Sollte es also der Fall sein, daß des Königs Majestät sich meiner zu
einer Anstellung bei dem Kronprinzen wieder erinnern sollte, so bitte
ich, haben Sie die Güte, dem Könige zu versichern, daß ich zu diesem
Posten nicht passe und ihn unter keinen Umständen annehmen darf,
ohne mich des Verrates gegen sein Zutrauen schuldig zu machen.

Ich bin sehr arm, ich habe ein Weib und vier Kinder, die ich unaus-
sprechlich liebe; ihr Wohl macht das Glück meines Lebens; mein ganzes
Streben geht dahin, für ihre Zukunft zu sorgen. Dennoch werden aber die
Pflichten gegen meine Familie stets und unter allen Umständen jeder Zeit
meinen Pflichten gegen König und Vaterland untergeordnet bleiben.

Welches auch die Folgen meiner Grundsätze sein mögen, so werden sie,
wie sie es immer waren, die Leitfäden aller meiner Handlungen bleiben.

Ich habe die Ehre usw."

Es liegt nichts vor, um zu beurteilen, ob Yorks Begründung dem königlichen Paare es leichter oder schwerer hat erscheinen lassen, ihren
Wunsch aufzugeben.

Vorerst ward York mit einem anderen höchst peinlichen Geschäft beauftragt. In dem von Kalkreuth am 12. Juli geschlossenen Vertrage, die
Räumung Preußens von französischen Truppen betreffend, war allerdings bestimmt worden, daß am 20. August, 5. September und 1. Oktober

je die Gebiete bis zur Weichsel, Oder, Elbe zurückgegeben werden sollten;
aber die hinzugefügte Bedingung, daß die Kriegskontribution und der
Betrag der Landeseinkünfte bis zum Friedensschluß zuvor gezahlt oder
sicher angewiesen sein müsse, gab Napoleon Gelegenheit, nun erst recht
den Ruin Preußens zu betreiben. Er hatte Daru mit der Eintreibung der
Forderungen beauftragt mit der ausdrücklichen Weisung, sie so hoch als
irgend möglich zu spannen. Man weiß, mit wie blutsaugerischer Meisterschaft derselbe seines Amtes waltete. Erst im Oktober erfolgte das Aner-
bieten, die Summe auf 120 Mill. Fr. zu ermäßigen, bis zu deren Abzahlung
fünf preußische Festungen mit 40 000 Mann besetzt zu halten, die von
Preußen besoldet und verpflegt werden sollten. Man kam auch damit
noch nicht zum Abschluß; bis zum Sommer 1808 blieben nahe an 200 000
Franzosen auf preußischem Gebiet und lebten auf dessen Kosten.

Im Herbst 1807 – die Franzosen hatten sich erst bis an die Passarge
zurückgezogen – wurde auch York zu diesen Verhandlungen verwandt.
Wir sind über die Einzelheiten seiner Mission nicht weiter unterrichtet,
als sich aus einem Schreiben aus Elbing ergibt, das uns in lückenhafter
Abschrift vorliegt. York schreibt:

„Seit dem 27. September bin ich hier als Bevollmächtigter, um mit
dem Marschall Soult über einige Mißverständnisse in dem Friedenstrak-
tat zu unterhandeln, die Militär- und Kommerzialstraße durch Schlesien
zu regulieren, die neuen Grenzen zu berichtigen und die Evakuation des
Landes zu beschleunigen. Mein erstes diplomatisches Probestück wird
sehr schlecht ausfallen; denn, wo alles der Macht untergeordnet ist, da
sind Vernunftgründe und Gesetze von Recht und Billigkeit eitle Worte.
Bester Major, wie unglücklich sind wir! Noch ist es kein Jahr, da standen
wir in vollem Stolz auf der großen Schaubühne mit der Waagschale von
Europa in der Hand; heute bitten wir um Erfüllung eines Friedens, den
ein übermütiger Sieger ohnehin noch hohnlachend mit Füßen tritt; und
dennoch wer sieht heute die Grenze des uns bevorstehenden Unglücks?
Unsre Lage ist wahrhaft verzweiflungsvoll. Die französische Armee steht
immer noch an der Passarge und preßt den Untertanen den letzten
Blutstropfen aus. Jeder Tag erzeugt neue Forderungen und neuen unerhörten Druck. Schon macht man neue Ausschreibungen und Lieferun-
gen, und alle Einrichtungen deuten auf ein Überwintern in unserm Lande. Wahrscheinlich sind zu diesem Aufenthalt entfernt liegende Gründe
da, und alles, was von unsrer Seite geopfert werden könnte, würde den
Zweck doch verfehlen. Das Maß unsres Unglücks wird noch durch eine
ansteckende Ruhr, die viele Menschen hinweggerafft, und durch eine
allgemeine Viehseuche gehäuft. Das Schicksal dieser Provinz ist unaus-
drückbar unglücklich. Wenn diese harte, demütigende Lektion uns nicht
klüger macht, dann ist die Hoffnung auf ewig verloren.

Ich war beauftragt, die Freilassung der gefangenen Offiziere bei Marschall Soult zu reklamieren. Die Sache schien ihm fremd, er fand es aber
billig, und ich erwarte das Resultat. Mehr Schwierigkeiten macht er mir
wegen des Kantonnements des Blücherschen Korps; wir debattieren

noch; der Gewalt muß ich aber weichen; leider eine traurige Art der Negoziation. Meine Lage ist, wie Sie leicht erraten können, hier höchst unangenehm. Nur meine Dankbarkeit und Anhänglichkeit an den König und der Wunsch, soviel als meine Kräfte vermögen, nützlich zu sein, können mich bewegen, alle die Grobheiten und Demütigungen zu ertragen, die ich täglich anhören muß. Meinem Gott will ich danken, wenn ich aus diesen Verhältnissen mit Ehren heraus bin ... Ich fürchte sehr, lieber Freund, wir sind noch nicht bei dem letzten Akt der Tragödie. Stralsund ist nur noch über. Es scheint, daß der Teufel mit dieser Nation im Bunde steht, und daß unser Herrgott sich um nichts mehr kümmert. Die Truppen, so hier stehen, sind schön und, wie sich von selbst versteht, gut ausgefüttert. Es ist zu bewundern, mit welcher Genauigkeit, selbst Pedanterie, sich der Dienst bei den Franzosen macht; sie exerzieren von Morgen bis Abend. Sie wissen, wie ich die Franzosen lieb habe, können sich also leicht denken, in welcher Stimmung ich bin, da ich immer unter ihnen sein und noch dazu dem Teufel eine Kerze anstecken muß, um hier und da etwas los zu eisen. Persönlich sind sie sehr artig; offiziell muß ich aber Dinge verschlucken, die mir allemal Zuckungen in der Faust verursachen. Übrigens ist auch nicht alles Gold bei ihnen, was glänzt; sie kochen mitunter sehr mit Wasser; nur ein unbegrenztes Glück ist auf ihrer Seite und ein gewaltiger Kopf an der Spitze, der obenein keinen Gegner findet ..."

Es war wenig genug, was York erreichte. Unter dem 14. November berief der König ihn zurück: „Da Ihr", so lautet das Kabinettschreiben, „die Regulierung der Grenzkonvention zu meiner Zufriedenheit bewerkstelligt habt und sonach Euer Auftrag in Elbing vollendet ist, so könnet Ihr für jetzt nach Königsberg zurückkehren und Euch dort aufhalten, bis Ich über Euch ein anderes beschließen werde."

Mitte Dezember 1807 verließen die französischen Truppen das rechte Weichselufer, und am 19. und 20. zogen die preußischen in Elbing, Graudenz, Marienwerder wieder ein.

II

DIE STEINSCHEN REFORMEN

Im Januar 1808 übersiedelten der Hof und die höchsten Staatsbehörden von Memel nach Königsberg.

Man würde sehr irren, wollte man annehmen, daß die unermeßlichen Verluste, die das Ganze und jeder einzelne erlitten, die Meinungen ausgeglichen, die alten Standesvorurteile versöhnt, im Interesse des Vaterlandes alle guten Kräfte vereint hätten. Je energischer Stein und dessen Freunde in der Umgestaltung des Staatswesens vorschritten, desto heftiger und erbitterter wurde der Widerspruch derer, die seine Maßnahmen entweder nicht begriffen oder nicht begreifen wollten, desto heftiger und

hemmungsloser die Forderungen und Anmaßungen derer, die in dem
Neuen die Anfänge einer ähnlichen systematischen und rationalen Herr-
lichkeit zu begrüßen vermeinten, wie sie eben jetzt nach napoleonischem
Vorbild auch etliche deutsche Staaten zu erleuchten begann.

Wir dürfen es nicht unterlassen, den Standpunkt zu bezeichnen, den
York in diesen Fragen einnahm. Er hatte sich bis dahin von der Politik
ferngehalten; er machte es gern geltend, daß er von dergleichen Dingen
nichts verstehe. Jetzt nahm er offen Partei; wir finden ihn als Mitglied
jenes Perponcherschen Klubs, der sich in der Junkerstraße zu Königsberg zu versammeln pflegte; er galt für einen der leidenschaftlichsten
Gegner der Reformpartei.

Auch dem blöderen Auge konnte es nicht entgehen, daß die Niederlage
von Jena das ganze altpreußische System getroffen hatte. War in dem
friderizianischem Staate der Offizierstand der erste und der Adel berufen
gewesen, in ihm Träger der Ehre und Kraft des Staates zu sein, so hatte
jene Niederlage und die schmachvolleren Kapitulationen, die ihr folgten,
gelehrt, wie wenig das Geleistete so großen Vorzügen entsprach, wie wenig die anderen Stände und Interessen, ja die Krone selbst damit sicher
gestellt seien. Noch bezeichnender war die Gleichgültigkeit, ja Schadenfreude, mit der wenigstens die städtischen Kreise zum großen Teil jene
Vorgänge betrachteten, als eine Strafe für den Übermut des Adels, als ein
gerechtes Gericht über die Offizierkaste ansahen. So wenig fühlte man
sich als ein Volk, so wenig war der zusammenbrechende Staat ein ge-
meinsames, ein allen und jedem anvertrautes und teures Gut, daß gar
mancher erst in dem furchtbaren Elend, das die Fremdherrschaft schuf,
erkannte, was aus ihm zugrunde gegangen sei. War auch die Zahl derer
nicht groß, welche sich durch Dienstwilligkeit gegen die Sieger ihren
Sondervorteil zu decken suchten, so traf es die alten Voraussetzungen
doppelt schmerzlich, daß unter jenen nicht wenige aus dem Stande der
Adligen waren. Auch die höheren Verwaltungsämter waren bisher dem
Adel, wenn auch nicht ausschließlich, offen gewesen; jene sieben Minister, die sich dem französischen Kaiser zu treuem Dienst verpflichteten,
jene Haugwitz und Lucchesini, jene Schulenburg und Bülow durften
doch nicht als Beispiele gelten, die besondere Befähigung des Adels zur
Staatslenkung, seine besondere Hingebung für die Dynastie der Hohenzollern zu veranschaulichen.

Längst war schon innerhalb des Staates und durch eben der Könige
Sorgfalt, die ihn militärisch so hoch gestellt hatten, eine Fülle innerer
Kräfte geweckt und genährt worden, die je länger je mehr ihre Geltung
und Vertretung forderten. Aber man hatte in dem einmal fertigen Staatswesen dem neuen Bedürfnis keine neuen Formen und noch weniger die
angemessene politische und gesellschaftliche Stellung zu geben vermocht;
und indem man die alten zu eng gewordenen Verwaltungsformeln beibehielt, hatten diese selbst den Geist der Sparsamkeit, Sorgfalt und Un-
eigennützigkeit verloren, der einst ihre Anfänge zu einer wahren Wohltat
für das Volk gemacht hatte. Die schweren Zeiten, die man soeben durch-

lebte, hatten unglaubliche Beispiele von Schwerfälligkeit, Ratlosigkeit, Unfähigkeit der meisten Behörden, unverhältnismäßig wenige von würdigem Selbstgefühl, von Energie und bürgerlichem Mut weltlicher und geistlicher Beamten gegeben; allerorten hatten einzelne Privatpersonen, wackre Männer in Stadt und Land zugreifen und helfen müssen.

So waren die beiden großen Organe des monarchistischen Systems, das Heer und das Beamtentum, beschaffen. Sie im nationalen Geist zu regenerieren, die vorhandenen Kräfte, geistige wie materielle, zu erwekken und durch Übung zu steigern, das Wohl des Ganzen und die Kraft des Staates durch das Selbstgefühl aller zu erhöhen und zu sichern, den Zwiespalt der Stände durch nationale Gemeinsamkeit und gleiche Mitbeteiligung an dem Staat auszusöhnen – das waren die Aufgaben, welche die große Gesetzgebung von 1808 zu lösen begann.

Nicht als hätte York nicht die Mißstände erkannt, an denen der Staat krankte. Aber ihm erschienen die Entartungen des alten Systems keineswegs in dessen Wesen begründet, noch durch den verwandelten Inhalt mit Notwendigkeit erwachsen; am wenigsten war er der Ansicht, auf jenem weiten Umwege schneller zu dem ersehnten Ziele neuer Erstarkung und Würde zu kommen, als durch ein energisches Zurückgehen auf die großen und wesentlichen Motive des Früheren.

Er war nicht der Meinung, daß die Armee von 1806 in ihren Elementen und ihrer Zusammensetzung den Tadel verdiene, den man so maßlos über sie ergoß; in der Schlaffheit der oberen Leitung sah er die Schuld des unerhörten Unglücks. Er wollte nicht durch Einrichtungen das vergeblich erstrebt sehen, was doch nur Charaktere zu leisten vermöchten. Auch Friedrich des Großen Heer war bei Kolin, bei Kunersdorf besiegt worden, auch damals war selbst Berlin in Feindes Hand gefallen; warum war jetzt ein unglücklicher Tag des Heeres der Untergang der Monarchie geworden?

In seinem Königsberger Amt hatte er Gelegenheit genug, mit Zivilbehörden zu verhandeln; es entging ihm wahrlich nicht, wieviel da zu wünschen übrig blieb; er begriff es vollkommen, wenn sein Vorgänger Rüchel gegen dieselbe bis zu Beleidigungen und deren Folgen grob gewesen war. Aber was mußten diese Herren auch den Hochmut der Pedanterie und die behagliche Seelenruhe amtlicher Unfehlbarkeit und Unumschränktheit haben? Warum waren die Vorgesetzten nicht in ihren Forderungen strenger, in ihrer Aufsicht eingehender, im Dienst rücksichtslos?

Es beleidigte ihn, daß nun jeder über jedes urteilen, jede Sache besser als die Sachverständigen verstehen wollte. Er schätzte den Gelehrten, wenn er von gelehrten Dingen redete; er hörte dem Kaufmann gern zu, wenn er über Handel oder Geldgeschäfte sprach; aber es kam ihm unerträglich vor, wenn sie aus Phrasen nachweisen wollten, wie man Soldaten exerzieren müsse, oder was man bei Jena hätte anders machen sollen.

Wie keiner sonst empfand er die Schande, die so viele Unwürdige über die Armee gebracht hatten. Es war in seinem Sinne, daß der König jenen überaus strengen Parolebefehl vom 1. Dezember 1806 erlassen hatte; er lehnte es aber ab, daß zur Säuberung der Armee Instanzen eingerichtet wurden, bei denen jeder Offizier auf Ehre und Gewissen seine „Rechtfertigung" eingeben mußte. Er hielt jene altpreußische Art, den Umgang ein stetes Ehrengericht über die Kameraden sein zu lassen, für wirksamer; er selbst verfuhr in diesem Sinne gegen jeden Offizier und mit so wenig Schonung, als wäre er noch der Leutnant im Luckschen Regiment; wozu Behörden und Instanzen in Dingen, über die doch jeder nach eigenem Gewissen zu urteilen für seine Pflicht erachten mußte? Gegen mehr als einen, auch wenn sie von den zum Teil laxen Instanzen freigesprochen waren, trat er schonungslos auf. So erschien ein Kavallerieoberst aus vornehmer Familie in Königsberg, durch seine Verbindung bei Hofe wieder Anstellung zu gewinnen; man wußte, daß er bei Auerstädt von seinem Regimente unlöblicherweise abgekommen war; York ruhte nicht, ihn mit Spott und Verachtung zu peinigen, er ging bis zu offener Beleidigung, bis jener seine Bewerbungen aufgab.

Freilich mußte man mit der Reduktion der Armee zugleich ihre innere Organisation verändern. York war zufrieden, daß man das System der Werbungen völlig verließ und die Barbareien der alten Disziplin aufgab. Aber er mißbilligte es, daß man mit den alten Regimentern auch mit deren Erinnerungen und damit mit einer doch stolzen Vergangenheit brach. Was hatte denn sein Jägerregiment verbrochen, daß es nun zerrissen werden mußte? Kannten die Franzosen nicht die „Jäger mit dem Strick", und mußte man so vielen Braven diesen Schmuck nehmen, den sie als ihre Ehrenzeichen betrachteten? Oder sollte jeder Preuße lernen, daß keinerlei Ehre gerettet sei? Mußte der Soldat büßen, was die höhere und höchste Leitung verschuldet hatte? Mit der größten Bestimmtheit sprach er zunächst für die Beibehaltung des Regiments; vergebens: „Er habe da", sagte er, „in ein wahres Wespennest gestochen." Auch der König wies seine Bitten zurück; es erfolgte dabei die Erklärung, daß jene Achselbänder keine Auszeichnung, sondern ein Montierungsstück seien, auch von anderen Truppen (Dragonern) getragen worden seien und fortan als unnütz wegfallen könnten. Mit dem Ausgang des Jahres 1808 ward die Auflösung des alten Jägerregiments vollzogen.

Am meisten erbitterte ihn die Art, wie man mit dem Adel verfuhr. Er sah darin nichts als eine schwächliche Nachgiebigkeit gegen die Meinung der „Kosmopoliten und Raisonneurs", deren Stimme man anfange, für die Meinung des Volkes zu halten.

Nach dem Reglement vom 6. August 1808 hörte jede Bevorzugung des Standes beim Militär ganz auf; aus der ganzen Nation sollte jedermann auf die höchsten Ehrenstellen im Militär Anspruch machen können. Es schienen York bei dieser Bestimmung alle wesentlichen Gesichtspunkte verrückt. Man mußte ihm zugestehen, daß, wenn das erste und wichtigste Interesse des Staates und des Volkes sei, ein möglichst tüchtiges Heer zu haben, ein wesentliches Erfordernis dazu ein tüchtiger Offizierstand sei. Den, so meinte er, habe der alte Adel bisher in Preußen bilden können und wirklich gebildet; eingedenk seines Lehnseides „Dem Könige zu Dienst zu

sein mit Gut und Blut", diene er aus Treue und für die Ehre, während die
neue Einrichtung den Offizierstand zu einem Erwerbszweig, zu einer
Versorgungsanstalt mache; für das neue Offizierkorps werde man ganz
andere Antriebe suchen müssen, als diejenigen, die sich bisher bewährt
hatten. „Der Sohn des Landedelmannes oder Offiziers, der die Bauernjun-
gen oder Soldatenkinder schon im Spiel exerziert, wird sie auch einst als
Offizier am besten abrichten und gegen den Feind führen." Oder sollte die
Einrichtung dazu dienen, dem Offizierstande keine Talente entgehen zu
lassen, die die bisherige Bevorzugung des Adels ausgeschlossen? York
konnte nachweisen, daß militärische Talente Bürgerlicher auch bisher
nicht zurückgewiesen seien: Derfflinger, Grolman, Günther, Tempelhof,
viele andere waren Beispiele dafür; und waren nicht in seinem Jägerregiment zur Zeit seines Eintritts fast die Hälfte der Stabsoffiziere Bürgerliche gewesen? Er spottete jener ängstlichen „demokratischen Vorliebe",
die unter jedem Bauernkittel ein Talent wittere und, weil Papst Sixtus V.
in seiner Jugend ein Schweinehirt gewesen wäre, um jedweden Menschen
sorgsam bemüht sei, aus Furcht, daß irgend ein göttlicher Sauhirt unbe-
achtet verkommen könne. Er bestritt jene Ansicht von dem Wert des
Talentes; die wenigsten Offiziere seien in der Lage, Talente auch nur sein
zu dürfen; und diejenigen Eigenschaften, auf welche es für alle am wesent-
lichsten ankommen, die Fähigkeit des Befehlens, der persönliche Mut und
das selbstverständliche Ehrgefühl seien zwar nicht angeboren, aber in der
Erziehung von früh an zu gründen; die Tradition der Familien – und fast
jede des preußischen Adels sei seit Generationen eine militärische – werde
durch nichts anderes ersetzt; wie Englands Kraft in seinen politischen, so
wohne die Preußens in seinen militärischen Familien. Wenn aber jene
Verordnung nicht bloß das Interesse der Armee ins Auge zu fallen, sondern geltend zu machen schien, daß es ein Recht jedes Volksgenossen sei,
auch im Soldatendienste seine Karriere machen zu können, so hielt York
dies in mehr als einer Hinsicht für bedenklich. Bisher war es zugleich als
eine Pflicht des Adels angesehen worden, zu dienen; wie nun, wenn mit der
wachsenden Menschenfreundlichkeit die Abneigung gegen den uner-
quicklichen Offizierstand wuchs? Mit dem Recht aller hatte die Pflicht des
Adels ein Ende. Und wird nicht mit jedem neuen Recht aller ein älteres
Recht des auch verpflichteten Standes gekränkt? Dem Prinzen Wilhelm,
der die neuen Gedanken gegen ihn verteidigte, sagte er: Wenn Ew. K.
Hoheit mir und meinen Kindern ihr Recht nehmen, worauf beruhen denn
die Ihrigen?"
York sprach gegen die neuen Doktrinen von Gesichtspunkten aus, die
nicht minder theoretischer Art waren, als er jenen vorwarf. Der Adel
selbst war nicht mehr so, wie er nach Yorks Ansicht sein mußte, und wie
ihn das alte System aufgefaßt hatte. York kannte diesen Schaden sehr
wohl; aber statt die wesentlichen Momente dieses Wechsels zu würdigen,
schalt er auf die „Degeneration", ohne an seiner Doktrin irre zu werden.
Wie oft erging er sich über den „Güterschacher", der mehr und mehr,
namentlich in der Mark, eingerissen war und die Mehrzahl kleinen Adels

um den Rest seiner Grundsässigkeit gebracht, ihn „beweglich wie Flug-
sand" gemacht hatte. Hatte das alte System Preußens etwas von sparta-
nischer Art an sich gehabt, so war hier wie in Sparta das Geld das zerstö-
rende Gift geworden. „Seitdem der märkische Adel", sagte York,
„Schwert und Sporn an die Seite gelegt und die Goldwaage in die Hand
genommen, ist er zugrunde gegangen und ihm nicht mehr zu helfen."
Es ist nicht nötig, auf den inneren Widerspruch aufmerksam zu machen, in denen sich Yorks politische Anschauungen bewegten. So sehr er
sich, nach dem Ausdruck eines Beteiligten, „damals in schroffstem, ja
hämischstem Widerspruch" gegen diejenigen gefiel, in deren Hand des
Königs Vertrauen den Wiederaufbau des niedergebrochenen Staates gelegt hatte, und soviel er an seinem Teil dazu helfen mochte, ihnen die
Erfüllung ihrer Aufgabe, die sie ihm auf falschem Wege zu suchen schienen, unmöglich zu machen – man darf zweifeln, ob ihm ein besserer Weg,
ein bestimmtes anderes System, mit dem er etwa selbst die unabweisli-
che Aufgabe zu lösen hätte unternehmen mögen, klar vor der Seele
stand; ob er nicht vielmehr, wenn er berufen gewesen wäre, für die Be-
schaffung so ungeheurer Kontributionen, für die Gründung eines einfacheren und tätigeren Verwaltungssystems, für die Sammlung, Steigerung und Bereitschaft aller noch vorhandenen nationalen Kräfte zu sorgen, zu ähnlichen durchgreifenden Mitteln wie Stein und dessen Freunde
mit ähnlicher Rücksichtslosigkeit gegriffen hätte. Jetzt, als Unbeteilig-
ter und in der Lage, tadeln und kritisieren zu können, ohne bereit sein zu
müssen, statt der Getadelten vor den Riß zu treten, inmitten der oft
ausschweifenden und stets erbitterten Besprechungen solcher, die in den
französischen und rheinbündnerischen Gestaltungen das nur vorerst
noch versteckte Ziel der neuen Gesetzgebung sahen – und man übersehe
nicht, daß deren System bei weitem nicht den Zeitgenossen klar vorlag –
am wenigsten den doch tief historischen und echt deutschen Grundzug in
dem, was zur inneren Erhebung dieses Volks- und Staatswesens bereitet
wurde, zu würdigen fähig, kam York zu einer Beurteilung Steins, die
eben so charakteristisch wie ungerecht ist.

„Der Mann ist zu unserm Unglück in England gewesen und hat von
dort seine Staatsweisheit hergeholt; und nun sollen die in Jahrhunderten
begründeten Institutionen des auf Seemacht, Handel und Fabrikwesen
beruhenden reichen Großbritanniens unserm armen, ackerbautreiben-
den Preußen angewöhnt werden."

Der Entthronung der spanischen Bourbonen war jene erstaunenswer-
te Erhebung des spanischen Volkes gefolgt, die wohl angetan war, den
Gedanken nationaler Selbsthilfe als die letzte verzweifelte Rettung aus
der Fremdherrschaft zu entzünden. Nicht bloß in Preußen, sondern in
ganz Norddeutschland war die öffentliche Stimmung, wie es schien, reif
zu den äußersten Wagnissen. Auf Englands Beistand durfte man rechnen; Österreich rüstete in aller Stille mit größter Anstrengung. Preußen
besaß eine gerüstete Macht von 50 000 Mann, und Napoleon mußte zur

Niederzwingung Spaniens den größten Teil seiner Truppen aus Deutschland ziehen. Wenn dann Preußen im Einverständnis mit Österreich den Kampf begann, wenn ein allgemeiner Aufstand gegen die Fremdherrschaft sich über Norddeutschland verbreitete, wenn England mit Waffen und Geld unterstützte, dann schien der Erfolg so gewiß, als man alles daran zu setzen entschlossen war.

Dies waren die Grundzüge des Planes, der dem Könige am 21. August 1808 von Stein, Scharnhorst und Gneisenau vorgelegt wurde. Gleichzeitig traten die Verhandlungen in Paris wegen der Kontribution und der Räumung des preußischen Gebietes in eine neue peinliche Phase – man schlug französischerseits den Beitritt Preußens zum Rheinbunde vor. Der König schwankte; er kam zu dem Schluß, daß ohne die Zustimmung Rußlands Erfolge unmöglich seien. Mitte September kam Kaiser Alexander auf der Durchreise nach Erfurt über Königsberg; umsonst waren alle Bemühungen, ihm die Gefahren des Systems, dem er folgte, darzulegen.

Und unmittelbar nach seiner Abreise erschien jener bekannte Brief Steins, der dem Überbringer von französischen Schergen entrissen worden war, in den öffentlichen Blättern; er wurde veröffentlicht „als ein Denkmal der Ursachen des Gedeihens und des Sturzes der Reiche".

Die Art, wie dieser Brief von seiten der französischen Machthaber und fast noch eifriger von denjenigen preußischen Parteien, die mit den Franzosen liebäugelten, benutzt wurde, konnte nicht umhin, den allertiefsten Einfluß auszuüben. Doch traten erkennbare Wirkungen zunächst nicht hervor; von den Verhandlungen in Erfurt verlautete nichts, als daß endlich die Summe der Kontribution festgestellt, die nahen Termine zur Räumung des preußischen Gebietes bestimmt, nur die drei Festungen Stettin, Küstrin und Glogau den Franzosen vorbehalten seien.

Der König hatte Stein noch nicht entlassen. Es ergaben sich aus Anlaß jenes Briefes zahlreiche Beweise des öffentlichen Vertrauens zu ihm. Aber gleichzeitig begannen die französischen Behörden in Berlin Nachforschungen, Bedrohungen, Verfolgungen, die mit Beflissenheit an den Namen Steins geknüpft wurden, als gälte es Verschwörungen, die er geschaffen habe, zu entdecken, als sei durch sein Schreiben die Existenz des Staates, die Krone des Königs verwirkt.

Begreiflich, daß solche Stimmungen, die in den adeligen Kreisen Berlins mit besonderem Eifer gesteigert wurden, auch in Königsberg ihren Nachklang fanden. Es war natürlich, daß diejenigen, welche schon bisher den neuen Kurs mit Mißbilligung begleitet hatten, in jenem Eifer der französischen Behörden eine nahe und gewaltige Gefahr sahen, und daß gar diejenigen, welche aus Feigheit, Ehrgeiz oder Eigennutz gegen Stein und seine Freunde heimlich sich verschworen hatten, jetzt unter der Firma des reinsten Patriotismus doppelt heftig auf den Sturz des Verhaßten hinarbeiteten.

Am 24. November vollzog der König Steins Entlassung.

York atmete auf. Er glaubte „den günstigen Zeitpunkt" nahe, um den Kampf zu erneuern; am wenigsten stimmte er mit denen überein, die in dem „innigsten Anschluß" an Napoleon die Rettung sahen. Er hatte keine Ahnung von den geheimen Artikeln des Oktobervertrages, in denen sich der König nicht bloß verpflichtete, höchstens 42 000 Mann zu halten, sondern auch Napoleon im Kriege gegen Österreich mit 16 000 Mann zu folgen. Gleich Blücher und Stein, Scharnhorst und Gneisenau brannte er auf den Kampf gegen den Verhaßten: nur die Art, wie jene den Krieg herbeizuführen suchten, wie sie ihn führen wollten, schien ihm völlig verderblich.

Allerdings war die Erbitterung in Preußen und ganz Norddeutschland groß. Aber die Versuche, diese Stimmung zu organisieren, lieferten nur den Beweis, wie wenig man zu dergleichen geeignet war. York urteilte über den Tugendbund äußerst hart; er beklagte, daß die Königin nach seiner Überzeugung diesen Dingen Vorschub leistete. Nicht bloß, daß in seinen Tendenzen mehr an Deutschland als an Preußen gedacht werde, und daß seine geheimen Leiter in England seien, machte er ihm zum Vorwurf; er spottete über diese Art geheimer Verbindungen, die zugleich für sich und ihre Statuten die allerhöchste Sanktion nachsuchten; er begriff nicht, daß Beamte und Offiziere noch weitere patriotische Pflichten zu übernehmen vermochten, als ihnen schon ihr Diensteid auferlegte. Vor allem unerträglich war ihm diese Art von Begeisterung, die damals unter den jüngeren Leuten, namentlich auch unter den Offizieren, im Schwange war, und welche, nur auf das allerdings würdige Ziel gewandt, die Schwierigkeiten und Unmöglichkeiten übersprang, die die Wege dorthin sperrten. Nach seiner Meinung gab es „nur eine Art der Begeisterung, die für die Pflicht".

Wenn einer, so sehnte sich York danach, gegen Napoleon zu kämpfen. Aber es erschien ihm geradezu wahnsinnig, „den Feind auf eigene Hand herauszufordern".

Ein solcher Plan war vorhanden, war daran, verwirklicht zu werden. Napoleon stand in Madrid; die französischen Truppen hatten am 3. Dezember Berlin verlassen; nur noch in den drei Oderfestungen lagen einige Abteilungen. Mit Österreich, das seine Rüstungen nahezu vollendet hatte, waren die nötigen Verständnisse eingeleitet. Es schien nur eines geeigneten Anlasses zu bedürfen, um loszubrechen.

In der zweiten Hälfte des Dezember zeigten sich in der Nähe von Pillau englische Schiffe, zu gleicher Zeit ein französischer Kaper, der Jagd auf sie machte. Am 21. Dezember kam an York, der das Kommando über die Küstenverteidigung hatte, die Meldung: „Es sei unmittelbar aus dem Kabinett befohlen, auf den französischen Kaper, wenn er in den Bereich der Kanonen von Pillau komme, zu schießen." York stutzte; er eilte zum Schloß; er ersuchte den General Köckeritz, ihm sogleich eine Audienz zu erbitten. Allerdings hatte Preußen mit England keinen Krieg; aber die Kontinentalsperre, der es hatte beitreten müssen, gestattete unzweifelhaft nicht die Aufnahme englischer Schiffe in preußische Häfen; die gegen Napoleon eingegangenen Verpflichtungen noch weniger auf ein Fahrzeug unter französischer Flagge, und

wenn es ein Kaper war, zu feuern. Mit der Ausführung jenes Befehls
würde man den Bruch mit Frankreich herbeigeführt, man würde angegriffen haben. Der König, so scheint es, hatte, als er zur Ausfertigung
jenes Befehls seine Zustimmung gab, die Bedeutung desselben nicht erkannt; gewiß, daß er nach der Audienz Yorks nicht bloß umgestimmt
war, sondern Scharnhorst „in Ausdrücken, welche bis an die äußerste
Grenze der Höflichkeit gingen", mit Vorwürfen überhäufte. Scharnhorst Freunde sahen in dem Nervenfieber, das ihn dem Tode nahe
brachte, eine Folge jener Szene.

Jener Befehl wurde zurückgenommen. Nachmals hat General Rapp,
der Kommandeur in Danzig war, zu York geäußert, daß er seiner Instruktion gemäß bei der geringsten Feindseligkeit gegen jenes französische Schiff sofort die Nehrung besetzt und Pillau genommen haben würde. Daß die Besatzungen der Oderfestungen sowie die Truppen im Warschauischen sofort seiner Bewegung gefolgt wären, kann keinem Zweifel
unterliegen. Wenigstens York sah nicht die Gegenanstalten, um eine
augenblickliche Vernichtung Preußens zu hindern; nicht die Männer,
den Staat durch so ungeheure Gefahren, die sie heraufbeschworen hatten, hindurchzuführen; und wenn der König so, wie es geschah, ihren
Plan ohne weiteres fallen ließ, so besaßen sie dessen Vertrauen nicht in
dem Maße, wie es notwendig war, wenn ihr Wagnis gelingen sollte.

III

DIE VORGÄNGE VON 1809 UND 1810

Der König war während des Januar 1809 in St. Petersburg. Wenn
auch Stein verabschiedet war, wenn auch Napoleon ihm eine Achtserklä-
rung nachgesandt hatte, in der Meinung der Armee wie des Volkes stand
es fest, daß der sichtlich nahe Ausbruch des Krieges zwischen Österreich
und Napoleon auch für Preußen das Zeichen sein werde, sich der
Schmach und dem Elend der Fremdherrschaft zu entreißen.

Die Reorganisation des Heeres war mit dem Ausgang des Jahres 1808
im wesentlichen vollendet; war es der Zahl nach ungleich geringer als zur
Zeit des Friedens von Tilsit, so hatte man dafür die Gewißheit, nur Offiziere, die sich bewährt, nur auserlesene Mannschaften in der Armee zu
haben. Kam es jetzt zum Kriege, so waren die Elemente vorhanden, sie
schnell wenigstens zu verdoppeln.

Und mehr als das. Die unermeßliche Erregung bedurfte nur des Füh-
rers, um durchzubrechen. Und diese Führer waren da, hatten in der Stille
alles vorbereitet zur allgemeinen Volkserhebung in ganz Norddeutschland, hatten ihre Vereinbarungen mit Wien und London; Offiziere betrieben geheime Werbungen für bevorstehende Kriegsereignisse; es wurden Waffen aufgekauft, es wurden geheime Pulverfabriken angelegt; es
waren die Pläne fertig, die Oderfestungen, die der Elbe zu nehmen, nach

Westfalen einzubrechen, Deutschland von Tirol bis zur Nordseeküste zugleich in Flammen zu setzen. Es schien alles zur Entscheidung reif. Es lagen 1809 die Geschicke Europas in Friedrich Wilhelms III. Hand.

Nach der neuen Organisation bestand die Armee aus sechs Brigaden, zwei schlesischen, zwei preußischen, einer in Pommern, einer in Brandenburg. York führte die westpreußische mit dem Stabsquartier Marienwerder. Sie umfaßte zwei Infanterieregimenter, ein Grenadierbataillon und drei Kavallerieregimenter.

Er übernahm die Brigade in den ersten Januartagen. Aber nur, um die nötigsten vorläufigen Anordnungen, namentlich auch bezüglich der Küstenbewachung für das napoleonische Kontinentalsystem zu treffen. Dann eilte er nach der Mark und Schlesien, die ihm übertragene Umformung seines alten Jägerregiments zu besorgen. Auf der Weiterreise nach Berlin ward ein Tag in Frankfurt bei dem treuen General Kleist (Nollendorf), ein zweiter und dritter in Mittenwalde verweilt; es war das erste Wiedersehen der Seinigen nach fast zwei Jahren. Am 10. März traf York in Berlin ein.

Es war die Zeit der höchsten Spannung; daß eben jetzt das auswärtige Ministerium nach Berlin übersiedelte, während der König noch in Königsberg blieb, steigerte sie nur; und mit dem Minister Graf Goltz zugleich traf der bewährte General Graf Tauentzien ein, den Befehl über die Truppen in den Marken zu übernehmen; Tauentzien, dann Lestocq als Gouverneur von Berlin, Chazot Kommandant, Major Schill mit seinem Korps in der Stadt – Namen, deren jeder eine Demonstration schien. Namentlich Schill, seit seinem Einzug in Berlin in immer neuen Ovationen von der Bevölkerung gefeiert, übte auch in militärischen Kreisen einen außerordentlichen Einfluß.

Mitte April kamen jene österreichischen Manifeste und Proklamationen, kam die Nachricht nach Berlin, daß Erzherzog Karl in Bayern eingerückt sei. In raschen Schlägen folgten die Nachrichten vom Aufstand in Tirol gegen die Bayernherrschaft, von dem Einrücken des Erzherzogs Ferdinand nach Warschau. Dann hieß es, auch Dörnberg, jener tapfere Hauptmann, der zuletzt in Lübeck an Yorks Seite gekämpft hatte, habe sich im Hessischen erhoben; man erfuhr von des Erzherzogs Johann Sieg in Oberitalien. Auf aller Lippen war: Was wird der König tun?

Da verbreitete sich – es war am 29. April – in Berlin die Nachricht, Major Schill sei tags zuvor mit seinem Korps zum Exerzieren ausgerückt und noch nicht zurückgekehrt; er kam auch am folgenden Tage nicht; die Rückkehr des ihm nachgesandten Offiziers gestattete keinen Zweifel mehr. Die Bewegung, der Jubel in Berlin waren unermeßlich.

York reiste, sobald der wirkliche Abmarsch Schills bestätigt war, von Berlin ab, um sich schleunigst in den Bereich seiner Brigade zu begeben. Er ließ in den Garnisonplätzen seiner Brigade, die er passierte, Jastrow, Friedland, Tuchel, Neuenburg die dort liegenden Truppen alarmieren, einige Übungen machen. Unterwegs erfuhr er, daß nach den Nachrichten von der Donau her Napoleon bei Abensberg und Eckmühl die Österreicher geworfen habe. Am 9. Mai traf York in Marienwerder ein. Sein erstes war es, die Schiffsbrücke über die Weichsel zu besichtigen. Es ist bekannt, daß Blücher in Pommern, auf die erste Nachricht von Schills Abmarsch aus Berlin, die Truppen zum sofortigen Ausrücken bereit machte. Es liegt keine Nachricht vor, daß York ebenso verfahren ist.

An demselben 9. Mai kam General Stutterheim von Königsberg durch Marienwerder, um nach Berlin zu gehen. Von ihm erfuhr York, daß der König von dem Schillschen Unternehmen auf das äußerste überrascht worden sei, daß er selbst nach Berlin mit unumschränkter Vollmacht in betreff dieser Angelegenheit gesendet werde, zugleich mit dem Befehl, Lestocq, Tauentzien und Chazot zu suspendieren und auch gegen sie Untersuchung einzuleiten. Bereits am nächsten Tage kam der Parolebefehl des Königs, der sich über jene „unglaubliche Tat" mit der allerhärtesten Mißbilligung äußerte und allen Militärpersonen die „unbedingte Verpflichtung" auferlegte, „bei allen Verbreitungen von politischen und kriegerischen Nachrichten und Gerüchten sich ruhig zu verhalten und daran auf keine Weise teilzunehmen."

Allerdings drang Napoleon mit schnellem Erfolg die Donau hinab; am 13. Mai ergab sich Wien; der Vizekönig überschritt die Piave, die Bayern wüteten in Tirol. Aber die furchtbare Schlacht von Aspern zwang Napoleon wenigstens zur Besinnung. Jetzt schien der Augenblick für Preußen gekommen, entscheidend einzugreifen. Noch stand Erzherzog Ferdinand in Warschau, der Herzog von Braunschweig drang von Böhmen gegen Dresden und Leipzig vor, bis Nürnberg kamen österreichische Truppen, überall mit Jubel empfangen; selbst General Rüchel erschien in Prag, dem verjagten Kurfürsten seine Dienste anzubieten; scharenweise waren preußische Offiziere in österreichischen Dienst übergetreten; die Rüstungen in England zu einer großen Landung waren fertig. Es wurde alles daran gesetzt, den König zum Entschluß zu bringen. „Es ist noch nicht Zeit", war die Antwort, die der österreichische Baron Steigentesch empfing. „Versetzen Sie dem Feinde noch einen Schlag, und wir sind vereint."

Es wurde noch einmal geschlagen; auch die Schlacht von Wagram entschied den Feldzug noch nicht; doch wenige Tage später legte Erzherzog Karl den Oberbefehl nieder, der Waffenstillstand von Znaim wurde geschlossen. Aber Tirol führte den Heldenkampf fort; eine englische Expedition erschien in der Scheldemündung. Den August, den September hindurch setzte Österreich seine Kriegsrüstungen fort. War noch Aussicht, daß Preußen auf dem Kampfplatz erschien?

Jedenfalls in diesem Sinne gedeutet wurde es, daß zu Anfang August jede der sechs Brigaden zu Felddienstübungen zusammengezogen wurde. Yorks Manöver waren derart, daß man sich in Danzig bedroht glaubte; es steht fest, daß an die Mannschaften scharfe Patronen, dreißig auf den Mann, verteilt waren; unter den Truppen war, wie aus Tagebüchern von Offizieren der Brigade hervorgeht, die Meinung verbreitet, daß ein Handstreich gegen Danzig ausgeführt werden solle. Sie übten wochenlang, und am 17. September erhielten sie Befehl, nach Hause zu marschieren. Wenige Wochen darauf machte Österreich seinen Frieden mit Napoleon.

Die Geheimnisse der preußischen Politik von 1809 sind noch nicht vollständig aufgeklärt; vielleicht werden sie es nie, wenn man in dem, was getan und unterlassen wurde, ein System, einen Plan, Zusammenhang suchen zu müssen glaubt. Nicht bloß hatte der neue Hochmut des Wiener Kabinetts, im Kitzel seiner neuen Popularität gegen das gedemütigte Preußen bis zur Beleidigung rücksichtslos, das alte Mißtrauen des Königs gesteigert; daß die Einwirkungen Rußlands seit jener Petersburger Reise außerordentlich waren, ist ebenso klar wie natürlich. Nur daß die Zweideutigkeiten gegen Napoleon, die Rußland damals zuerst und mit Behutsamkeit sich erlaubte, von Preußen nicht ohne die äußerste Gefahr nachgeahmt werden konnten. Und doch stand Graf Götzen während der ersten Monate 1809, mit ausgedehntesten Vollmachten ausgestattet, von Glatz aus in steter Beziehung mit Österreich; Knesebeck lebte unter dem Namen Müller in Wien; von Königsberg aus wurde Scharnhorsts Sohn an Erzherzog Ferdinand nach Warschau gesandt; die Kontributionszahlungen Preußens an Frankreich hörten auf, von dem vertragsmäßigen Hilfskorps, das Preußen gegen Österreich stellen sollte, war gar nicht mehr die Rede. Man hatte alles getan, Napoleons Haß zu steigern und sein Mißtrauen zu rechtfertigen; man hatte nichts getan, sich vor den Folgen zu sichern, – nichts als daß man aus Freundschaft gegen Rußland das unterlassen haben wollte, was man aus eigenem Entschluß und auf eigene Gefahr zu tun nicht den Mut gehabt hatte.

Die Folgen dieser Politik blieben nicht aus. Bei weitem nicht die schlimmste war es, daß Preußen in der politischen Achtung auch der Feinde noch um viele Stufen tiefer sank; ja, nicht einmal die, daß es gegen Napoleons schadenfrohe Willkür keine andere Hilfe hatte als die Rußlands, deren Preis und Wert man bitter genug 1807 kennengelernt hatte. Das übelste war die Wirkung nach innen. Wenn auch in mannigfachen Verirrungen, es war doch der edlere Geist gewesen, der in Volk und Heer die Stimmungen dieses Frühlings entzündet hatte; und das alles war nun Torheit und Verbrechen geworden. Nur die stärksten Naturen vermochten auch diese Prüfungen zu überdauern; der Gehalt der Masse ward um einen starken und rettenden Gedanken ärmer; die Hoffnungslosigkeit, nun erst völlig gerecht und allgemein, mußte tief hinab aufwühlend wirken; die Frage: warum noch mehr opfern, für was und für wen? blieb nicht mehr in den egoistischen Kreisen der Vornehmen und Reichen; Stein braucht in einer Denkschrift vom Frühling 1810, um den herrschenden Geist des Landes zu bezeichnen, den furchtbaren, aber nur zu richtigen Ausdruck: „Die Frechheit und Verwilderung in der Stimmung." Solche Zerrüttungen und Zerfetzungen wirkten in die gleiche Richtung wie die napoleonische Politik gegen Preußen zu einem Ziele, das schon mancher in dem Schicksal des spanischen Königshauses vorgedeutet sah.

Auf den Wunsch Napoleons kehrte der Hof im Dezember 1809 nach Berlin zurück, wo nicht bloß die schon eingenistete französische Intrige, sondern auch jenes Festungsnetz der Elbe und Oder, das gegen 30 000 Mann französische Besatzung hatte, ihn umspannt hielt. Und als wegen der versäumten Zahlungen mehr und mehr gedrängt wurde, kamen des Königs Minister endlich auf den feinen Rat, Schlesien an Zahlungs Statt abzutreten.

So war Preußens Lage im Frühling 1810. Glücklich jene, in denen dem Haß gegen den „Welttyrannen" der Glaube an den doch gewissen Sieg des Guten und Edlen zur Seite stand; glücklich auch die, welche, wenn auch Preußen unterging, auf die unzerstörbare Lebenskraft des deutschen Geistes und Volkes rechneten; glücklich auch die, welche in dem Kampf gegen Napoleon, wo es auch sei, eine höhere Pflicht sahen, als die, welche sie daheim band. Für York gab es keine dieser Erleichterungen; wir finden nach dem Frieden von 1809 von ihm keinen Ausdruck der Hoffnung. Er war nichts als Preuße und Soldat; von allem, was in ihm Stolzes, Edleres, Erhebendes war, was ihm als Ziel oder Zier des Lebens galt, war nichts, was ihm nicht verletzt, gedemütigt, zerrüttet und zerbrochen worden wäre. Aber – und auch das wird ihn charakterisieren – je finsterer er die Zukunft sah, desto rastloser war er, an seinem Teil mitzuschaffen, daß dem kommenden Unheil der Weg verlegt werden könne. Nicht als werde es gelingen, ihm zu wehren, – armselige Begeisterung, deren Flamme währt, solange sie mit Hoffnungen genährt wird. Er rühmte wohl jene Seemannsart, auf dem sinkenden Schiffe auszuharren, aber die Flagge nicht zu streichen. So ein sinkendes Schiff schien ihm sein einst stolzes Preußen.

Wir werden nicht irren, wenn wir annehmen, daß York die Meinung derer teilte, welche für die wachsende Zerrüttung des Staates nicht bloß den Umständen Schuld gaben. Überall weniger in ihnen als in den Menschen, in den Persönlichkeiten und Charakteren sah er die Quelle des Heils und Unheils. Hatte er Steins Abtreten mit Freude begrüßt, so mochte auch er sich jetzt bekennen, daß ein noch so einseitiges System für den Staat minder verderblich sei als die Systemlosigkeit, die ihm folgte.

Aus Steins und seiner Freunde Briefen ergibt sich, daß ein anderes Moment hinzukam, die Lage Preußens noch peinlicher zu machen. Es ist keine Frage, daß des Königs Winterreise nach Petersburg 1809 Eindrükke zurückgelassen hatte, deren Bedeutung sich keineswegs auf die äußeren Verhältnisse Preußens, auf die „furchtbar schwächende Wirkung" dem Heldenkampf Österreichs gegenüber beschränken sollte. Die Anfänge dieser großen Wandlungen traten zunächst in kleinen Äußerlichkeiten zutage.

Man weiß, in wie hohem Maße einfach und anspruchslos der König gewesen und bis an seinen Tod geblieben ist; der Aufenthalt in Königsberg in seiner völligen Prunklosigkeit war den Stimmungen entsprechend, die nach solchen Schicksalen – freilich in jenen Kreisen am meisten – herrschend waren. Wenn man nach dem Besuch in Petersburg, – wie Gneisenau zu sehen meinte – sich in der früheren Weise nicht mehr gefiel, wenn man die Rückkehr nach Berlin dazu benutzte, ein prunkhaftes Hofleben wiederherzustellen, so war nicht die veränderte Neigung des Königs, sondern eine veränderte Auffassung grundsätzlicher Verhältnisse die Ursache davon. Gleich in den ersten Tagen der Rückkehr las man „mit Verwunderung", wie ein hamburgisches Blatt sagt, in den Berliner Zeitungen eine Veröffentlichung über Courtage, Hoffähigkeit, Präsentation, Hofkleidung usw.

Bisher hatte der Staat auch, abgesehen von den beiden großen Hausorden vom schwarzen und roten Adler, mit denen Fürsten, Generale, Minister, Bischöfe beehrt zu werden pflegten, nur die „im Kampf gegen den Feind" erworbenen Auszeichnungen durch den Offiziersorden Pour le mérite und durch die goldene und silberne Verdienstmedaille belohnt. Durch die „Erweiterungsurkunde" wurden nun zwei neue Klassen des roten Adlerordens, die weitere Unterscheidung durch Eichenlaub, ein allgemeines Ehrenzeichen in zwei Klassen hinzugefügt. Es ist bezeichnend, mit welcher Härte York sich über diese Einrichtung äußerte. Er war daran gewöhnt, daß jene militärische Auszeichnungen für bestimmte Kriegstaten gegeben wurden – wenigstens hatte er selbst den Beweis gegeben, daß er die Verteilung des Ordens bei Truppenbesichtigungen für Mißbrauch halte; er begriff es nicht, wie man Zivilverdienst, das selten oder nie in der kühnen Nichtachtung des eigenen Lebens erscheinen kann, anerkennen wolle; er erwartete nicht anders, als daß sich die verdienstlichen Zivilisten bei ihren Vorgesetzten melden, sich bewerben, ihre Verdienste herausstreichen würden, daß diese neue Einrichtung eine Quelle der „Vereitelung", der Entartung, der Augendienerei werden müsse.

York verließ – auch ihm war der rote Adlerorden dritter Klasse verliehen worden – tief verstimmt und verbittert Berlin. Aber er war einmal nicht gewohnt, sich in seiner Pflichterfüllung beirren zu lassen.

Die Hauptsache war, die Truppen möglichst vollkommen auszubilden, in ihnen einen möglichst soldatischen Geist zu entzünden und so trotz aller Diplomatie und Politik, trotz aller Erschlaffung oder Wechsel der öffentlichen Meinung unzerstörbare Elemente des Preußentums zu retten oder neu aufzubauen. Vor allem galt es York, seine Offiziere – das Beispiel Schills und vieler anderer durfte ernstlich daran mahnen – an jene strenge und geschlossene Haltung wieder zu gewöhnen, die, so leicht und unbequem in guten Tagen, dann wenn sie doppelt notwendig ist, zur schwersten soldatischen Pflicht wird. Jetzt gab er selbst ihnen das Beispiel, „der Pflichten schwerste zu erfüllen". Mit wie tiefem Mißmut er den ganzen, wie ihm schien, heillosen Gang der Staatslenkung ansah, in wie gereizten und verbitterte Stimmung ihn die stete Berührung mit den französischen Behörden brachte – höchstens die größere Strenge im Dienst, die schroffere Kälte in allen persönlichen Beziehungen, bei oft geringstem Anlaß plötzlich Heftigkeiten gegen die ihm Nächststehenden bezeugten, wie es unter der eiskalten Hülle dienstlicher Formen und soldatischer Pflicht in ihm glühte und kochte.

Wir finden York als General an der Spitze seiner Brigade in energischer und rastloser Tätigkeit. Schon die großen Übungen des Sommers 1809 waren nach dem Zeugnis derer, die sie mitmachten, im höchsten Maß belehrend. Allerdings waren die Anweisungen zu diesen umfassenden Manövern vom Militärkabinett ausgegangen; aber Yorks Kunst, die Situation, das Individuelle, die jedesmaligen Zwecke und Mittel zu erfassen, machte die Manöver zu wahren und allgemein anerkannten Musterübungen.

Das Jahr 1810 brachte ihm eine neue Aufgabe. Gleich nach dem Frieden von Tilsit, in dem ersten Entwurf zur Reorganisation der Armee von des Königs eigener Hand, heißt es: „Daß wir zu wenig leichte Infanterie haben, ist wohl keinem Zweifel unterworfen." In der neuen Formation wurden die dritten Bataillone der Regimenter Füsiliere; diese, die zwei Jägerbataillone, das schlesische Schützenbataillon und die sechs Husarenregimenter bildeten, auf Brigaden verteilt, die leichteren Truppen der Armee, zu deren Generalinspekteur York ernannt wurde.

Wie York seine Aufgabe auffaßte, zeigt die Einleitung zu der Instruktion für die leichten Truppen in den Übungen vom Jahre 1810.

„Es liegt in der Natur der Sache, daß in einer bloßen Instruktion nicht alle Details erörtert werden können, die ohnehin mehr für die spezielle Leitung der Brigadekommandanten gehören und sich auch bei einer persönlichen Inspizierung der Truppen weit leichter bemerken lassen. Ebenso wenig kann diese Instruktion einen Inbegriff ganz neuer Ansichten darbieten, indem sie nur den schon gesagten Zweck hat, bestimmte Wahrheiten und Erfahrungen in eine übereinstimmende Unterrichtsanleitung zu fassen. Noch weniger aber lassen sich in einer Kunst, wie die des Krieges, wo die Resultate so unendlich dem Zufall, den Elementen, und wohl zu merken, auch der Freiheit des Willens, d. h. dem Verstande, der Tapferkeit oder Feigheit der einzelnen Glieder der Maschine untergeordnet sind, bestimmte Formeln für alle Fälle geben.

„Nur allgemeine Regeln der Erfahrung lassen sich hier entwerfen, deren zweckmäßige Anwendung auf die Lage, die Umstände den denkenden Offizier vor demjenigen auszeichnen, der seine Funktionen nur wie einen Mechanismus behandelt oder in der Zusammenstellung erlernter Evolutionen schon das vollendete Bild der Kriegskunst sieht."

Bis zum Herbst des Jahres war York zu Inspektionszwecken unterwegs. In Marienwerder selbst hatte er seine Familie endlich wieder bei sich. Es gehört zu den Erlebnissen dieses Hauses – freilich in jenen Zeiten Preußens teilten unzählige, namentlich Offiziersfamilien, das gleiche Schicksal – daß sich die Mutter mit den Kindern auf das äußerste hatte einschränken müssen; eine Freundin des Hauses hat uns von den „fabelhaften Verlegenheiten", namentlich 1807, berichtet: „Es sei unbeschreiblich, wie Frau von York sich habe durchhelfen müssen." Erst mit

dem Ausgang des Jahres 1810 sah York sich in der Lage, an die Übersied-
lung seiner Familie nach Marienwerder zu denken.

Aus dem wieder beginnenden häuslichen Leben ist uns wenigstens ein
Zug überliefert, der denn auch, bezeichnend wie er ist, hier nicht übergangen werden mag. Die Knaben, der zwölfjährige Heinrich und der sechsjährige Louis,
hatten neben des Vaters Zimmer Unterricht; die offene Tür ließ ihn
hören, daß die Geschichte von Mucius Scävola, der die Hand ins Feuer
streckt, erzählt wurde. Nach der Stunde spricht der Vater mit den Knaben von Mucius Scävola und dessen Heldenmut, und was sie wohl in
einem ähnlichen Falle tun würden. Natürlich meinten sie: dasselbe. So
soll es versucht werden. Es wird ein Blatt genommen, zusammengeballt,
Heinrich muß die Hand ausstrecken – er würde sich vor dem Vater
geschämt haben, sich dagegen zu sträuben – der Papierballen wird darauf gelegt, angezündet, und der Heinrich läßt ihn, so sehr es schmerzt,
niederbrennen bis in die Hand. Nun wird Louis noch einmal gefragt; mit
Tränen in den Augen bleibt er bei seinem Wort; es wird eine Papierkugel
ihm ins Händchen gelegt, angezündet, und auch er hält es ruhig zu Ende.
„So muß ich es auch", sagt der Alte, ballt sich seinen Bogen Papier
zusammen und macht seinen Buben das römische Experiment gründlich
nach. Freilich ist das Ende von dem Spaß eine tüchtige Brandwunde;
und als am andern Morgen der Adjutant kommt, etwas zum Unterschrei-
ben vorzulegen, hat der General die Hand dick verbunden. „Ich kann
nicht schreiben, das hat man von den Kindereien mit den Jungen!" und
nun erzählt er ihm die Geschichte.

IV

DIE AGONIEN VON 1811

Mitte Dezember 1810 reiste York mit seinem Adjutanten, unzweifelhaft auf eine Weisung von Berlin hin, zu dem Gouverneur von Danzig,
General Rapp, um diesem einen offiziellen Besuch zu machen. Der Empfang sowohl von seiten Rapps wie der übrigen Generalität war im höchsten Maße auszeichnend.

Der Besuch war in mehr als einer Hinsicht lehrreich gewesen. Allerdings war die Beflissenheit, dem preußischen General zuvorkommend zu
sein, sehr deutlich gezeigt worden; aber ebenso unzweideutig ließ sich
erkennen, daß in der Auffassung der Herren dort Preußen einem rheinbündnerischen Gebiete ziemlich ähnlich war. Beachtenswert war die
kriegerische Stimmung des Militärs; ein russischer Krieg schien schon oft
Gegenstand der Besprechung gewesen zu sein. Um so auffallender waren
die Äußerungen Rapps. An der Tafel kam das Gespräch auf die letzten
Feldzüge; Rapp sprach von den Verlusten bei Eylau, bei Aspern und
Wagram, dort sei unter den alten Soldaten des Kaisers sehr stark aufge-

räumt worden; es sei Zeit, daß der Kaiser ein Ende mache. „Glauben Sie
mir", fügte er hinzu, „eine Armee mit jungen Generalen und alten Soldaten ist noch einmal so gut als eine Armee mit alten Generalen und jungen
Soldaten." Und nach einer Pause: „Übereilt Euch nur nicht, Ihr Herren
Preußen; wir erleben vielleicht noch, daß Ihr den größten Teil Eurer
verlorenen Länder wieder bekommt, entweder so oder so."
Allerdings waren neue Wetter im Anzuge. Seit dem Sommer 1810 war
die Freundschaft zwischen Napoleon und Alexander, jene in Tilsit geschlossene und in Erfurt besiegelte, im Erkalten; es fanden sich immer
neue Interessengegensätze, es gab immer größere Mißverständnisse, immer peinlichere Erörterungen; der Ausbruch eines Krieges schien nahe.
Was sollte dann aus Preußen werden?
Preußens politische Lage hatte sich seit Napoleons Verschwägerung
mit Österreich auf unerhörte Weise verschlimmert; selbst der Wiedereintritt Hardenbergs in den Staatsdienst im Juni 1810 hatte nur dazu gedient, die Fesseln, die Preußen banden, sicherer zu machen. „Ein finsterer Blick des Kaisers würde genügt haben, ihn vom Amt zu entfernen."
Der Staatskanzler war vor allem bemüht, „mit den französischen Autoritäten gut zu stehen" und die schweren Kontributionen von 1807 endlich
regelmäßig zu zahlen. Dem Lande wurden die äußersten Anstrengungen
zugemutet, um Leistungen zu machen, mit denen man dem Kaiser doch
kein Genüge tat. Das Berliner Kabinett durfte sich nicht verhehlen, daß
es auf diesem Wege weder in Napoleons Achtung stieg, noch sein Mißtrauen überwand; nicht im geringsten wurde es von ihm größerer Berücksichtigung gewürdigt; kaum daß es von dem, was zwischen Paris
und St. Petersburg vor sich ging, auch nur eine Notiz erhielt. Hatte man
gehofft, für so viel Unterwürfigkeit durch den Antrag eines Bündnisses
belohnt zu werden, so mochte man aus dem völligen Schweigen, das
Napoleon beobachtete, erkennen, daß er entweder eine noch tiefere Unterwerfung erwartete oder dem Schicksal Preußens eine völlig andere
Wendung zu geben beabsichtigte. War nicht im Lauf des letzten Jahres
das Königreich Holland, das Herzogtum Oldenburg verschwunden?
Waren nicht Stücke des Königreichs Westfalen, waren nicht die alten
Hansestädte einverleibt worden? „Kleine Staaten", hatte der französische Minister gegen den russischen Gesandten geäußert, „können nicht
bestehen, wenn deren Existenz der Politik und den Vorteilen der großen
Mächte entgegen ist, welche wie ein reißender Strom alles verschlingen,
worauf sie in ihrem Laufe stoßen." Wie, wenn nun Napoleons Politik die
Beseitigung Preußens forderte? Waren nicht Magdeburg, Torgau, Wittenberg an der Elbe, Stettin, Küstrin, Glogau an der Oder, Danzig,
Thorn, Warschau an der Weichsel in seiner Gewalt? Durchschnitten
nicht die vertragsmäßig zugestandenen Militärstraßen die Monarchie?
Auf wessen Beistand konnte man rechnen, wenn es Napoleon angemessen schien, die tief gedemütigte preußische Monarchie völlig verschwin-
den zu lassen?
Wie nun einmal die Lage des Kabinetts war, durfte es sich weder auf

diese äußerste Gefahr zu rüsten versäumen, noch sich weitere Erniedrigungen ersparen, um ihr womöglich zu entgehen.

Daß zwischen Frankreich und Rußland ein Konflikt drohte, zeigte sich in den beiderseitigen Truppenbewegungen nach dem Warschauischen zu. Fürchtete Napoleon wirklich den zuvorkommenden Angriff Alexanders, oder wollte er ihn zu fürchten scheinen, die Anstalten, die im Großherzogtum getroffen wurden, waren, als wenn man „in jeder Stunde, in jeder Minute" den Einmarsch der Russen zu gewärtigen habe. Die russischen Rüstungen waren umfassend, vollständig. „Wenn ich angreifen wollte", sagte Kaiser Alexander im Mai zum französischen Gesandten, „seit zwei Monaten bin ich fertig; wer wollte mich hindern?"

Allerdings hatte das Berliner Kabinett keine Gelegenheit versäumt, sich dienstbeflissen zu zeigen. Als Rußland durch den Ukas vom 31. Dezember 1810 das Kontinentalsystem so gut wie aufgab, beeilte sich Preußen, die Aufhebung jeden Landverkehrs mit Rußland anzubieten; die Konvention vom April vermehrte die Zahl der den Franzosen zustehenden Militärstraße durch das preußische Gebiet; freiwillig steigerte man die Maßregeln zur strengsten Überwachung der englischen Konterbande, „Maßregeln, welche zwei Drittel der Armee in Anspruch nehmen." Für so viel Unterwürfigkeit hoffte man durch die Annahme der Allianz belohnt zu werden, die man eben jetzt in den dringendsten und unzweideutigsten Ausdrücken durch Fürst Hatzfeld angeboten hatte.

Auf diesen Antrag ließ Napoleon seine Zufriedenheit mit dem guten Willen Preußens aussprechen; aber „es seien keine ernstlichen Gründe zu einem Kriege zwischen Rußland und Frankreich vorhanden." Jene Truppenbewegungen in Westpreußen, jene Einberufungen waren seiner Aufmerksamkeit nicht entgangen; „sie sind verdächtig, weil sie unnütz sind", ließ er an seinen Minister des Auswärtigen schreiben. „Wenn Preußen Rüstungen macht, ehe wir uns verständigt haben, so sind sie gegen mich; ich werde das Land besetzen; es ist lächerlich, uns einreden zu wollen, sie seien gegen die Engländer, von denen man keine Landung zu befürchten hat." Sofort wurden französische Agenten nach Schlesien, Pommern, Preußen gesandt, die militärischen Maßnahmen Preußens zu beobachten; es wurde in Dresden und Warschau alles so angeordnet, daß die polnische Armee in 24 Stunden an den entscheidenden Punkten vereinigt sein konnte. „Man suche den Sinn meiner Befehle zu durchdringen; es muß alles so geordnet sein, daß man nicht verliert, selbst wenn die Russen nach Warschau kommen."

Napoleon mochte der Meinung sein, daß ein russischer Einfall in Polen als Zeichen zum Losbrechen für Preußen beabsichtigt werde; vielleicht daß er einen solchen Anlaß wünschte, um einem Staatswesen ein Ende zu machen, das ihm, je tiefer es sich demütigte, desto unbequemer wurde.

Wenigstens in der Armee erwartete man solche Wendung der Dinge. „Man kann uns alle Tage gleichsam zusammenklappen", sagt Blücher in einem vertraulichen Schreiben an York, „aber wir sind selbst schuld

daran ... Möchten die Russen endlich einmal einen klugen Streich machen und die Polen überrennen; das könnte die Sache sehr aufhalten."
  Es muß dahingestellt bleiben, ob das Berliner Kabinett von den Absichten Alexanders unterrichtet war; daß es über seine Maßregeln unzu-
längliche Kunde hatte, ist nicht zweifelhaft. Zu welchem Zweck stand
die russische Macht „seit zwei Monaten fertig" an der Grenze, wenn sie,
mit entscheidenden Schritten zögernd, Napoleon nur Zeit gönnte, seine
Gegenmaßnahmen zu vollenden? Oder erwartete Alexander von der
Freundschaft des Königs, daß er, durch jene Rüstungen zur Entscheidung gedrängt, lieber in der Hoffnung auf Rußland den Kampf beginnen, als sich noch tiefer als bisher vor Napoleon demütigen würde?
  Der Empfang des Fürsten Hatzfeld in Paris zeigte, wie weit entfernt
man noch davon war, vor Napoleons Augen Gnade gefunden zu haben.
  In Preußen war seit den vergeblichen Spannungen von 1809 die Stimmung mehr und mehr erlahmt; mehr und mehr überzeugte sich das „gebildete Publikum", daß die politische Weisheit fortdauernd gutes Einvernehmen mit Frankreich fordere. Es kamen gewisse innere Verhältnisse hinzu, die es mehr als zweifelhaft machten, ob eben jetzt die Zeit zu
äußersten Entschließungen sei. Die großen Verwaltungsmaßnahmen,
die Hardenberg seit dem vorigen Sommer in rascher Folge angeordnet
hatte, hatten Mißverständnisse, Mißstimmungen aller Art geweckt; am
wenigsten versöhnten sie, wie die immerhin noch durchgreifenderen und
schrofferen Steins, durch den Hinweis auf ein großes nationales Ziel. Die
Berufung der Notabeln im Februar schuf so wenig eine neue Erhebung
und Anspannung der Gemüter, daß die Regierung vielmehr eine begin-
nende, wenn man will, reaktionäre Opposition mit ziemlich willkürlichen
Mitteln niederschlagen zu müssen glaubte; das halbe Einlenken, das man
dann folgen ließ, rechtfertigte die Widersprechenden, ohne sie zu versöh-
nen. Allerdings war dem Staatskanzler eine Aufgabe geworden, wie sie
peinlicher und undankbarer selten einem Staatsmann zugefallen ist.
Aber die Art, wie er sie löste, lag eben so sehr in seinem Charakter und
seiner Denkweise, wie sie durch die Umstände geboten erscheinen mochte. Jene administrative Gefügigkeit und Beweglichkeit, in der mit oder
ohne Verfassung die Staaten des napoleonischen Systems so Außeror-
dentliches leisteten, jene monarchisch-bürokratische Überlegenheit nach
innen, kraft deren alle Kräfte und Interessen des Volkslebens, gleichsam
ungefragt und ohne Rücksicht auf ihr eigenes Recht, als die stets bereiten Mittel für die jeweiligen Zwecke des Staates verwendbar wurden –
denn das war es, was man unter Souveränität zu verstehen sich gewöhnte
– wir sagen nicht, daß Hardenberg sie mit so kecker Hast wie in Bayern,
mit so blindem Übermut wie in Westfalen geschah, erstrebte. Er
wünschte, daß man ihm vertraue; und der Ratlosigkeit des tiefgebeugten
Volkes blieb nichts übrig, als auf die Erleuchtung einer Staatskunst zu
hoffen, die immer noch in Wohlwollen und Zuversicht lächelte. Es war
dem Staatskanzler genehm, daß aus der öffentlichen Stimmung jene
Heftigkeiten schwanden, die, seiner begütigenden, weltmännischen, di-

plomatischen Natur an sich schon unbequem, den Voraussetzungen der aufgeklärten Staatsweisheit am meisten zuwider waren. Das eifrige Bemühen um Napoleons Gunst, die diplomatische Schaustellung völligen Einverständnisses mußte sie endlich ganz irre machen. „Das Unglaubliche geschah", schreibt Gneisenau an Graf Münster, „die Nation gewöhnte sich an die Idee eines Bündnisses mit Frankreich."

Wie war die Lage des Kabinetts peinlich! Aber sie wurde es nur um so mehr, je länger man sich mit entgegengesetzten Tendenzen trug. „Man fand", schreibt Gneisenau, „meine Ratschläge zu kühn und führte nur die Hälfte derselben aus; nämlich man glaubte im stillen alles abmachen zu können." Während man sich in aller Stille für gewisse äußerste Fälle rüstete, wandte sich der König gleichzeitig an Alexander, ihm den Frieden zu empfehlen, an Napoleon, ihm die näheren Bedingungen eines Schutz- und Trutzbündnisses zu unterbreiten.

„Die Neutralität Preußens", heißt es in des Königs Schreiben an Alexander, „würde im Falle eines Krieges zwischen Rußland und Frankreich eine Schimäre sein; ich würde die Partei ergreifen müssen, die notwendig durch meine Verbindungen und Vereinbarungen mit Frankreich bestimmt wäre." Und in dem Antrage an Napoleon heißt es: „Durch offizielle Mitteilung über die Besorgnis eines nahen Krieges zwischen Frankreich und Rußland beruhigt, würde ich vielleicht in Verlegenheit sein, den an den Grafen St. Marsan gemachten Eröffnungen weiter Folge zu geben, wenn es mir nicht daran läge, noch genauer meine Gedanken auszudrücken über die Mittel, für immer und abgesehen von augenblicklichen politischen Konjunkturen die Bande der Freundschaft und Einigung zu knüpfen, die zu meiner großen Genugtuung schon zwischen Frankreich und mir vorhanden sind."

Wie aber, wenn doch der Krieg ausbrach? Wenn Napoleon ein Bündnis versagen wollte, in dem Preußen noch den Schein selbständiger Entschließung bewahrte? Wenn er als Herr über Preußen zu schalten sich anschickte?

Für diesen Fall wurde der Plan angenommen, welchen Gneisenau angegeben hatte. Man hatte – dank Scharnhorsts unablässigen Bemühungen – eine ungleich größere Armee, als die Konvention von 1808 gestattete; man konnte sofort durch Einberufung der Krümper ein völlig ausgebildetes Heer von 124 000 Mann aufstellen; man hatte in den schlesischen Festungen, in Kolberg, Graudenz, Pillau feste Stützpunkte, auf die man sich verlassen konnte. Man war, wenn man den Willen aufbrachte, stark genug, wenigstens einen mächtigen Kampf zu beginnen, und man durfte gewiß sein, daß einem entschlossenen Anfang die Hilfe nicht fehlen werde. Man hatte, da die Hälfte der Kontribution gezahlt war, die Rückgabe der Festung Glogau zu fordern. Wurde sie verweigert, so mußte man entschlossen sein, loszubrechen, sogleich mit aller Kraft, auf jede Gefahr.

Faßte man einmal den Gedanken, Napoleon gegenüber noch irgendeinen Rechtsspruch haben und fordern zu können, so war es an der Zeit, den willkürlichen Vertragsverletzungen, die französischerseits geflissentlich gesteigert wurden, entgegenzutreten. Nicht weiterhin durften die Besatzungen der drei Oderfestungen, die Preußen zu verpflegen hatte, um viele Tausende stärker sein als die Verträge bestimmten, nicht mehr durften die französischen Marschkolonnen die vertragsmäßigen Straßen überschreiten, die französischen Besatzungen der Festungen über den vertragsmäßigen Rayon hinausgehen. Die Kriegsmacht in jeder Provinz mußte in diesem Sinne angewiesen, die Befehlshaber mit Vollmachten, in diesem Sinne sofort und auf jede Gefahr hin zu verfahren, versehen werden.

Man sieht, es war das System, welches man annahm, gleichsam ein Kompromiß der entgegengesetzten Ansichten, und indem es dem Kabinett den entscheidenden Entschluß ersparte, rettete es von den Vorteilen, die eine entschlossene Erhebung gebracht haben würde, wenigstens die Hoffnung, daß sie noch erfolgen werde.

Aber bei Hardenberg, bei dem Könige überwog das Interesse, nicht zum äußersten zu schreiten. Nicht nur aus Rücksicht auf die Gefahren des Weges, den man betreten mußte – eines Weges, der nur in dem Maße zum Ziele führen konnte, als man die doch unberechenbare Gewalt der Massen zu entfesseln, nationale Sympathien zu entflammen wagte. Nicht minder bedenklich mochte es erscheinen, mit jenen Vollmachten die allerwichtigsten Entscheidungen sozusagen aus dem Kabinett in die Provinzialstellen zu übertragen, die Frage über Krieg und Frieden wenn nicht dem Zufall, so doch der oft sehr undiplomatischen Reizbarkeit der Generale zu überantworten.

Allerdings entwarf man „Vollmachten für die Befehlshaber einer Provinz in außerordentlichen Fällen"; aber man beschränkte, so scheint es, ihre Wirksamkeit auf den Fall eines wirklichen Angriffs der Franzosen; und da man Gefahren dieser Art nur in der Nähe des demnächstigen Kriegstheaters, namentlich nur von Danzig und Thorn aus, für möglich erachtete, fertigte man nur für das westpreußische Militärkommando die Vollmacht wirklich aus.

Wir kommen endlich zu York zurück; er war es, dem diese hohen Befugnisse übertragen werden sollten. Scharnhorst hatte ihn dem Könige vorgeschlagen. „Erst auf diesem Wege traten sich beide näher, überzeugt, ihre Kräfte gemeinschaftlich dem großen Zweck zu opfern."

Nach Empfang der Vollmacht schrieb York an Scharnhorst (13. Mai): „Die mir von Ew. Hochwohlgeboren durch den Herrn Major von Tippelskirchen übersandte Depesche habe ich gestern, den 12. d. M., wohl verschlossen zu erhalten die Ehre gehabt. Es ist und wird gewiß der gegebenen Bestimmung gemäß verfahren werden, und ich bitte Ew. Hochwohlgeboren, sich zu überzeugen, daß ich den Moment, wo alles in Kraft und Wirkung treten soll, richtig beurteilen und nicht übereilen werde. – Das Vertrauen, so Se. Majestät in mich zu setzen geruhen, ist sehr groß. Wollte Gott, ich könnte demselben ganz entsprechen. Die Aufgabe ist, ich fühle es, nicht leicht. Guter Wille, die Anstrengung aller meiner Kräfte sind in meiner Gewalt, und ich kann im voraus versichern, daß es hieran nicht

fehlen soll. Ob aber beides hinreichend ist, ob mein Wissen und mein
Handeln meinem Wollen entsprechen wird, das, mein General, bitte ich
Sie, ich beschwöre Sie bei den heiligen Banden, die Sie und mich an das
Wohl des Königs und des Vaterlandes knüpfen, genau und nach der
allergrößten Strenge zu prüfen. Mein Herr General, ich verehre den König, ich liebe mein Vaterland, ich achte meine Ehre. Diese Grundsätze
machen es mir zur Pflicht, Sie zu bitten, es zu berücksichtigen, daß ich
noch nie etwas im ganzen kommandiert oder dazu mitgewirkt habe.
Meine Brigade würde ich auf den Punkt hinführen, wo sie sein soll; ich
würde vielleicht auch Hindernisse zweckmäßig zu beseitigen und meinen
Entschluß zum Entgegenwirken mit Kraft und Nachdruck zu nehmen
wissen und dann wie ein rechtschaffener Soldat stehen oder fallen; das
hoffe ich mit Gottes Hilfe zu leisten und dafür könnte ich auch bürgen. Der
mir zu seiner Zeit gewordene Auftrag verlangt viel, viel mehr. Unser
unglücklicher Staat ist nicht in der Lage, daß er einen einzigen Fehler eines
kommandierenden Generals ertragen könnte; ein unbedeutender kann
ihn in den Abgrund stürzen. Die hiesigen Provinzen sind diejenigen, wo
der erste Schlag geschehen und wo es erforderlich sein wird, mit der
größten Klugheit, Vorsicht und Energie zu handeln. Werde ich das alles
leisten können? Würde nicht ein im großen Kriege unterrichteter Mann
und erfahrener General diesen Forderung sicherer entsprechen? Es komme als Oberbefehlshaber hierher, wer da wolle, wäre er auch heute noch
Major, ich gebe mein Ehrenwort, ich werde unter ihm meine Pflicht tun;
ich kenne keine Persönlichkeit, ich kenne und fühle nur für meinen König
und für mein Vaterland. Es ist jetzt nicht der Augenblick, zu heucheln;
offen und frei gestehe ich Ihnen, ich glaube, ich habe mehr Naturgaben,
aufzufassen und auszuführen, als selbst zu entwerfen und zu schaffen.
Dies Geständnis kann mich bei Ihnen nicht zurücksetzen. Bedenken Sie,
Herr General, daß ich noch gegen die Eifersucht werde kämpfen müssen;
ich zweifle an keines Menschen Patriotismus, beschuldige auch nieman-
den, aber ich kenne die Menschen. Diejenigen, denen der Kopf so wie mir
bei der schwierigen Aufgabe schwindeln möchte, werden bei ihrer Über-
gehung anders denken, und wehe dem Staat, wenn sie auch anders handeln! – Nochmals bitte ich Sie, Herr General, prüfen Sie mich genauer,
lassen Sie sich nicht durch eine vielfache gute Meinung, die oft der Zufall
leitet, verleiten, meine Fehler würden mir den Fluch und Ihnen den Tadel
des Vaterlandes zuziehen. Noch ist es Zeit, sprechen Sie mit dem Könige;
ich selbst will, wenn Sie es für gut halten, Se. Majestät bitten, nicht zu gut
von mir zu denken. – Glauben Sie nicht, Herr General, daß die hier
gemachten Äußerungen ein Theatercoup sein sollen oder eine politische
Vorarbeit. Bei Gott dem Allwissenden, das ist es nicht; das wäre auch eine
niedrige Erbärmlichkeit; ich bedarf beider nicht. Denn bleibt es bei der
Bestimmung des Königs, so kann der Fall leicht eintreten, daß ich dem
Vertrauen des Königs nicht ganz entsprechen und Fehler machen werde;
ich kann, ich werde aber nie die Ehre der Waffen und das Vertrauen des
Königs beschimpfen. Nach dem Gefühl der Pflicht und aus reinem Patrio-

tismus habe ich hier ohne Kunst, ohne Schmuck, ohne Absichten mit Ihnen gesprochen. Entscheiden Sie ebenso ohne Rücksicht und ohne freundschaftliche Vorliebe für mich."

Die Vollmacht blieb in Yorks Händen – eine Vollmacht von der er selbst späterhin die denkwürdigen Worte schreibt: „Ew. Königl. Majestät haben meinen Händen eine Vollmacht anvertraut, welche mir einen Teil Allerhöchst Ihrer Königlichen Gewalt in besonderen Fällen übertrug", – eine Vollmacht, wie er bei einem andern Anlaß sagt, „über Krieg und Frieden zu entscheiden." Je weniger er von Berlin aus hinreichend über die diplomatische Lage Preußens aufgeklärt wurde, um so behutsamer mochte er sein zu müssen glauben, damit nicht sein Vorgehen die schon äußerst gespannte Stimmung der Armee über den Willen des Königs hinausreiße. Empfand er so bitter wie nur irgendwer die Schmach, das Elend, die Erniedrigung der Monarchie, deren Herrlichkeit die Jahre seiner Jugend erfüllt hatte, so war er am wenigsten weltbürgerlich genug, um jeden Preis den Sturz Napoleons zu erstreben. Sich jetzt in Rußlands Arme werfen, von dem russischen Hochmut die Rettung Preußens hoffen, würde ihm nur als eine andere Form der Erniedrigung erschienen sein; und daß Preußen sich aus eigenen Mitteln schon jetzt retten könne, war, wie er die Ding ansah, unmöglich.

Fassen wir zunächst Yorks militärische Lage ins Auge. Durch den Frieden von Tilsit hatte Preußen die Festungen Thorn und Danzig verloren, und Graudenz war fast durch feindliches Gebiet zur Enklave geworden, indem unterhalb der Festung das Warschauische Gebiet noch einmal das rechte Ufer der Weichsel berührte. Danzig war zu einem Waffenplatz ersten Ranges gemacht worden; unablässig und in großartigster Weise waren die Werke vermehrt und erweitert, waren Waffen, Munition, Vorräte dort aufgehäuft worden. Unter dem Vorwande, auf einen überraschenden Landungsversuch der Engländer – man sprach von 30 000 Mann Landungstruppen – gerüstet sein zu müssen, wurde die Besatzung fort und fort vermehrt.

Demgegenüber nun die geringe, zerstreut liegende Truppenmacht Yorks. „Meine Lage", schreibt er im Mai an Blücher, „ist die unangenehmste, in der ein Soldat nur sein kann; ohne einen Boden zu haben, an dem ich mir mein Raisonnement anknüpfen könnte, stehe ich ohne alle hinlängliche Mittel in der Mitte von zwei Armeekorps, die mich, wenn es ihnen beliebt, auseinander sprengen können ... Nach allen Anstalten, die die Polen machen, d. h. auf Befehl von Paris aus, ist ein Krieg gegen Rußland mehr als wahrscheinlich ... Die Polen fürchten für den Augenblick eine Offensive von den Russen; ich denke, diese sind zu dumm, um einen so kühnen und vernünftigen Streich auszuführen. Ohne baldige französische Unterstützung glauben die Polen, von den Russen überlaufen zu werden, und erwarten ihr Heil hinter der Oder. Daß die Russen beim Rückzuge das Land zwischen Oder und Weichsel zur Wüste machen müßten, sehen sie nicht ein. Mich deucht, eine Wüste ist eine herrliche Defensive; ich als Russe würde kein Haus stehenlassen; das wäre nicht christlich, aber rein militärisch und im Geiste des großen Napoleon. Dabei geht ein Teil unserer Provinz auch zum Teufel, aber der Teufel hat sie doch auf jeden Fall – davon bin ich, obgleich mit blutendem Herzen, ganz überzeugt – und ich will sie lieber verbrennen, als in der Hand von anderen sehen."

Anfang Juli kam Fürst Hatzfeld aus Paris zurück, kam Alexanders Antwort auf des Königs Eröffnung. Von beiden Seiten auch nicht das geringste, was Preußens Lage erleichtert hätte.

Alexanders Antwort – vom 30. Juni – war kühl und hochmütig: „Da ich nach fremdem Gut mich nicht gelüsten lasse, und keine Vergrößerung nötig habe, so ist kein Anlaß vorauszusetzen, daß ich die Absicht habe, den Frieden zu stören; – meine Maßregeln sind nur aus reiner Vorsicht getroffen, gefordert durch das, was an meiner Seite vor sich geht. Zum Krieg wird es nur kommen, wenn ich angegriffen werde, und dann soll die Partie, welche andere Staaten ergreifen wollen, mich nicht hindern, mich mit Energie zu verteidigen."

Und Hatzfeld brachte aus Paris „als Erfolg seiner Sendung sowie aller Eröffnungen und Erinnerungen nichts mit als allgemeine leere Versicherungen." Von der Rückgabe Glogaus kein Wort, trotzdem sie vertragsgemäß schon erfolgt sein mußte.

Und dazu rings umher alles in Waffen. 182 000 Russen längs der Grenze. Die Truppen im Großherzogtum Polen auf dem Kriegsfuß; dazu, wie York Anfang Juli meldet, „die Nachricht, daß die polnische Miliz aufgeboten werde, Bromberg – also noch ein Punkt an der preußischen Grenze – Besatzung erhalten soll." „Aus Dresden", schreibt Scharnhorst am 16. Juli, „erfährt man, daß die sächsischen Truppen Marschbefehl gegen Polen erhalten haben." Aus Pommern hat Blücher berichtet, daß die Franzosen viele Miene machen, Swinemünde zu besetzen und ihre Zöllner nach dort verlegen wollen; „mit guthe soll es nicht geschehen", fügt er in seiner Schreibweise hinzu; aber die Besatzung Stettins ist allmählich auf 17 500 Mann vermehrt, und vertragsmäßig sollen Stettin, Küstrin und Glogau zusammen nur 10 000 Mann Besatzung haben. Nach Danzig hin sind drei neue Infanterieregimenter mit 4500 Mann bereits auf der pommerschen Militärstraße unterwegs, alles, wie Gneisenau im Frühjahr vorausgesagt hatte: die Absicht der Franzosen sei, hatte er gesagt, in die Festungen der Oder sowie nach Danzig viele Truppen nach und nach zu legen, somit Berlin zu umstellen, dann schnell von der Elbe und aus Mecklenburg Truppen nach der Hauptstadt rücken zu lassen, sich der Regierung und des Hofes zu bemächtigen und solchen zu jedem Unterwerfungsakt zu nötigen. „Man glaubte, ich sähe zu schwarz", schreibt er am 17. Juli, „nur der letzte Akt ist noch nicht begonnen, aber wir dürfen buchstäblich erwarten, daß in der nächsten Stunde uns die Nachricht zukomme, feindliche Truppen seien im Anzuge; es wird dann sehr viel Mut, Einsicht und – Glück dazu gehören, den König zu retten." Besorgnisse, die allgemein verbreitet und wahrlich natürlich genug wa-

ren, wenn Hardenberg auch den Bericht Bassanos an Napoleon (er war
dem Staatskanzler durch seine geheimen Agenten zugekommen), daß
Frankreichs Interesse die Entthronung der Hohenzollern und die Auflösung der Monarchie fordere, völlig geheim halten mochte.

Unter solchen Umständen unterwarf der König, wie Hardenberg
schreibt, „die Lage der Dinge seiner eigenen sorgfältigen Prüfung; die
Gründe für und wider wurden ihm von seinen vertrautesten Dienern
vorgelegt, und nun entschied er höchstselbst – ich muß daran erinnern,
wie oft und herzlich ich bat, diesen höchst wichtigen und folgereichen
Entschluß ja aus eigener Brust und Überzeugung zu schöpfen – sich auf
den Fall des Krieges an Rußland anzuschließen." Durch ein eigenhändiges Schreiben vom 16. Juli gab der König dem russischen Kaiser „die
bestimmtesten Zusicherungen über jenen Entschluß."

Nicht, daß man sich sofort für Rußland hätte erheben wollen; jenes
Schreiben des Königs enthielt zugleich „Ratschläge, die auf die möglichste Beibehaltung des Friedens abzielten"; ja, noch immer hoffte man auf
günstigeren Bescheid aus Paris!

Aber man mußte sich doch auf das äußerste gefaßt machen. Auch
Hardenberg hatte sich endlich überzeugen lassen; es war das Verdienst
der trefflichen Frau von Beguelin, die eben jetzt aus Paris zurückkam
und die Berichte ihres Mannes und Krusemarks, welche sie brachte, mit
ihren eigenen vielseitigen Beobachtungen ergänzen konnte. Ihrer hinrei-
ßenden Beredsamkeit, ihrem edlen Zorn gelang es, des Staatskanzlers
Bedenken zu überwinden; er gab ihr sein Wort: „Ich will siegen oder
fallen, aber Ihrer Achtung wert sein; von nun an gehe ich dreist darauf
los." Auf ihr Dringen wurde Gneisenau von seinem Gute in Schlesien
nach Berlin berufen; sie vermittelte die Verständigung beider.

Als Staatsrat im Sackenschen Departement arbeitete Gneisenau an der
Spitze mehrerer Kommissionen; er schreibt hierüber an Graf Münster:
„Ich rede und schreibe im Verein mit dem vortrefflichen Scharnhorst, ich
hauche Mut ein, ich gebe die Mittel zur Rettung an, ich beweise, daß sie
groß sind, und vielleicht wird es gelingen, zu kräftigen Entschlüssen zu
bewegen. Ich dringe darauf, daß der König nach Königsberg gehe, weil ich
voraussehe, daß damit seine Entschlüsse kräftiger und rücksichtsloser
sein werden und er dann auch nicht durch so viele schlechte Menschen
beirrt ist. Gelingt mir das, so haben wir alles gewonnen."

Es würde von höchstem Interesse sein, die eigentümlichen Schwankungen, welche damals in den höchsten Kreisen stattfanden, das rasche
und kühne Drängen auf der einen, das mehr unentschlossene als behutsame Diplomatisieren auf der anderen Seite genauer zu verfolgen. Begnügen wir uns mit den Mitteilungen aus Yorks Kreisen.

Offener äußert er sich zu Scharnhorst; dieser sollte unter dem Vorwand häuslicher Angelegenheiten nach Ostpreußen kommen, sich einige
Zeit in Dollstädt bei Elbing aufhalten; „Die Hoffnung", schreibt York
am 13. Juli, „Ew. Hochwohlgeboren bald zu sprechen, macht mich sehr
glücklich, ich habe manches zu sagen, was sich nur mündlich abmachen

läßt. Unsere Lage, mein General, wird mit jedem Tage bedenklicher, die meinige ist unter allen gewiß die kritischste. Sollte es hier bald zu ernstlichen Auftritten kommen, so werden Ew. Hochwohlgeboren gewiß die Meinung billigen, daß ich einige fliegende Detachements bilde, die nach Umständen den Feind beobachten, und vorzüglich die Kassen, Effekten, militärische Mannschaften usw. rückwärts zusammentreiben, mit einem Wort so lange und soviel Terrain behalten, als möglich ist ... Erlauben Ew. Hochwohlgeboren, daß ich noch eine wichtige Frage Ihrer Beurteilung anheimgebe. Werde ich, wenn das Gewitter plötzlich losbricht, wohl Zeit genug haben, zu allem die erforderlichen Arrangements zu treffen? Würde es nicht gut sein, vorläufig die Entwürfe gehörig zu bearbeiten, wozu natürlich notwendig ist, daß ich mit dem geheimen Staatsrat v. Schön Rücksprache nehme? v. Schön ist ein Mann von Kraft, zu dem ich viel Zutrauen hege; da der König zu diesem Mann viel Vertrauen hat, so sollte ich glauben, daß die Sache kein Bedenken fände."

Ähnliche Befürchtungen hatte man in Pommern. Blücher hatte deshalb einen reitenden Boten nach Berlin gesandt, gleichzeitig an Scharnhorst geschrieben, daß er wegen der starken Garnison in Stettin Besorgnisse habe. Aber „der Staatskanzler", schreibt Scharnhorst an York am 16. Juli, „glaubt, wir seien jetzt mit Frankreich besser daran wie jemals; indessen erfordert es die Vorsicht, daß wir zu unserer Sicherung alles tun, was nur möglich ist." Er fügt hinzu, daß die Truppenmärsche gegen die Elbe sich vermindern, es scheine aus Frankreich alles nach Spanien zu gehen. Und einige Tage später schreibt er: „Nach allen Nachrichten, die von Paris kommen, ist an keinen Krieg mit Rußland zu denken; alle versichern, daß unser Vernehmen mit Frankreich das beste sei; wir müssen daher unsere Besorgnisse unterdrücken, so sagt mir der Staatskanzler Hardenberg."

Täuschte man sich wirklich im Kabinett, so war es eine Täuschung weniger Tage. „Große französische Truppenmassen kommen diesseits des Rheins; sie werden zum Teil auf Wagen fortgebracht, marschieren sogar des Nachts bei Fackelschein, und die Dörfer, wodurch sie ziehen, werden erleuchtet. Die Richtung des Marsches geht nach der Niederelbe, angeblich gegen Dänemark; doch verlassen 12 000 Mann diese Richtung und ziehen nach Magdeburg, wo auch schon Anstalten zu ihrer Aufnahme gemacht sind. Unser König ist noch immer hier und hat noch Zweifel, ob auch das Ungewitter gegen ihn gerichtet sei." So schrieb Gneisenau am 14. August.

Man schien, um endlich klar zu sehen, die Sache zur Entscheidung treiben zu müssen. General Krusemark in Paris wurde beauftragt, offiziell die Räumung Glogaus zu fordern. „Wir sind in unserm Recht", schreibt ihm Minister v. Goltz, „es ist endlich Zeit, es förmlich anzuerkennen." Aber General Krusemark glaubt diesen Schritt noch verschieben zu müssen, da die französischen Rüstungen gegen Dänemark gerichtet zu sein scheinen.

Endlich kommen von Petersburg in Antwort auf das Schreiben des

Königs vom 16. Juli befriedigende Mitteilungen. Freilich „auf die Ratschläge war nicht hinlänglich und in wesentlichen Punkten gar nicht eingegangen"; aber „wenn gleich man noch lange auf bestimmte Nachrichten über das Detail der Entschlüsse des Kaisers warten mußte, so ließ er doch den König in der Hauptsache keineswegs in Ungewißheit". Sofort eilte Hardenberg zu St. Marsan mit neuen dringendsten Vorstellungen: er stellte ihm die „gewaltsame Lage Preußens", die Unmöglichkeit, diese ungeheuren Kosten für die Verpflegung der französischen Besatzungen ferner zu tragen, dar; er erwähnte das allgemeine Gerücht, daß die Auflösung der Monarchie beabsichtigt werde, und der König, so sehr er persönlich jedem solchen Verdacht fern sei, könne nicht wagen, die Unruhe seiner Völker so gering zu achten, daß er keine Maßregeln zur Verteidigung treffen sollte; eine zu weit getriebene Sicherheit würde unzweifelhaft zu verdammen sein, und der Kaiser, dessen Achtung und Freundschaft der König über alles schätze, würde selbst ihn mit Grund tadeln. „Wir rüsten also, weil die Umstände es dem Könige gebieterisch zur Pflicht machen, und weil es besser ist, mit dem Degen in der Hand zu sterben, als mit Schanden zu erliegen. Aber für Frankreich rüsten wir, wenn es in uns einen treuen Bundesgenossen gewinnen will, und wenn es aufrichtig unsern freien Beistand diesem Kampf vorzieht, mit dem die Stimme seiner Truppen uns bedroht und der seitens des Königs kein anderer als der der äußersten Verzweiflung sein würde. Der Kaiser weiß, daß alle unsere Festungen im Verteidigungsstand sind oder gleich sein werden, daß wir, wie das Signal gegeben ist, in kürzester Zeit 100 000 Mann auf den Beinen haben können. So teilt Hardenberg diese Unterhaltung an Krusemark mit. St. Marsan habe von der Angemessenheit dieser Erklärungen durchdrungen geschienen, gemeint, daß sie geeignet seien, einen günstigen Eindruck auf den hochherzigen Geist des Kaisers zu machen. Er schließ damit, Krusemark zu beauftragen, „daß er die Forderungen wegen Glogau jetzt nicht vorbringe, überhaupt auf Grund dieser Mitteilungen keine Schritte tue, da diese Eröffnungen in seiner offiziellen Stellung leicht einen Charakter der Drohung zu gewinnen scheinen könnten, den sie durchaus nicht haben sollten."

Dabei waren, wenn man Gneisenaus Mitteilungen liest, die Rüstungen Preußens derart, daß ein Äußerstes wohl gewagt werden konnte. „Lähmt uns nicht die Schwäche, so soll die Welt erstaunen, mit welchen Kräften wir auftreten werden", schreibt er Ende Juli an Münster. Und Mitte August: „Wenn unser König sich nur entschließen möchte, sogleich jetzt zur Verteidigung die passendsten Mittel anzuwenden, so wären wir wahrlich in einer glänzenden Lage." Endlich am 10. September: „Das von mir vorgeschlagene System gewährt bei der größten Sicherheit die Möglichkeit, zu großen Resultaten zu gelangen, zu Resultaten, die vielleicht das Schicksal des Kontinents entscheiden werden." Er bezeichnet sein System als „einen spanischen Krieg"; es soll dem Kriege „ein insurrektioneller Charakter gegeben, er soll in die Länge gezogen, nicht an einem Schlachttage in wenigen Stunden die Hoffnung der Völker

vernichtet werden"; ein Verteidigungsplan, „der indem er uns für lang-
hin gegen Unterjochung schützt, uns zugleich die Mittel darbietet, offensive Bewegungen zu machen." Dazu sind die acht Festungen treffliche
Stütz- und Haltpunkte.

So mochten jene kühneren Ratgeber des Königs die Lage auffassen.
Aber war das Kabinett so weit in seinen Entschließungen? War die allgemeine Stimmung auf dem Punkt, den ein „spanischer Krieg" voraussetz-
te?

In beiden Beziehungen bieten die Yorkschen Papiere lehrreiche Aufschlüsse; sie zeigen zugleich, mit wie geschickter Kunst die napoleonische
Politik Preußen umstellte und mit kleinen Schritten die entscheidenden
einleitete. York fühlte sich besonders durch die Maßnahmen der französischen Besatzung in Danzig, die systematisch verstärkt wurde, bedrängt. Er würde, wenn er nicht die Kosten so umfassender Maßregeln
auf eigene Verantwortung zu veranlassen fürchten müsse, sich für berechtigt halten, alle streitbaren Kräfte Westpreußens unter die Waffen
zu nehmen. Freilich den Geist dazu findet er in dem Lande nicht. Er
erinnert Scharnhorst an den Plan, die königlichen Prinzen in die Provinzen gehen zu lassen, sie an die Spitze der allgemeinen Erhebung zu stellen. „Je mehr ich über die Sache nachdenke, je absolut notwendiger erscheint sie mir. Die Anstrengungen der Polen verdienen wahrlich alle
Achtung; man bringt unbeschreibliche Opfer. Wie anders ist es bei uns,
wo man jeden Rekruten von seiner Grundherrschaft erkämpfen muß,
und wo ein elender Egoismus die allein herrschende Leidenschaft ist." So
schreibt York besorgt an Scharnhorst. Und inzwischen spitzte sich die
politische Lage immer mehr zu.

Scharnhorst erwartete in Vollstädt den Befehl zu einer Reise nach
Petersburg. Er wünschte vorher eine Zusammenkunft mit York; sie fand
im Amtshause zu Stuhm am 31. August statt. Aus den nächstfolgenden
Briefen Yorks erkennt man, daß er erst bei dieser Unterredung über die
Pläne, die Gneisenau und Scharnhorst entworfen hatte, völlig aufgeklärt
worden ist; sichtlich erfaßte er sie mit dem lebhaftesten Eifer. Aber dann
mußte man endlich aufhören, ihn so gut wie wehrlos Danzig gegenüber
stehen zu lassen; er sah täglich dem Angriff von dorther entgegen.

Er fordert dringend als notwendige Gegenmaßregel die Mobilmachung. „Hundert Inkonvenienzen, die der Friedensetat und ein aller-
wärts in unzähligen Formen gebundenes Verhältnis mit sich bringen,
hindern jede zweckmäßige Maßregel, und es ist unmöglich, bei einer
Überraschung auch nur einen erträglichen Rückzug zu machen, bei dem
man sich noch eingermaßen stemmen und den Feind im Auge behalten
könnte. Alles dies wäre durch eine Mobilmachung behoben. Politischen
Einfluß kann sie nicht mehr haben; man spricht schon in jedem Bauernhaus von Krieg; täuschen können wir nicht mehr; auch ist unser Schicksal gewiß schon beschlossen, wir mögen tun, was wir wollen; aber zeigen
können wir noch, daß wir mit Ehren untergehen wollen und daß man uns
nicht so leichten Kaufs niederdrücken wird. Vor allen Dingen aber Ein-

heit! Sind die Feindseligkeiten schon angegangen, so sind jede Zögerung, jeder Widerspruch, jede falsche Ansicht eben so viele nicht wieder zu redressierende Schritte zum Untergang. Alle halben Maßregeln sind nicht mehr anwendbar; wer wird jetzt noch einer so leicht zu durchschauenden Maske glauben? Kein Kaufmann in Danzig glaubt ihr mehr, nicht unsere Bauern. Warum also nicht zeigen? Ehe wir uns einen Schimpf antun lassen, lieber sämtlich zu Grabe gehen! Das wird uns Respekt bei der Gegenwart, Achtung bei der Nachwelt erhalten, und das muß unser erstes Feldgeschrei sein. Alle Anfragen nach Berlin werden jetzt so weitläufig, ich bedarf bestimmter Befehle und bitte darum. – Ew. Hochwohlgeboren ersuche ich dringend, diese meine Ansicht der Dinge Sr. Majestät zu Füßen zu legen und Allerhöchstdieselben zu versichern, daß wenn ich auch nicht ganz richtig gesprochen haben sollte, ich doch aus dem Herzen gesprochen hätte."

Unmittelbar nach Absendung dieses Schreibens empfing York eine Mitteilung von Boyen über die bekannte Unterredung zwischen Napoleon und Kurakin am 25. August; zugleich die Genehmigung zur Anlage neuer Verschanzungen bei Graudenz, die York beantragt hatte. York antwortete: „Die mir gegebenen Aufschlüsse bestätigen mich nur um desto mehr in meiner Voraussetzung, daß der erste Schlag uns treffen soll und wird. Die Franzosen sind zu erfahrene Krieger, als daß sie unsere jetzige schlechte Stellung nicht kennen sollten. Wir müssen uns absolut militärisch aufstellen, wir müssen uns schlechterdings nicht auf den ersten Stoß auseinandersprengen lassen. Kurz, es muß gehandelt werden. Ich bitte, ich beschwöre Sie, dahin zu wirken, daß alle Streitkräfte hier vereinigt werden. – Was soll geschehen, wenn hier der erste Schuß fällt? Meiner Meinung nach müssen die Landeskollegien beim ersten Schuß fortgeschafft werden, niemand muß auf seinem Posten bleiben; wer es tut, ist ein Verräter. Solche wichtigen Beschlüsse sind schon jetzt von denen, die dereinst handeln sollen, zu überlegen, damit nicht Überraschung und Unordnung entsteht. Mit einem Wort, es muß jeder und jedes jetzt gleich auf seinem Platze sein."

Die Bewegungen in und um Danzig wurden immer bedrohlicher. „Nach den Rapports meiner Grenzkommandos", meldete York nach Berlin, „rücken die Franzosen des Nachts in ihren Quartieren zusammen, und die Pferde bleiben gesattelt. Wachen, Vedetten und Patrouillen gehen wie im Kriege; so defensiv auch die Maßregel an sich erscheint, so ist doch nur zu wahrscheinlich, daß die offensive Absicht hinter ihr verborgen ist, die zu ihrer Zeit zum Vorschein kommen wird."

Inzwischen war die Brigade zum 6. September größtenteils um Marienwerder konzentriert, um unter der Form der üblichen Herbstmanöver in Bereitschaft zu sein. York hat sich mit Scharnhorst verständigt, sich nicht in der zur Sicherung allerdings geeignetsten Umgegend von Elbing zu sammeln, sondern bald à cheval der Weichsel, bald bei Marienwerder und bis Marienburg und Elbing hinab zu manövrieren. „Dies", schreibt Scharnhorst am 5. September von Dollstädt aus, „gehört teils zur eige-

nen Sicherheit und hat den Vorteil, daß man in Gefahr in der Folge seine
Präkaution ohne Aufsehen nehmen kann."

Freilich gleich beim Beginn des Manövers zeigte sich wieder, wie wenig
die hergebrachte Ordnung der Gefahr der Zeiten gewachsen war. Es
konnte beispielsweise geschehen, daß die betreffenden Behörden in Marienburg und Mewe magazinierten, ohne daß der kommandierende General davon unterrichtet war. York ist außer sich darüber. „es wäre von mir
unverzeihlich gewesen", schreibt er, „diese Magazine in einem Augenblick zu dulden, wo sich ein bedeutendes Korps, dessen Absichten pro-
blematisch sind, an unsern Grenzen sammelt." Er wendet sich direkt an
den König: „Unter solchen Umständen, wo Dinge vorgehen, die mir
unbegreiflich sind, riskiere ich, meine Ehre ohne Nutzen und Ew. Majestät Gnade und Vertrauen ohne Schuld zu verlieren. Ich ringe nach keiner Gewalt, die meinem Posten nicht zukommt; ich bedarf jedoch der
Mittel, die zur Erfüllung meiner Pflichten unumgänglich erforderlich
sind, wenn ich wirklich nützen und verantwortlich bleiben soll. Ew. Majestät werden daher Ihren treuen Diener nicht verkennen, wenn ich in
tiefster Untertänigkeit die Bitte zu Füßen lege, mich entweder meines
Postens und meiner Pflicht zu entbinden oder mich vertrauensvoll in
den Stand zu setzen, diesen Pflichten auch Genüge leisten zu können.
Entbinden mich Ew. Majestät meines Postens, so werde ich willig und
gerne beim ersten Schuß in ein Grenadierbataillon eintreten und für Ew.
Majestät bis auf den letzten Mann fechten; aber das Amt eines Generals
ist meinen Schultern zu schwer, wenn mir in einem Augenblick die Hände gebunden sind, wo die Existenz des Vaterlandes durch den kleinsten
Mißgriff verloren gehen kann."

Allerdings waren die militärischen Vorbereitungen, die seit der Berufung von Gneisenau nach Berlin in den preußischen Provinzen getroffen
wurden, auf die Voraussetzung gegründet, daß das Kabinett entschlossen
sei, die Unabhängigkeit Preußens gegen die immer neuen Demütigungen,
die ihm Napoleon zudachte, auf jede Gefahr hin geltend zu machen. Es
bedurfte dazu großer und kühner Entschließungen; war man deren nicht
gewiß, so konnte das, was man in den letzten Wochen getan, nur Anlaß zu
neuen Demütigungen werden. Dazu kam, daß der Kaiser von Rußland
nach den sehr allgemeinen Eröffnungen, mit welchen die preußischen
Anträge vom 16. Juli in der letzten Augustwoche beantwortet waren,
keinerlei weitere Mitteilungen sandte; noch am 10. September harrte
Scharnhorst in Dollstädt des Befehles zur Reise nach Petersburg. Hatte
man am Ende des August mit einiger Zuversicht gegen Frankreich zu
sprechen begonnen, so mochte man, je länger sich jene russischen Aussichten verzögerte, desto weniger mit Frankreich zu brechen sich entschließen
können. Von der Mobilmachung, die York so dringend gefördert, ja die er
mit dem Manöver eingeleitet hatte, konnte nicht mehr die Rede sein.

Auf jeden Fall bot die Halbheit in der politischen Stellung des Berliner
Kabinetts zu viele Schwächen dar, als daß sie die französische Diplomatie nicht hätte benutzen sollen.

B(eits um den 20. September kam es zu „drohenden Erklärungen der Franzosen", wie Gneisenau schreibt; „wir sollen durchaus entwaffnen oder gewärtig sein, daß der Graf von St. Marsan sofort abreise und Davoust einrücke." Noch immer hatte man nichts Bestimmtes aus Petersburg, und wohl mochte Gneisenau in demselben Briefe äußern: „Eine schwache Partie in unserer Politik ist der Kaiser Alexander."

Schon vor längerer Zeit war durch den genau beobachtenden Beguelin aus Paris gemeldet worden, daß Napoleon damit umgehe, Davoust zum Könige von Preußen zu machen. Jetzt trat die Gefahr auf erschreckende Weise näher. St. Marsan, der eine aufrichtige Verehrung für den König hatte, beschwor den Staatskanzler, alle andere Rücksicht hintenanzusetzen und sich den Forderungen Napoleons zu fügen. Und als Hardenberg höflich, aber mit Würde und Festigkeit entgegnete, sprach St. Marsan zu ihm: „Jetzt habe ich als Gesandter meine Pflicht getan; als Mensch kann ich Ihnen nur beistimmen und Sie achten." Man überließ dem Könige die Entscheidung. „Der König", schreibt Boyen, „hat in den gegenwärtigen Verhältnissen geglaubt, dieser Forderung scheinbar nachgeben zu müssen. Es ist deshalb der Befehl ergangen, bei Spandau und Kolberg die neu angefangenen Schanzarbeiten, die übrigens eigentlich schon fertig waren, einzustellen und auch zum Teil die Krümper zu entlassen. Dies soll indes nur scheinbar ausgeführt werden, und diese Leute unter dem Vorwande, daß sie einmal aus ihren Verhältnissen gerissen, in der Heimat keine Beschäftigung finden würden, zu andern Arbeiten als Besserung der Landstraße usw. verwandt werden, um sie so zusammenzubehalten und jeden Augenblick wieder heranziehen zu können. Für Preußen ist dies zwar noch nicht bestimmt, aber wahrscheinlich wird es auch in einigen Tagen befohlen werden." York sagte in seiner Antwort, nachdem er seine diesbezüglichen Maßregeln mitgeteilt hatte: „Unsere Lage wird mit jedem Tage peinlicher; von Osten her ist auch nicht viel Heil zu erwarten. Uns wird der erste Schlag treffen, und ich fürchte, sehr hart, wenn nicht unverzüglich ein energisches Unternehmen gegen Polen erfolgt. Allmächtiger Gott, sieht denn der Kaiser Alexander nicht ein, daß unser Untergang den seinen unausbleiblich nach sich zieht?"

Allerdings erfolgte die gleiche Forderung für die östlichen Provinzen sehr bald. In den ersten Oktobertagen, als York noch in Graudenz war, um die neuen Werke auf den Lubiner Kämpen zu besehen, kam ein französischer Kapitän aus Danzig, um seitens des General Rapp gegen die Rüstungen einzuschreiten. Schon war an York aus Berlin die Weisung gesandt: „Wenn ihm das Danziger Gouvernement etwa Zumutungen wegen Einstellung der Arbeiten oder Entlassung der Krümper machen sollte, zu antworten, daß er bestimmt wisse, es sei über diese Dinge zwischen dem preußischen und französischen Gouvernement ein genügendes Arrangement getroffen, weshalb er sich auf Privatanträge nicht einlassen könne." Es wird hinzugefügt, daß er unter jedem nur möglichen Vorwande den angefangenen Arbeiten die möglichste Beschleunigung geben möge.

In ähnlicher Weise hatte Blücher in Kolberg die Arbeiten fortsetzen
lassen. Sofort war französischerseits energisch eingeschritten; Blücher
ward um den 10. Oktober abberufen, zur Verantwortung nach Berlin
geladen; trotz der Rechtfertigung auf die 14 Klagepunkte, die von den
Franzosen gegen ihn erhoben waren, mußte sich der König entschließen,
ihn, wie es in der Kabinettsorder heißt, „zu einem politischen Opfer zu
bestimmen" und ihn außer Tätigkeit zu setzen. General Tauentzien erhielt statt seiner das Kommando in Pommern.

Angeblich hatte, durch des Königs Schreiben vom 12. September veranlaßt, Napoleon das lebhafte Drängen seines Gesandten in Berlin auf
Entwaffnung einstellen lassen; sicherer ist, daß derselbe im Laufe des
Oktober zur Verhandlung eines Allianzvertrages mit Preußen bevollmächtigt wurde. Napoleons Antrag war, daß Preußen entweder dem
Rheinbunde beitrete oder ein Schutz- und Trutzbündnis „für alle Zeiten
und alle Fälle, für jeden Krieg in Europa, zu Wasser wie zu Lande"
abschlösse! Freilich, man hatte kein Recht, besseres zu erwarten.

Sehr zur rechten Zeit kam endlich jetzt von Rußland, nachdem man
bereits „sechs Wochen ohne alle Nachricht gewesen", der ersehnte Bescheid; die in Vorschlag gebrachte Konferenz mit Scharnhorst wurde
angenommen, und ein Schreiben Alexanders vom 27. September sprach
die bestimmtesten Gegenzusicherungen und Annahme des Königlichen
Entschlusses aus. In gleichem Sinne wurde der russische Gesandte in
Berlin, Graf Lieven, instruiert; sofort bot er die Hand, nach dem Vorschlage des Königs den Abschluß der französischen Allianz durch Überreichung einer Note, in der Preußen zu einer Art Vermittlung zwischen
Frankreich und Rußland aufgefordert wurde, zu hindern. Endlich in den
letzten Tagen des Oktober lief Bericht vom Oberstleutnant von Schöler
aus St. Petersburg ein, daß Scharnhorst den Vertrag mit Rußland „wirklich ganz der Absicht entsprechend" abgeschlossen habe und bereits auf
der Rückreise sei.

Die Denkschrift Hardenbergs vom 2. November, der wir diese Notizen
entnehmen, und welche die Fragen behandelt, ob Preußen das Bündnis
mit Rußland oder mit Frankreich annehmen solle, empfiehlt schließlich,
insgeheim mit Rußland abzuschließen, mit England und Österreich zu
unterhandeln, in der Stille alles weiter vorzubereiten, um den Kampf zu
bestehen, einstweilen möglichst dahin zu arbeiten, daß der Friede aufrechterhalten werde, und mit Frankreich die Unterhandlungen fortzusetzen, zur größeren Sicherheit die Residenz nach Schlesien zu verlegen.

Wenige Tage darauf kam Scharnhorst zurück. Seine genaueren Mitteilungen waren wenig befriedigend: Der Kaiser wolle allerdings mit seiner
Armee bis zur Oder vorrücken, aber weder weitergehen, noch auch, wenn
Napoleon dränge, sich in eine Schlacht einlassen, sondern sich ohne
Kampf nach Rußland zurückziehen. Vergebens hatte Scharnhorst sich
bemüht, darzulegen, was Preußen zu leisten imstande sei, und wieviel
größer die Wahrscheinlichkeit des Erfolges sei, wenn man den preußischen Kriegsplan annehme; Alexander blieb bei seiner Ansicht; nur daß

er versprach, dem Könige zwei Divisionen unter Wittgenstein zur Verfügung zu stellen.

Man hatte sich später darin gefallen, die preußische Politik dieser schweren Jahre so aufzufassen, als wenn sie in stetem vertraulichem Einvernehmen mit Rußland geleitet worden, als wenn Rußland hochherzig auf die Rettung Preußens bedacht gewesen wäre. Daß das preußische Kabinett die Anlehnung an Rußland suchte, lag in der Natur der Sache. Aber ebenso klar ist, daß man russischerseits selbst dann noch zögerte, fest und sicher für Preußen aufzutreten, als der schon unvermeidliche Bruch mit Napoleon diesen Gebieten ein besonderes Interesse gab. Unmittelbar vor dem Ausbruch des Krieges 1812 hat Kaiser Alexander den merkwürdigen Ausdruck gebraucht: „Er sei im Frühling 1811 schon ebenso fertig gerüstet gewesen; er hätte damals bis an die Elbe vordringen und Preußen zwingen können, mit ihm zu gehen, ohne daß eine hinlängliche französische Rüstung ihn aufzuhalten dagewesen wäre." Seitdem hatte er ruhig zugesehen, daß Napoleon ungeheure Streitmassen für den Osten sammelte, die Festungen der Elbe, Oder und Weichsel überfüllte, Preußen tatsächlich vollkommen in seine Gewalt brachte. Noch weiteres gegen Preußen zu beschließen, konnte Napoleon nur in dem Augenblick ein Interesse haben, wenn er einen Krieg in Rußland selbst führen wollte. Die Hilfeleistung, zu der sich der russische Kaiser erbot, bedeutete nichts weiter, als daß er lieber Preußen als Rußland zum Kriegsschauplatz machen, den Gewaltstoß Napoleons sich an Preußen erst etwas abstumpfen lassen wollte.

Hatte man in Berlin im Frühling 1811 den Krieg wünschen können, jetzt konnte man nur noch versuchen, den drohenden Konflikt beider Kaiser unmöglich zu machen. Man näherte sich Österreich, das, seit Metternich es leitete, ganz geeignet schien, eine Mittelstellung zu schaffen; man suchte Beziehungen mit dem dänischen Kabinett, das den Krieg zu hindern um so mehr ein Interesse hatte, als Schweden für den Preis von Norwegen in Petersburg wie in Paris seine Allianz anbieten ließ.

Wenn es dennoch zum Kriege kam, so mußte Preußen, falls es nicht mit der Annahme jener französischen Bedingungen einen politischen Selbstmord begehen wollte, sich von Napoleon jeglicher Gewalttat versehen. Man schickte sich an, dann wenigstens mit Ehren zu sterben; und für solchen äußersten Fall war ja einige russische Hilfe verheißen.

Dann war Ost- und Westpreußen von der größten Bedeutung; es lag alles daran, die Militärgewalt hier für den Augenblick der Entscheidung in der Hand eines ebenso treuen wie entschlossenen, ebenso kaltblütigen wie energischen Mannes vereinigt zu haben. Mitte November erhielt an General v. Stutterheims Stelle York das Gouvernement von Ostpreußen und Litauen; es war nach des Königs Ausdruck in der Absicht geschehen, „ihm auf eine kein Aufsehen erregende Art das ganze Kommando in Preußen zu übertragen, damit er alle Maßnahmen, die ihm notwendig scheinen möchten, und die nach dem angenommenen System ausführbar seien, bei Zeiten treffen könnte."

So hatte York zu jener Vollmacht vom Mai, welche ihm die höchsten Autorisationen anvertraute, das Generalgouvernement von ganz Preußen, das Armeekommando und die Verfügungen über die Festungen mit eingeschlossen. Eine Stellung von unermeßlicher Wichtigkeit. „Es ist", schreibt York, „keine Kleinigkeit, das fühle ich; denn die Mittel zum Zweck sind sehr beschränkt; Mut und Wille sind indes zwei mächtige Kräfte, und so hoffe ich mit Gott, wenn auch nicht alles, doch manches zu schaffen." Er beantragte, die westpreußische Brigade an General Bülow zu übergeben, selbst nach Königsberg gehen zu dürfen. „Es ist jetzt besser, daß ich für meine Person mich mehr im Zentrum sämtlicher Truppen befinde und von gewissen nachbarlichen Punkten nicht zu weit entfernt bin." Er erhielt die Weisung, unter dringenden Umständen mit dem nächsten russischen General in Verbindung zu treten, „so jedoch, daß zuvor die Bestätigung dieses entscheidenden Schrittes von Sr. Majestät einzuholen sei." Von den Russen wurden Truppenmassen nach der preußischen Grenze zu vorgeschoben; zu jener Vollmacht seines Königs „über Krieg und Frieden zu entscheiden", hatte York einen Befehl des Kaisers in Händen, der ihn befugte, „russische Armeekorps nach seiner Disposition zu gebrauchen."

Kam es zum äußersten, so mußte man alle Mittel auf den Kampf zu wenden gerüstet sein. Schon im Sommer, als Scharnhorst in Dollstädt weilte, war zwischen ihm und Präsident v. Schön die Frage der allgemeinen Bewaffnung besprochen worden. Scharnhorst hatte Verstärkung der vorhandenen Bataillone und daneben Erhebung der Massen als solche, einen förmlichen spanischen Aufstand gewünscht. Schön war dem mit der größten Entschiedenheit entgegengetreten, hatte eine wirkliche und geordnete Bewaffnung möglichst des ganzen Volkes, „formierte Nationalbataillone neben der Linie" gefordert; und erst nach heißem Streit war Scharnhorst seinen Gründen gewichen, hatte es Schön überlassen, mit York das Notwendige zu verabreden. Die Besprechung beider fand bald nach Yorks Ankunft in Königsberg statt. Als Schön ins Zimmer trat, empfing ihn York mit den Worten: „Vor allem: sollte unser Plan mißlingen, so überleben wir dies beide nicht." Und in die dargereichte Hand einschlagend, erwiderte Schön: „Verstände sich das nicht schon von selbst, so würden andere dafür sorgen." Dann entwickelte York seinen Kriegsplan, Schön seine Gedanken über die Bewaffnung des Volkes und die so zu formierenden Bataillone, und York ging auf dieselben vollständig ein, gab ihnen mit der ihm eigenen Sachkunde bestimmtere Fassung. Wie weit im einzelnen diese große Maßregel vorbereitet wurde, ist nicht zu ersehen; in einer Denkschrift, die wenige Wochen später geschrieben ist, bringt York die so zu gewinnenden Streitkräfte – „ein Aufbieten des Volkes en masse, zweckmäßig organisiert!" – bereits in Anschlag. Es sind die ersten praktischen Ansätze zu der späteren Landwehr.

Das „angenommene System" konnte nicht verfehlen, die Lage Preußens mit jedem Tage peinlicher und unhaltbarer zu machen. Man hatte den richtigen Augenblick für den Beginn der Feindseligkeiten versäumt; indem man die nächste Gewalttat Napoleons abwartete, um sich dann mit Aufwand aller Kräfte in den Verzweiflungskampf zu stürzen, gab man dem furchtbaren Feinde Muße, sich so einzurichten, daß er auch das Gewaltsamste ohne Gefahr wagen konnte. Seine Rüstungen gingen unaufhaltsam weiter; er ließ sich durch irgendwelche Rücksicht auf Preußen nicht stören. In den Weihnachtstagen sandte General Krusemark Depeschen nach Berlin, die dem Überbringer, „wenn nicht Vorsicht und Verschwiegenheit von seiner Seite beobachtet würde, lebensgefährlich werden konnten."

Die Gefahr für Preußen kam immer näher. Nur um so ängstliche glaubte der Staatskanzler alles meiden zu müssen, was dem Mißtrauen Napoleons hätte Ursache geben können: als werde er deren nicht finden, wenn er sie brauchte!

Begreiflich, daß die noch bestehende Unsicherheit, welche Stellung Preußen in dem schon unvermeidlichen Zusammenstoß beider Kaiserreiche einnehmen werde, die allerdrückendste Spannung hervorbrachte, eine Spannung, welche den Rest von moralischer Kraft, der noch vorhanden war, aufzehren mußte.

Daneben zeigten sich noch bedenklichere Symptome. Unter der katholischen Geistlichkeit und den polnischen Edelleuten in Westpreußen nahm man seit geraumer Zeit eine sehr bedenkliche Geschäftigkeit wahr. York hielt sich verpflichtet, darüber nach Berlin zu berichten, da jene Kreise in dem Rufe ständen, einen geschworenen Haß gegen die preußische Regierung zu hegen, wie sie in dem letzten Kriege bewiesen hätten. Das Komplott schien bereits sehr weit verzweigt zu sein.

Die Versuche der Berliner Regierung um die Gewinnung weiterer Bundesgenossen gelangen nicht. Scharnhorst fand in Wien freundliche Aufnahme; aber man war weit entfernt, sich auf irgend etwas einlassen zu wollen; wenn Preußen sich an Rußland anschließe, so habe man in Wien durchaus nichts dagegen; aber Österreich selbst werde neutral bleiben und die Dinge abwarten.

Bereits hatte der Herzog von Bassano dem General Krusemark geschrieben: „Der Augenblick, über Preußens Schicksal zu entscheiden, ist endlich gekommen; ich darf Ihnen nicht verhehlen, daß es eine Entscheidung über Leben und Tod Preußens ist. Sie wissen, daß der Kaiser schon zu Tilsit sehr strenge Absichten hatte. Diese Absichten sind noch immer dieselben, und ihre Erfüllung kann nur gehindert werden, wenn Preußen unser Bundesgenosse, und zwar unser ganz getreuer Bundesgenosse wird. Die Augenblicke sind kostbar und die Umstände sehr ernst."

Plötzlich in den letzten Tagen des Januar ließ Napoleon die Division Friant von Mecklenburg in Schwedisch-Pommern einbrechen, es besetzen – angeblich, um die ungenügende Seesperre dort zu vervollständigen. Ein Vorgang, der nicht verfehlen konnte, in Berlin wie in den Provinzen auf das äußerste zu beunruhigen.

In jenen Tagen kam Knesebeck auf seiner Reise nach Petersburg

durch Königsberg; tief in der Nacht sprach er York; den geheimen Zweck
seiner Reise verschwieg er ihm, wie er auch dem Staatskanzler und
Scharnhorst ein Geheimnis geblieben war. „Als ihm York mitteilte", so
berichtet Knesebeck, „daß er eigentlich zwei Weisungen habe, die eine
private, den etwa einrückenden Russen keinerlei Schwierigkeiten in den
Weg zu legen, die andere, die ihm offizieller und mehr vom Könige ausge-
hend erscheine, dahingehend, das Einrücken der Russen möglichst hinzuhalten –" bat ihn Knesebeck, mit der ersten Weisung bis nach seiner
Rückkehr zu warten. „York erwiderte bloß: Verstanden!" schreibt Knesebeck, „wünschte mir glückliche Reise und wir schieden."

Man wird es begreiflich finden, daß York sich bei jener Bitte Knesebecks noch etwas mehr dachte, als dieser mit dem „verstanden" bezeichnet glaubte. Was wollte man eigentlich in Berlin? Bestand die Leitung des
Staates in so hochkritischen Zeiten darin, daß entgegengesetzte Tendenzen nebeneinander herliefen und zugleich Entscheidung gaben? Während
Scharnhorst alles darauf gestellt hatte, daß Preußen mit russischem Beistand den Kampf annehme, hatte der Staatskanzler diejenigen Vorbereitungen verboten, welche für jenen Zweck unumgänglich waren; und während Scharnhorst mit Graf Lieven in Berlin bereits die Pläne zum Vorrük-
ken der Russen über den Njemen verabredete und in diesem Sinne auch
York als Vorgesetzten instruierte, kam nun ein ehemaliger Flügeladjutant des Königs, entgegengesetzte Wünsche zu äußern. Derselbe reiste
nach Petersburg, wie es scheinen mußte, zu neuen Vermittlungsversu-
chen in dem Augenblick, wo der Einmarsch in Schwedisch-Pommern eine
Mahnung sein konnte, wie völlig vergeblich sie sein würden und wie nahe
Preußen bedroht sei. Und wenn nun irgend etwas von Danzig und Thorn,
von der russischen Grenze aus geschah, nach welcher von den drei Weisungen, die jetzt vorlagen, sollte dann verfahren werden?

Tatsächlich war die Gefahr, von der man im Laufe des Sommers 1811
die Person des Königs und die Existenz des Staates bedroht geglaubt
hatte, jetzt im Begriff, loszubrechen. „Vielleicht", sagt General Rapp in
seinen Denkwürdigkeiten, „hat der König nie die Gefahr völlig erkannt,
in der er schwebte; ich kannte sie in ihrer ganzen Ausdehnung und war
darüber sehr beunruhigt; ich beklagte den Fürsten, ich beklagte die Nation; ich wandte den Plan, so viel ich vermochte, ab."

Der König täuschte sich nicht über die Furchtbarkeit der Krise; er
blieb, wie es seine Art war, ruhig und, wenn man so sagen darf, objektiv.
Allerdings hatte man einen schweren Schritt bergab getan. Jene „Einheit
des Thrones und des Vaterlandes" mit den Waffen in der Hand zu behaupten, hatte man aufgegeben; man versuchte sie dadurch zu retten, daß man
die so oft angetragene Allianz mit Frankreich jetzt um jeden Preis anstreb-
te. Eine Kabinettsorder vom 4. Februar an York, von Hardenbergs Hand
geschrieben, erläuterte die Sachlage vollständig. „Der Generalmajor von
Scharnhorst hat Sie mündlich mit gewissen Unterhandlungen bekannt
gemacht und mit Ihnen die Maßregeln verabredet, die Sie infolge derselben zu nehmen haben würden, falls von französischer Seite feindselige

Schritte gegen uns geschehen sollten. Jetzt mache Ich Ihnen unter der Bedingung der Verschwiegenheit bekannt, daß die Umstände Mich nötigen, mit Beiseitesetzung jener Unterhandlungen eine Allianz mit Frankreich abzuschließen. Die letzten Erklärungen Meinerseits sind vor wenigen Tagen nach Paris abgegangen, und da man über die Hauptpunkte einverstanden ist, so ist es wahrscheinlich, daß der Abschluß bald erfolgen werde. Diesem nach haben Sie abseiten der französischen und polnischen Truppen wohl keinen Angriff zu befürchten, und Ich empfehle Ihnen nunmehr, Ihre Sorgfalt, wie Sie schon bisher getan haben, desto eifriger dahin zu richten, daß das gute Vernehmen mit jenen Truppen erhalten werde. Sollte dennoch gegen alles Vermuten abseiten derselben etwas Feindseliges geschehen, so ist wohl zu unterscheiden, ob es kleine Vorfälle sind, denen durch Protestaktionen oder andere zweckmäßige Schritte abgeholfen werden kann, oder offenbar feindselige Unternehmungen, dahin z. B. vor unterzeichneter Allianz und Übereinkunft eine Besetzung des Landes oder des Weichselstromes auf Meinem Territorio, ein gewaltsamer Durchmarsch ganzer Korps außerhalb der bestimmten Militärstraße gehören würden. Sie kennen nunmehr die Verhältnisse und müssen demnach Ihr Benehmen einrichten, damit auf der einen Seite alles mögliche vermieden werde, was Sie stören könnte, auf der andern Seite aber auch, was der Sicherheit des Landes und der Ehre der Truppen zuwider wäre. Nur auf den ganz unwahrscheinlichen Fall offenbarer Feindseligkeiten werden Sie zu ernsten Verteidigungsmaßregeln schreiten, und dann auch nur außer demjenigen, darüber Sie schon längst mit Instruktionen versehen sind, auch die noch ergreifen müssen, welche Folge der oben erwähnten Unterhandlungen sein sollten. Ich verkenne die großen Schwierigkeiten nicht, die Sie in einem solchen Falle zu bekämpfen haben würden, wobei immer alles angewandt werden müßte, daß wir nicht als der angreifende oder provozierende Teil erscheinen, verlasse Mich aber wegen Ihres ganzen Benehmens während der gegenwärtigen kritischen Lage der Sachen auf Ihre Klugheit und Vorsicht. Sobald die Verhältnisse ganz entschieden sind, werde Ich Sie mit weiteren Verhaltungsbefehlen versehen, und füge hier nur noch hinzu, daß Ich den Obersten und Generaladjutanten v. Knesebeck nach Persburg geschickt habe, um, wenn irgend möglich, auf die Erhaltung des Friedens hinzuwirken, dazu noch nicht alle Hoffnung verloren ist."

Nicht erst die Nachrichten aus Schwedisch-Pommern veranlaßten jenen dringenden Antrag um die Allianz für jeden Preis. Das Memorandum Hardenbergs, welches ihre Notwendigkeit darlegte, wurde am 29. Januar an St. Marsan überreicht, an General Krusemark nach Paris gesandt. Wir vermögen nicht anzugeben, wie weit der Staatskanzler noch mit den Projekten, die Scharnhorst mit Graf Lieven zu bearbeiten fortfuhr, einverstanden war, und ob jene dringenden Erbietungen in Paris nur eine Maske waren, das schnelle Vorrücken der Russen und die Erhebung Preußens unter ihrer Besatzung zu erleichtern.

Am wenigsten war der König mit diesen Plänen einverstanden. Selbst

wenn die Fürchterlichkeiten und Unberechenbarkeiten, die ein allgemeiner Volksaufstand mit sich bringen zu müssen schien, seinem Sinn für
Stetigkeit und Ordnung weniger zuwider gewesen wären, als sie es waren
– die Eindrücke, welche ihm das stumpfe, ja zum Teil widersetzliche
Verhalten des Volkes nach dem traurigen Tage von Jena zurückgelassen
hatten, hafteten tief in seinem Gemüt, vielleicht um so tiefer, als sie seine
Einschätzung der Masse und ihrer Art zu bestätigen schienen. Er störte
die nicht, welche anders urteilten; er ließ seine Räte nach ihrer Überzeugung handeln, ließ sie gewähren, wenn sie nicht übereinstimmten; er
unterordnete wohl seine abweichende Meinung, ohne sie aufzugeben; immer noch war ein Zeitpunkt gekommen, der ihm zeigte, daß er Recht
gehabt hatte.

An dieser Stelle müssen wir auf die Sendung Knesebecks zurückkommen. Außer Dienst auf seinem Gute lebend, hatte er, so lautet seine
eigene Erzählung, nicht aufgehört nachzusinnen, wie endlich Napoleons
Macht zu brechen sei. Der bevorstehende russische Krieg zeigte ihm die
Möglichkeiten, gegen den Gewaltigen „zwei Bundesgenossen ins Feld zu
führen, denen er erliegen müsse, Raum und Zeit." Er hatte berechnet,
wie man den Feind tief und tiefer nach Rußland hineinlocken müsse, um
ihn dann endlich seiner eigenen Schwere, dem Klima, dem Mangel erliegen zu lassen. Er eilte – es war in den letzten Januartagen – nach Berlin;
er fand den Kriegsminister mit dem russischen Gesandten in vertraute-
ster Geschäftigkeit verkehren; er überzeugte sich, daß ein Plan im Werk
sei, der seiner Ansicht nach vollkommen verfehlt war. Er erbat und
erhielt eine geheime Audienz bei dem Könige; ihm teilte er seine Gedanken mit: der König möge sich in die Notwendigkeit fügen, für den Augenblick mit Frankreich gegen Rußland zu kämpfen; auf 20 000 Preußen
mehr in die Wagschale Frankreichs komme es für jetzt nicht an; nur
Festungen müßten Napoleon durchaus nicht mehr eingeräumt und dafür gesorgt werden, daß das preußische Korps möglichst zusammenbleibe-
be und eine selbständige Stellung erhalte, um, wenn das Glück sich wende, zur rechten Zeit umkehren und sich der Fesseln entschlagen zu können, in denen Frankreich jetzt Preußen geknebelt halte. Der König hatte
ihn ruhig angehört, erwiderte dann: „Ist mir alles auch wohl schon beige-
fallen; die Herren hier aber wollen alle das Gegenteil, soll mich gleich mit
Rußland vereinigen, sehe aber wohl ein, daß dabei nichts Gutes heraus-
kommen wird; mit Kaiser Alexander will ich auch nicht gern ganz brechen; wissen ja, wie wir miteinander stehen; wird sich schon bedanken,
die Franzosen in sein Land zu lassen, wie Sie wollen." Nach weiterer
Erörterung entschloß sich der König, Knesebeck nach Petersburg zu
senden, „damit er dem Kaiser seine Gedanken vortragen könne."

Napoleon hatte den Wunsch andeuten lassen, daß der König noch
einen Versuch machen möge, Alexander von der Kriegsabsicht abzubringen, die ihn, den König, nötigen würde, die Waffen gegen den
Freund zu kehren. Diese Botschaft zu überbringen, schlug der König
dem Staatskanzler Knesebeck vor; niemand hatte eine Ahnung, daß der

eigentliche Zweck seiner Sendung völlig entgegengesetzter Art war, und daß der König ein vertrauliches Schreiben mitsandte, in dem er Knesebecks Ansichten „als die seinigen anerkannte" und ihn dem Vertrauen des Kaisers empfahl.

Der Auftrag an General Krusemark, das französische Bündnis abzuschließen, konnte um den 8. Februar in Paris sein; ziemlich zu derselben Zeit mußte Oberst v. d. Knesebeck in Petersburg eingetroffen sein.

In jenen bangen Tagen schrieb Scharnhorst an York: „Herzlichst und innig danke ich Ihnen für das Andenken, welches Ihr Brief vom 18. d. mir beweiset. In einer so bestürmten, wankenden Lage, in einer solchen finstern Finsternis der Zukunft, wie die unsrige ist, kommt jedes Gemüt in Bewegung und wünscht eine gegenseitige Mitteilung. Ich erlaube mir indessen keine Meinung über unsere politischen Schritte. Wir unterliegen einem labyrinthischen Gewirre, welches die Zukunft entwickeln wird, und welches eben so sehr ein Resultat unserer besonderen Lage als anderer Umstände ist. Ich habe jetzt keinen andern Wunsch mehr als einen ehrenvollen Tod, wenn das Verhängnis ein Unglück für den Regenten und Staat herbeiführen sollte."

Man war auf das äußerste gefaßt. Des Königs Wagen waren gepackt, die Dienerschaft angewiesen, sich zu sofortiger Abreise bereit zu halten, die Garden in Potsdam hatten Befehl, jeden Augenblick marschfertig zu sein.

Noch immer wurde in Paris unterhandelt. Napoleon wollte völlige Unterwerfung. Am 26. Februar rückte ein französisch-sächsisches Korps unter Oudinot hart an die märkische Grenze, so daß Schlesien von den Marken militärisch getrennt war, zugleich überschritt die Division Friants die Pommersche Grenze, besetzte Anklam, Demmin, Swinemünde unter dem Vorwande, daß in diesen Orten Kolonialwaren lägen. „Sr. Majestät hofften", schreibt Boyen am 29. Februar, „bei den angefangenen Negotiationen, daß dies bloß eine militärische, durch ein Mißverständnis herbeigeführte Maßregel sei, und lassen auch in diesem Sinn in Paris und Hamburg Vorstellungen machen. Gott gebe, daß alle die trüben Besorgnisse, welche durch dies Ereignis erweckt werden, nicht begründet sein mögen – vielleicht sind Ew. Hochwohlgeboren von der Vorsehung noch dazu bestimmt, unsere Selbständigkeit zu erhalten. Denn muß man unter diesen Umständen nicht auf das äußerste gefaßt sein? Mit inniger Ehrerbietung, aber in einer sehr trüben Stimmung verharrt
Boyen."

Und nun kam die Nachricht, daß auch Davoust aus Magdeburg aufgebrochen und ins Preußische eingerückt und am folgenden Tage weiter marschiert sei. Es wurden Offiziere nach Brandenburg zur Beobachtung geschickt. Es wurde ein Kabinettsrat gehalten und beschlossen, bei der Nachricht vom weiteren Vorrücken zum äußersten zu schreiten. Die Truppen in und um Berlin waren in letzter Zeit öfter alarmiert, sie waren in völliger Kriegsbereitschaft; mit einem Teile derselben sollte sich, während der König nach Schlesien eilte, Gneisenau in das feste Lager bei

Spandau werfen, Scharnhorst mit den übrigen auf das, wie man wußte, von Truppen entblößte Dresden marschieren, von da durch Böhmen, um Österreich zu kompromittieren, nach Schlesien gehen. Man sieht, ein Plan der Verzweiflung. Mit äußerster Spannung erwartete man den 3. März; um Mittag kam die Meldung aus Brandenburg, daß die Franzosen im Marsch seien.

Jetzt schien der Moment der Entscheidung da. Mit der Abenddämmerung sollte Alarm geschlagen, damit der Würfel geworfen werden. Scharnhorst, Gneisenau eilten nach Hause, die letzten Weisungen zu geben. Der König indes versuchte noch einen Schritt: er hieß Hardenberg und Goltz zu St. Marsan gehen und ihn fragen, was jenes Vorrücken von Magdeburg aus zu bedeuten habe. St. Marsan war in äußerster Verlegenheit; er wußte durchaus nichts über das, was dort geschehen war. Eben jetzt gegen die Abenddämmerung kam der Kabinettskurier aus Paris mit Krusemarks Depeschen: Die Allianz war angenommen.

Sogleich sandte Hardenberg an York mit Stafette „im engsten Vertrauen" die Nachricht, daß ein Allianztraktat zwischen Preußen und Frankreich abgeschlossen worden sei und sofort in Ausführung gebracht werden solle. Da der Kaiser Napoleon indes noch versuchen wolle, den russischen Hof zu friedlichen Gesinnungen zu disponieren, so wünsche derselbe, daß für jetzt von diesem Traktat nicht als von einer förmlichen Allianz gesprochen werden möge." Der Staatskanzler bemerkt, daß man zur Beruhigung der Bevölkerung nur im allgemeinen äußern möge, Frankreich sei mit Preußen vollkommen einverstanden, es handele in der genauesten Übereinkunft mit Preußen. Schließlich weist der Staatskanzler auf die bevorstehenden bedeutenden Durchmärsche hin, für die man im voraus Vorsorge treffen möge.

Die von York ersehnten genauen Instruktionen waren in Berlin am 12. März expediert worden. Ihr Eingang lautet: „Es ist Ihnen bereits durch das allgemeine Kriegsdepartement bekannt gemacht worden, daß ein Teil Meiner Armee mobil gemacht werden soll, um der mit der französischen Regierung eingegangenen Verbindung zufolge als Hilfskorps zu der französischen Armee zu stoßen. Zum Oberbefehlshaber dieses Korps habe ich nach dem Wunsche des Kaisers Napoleon den Generalleutnant v. Grawert ernannt, es ist derselbe von Mir hierher berufen worden, um von Mir seine Instruktion über dies ihm von Mir anvertraute Kommando zu empfangen. Da es Mir aber sehr wichtig ist, das ganze Korps noch einem zweiten General untergeordnet zu wissen, der sich durch seine Kriegserfahrenheit, seine Tätigkeit und seine Anhänglichkeit an Meine Person Mein Vertrauen in einem gleichen Grade erworben hat, so ernenne Ich Sie hiermit zum zweiten Befehlshaber desselben unter dem Oberbefehl des Generalleutnant v. Grawert, in der Überzeugung, daß Sie dieser neuen Bestimmung sich gern unterziehen und Mir in derselben bei eintretenden ernsthaften Vorfällen gewiß bald Gelegenheit geben werden, Ihnen Mein Wohlwollen besonders zu bestätigen." Von politischen Weisungen enthält die Instruktion nur folgendes: „Ihre Aufmerksamkeit haben Sie nunmehr besonders auf die russische Grenze zu richten, indem nur von dorther Ihnen Gefahr drohen kann, und es ist nötig, daß Sie sich sogleich mit dem General Grafen Rapp zu Danzig in Korrespondenz setzen, um dessen Unterstützung zu gewärtigen, wenn die Gefahr wirklich einbrechen sollte. Der feindlichen Übermacht haben Sie in diesem Falle zu weichen und Ihren Rückzug nach der Weichsel zu nehmen." Der König hatte am Schluß eigenhändig hinzugefügt: „Es ist Mir äußerst viel daran gelegen, daß Sie die Ihnen bestimmte Stelle annehmen, da Mir Ihre bewährte Treue, Anhänglichkeit und Kriegserfahrenheit zur Genüge bekannt ist, und ein solcher zuverlässiger Mann bei diesem Korps und unter solchen Umständen unumgänglich notwendig wird. Ich werde jede Gelegenheit wahrnehmen, Ihnen dafür Meine Dankbarkeit zu beweisen."

Erinnere man sich, welchen tiefen und schmerzlichen Eindruck der Abschluß dieser Allianz in denjenigen Kreisen auslöste, auf welche sich bisher alle patriotischen Hoffnungen gerichtet hatten. „Die Vorsehung scheint den angefangenen Gang der großen Weltbegebenheiten vollenden zu wollen", schreibt Scharnhorst an York; er gab seine bisherige Stellung auf, ging nach Breslau. „Nicht Willens", schreibt Gneisenau am 10. März an Münster, „mich als Werkzeug zur Ausführung des Unterwerfungsvertrages gebrauchen zu lassen, habe ich meine Entlassung gefordert und erhalten." Clausewitz, Boyen, Barner, Chasot, Tiedemann, viele andere, „denen das Herz zu schwer wurde", folgten Gneisenaus Beispiel; dreihundert Offiziere nahmen ihren Abschied; die einen gingen nach Rußland, andere nach Spanien, um gegen Napoleon zu kämpfen.

York verstand seine Pflicht als Soldat anders; doppelt jetzt glaubte er dem Könige und dem Vaterlande Treue zu schulden. Das Schwerste, was seinem Stolz und seinem Haß zugemutet werden konnte, den Dienst unter Franzosen und für Napoleon fordert der König von ihm; er hielt sich verpflichtet, zu gehorchen.

Freilich die Allianz mit Frankreich war geschlossen, die Truppenteile, welche das preußische Hilfskorps bilden sollten, waren bezeichnet, und die Befehle zu ihrer Mobilmachung erlassen. Auf Antrag des Marschalls Davoust, der in dem bevorstehenden Kriege das erste Armeekorps zu führen bestimmt war, hatte eine königliche Kabinettsorder York angewiesen, alle ihm zugehenden Nachrichten von der russischen Grenze dem General Rapp in Danzig mitzuteilen. York hatte wie er bereits am 17. März nach Berlin meldete, seine volle Aufmerksamkeit auf die Grenze gegen Rußland gerichtet, namentlich die nötigen Truppenverschiebungen veranlaßt, „um nicht die Provinz Litauen der Plünderung von einem regellosen Schwarm Kosaken auszusetzen." Ebenso hatte er schon nach der Instruktion vom 12. März und auf einen Wink des General Grafen Lottum „sich mit General Rapp in Kommunikation gesetzt. Noch ehe General Rapp", fügte er hinzu, „meinen Brief bekommen haben könnte, hat er schon an mich geschrieben ... Die offizielle Korrespondenz habe ich

mit dem General Rapp deutsch geführt und ihm alles das mitgeteilt, was
mir von der Grenze gemeldet war, sowie ich ihm auch ein ziemlich genaues
Verzeichnis der russischen Armee beigefügt habe." Schon am 14. März
sind „die wichtigsten Punkte gegen die russische Grenze" nach Yorks
Weisung besetzt, so meldet Präsident Schön aus Gumbinnen: „nur der
Weg von Kudullen scheint noch der Beachtung wert. Kudullen ist der
russischen Armee genau bekannt, und dort sind Anstalten zum Übergan-
ge gemacht. Das Anrücken der russischen Truppen dauert noch fort."

Wie schmerzlich und niederdrückend auch die Wendung der preußischen Politik sein mochte, wenigstens hatte man nun doch eine eindeuti-
ge Stellung. Oder war auch das nur Täuschung? York erhielt von einem
Offizier aus der Umgebung des Königs ein Schreiben, das ihn stutzen
machte. Es enthielt eine Warnung des Königs vor den vielen falschen
Gerüchten, die jetzt überall verbreitet wurden, und die oft von dem
Wahren schwer zu unterscheiden seien; der König glaube nach allen
bisherigen offiziellen Berichten, daß es nicht in der Absicht des russischen Gouvernements liege, aggressiv zu Werke zu gehen; und daß daher
auch alle Nachrichten über die Bewegung der russischen Truppen mit
besonderer Sorgfalt zu prüfen sein würden, um durch ihre Mitteilung
nicht unnötig zu alarmieren. York möge demnach nur verbürgte Nachrichten über das Vorrücken und die Bewegung russischer Truppen an
den General Rapp weiterleiten.

Je sorgfältiger York dieses seltsame Schreiben erwog, desto peinlicher
empfand er die Zweideutigkeit desselben. Sollte es wirklich so viel bedeuten, als es bedeuten konnte, warum brauchte der König zu solcher Andeutung dann nicht die vertraute Feder des Staatskanzlers? Und wagte
man nicht in einem Briefe deutlicher zu sprechen, warum ward dann
nicht ein vertrauter Offizier gesandt? Völlig undenkbar war, daß man
solche Weisungen ohne sehr bestimmte Absicht gesandt haben sollte.
Noch war Knesebeck nicht zurück.

Preußen krümmte und wand sich unter der furchtbaren Bundesgenossenschaft; jede neue Demütigung steigerte nur das Mißtrauen derer, die
sie forderten. Begreiflich, daß Napoleon „die gemeine Sache", wie man
sie nannte, nur als Handhabe zu weiterer Unterwerfung benutzte. Er ließ
sofort über den Allianzvertrag hinaus, um Berlin und Königsberg zu
beherrschen, Spandau beziehungsweise Pillau fordern. „Die beste Art",
schrieb er an Berthier, „sich der Ruhe Preußens zu versichern, ist die,
daß man es in die Unfähigkeit versetzt, sich zu bewegen, im Fall eines
Nachteils oder einer Niederlage auf unserer Seite."

Es lag ebensosehr in dem Charakter Yorks, wie er es für den wichtigsten, aber auch schwierigsten Teil seiner Aufgabe halten mußte, daß er in
der unzweifelhaften Unterordnung des preußischen Korps, die der französische Befehlshaber möglichst zu erweitern trachtete, diejenige Selbständigkeit bewahrte und geltend machte, welche die wenigstens im
Prinzip noch nicht aufgegebene völkerrechtliche Stellung des preußischen Staates in Anspruch nehmen durfte. Am wenigsten York war der

Charakter, der sich benutzen ließ, um Preußen beiläufig zu rheinbündne-
rische Nullität hinabzudrücken.

Gleich die Anfänge der traurigen Bundesgenossenschaft gaben ihm
Anlaß, in der Rolle aufzutreten, die er im Verlauf derselben mit Meisterschaft durchführte. Der Marschall Davoust hatte für angemessen erachtet, sich mündlich und zum Zweck der weiteren Mitteilung an York über
die Stimmungen in dessen Offizierkorps zu äußern und einzelne besonders zu bezeichnen. York fühlte sich veranlaßt, darauf in einem Schreiben vom 10. April zu erwidern und in kalt verbindlicher Weise solchen
Einmischungen seine Solidarität als kommandierender General entgegenzustellen. Der Marschall Prinz Eckmühl erwiderte: Er habe mit Vergnügen diesen Ausdruck von Gesinnungen gelesen, welche die eines Soldaten, der sein Vaterland liebe, und eines Mannes von Ehre seien. „Glauben Sie, Herr General", schreibt er, „daß wir unsererseits die glückliche
Allianz zu schätzen wissen, die unsere alten Verbindungen hergestellt
hat, und daß wir ebenso erfreut sind, uns unter denselben Fahnen vereinigt zu sehen. Mir werden an meinem Teil die Beziehungen, die hinfort
zwischen uns sein werden, nach der Loyalität und Offenheit, die Ihre
ersten Schritte bezeichnen, sehr erwünscht sein. Ich hoffe, daß Sie, Herr
General, in jener mündlichen Mitteilung über die Stimmung einiger Personen in Ihrer Armee nicht anderes werden gesehen haben als den
Wunsch, Ihnen nicht vorzuenthalten, was Ihnen von Wichtigkeit sein
kann. Ich wünsche, annehmen zu dürfen, daß Sie in gleicher Weise gegen
mich verfahren werden, wenn Ihnen irgendeine ähnliche Mitteilung, die
Sie mir wichtig glauben könnten, zukäme. Das sind Beweise guter Nach-
barschaft, für die ich Ihnen sehr erkenntlich sein werde. Ich bin sehr
erfreut, daß jene Gerüchte keinerlei Grund haben, und daß Ihre Truppen
von Ihrem Geiste beseelt sind."

V

DER ANFANG DES FELDZUGES VON 1812

Nach großen geschichtlichen Entscheidungen vergißt man nur zu
bald, aus welchen Lagen, welchen Stimmungen her man zu ihnen gelang-
te; unwillkürlich betrachtet man den Lauf der Dinge in dem Lichte, den
der Erfolg auf sie zurückwirft. Man übersieht dann, welche andere Möglichkeiten zugleich gegeben waren.

Durch die französische Allianz war Preußen in eine Lage gekommen,
die furchtbarer war als völlige Unterwerfung.

Hatte man auf jeden Fall die „Einheit des Königsthrones und des
Vaterlandes" erhalten wollen, so war dieser Gewinn mit Opfern erkauft
worden, die das Gewonnene so gut wie wertlos machten, es jeden Augenblick von neuem in Frage stellten. Man konnte zweifelhaft sein, ob Napoleon dem Könige seinen Thron nur gelassen hatte, um durch ihn die

maßlosen Erpressungen zu ermöglichen, die selbst Waffengewalt kaum durchzusetzen vermocht haben würde – oder ob er auf diesem Wege mit der letzten materiellen und moralischen Kraft des Landes zugleich die Anhänglichkeit an einen Regenten, um dessen willen man so Unerhörtes leisten und dulden mußte, abzutöten hoffte.

Mit jenem Unterwerfungsvertrag – und in der Ausführung ward er rücksichtslos überschritten – blieb dem preußischen Namen keine Hoffnung, keine Ehre, kein Anspruch mehr; die Erniedrigungen, die dieses Königs Regierung in immer wachsender Steigerung gebracht hatten, schienen nun für immer besiegelt. Der leiseste Versuch, sich ihnen zu entziehen, hätte die Auflösung Preußens, die Vernichtung der Dynastie zur Folge gehabt; aber sie ertragen, hieß jene Erniedrigungen als Bedingung einer Existenz hinnehmen, die ehrlos und hoffnungslos war.

Es ist unsere Aufgabe nicht, darzustellen, was namentlich die östlichen Provinzen, die den Krieg von 1807 noch nicht verwunden hatten, und denen jetzt auf die schlechte Ernte von 1811 eine noch schlechtere folgte, durch diesen Feldzug gelitten haben, wie die Verpflegung der Hunderttausende durchziehender Truppen und die Requisitionen, welche schonungslos gemacht wurden, sie zerrütteten, wie das militärische Regiment fremder Befehlshaber über Stadt und Land, immer wechselnd, immer tiefer eingreifend, meist eigennützig und brutal, die Gewohnheit bürgerlicher Ordnung verwirrte, ohne daß die Regierung gegen die „Verbündeten" Schutz zu gewähren vermochte.

Wir haben unsere Aufmerksamkeit zunächst auf das Korps zu wenden, welches dem Allianzvertrage gemäß Preußen zu diesem Feldzuge gestellt hatte.

Es waren für diesen Krieg 21 000 Mann mobil gemacht worden. Nach einem geheimen Artikel der Konvention vom 27. Februar sollte dieses Kontingent möglichst in demselben Armeekorps vereint sein und vorzugsweise zur Verteidigung der preußischen Provinzen verwandt werden. Durch kaiserlichen Befehl vom 6. Juni wurde das Korps bestimmt, mit der siebenten Division (Grandjean) verbunden das zehnte Armeekorps unter dem Marschall Macdonald, Herzog von Tarent, zu bilden. Zwei von den sechs preußischen Kavallerieregimentern, Ulanen und Husaren, wurden gleich anfangs abgetrennt und dem Kavalleriekorps von Murat überwiesen; ein drittes, ein Husarenregiment, ward unter dem Brigadier Oberst Hünerbein der Division Grandjean zugelegt, die zu 16 Bataillonen Bayern, Polen und Westfalen gar keine Kavallerie hatte. Die 27. Division, wie das preußische Kontingent offiziell genannt werden sollte, bestand somit aus 19 Bataillonen, 16 Schwadronen und 7½ Batterien unter General v. Grawert als erstem, General v. York als zweitem Befehlshaber.

Daß sich in diesem Korps für die Sache, für die man ins Feld zog, nicht eben Begeisterung vorfand, war begreiflich.

Es liegt nahe, einmal zurückzudenken. Was war seit sieben Jahren der preußischen Armee zugemutet worden? Den Anfang machte jene traurige

Heimkehr von 1805; dann folgte den diplomatischen Unglaublichkeiten von 1806 im ungünstigsten Augenblick der Krieg, und die Planlosigkeit des ganzen verdarb alles, was im einzelnen geleistet wurde. Gewiß bedurfte die Armee einer Säuberung; aber jene Ehrengerichte, was bedeuten sie anders, als daß bei jedem preußischen Offizier angenommen wurde, er sei feig und ehrlos, bis er freigesprochen war! Diese moralische Prüfung, die schwerste, die der König seinem Offizierkorps auferlegen konnte, wurde bestanden. Das ganze Heerwesen wurde neu gestaltet. In dem glühenden Verlangen, wider den Todfeind zu kämpfen, durch Sieg oder Tod wider ihn die Ehre der preußischen Waffen und die gebrochene Bedeutung des Vaterlandes herzustellen, begann sich ein preußisches Selbstgefühl zu erneuern; selbst die Verirrungen Schills waren nur ein Zeugnis, daß der alte soldatische Geist des Preußentums keineswegs erstorben sei. Aber die Teilnahme an dem Kampf von 1809 erfolgte nicht; doppelt mächtig und doppelt hochmütig herrschte der verhaßte „Korse". Dennoch wurde in der Stille weiter gearbeitet, die Wehrkraft Preußens zu erhöhen; – daß es gegen Napoleon galt, gab dem Eifer aller doppelte Spannkraft. Durch das neue System war man dahin gekommen, im entscheidenden Augenblick die Armee mehr als verdreifachen zu können; man hatte Waffen für 150 000 Mann, man hatte die entsprechende Menge Geschütze beschafft, man hatte die acht Festungen, die dem Staat geblieben waren, von Grund auf neu armiert; man hatte in vier verschanzten Lagern den Streitkräften in Schlesien, der Mark, Pommern und Preußen Standorte gegeben für den Fall einer plötzlichen Erhebung. Das Jahr 1811 schien sie bringen zu wollen; jeden Augenblick erwartete die Armee den Aufruf des Königs; es galt zu siegen oder zu fallen.

Statt dessen jene Allianz mit Frankreich, jener Unterwerfungsvertrag! Der Eindruck mußte ein völlig zerrüttender sein.

Dieser Vertrag entriß der kleinen Armee die Hälfte, um diese demjenigen zur Verfügung zu stellen, gegen den sie herangebildet war. Er verbot dem Könige jede Befehlsgewalt über seine weiteren Streitmittel; keine Einberufung, keine Truppenverschiebung sollte ohne ausdrückliche Erlaubnis der französischen Autoritäten geschehen dürfen. Zugleich erfolgte über den Vertrag hinaus die Besetzung zweier von jenen acht Festungen, die der übrigen drohte. Das Land bis zu seinen letzten Grenzen war von den Heeresmassen der „Verbündeten" überschwemmt, die wie Herren schalteten. Der König war nicht mehr Herr im eigenen Land, im eigenen Heer.

Was bedeutete in einem solchen Zustand noch preußisch? Der Geist, der es neu geschaffen, war gebrochen, die Träger desselben entfernt. In dem Ausscheiden von Hunderten von Offizieren wurde dieser Bruch auch dem letzten Troßknecht anschaulich und begreiflich. „Der gute Geist und die Hoffnungen erstarben auch in jedem einzelnen."

Und nicht das allein. Von jenen Dreihundert, die den Abschied gefordert – manche, so Boyen, hatten ihn mit höherem Rang erhalten – gingen viele in russischen Dienst. York meldete nach Berlin, daß immer neue Offiziere mit Pässen vom russischen Gesandten über die Grenze gingen. Freilich ließ der König durch Hake melden, daß er das durchaus verhindert wissen wolle. Aber sie reisten über Österreich. Waren so alle Bande gelöst, daß sie König und Vaterland aufgaben? Oder wußte der König darum, forderte er nicht als Ehrenpflicht jedes Preußen, nicht zu dem Feinde Preußens zu stehen? Achtete der oberste Kriegsherr die Ehre der eigenen Fahnen nicht mehr? Oder war die Schwäche und Willenlosigkeit an der entscheidenden Stelle so weit gediehen, daß man die Dinge gehen ließ, wie sie eben gingen?

Seit man die französische Allianz geschlossen hatte, traten diejenigen Richtungen und Persönlichkeiten wieder in den Vordergrund, welche schon vor 1806 die Vorteile dieser Verbindung empfohlen und seit dem Tilsiter Frieden so lange vergebens gegen die Ideologen und Tugendbündler angekämpft hatten. Ihnen schloß sich die Masse derer an, welche das jeweils Geltende zu übertreiben und zu lobpreisen für loyal halten; die Feigen wie Ehrgeizigen, die Bequemen wie die Neuerer drängten nach, auf den neuen Weg hin. Die gesellschaftliche Einwirkung so vieler berühmter Kriegs- und Staatsmänner der großen Nation, die die Durchmärsche nach Berlin führten, zersetzten die öffentlich Meinung um so mehr, als ihr auch der Widerhalt fehlte, den die nun zerstörten patriotischen Kreise noch gewährt hatten. Man begann, sich in das Neue hineinzureden und hineinzuleben, über die „große Armee" die heimische, über den Kaiser den König zu vergessen. Man war auf dem rechten rheinbündnerischen Wege. Und die Armee? Allerdings hatte es zu Anfang – namentlich in Berlin selbst – eine kurze krampfige Zuckung gegeben. Die Armee gehorchte; aber das Ausscheiden jener Dreihundert – es war ein volles Viertel des gesamten Offizierkorps – mußte wie ein Anfang ihrer Auflösung wirken.

Während die eine Hälfte der preußischen Truppen völlig zerstreut und vereinzelt in den Garnisonen lag, war die andere, die aktive Hälfte, ein kleiner Teil der großen Armee Napoleons, unter dem Befehl eines französischen Marschalls. Als was sollte sie sich noch fühlen?

An ihrer Spitze stand ein General, den Napoleon dazu ausersehen hatte. General v. Grawert schrieb in dem Briefe, mit dem er sich York als dessen Chef empfiehlt: „Wir können es uns nicht leugnen, daß von dem Benehmen unseres Korps das künftige Schicksal unseres Staates abhängt, sowie daß diese Gelegenheit, wenn sie mit gehöriger Kraft benutzt wird, den alten preußischen Waffenruhm wiederherstellen und uns von neuem die Achtung der übrigen Mächte sichern kann." Seine ersten Maßregeln in Ostpreußen zeigten, wie seiner Meinung nach dies Benehmen eingerichtet sein müsse; er gab die Nehrungsspitze, er gab Pillau dahin. Nicht bloß, daß er durch Nachgiebigkeiten zu gewinnen suchte; „er sah", sagt die Denkschrift Yorks, „in Napoleon und dessen Handlungen etwas Übermenschliches und in den Feldherren Davoust und Macdonald die Jünger eines Propheten."

Konnte es wirkungslos bleiben, wenn der Chef des Korps in solchen

Anschauungen lebte? War Preußen tatsächlich Napoleon unterworfen und der König sein Vasall, – wie sollte, wenn in dem Geiste des Chefs nicht mehr der Stolz lebte, das doch nicht aufgegebene Recht der Unabhängigkeit Preußens zu behaupten, für Preußen noch anders als auf rheinbündnerischem Wege Heil erscheinen?

Im Mai und Anfang Juni 1812 drängten sich die Hunderttausende Napoleons in Ostpreußen zusammen. Am 9. Juni konzentrierten sich die preußischen Truppen bei Labiau; General Grawert, am folgenden Tage auch York, gingen dorthin ab. Mit der Nachricht, daß der Feldzug seinen Anfang nehme, ging am 15. der Befehl Macdonalds ein, der als Chef dem preußischen Korps vorstand, gegen Tilsit vorzurücken. Auf dem Marsch vereinte man sich am 20. mit den aus Schlesien herangeführten Truppen; es war General v. Kleist, der sie führte. Interessant gestaltete sich eine Parade bei Insterburg. Den Preußen gegenüber waren die französischen Truppen in Bataillonskolonnen, zwischen beiden ebenso tief Italiener, Polen, Rheinbündner aufgestellt; die Preußen standen in Linie. Als der Kaiser jene entlang ritt, wurde er mit dem üblichen vive l'empereur begrüßt; daß die Preußen, als er zu ihnen kam, schwiegen, überraschte ihn sichtlich. Er sagte dem General viel Schmeichelhaftes über die Haltung der Truppen, er wünschte ihren Vorbeimarsch; er ließ einige Gemeine von seiner Grenadiergarde kommen, damit sie sich ansähen, wie vortrefflich die Preußen geschult seien. Die stolzen Garden murrten, wandten sich hinweg; er befahl ihnen hinzusehen: auch das gehöre zum Dienst, sie möchten sich ein Muster daran nehmen. So in Insterburg; wenige Tage darauf war Kleist mit seinen Truppen bei dem Korps; er übernahm den Befehl über die gesamte Infanterie des Korps, dessen Kavallerie bereits unter General Massenbachs Befehl gestellt war.

Am 28. Juni rückte das preußische Korps über die Grenze. York sprach, was er selten tat, hier zu den Truppen; in kurzen und energischen Worten sagte er ihnen, daß sie jetzt die Grenzen eines Landes, mit dem Preußen bisher in nachbarlicher Freundschaft gelebt habe, als Feinde überschritten; daß er von ihnen nicht nur die alte preußische Tapferkeit und den Gehorsam tüchtiger Soldaten, sondern auch die möglichste Schonung des jetzt feindlichen Landes und seiner Einwohner erwartete; er schloß mit einem Hoch auf den König, in das mit Jubel eingestimmt wurde. Napoleon und seine Truppen hatte er mit keiner Silbe erwähnt.

Der Marsch dieses Tages führte bis Tauroggen, wo sich der größte Teil des Armeekorps vereinigte. Der weitere Marsch nach Rosienna sollte auf Befehl des Marschalls Macdonald so vor sich gehen, daß die beiden Divisionen in Kolonnen nebeneinander marschierten, zwischen beiden die Bagagen. Ein unerträgliches Marschieren. „Bei jedem Dorf, bei jeder Brücke", so schreibt ein Augenzeuge, „stockte das Ganze, und stundenlang dauerte dies Stocken, bis die zahllosen Wagen wieder in ihrem Zuge waren. Obgleich man die Verminderung des Gepäcks als eine Hauptvervollkommnung der Kriegsführung, die Napoleon der Welt gelehrt, gepriesen hat, so schleppte doch niemals ein Heer eine solche Menge von Wagen mit sich, als das seinige damals infolge des berühmten Tagesbefehles, in welchem die „Könige, Fürsten, Marschälle und Generale" aufgefordert wurden, dafür zu sorgen, daß ihre Korps auf 20 Tage Lebensmittel bei sich haben sollten."

Am 1. Juli erreicht man Rossian, wo das Hauptquartier des Marschalls bis zum 11. blieb.

Während sich Macdonald dann mit der Division Grandjean auf dem Wege nach Jacobstadt befand (19. Juli), traf das preußische Korps auf den Feind unter General Lewis bei Eckau und bestand dort ein glänzendes Gefecht. Es war das erste in diesem Kriege; es hinterließ einen sehr guten Eindruck; Macdonald war des Lobes voll. Er hätte gern den Erfolg ausgebeutet; er wollte, daß man den Feind durch Kühnheit imponieren, ihn bis unter die Kanonen von Riga jagen sollte. „General Grawert liebte es, bei seinen Operationen das Bild einer Raupe zu entwickeln, die auch, so war sein Ausdruck, da sie nur vorn und hinten Füße hat, erst das Hinterteil nachzieht, ehe sie den Kopf wieder vorstreckt." Und so ging man denn langsam und systematisch vor, um in einem weiten Bogen von Dahlenkirchen an der Düna bis Schlock an der Aamündung hin aufgestellt, dem Feind jeden Weg nach Kurland hin zu verlegen.

Inzwischen war York am 15. Juli in Memel angekommen, hatte nach einer Weisung des Herzogs von den soeben erst zusammengezogenen Truppen zwei starke Abteilungen landeinwärts und die Küste entlang abgesandt, teils um mit Mitau in Verbindung zu bleiben, teils um die Häfen Libau und Windau zu besetzen. Mit ihm zugleich befand sich in Memel der General Campredon mit dem Auftrage des Kaisers, schleunigst die Befestigung von Memel zu bewerkstelligen. General Campredon forderte, daß Preußen die Arbeiter stelle, bezahle, verpflege, die Baumaterialien liefere. York widersetzte sich diesen Forderungen auf das entschiedenste; weder ein Befehl seines Königs, noch der mit Frankreich geschlossene Vertrag autorisiere ihn, zu so ungeheuren Lasten, welche Preußen schon getragen, noch diese neuen hinzuzufügen. Die höchst peinlichen Erörterungen wurden durch die anderweitige Verwendung beider Generale abgebrochen.

General Grawert hatte bei einer früheren Veranlassung die Erlaubnis des Marschalls erbeten und erhalten, zur Vermeidung unnützen Blutvergießens zwischen den beiderseitigen Vorposten eine Art Demarkationslinie zu verabreden. York hielt es für angemessen, nach einem Durchbruchsgefechte bei Dahlenkirchen, in welchem die Besatzungsarmee von Riga gegen sein Korps nicht unbedeutende Erfolge erzielte, und bei welchem zahlreiche Offiziere und Mannschaften in russische Gefangenschaft gerieten, einen Parlamentär nach Riga zu schicken, um sich über jene zu erkundigen. Der als solcher abgesandte Major Rudolphi wurde mit großer Zuvorkommenheit aufgenommen; er brachte außer den erbetenen Nachrichten ein Schreiben des Generals v. Essen mit, in dem die Auswechselung der Gefangenen angeboten wurde. Daraufhin wurde General Massenbach mit dem Stabschef Oberst Röder am 29. abgesandt, um auf dem Wege nach Riga mit General Lewis das weitere zu besprechen. Man verständigte sich über die Auswechselung, über eine Demarkationslinie der Vorposten. Am folgenden Tage meldete General Lewis, daß die genannten Offiziere nicht ausgeliefert werden könnten, weil sie in den Dienst der russisch-deutschen Legion getreten seien, von den übrigen Gefangenen wie von der Demarkationslinien schwieg er ganz. General York war über dies Verfahren sehr ungehalten; das pflichtwidrige Übertreten in die Legion zeigte er den Truppen in einem warnenden Parolebefehl an, und an General Essen schrieb er, daß für ihn die ganze Angelegenheit erledigt sei.

York hatte über diese Dinge nach Berlin berichtet. Der König billigte sein Verfahren in vollem Maß; vor allem wünschte er das Blutvergießen in den täglich aufreibenden Gefechten, die durchaus zwecklos seien, so lange die beiderseitigen Truppen in dem bisherigen passiven Verhältnis gegeneinander stehen zu bleiben bestimmt seien, beendet zu sehen; die Russen mußten ein so zweckloses Gemetzel, wie es die Belagerung von Riga mit sich bringen würde, ebenfalls abgestellt zu sehen wünschen; York werde daher wohltun, die abgebrochene Verhandlung über jene Punkte mit der gehörigen Vorsicht wieder einmal anzuknüpfen. Er empfahl York schließlich diese ganze Angelegenheit mit dem Vertrauen, daß derselbe sie mit aller Rücksicht behandeln werde, welche der schwierige Gegenstand erheische.

Der Staatskanzler begleitete dies Schreiben mit einem Briefe vom 15. September, in dem es u. a. heißt: „Die Ausführung des Inhaltes des Königl. Kabinettschreibens wird immer die größte Vorsicht erfordern, um alle Mißdeutung zu vermeiden: Ew. Exzellenz werden dazu schon nach Ihrer geprüften Einsicht die besten Mittel erwählen."

Der Achtsamkeit Yorks durfte es auffallen, daß der Staatskanzler den Gedanken an „Mißdeutungen" anregte; er kannte ja dessen Weise, „politische Winke" zu machen. Aber wie sorgsam auch betrachtet, seine Äußerungen enthielten doch nichts, was irgend einen sicheren Anhalt gewähren konnte, und der gerade schlichte Sinn des Königlichen Schreibens schloß jeden weiteren Nebengedanken aus.

Seit dem Gefecht von Dahlenkirchen hatte man völlige Ruhe gehabt. Das siegreiche Vordringen der großen Armee – am 23. September kam die Nachricht, daß sie am 14. in Moskau eingezogen sei – mußte, so schien es, weitere Folgen nach sich ziehen.

An demselben Tage erhielt York von dem General Essen eine dringende Einladung zu einer persönlichen Zusammenkunft. York antwortete, daß er sich am folgenden Morgen in dem bezeichneten Hause einfinden werde. Er sandte, als er bei seinen Vorposten angelangt war, seinen Adjutanten Seydlitz dem russischen General entgegen. Dieser erfuhr auf dem Wege zu York von Seydlitz die erste Nachricht von der Einnahme und dem Brande Moskaus. Die beiden Generale begrüßten sich mit vieler Höflichkeit, aber

das Gespräch blieb bei gleichgültigen Dingen; von irgendwelchem dringenden Anlaß dieser Einladung wurde nichts erwähnt.

Clausewitz, der über diese Zusammenkunft genau unterrichtet war,
sagt: „Das Wesen Yorks scheint ihm (Essen) imponiert zu haben, denn er
hatte nicht den Mut, sich ihm näher zu erklären, und es kam eigentlich
nichts zur Sprache."

War auch die Verhandlung ohne alles Resultat, so zeigte sich doch,
daß York eine Selbständigkeit in Anspruch nahm, die nach der Meinung
der französischen Machthaber für Preußen nicht mehr vorhanden sein
sollte. Allerdings hatten die preußischen Truppen in diesem großartigen
Feldzuge eine sehr untergeordnete Rolle zugeteilt erhalten; aber ihr
„Krieg der Brückenköpfe", wie ihn der Marschall spöttelnd zu nennen
pflegte, ließ ihnen mehr als ausreichende Entschädigung für den Ruhm,
den man auf dem Zuge der großen Armee hätte gewinnen können. Vor
allem das Korps war in seiner Zusammensetzung rein erhalten geblieben,
und die Entfernung des Marschalls gab die Möglichkeit, es nach eigener
Art und als eine besondere Armee zu behandeln. Die kleinen Gefechte,
welche geliefert wurden, und der äußerst beschwerliche Dienst in so
schwierigem Gelände und so exponierten Stellungen waren eine vortreffliche Schule für Offiziere und Mannschaften, und da man sich in allen
diesen Gefahren bewährte, wuchs das Selbstgefühl der Truppen und die
Kraft seines Wesens und der durchaus preußische Geist, in dem er sie
übte, erneuerten in diesem Korps zuerst das Gefühl der Selbstsicherheit,
welches vor allem in der Schlacht von Jena untergegangen zu sein schien.

Eben darin war Yorks eigenstes Wesen gegründet; man erzählte tausend Geschichten von der eisernen Festigkeit des „alten Isegrimm", von
seiner kalten Ruhe, von seinem preußischen Stolz.

Das Korps sollte bald Gelegenheit haben, eine ernste Gefahr zu bestehen. Es stand etwa 14 000 Mann stark in seinen Positionen, Olai im
Zentrum, Plakan und Dahlenkirchen auf dem rechten, Mitau und Zenn-
hof auf dem linken Flügel. Schon am 20. September kamen Nachrichten,
daß sehr bedeutende Verstärkungen aus Finnland in Riga eingetroffen
seien.

Allerdings war immer noch von einer Belagerung Rigas die Rede; es
war der große Belagerungstrain bei Bauske in Ruhenthal angekommen,
mit ihm holländische und französische Artilleristen, Sappeurs von der
Insel Elba, Ingenieur- und Artillerieoffiziere; General Campredon war
mit der Leitung der Belagerung beauftragt. Aber es war vollkommen
klar, daß man den richtigen Zeitpunkt für die Belagerung versäumt hatte. Man war nicht mehr imstande, das rechte Ufer der Düna zu gewinnen.
Die Festung stand allem Zuzug von Osten her offen; man mußte deshalb
zufrieden sein, sich diesseits der Düna zu behaupten; und wenn Riga, wie
es jetzt geschah, bedeutende Verstärkung erhielt, so war man in Gefahr,
von dort her über den Haufen gerannt zu werden. In der Tat betrug die

Truppenstärke in Riga seit General Steinheils Ankunft über 26 000 Mann.

York hatte mit der Nachricht von der Ankunft der finnischen Divisionen dem General Campredon zugleich mitgeteilt, daß er, falls er weichen müsse, auf Schönberg an der Eckau, drei Meilen von Friedrichsstadt, zu gehen gedenke. Campredon äußerte, daß in diesem Fall der Artilleriepark von Ruhenthal neuen Meilen südwärts nach Linkow zurückgeschafft werden solle; er schlage York vor, bei Bauske über die beiden von ihm geschlagenen Brücken über die Aa zu gehen; er hoffe dadurch mehr Sicherheit für den Park zu gewinnen.

Unter lebhaften Gefechten, bei welchen die Preußen 1080 Tote, Verwundete und Vermißte zu beklagen hatten, gelang York dieser Rückmarsch. Den Verlust der Russen schätzte man auf 5000 Mann.

Der Eindruck, den diese Gefechte bei dem Marschall und demnächst in dem kaiserlichen Hauptquartier hervorbrachten, war ein überaus günstiger. Das 24. Bulletin (vom 14. Oktober) sagte: „Man hat noch nicht den offiziellen Bericht von dem glänzenden Gefechte, das dem General York so viele Ehre macht." York selbst durfte in einer späteren Denkschrift sagen: „Die fünftägigen Gefechte und Operationen in der Umgebung von Bauske waren für Preußens Politik von der höchsten Wichtigkeit; für mich waren sie von der größten Genugtuung; sie zwangen Napoleon, der mich haßte, zu der Anerkennung, daß ich Soldat sei."

VI

ZERWÜRFNISSE UND UNTERHANDLUNGEN

Hatte die schwankende Verwendung des zehnten Korps bisher dessen Tätigkeit gelähmt und den preußischen Truppen eine Stellung gegeben, die sie immer von neuem völlig nutzlos exponierte, so hatten sie sich und den Belagerungspark durch die raschen und glücklichen Anordnungen Yorks und den unvergleichlichen Mut, mit dem sie gekämpft hatten, gegen einen fast doppelt so starken Feind gerettet, hatten den Russen „die schon als gewiß geglaubte Wiedereinnahme der Provinz Kurland", wie York schreibt, zuschanden gemacht. Daß nur preußische Truppen, und daß sie ohne die Weisungen des Marschalls diese glänzenden Erfolge erkämpft hatten, war ein Gewinn mehr. Vor allem das Vertrauen der Truppen zu York, das ebenso groß war wie seine Strenge, war durch einen glänzenden Erfolg vollkommen gerechtfertigt. Zum ersten Male hatten sie unter seiner persönlichen Leitung gekämpft und an dem raschen und straffen Gang des ganzen wie einzelnen die Meisterhand, die sie leitete, gefühlt. Die Offiziere waren voll Bewunderung, wie klar, sicher, sachlich jeder Befehl des Generals, wie fest und rechtzeitig jeder Stoß, zugleich wie wohl ausgespart und ohne Vergeudung der Mittel jeder Zug gewesen war.

York sandte am 3. Oktober mit der Meldung von diesen Gefechten den Major von Wrangel, Flügeladjutanten des Königs, nach Berlin. „Es macht mich unendlich glücklich", heißt es in dem Schreiben Yorks, „Ew. Majestät die Nachricht von mehreren siegreichen Gefechten und die Bestätigung von dem unbeschreiblichen Mut Ew. Majestät Truppen zu übersenden, durch den sie sich abermals würdig gemacht, Preußens und Ew. Majestät Untertanen zu sein."

Der Schluß desselben Briefes ist durch eine Wendung bemerkenswert, welche den ersten Anfang einer im hohen Maße einflußreichen Reihe von Verwicklungen bezeichnet: „Dem Major v. Wrangel habe ich bei dieser Gelegenheit noch einige mündliche Aufträge an Ew. Majestät erteilt. Erzeigen mir Ew. Majestät die einzige Gnade, seinen Vortrag ruhig anzuhören und von mir die Versicherung gnädigst anzunehmen, daß meine Klage gerecht und gegründet ist. Ew. Königl. Majestät Vertrauen ist und wird ewig das Ziel meiner Anstrengungen sein, sowie nichts die Treue und Anhänglichkeit an Ew. Majestät geheiligte Person erschüttern wird und kann."

Yorks Klagen bezogen sich auf die Verpflegungsverhältnisse. Bei Beginn des Feldzuges war der Staatsrat Ribbentrop interimistisch für das ganze zehnte Korps zum ordonnateur en chef ernannt worden; er hatte diese schwierigen Geschäfte bestens verwaltet. Allerdings zum nicht geringen Ärger der französischen Kommissarien, die in dem Verpflegungswesen keineswegs nur das Interesse des Dienstes ins Auge zu fassen gewohnt waren. Bereits Ende Juli hatte man für die Provinz Kurland eine französische Verwaltung einzurichten begonnen. Ribbentrop verstand es, trotzdem das Verpflegungswesen in verhältnismäßig gutem Gang zu erhalten. In der zweiten Hälfte des Septembers trat ein Wechsel ein. Man versetzte den Marschall in den Glauben, daß die preußische Intendantur das Land furchtbar aussauge, namentlich Vieh aufbringe, um es nach Preußen zu schaffen, wo die französischen Durchzüge alles erschöpft hätten; und York sei über dieses Manöver unterrichtet; „Macdonald glaubte der Anklage und übertrug die Verwaltung dem Ankläger." So wurde Herr Bergier von der französischen Verwaltung zum Generalintendanten gemacht.

Von diesem Zeitpunkt an begannen allerlei Mißstände, Unordnungen, Nachlässigkeiten. Anderes kam hinzu. Die gute Jahreszeit war vorüber, die Nächte begannen schon empfindlich kalt zu werden. Die Aussicht, in den Winter hinein meist im Freien zu kampieren, war wenig tröstlich. Dazu blieben, was freilich die Behörden in Berlin anging, die Soldzahlungen aus, und der gute Wille der Kurländer Landleute gegen die Fremden war nicht eben im Zunehmen.

Macdonald hatte, da die starke Truppenanhäufung in Riga jeden Augenblick neue Gefahren bringen konnte, sich entschlossen, sein Hauptquartier zu den preußischen Truppen zu verlegen, einen Teil der siebten Division (sieben Bataillone) zu ihrer Verstärkung zu verwenden und schließlich den Park von Ruhenthal zurückfahren zu lassen. Er gab trotz der vergebens vorgebrachten Bedenken Yorks dem Korps eine neue Aufstellung nach den ziemlich parallelen Linien der Missa, Eckau und Aa. Macdonald richtete sich mit seinem Hauptquartier in Stalgen ganz häuslich ein und betrachtete den „Brückenkopfkrieg" mit einer Art ironischer Seelenruhe. Nicht, daß er die Russen als Feinde gering geachtet hätte; er kannte sie von der Trebbia her; aber die Schwäche der Rigaer Garnison machte ihn völlig sorglos. Und wenn Kanonendonner von den Ufern der Eckau durch die schon entlaubten Wälder dröhnte, so sah er so gleichgültig zum Fenster hinaus, als ginge das ihn nicht an. Den Truppen blieb er fremd, er zeigte sich ihnen selten, die meisten wußten nicht, wie er heiße, die klügeren nannten ihn Herzog von Terrain. Allerdings war er großer und plötzlicher Anstrengungen fähig, aber er hatte das Kriegsleben satt; und wenn er von seinem schönen Park, seinen großen Schafherden erzählte, so fühlte man der Wärme, mit der er sprach, wohl an, daß er lieber in Ungnade geblieben wäre, um sich an dem wohlerworbenen Reichtum daheim zu erfreuen. Jene prokonsularischen Erpressungen, die andere Marschälle mit so großer Meisterschaft zu üben verstanden, waren ihm völlig fremd; selbst die Weinkeller der reichen kurländischen Edelleute nahm er so wenig in Anspruch, daß seine tägliche Mittagstafel von 18–20 Personen sich mit zwei Flaschen Wein begnügen mußte. Seine Vorliebe für preußische Offiziere war geblieben; er hatte deren stets an seiner Tafel, und er verstand, das frugale Mahl durch den unvergleichlichen Reiz seiner Unterhaltungen zu würzen. Und doch empfand er mit seinem Takt, was sie von ihm schied. Als er einst nach Mitau gekommen war und einer der preußischen Offiziere sein Bedauern aussprach, daß er nicht in ihrer Mitte bleiben wolle, antwortete er, er wisse recht gut, daß er überall lästig sei, geniere und sich genieren müsse, und daher ziehe er es vor, einsam auf dem Lande zu leben.

York hatte sein Hauptquartier in Mitau. Es war natürlich, daß seit der Marschall in der Nähe war, die Leitung viel unmittelbarer als früher von ihm ausging; ein Wechsel, der um so weniger angenehm war, als die Dinge seitdem weder sicherer noch glücklicher sich abwickelten. Auch die seitdem erst eingetretene Gemeinschaft mit bayerischen, polnischen, westfälischen Truppen konnte nicht eben ein Ersatz sein für die Selbständigkeit, mit der bisher die preußischen Truppen hatten auftreten können. Am meisten war zu befürchten, daß sich der Unterschied des preußischen von dem rheinbündnerischen Verhältnis zu Frankreich, das York mit rastloser Eifersucht im Auge behielt, mehr und mehr ausgleichen werde. Freilich war der Marschall über die Truppen, die Offiziere, die bisherige Führung des Lobes voll; seinem Lobe, seinen Verbindlichkeiten stand York mit immer gleicher dienstlicher Förmlichkeit gegenüber; am wenigsten war er bereit, einer Kameradschaft, die auch nur den Schein einer Herablassung erhielte, sich seinerseits zugänglich zu zeigen.

Oder sollte er, weil der Herzog so liebenswürdig war, die Erniedrigung Preußens minder empfinden? Sollte er in dessen verbindlichem Auftreten einen Ersatz sehen für die wachsenden Vernachlässigungen seiner Truppen durch die französische Intendantur? Seit Bergier sie übernommen hatte, gab es immer neue Mißstände, und die Herren Intendanten verwiesen wohl, wenn er sich beschwerte, auf die Nähe der preußischen Grenzen und die dortigen Hilfsmittel. Freilich als Ende Oktober die ersten 7000 Schafpelze zur Verteilung kamen, befahl der Marschall, sie zwischen dem Korps von York und Grandjean gleich zu teilen; aber beide Korps waren an Truppenzahl nicht weniger als gleich. Solche und ähnliche kleine Ärgernisse gab es fort und fort, nur daß der Marschall da noch philosophisch lächelte, wo York nur um so bitterer Preußens Abhängigkeit und seine Unterordnung empfand.

Es konnte nicht fehlen, daß auch andere bemerkten, wie beide gegeneinander standen. Mancherlei Redereien schlichen sich ein, die wenigstens Macdonalds Umgebung nicht ungern hörte. Es war für die französischen Herren unerhört, daß sich der General einer Hilfstruppe in so seltsamer Vornehmheit abseits stellen und etwas Besonderes sein wollte. Freilich vermied York mit äußerster Vorsicht jeden Anlaß zu gerechter Beschwerde; während an der Tafel zu Stalgen frei genug selbst über den Kaiser gesprochen wurde, wurde in Yorks Kreise jedes politische Gespräch gemieden; selbst der Verkehr mit den gebildeten Familien Mitaus – sie sahen in den Preußen nicht ihre Feinde – wurde möglichst beschränkt. Kaum im engsten Kreise sprach York so, wie er empfand.

Wir haben die Zusammenkunft Yorks vom 24. September mit dem russischen General Essen erwähnt. In Mitau wußte man in den ersten Novembertagen, daß Napoleon am 18. Oktober von Moskau aufgebrochen, daß Wittgenstein, von Steinheil unterstützt, über die Düna vorgedrungen, und daß Admiral Tschitschagow von Süden her bis Minsk gekommen sei. Beide standen somit im Rücken Napoleons einander ziemlich nahe und bedrohten die Verbindung der großen Armee mit den Österreichern in Polen, den Preußen in Kurland.

Die ganze Wucht der Katastrophe, welche der Abmarsch aus Moskau bezeichnet, vermochte man freilich in Riga besser zu würdigen. General Essen glaubte den Augenblick gekommen, sich mit ausdrücklichen Vorschlägen an York zu wenden. Er schrieb ihm (am 1. November): Napoleon sei gezwungen worden, Moskau zu verlassen, die sogenannte große Armee befinde sich in der Auflösung; sowohl sie wie der Kaiser selbst gingen ihrem völligen Untergang entgegen, da ihnen durch die Bewegungen der Armeen von Wittgenstein und Tschitschagow der Rückzug nach Polen schon völlig abgeschnitten sei. Er gründete hierauf den Vorschlag, daß der General York von der französischen Verbindung abfallen, den Marschall Macdonald in Stagen festnehmen und ihn mit allem Zubehör nach Riga schicken möge.

York sandte (am 5. November) dieses Schreiben durch Graf Brandenburg an den König; in seinem Begleitschreiben heißt es: „Ich habe dasselbe unbeantwortet gelassen; doch ist sein Inhalt ein tiefes Geheimnis bei mir geblieben. Über das oben gedachte Schreiben selbst erlaube ich mir keine weitere Bemerkung. Ew. Majestät aber werden einem treuen Diener gnädigst verzeihen, wenn er, durch frühere Beispiele besorgt gemacht, es wagt, Dero Aufmerksamkeit auf die Festung Graudenz zu lenken, im Fall die retrograde Bewegung der großen französischen Armee begründet sein sollte, was wohl einige Glaubwürdigkeit zu haben scheint. Schon der Gedanke der Möglichkeit, daß Graudenz durch fremde Truppen besetzt, vielleicht gar überrascht werden könnte, erfüllt mich mit Angst, und ein solcher entsetzlicher Verlust wird bei Ew. Majestät Entschuldigung sein, wenn die Möglichkeit des Falls von mir in Erwähnung gebracht worden ist."

Wenige Tage darauf erfuhr man, daß General v. Essen seines Postens enthoben, General Paulucci sein Nachfolger geworden sei.

Der Winter trat mit auffallender Plötzlichkeit ein. Es waren jene verhängnisvoll kalten Tage, von denen das bekannte 29. Bulletin den Untergang der großen Armee datiert. Noch am 13. November war die Aa offen; in der folgenden Nacht stieg die Kälte auf 18 Grad und am andern Morgen hielt das Eis auf allen Wassern; damit war die Bedeutung aller bisherigen Stellungen verändert. Von der großen Armee liefen bedenkliche Gerüchte um; man sprach von Rückzug, von großen Verlusten, von dem Hauptquartier in Smolensk. Der Marschall erklärte mehrmals, daß er Nachrichten erwarte, daß er auf seine Berichte von den letzten Gefechten noch ohne Antwort sei.

Weder die peinliche Kälte noch die allem Anschein nach höchst bedeutenden Vorgänge auf dem Kriegsschauplatz der großen Armee schienen Macdonald jedoch zu veränderten Maßnahmen zu bestimmen.

Die Klagen über die Verpflegung mehrten sich. Schon am 31. Oktober hatte Oberst Hünerbein von Eckau aus an York geschrieben: „Ew. Exzellenz muß ich flehentlich bitten, sich für Verpflegung der mir untergebenen Truppen gnädigst zu verwenden, indem die Not auf das äußerste gekommen ist; des Herrn Herzogs Exzellenz haben mir befohlen, immer einen sechstägigen Bestand jeder Art von Lebensmittel zu haben, doch nachdem die Truppen schon mehrere Tage gar keinen Branntwein und Gemüse erhalten, ist endlich der Bedarf nur auf vier Tage angekommen. Da der größte Teil der Truppen in Baracken oder unter freiem Himmel liegt, so ist der regelmäßige Genuß des Branntweins ein unerläßliches Erfordernis zur Erhaltung der Gesundheit, und der stattgehabte Mangel desselben hat schon die Folge von Ruhrkranken gehabt. An Fourage mangelt es seit mehreren Tagen gänzlich, und der schlechte Zustand der Pferde wird täglich sichtbarer."

Seitdem war mit der wachsenden Kälte die Pflege um so notwendiger, aber keineswegs um so besser geworden Am 24. November meldete Kleist, daß ein großer Teil seiner Truppen seit mehreren Tagen keine Fourage mehr aus den Magazinen bekomme. Von anderen Truppenteilen gingen ähnliche Klagen ein; selbst Yorks Hauptquartier hatte keine Fourage erhalten. Es war dies um so auffallender, da auf dem Markt zu

Mitau an eben diesem Tage Hafer und Heu zu mäßigen Preisen zu kaufen war.

York hielt sich verpflichtet, dem Marschall in sehr höflichen, doch gemessenen Ausdrücken die Klagen der Truppen erneut vorzustellen und dringend um Abhilfe zu bitten.

Macdonald antwortete weder am nächsten noch an dem folgenden Tage, aber eben so wenig wurde Abhilfe geschaffen. Nur noch dringender wiederholten sich die Klagen der verschiedenen Korps. Es hieß wahrlich zu Unordnungen und Gewaltsamkeiten auffordern, wenn man so den Truppen das Notwendigste vorenthielt. York schrieb zum zweitenmal an den Marschall; nach dem Zeugnis von Seydlitz sagte er in diesem Schreiben: „daß er diesen Ungebührlichkeiten nicht länger zusehen könne, sowohl wegen der Erhaltung der Truppen als der Pflichten, die er gegen seinen König habe." Doch, fügt Seydlitz hinzu, war der Brief in gewohnter Form und mit der dem Vorgesetzten schuldigen Achtung abgefaßt.

Der Herzog hatte als Stabschef den Obersten Terrier, einen Mann, den er selbst wenig achtete und bisher nie zu erheblichen Geschäften verwandt hatte; er nannte ihn „den Lästigen". Dieser war ausersehen, an York ein Antwortschreiben zu überbringen, dessen Inhalt einen völligen Bruch hervorrufen zu müssen schien.

Nachdem in diesem Schreiben zunächst alle Beschwerden als unberechtigt abgewiesen worden waren, hieß es zum Schluß:

„Ich kenne die Anlässe nicht, welche Ew. Exzellenz seit langem erbittert haben gegen den Kaiser, gegen Frankreich, gegen die französischen Generale und gegen die französische Armee. Ich verkenne keine der täglich sich wiederholenden Wendungen, die dahin zielen, die Meinungen irre zu machen und die Entmutigung unter den Führern und Truppen des preußischen Korps zu verbreiten. Aber unzweifelhaft werden sie auf den guten Geist, die Tüchtigkeit und das Ehrgefühl, die die Truppen beleben, ohne Einfluß sein.

Bisher habe ich alle Mittel der Güte, der Gefälligkeit, der Herablassung gegen die Reizbarkeit und den wenig verhohlenen Haß Ew. Exzellenz gegen alles, was französisch ist, in Anwendung gebracht; selbst alles, was den Schein einer Superiorität im Kommando haben konnte, beiseite gelassen, mehr als Kamerad, denn als Vorgesetzter gehandelt. Zum Lohn dieser Herablassung glauben Ew. Exzellenz sich erlauben zu dürfen, sich alles Gehorsams zu entschlagen, während Sie dazu das Beispiel geben müßten.

Ew. Exzellenz wollen sich einmal aller der Befehle erinnern, die Sie den meinigen entgegen in betreff der Verpflegung erlassen haben, indem Sie sich aller Verantwortung gegen Ihren Souverän entschlagen, dessen Interessen Sie schlecht dienen, wenn Sie allen Geist der Eintracht und Harmonie entfernen, der vor Ihrer Ankunft herrschte.

Ich habe zu viel Freimütigkeit, als daß ich Ihnen nicht mitteilen sollte, daß ich Sr. Majestät dem Kaiser über das Betragen und die Gesinnung des gegenwärtigen Chefs der preußischen Truppen Rechenschaft gebe, die man nicht unterlassen wird, dem Könige vorzulegen; und um die Wahrheit meiner Bericht zu bezeugen, werde ich kein anderes Zeugnis aufrufen, als die Meinung der preußischen Truppen. Und ich muß damit enden, um mich des Ausdrucks Ew. Exzellenz zu bedienen, daß, wenn die Pferde „krepieren", dies nicht aus Hunger, sondern aus Dickleibigkeit (embonpoint) geschehen wird, und ich würde dasselbe von den Leuten hinzufügen, wenn von denen die Rede wäre. Genehmigen Sie, Herr General, die erneute Versicherung meiner hohen Achtung."

Dieser Brief war unterzeichnet „Stalgen, den 27. Oktober 1812 um 9 Uhr abends;" sodann die Adresse A. S. Exz. Mr. le und weiter nichts.

Oberst Terrier erschien am 27. November gegen Mitternacht in Yorks Quartier, forderte, obschon der General bereits zu Bette war, ihn persönlich zu sprechen. York ließ ihn bitten einzutreten, empfing das Schreiben, las es. Allerdings war es dazu angetan, selbst einen ruhigen Mann auf das äußerste zu reizen. Oberst Terrier schien nur darum in dem Zimmer zu warten, um die Wirkungen, dieser im Überfluß beleidigenden Vorwürfe der Lüge, des Betruges, des Verrates usw. beobachten und möglichst steigern zu können.

Man hatte York doch zu niedrig eingeschätzt, wenn man ihn mit einer so plump angelegten Überraschung zu fangen hoffte; er war zu klug, um nicht sofort die Absicht dieser nächtlichen Szene zu durchschauen; er war zu sehr Herr seiner selbst, um auch nur einen Augenblick zu vergessen, was es galt. Oberst Terrier verlangte eine Antwort, York äußerte, sie werde erfolgen, doch sähe er die Sache nicht für so dringend an. Oberst Terrier mochte um den Erfolg besorgt werden; was erwartet worden war, zeigte seine zudringliche Frage: „Was werden Ew. Exzellenz tun?" York antwortete: „Sobald Sie zur Tür hinaus sind, vorläufig ruhig weiter schlafen."

Am wenigsten wird York der Meinung gewesen sein, daß der Marschall mit diesem Brief nur einem augenblicklichen Ärger habe Luft machen wollen. Er durfte sich gestehen, daß er weder dem Kaiser noch dem Marschall je für gut französisch gegolten habe, daß er persönlich beiden als ein wesentliches Hindernis der gewünschten Verschmelzung der preußischen Truppen in die große Armee erscheine; und daß man bei der wachsenden Gefahr der großen Armee statt seiner lieber einen nachgiebigen oder gar dem Kaiser ergebenen, am liebsten gar keinen preußischen General an der Spitze des Korps gehabt hätte, war sehr klar.

York hatte auf seine Mitteilung der Essenschen Anträge noch keine Antwort aus Berlin. Es waren Privatnachrichten aus Berlin in Mitau angekommen, nach denen Österreich sich von Napoleon zu trennen beabsichtige. Wie peinlich mochte es sein, über die Absichten des Königs nicht unterrichtet zu sein; es war völlig klar, daß die Haltung, die York bisher behauptet hatte, der politischen Stellung Preußens nichts vergeben, namentlich sie entschieden nicht rheinbündnerischer gemacht hatte, als sie vor dem Feldzug gewesen war. Die gegenwärtige Differenz war wahrscheinlich ein Versuch, das Versäumte schleunigst nachzuholen. Am wenigsten jetzt war der Augenblick, auf Grund persönlicher Beleidigungen den Platz zu räumen. Es war offenbar eine wichtige politische Entscheidung, um die es sich handelte, und in dieser war York keinen Augenblick zweifelhaft, nicht vorgreifen zu dürfen; sie durfte nur von dem Könige selbst ausgehen.

York sandte am Morgen des 28. November eine Stafette nach Berlin mit der Meldung des Vorfalles. Gleichzeitig schickte er dem Marschall die versprochene Antwort, in der er Punkt für Punkt dessen Schreiben durchging und um die Angabe von Zeugen für die ihm unterschobenen Behauptungen bat.

Daß diese Korrespondenz keineswegs als Geheimnis behandelt wurde, ist daraus ersichtlich, daß Graf Henkel bereits am folgenden Tage darüber an den König berichtete: „Es ist nicht zu leugnen, daß General v. York bei seinem finsteren und in sich verschlossenen Charakter von Anfang an bis jetzt wenig getan habe, um sich den Marschall, der ihm äußerlich mit Offenheit entgegengekommen sei, und die oberen dort anwesenden französischen Behörden zu Freunden zu machen. Aber ebenso gewiß sei es auch, daß der General immer konsequent in seinen Reden sowohl wie in seinen Handlungen gewesen sei, und daß alle Anschuldigungen, welche der Marschall ihm in seinem Briefe mache, auch platthin ohne allen Grund seien, wie dies das ganze Korps bezeugen müsse und könne."

Auch in weiterem Kreise verbreitete sich die Kunde von dem Zerwürfnis. Bei den Truppen in Eckau hieß es, der Marschall habe York seines Kommandos entsetzen wollen, York sich dem widersetzt, ihn gefordert.

Der Marschall hatte bis zum 30. nicht auf Yorks Schreiben geantwortet. Dann erfolgten zwei Tagesbefehle, die wahrscheinlich die Antwort ersetzen sollten, jedenfalls geflissentlich neue Kränkungen enthielten. Der eine verordnete, daß hinfort auch die preußische Kavallerie nach den Sätzen des französischen Reglements verpflegt werden, daß einstweilen, da die Magazine in der Tat nicht hinlänglich versorgt seien, bis auf weiteres nur die halben Rationen für die Pferde bestimmt sein sollten, daß jede Art Requisition auf das strengste verboten sei.

Ein zweiter Tagesbefehl befahl den Soldaten in Mitau, nicht mehr von ihren Wirten freie Beköstigung zu verlangen, weil mehrere Soldaten ihre Portionen, statt sie den Wirten zur Unterstützung zu geben, verkauft und dann doch in den Quartieren allerlei gefordert hätten. Freilich mochten einzelne derartige Fälle vorgekommen sein; die Truppen hatten seit Monaten keinen Sold bekommen; aber es war ein sehr verletzendes Urteil über die preußische Disziplin, daraus eine allgemeine Maßregel zu motivieren, die im höchsten Grade belästigend war. Nach der französischen Magazineinrichtung waren die Büros nur bis 6 Uhr abends offen; wer den Tag über draußen im Dienst gewesen war und nach jener Stunde kam, erhielt nichts mehr.

Endlich aber ergaben die Nachforschungen, daß bei dem Kommandanten in Mitau Klagen, wie sie der Tagesbefehl als Grund angab, gar nicht eingelaufen waren; es mußte sonderbar erscheinen, daß sie immer nur in Stalgen ankamen, sonderbarer freilich, daß, wenn man diese in Stalgen gemachten Anzeigen untersuchte, sie sich in Mitau als unbegründet oder völlig unbekannt erwiesen.

Offenbar fielen die üblen Folgen des Zerwürfnisses zunächst auf die preußischen Truppen. Doch auffallend war es, daß der Marschall nicht ohne Absicht gegen die preußischen Offiziere ebenso gütig und liebenswürdig wie zuvor war; „er scheint absichtlich zeigen zu wollen", schreibt einer derselben, „daß seine Gesinnung gegen uns sich nicht verändert habe."

York sandte am 30. November seinen Adjutanten, Hauptmann v. Schack, nach Berlin, teils um ausführlicher, als es durch die schriftlichen Nachrichten hatte geschehen können, den König über die Sachlage zu unterrichten, teils, um die ausdrückliche Bitte um ein einstweiliges Niederlegen des Kommandos zu motivieren.

Wir haben bereits erwähnt, daß der Gouverneur von Riga, General von Essen, wenige Tage, nachdem er York zum Abfall aufgefordert hatte, seines Amtes enthoben, General Paulucci sein Nachfolger wurde.

Marquis Paulucci war ein geborener Italiener, hatte in sardinischen, französischen, österreichischen Diensten gestanden, war dann nach Rußland übergetreten und hatte die Kriege gegen die Perser, gegen die Türken mitgemacht. Er gehörte nicht etwa zu jenem Kreise von Männern, die Zorn und Haß gegen Napoleon unter die fremde Fahne geführt hatten. Paulucci würdigte vollkommen die große Bedeutung, die für Alexander der Abfall des preußischen Korps haben mußte; und er besaß auch genügend Unternehmungslust und Eitelkeit, um von seinen Bemühungen Erfolge zu erwarten, deren Wert doch durch ganz andere Momente bedingt war.

Schon am vierten Tage nach seiner Ankunft sandte er an York ein sehr merkwürdig gehaltenes Schreiben:

„Ehre und Freimütigkeit ist der Charakter des Soldaten. Wir sind beide im Felde erzogen. Die Sprache der Loyalität ist daher die einzige, die uns geziemt. Kommen wir zur Sache. Ew. Exzellenz weiß mehr wie jeder andere, daß Preußen den Krieg wider Willen und gegen sein eigenes Interesse führt. Sie wissen, daß es ihn führt zugunsten des unversöhnlichen Feindes seiner Größe, für seinen Plünderer, mit einem Wort, für einen zweiten Attila, der, wie dieser die Geißel des Menschgeschlechtes, nacheinander Preußen und die anderen Staaten Europas verwüstend, in unseren Tagen alle Schrecken der Hunnen und Vandalen erneuert hat.

Wäre es dazu gekommen, auch Rußland Gesetze vorzuschreiben, so würde er unfehlbar das Joch über alle Völker, die für ihn kämpften, geworfen haben.

Glücklicherweise weit entfernt, das zu erreichen, ist dieser der Menschheit so verderbliche Mensch, der Europa mit Wunden, die noch lange bluten werden, bedeckt hat, dem Ziele seiner verhängnisvollen Größe nahe.

Die beiliegenden Bulletins werden Ihnen seine verzweifelte Lage zeige.

Dieser Umstand setzt Preußen in den Stand, der Schiedsrichter über das Schicksal Europas zu werden, und Sie, der Befreier Ihres Vaterlandes zu sein.

Zwei Wege zeigen sich Ihnen, zu diesem Ziele zu gelangen. Der erste wäre: die Truppen, die Ew. Exzellenz befehlen, mit den meinigen zu vereinen, Macdonald und die Führer der französischen Partei festzunehmen, vorzurücken, um Ihren König zu befreien. In diesem Falle werde ich Sie mit allen mir zu Gebote stehenden Mitteln unterstützen. Der zweite wäre: mit Berufung auf die wachsenden Niederlagen der französischen Armee und ihres unaufhaltsamen Rückzuges zu erklären, daß Sie die Grenzen Ihres Vaterlandes decken wollen, Ihre Truppen hinter die Memel zurückzuziehen und sich jede andere Bewegung zu versagen, die man französischerseits nicht unterlassen wird zu fordern – und zwar zur Rettung der französischen Armee und zum Verderben Ihres eigenen Vaterlandes.

Wenn Sie auf diese patriotischen Aussichten eingehen, aber nicht anders, als nach dem freien Entschluß des Königs, Ihres Herrn, handeln wollen, so wollen Ew. Exzellenz diesen Brief an Se. Majestät gelangen lassen, damit derselbe die Gnade habe zu entscheiden, welchen Weg er in seiner Weisheit seinen Interessen am entsprechendsten hält.

Sie sehen, daß ich Ihnen nichts vorschlage, was Ihre Ehre bloßstellen könnte. Jeder Verrat ist mir in der Seele zuwider; er brandmarkt zugleich den, welcher ihn vorschlägt, und den, welcher ihn begeht. Überdies im Besitz des in jeder Beziehung besten Namens, wie Sie sind, berechtigt nichts, von Ew. Exzellenz etwas zu fordern, was Ihrer Pflicht entgegen wäre. Es ist als glühender Freund der Menschheit, daß ich Ihnen meine Ansichten mitteile; es ist im Namen Ihrer Liebe für Ihren König, für den Ruhm, für die politische Freiheit Ihres Vaterlandes, endlich der Wohlfahrt des ganzen Menschengeschlechtes, daß ich Sie beschwöre, meiner Aufforderung Folge zu geben.

Die glorreiche Rolle des unsterblichen La Romana ist Ihnen bestimmt. Sie mit Erfolg erfüllend, werden Sie von der Nachwelt in die Reihe der großen Männer gezählt werden, die die Retter ihres Vaterlandes waren.

In der Hoffnung, mich in der Vorstellung, die ich mir von dem Adel Ihrer Gesinnungen und Ihrer Anhänglichkeit für den König mache, nicht getäuscht zu haben, habe ich die Ehre usw."

Es waren ziemlich genau dieselben Anerbietungen, die acht Tage vorher Essen gemacht hatte; die schönen Phrasen des Italieners fügten eben nicht Neues hinzu; das einzig Wesentliche war, daß Paulucci in Essens Geleise fuhr, wahrscheinlich also auf Anordnung des Kaisers. Aus Berlin konnte auf die Mitteilungen, die Graf Brandenburg überbracht hatte, noch keine Antwort sein; die Berufung auf den König in Pauluccis

Schreiben gab von selbst die Möglichkeit einer hinausschiebenden Antwort. York ließ dem von Paulucci gesandten Offizier durch Seydlitz
antworten, daß er dem Parlamentär keine mündliche Unterredung gewähren werde, da dies Verdacht bei dem Marschall erregen werde; er ließ
zugleich um Zusendung von Nachrichten über die russische Armee bitten, um sie dem Könige zu schicken.

Nicht den Waffen Rußlands erlag die große Armee. Wenn der Rückzug Napoleons den Gewinn bringen sollte, den er versprach, so war die
nächste Bedingung, daß das preußische Korps sich nicht dazu gebrauchen ließ, seine noch ungeschwächte Kraft für die Rettung der großen
Armee einzusetzten. Alexander durfte sich der Sendung Knesebecks erinnern; hatte dieser preußische Offizier den Gang der Dinge so vorausgesehen, wie er sich bis jetzt gezeigt, so war es Alexanders persönliches
Verdienst, dem Drängen zum Abschluß des Friedens widerstanden, damit die Zusicherung erfüllt zu haben, die er Knesebeck gegeben hatte;
jetzt mußte das weitere folgen, was Knesebeck in Aussicht gestellt hatte,
„daß das preußische Korps, wenn das Glück Napoleons sich gewandt
habe, umkehren und sich der Fesseln entschlagen werde, in denen Napoleon Preußen geknebelt hatte." Hatte der König Knesebeck und dessen
Ansichten dem Kaiser so empfohlen, wie es geschehen war, so durfte
dieser voraussetzen, daß der Chef des preußischen Korps die nötigen
Instruktionen habe, um bei dem Eintritt eben jenes Momentes, den man
nur russischerseits genau ermessen konnte, den Weisungen Folge zu geben, die von dorther kommen würden.

Hatte General Wittgenstein von der Düna her den Rückzug der großen Armee abzuschneiden, so lag alles daran, daß die ihm gegenüber-
stehenden Marschälle sich nicht plötzlich mit einem Teil des Macdonaldschen Korps verstärkt auf ihn werfen, ihn mit Übermacht zurückdrängen könnten. Dies zu hindern, mochte es geeignet erscheinen, auch
dem Grafen Wittgenstein die Vollmacht zu geben, mit York zu unterhandeln; die Beziehungen, die schon im vorigen Jahre zwischen beiden
bestanden hatte, konnten diese Unterhandlungen zu erleichtern versprechen.

Von Wittgenstein gesandt erschien der Generalmajor Fürst Repnin in
Riga (21. November). Vergebens machte Paulucci gegen ihn geltend, daß
er selbst bereits angeknüpft habe, daß man doch erst Yorks Antwort auf
das Schreiben vom 14. November abwarten müsse. Der Fürst bestand
darauf, den Brief Wittgensteins an York abgeben zu müssen, es sei des
Kaisers Befehl, und der Marquis werde nicht wagen dürfen, demselben
nicht zu gehorchen. Paulucci ward durch solche Bedrohungen bewogen,
auch den Brief Wittgensteins an York zu senden. In diesem Schreiben
sagte Wittgenstein, nachdem er die höllische, den Sturz der legitimen
Throne bezweckende Politik Napoleons geschildert und die Erfolge der
russischen Waffen beschrieben hat: „Ich offeriere Ihnen die Mitwirkung
meiner Armee zur gemeinschaftlichen Vertreibung der grausamen Be-

drücker, welche Preußen genötigt haben, an den unsinnigen Plänen Napoleons teilzunehmen; ich schlage Ihnen vor, gemeinschaftlich mit mir Ihrem König seine Gewalt zu restituieren und dann Deutschland von den Schrecken des Barbaren zu befreien. Ich habe 50 000 Mann tapfere Truppen, die schon meist für die Unabhängigkeit Preußens gekämpft haben; unter ihrer Zahl befinden sich dieselben Divisionen, welche mit ihrem Blut die Gefilde von Pulzusk, Eylau, Heilsberg und Friedland befeuchteten."

Unmittelbar nach Absendung dieses Briefes traf in Riga ein Schreiben von York an Paulucci ein. Neben einem offiziellen Briefe sandte York folgendes eigenhändige Schreiben (Mitau 20. November):

„Die Freimütigkeit, mit der Ew. Exzellenz die Güte gehabt haben, mich Ihre politischen Ansichten über die gegenwärtige Lage der allgemeinen Angelegenheit erfahren zu lassen, ist mir ein sehr schmeichelhaftes Zeichen des Vertrauens, das dieselben in die Loyalität meines Charakters setzen.

„Ich bitte Ew. Exzellenz, sich zu überzeugen, daß ich kein anderes Interesse kenne, noch je kennen werde, als das meines Königs und meines Vaterlandes. Aber erlauben Sie mir, Ihnen zu bemerken, daß der durch Erfahrung gereifte Mann nie dies heilige Interesse durch eine selbstwillige oder übereilte Handlung auf das Spiel setzen darf.

Das Beispiel von Romana paßt nicht auf mich. Romana wußte ausdrücklich, was sein Vaterland von dem Verbündeten zu erwarten hatte, mit dem er sich vereinigte – die Sache war ausgesprochen und entschieden. Aber sein Unternehmen wird immer das vollkommene Muster der Loyalität, des Geheimnisses und der Vorsicht von beiden Seiten sein."

Der verschmitzte Italiener mochte sehr erstaunt sein, daß sein Brief, so sorgsam mit soldatischer Offenherzigkeit ausgelegt und auf einen ehrlichen alten Haudegen, wie er sich die preußischen Generale vorstellen mochte, berechnet, eine so meisterhaft feine Erwiderung erhielt. Uns liegt der Bericht vor, den er am 26. November an den Kaiser schickte: „Die Verzögerung der Antwort läßt mich glauben, daß er an den König geschrieben hat, und daß der König ihn autorisiert, in Verbindung mit mir zu treten; aber daß er nach dem, was er in diesem Briefe sagt, wünscht ausdrücklich zu wissen, was sein Vaterland von dem Bundesgenossen zu erwarten habe, mit dem er sich vereinigt, und er will, daß die Sache ausgesprochen und entschieden sei. Dieser Brief zeigt ziemlich klar, bis zu welchem günstigen Punkt ich die Sache geführt hatte. Aber der unglückliche Brief von Repnin kann alles verderben; denn dies ist dem entgegen, was York in seinem Briefe fordert: ‚Geheimnis und Vorsicht'." Demgemäß bittet Paulucci dringend, entweder ihn machen zu lassen oder, wenn des Kaisers Weisheit den Grafen Wittgenstein geeigneter zum Unterhandeln erachtet, diesen damit zu beauftragen.

Der Marquis brannte vor Eifersucht, den glänzenden Fang nicht in Wittgensteins Hände kommen zu lassen und hatte bereits des Kaisers Zustimmung, daß „einige preußische Individuen, deren französische Gesinnung sie genötigt habe, ihr Vaterland zu verlassen", zu ihm kommen sollten; er bat nun, so schnell als möglich einige zu schicken, um zu versuchen, durch sie Vorteile zu erzielen. Er wandte sich mit einem neuen Schreiben an York, das so verbindlich und zudringlich wie möglich ist; „der Augenblick sei jetzt gekommen, wo Preußen einen Entschluß fassen müsse, oder er komme niemals. Er übersende ihm die neuesten Bulletins, die ihm zeigen würden, daß der neue Attila sich in einer verzweifelten Lage befinde, wenn Preußen sich der Rolle, die ihm zukomme, bemächtigen und die erlittenen Beleidigungen rächen wolle. Der einzige Zweck, den der Kaiser ins Auge fasse, sei der, die politische Freiheit der europäischen Nationen zu sichern, namentlich seiner Nachbarn. Die persönlichen Beziehungen zwischen den Monarchen von Preußen und Rußland und des Kaisers bekannte Loyalität seien genügend, um jede Art von Furcht zu beseitigen, sowohl vor der Anwendung des Übergewichtes, das Rußland in Begriff stehe zu erhalten, als auch vor der Entschiedenheit, seine Verbündeten in dem jedoch nicht denkbaren Fall eines Mißlingens zu stützen." Sodann bietet er an, einen förmlichen Traktat abzuschließen; er bittet dringend, die Maßregeln zu treffen, um eine Konvention abzuschließen, die ausdrücklich die Beziehungen feststelle, in die die beiderseitigen Höfe treten sollen. „Wir sind beide Soldaten, folglich jede diplomatische Feinheit fern von uns, unsere Parole sei, wie Ew. Exzellenz gesagt haben: loyauté et secret." Dann ersucht er York, wenn es ihm irgend bequemer sei, fortan deutsch zu schreiben, da vertraute Personen genug in seiner Umgebung seien, es ihm zu übersetzen. Er schließt: Mr. le general, le temps presse, chaque moment est précieux.

Darauf berichtet Paulucci dem Kaiser: er habe York möglichst gedrängt; wenn er wenigstens so viel erreiche, daß York sich auf die preußische Grenze zurückziehe, so würde er imstande sein, sich gegen die litauische Grenze hin in Bewegung und mit dem Admiral Tschitschagow in Verbindung zu setzen.

Es wird angemessen sein, sich die eigentümliche Lage, in der sich York befand, lebhaft zu vergegenwärtigen. Unmittelbar nach Pauluccis erstem mißglückten Antrag kam das Schreiben Wittgensteins, unmittelbar nach dem Briefwechsel mit Macdonald der zweite dringendere Antrag Pauluccis. York konnte sich nicht verbergen, daß für die preußische Politik ein entscheidender Augenblick nahe sei; aber nicht nur die Entfernung von Berlin, sondern und mehr noch die Schwierigkeiten eines Entschlusses dort ließen Verzögerungen voraussehen; und vorerst konnte York seine Aufgabe nur darin finden, auch einmal diplomatisch seine Kunst im Hinhalten des Gefechtes zu versuchen. Nicht undeutlich erschien russischerseits die Meinung, daß Preußen sich ohne weiteres in Rußlands Arme stürzen müsse; der russische Hochmut und die Lüsternheit, die aus jeder Zeile der Briefe des Marquis sprachen, konnten York, wenn es nötig war, nur noch mehr zur Behutsamkeit mahnen. Am wenigsten war er der Meinung, daß Preußen sich von den französischen Ketten

losmachen solle, um russische Ketten zu übernehmen. Seiner feinen Beobachtung entging nicht der Unterschied in der Persönlichkeit derer, die
mit ihm zu unterhandeln sich anboten. Er mußte es für einen Gewinn
halten, nicht auf den Italiener allein angewiesen zu sein, dessen Eifer ihn
zu gewinnen, durch die Gefahr, von Wittgenstein überholt zu werden,
ausgebeutet werden konnte.

York hatte die Zusammenkunft mit Repnin abgelehnt; er hatte bereits am 26. November an Wittgenstein geantwortet: „Die Sachen stehen
noch so, daß ich jetzt mehr denn je gegen meinen König und gegen das
Vaterland verpflichtet bin, mit der größten Vorsicht zu Werke zu gehen.
Von Kindheit an Militär, habe ich nie Gelegenheit gehabt, die vielfachen
Verschlingungen der Politik zu erlernen; allein erlauben Sie mir, Ihnen
zu sagen, daß, wo es auf eine gänzliche Veränderung der Staatsverhält-
nisse ankommt, die Schritte der Armee vorher erst mit den Maßregeln im
Innern des Landes in Übereinstimmung gesetzt werden müssen." An
Paulucci antwortete er auf dessen zweiten Brief, und zwar deutsch: „Ew.
Exzellenz sehr verehrliches Schreiben vom 1. Dezember habe ich die
Ehre gehabt zu erhalten. Der Inhalt dieses Schreiben ist indes so wichtig,
daß es erst einer genauen Beratung und Prüfung bedarf, ehe ich darauf
antworten kann. Ich muß daher um eine kleine Frist bitten. Genehmigen
Sie" usw.

An demselben 5. Dezember sandte er Seydlitz nach Berlin.

Wir erwähnten, daß Hauptmann von Schack, der am 30. November
nach Berlin abging, den Auftrag hatte, Yorks Bitte um einstweilige Nie-
derlegung des Kommandos darzulegen. Schack begründete sie mit der
Unmöglichkeit der Versöhnung zwischen York und Macdonald, mit dem
Schaden, der daraus dem Korps erwachsen müsse. Es ist offensichtlich,
daß er nicht über die Anerbietungen von Riga aus unterrichtet war. Aber
der König und Hardenberg kannten sie.

Was bestimmte York zu jener Bitte? Es wäre nach Yorks Art nicht
undenkbar, daß die außerordentlich verkürzte und gefährliche Lage, in
der er sich befand, und die er nicht unterlassen haben wird, sich auf das
dunkelste auszumalen, ihn bestimmte, sich aus einer Stellung hinwegzu-
wünschen, die nach beiden Seiten hin seinen militärischen Begriffen nur
peinlich sein konnte. Ebenso nahe liegt es, aus jener Bitte den Beweis
herzuleiten, daß York im entferntesten nicht die Rolle gesucht hat, die
ihm zu spielen verhängt war, daß also sein Benehmen Macdonald gegenüber ohne alle Beziehung zu den Möglichkeiten war, die, wenn auch noch
ganz entfernt, die Rigaer Verhandlungen zeigten. Aber weder das eine
noch das andere scheint für die Würdigung dieses komplizierten Charakters ausreichend; die Situation war zu bedeutend und die ihm wichtigsten Interessen zu sehr daran beteiligt, als daß man meinen dürfte, er
hätte mit jenem Antrage nichts bezweckt als einfach sich um die Verantwortung zu drücken.

Mit dem innersten Widerstreben hatte er ein Kommando übernommen, in dem sich die ganze Abhängigkeit Preußens voll darstellte; er

hatte es so geführt, daß stets erkennbar wurde, wie Preußen wenigstens sein Recht, ein unabhängiger Staat zu sein, nicht aufgegeben habe, während man französischerseits sich bereits gewähnt hatte, auch Preußen wie einen Vasallenstaat zu betrachten. Die Differenz mit dem Marschall war nichts anderes als die Krisis dieses Gegensatzes, jene Bitte an den König nichts als eine Frage, ob Preußen sich zu rheinbündnerischer Abhängigkeit bekenne oder nicht. Wenn nicht, so hatte Preußen das Recht, die Verträge vom 24. Februar 1812 zu kassieren, sobald es seinem Interesse entsprach; es hatte freie Hand, sich diejenigen Verbindungen zu suchen, die ihm angemessen schienen, und die mit den russischen Generalen angeknüpften Beziehungen verletzten weder politische noch moralische Verpflichtungen. Aus jener Auffassung heraus gab York dem ausdrücklichen Befehl des Kaisers vom 11. September, welcher jede Verhandlung mit dem Feinde untersagte, nicht wie früher, wo das Vertrauen Napoleons noch zu erhalten wichtig schien, Folge. Sah der König sein Verhältnis zu Frankreich anders an, so mußte er diese Anknüpfung verwerfen und Macdonalds Benehmen gegen York billigen; dann aber war die ganze Lage der Verhältnisse so verwandelt, daß York ein Kommando nicht fortzuführen vermochte, welches er in durchaus anderem Geiste übernommen hatte.

Zur Orientierung erinnern wir, daß am 26.–29. November das französische Heer die Beresina passierte. Vor Riga hatte man von dem so furchtbaren Gang der Dinge noch keine Ahnung. Man stand bei arger Kälte so untätig als möglich, nur daß dann und wann eine zu dreiste russische Patrouille zurückgewiesen werden mußte. Zwischen Macdonald und York gab es keine weiteren Erörterungen; der Marschall schickte seine Befehle an den Stabschef Oberst Röder und empfing denselben, wenn er einmal nach Stalgen mußte, mit bezeichnender Kälte. „Es ist deutlich zu bemerken", berichtet Graf Henkel am 4. Dezember nach Berlin, „daß man den General v. York zu einem falschen Schritt verleiten möchte, weil man sich übereilt hat und nun gern einen triftigen Grund haben möchte ihn anzuklagen. Der General tut aber im strengsten Sinne das, was ihm befohlen wird, und bleibt ruhig. Dies ist auch das einzige Mittel, um es grell darzutun, daß bei ihm die Pflicht obwaltet, und schließt jeden Grund aus, ihn einer Nichterfüllung derselben zu zeihen. Wie peinlich dem General York diese ganze Situation ist, brauche ich Ew. Majestät wohl nicht erst zu sagen."

Am Morgen des 8. Dezember kam Freiherr v. Canitz von Wilna zurück. Er war in Wilna eingetroffen, als die ersten jammervollen Trümmer des allgemeinen Unterganges einrückten; mit dem zweiten, dem dritten Tage schwoll mit der Masse das Grausen. In der Nacht zum 6. Dezember erfuhr man, sei der Kaiser gekommen, nach kurzer Besprechung mit dem Herzog von Bassano und dem Gouverneur General Hagendorp weitergeeilt. Am Morgen mußte das Diplomatische Korps abziehen. Ein gräßlich wirrer Knäuel von verkommenen, halb erfrorenen,

halb verhungerten Menschen wälzte sich durch die Straßen; seit der Beresina war von der großen Armee nichts als dieser Jammer übrig; c'est
fini, il n'y a plus d'armée. „Es ward mir klar", schreibt Canitz in seinem
Bericht, und er wird es auch zu York geäußert haben, „daß es dem
General York binnen kurzem sehr gleichgültig sein konnte, ob Macdonald und ob der Kaiser mit ihm zufrieden seien oder nicht."

York verpflichtete Canitz, über die Lage der Dinge in Wilna außer mit
General Kleist und Oberst Röder, mit niemand zu sprechen.

Das preußische Korps zählte am 5. Dezember mit Einschluß von etwa
2500 Kranken und Verwundeten noch 17 500 Mann und etwa 3200 Pferde. Es war durchaus in gutem Stande. Aus den Berichten von Canitz war
unzweifelhaft, daß die Trümmer der großen Armee militärisch keine Bedeutung mehr hatten, daß sie für sich weder in Wilna noch hinter dem
Njemen auch nur den Versuch zum Widerstande machen konnte, daß
Napoleon erst hinter der Elbe und hinter dem Rhein eine neue Armee
bilden müsse.

Es war klar, daß unter diesen Verhältnissen – und die russischen Armeen mußten durch den furchtbaren Winterfeldzug nicht viel weniger
mitgenommen sein – die militärischen Mittel Preußens und in erster
Reihe das preußische Korps plötzlich eine ganz außerordentliche Bedeutung bekamen. Nur durch sie gedeckt, konnte Napoleon seine zertrüm-
merte Macht wieder aufbauen; und sagte sich Preußen jetzt von dem
Unterwerfungsvertrage los, so kam es nicht mehr um Rettung bettelnd
zu Rußland; von Preußen hing es ab, Rußland Halt zu gebieten oder
Napoleons Niederlage zu vollenden.

Wie auch der König entscheiden mochte, es war keinerlei Gewinn zu
erwarten, wenn das Korps auf dem nach dem Verlust von Wilna umgan-
genen Posten in Mitau stehen blieb. Sollte die Allianz mit Napoleon
aufrechterhalten werden, so mußte auf die Linie des Njemen zurückgegangen werden; und trat man zu einem russischen Bündnis über, so war
es nur um so wichtiger, alle preußischen Streitkräfte möglichst nach
Westen zu schaffen.

York sandte an Macdonald die Mitteilung, daß ihm durch einen Offizier, der aus Wilna komme, sichere Kunde von dem Rückzug der großen
Armee über Wilna geworden sei, daß demnach das zehnte Korps ganz
exponiert stehe, in Gefahr sei, umgangen und abgeschnitten zu werden.
Er ließ den Antrag, das zehnte Korps einige Märsche rückwärts dicht
zusammenzuziehen, durch Oberst Röder, durch General Kleist wiederholen. Der Marschall nahm alle diese Mitteilungen mit Gleichgültigkeit auf.

Nicht, als hätte er die Gefahr seiner Lage verkannt. Die letzte Botschaft aus dem kaiserlichen Hauptquartier war am 30. November mit
jenem Adjutanten gekommen, welcher Dekorationen der Ehrenlegion
für die Gefechte von Bauske gebracht hatte; bei dessen Abreise hatte
man eine Schlacht in der Gegend von Minsk erwartet. Der Marschall
setzte voraus, daß, wenn seitdem so ungeheure Dinge, wie die russischen
Berichte wollten glauben machen, geschehen wären, von dem nahen Wil-

na irgendeine Meldung geschickt worden wäre. Freilich die Gerüchte mehrten sich mit jedem Tage; die Nachrichten Yorks waren doch sehr bedenklicher Art. Einstweilen wahrte Macdonald noch den Schein der sichersten Ruhe. Er ließ das Herrenhaus in Stalgen mit neuen Tapeten versehen, als gälte es, dasselbe zu den Gesellschaften des Winters einzurichten; er ließ die Arbeiten im Mitauer Schloß beschleunigen, damit es als Kaserne bezogen werden könne; die Sappeurs von Elba setzten Palisaden und bauten Schanzen, um Mitau völlig fest zu machen.

Es scheint hier der geeignete Platz, eine Notiz einzuflechten, welche geeignet ist, auf die Personen und Verhältnisse ein noch schärferes Licht zu werfen. York sagt in einer späteren an Hardenberg gerichteten Denkschrift nach der Erwähnung der Schlacht von Bauske: „Napoleon bestimmte, daß ich ein eigenes Korps führen sollte und setzte mir mit dem Offizierkreuz der legion d'honneur eine Dotation von 20 000 Frcs. Renten aus; General Krusemark und der Graf St. Marsan werden Ew. Durchlaucht damals die Anzeige davon gemacht haben … mir wurde die Bekanntmachung davon offiziell durch den Marschall Macdonald." Von Napoleons Absicht, York den Befehl eines eigene Armeekorps zu übertragen, werden wir später weiteres erwähnen. Interessant ist auch, daß Napoleon selbst den Marschallstab als Lockmittel für York zu benutzen gedachte. Jene Dekoration erhielt York durch eben den kaiserlichen Adjutanten, der am 30. in Mitau war; bei der Mittagstafel ward sie ihm überreicht. „Er hat sie nie angelegt; General Kleist, der sie gleichzeitig erhielt, hing sie einer Gipsbüste Napoleons um." Wie wenig verstand Napoleon diese Preußen!

Mit großer Spannung beobachtete inzwischen Paulucci die Vorgänge in Mitau und Stalgen; durch seine Spione wurde er über alles, was vorging, unterrichtet. Am meisten mochte er sich von dem Zerwürfnis zwischen York und Macdonald versprechen. Er mochte schon die Wirkungen seines Einflusses darin erkennen: er mochte meinen, daß York schon nicht anders könne, als mit den Franzosen brechen. Er schrieb ihm einen neuen, höchst dringlichen Brief: „Gewiß werde York Gründe haben, noch zu zögern; aber er gestehe mit der Freimütigkeit eines Soldaten, daß die Zeit, die York zum Überlegen brauchen wolle, besser zum Handeln verwandt werden würde. Der gegenwärtige Augenblick würde nie wiederkommen, zum Unheil für die, welche ihn nicht zu benutzen verständen. Es handle sich seiner Meinung nach gar nicht mehr um die Frage, ob Preußen mit Frankreich gemeinschaftliche Sache machen wolle oder nicht, sondern um eine Maßregel, den Wechsel des Systems so nützlich als möglich zu machen." Der Marquis schließt mit dem Vorschlage einer persönlichen Zusammenkunft, oder wenn York sich zu kompromittieren fürchte, so könne man von beiden Seiten Vertraute schicken; er seinerseits schlage den Grafen Dohna vor, der in Riga unter dem Namen v. Nordenburg, Major der deutschen Legion, anwesend sei; aber wenn York einen andern vorziehe, biete er den General Lewis an.

York wird darauf geachtet haben, daß sich jetzt Graf Dohna bei Paulucci befand; war es Graf Friedrich, der Schwiegersohn von Scharnhorst oder dessen Bruder Helvetius, in jedem Fall waren die Scharnhorstischen Beziehungen nicht ohne Bedeutung. York antwortete am folgenden Tage (8. Dezember), nachdem er durch Canitz über die Verhältnisse der großen Armee aufgeklärt war:

„Mein Herr General.

Ew. Exzellenz werden durch meine früheren Äußerungen und durch den Grundsatz, welchen ich aufgestellt habe, bereits überzeugt sein, daß ein einzelnes Handeln und Eingreifen in das Allgemeine außerhalb meiner Ansichten und außerhalb meines Charakters liegt. Ich habe meinen vertrautesten Adjutanten nach Berlin geschickt, ich erwarte ihn unverzüglich zurück.

Verzeihen Ew. Exzellenz, wenn ich über den Augenblick, welchen Sie jetzt für entscheidend halten, anderer Meinung bin. Was könnte in diesem Augenblick ein Korps von 12–13 000 Mann, das sich erst eine Verbindung erringen müßte, für einen großen Einfluß auf die entfernte Rückzugslinie der großen Armee haben? Nach den meisten Nachrichten ist ein Rückzug hinter den Njemen oder die Weichsel nicht füglich mehr zu hindern. Es würde vielleicht jetzt nichts Erwünschteres geschehen können, als Preußen eine Zweideutigkeit beweisen und es auf diese Weise als Eroberer erdrücken zu können. Ein Schritt von meiner Seite würde den König aus seinen Staaten entfernen, alle Kräfte würden zersplittert werden, es würde kein Vereinigungspunkt mehr statthaben, mit einem Worte, der Staat würde verloren sein.

Der Zeitpunkt, wo dieser Staat im ganzen und unter einem Willen wirken muß, kann, darf und wird nicht verzögert werden.

Ew. Exzellenz sind ein zu allgemein anerkannter, scharfsehender und helldenkender Staatsmann, als daß ich es wagen dürfte, Sie zu bitten, den wahren Moment von dem scheinbaren abzusondern.

Eine Unterredung mit Ew. Exzellenz, so sehr ich sie auch wünsche, ist unmöglich; ich werde zu genau beobachtet, man wünscht nichts mehr als einen Beweis gegen mich. Ebenso schwierig ist die Absendung eines Vertrauten. Ich habe nur einen Adjutanten, der mein ganzes Vertrauen in einer so delikaten Sache besitzt, er ist jetzt in Berlin. Auch kann ich, wie ich Ew. Exzellenz schon zu sagen die Ehre gehabt, nicht tun, was nicht in Verbindung mit dem Ganzen steht.

Der alte Verdacht gegen meine Person ist durch die Verhältnisse bei der Armee wieder erwacht; meine Abberufung vom Korps ist so gut wie bestimmt: ich erwarte nur noch einen Nachfolger."

Nun um so mehr – er hätte ja bei dem Nachfolger von vorn anfangen müssen – versuchte der Marquis von neuem seine Überredungskünste an York. In einem Schreiben vom 11. Dezember geht er Punkt für Punkt die Einwendungen Yorks durch: Napoleon werde Preußen doch zerstö-

ren, sobald er könne; er werde wissen, daß, wenn es sich nicht gegen ihn
erkläre, dies nicht an dem Willen, sondern an dem Mangel an Tatkraft
liege. Er fügt hinzu, er sei nicht imstande, seinen Angriff auf das zehnte
Armeekorps länger aufzuschieben, den er in Hoffnung auf die angeknüpften Verhandlungen schon drei Tage verschoben habe; York möge
sich an das Schicksal von Piemont, von Venedig erinnern; ihr Untergang
sei gewesen, daß sie den rechten Augenblick verkannt hätten, aber leider
die Erfahrung diene zu nichts, jeden Tag falle man in dieselben Fehler,
die wie mit logischer Notwendigkeit dann zu denselben Resultaten führen. „Im Namen der Menschheit, im Namen Ihres Vaterlandes, im Namen Ihres eigenen Ruhms lade ich Sie noch einmal ein, angesichts der
Unmöglichkeit, die Befehle aus Berlin zu erwarten, auf Ihre eigene Verantwortlichkeit über die folgenden Vorschläge zu entscheiden. Es ist
gewiß, daß, wenn der König von Preußen im Anfang des Krieges sich für
Rußland hätte erklären wollen, die Vereinigung aller Truppen zuerst
nicht hätte stattfinden können, sondern der König hätte, wie damals die
Rede davon war, drei Punkte zur Vereinigung bestimmen müssen, nämlich in Schlesien, Pommern, Ostpreußen. Jetzt muß man dieselbe Maßregel treffen. Wenn wir vereint Macdonald geschlagen haben, so würden
wir uns mit Wittgenstein verbinden, Napoleon zum Rückzuge auf Warschau zwingen, das Yorksche Korps wird alle Beurlaubten an sich ziehen, sich mit dem pommerschen Korps zu verbinden suchen; der König
wird nach Schlesien gehen und dort auf die Festungen gestützt gleichfalls alle Beurlaubten einberufen. Alle diese Kombinationen brechen zusammen, wenn man Napoleon nach Preußen kommen läßt; die Festungen werden von den Franzosen besetzt werden, und die preußischen
Truppen werden zerstreut sein, vermengt mit den andern Sklaven des
Tyrannen." Der Marquis schließt: wenn York Anstand nehme, sich an
die Spitze eines preußisch-russischen Korps zu stellen und Napoleon zu
vernichten, so möge er bedenken, daß er jetzt, ihn selbst hindernd, gegen
seine Überzeugung und gegen das Interesse des Königs verfahre; er möge
sich dann wenigstens auf Memel zurückziehen.

York konnte in diesem detaillierten Vorschlag die Beratung eines mit
den preußischen Verhältnissen Vertrauten nicht verkennen. Es durfte
ihm auffallen, daß trotz aller Dringlichkeit keinerlei Andeutungen von
dem bereits am 1. Dezember in Aussicht gestellten förmlichen Bündnis-
vertrages gegeben wurden.

Am 15. erschien der Major Graf Dohna bei den Vorposten, brachte ein
neues Schreiben Pauluccis, welches u. a. die Nachricht enthielt, daß vom
7.–9. die letzten noch zusammenhaltenden Reste der großen Armee, wenige hundert Mann, bei Wilna vernichtet, die Stadt mit ihren ungeheuren Magazinen besetzt sei.

Es waren endlich Depeschen aus Berlin gekommen; sie bezogen sich
nur erst auf die von York am 28. November mit Stafette nach Berlin
geschickten Meldungen; sie waren zu einer Zeit geschrieben, wo man in
Berlin von dem Übergang über die Beresina noch nichts wissen konnte;

sie konnten bei so unermeßlich veränderten Verhältnissen nur sehr indirekt für York belehrend sein, nur vorläufig und ungefähr über die Aufnahme, die der mit Schack nach Berlin geschickte Antrag und die Frage, die er enthielt, gefunden haben werde, orientieren.

York durfte aus diesen Depeschen entnehmen, daß man in Berlin, weit entfernt sein Verfahren zu tadeln, bestrebt war, auch die kleinste Verlegenheit für die militärische Lage des Korps, wie sie etwa die früher angeordnete Entfernung des Stabschefs veranlassen konnte, zu vermeiden; nicht minder bedeutend erschien, daß dies aus dem Grunde geschah, weil man noch nicht wissen könne, welche Wendung die diplomatischen Verhandlungen in Wilna nehmen würden. Die Herstellung des guten Vernehmens mit Macdonald sollte „wo möglich" gesucht werden, war also offenbar im Zweifelsfalle nicht das wichtigste. Diese Wendungen mußten um so bedeutender erscheinen, als bei Abfassung jener Schreiben wenigstens die von Graf Brandenburg überbrachten Anträge von Essen bereits in Berlin vorlagen.

Daß York dies Schreiben so auffaßte, ersieht man aus der Antwort, die er auf Pauluccis Briefe am 16. Dezember schrieb. York erwartete weitere Weisungen aus Berlin. Aber man war dort nicht in der Lage, Entschließungen zu fassen.

Wir haben angedeutet, welche Bedeutung der Gang der Ereignisse eben jetzt den militärischen Kräften Preußens gab. Indem es von der Entscheidung des Berliner Kabinetts abhing, entweder den Erfolgen Rußlands Halt zu gebieten oder die Vernichtung Napoleons zu vollenden, durfte es nach der einen wie anderen Seite hin die Bedingungen vorschreiben, von denen es seine Entscheidung abhängig machen wollte. Die außergewöhnliche Gunst des Augenblicks drängte diesem Kabinett von neuem die Rolle auf, die es seit dem Reichenbacher Kongreß und dem Baseler Frieden für untergeordnete Vorteile aufgeopfert hatte, le rôle glorieux d'arbitre de la destinée et de la balance de L'Europe, wie es der letzte Staatsmann aus Friedrich des Großen Schule, der letzte Vertreter des ancien système vigoureux de la maison de Brandenbourg genannt hat.

Die Frage, welche dem preußischen Kabinett jetzt zur Entscheidung vorlag, war eine einfache Alternative. Es ist sehr bezeichnend, wie man der ebenso einfachen Antwort auszuweichen suchte.

Major Seydlitz war am 13. Dezember mit den an York gerichteten russischen Vorschlägen eingetroffen; es war wahrlich Großes daran gelegen, endlich York in Kenntnis zu setzen, was er zu tun und zu lassen habe. Aber weil sich täglich neue Momente zwischen die Betrachtungen drängten, schien man zu vergessen, daß eben dieselben die Lage Yorks und seines Korps unermeßlich schwieriger machten. Man verschob von neuem des Grafen Brandenburg Abreise, der die Entscheidung des Kabinetts York überbringen sollte.

Hardenberg schrieb am 17. Dezember: „Der Rittmeister Graf v. Brandenburg ist noch aufgehalten worden, weil mittlerweile ein Ereignis eintrat, das in Rücksicht auf Ew. Exzellenz Verhältnisse ebenfalls wichtig ist. Ohne Zweifel sind Sie schon davon unterrichtet, daß der Kaiser Napoleon die Armee verlassen hat und mit einem kleinen Gefolge nach Paris gereist ist. Vorher hat er den General Grafen Narbonne mit einem Schreiben an den König abgefertigt, welches aber noch nicht angekommen ist. Von Dresden aus hat er aber einen zweiten Brief an Se. Majestät abgehen lassen, worin er seine Reise nach Paris meldet, auch daß er dem König von Neapel den Befehl der Armee anvertraut habe, worin er seine stete Zufriedenheit mit den königlichen Truppen bezeugt und die Vermehrung derselben bis auf 30 000 Mann erbittet, um sodann ein besonderes eigenes Armeekorps zu bilden, dessen Kommando, wie der Graf St. Marsan hinzusetzt, ohne Zweifel Ew. Exzellenz anvertraut werden und wodurch allem Zwiste mit französischen Marschällen ein Ende gemacht werden würde. Wir haben bisher jede Vermehrung des Hilfskorps abgelehnt, und noch hat der König keinen bestimmten Entschluß wegen dieser erneuten Forderung gemacht; indes werden vermutlich die Mannschaften, welche an dem rechten Weichselufer befindlich sind, so wie alles, was sonst von Streitkräften dort befindlich ist, benutzt werden, um solche noch auf jeden Fall teils an Ew. Exzellenz Korps anzuschließen, teils die Besatzung von Graudenz dadurch zu verstärken. Außerdem ist es sehr nötig, dafür zu wirken, daß Pillau von unseren Truppen besetzt werde, welches vielleicht von denen unter Ew. Exzellenz Befehl durch eine kluge Einleitung abseiten Ihrer wird geschehen können, wenn Sie über die Memel zurückgehen sollten. Ew. Exzellenz werden von Sr. Majestät dem Könige nächstens bestimmte Befehle erhalten, unterdessen gebe ich mir die Ehre, Sie von dem Vorstehenden unter Vorwissen Sr. Majestät und für Sie allein im engsten Vertrauen zu unterrichten. Ihre Lage gegen den Marschall wird nunmehr dahin verändert, daß vorjetzt alle Besorgnisse wegen Zerstückelung des Korps wegfallen, daß ein übler Eindruck in Absicht Ihrer Person auf den Kaiser nicht zu fürchten ist, daß der Marschall vermutlich sein Benehmen gegen Ew. Exzellenz ändert, und es jetzt notwendiger als je ist, daß Sie Ihrerseits das Opfer bringen, das Ihnen zugefügte Unrecht vorerst mit Mäßigung zu übersehen. Vieles wird sich bald näher aufklären, darüber wir noch im Dunklen sind, und hiernach muß und wird sich unser weiteres Benehmen richten."

Allerdings hatte der Kaiser von Dresden aus geschrieben: „Indem ich Ew. Majestät in diesem Augenblick bitte, Ihre Truppen zu vermehren, gebe Ich Ihnen zu erkennen, wie groß Mein Vertrauen auf Dero Beharrlichkeit bei dem System ist, das Sie ergriffen haben. Ich habe Grund, während des ganzen Feldzuges mit der Art, wie sich Dero Truppen benommen haben, zufrieden zu sein." Napoleon hatte zugleich darauf angetragen, daß der König mit seinen Truppen einen Riegel in Schlesien bilde gegen die russische Invasion. Er ließ mündlich mitteilen, daß er die Absicht habe, York zum Marschall des Reiches zu ernennen. Von Erbietungen, von Aussicht auf Erleichterung, von Entschädigung Preußens für die neuen Opfer, die es bringen sollte, kein Wort.

Es ist nicht zu ersehen, ob Graf Brandenburg am 18. Dezember abgefertigt wurde; außer den schriftlichen Zusendungen an York erhielt er – so lautet die von ihm selbst für diese Biographie gemachte Mitteilung – von dem Könige den Auftrag, York mündlich zu sagen: es fänden bereits Unterhandlungen mit Österreich statt; doch wurde ihm nicht genauer angegeben, welcher Art diese seien.

Seydlitz wurde nach Graf Brandenburg abgefertigt; er verließ in der Nacht zum 21. Berlin. Nach einer mündlichen Überlieferung, die uns als gut verbürgt erzählt worden ist, habe der König, als Seydlitz sich seine endgültigen Befehle an York erbat, geäußert: „Aber nicht über die Schnur hauen;" und als Seydlitz um bestimmtere Weisung gebeten, habe der König erwidert: „Napoleon sei ein großes Genie, wisse immer Hilfsmittel zu finden;" und zum dritten Male habe Seydlitz gefragt, ob, wenn der Untergang der französischen Macht so vollständig sei, wie man vermuten müsse, der König gebiete, daß York streng bei der Allianz verharre; sein General bitte flehentlich um des Königs Befehle, wie er handeln solle; und der König habe geantwortet: „Nach den Umständen", und habe damit Seydlitz entlassen.

Nur ein allerdings bedeutsames Aktenstück liegt vor, das Seydlitz dem General York zu überbringen erhielt; es ist vom 20. Dezember und lautet:

„Aus den abschriftlichen Anlagen gebe Ich Ihnen zu entnehmen, welche Aufträge Ich in Folge der neuerlichen Ereignisse dem General-Major v. Bülow, dem Kommandierenden von Graudenz Major von Krauseneck und durch Meinen Staatskanzler, Freiherrn von Hardenberg, den Präsidenten der Regierungen von Litauen, Ost- und Westpreußen zu erteilen Mich veranlaßt gefunden habe. So lange Sie mit dem Ihrem Kommando untergebenen Korps außerhalb der diesseitigen Grenzen sich befinden, wird der General-Major v. Bülow hiernach alles Erforderliche einleiten und Sie der erhaltenen Anweisung gemäß von den seinerseits getroffenen Verfügungen in fortwährender vollständiger Kenntnis erhalten. Sobald Sie aber demnächst innerhalb der Grenzen Meiner Staaten zurückkehren, übertrage ich Ihnen die Fürsorge für die Sicherheit der Provinz und wird der General-Major v. Bülow alsdann sich auf die Formation der Reserven an der Weichsel beschränken.

Auch von dort aus wird er Sie von allen durch ihn getroffenen Anordnungen in steter Kenntnis erhalten. Ein Gleiches wird auch Ihrerseits in Beziehung auf den General-Major von Bülow geschehen müssen, damit, wenn höhere Anordnungen des französischen Generalkommandos Sie wieder aus der Provinz abrufen möchten, er in Ihre Verfügungen sofort wieder einzugreifen imstande sein möge."

Nach dem bisher Mitgeteilten wird es ziemlich klar sein, wie man im Kabinett die Lage Preußens auffaßte. Allerdings wünschte man von der furchtbaren Allianz mit Napoleon loszukommen, allerdings glaubte man, daß der günstige Zeitpunkt dazu nahe sei. Man fand in der Aufforderung Napoleons, das Korps York zu verstärken und in Schlesien einen

Truppenkordon aufzuteilen, den erwünschten Anlaß, sich in größerer militärischer Stärke zu zeigen, als die bisherigen Verträge mit Napoleon gestatteten. Es ist bis jetzt nicht bekannt, bis zu welchem Grade man sich mit Wien verständigt hatte; vielleicht beabsichtigte man, im Verein mit Österreich und unter dessen Ägide eine Vermittlung anzubieten, die für Preußen wahrscheinlich nicht mehr als die endliche Zurückgabe der von den Franzosen besetzten Festungen in Anspruch nehmen sollte; es ist mehr als zweifelhaft, ob man verabredet hatte, was geschehen sollte, wenn dieselben nicht angenommen, wenn mit der Antwort gezögert würde, wenn sich Rußland und Frankreich auf Kosten Preußens verständigten. Man war weit davon entfernt, die ungeheure Krisis der Machtverhältnisse Europas anders, als nach dem Maße diplomatischer Mittel und nach dem Verhältnis nicht der glorreichen Vergangenheit, sondern der nächsten peinlichen Gegenwart zu berechnen; von dem unerhörten Gottesgericht, das mit Moskau begonnen, an der Beresina vollendet erschien, von der überwältigenden Wirkung auf die Gemüter der Menschen, von den schon sich entzündenden Stimmungen im Heer und Volk, von der ganzen Größe der Situation nahm man so wenig als möglich Notiz; an die Möglichkeit einer nationalen Erhebung glaubte man nicht.

Am wenigsten vielleicht der König selbst. Jene großen Kombinationen Knesebecks hatten sich bis zu dem Punkte erfüllt, wo Preußen handelnd eintreten mußte; jetzt eilte derselbe Knesebeck unter dem Namen eines Kaufmanns Hellwig nach Wien.

General Krusemark wurde am 31. Dezember beauftragt, auf Napoleons Antrag vom 14. Dezember ausweichend zu antworten; indem er die Unzulänglichkeit der Mittel Preußens, die Erschöpfung der Finanzen und des Landes geltend mache, müsse er zugleich mit um so größerer Sorgfalt des Königs Hingebung an das System Napoleons, die Anstrengungen, die Preußen für die gemeinsame Sache zu machen nicht aufhöre, die Notwendigkeit einer schleunigen Erstattung der preußischen Vorschüsse geltend machen. Wenn man ihm Anerbietungen mache zu neuen Verpflichtungen für Preußen, so möge er unterhandeln, aber in keinem Fall irgendeinen Vertrag oder eine Verbindlichkeit ohne ausdrücklichen allerhöchsten Befehl unterzeichnen.

Es ist unsere Aufgabe nicht, das System, welches das Berliner Kabinett annahm, zu erörtern, zu untersuchen, ob und auf wie lange es hätte durchgeführt werden können, da die Festungen der Weichsel, Oder und Elbe in Napoleons Gewalt und hinreichend stark besetzt waren, – zu berechnen, welche Folgen einträten, wenn es sich als unhaltbar erwies, oder was Preußen zu gewärtigen hatte, wenn Österreich die Initiative der Bedingungen hatte, unter denen es in Wirksamkeit treten sollte. Erinnere man sich, daß Österreich noch in den Prager Konferenzen im Sommer 1813 für Preußen nur die Elbgrenze in Anspruch genommen hat, und daß man damals nahe daran war, sich diesem „verderblichen und höchst elenden Frieden" zu unterwerfen.

Es würde töricht sein zu verkennen, welche Bedeutung für den weiteren Kampf die Entscheidung des Wiener Kabinetts haben mußte; aber das einzige Mittel, nicht von derselben abhängig zu werden, war, daß man nicht auf sie wartete.

Noch eine andere Auffassung der damaligen Lage läßt sich vorstellen. Wir wagen weder zu behaupten noch zu bestreiten, daß man in Berlin den großen politischen Gedanken ins Auge faßte, den Kontinent von der Alternative einer entweder russischen oder französischen Oberherrschaft zu retten, nur daß man, um einen solchen Gedanken als Richtpunkt des weiteren Verfahrens nehmen zu können, sich Österreichs in ganz anderer Weise hätte versichern müssen, als es bis dahin geschehen und von Berlin aus überhaupt möglich war.

Aber wenn man in Berlin dies System oder ein anderes, wenn man überhaupt ein System hatte und nicht bloß darin die Aufgabe sah, den Entscheidungen die Spitze abzubrechen – warum sandte man dann nicht endlich ausdrückliche, bis ins einzelne gehende Weisungen an York? Mußte man sich nicht erinnern, daß, nachdem man sechs Wochen lang jeder bestimmten Äußerungen auf die russischen Anträge ausgewichen war, der General mit seinem Korps sich in einiger Verlegenheit über das, was er zu tun und zu lassen habe, befinden konnte? Mußte man nicht einsehen, daß gerade jetzt alles davon abhinge, ob jenes Korps dem französischen Befehle weiter Folge leiste oder die so oft und so dringend angebotene Verbindung mit den russischen Truppen vollziehe? Oder, glaubte man noch nicht an die Nachrichten, die wenigstens von Königsberg und Gumbinnen her bereits in Berlin sein mußten, so konnten sie doch richtig sein; warum gab man dann York nicht eventuelle Weisungen? Warum vergegenwärtigte man sich nicht alle Möglichkeiten seiner peinlichen Lage? Oder sah man das alles sehr wohl ein und schob man nur dem General und seiner Verantwortung die Entscheidung zu, die man vielleicht wünschte, aber fürchtete, vielleicht hoffte, um sie im günstigsten Falle zu benutzen, aber von sich ablehnte, um im Notfall den General opfern zu können?

Wie man auch über die Sachlage urteilen mag – und wir bescheiden uns, nicht hinreichend die Motive zu erkennen, die in Berlin bestimmend waren – für York erwuchsen aus dem Ausbleiben entschiedener Weisungen Verlegenheiten, die um so größer waren, als er, im strengsten Sinne pflichttreu und gewissenhaft, entfernter davon war, eigenmächtig handeln zu wollen.

Und doch zwang ihn die Gewalt der Ereignisse, nach eigenem Sinn sich zu entschließen und zu handeln.

VII

DIE KONVENTION VON TAUROGGEN

Seit dem 8. Dezember, seit Canitz aus Wilna zurückgekehrt war, hatte York den Marschall vergebens auf die Gefahren aufmerksam gemacht, die das zehnte Armeekorps bedrohten. Macdonald, ohne Befehl, ohne direkte Kunde aus dem kaiserlichen Hauptquartier, beharrte in seiner scheinbaren Ruhe, nur daß er das Korps mehr zusammenzog.

Schon am 16. kamen einzelne versprengte Offiziere vom zweiten Armeekorps (Oudinot) nach Mitau. Am 17. empfing York weitere Berichte. Von Ribbentrop aus Tilsit kam eine Stafette, die am 14. abgefertigt war, mit der Nachricht, daß die Reste der großen Armee in entsetzlichem Zustande die preußischen Grenzen überschritten. Von dem Major v. Kall aus der Gegend von Tilsit kam gleiche Meldung mit der Bemerkung, daß bereits von Georgenburg her Kosaken über die Grenze schwärmten und den Einwohnern ihr Vieh wegtrieben. Die bezeichnendsten Angaben waren die von dem Major v. Schenk; er schrieb an York: er sei mit Depeschen vom Prinzen von Neufchatel an den Marschall aus Wilna am 12., morgens 3 Uhr, abgefertigt worden; am Abend vorher sei das kaiserliche Hauptquartier aufgebrochen, am 15. in Kowno eingetroffen; das Schreiben, welches er bringe, werde einen schleunigen Abmarsch zur Folge haben; ihm auf dem Fuße folgte ein Ordonnanzoffizier des Kaisers, weshalb er nicht über Mitau nach Stalgen zu gehen Zeit habe; er selbst komme von Tilsit, habe über Rosienna wollen, doch da dies bereits von den Russen – man sage 5000 Mann unter einem General Oertel – besetzt gewesen, habe er die Straße verlassen müssen; er sei über Teltsch gegangen.

Diese Nachrichten zeigten, daß man wirklich bereits die Russen im Rücken hatte. York entschloß sich, dem Marschall noch einmal die ganze Gefahr, in der man stehe, darzulegen, um ihn zu einer Veränderung der Stellung zu bewegen. Es geschah dies durch ein Schreiben, das in der Nacht von 17. zum 18. abgefertigt wurde.

Ungefähr zugleich mit diesem Schreiben traf Major Schenk bei Macdonald ein, der mündlich von den letzten Zuckungen der Armee, von dem Kampf Wredes und Neys vor Wilna berichtete; endlich sei er, da keine Pferde sonst aufzutreiben gewesen wären, mit General Rapp in dessen Wagen abgefahren über Kowno nach Tilsit; bis über die preußischen Grenzen schon streiften Kosaken, Kosaken bei Rosienna hätten ihn über Teltsch zu gehen gezwungen. „Enfin vous me direz", sagte Macdonald, „que se trouvent des cosaques au bois de Boulogne!" Aber der Ordonnanzoffizier, der wenig später kam, Kowno am 14. verlassen hatte, bestätigte alles.

Sofort antwortete Macdonald auf Yorks Schreiben; der dankte für dessen Nachrichten: obschon er Befehl habe, so langsam als möglich zu manövrieren, so dürften die preußischen Grenzen doch nicht verletzt werden. Er trug ihm auf, sofort die Bagage auf der Poststraße nach Memel abgehen zu lassen; in Mitau das Gerücht zu verbreiten, daß man sich zwei Tagesmärsche zurückziehe, um anderen Truppen der großen Armee Platz zu machen.

Allerdings hatte das Schreiben vom 9. aus Wilna gesagt: der Kaiser befehle, daß Macdonald jene Bewegung nach dem Njemen so langsam als möglich, so weit er nicht durch die Bewegungen des Feindes zum Gegenteil gezwungen werde, machen solle. Aber schon die Depeschen aus Kowno, von Berthier abgesandt, forderten die Beschleunigung des Rückzuges; etwas später folgte die Weisung an Macdonald, er möge nötigenfalls Bagage und Artillerie aufopfern, im schlimmsten Fall die Truppen ihrem eigenen Schicksal überlassen, aber seine Person zur „großen Armee" zu retten suchen, die in zwei Kolonnen auf Tilsit und Insterburg marschiere.

Also am 18. erst erfuhr der Marschall – nicht daß die große Armee völlig vernichtet sei, denn Berthier sprach von ihr, als sei sie noch – aber wenigstens, daß auch Kowno verlassen, schon in der Hand der Feinde sei; und von Kowno bis Tilsit sind 15 Meilen von Mitau bis Tilsit 30. Die Verzögerung des Befehls zum Rückzuge war unverzeihlich: cet extrème retard peut avoir des conséquences, sagte Macdonald in dem Briefe an York.

Am Sonntag, dem 20. Dezember, mit Einbruch der Dunkelheit, ließ York die Posten von der Eckau zurückgehen; in aller Stille brach das Korps auf, Oberst Hünerbein in der Hinterhut. Der Feind beunruhigte ihn wenig. Der Zug war, da man arme und wenig bevölkerte Gegenden zu durchziehen hatte, durch eine große Menge von Fuhrwerk beschwert, in welchem der Bedarf an Lebensmitteln mitgeführt werden mußte; auch zahlreiche Krankenwagen hatte man mit sich. Die Stärke dieses Korps mochte mit den noch erwarteten Truppen Horns 7500 Mann Fußvolk, 300 Husaren, 32 Stück Geschütze sein.

Dieser erste Marsch, ein Nachtmarsch von 4 Meilen bei 24 Grad Kälte, bei Glatteis, dann bei starkem Schneefall, war beschwerlich genug; die kleinste Neigung des Weges hemmte die ganze Truppe. Die Pferde waren bald stumpf; um ein Geschütz hinaufzubringen, mußte man von den anderen Geschützen abspannen und vorlegen.

Der Feind aus Mitau folgte langsam. Oberst Horn übernahm die Hinterhut, er wurde nicht gedrängt.

Yorks große Abteilung ging indes nach einem Ruhetag am 21. und einem anstrengenden Marsch von 5 Meilen durch tiefen Schnee am nächsten Tage, am 23. bis Schawly, teilte sich dann nach Macdonalds Befehl in zwei Kolonnen, von denen die eine unter Kleist rechts über Kurtowiani und Wenghowa, die andere links unter York über Podubiecz und Kelm marschieren sollte. Am späten Abend erreichten beide Gruppen ihr Ziel.

Am 24. brachen beide Kolonnen in der Frühe auf; es sollte ja fast vier volle Meilen weit bis Wenghowa und Kelm marschiert werden. Die Gegend ist hier hügelig, voller Hohlwege. Man hatte schon manchen Wagen preisgeben müssen, der zerbrochen, dessen Pferde gefallen waren; jetzt erst in den von Schnee gefüllten Schanzen wurde die Not groß. „Den ganzen Tag", so erzählt einer, „fast ununterbrochen marschierte unser Regiment und fast bis Mitternacht. Schon am Tage konnte wegen des Glatteises nur sehr langsam marschiert werden, noch viel langsamer und beschwerlicher wurde der Marsch in der Nacht. Viele Soldaten stürzten auf diesem Marsch nieder, teils infolge des glatten Weges, teils vor Müdigkeit, denn schon seit mehreren Tagen hatte keiner schlafen können. Manche marschierten schlafend weiter, blieben dann plötzlich auf der Stelle stehen, so daß der Hintermann, der das nicht vermutete, an ihn anprallte, und nun meist beide zugleich niederstürzten und mit ihren Bajonetten den Nebenmann oft gefährlich verwundeten." Abends nach elf Uhr kam man in Kelm an. Der Marschall befahl für den nächsten Tag, bei der Ungewißheit, in welcher Richtung das feindliche Korps des General Wittgenstein marschiere, sollten die beiden Kolonnen York und Kleist sich wieder vereinigen und beide auf Koltiniani marschieren; er fügte hinzu, daß er jedes partielle Gefecht vermeiden wolle, bis sich das ganze zehnte Korps bei Tauroggen wieder vereinigt und erholt haben würde. Es war die letzte Order vom Marschall, die York erhielt. Am nächsten Tage wurde man durch einen russischen Angriff abgedrängt und verlor dadurch die Verbindung mit Macdonald.

Der Marschall begann um das Schicksal Yorks besorgt zu werden. Es wurden alle Mittel versucht, an York Kunde gelangen zu lassen; mehrere Leute aus der Gegend, besonders Juden, wurden mit kleinen Zetteln an York ausgesandt, in denen stand: le général York est attendu avec impatience à Tilsit. Aber keinerlei Nachricht erreichte ihn, kam von ihm. Der Marschall hatte das vereinbarte Zusammentreffen in Tauroggen aufgegeben und sich so weit rechts gehalten, um möglichst bald die große Straße von Tilsit auf Memel zu erreichen und, wie es am 27. von Coadjuten aus geschah, zu besetzen.

Schon hatte der Feind Tilsit. Als die Vorhut der siebten Division, Treskows Dragoner, zwei Schwadronen schwarze Husaren und die Batterie Graumann am 26. von Tauroggen aufbrachen, fanden sie den Weg nach Tilsit durch die Russen verlegt.

Schon zwei Tage vorher war es unter den jüngeren Offizieren dieser Truppen zu ernsten Erörterungen gekommen. Von ihren Kameraden getrennt, unter französischen Generalen, von Polen, Bayern und Westfalen umgeben, mochten sie meinen, nach eigenem Entschluß handeln zu müssen. Der treffliche Heyking von den westpreußischen Dragonern ward am Weihnachtstage zu Tettenborn gesandt, kam mit den erwünschtesten Nachrichten zurück.

Aber wie die Führer mit sich reißen? Der eine der eingeweihten Offiziere übernahm es, mit dem Hauptmann Graumann zu sprechen: „meine Haare sind", so war seine Antwort, „in treuem Dienst grau geworden; fordert nicht von mir, daß ich nach meinem Sinn handele, wenn meine Pflicht gegen den König widerspricht." Ein anderer übernahm es, die

Dragonerschwadron Stierns hinüberzuführen, da Stiern doch einmal nicht die Ansicht der Jüngeren teilte; schon auf freiem Felde traf der Rittmeister seine Schwadron, fragte, wohin? befahl den Angriff, den man machen zu wollen vorgab, zu unterlassen, zurückzureiten. Die andere Schwadron westpreußischer Dragoner stand unter dem „tollen" Rittmeister Mannstein, einem Soldaten von verwegenstem Mut, mit wahrem Jähzorn auf das Schlagen erpicht; vier Monate lang hatte er vor Riga auf Vorposten gelegen, erklärt, sich mit dem, der ihn abzulösen wagen werde, schießen zu wollen; er geriet in wahnsinnige Wut, wenn man ihn erinnerte, daß er 1807 an der Passarge in Gefangenschaft geraten sei, so glänzend seine Gegenwehr gegen die Umringenden auch gewesen war. Und jetzt mußte man weichen, den Feind hinter sich, nun gar auch vor sich und rechts und links; man war rings umnetzt und eingeschnürt. Mit jedem Tage mehr schwoll dem wilden Reitersmann der Grimm. Eines Morgens kommt einer seiner Kameraden in den Stall, sieht ihn da neben seinen Pferden kniend, hört ihn laut beten: er habe es gegen Gott mit seinen Sünden verdient, daß es ihm übel gehe, und kein Recht zu hoffen, daß er durchkomme zu Weib und Kind; wolle Gotte ihm Gnade für Recht angedeihen lassen, so möge er ihm einen ehrlichen Tod von Feindeshand gönnen; und wenn es ihm nicht so gut werden solle, so wäre es immer noch unverdiente Gnade, wenn er einen Arm oder ein Bein verlöre; ja er wolle Gott danken, wen er als Krüppel heimkäme, immerhin so als Krüppel, daß ihn hinfort seine Kinder auf einem Wägelchen umherfahren müßten zum Mitleid aller Menschen. „Aber wenn du mich, Herr Gott, läßt gefangen werden", – und nun begann er zu fluchen, Gott und sich zu verwünschen, bis endlich das Degenklappern des Kameraden ihn aufstörte. Derselbe Offizier war es, der jetzt am Abend des Weihnachtstages zu ihm trat, ihm sagte, was im Werk sei. Er hörte ihn ruhig an; dem alten Preußen ging es ins tiefste Herz: „Wenn der König befiehlt, daß ich mit meiner Hand meine Frau und meine sieben Kinder niedersäbeln soll, so tue ich es, aber desertieren kann ich nicht."

Schmerzliche Stunden! Jene Jüngeren erkannten, daß ihr Plan unausführbar sei; edelster Eifer hatte sie vergessen lassen, daß so zu handeln nicht preußisch gewesen wäre. Wenigstens ferneren Kampf gegen die Russen zu meiden, versprachen sie einander.

Aber am 26. standen, wie erwähnt, die Russen auf dem Wege nach Tilsit; ein paar feindliche Jägerbataillone hatten das Dorf Piktupöhnen besetzt, drei Schwadronen Husaren, ein Kosakenpulk, zwei Geschütze hielten zur Seite. Der Befehl Bachelus lautete auf Vordringen nach Tilsit; da half kein Zaudern. Oberstleutnant Treskow ließ seine fünf Schwadronen vorgehen; er mochte hoffen, daß der Feind dem Kampf ausweichen würde. Statt dessen sah man, wie er sich formierte; ein Bataillon vorauf, zur Rechten die Kavallerie, hinter beiden das zweite Bataillon im Viereck. Während die schwarzen Husaren sich mit den feindlichen Reitern herumschlugen, jagte Mannstein mit seiner Schwadron halbrechts an dem vorderen Bataillon vorüber; dem Viereck zur Seite stürzte er sich links einschwenkend auf dasselbe; die Bemannung der Geschütze ward im Laden niedergemetzelt; so wild war der Ansturz auf die dichte Jägermasse, daß die Leute zurückdrängend, übereinanderstürzend, von den Pferden zertreten wurden; die kurz darauf von der andern Seite heranjagende Litauer Schwadron Dreßlers vollendete das Gemetzel; was nicht tot war, ergab sich kriegsgefangen; von seiner Reiterei verlassen, rings umzingelt ergab sich auch das vordere Bataillon.

In jenem Handgemenge hatte Mannstein den Tod gefunden; man legte den Leichnam auf das erbeutete Geschütz; zur Rechten und Linken die kriegsgefangenen Offiziere, geleitete man ihn zum nächsten Kirchhof, begrub ihn dort.

Die französischen Generale Bachelu und Grandjean waren in wahrhaftem Entzücken über dies Gefecht. Nicht bloß, weil es in so hohem Maße glänzend war; es schien ihnen – denn sie trauten den Preußen nicht mehr – eine neue Bürgschaft für deren Treue.

General Bachelu eilte den Husaren nach, die den fliehenden Feind nach Tilsit verfolgten, die Stadt, die er ohne weiteres verließ, besetzten.

Wahrlich, nur vereint brauchten diese tapferen Preußen zu sein, und man hielt am Njemen den Ansturz der Russen auf, warf sie in ihre öde Heimat zurück. Mit steigender Unruhe wartete der Marschall auf York. „Er hatte", schreibt einer der preußischen Offiziere seiner Umgebung vom 27., „in Piktupöhnen durch eine Mitteilung des Königs von Neapel den trostlosen Zustand der Armee, die Flucht des Kaisers erfahren; er ahnte es wohl, daß die französische Macht rettungslos gebrochen, daß das Reich in seinen Grundfesten erschüttert sei. Im höchsten Verdruß äußerte er sich über den König von Neapel, der ihm Komplimente und Phrasen schreibe, wo er Vorschriften, Maßregeln und Hilfe von ihm erwartete; und mit tiefem Seufzen rief er, der ungeheuren Katastrophe nachsinnend, mehrmals aus: une armée si belle! Die stolze Ruhe, mit der er in Stalgen unserem kleinen Kriege zugesehen, war ihm völlig verschwunden, und in verzweifelnder Unruhe rief er öfter: daß er sein ganzes Vermögen, daß er die Hälfte seines Blutes darum geben möchte, wenn er sein Armeekorps vereinigt über den Njemen geführt hätte. Mit großen Versprechungen wurden Boten an den General York ausgesandt; keiner brachte eine Nachricht von ihm. Macdonald vermutete ihn in Murdeln (hart an der Grenze), berechnete auf alle mögliche Art, was für Umstände seinen Marsch verzögert haben könnten, und hörte jeden gern an, der eine tröstliche Wahrscheinlichkeit aufstellte. So rücksichtslos er in dem aufgeregten Gemütszustande sich über viele Verhältnisse aussprach, so hat doch niemand eine Äußerung gehört, die darauf deutete, daß er den Schritt, den York wirklich getan, für möglich hielt. Wenn der General mit seinen Truppen nur erst zu ihm gestoßen wäre, hielt er das Schlimmste seiner Lage für überwunden; dann sagte er, wolle er mit dem noch schlagfertigen zehnten Armeekorps den Kern der großen Armee bilden. Bei diesem Gedanken erheiterte er sich, und die Erinnerung früherer Siege schien ihn tröstend und stärkend zu erheben."

Am 28. zog er und Massenbachs Korps nach Tilsit. Er war von der an sich gewiß richtigen Idee ausgegangen, daß das schleunige Erreichen des Njemen das wichtigste sei, um die gleichfalls erschöpften Russen zurückzuwerfen, die Trümmer der großen Armee zu retten, zu neuen Rüstungen Luft zu bekommen.

Für Paulucci war es ein harter Schlag, als er von York ein Schreiben vom 20. Dezember – ein französisches – empfing, das ihm den Abmarsch der Preußen anzeigte und die Kranken, die er zurücklassen müsse, der russischen Loyalität empfahl. Was sollte der Kaiser sagen, wenn seine Künste ganz versagen würden? War es nicht schon ein Zeichen wankender Gnade, daß ihm ein Teil seines Befehles zugunsten des General Lewis genommen war? Nur um so hastiger wurde sein Eifer, York zu gewinnen. Er hatte noch ein letztes Mittel, einen Köder, von dem er hoffte, daß er bei York verfangen werde. Es war ein Brief des Kaisers (vom 6. Dezember) an den Marquis, der zunächst dessen bisherige Verhandlungen gutheißt, dann folgendermaßen fortfährt: „Es wäre möglich, daß General York aus Berlin bei der Rückkehr seines Kuriers den Wunsch äußerte, Meine Ansichten in betreff der Vorteile zu erfahren, die der König von Preußen haben würde, wenn er sich entschiede, gemeinsame Sache mit Mir zu machen. In diesem Falle antworten Sie ihm, daß Ich geneigt sei, mit diesem Fürsten einen Vertrag zu machen, in dem festgestellt würde und Ich gegen ihn die Verpflichtung übernähme, nicht eher die Waffen niederzulegen, als bis es mir gelungen wäre, für Preußen eine Gebietsvergrößerung durchzusetzen, groß genug, um es unter den Mächten Europas die Stelle wieder einnehmen zu lassen, die es vor dem Kriege von 1806 gehabt hat." Der Kaiser autorisiert ihn schließlich, diese Eröffnung dem General York entweder mündlich zu machen, oder wenn es ihm nötig erscheine, auch schriftlich, jedoch mit der Mahnung, nicht weiter zu gehen.

So schrieb denn Paulucci am 22. Dezember noch in Riga einen neuen Brief, drohend, schmeichelnd, höchst zudringlich. Er beginnt damit, Yorks letztes Schreiben zu beklagen; dieser Brief habe ihm Anlaß gegeben, zu glauben, daß York nur Zeit gewinnen wolle; heute sei nun der letzte Augenblick, den das Schicksal biete, einen angemessenen Entschluß zu fassen. Er geht alle Bedenken Yorks durch, er legt eine Menge Briefe, Berichte, Nachweise, Bulletins bei, um York in die „absolute Unmöglichkeit" zu versetzen, noch länger an der „brillanten Position" der russischen Armee und an der Wahrscheinlichkeit, daß Macdonalds Korps abgeschnitten werde, zu zweifeln. Er sehe sich nun in die traurige Notwendigkeit versetzt, York soviel wie möglich Schaden zu tun; aber er hoffe noch immer, ein guter Entschluß Yorks werde seinem Herzen diesen Kummer ersparen. Er sendet ihm den Brief des Kaisers „auf die Gefahr hin, in einer so delikaten Sache zu offen zu sein". Er überlasse York zu wählen: entweder Vereinigung und Abschluß eines Bündnisses, oder wenn York das nicht auf sich nehmen wolle; Abschluß einer Konvention, nach der Yorks Truppen Quartiere zwischen Libau, Hasenpoth und Goldingen beziehen würden mit dem Versprechen, zwei Monate nicht offensiv gebraucht zu werden; wenn in dieser Zeit zwischen den Regenten kein Bündnis zustande gekommen, würde es York freistehen, sich dem nächsten französischen oder preußischen Korps anzuschließen. Durch diese Konvention werde York sein Korps davor retten, denselben Untergang zu finden, dem Macdonald schon nicht mehr entgehen könne. Er beteuert, daß York mit der einen oder anderen Alternative weise und ehrenvoll handle. Schließlich droht er noch einmal mit dem agir vigoureusement, wenn York weiter zaudere, bittet infolge dieses Briefes, den Graf Dohna ihm bringe, sich zu seiner Nachhut zu begeben, wo er sich dann mit ihm zu verständigen hoffe.

Es ist die beiderseitige Lage bereits früher dargestellt worden: die Preußen in meilenlangem Zuge, zwischen Kleist und York die Hunderte von Wagen des Kleistschen Fuhrwesens, die Truppen äußerst erschöpft, tiefer Schnee, schneidende Kälte; der Feind vorn mit überlegener Kavallerie auf beherrschenden Höhen, der Feind hinten, wie man glauben durfte, mit der ganzen Stärke nachrückend, die Monate hindurch das ganze Korps in Schach gehalten hatte.

Nicht, als würde York Bedenken getragen haben, sich durchzuschlagen. Aber wenn er den Marschall wieder erreichte, mußte er dessen Weisungen befolgen, ja, falls es demselben nötig schien, bereit sein, das ganze Korps einzusetzen, um die Trümmer der großen Armee zu decken, den Feind zu hemmen. War das des Königs Interesse? Das Zögern entscheidender Antwort aus Berlin durfte als Beweis gelten, daß man sich dort für Napoleon wenigstens nicht aufzuopfern, sich um ihn nicht das Verdienst seiner Rettung zu erwerben bemüht sei. Es mußten doch endlich Befehle aus Berlin kommen; wenigstens so lang freie Hand gegen Macdonald zu behalten, schien notwendig.

General Diebitsch hatte, als die preußische Abteilung in seinem Bereich war, den Major von Renne als Parlamentär zu Kleist geschickt: der weitere Weg sei den Preußen durch ein ansehnliches Detachement verlegt, es werde Mittel geben, sich zu verständigen und unnützes Blutvergießen zu vermeiden; er bitte um eine Unterredung mit dem General Kleist. Kleist hatte geantwortet, daß er sich darauf nicht einlassen könne, da nicht er der Kommandierende sei; der General York selbst sei noch zurück und werde am Abend eintreffen.

Dann war York herangekommen; bei dem Vorwerk Kiaukalek wurde eine Stellung in zwei Treffen eingenommen, in derselben biwakiert. Ein zweiter Parlamentär vom General Diebitsch erhielt die Antwort: General York sei bereit, zwischen den Vorpostenketten zu einer Unterredung zu erscheinen.

Bei General Diebitsch befand sich Carl von Clausewitz, jener hochbegabte preußische Offizier, der, mit vollstem Herzen den kühneren Plänen von Gneisenau und Scharnhorst zugewandt, nach jenem traurigen

Bündnis mit Frankreich, an der Sache Preußens verzagend, die Heimat verlassen und russischen Dienst genommen hatte. Gegen ihn war wie gegen Chasot und andere, von Berlin aus eine gerichtliche Vorladung erlassen, sich als der Desertion verdächtig zur Verhandlung zu stellen. Zwei Brüder von ihm befanden sich im Yorkschen Korps. In ihm trat, man möchte sagen, ein Repräsentant jener Richtungen, die Napoleon mit dem „Unterwerfungsvertrage" gebrochen zu haben glaubte, unterhandelnd jetzt dem gegenüber, der mit König und Vaterland auch in schwersten Stunden auszuharren für Pflicht gehalten hatte, ein Gegensatz, der, seinem tieferen Wesen nach doch ganz anderer Art, über die Kriegsjahre hinaus gewährt hat und für die innere Geschichte der Armee von großer Bedeutung gewesen ist. Wir führen diese Umstände an, weil sie nicht ohne Einfluß auf die Verhandlungen selbst und auf Clausewitz' klassische Darstellung derselben, auf die wir uns teilweise beziehen müssen, geblieben sind; sie haben seine Auffassung der Tatsachen und mehr noch seine Urteile über Persönlichkeiten getrübt.

Es war am Weihnachtstage spät am Abend, als beide Generale sich zwischen den Vorposten trafen. General Diebitsch hatte seine Truppen so verdeckt als möglich aufgestellt, aber er war, wie Clausewitz es ausdrückt, aufrichtig genug, deren genaue Stärke anzugeben; er erklärte York, daß er nicht daran denken könne, den Weg wirklich zu sperren, daß er aber allerdings alles Mögliche tun werde, ihm seinen Train, seine Artilleriefahrzeuge und vielleicht einen großen Teil seiner Artillerie abzunehmen. Es war natürlich, daß diese Bemerkungen nicht entscheidend sein konnten. Der Hauptgegenstand der Unterredung war die gänzliche Vernichtung der großen Armee, und daß die russischen Generale angewiesen seien, die preußischen Truppen nicht wie eigentliche Feinde zu behandeln, sondern mit Rücksicht auf die früheren freundschaftlichen Beziehungen beider Mächte und die Wahrscheinlichkeit, daß dieselben nun bald erneuert werden würden, mit ihnen jedes freundschaftliche Abkommen zu treffen, welches dieselben wünschen könnten. Diebitsch erklärte demgemäß, daß er bereit sei, mit General York einen Neutralitätsvertrag einzugehen, auch auf Kosten seiner momentanen militärischen Vorteile ihm gegenüber.

York erklärte sich nicht ganz bestimmt. Er zeigte Neigung zu einem Vertrage, wenn die Ehre der Waffen auf keine Weise gefährdet werde, aber er glaubte, daß er in diesem Augenblicke als Soldat noch zu wenig gerechtfertigt erscheinen würde. Man verabredete hierauf, daß man die Nacht hindurch nichts unternehmen wolle. York äußerte den Wunsch, man möge ihm doch zu weiteren Unterhandlungen ehemals preußischer Offiziere schicken, deren man so viele habe, er habe dann doch mehr Vertrauen.

Clausewitz berichtet, daß als er gegen zehn Uhr mit General Diebitsch zurückritt, er auf dessen Befragen, was er von York und dessen eigentlicher Absicht denke, vor Yorks Verstocktheit gewarnt und die Furcht geäußert habe, daß York die Nacht benutzen werde, die Russen über den

Haufen zu werfen und weiterzumarschieren; er habe deshalb die höchste Wachsamkeit empfohlen. Demgemäß ließ Diebitsch zwei Kosakenregimenter gegen York stehen, ein drittes sich hinter Koltiniani in Richtung auf Schelell aufstellen, die Husaren und Jäger in den Ort einrücken, aber mit dem Befehl, völlig schlagfertig zu bleiben, die Pferde am Zügel zu behalten. Nicht lange und man wurde durch Schüsse alarmiert, die in der Nähe fielen. „Wir sprangen von der Streu auf", schreibt Clausewitz, „und ich sagte bei mir selbst, das ist York, der uns von hinten überfällt, du hast ihn gut erraten." Man warf sich auf die Pferde, eilte mit einigen Schwadronen aus dem Ort; vom Feinde war nichts zu sehen; die Schüsse, die man gehört, hatten einem kecken Kavallerieangriff von Schelell her gegolten – es war jener Rittmeister v. Weiß mit den fünfzig Dragonern gewesen, die Massenbach mit den Befehlen des Marschalls an York abgeschickt hatte.

Zu York war am nächsten Morgen Graf Friedrich Dohna mit den Briefen Pauluccis und dem beigelegten Schreiben des Kaisers gekommen. „Ich kam", heißt es in Dohnas Bericht an den Marquis, „mit dem Briefe in einem sehr glücklichen Augenblicke an; er schien auf den General York einen sehr günstigen Eindruck zu machen; er erlaubte mir den ganzen Tag während des Marsches bei dem Korps und die folgende Nacht bei dem Hauptquartier zu bleiben, wo ich dann Gelegenheit hatte, ganz ausführlich über den Gegenstand des Briefes mit ihm zu sprechen. Er schien geneigt, auf die Bedingungen einzugehen, die Hochdieselben ihm antragen, wünscht aber auch einen Schein der Notwendigkeit für sich zu haben."

Mit jenem Briefe des Kaisers war allerdings für York ein neues Moment gewonnen; es war die erste Sicherheit über die politische Wirkung des Schrittes, zu dem ihn Paulucci schon so oft gedrängt hatte. Er durfte voraussetzen, daß der Kaiser die Wege gefunden haben werde, dieselben Eröffnungen dem Könige zukommen zu lassen; die persönliche Befreundung beider Monarchen und die ihm genau bekannten Verabredungen von 1811 durften ihm über die Aufnahme dieser russischen Anträge wenig Zweifel lassen; und das Ausbleiben ausdrücklicher Weisungen aus Berlin sprach am wenigsten zugunsten der französischen Freundschaft. Es mußte zunächst alles daran liegen, das Korps zu erhalten. Versah er sich von Paulucci allerlei List und Übervorteilung, so war es ein Gewinn, gleichzeitig mit Diebisch verhandelnd, sich auf die früheren Eröffnungen von dessen Chef Wittgenstein beziehen zu können.

Es kann nicht zweifelhaft sein, daß York mit diesen Verabredungen die Sache im wesentlichen für abgemacht ansah. Deshalb sandte er den Flügeladjutanten des Königs, Graf Henkel von Donnersmark, am 27. mittags nach Berlin. „Ungewiß", schrieb er, „ob meine Ansichten und mein Benehmen den Allerhöchsten Intentionen Ew. Majestät angemessen sein wird, submittiere ich meine Person willig und gerne jedem Ausspruch meines erhabenen Monarchen ... Seit zwei Tagen bin ich getrennt von Marschall Macdonald, ich glaube nicht, daß ich wieder zu ihm stoßen kann, und werde ich, im Fall ich auf ein russisches Korps stoße, bemüht sein, alles so zu leiten, daß ich Ew. Majestät Truppen konserviere, die Ehre der Waffen nicht kompromittiert wird und Ew. Königl. Majestät nach einem kurzen Zeitraum eine freie Disposition über das mir anvertraute Korps haben werden. Wohin ich mich von hier aus mit dem Korps wenden werde, kann ich noch nicht bestimmen, da ich das Dekorum beobachten muß" usw. Und zum Schluß: „Ich bin noch immer ohne Leitfaden, weder der Hauptmann v. Schack noch der Major v. Seydlitz sind zu mir gekommen, selbst von der Grenze habe ich seit acht Tagen gar keine Nachricht, meine Lage ist wahrlich sehr peinlich, da ich beim besten Willen fehlgreifen kann. Handle ich unrecht, so werde ich meinen alten Kopf ohne Murren zu Ew. Majestät Füßen legen; und der Gedanke, mir vielleicht die Unzufriedenheit Ew. Majestät zuzuziehen, macht mich sehr unglücklich, über alles übrige bin ich einig mit mir selbst."

Das Yorksche Korps war am Sonntag, dem 27. Dezember, bis Schelel, am 28. bis Tauroggen gegangen; Diebitsch hielt am 28. vor demselben in Willkischken, das von Tilsit zwei, von Tauroggen drei Meilen entfernt ist, an demselben Montag abend waren Macdonald und Massenbach in Tilsit eingerückt. York konnte geltend machen, auf dem Punkt, den der Marschall zur Vereinigung des ganzen zehnten Korps bestimmt hatte, angekommen zu sein, ohne auch nur einen Vorposten, einen Reiter vorgefunden zu haben; er konnte geltend machen, daß dieses Ausbleiben des Marschalls ihm nur als ein Bewies habe gelten können, daß die andere Hälfte des zehnten Korps bereits unter die Gewalt des Feindes geraten sei, vielleicht das Schicksal der großen Armee geteilt habe. Daß er den 29. in Tauroggen rasten ließ, konnte nach den ungeheuren Anstrengungen – man war in acht Tagen 30 Meilen marschiert – auch vor dem strengsten Richter gerechtfertigt werden.

Es hat etwas ungemein Peinliches, eine Tat, deren Größe und entscheidende Bedeutung man in der Nacht ihrer durchschlagenden Persönlichkeit zu bewundern gewohnt ist, in die unzähligen Fäden, aus denen sie sich zusammengeschürzt zeigt, zerlegt und damit gleichsam aufgelöst zu sehen. Aber wenn man nicht in den Wirkungen allein den Maßstab der Größe findet, sondern zugleich in der Voraussicht, daß sie und wie sie zu erzielen sind, und in der moralischen Kraft, sie mit dem vollen Bewußtsein auch der eigenen Gefahr, die sie bringen, doch zu wollen, dann gewinnt jene immerhin auflösende Betrachtung den höheren Reiz, in den Umhüllungen von Zufälligkeiten und Äußerlichkeiten den eigentlichen Lebenspunkt der großen Tatsache, den des Willens zu erkennen.

Nach dem bisher Erzählten konnte es scheinen, als wenn die Umstände die Dinge ganz nach Yorks Wünschen gestalteten, als wenn es seinerseits nur bedurfte, sie nicht in ihrem Ablauf zu behindern. Es trat eine Wendung der Dinge ein, die ihm persönlich die ganze Entscheidung anheimstellte; und mit dem Bewußtsein, über das Schicksal seines Vaterlandes, ja Europas zu entscheiden, entschloß er sich.

Das Schreiben an den König, mit dem Graf Henkel am 27. abreiste, zeigt, wie York bereits mit sich im klaren war, das Korps durch einen Neutralitätsvertrag dem Könige zu erhalten. Nicht er, wohl aber die Russen, hatten Anlaß, die Sache zu beschleunigen. Clausewitz war am 28. bis tief in die Nacht bei York gewesen; er wird auf endlichen Abschluß gedrungen, gefordert haben, daß York sein letztes Wort sagte. Die Antwort darauf war folgender Entwurf:

„Ich bleibe heute den 29. in Tauroggen stehn, setze morgen den 30. meinen Marsch, ohne beunruhigt zu werden, nach Tilsit fort. Finde ich Tilsit besetzt, finde ich einen Korps in der rechten Flanke, so mir den Weg nach Neustadt (Novo Masto) zunehmen verhindert, sind Truppen hinter mir, die mir meinen Marsch beunruhigen könnten, so schließe ich mit dem russischen General die Konvention wie folgt:

1) Das Korps unter meinem Kommando besetzt die Punkte von Tilsit und Memel und den dazwischenliegenden Strich Landes, oder wenn militärische Ansichten dies nicht gestatten, wird mir die Niederung und Memel angewiesen.
2) In diesem neutralen Strich bleibt das Korps inaktiv stehen, und zwar einen solchen Zeitraum, bis ich von Sr. Majestät dem Könige, meinem Herrn, die erforderlichen Befehle eingeholt habe.
3) Sollte der König mit dieser Konvention nicht zufrieden sein, so bleibt mir ein freier und ungehinderter Marsch dahin, wo es der König bestimmt.

Diese Konvention ist mir früher von dem Generalleutnant Marquis von Paulucci zugestanden und ich füge nur noch hinzu, daß mir alle etwaigen Traineurs und militärisches Material, was auf der Straße zurückgeblieben sein könnte, zurückgeliefert wird.

Können meine Befehle den General von Massenbach noch erreichen, so sind die Truppen, so unter seinem Kommando stehen und bei der siebten Division sich befinden, in diese Konvention mitbegriffen."

Aber an eben jenem Dienstag, den 29., änderte sich die Sachlage.

Am Morgen traf Seydlitz ein. Wir wissen schon, was er aus Berlin brachte: keinerlei bestimmte Weisungen – auf die vorgelegten russischen Anerbietungen keine Antwort. Indem man in Berlin angedeutet hatte, daß erst, wenn sich andere politische Verhältnisse aufgeklärt hätten, die Politik Preußens sich ändern könne, war bis auf weiteres die schon jetzt eingeleitete militärische Verständigung mit Rußland verworfen; indem des Königs Ausdruck „Mein und des Kaisers von Frankreich engverbundenes Interesse" eine Solidarität, die nur eben jetzt mit Erfolg gelöst werden konnte, als noch dauernd und damit maßgebend bezeichnete, erschien die schon tatsächliche Trennung von Macdonald als ein Fehler, entschuldbar nur in dem Maße, als man imstande war, ihn wiedergutzumachen. Noch jetzt war das und mit verhältnismäßig geringer Mühe möglich; noch hatte York sich nicht den Russen gegenüber gebunden; es bedurfte nicht einmal eines schweren Kampfes, um durch ihre Kosakenkette hindurch Tilsit zu erreichen – er wußte, daß Macdonald noch dort war. Mit welchem Jubel auch unter den Truppen die nahe Aussicht der Trennung von den Franzosen begrüßt worden war, York hätte von ihnen wie von sich selbst gefordert, der Pflicht auch noch dieses Opfer zu bringen, und er war gewiß, daß sie gehorchten.

Wenn er so verfuhr, so konnte ihn kein Vorwurf treffen, mochten die Folgen von denen verantwortet werden, die über ihn verfügen hatten; er war ja nur der ausführende General; was ausgeführt werden sollte, hatte der König und sein Kabinett zu bedenken.

Aber er war sich auch über die Wirkung eines solchen Verfahrens vollkommen klar. Hatte man sich in Berlin gedacht, daß man noch in der Lage sei, einen Mittelweg einzuschlagen, so hatte man nicht gesehen oder nicht sehen wollen, daß York auf eine einfache Alternative gestellt, daß er, dank dem sechswöchigen Zögern in Berlin, außerstande war, noch weiter zu lavieren. Verfuhr er nun nach dem Wortlaut jener Weisungen, so unterwarf er Preußen der Gewalt Napoleons von neuem und für die Dauer, er besiegelte die Erniedrigung seines Vaterlandes.

Wir kennen Yorks strenge Begriffe von Gehorsam, von militärischer Pflicht. Er hatte bewiesen, in welchem Maße er sich ihn unterwarf. Doppelt scharf schnitt in sein Gewissen die Alternative ein, die ihm jetzt vorlag. Sie trat an ihn mit allen Reizen, sich für das zu entscheiden, was das Tiefere und Edlere seiner Natur verwerfen mußte.

Was Ehrgeiz in ihm war, konnte gelockt werden durch den Marschallstab, den Napoleon verheißen hatte – während auf der Gegenseite keinerlei Aussicht stand, wenn nicht etwa die, als Hoch- und Landesverräter zu enden.

Wir erinnern an diese Dinge, nicht als meinten wir, daß sie York ebenso in Erwägung gezogen hätte, sondern um die Momente zu bezeichnen, die zur Würdigung dessen, was er dann tat, beachtungswert sind.

Es ist überliefert, daß Seydlitz, der sein vollstes Vertrauen besaß, auch in jenen Stunden ihm treu zur Seite stand. Zunächst dessen Bericht über Berlin und seine Reise. Vor allem war klar, daß man in Berlin noch nicht daran dachte, einen Schritt zu tun, welcher die Person des Königs sichergestellt und damit einen freien Entschluß desselben möglich gemacht hätte; und doch hätten sich Vorwände genug finden lassen, einstweilen die Residenz nach Breslau zu verlegen. Auf dem Wege nach Königsberg hatte Seydlitz die furchtbaren Beweise der völligen Auflösung der französischen Armee fort und fort vor Augen gehabt. In Königsberg hatte er General Bülow gesprochen und erfahren, daß er in und bei Graudenz etwa 7000 Mann Reservebataillone gebildet hatte; Bülow hatte es Seydlitz abgeschlagen, ihn zum Könige von Neapel zu führen, weil dieser ihn immerfort quäle, die bereits gesammelten Truppen zur französischen Armee stoßen zu lassen. Er hatte ferner Seydlitz mitgeteilt, daß Österreich bereits von den Franzosen mit dem größten Mißtrauen beobachtet werde, daß das Schwarzenbergische Korps infolge selbständiger Unterhandlungen bereits bis Bialystock zurückgegangen sei. Seydlitz hatte sich dann durch den Landhofmeister von Auerswald dem Könige vorstellen lassen, war überaus gnädig empfangen worden. Murat hatte mit großer Achtung von York und seinem Korps gesprochen, die Zuversicht geäußert, wenn es nur erst heran sei, die Russen, die ebenso erschöpft seien wie die große Armee, nach Wilna zurückzuwerfen, seine Freunde geäußert, den General York, von dem er so viel Vorteilhaftes gehört habe, demnächst an der Spitze eines selbständigen Korps zu sehen. Auch der Prinz von Neufchatel hatte sich sehr günstig über York geäußert, sein Zerwürfnis mit Macdonald der Heftigkeit desselben zugeschrieben; „er sei überzeugt, daß sich beide auf dem nächsten Schlachtfelde als Brüder umarmen würden"; er hatte schließlich Seydlitz geraten, seinen Weg zum Korps über Memel zunehmen. Seydlitz war dann über die kurische Nehrung gegangen, hatte Memel bereits von Russen besetzt gefunden, war von dem Marquis Paulucci für gefangen erklärt worden; es hatte nicht geringe Mühe gekostet, weiterzukommen; Paulucci war entrüstet darüber gewesen, daß York, wie er von dem zu derselben Zeit durchreisenden Graf Henkel vernommen hatte, mit Diebitsch abschließen wolle.

Ein gleichzeitig ankommendes Schreiben von Paulucci an York vom 28. Dezember meldete, daß er den Major von Seydlitz habe passieren lassen, daß er jetzt aber auch die Annahme seiner Anträge erwarte: „Die Lage, in der sich Ew. Exzellenz Armee befindet gegen die von den Generalen Lewis und Diebitsch, die Einnahme von Memel durch mich, ist so, wie ich sie vorausgesagt;" immer noch in der Hoffnung, daß York seine Vorschläge annehmen werde, habe er der Garnison von Memel, die über 700 Mann stark sei und heute nach Mitau abgeführt werde, zugestanden, vereint und unter ihren Offizieren zu bleiben, um ihre innere Organisation zu behalten. „Ew. Exzellenz haben nur noch eine Stunde Zeit, um sich zu entschließen, und wenn Sie den Wunsch haben sollten, mit mir zu sprechen, so werde ich mich nach dem Punkt hinbegeben, wo Sie wünschen, etwa auf dem halben Wege zwischen unseren Korps."

Also Memel war ohne weiteres übergeben worden, war in der Gewalt der Russen.

Nachmittags traf ein Offizier von den Massenbachschen Truppen bei York ein. Nicht ohne Hast fragte ihn York nach den Befehlen des Marschalls, die er überbringe. Er besaß keine, wohl aber ein Schreiben, das Fürst Repnin bei den äußersten Vorposten der Dragoner für York hatte abgeben lassen. Es war von Wittgenstein aus Georgenburg vom 27., des Inhalts: er befinde sich in diesem Augenblick mit 50 000 Mann am Ufer des Njemen, bereit, die französische Armee zu verfolgen. Der Kaiser, sein erhabener Herr, kenne nur einen Feind, das sei das französische Gouvernement. Es würde seiner Hochherzigkeit widerstreben, durch Feindseligkeiten der Truppen unter Yorks Befehl gezwungen zu sein, unter einem andern Titel als dem eines Freundes des Königs dessen Staaten zu besetzen. In diesem Sinne habe er die Proklamation, die er beilege an die Bewohner Preußens gerichtet; sie sowie der Tagesbefehl von Leidani werde die Absichten zeigen, aus denen die Russen in Preußen einrücken. Zur weiteren Vergewisserung beehre er sich, die Zurückgabe aller Gefan-

genen, die seine detachierten Korps bis jetzt in Insterburg und Gumbinnen gemacht hätten, mit ihren Waffen und Bagage anzubieten. Jedoch
nehme er sich die Freiheit, um eine kategorische Antwort zu bitten,
indem er seine weiteren Maßnahmen danach richten werde usw. Er
schließt mit den Worten: „Endlich und schließlich muß ich Ew. Exzellenz bemerken, daß es heute vielleicht in Ihrer Hand liegt, über die künftigen Interessen des Königs, Ihres Herrn zu entscheiden."

Und als sollte es nach jeder Richtung hin unzweifelhaft sein, daß der
entscheidende Entschluß gefaßt werden müsse, mochte man daraus
schließen, daß gerade jetzt ein wirklicher Bote Macdonalds durchgekom-
men war; er brachte einen Zettel, worauf geschrieben war:

Le général York est attendu avec impatience à Tilsit.

M.

Ein paar unbedeutende deutsche Worte auf der Rückseite mit Blei-
stift geschrieben stammten von Leutnant Belows Hand. Freilich war der
Bote kein Soldat, die Form der Weisung nichts weniger als amtlicher
Art; aber an ihrer Echtheit konnte kein Zweifel sein.

So nahe stand der Marschall, so klar war seine Weisung, so leicht war
es, derselben nachzukommen, daß keinerlei Vorwand übrigblieb, sich ihr
zu versagen, keinerlei Mittelweg zwischen Ja und Nein.

Und war der Erfolg so gewiß, wenn er die Fahne Frankreichs verließ?
Es konnte ihm nicht entgangen sein, daß die ungeheure Verfolgung auch
die russischen Truppen tief erschöpft hatte, daß sie zu ermatten begannen; es konnte ihm durch Dohna und Dörnberg bekannt sein, daß im
russischen Hauptquartier eine starke Partei war, die durchaus nicht die
preußische Grenze überschritten wissen wollte, und das Kutusow an deren Spitze stand. Wie dann, wenn man sich mit dem schon Erreichten
begnügte, wenn man Wittgenstein Halt gebot? Wenn man die Besitzer-
greifung Memels durch Paulucci – es war sofort verkündet worden, daß
die Verwaltung im Namen des Kaisers aller Reußen geführt werde –
guthieß?

Es war um die Mittagszeit, des 29., als General Diebitsch, ernstlich
besorgt um den Ausgang der eingeleiteten Unterhandlungen, Clausewitz
mit der Forderung endlicher Entscheidung zu York sandte. Er gab ihm
zwei Schreiben mit, von denen er hoffte, daß sie auf York Eindruck
machen sollten. Das eine war der früher erwähnte Brief Macdonalds an
den Herzog von Bassano vom 10. Dezember, in dem der Marschall äußerte, daß die Bombe zwischen ihm und York geplatzt sei – er mochte wohl
hoffen, daß auch so kleine Persönlichkeiten in einem so großen Augenblick zur Entscheidung mitwirken könnten. Das andere Schreiben war
von d'Auvray, dem Chef des Wittgensteinschen Generalstabes, an Diebitsch: zunächst Vorwürfe, daß die Sache mit York noch immer nicht zu
Ende gebracht sei, dann der Befehl an die Wittgensteinsche Armee für

die nächsten Tage, aus der sich ergab, daß am 31. Dezember die ganze Streitmasse links vom Njemen, drei Meilen jenseits Tilsit in Schillupischken und Sommerau stehen, den Weg nach Königsberg beherrschen werde. Es war klar, daß York, wenn er dem Befehl des Marschalls folgen wollte, nicht vor dem 30. abends in Tilsit sein konnte, daß das Wittgensteinsche Korps den Paß von Schillupischken und den Eingang in den meilenlangen Laubwald, den der Weg nach Königsberg durchschneidet, eher erreichen konnte. Jenes Schreiben enthielt die weitere Weisung, den General York mit diesen Verhältnissen bekanntzumachen und ihm zu erklären, daß, wenn er darauf keine Rücksicht nehmen und sein zweifelhaftes Betragen nicht abstellen wolle, man ihn wie jeden andern feindlichen General behandeln würde, so daß unter keiner Bedingung mehr von einem freundschaftlichen Abkommen die Rede sein könne.

Mit diesen Schreiben und Aufträgen kam Oberstleutnant Clausewitz in der Dämmerung in Tauroggen an. Er fand bereits Dohna bei York; beide hatten schon hin und her gesprochen, und York war in äußerst verdrießlicher Stimmung. Als nun Clausewitz eintrat, rief er ihm entgegen: „Bleibt mir vom Leibe, ich will nichts mehr mit euch zu tun haben. Eure verdammten Kosaken haben einen Boten Macdonalds durchgelassen, der mir den Befehl bringt, auf Piktupöhnen zu marschieren und mich dort mit ihm zu vereinigen. Nun hat aller Zweifel ein Ende; eure Truppen kommen nicht an, ihr seid zu schwach, ich muß marschieren und verbitte mir jetzt alle weiteren Unterhandlungen, die mich den Kopf kosten würden." Clausewitz sagte, daß er dem General hierauf nichts erwidern wolle, daß er ihn aber bitte, Licht geben zu lassen, weil er ihm einige Briefe zu überbringen habe; und da der General noch zu zögern schien, setzte er hinzu: „Ew. Exzellenz werden mich doch nicht in die Verlegenheit setzen wollen, abzureisen, ohne meinen Auftrag ausgerichtet zu haben?"

York ließ hierauf Licht anzünden und aus dem Vorzimmer den Chef seines Generalstabes, den Oberst Röder, hereintreten. Die Briefe wurden gelesen, dann forderte York Oberst Röder auf, pflichtgemäß seine Meinung zu sagen; dieser antwortete: für den Staat, für das Vaterland könne nichts heilvoller sein, als wenn York mit den Russen abschließe; für ihn persönlich aber sei alles dabei gewagt, deshalb müsse er selbst seinen Entschluß fassen. Nach einem augenblicklichen Nachdenken sagte York: „Clausewitz, Sie sind ein Preuße; glauben Sie, daß der Brief des General d'Auvray ehrlich ist und daß sich die Wittgensteinschen Truppen am 31. wirklich auf den genannten Punkten befinden werden? Können Sie mir Ihr Ehrenwort darauf geben?" Clausewitz erwiderte: „Ich verbürge mich Ew. Exzellenz für die Ehrlichkeit des Briefes nach der Kenntnis, die ich vom General d'Auvray und den übrigen Männern des Wittgensteinschen Hauptquartiers habe; ob diese Befehle so ausgeführt sein werden, kann ich freilich nicht verbürgen; denn Ew. Exzellenz wissen, daß man im Kriege oft mit dem besten Willen hinter der Linie zurückbleiben muß, die man sich gezogen hat."

York schwieg noch einige Augenblicke ernsten Nachdenkens, reichte dann Clausewitz die Hand und sagte „Ihr habt mich. Sagt dem General Diebitsch, daß ich mich morgen früh bei den russischen Vorposten einfinden werde; Zeit und Ort habe er zu bestimmen."

Clausewitz und Dohna kehrten zu Diebitsch zurück, der sie in sehr großer Bewegung mit der Frage empfing: „Was bringen Sie?" und als Clausewitz die ersehnte Entscheidung meldete, ihm um den Hals fiel und Freudentränen vergoß. Er ließ – es war gegen Mitternacht – Clausewitz nach Tauroggen zurückreiten, um York zu melden, daß Diebitsch am Morgen um 8 Uhr auf den preußischen Vorposten in der Pascherunschen Mühle ihn erwarten würde.

Inzwischen hatte York die Offiziere seines Korps versammelt, um sie über die gefaßte Entscheidung zu unterrichten. Hierbei führte er ungefähr folgendes aus: „Meine Herren, das französische Heer ist durch Gottes strafende Hand vernichtet; es ist der Zeitpunkt gekommen, wo wir unsere Selbständigkeit wieder gewinnen können, wenn wir uns jetzt mit dem russischen Heere vereinigen. Wer so denkt wie ich, sein Leben für das Vaterland und die Freiheit hinzugeben, der schließe sich mir an; wer dies nicht will, der bleibe zurück. Der Ausgang unserer heiligen Sache mag sein, wie er will, ich werde auch den stets achten und ehren, der nicht meine Meinung teilt und zurückbleibt. Geht unser Vorhaben gut, so wird der König mir meinen Schritt vielleicht vergeben; geht es mißlich, so ist mein Kopf verloren. In diesem Falle bitte ich meine Freunde, sich meiner Frau und Kinder anzunehmen." Diesen Worten Yorks folgte ein wahrhaft begeisterter Jubel; es war niemand, der hätte zurückbleiben wollen; man empfand, daß es sich um alles handele. Den ergreifenden Vorgang schloß York mit den Worten: „So möge denn unter göttlichem Beistand das Werk unserer Befreiung beginnen und sich vollenden."

Am andern Morgen, Mittwoch, den 30. Dezember, war Diebitsch von Clausewitz und Dohna begleitet zur rechten Zeit in der Poscherunschen Mühle, York nicht. Man wartete mit wachsender Ungeduld; man begann Argwohn zu schöpfen. Schon in der Nacht hatte York gegen Clausewitz neue Bedenken geäußert; man hielt es für möglich, daß die ganze glücklich erreichte Wendung sich wieder zerschlüge. Ich weiß nicht, ob man erwartet hatte, daß York nun, nachdem er sich von den Franzosen losgemacht hatte, sich mit Enthusiasmus auf die Seite der russischen Interessen und Anschauungen stellen, und wie jene, die in russischen Dienst getreten waren, in der völligen Hingebung an Rußland auch die Erfüllung seiner vaterländischen Hoffnungen suchen werde. York sah die Dinge doch anders an; vorerst mußte noch erst der Vertrag abgeschlossen werden, der für Preußen den Gewinn sicherstellte, der für Rußland bereits feststand.

Mehr als eine Stunde hatte man in der Mühle gewartet; da endlich kam York, von Röder und Seydlitz begleitet, sehr gemessen und kalt. In gespannter Stimmung verhandelte man die Artikel, die Seydlitz niederschrieb, nicht ohne scharfe Differenzen bei einzelnen Punkten und immer noch besorgt, daß neue Störungen dem ganzen Werk ein Ende machen könnten. Endlich war die Konvention fertig und unterzeichnet; eine Umarmung der Generale schloß die Szene. So kam die denkwürdige Konvention in der Poscherunschen Mühle zustande. Sie erklärt (Art. I.), daß das preußische Korps den Landstrich des königlichen Territoriums, der zwischen Memel, Tilsit und dem Haff liegt, besetzen soll, und daß dieser Landstrich während der preußischen Besetzung als völlig neutral betrachtet wird, mit Vorbehalt des Durchmarsches für russische Truppen auf dem kurischen Wege nach Tilsit und dem Wege von Tilsit nach Königsberg. Sie bestimmt (Art. II.), daß das preußische Korps in diesem Gebiet bis zu den eingehenden Befehlen des Königs neutral stehen bleiben wird, sich jedoch verpflichtet, wenn der König den Rückmarsch zur französischen Armee befehlen sollte, bis zum 1. März nicht gegen Rußland zu dienen. Sie setzt fest (Art. III.), daß, wenn der König oder der russische Kaiser die Konvention verwerfen sollte, das Korps auf dem nächsten Wege nach dem Ort hin, den der König befehlen wird, ungehindert marschieren dürfe. Es wird ausbedungen (Art. IV.), daß alle preußischen Traineurs, sowie alles zurückgebliebene Material zwischen Mitau und Tilsit unbedingt zurückgegeben, den Verpflegungs- und Train-Branchen, die sich von Königsberg und weiter zum Korps begeben wollen, freier Durchmarsch gestattet werden soll. Es wird bestimmt (Art. V.), daß, wenn Yorks Befehle noch den General Massenbach erreichen können, auch die Truppen unter dessen Kommando, sowie alle anderen preußischen Truppen und dazugehörigen Administrativbranchen, die sich dieser Konvention anschließen wollen, mit in dieselbe begriffen sind. Auch sollten (Art. VI.) Truppen von dem Kommando Massenbachs, die von den Truppen des General Diebitsch etwa gefangen genommen werden sollten, in die Konvention miteingeschlossen sein. Endlich soll es (Art. VII.) dem preußischen Korps freistehen, seine Verpflegung mit der Provinzialregierung des Landes, selbst wenn der Sitz dieser Regierung von den Russen besetzt wäre, zu regulieren.

Wir haben uns verpflichtet gehalten, den Abschluß der Konvention nach der ganzen Härte des sittlichen Konfliktes, auf dem derselbe ruht, darzustellen; wir haben ausdrücklich betont, daß York ohne Autorisation, eigenmächtig und wenn nicht gegen die ausdrückliche, so doch gegen die wahrscheinliche Willensmeinung des Königs handelte. Indem er so, wie er tat, sein Offizierkorps aufrief, suchte er nicht etwa Mitträger seiner Verantwortung – denn ausdrücklich behielt er sich diese selbst und allein vor; aber er stellte ihrem Ermessen anheim, sich einer Entscheidung anzuschließen, vor der sie wußten, daß es nicht die ihres Königs sei; ihre begeisterte Zustimmung bewies, daß es einen Punkt gebe, wo die Armee aufhöre, nur zu gehorchen.

Zur weiteren Würdigung Yorks wird man nicht unterlassen dürfen, bei dem, was er tat, zugleich zu berücksichtigen, was er nicht tat.

Wir sahen, daß die russischen Anträge von Anfang an mehr als die

bloße Trennung Yorks von den Franzosen, daß sie dessen tätige Teilnahme an dem Kampf gegen Napoleon forderten. Und manchem Zeitgenossen ist es wie eine halbe Maßregel erschienen, daß York nicht, statt sich
mit einstweiliger Neutralität zu begnügen, sofort sich mit den Russen
vereinte, um sich auf den verhaßten Feind zu stürzen, ihn zu vernichten.
Es konnte keine Frage sein, daß ein solcher Schritt unendlich größere
Wirkungen versprach; und der Erfolg hätte den doch zweideutigen
Schein des Geschehenen glänzend übertüncht; es wäre mit dem weiter-
greifenden Wagnis jede Gefahr, die dem minderen anhaftete, verschwunden. Und auch einen minder ehrgeizigen und ruhmbegierigen Mann hätte es locken können, durch einen kleinen Schritt weiter auch den ganzen
Glanz eines großen Erfolges zu gewinnen, der überdies nur so völlig zu
sichern war.

Y ork ist diesen Weg nicht gegangen. Es war in dieser kalten verschlossenen finsteren Natur ein Stolz, der jede Eitelkeit ausschloß, eine Schärfe
des Pflichtgefühls, die selbst im Überschreiten nur doppelt strenge und
gemessen erschien, eine Gewalt der Selbstbeherrschung, die selbst die
lockende Gunst eines großen Augenblickes, selbst der Kitzel des Ruhmes
und der Stachel des Hasses auch nicht einen Moment wanken machten.

Er meldete sofort dem König den Abschluß der Konvention. Wir geben sein Schreiben nach dem eigenhändigen ersten Konzept. Es lautet:
„An Se. Majestät den König. Tauroggen, den 30. Dezember 1812.
Durch einen späteren Abmarsch wie der Marschall, durch die vorgeschriebene Marschdirektion von Mitau auf Tilsit, bloß um den Rückzug
der siebten Division zu decken, durch böse Wege und endlich durch
ungünstige Witterung in eine höchst nachteilige Lage versetzt, habe ich
mich genötigt gesehen, mit dem kaiserlichen russischen Generalmajor v.
Diebitsch die Konvention abzuschließen, welche ich Ew. Majestät hiermit alleruntertänigst zu Füßen lege.

Fest überzeugt, daß bei einem weiteren Marsch die Auflösung des ganzen Korps und der Verlust seiner ganzen Artillerie und Bagage ebenso
unausbleiblich gewesen sein würde, wie bei der großen Armee, glaubte
ich als Untertan Ew. Majestät nur noch auf Allerhöchst Dero Interesse
und nicht mehr auf das Ihres Verbündeten sehen zu müssen, für den das
Korps nur aufgeopfert wäre, ohne ihm in seiner Lage noch wahre Hilfe
leisten zu können.

Die Konvention läßt Ew. Majestät in Höchst Ihren Entschließungen
freien Willen; sie erhält aber Ew. Majestät ein Truppenkorps, was der
alten oder einer etwaigen neuen Allianz Wert gibt und Allerhöchstdieselben nicht unter die Willkür Ihres Alliierten setzt, von dem Sie die Erhaltung oder Wiederherstellung Ihrer Staaten als Geschenk annehmen müßten.

Ew. Majestät lege ich willig meinen Kopf zu Füßen, wenn ich gefehlt
haben sollte; ich würde mit der freudigen Beruhigung sterben, wenigstens nicht als treuer Untertan und wahrer Preuße gefehlt zu haben.
Jetzt oder nie ist der Zeitpunkt, wo Ew. Majestät sich von den übermüti-

gen Forderungen eines Alliierten losreißen können, dessen Pläne mit Preußen in einem mit Recht Besorgnis erregenden Dunkel gehüllt waren, wenn das Glück ihm treu geblieben wäre. Diese Ansicht hat mich geleitet. Gebe Gott, daß sie zum Heile des Vaterlandes führt.

York."

Mit diesem Schreiben sandte York noch am 30. Major Thiele nach Berlin.

Die Nachricht vom Abschluß der Konvention wurde den Truppen in und um Tauroggen an demselben Tage mitgeteilt; sie wurde mit unbeschreiblicher Freude aufgenommen; es war, als wenn der finstere Zauber, in dem man gebannt gewesen war, endlich gebrochen würde.

Die nächste und wichtigste Sorge war, die noch in Macdonalds Nähe befindlichen Truppen heranzuziehen. Daß Massenbach, daß sein Offizierkorps und seine Truppen mit Freuden folgen würden, wie sie es dann auch taten, konnte keinen Augenblick zweifelhaft sein.

Der Abmarsch wurde am hellen Morgen bewerkstelligt. Die Husaren und Dragoner, die außerhalb Tilsits übernachtet hatten, gingen ohne weiteres ihrer Straße. Die Bataillone in Tilsit waren rasch gesammelt, über das Eis geführt, ohne das geringste Hindernis zu treffen. Nur ein Adjutant Macdonalds war doch aufmerksam geworden, herausgekommen, ging mit über den Strom, um zu sehen, was denn eigentlich im Werk sei. Bald genug sah er es: ihm übergab Massenbach seinen und Yorks Scheiderief an den Marschall.

Yorks Brief lautet:

„Gnädiger Herr. Nach sehr mühseligen Märschen ist es mir nicht möglich gewesen, sie fortzusetzen, ohne auf den Flanken und im Rücken gefährdet zu werden. Dies hat die Vereinigung mit Ew. Exzellenz verzögert, und da ich zwischen den Alternative wählen mußte, den größten Teil meiner Truppen und alles Material, welches allein meine Subsistenz sichern konnte, zu verlieren, oder alles zu retten, so habe ich es für meine Pflicht gehalten, eine Konvention zu schließen, nach welcher die Sammlung der preußischen Truppen in einem Teile Ostpreußens, der sich durch den Rückzug der französischen Armee in der Gewalt der russischen befindet, stattfinden soll.

Die preußischen Truppen werden ein neutrales Korps bilden und sich gegen keinen Teil Feindseligkeiten erlauben. Die künftigen Begebenheiten, Folge der Verhandlungen, welche zwischen den Krieg führenden Mächten stattfinden müssen, werden über ihr künftiges Schicksal entscheiden.

Ich beeile mich, Ew. Exzellenz von meinem Schritte in Kenntnis zu setzen, zu dem ich durch gebieterische Umstände (par des circonstances majeures) gezwungen bin.

Welches auch das Urteil sein mag, das die Welt über mein Verfahren fällen wird, ich bin darüber wenig in Unruhe. Die Pflicht gegen meine Truppen und die reiflichste Erwägung schreiben es mir vor; die reinsten Beweggründe, wie auch immer der Schein sein mag, leiten mich.

Indem ich Ihnen, gnädiger Herr, diese Erklärung mache, entledige ich
mich der Verpflichtung gegen Sie und bitte Sie, die Versicherung der
tiefsten Hochachtung zu genehmigen usw."

Macdonald hatte von diesem Abmarsch noch keine Ahnung. Er saß
beim Frühstück, als General Bachelu eintrat, sich als soeben angekommen zu melden. Der Marschall fuhr ihn heftig an, daß er erst jetzt mit
seiner Brigade eintreffe; er schalt und zankte eine Weile weiter, bis endlich Bachelu zu Worte kam; er sei mit seiner Infanterie zur rechten Zeit
auf dem bestimmten Sammelplatz eingetroffen, habe aber vergebens auf
die preußische Kavallerie und Artillerie gewartet, habe dann noch einer
halben Stunde einen Adjutanten nach dem Dorfe, wo die Artillerie gelegen habe, hingesandt, um nach der Ursache des Ausbleibens zu fragen:
der Kommandierende habe geantwortet: er werde nicht eher ausrücken,
als bis das Yorksche Korps heran sei, das er doch auf keinen Fall im Stich
lassen könne.

Der Marschall, der mit äußerster Spannung zugehört hatte, unterbrach den General mit den Worten: „Nun, das gestehe ich, das ist sonderbar; die Kavallerie ist aber doch da?" – „Nicht ein Mann", erwiderte
Bachelu.

Der Marschall hatte hierauf kaum den Befehl ausgesprochen, den General Massenbach zu ihm zu bescheiden, als Marion eintrat und jene
beiden Schreiben überreichte.

Der Marschall las; er war auf das tiefste erschüttert; er ließ sich von
Marion berichten, was er gesehen hatte. Er befahl den sofortigen Aufbruch der Truppen, die ihm noch geblieben waren.

Der Leutnant v. Korff von den Dragonern, der die 32 Mann Stabswache beim Marschall kommandierte, saß an des Herzogs Seite und war
Zeuge dieses ganzen Vorganges; er befand sich in der peinlichsten Lage.

Der Marschall sprach ihm sein tiefes Bedauern aus, daß die Dinge so
gekommen seien: „Die Lage ist derart, daß Sie nicht bei mir bleiben
können; gehen Sie mit Ihrem Kommando über die Memel zurück, wo Sie
Ihr Korps und Ihr Regiment wiederfinden werden." Er wiederholte, daß
er die Preußen hoch schätzen gelernt habe; er trug ihm auf, dem Korps
für die ihm während des Feldzuges geleistete treue Unterstützung zu
danken, nannte diesen und den, den er besonders grüßen möge; er gab
ihm ein reichliches Geschenk für die wackeren Dragoner, die zuletzt noch
um ihn gewesen seien; ihn selbst bat er, ein wertvolles Andenken anzunehmen; tief ergriffen nahm er endlich Abschied: „Es ist möglich, daß
sich die Umstände noch ändern – dann sehen wir uns wahrscheinlich
bald wieder. Ist es indes nicht der Fall, so sehen wir uns auf dem Felde
der Ehre wieder. Leben Sie wohl!"

„Keinem Preußen", so schreibt einer der Offiziere aus Massenbachs
Umgebung, „konnte es einfallen, ein Unrecht in dem Schritt zu finden,
der uns der fremden Knechtschaft entzog und uns dem Könige und dem
Vaterlande wiedergab, das unsrer wohl bedurfte; aber wer den Marschall

näher kennengelernt hat ... den wird ein betrübendes Gefühl anwandeln, daß gerade dieser Mann mit einer bitter gekränkten Empfindung uns verließ, die ihm nicht zu ersparen war, die aber jeder gerade ihm gern erspart hätte."

In wenigen Stunden war der Rest des zehnten Armeekorps – einige Tausend Mann Fußvolk – aus Tilsit abgerückt, marschierte den Abend und die Nacht hindurch zunächst nach Mehlauken, dann weiter nach Königsberg und Danzig.

York war an demselben Tage, an dem letzten des furchtbaren Jahres 1812, den Truppen Massenbachs von Tauroggen aus nach Baubeln entgegenmarschiert. Als man den preußischen Grenzadler begrüßte, da brach der Jubel von neuem los, „die tausendstimmigen Hurras schienen kein Ende zu nehmen". Es begann das Gefühl, daß ein unermeßlich folgenreicher Schritt getan sei, emporschwellend neues Leben und neue Kraft zu entzünden.

Mit demselben Frohlocken empfingen Massenbachs Truppen, als sie auf dem Rückmarsch halt gemacht hatten, die Nachricht von der Konvention. Erneutes Frohlocken, als sie den „Alten", ihren York, zum erstenmal wiedersahen, fest und streng wie sonst – aber fester nun um das Bewußtsein eines großen und kühnen Entschlusses.

Am 1. Januar zog York in Tilsit ein; die Truppen wurden auf beiden Seiten der Memel auf heimischem Gebiet in Quartiere gelegt; auch in der Bevölkerung begann das Gefühl der Befreiung, der Erhebung zu erwachen. Nach den ersten notwendigsten Anordnungen sandte York den Grafen Brandenburg mit einem zweiten eingehenderen Schreiben nach Berlin. Darin heißt es nach Yorks eigenhändigem Konzept:

„Ew. Königlichen Majestät melde ich alleruntertänigst, daß ich nun in weiteren Ausführungen der abgeschlossenen Konvention mit dem Grafen von Wittgenstein mit dem ganzen Korps bis auf das Füsilierbataillon v. Borcke, was schon früher mit der großen Bagage über Memel und die kurische Nehrung gezogen war, in und um Tilsit die Kantonnierungsquartiere bezogen habe ...

Der Schritt, den ich getan, ist ohne Befehl Ew. Majestät geschehen. Die Umstände und wichtige Rücksichten müssen ihn aber für die Mit- und Nachwelt rechtfertigen, selbst dann, wenn die Politik erheischt, daß meine Person verurteilt werden muß. In der Lage, wo sich das Korps befand, war es mit mathematischer Gewißheit zu berechnen, daß es durch Gewaltmärsche und verzweiflungsvolles Schlagen wo nicht gänzlich vernichtet, doch aufgelöst an der Weichsel ankommen mußte. Der Rückzug des Marschalls, der eine gänzliche Flucht war, die letzten Gefechte, so die französischen Generale angeordnet, bestätigen das Gesagte und zeigen deutlich, was zu erwarten stand. In dieser Alternative blieb mir nur der Weg offen, den ich eingeschlagen.

Auf vaterländischem Boden hätten Ew. Majestät Untertanen ihr Blut für die Rettung der Banden, die das Vaterland als Feinde und als Verbündete verwüstet haben, vergeuden sollen, um dann noch ohnmächtiger die Fesseln eines bis zum Wahnsinn exaltierten Eroberers tragen zu müssen. Solange Napoleon noch eine Kraft in Deutschland hat, ist die erhabene Dynastie Ew. Königlichen Majestät gefährdet; sein Haß gegen Preußen kann und wird nie erlöschen. Die aufgefangenen Briefe von Napoleon an Bassano werden Ew. Majestät zeigen, was von diesem Alliierten zu erwarten war. Wäre die französische Armee nur noch so stark, daß sie bei einer Negotiation das kleinste Gewicht in die Waagschale werfen könnte, die Staaten Ew. Majestät würden das Lösungspfand zum Frieden werden.

Das Schicksal will es anders. Ew. Königliche Majestät Monarchie, obgleich beengter als im Jahre 1805, ist es jetzt vorbehalten, der Erlöser und Beschützer Ihres und aller deutschen Völker zu werden. Es liegt zu klar am Tage, daß die Hand der Vorsehung des große Werk leitet. – Der Zeitpunkt muß aber schnell benutzt werden. Jetzt oder nie ist der Moment, Freiheit, Unabhängigkeit und Größe wieder zu erlangen, ohne zu große und zu blutige Opfer bringen zu müssen. In dem Ausspruch Ew. Majestät liegt das Schicksal der Welt. Die Negotiations, so Ew. Majestät Weisheit vielleicht schon angeknüpft, werden mehr Kraft erhalten, wenn Ew. Majestät einen kraftvollen und entscheidenden Schritt tun. Der Furchtsame will ein Beispiel, und Österreich wird dem Wege folgen, den Ew. Majestät bahnen.

Ew. Königl. Majestät kennen mich als einen ruhigen, kalten, sich in die Politik nicht mischenden Mann. So lange alles im gewöhnlichen Gange ging, mußte jeder treue Diener den Zeitumständen folgen; das war seine Pflicht. Die Zeitumstände aber haben ein ganz anderes Verhältnis herbeigeführt, und es ist ebenfalls Pflicht, diese nie wieder zurückkehrenden Verhältnisse zu benutzen. Ich spreche hier die Sprache eines alten treuen Dieners; und diese Sprache ist die fast allgemeine der Nation. Der Ausspruch Ew. Majestät wird alles neu beleben und enthusiasmieren; wir werden uns wie alte echte Preußen schlagen, und der Thron Ew. Majestät wird für die Zukunft felsenfest und unerschütterlich dastehen.

Ich erwarte nun sehnsuchtsvoll den Ausspruch Ew. Majestät, ob ich gegen den wirklichen Feind vorrücke oder ob die politischen Verhältnisse erheischen, daß Ew. Majestät mich verurteilen. Beides werde ich mit treuer Hingebung erwarten, und ich schwöre Ew. Königl. Majestät, daß ich auf dem Sandhaufen ebenso ruhig, wie auf dem Schlachtfelde, auf dem ich grau geworden bin, die Kugel erwarten werde. Ich bitte daher Ew. Majestät um die Gnade, bei dem Urteil, das gefällt werden muß, auf meine Person keine Rücksicht nehmen zu lassen. Auf welche Art ich sterbe, ich sterbe immer wie

Ew. Majestät

alleruntertänigster und
getreuester Untertan
York

Tilsit, den 3. Januar 1813.“

DRITTES BUCH

I

PREUSSISCH ODER RUSSISCH?

Das furchtbare Jahr 1812 schloß mit der Konvention von Tauroggen. Wir haben sie ihren Motiven nach dargestellt; es würde über den Bereich unserer biographischen Aufgabe hinausführen, wollten wir in der Summe der Folgen, die sie gehabt hat, das Maß ihrer Bedeutung nachweisen. Aber ihre nächsten Wirkungen – sie waren keineswegs ohne Zweifel, es schwankte wochenlang zwischen sicherem Fortgang und völligem Mißlingen – gehören so ganz noch in den Bereich des Persönlichen, daß wir sie anführen müssen.

So lange als möglich hatte Napoleon die Welt über das furchtbare Schicksal der großen Armee zu täuschen versucht. Um so erschütternder wirkte die Kunde von ihrem völligen Untergang. In grauenhafter Anschaulichkeit sie bestätigend und überbietend, wälzten sich die jammervollen Reste über die preußische Grenze.

Man erinnere sich, was diese Lande in den letzten Jahren gelitten hatten.

Nach dem schmachvollen Feldzuge von 1806 war diese Provinz sieben Monate hindurch der Schauplatz der Verheerungen zweier großer Armeen, zweier großen Schlachten, zahlreicher Gefechte. Auch nach dem Frieden blieben die Heere des Siegers monatelang im Lande. Am Schlusse des Jahres war die Bevölkerung um den fünften Teil zusammengeschmolzen. Der Viehstand war vollkommen zerrüttet.

Dann folgte neben den ungeheuren Kontributionen, die an Frankreich geleistet werden mußten, die Kontinentalsperre, mit der die Produktenausfuhr des Landes ein Ende hatte; der Preis des Getreides fiel unter die Produktionskosten. Es blieben Landstädte, die der Krieg zerstört hatte, in ihren Trümmern, die verödeten Feldmarken unbestellt liegen, ehemalige Dorfstellen bewuchsen mit Gras und Gestrüpp. Dreiviertel der Güter erlagen 1810 der erfolgten Sequestration der Landschaft. Hatte man den Viehstand mit Mühe wieder auf zwei Drittel des Bestandes von 1807 gebracht, so warf das Mißjahr 1811 den Landmann völlig zurück; ein großer Teil der Felder konnte wegen Mangel an Aussaat nicht bestellt werden, man mußte das Vieh zum Teil aus Futtermangel schlachten. Und nun folgten die ungeheuren Durchmärsche von 1812, die – nach dem Ausdruck einer ständischen Denkschrift – ihre Verpflegung hauptsächlich vom Landmann nahmen, ihm seine Bestände raubten, eine ordentliche Ackerbestellung hinderten und Tausende von Arbeitern, Tausende von Pferden nach Rußland mitnahmen. Etwa 400 000 Mann zogen durch die Provinz, lagen einige Wochen in Quartier, mußten von den Wirten beköstigt werden, sollten dann noch für 21 Tage Verpflegung mitnehmen. Sie nahmen endlich wo und wie sie konnten; außer den vertragsmäßig erworbenen Pferden und Wagen wurden in gewaltsamer Weise aus Ostpreußen und Litauen 26 579 Wagen, 79 161 Pferde mitgenommen. So bis auf das äußerste plünderten diese „Verbündeten" das Land, meist mit dem Hohn des Übermutes, mit dem Vandalismus privilegierter Unterdrücker.

Da kam die Kunde von dem Brande Moskaus, von dem Rückmarsch aus Rußland. „Die Stimmung ist so", schreibt Präsident v. Schön in Gumbinnen am 11. November an den Staatskanzler, „daß nur ein Funke nötig ist, um Flamme zu haben; und die Franzosen fürchten, auf dem Rückmarsch erschlagen zu werden; und diese Stimmung ist bei allen Ständen allgemein, ist von Memel bis Johannisburg und ist um so lebhafter, weil niemand mehr glaubt, daß wir nicht imstande wären, den Greueln zu begegnen."

Und nun folgen die Tage der Beresina, die nicht minder furchtbaren von Wilna. Seit dem 10. Dezember flutete all dies unerhörte Elend über die preußische Grenze hinein. „Seit zwei Tagen", berichtet der Oberpräsident v. Auerswald am 18. Dezember nach Berlin, „sind hier größtenteils zu Fuß und auf Bauernschlitten, ausgeplündert, mitunter ohne Hemden und Stiefel, sogar in Weiberkleidern mit erfrorenen Gliedern angekommen: 84 Generale, 106 Obersten, 1171 Offiziere; alle Gemeine, die die Provinz in allen Richtungen einzeln und auch truppweise durchziehen, sind größtenteils unbewaffnet." Und drei Tage später: „Nach dem Rapport sind in der Stadt (Königsberg) noch befindlich: 255 Generale, 699 Obersten, 4412 Offiziere, 26 590 Mannschaften, fast alle in erbärmlichem Zustande. Das Angespann der Provinz wird durch die ungeheure Anzahl von Fuhren, die von allen Seiten her requiriert werden, jetzt völlig zugrunde gerichtet."

Wird Preußen in dem entsetzlichen Bündnis mit Napoleon bleiben? Werden die Russen die Grenze überschreiten? Werden sie als Feinde kommen und den Untergang des unglücklichen Landes vollenden?

Da und dort hatten Kosaken die Grenze erreicht, haltgemacht. „Sie hätten nach ihrer Aussage Befehl, die preußische Grenze auf das strengste zu respektieren", ward von Stallupöhnen am 21. berichtet. „Es würde", hatte General Lanskoi in Willkowischken geäußert, „das Kutusoffsche Armeekorps durch Preußen ziehen, spätestens am 5. Januar in Königsberg sein; gleich beim Einrücken sollten die Einwohner der russischen Krone zuschwören und sollte sodann der Marsch bis zur Weichsel vorgesetzt werden; wenn aber ihre zur Rettung des deutschen Reiches entworfenen Pläne durch preußisches Militär vereitelt werden sollten, so würde die gräßlichste Verwüstung in der Provinz diesseits der Weichsel ausgeführt werden."

Am 21. überschritten die ersten russischen Truppen unter Oberst Tettenborn in der Nähe von Tilsit die preußische Grenze und besetzten die Stadt. Es ward dort ein „Aufruf" des General Graf Wittgenstein an die Preußen, zugleich mit seinem Armeebefehl vom 15. ausgegeben. Er be-

fahl den Truppen strengste Mannszucht und Achtung des Eigentums;
auf die geringste Gewalttat war Todesstrafe gesetzt; er verkündete den
Preußen, des Kaisers Heere kämen „nicht als Feinde, nicht als Erobe-
rungssüchtige", sondern als Befreier; das Land werde nach dem Kriege
wieder geräumt werden; Preußen möge sich erheben, mit Rußland verbündet seine Unabhängigkeit zu erkämpfen. Das Benehmen der russischen Truppen in Tilsit war musterhaft. Sie wußten nicht anders, als daß
bereits der preußische König mit dem Kaiser verbündet sei; auch Oberst
Tettenborn hatte sich geäußert, daß York den Befehl aus Berlin erhalten
werde, sich dem russischen Korps anzuschließen, mit dem Bemerken,
daß es ihm sehr leid tun würde, auf das preußische Korps eher zu stoßen,
als diese Order angekommen sei.

Schon wurde auch des Feldmarschall Kutusoff „Bekanntmachung"
vom 21. Dezember verbreitet; auch sie verkündete Frieden und Unabhängigkeit.

Begreiflich, daß diese Anschläge überall die freudigste Hoffnung er-
weckten. Man sah in den Russen die Befreier und Retter Preußens; man
feierte in Tilsit am 23. Dezember den Geburtstag des Kaisers mit lautem
Jubel. An den Siegen und der Siegeszuversicht der Russen richtete man
sich empor.

Nicht bloß den materiellen Untergang der Napoleonischen Macht hatte man mit Augen gesehen; jedem mußte sich die Überzeugung aufdrän-
gen, daß sie in ihren moralischen Grundlagen vernichtet sei. Die stolzen
Marschälle des Kaisers waren bescheiden geworden. „Wir sind eigentlich
nicht geschlagen", hatte Davoust, der Peiniger Ostpreußens, in Darkeh-
men gesagt, „aber das Elend hat uns vernichtet."

Auch dem blödesten Auge mußte klar werden, daß jetzt oder nie Preußens Unabhängigkeit zu erneuern sei. Das „Jetzt oder nie" war in jeder-
manns Seele. Nicht bloß in dem schon befreiten Litauen und Masuren,
weiter und immer weiter hin flammten die Herzen hoch auf, den Befreiern entgegen; und nur noch Mitleid fühlte man mit den einst so stolzen,
jetzt kläglichst heimziehenden Heerestrümmern, die vor dem nächsten
Kosakenschwarm auseinanderstieben mußten.

Nur eine Besorgnis hatte man, daß der König, über die Lage der Dinge
getäuscht, den unwiederbringlichen Augenblick versäumen könnte.

War so der Gang der Stimmungen, der Hoffnungen und Besorgnisse,
so mußte es einen überaus peinlichen Eindruck machen, daß preußische
Truppen am 26. Dezember bei Piktupöhr.en durch ein allerdings glänzendes Gefecht die von Tilsit aus entgegenkommenden Russen warfen
und so dem Marschall Macdonald den Weg nach Preußen hin öffneten.
Man wußte, daß Macdonalds Korps wenig gelitten hatte; er machte nun
halt in Tilsit, er stellte die 'Verbindung mit Gumbinnen, mit Königsberg
her; fünf frische Bataillone aus Danzig waren schon auf dem Marsch nach
dem Pregel. Man war in Sorge, ob die Russen auch jetzt noch vordringen,

ob sie stark genug sein würden, 25 000 Mann aus den Stellungen von der
Memel zum Pregel, vom Pregel zur Weichsel zu drängen. Schon hatte
General Bülow den Befehl an die Behörden Litauens und Ostpreußens
gesandt, alle Beurlaubten sofort einzuberufen, von der sonst waffenfähi-
gen und kantonpflichtigen Mannschaft starke Aushebungen – allein im
Regierungsbezirk Königsberg 6000 Mann – zu machen, die zum Dienst
geeigneten Pferde zu stellen. Sollten auch diese Rüstungen dazu dienen,
dem Vordringen der Russen zu wehren, die verhaßte Macht Napoleons in
dem Augenblick ihres Zusammenbrechens zu stützen?

Allerdings – und damit werfen wir den Blick nach der russischen Seite
hinüber – hatten die ungeheuren Leistungen während dieses Kriegsjahres auch die Kraft Rußlands bis auf den Grund erschöpft. In der Umgebung des Kaisers waren die Ansichten über das, was weiter geschehen
solle, sehr geteilt. „Einige hoffen", schreibt Stein am 14. November,
„daß man nach Vertreibung des Feindes Frieden schließen und Europa
seinen eigenen Bewegungen überlassen werde; andere wollen die Vergrößerung des Reiches wenigstens bis an die Weichsel und die Oberherrschaft in der Angelegenheit des Festlandes, noch andere wollen in Europa einen auf Gerechtigkeit und den wahren Vorteil der Völker gegründeten öffentlichen Zustand herstellen; wie sich von selbst versteht, ist diese
Partei die schwächste, obwohl die Meinung die einzige ist, welche die
allgemeine Ruhe sichern kann."

Stein selbst vertrat diese mit der ganzen Energie seines Charakters
und seines persönlichen Einflusses; er war unermüdlich, den Kaiser für
diese Idee zu entzünden; er zeigte ihm die Hoheit seines Berufes „an der
Spitze der Mächte Europas zu stehen, die erhabene Rolle des Wohltäters
und Herstellers der Welt spielen"; er sprach die Hoffnung aus, daß Österreich und Preußen auf ihren wahren Vorteil hören würden, sobald die
Annäherung der russischen Heere an ihren Grenzen ihnen Halt und
Schutz gegen Napoleons Unterdrückung gebe, und daß sie nicht ferner
gegen ihnen von Gott zum Glück ihrer Völker anvertraute Ansehen miß-
brauchen würden, um ihre Fesseln zu verstärken; er forderte, daß Fußland, da nichts den Marsch seiner Heere aufhalten werde, an die Elbe
eilen und Preußen zwingen solle, sich mit Fußland zu vereinigen, Österreich mit fortziehen, den Kriegsschauplatz zwischen Elbe und Rhein
aufschlagen solle; er forderte, die deutschen Stämme überall aufzurufen
zum Kampf für ihre Unabhängigkeit. Gedanken, denen sich Alexander
im Hochgefühl des bisher Gelungenen mit ganzer Seele zuwandte. Nur
wie sie verwirklichen?

Was Rußland aus eigenen Kräften erreichen konnte, schien mit Wilna
erreicht. Die Hauptarmee unter Fürst Kutusoff, die beim Beginn des
französischen Rückzuges 110 000 Mann stark zur Verfolgung aufgebrochen war, zählte bei der Besetzung Wilnas (13. Dezember) nach den
höchsten Angaben nur noch 27 000 Mann. „Wenn wir", sagt Kutusoff in
seinem Bericht an den Kaiser vom 13. Dezember, „ohne anzuhalten,
unsere Operationen noch 150 Werft fortgesetzt hätten, würde die Zerrüt-

tung einen solchen Grad erreicht haben, daß es wahrscheinlich nötig gewesen wäre, die Armee ganz von neuem zu organisieren." Die Anordnungen Kutusoffs zeigten, daß er mit der Säuberung des russischen Gebietes genug getan glaubte; die Hauptarmee bezog Quartiere in und um Wilna, die Korps von Wittgenstein und Tschitschagoff sollten am rechten Ufer des Njemen halt machen, und ihre Vorhut und Platoffs Kosaken den Feind „bis hart an die Weichsel" verfolgen. Die Armee während des Winters „in einen Achtung gebietenden und Furcht erregenden Zustand" zu versetzen, war Kutusoffs wichtigste Sorge; es schien ihm der Augenblick gekommen, einen ehrenvollen und vorteilhaften Frieden zu schließen. Die meisten russischen Generale teilten diese Ansicht.

Freilich eben jetzt entschied sich der Kaiser, persönlich an die Spitze des Heeres zu treten, persönlich die Leitung der Angelegenheiten in dem Sinn, den Stein vertrat, zu übernehmen. Er verordnete eine neue Aushebung von 80 000 Mann; er veränderte jene Anordnungen Kutusoffs dahin, daß alles, was irgend könne, unausgesetzt dem Feinde folgen solle, „in einer Richtung, welche sowohl innerhalb als außerhalb der russischen Grenzen den Zweck habe, dem Feinde die Verbindung und Vereinigung mit seinen neuen Verstärkungen abzuschneiden."

In der Nacht zum 19. fuhr er aus Petersburg ab zur Armee.

Aber auch der glühendste Eifer, die höchste Energie hätte für den Augenblick und mit den vorhandenen Mitteln nicht wesentlich mehr zu leisten vermocht, als worauf sich Kutusoff beschränkte. Selbst Wittgenstein, dessen Korps am wenigsten erschöpft, und in dessen Hauptquartier man am weitesten von der sonst vorherrschenden Friedensstimmung entfernt war, begnügte sich, Diebitsch, Oberst Kutusoff, Dörnberg die Straße von Mitau nach Tilsit kreuzen zu lassen, – kleine Streifkorps, mit denen er nicht einem noch völlig festen Heereskörper von mehr als 20 000 Mann den Weg zu verlegen annehmen konnte. Er selbst mit seiner Hauptmacht brach nach mehreren Rasttagen in der Nähe Wilnas erst am 17. auf, um nach weiteren drei Rasttagen in Keidani in veränderter Richtung auf den Njemen zu marschieren. War er nicht in der Lage, die Rückkehr des Macdonaldschen Korps nach Tilsit zu hindern, mußte er es auf den südlichen Höhen des Njementales eine Stellung gewinnen lassen, in der die Verbindung mit Königsberg und weiter rückwärts gesichert war, so war der Augenblick zu militärischen Unternehmungen, die Preußen hätten „mitreißen" können, vorüber, und die Wirkungen des furchtbarsten Kriegsjahres machten an der preußischen Grenze halt.

Es ist von Interesse, sich diese Verhältnisse völlig klar zu machen. Es würde töricht sein, konstruieren zu wollen, was weiter geschehen wäre, wenn York vorgezogen hätte, mit Macdonald vereint zu bleiben. Aber es ist klar, daß der Entschluß, den er faßte und der den letzten noch festen Heereskörper der großen Armee von mehr als 20 000 Mann auf 6000 Mann reduzierte, mit einem Schlage alles veränderte. Es ist klar, daß damit die schon erlahmende Verfolgung von neuem belebt wurde, der

Weichsel, der Oder zu, die gebundenen Kräfte Preußens zu entfesseln; es ist klar, daß nun erst Alexander sich aus dem engen Bereich des russischen Interesses erheben, die Bahnen seiner großen europäischen Politik betreten konnte, deren erste und wesentliche Bedingung die volle und freie Mitwirkung Preußens war.

Schon die Artikel der Konvention hatten, wenn auch in wenig entwikkelter Form, diesen Gesichtspunkt festgelegt, und es war ein seltsames Mißverstehen der ganzen Sachlage, wenn Graf Wittgenstein wegen des den Preußen zugestandenen Abmarsches nach zwei Monaten, falls der König nicht genehmige, im Begriff war, das ganze Übereinkommen zu kassieren.

Man wird nicht umhin können, anzuerkennen, daß York genau den letzten, aber auch den reifsten Moment für seinen Entschluß ergriffen hatte. Seine Briefe an den König erweisen, daß dies im vollen Bewußtsein aller entscheidenden Momente geschehen ist.

Aber der nunmehr vollzogene Schritt barg unermeßliche Gefahr. Glückte alles, wie es sollte, so wurde erreicht, daß Preußens Schicksal noch einmal auf das Glück der Waffen gestellt, daß um Rettung oder völligen Untergang gekämpft wurde. Wenn aber der Konvention nicht alle Wirkungen folgten, auf die sie berechnet war – wenn der König nicht in der Lage war, sich frei zu entscheiden, oder wenn er sich anders entschied – wenn Rußland nicht völlig treu, höchst tätig, ohne Selbstsucht handelte – wenn nicht das ganze Preußen, Heer und Volk, zu der höchsten Spannung aller Kräfte bereit war, wenn nicht dem fliehenden Feind eine lawinenhafte wachsende Erhebung auf dem Fuß folgte, – so war der geschehene Schritt nicht bloß vergeblich, er gefährdete die Person des Königs, er löste Treue und Zucht der Armee, Vertrauen und Gehorsam im Volke; vielleicht nach kurzen wilden Zuckungen brach dann alles zusammen.

Es lag in Yorks Art, von den schwärzesten Gedanken bestürmt zu werden. Wenn er auch dem König seinen Kopf als Opfer geboten hatte, er mußte sich sagen, daß damit die Folgen seines Schrittes nicht mehr zurückzukaufen waren. Und wenn nicht große Erfolge, ein völliges Gelingen rechtfertigte, was er getan hatte, so traf ihn der Fluch alles Unheils, das unvermeidlich hereinbrach; er erschien als ein Verbrecher an seinem Könige, seinem Vaterlande. Das Begonnene durfte nicht mehr mißlingen. In den Augen der Franzosen – denn in dem Augenblick, wo in seiner Hand ihre Rettung lag, hatte er sie völlig in das Elend hinabgestoßen – war sein Name gebrandmarkt; an dem Erfolg hing es, ob die Nachwelt ihn mit jenen verabscheuen oder mit dem geretteten Vaterland in Dankbarkeit bewundern sollte.

Die Konvention war nur ein erster Schritt; es galt, was durch sie nur erst möglich gemacht war, unabweisbar, durchschlagend, zwingende Notwendigkeit werden zu lassen.

Das Nächste und Wichtigste war die völlige Vernichtung dessen, was von der großen Armee noch übrig war. Hinter dem Njemen war der

Rückzug, im Vertrauen auf seine Deckung durch das zehnte Armee-korps, gemächlicher geworden. Wittgenstein mußte den jetzt kleinen Rest dieses Korps – schon war es umstellt – niederwerfen, mußte die weiten Züge des „Retireurs" mit neuem Schrecken aufscheuchen, muß-te, so weit und so schnell irgend möglich folgend, preußisches Gebiet frei machen. Je rascher und umfassender dies ausgeführt wurde, um so mächtiger brach die Stimme des Heeres, des Volkes hervor, um so mehr wurde es dem König zugleich nahegelegt und erleichtert, das politische System zu ändern, das Gewalt und Übermut ihm aufgebürdet hatte; an des Königs Willen dazu, wenn er sich frei äußern konnte, war kein Zwei-fel. Es war vorauszusetzen, daß er, zuletzt noch durch die Sendung des Grafen Henkel auf das vorbereitet, was jetzt geschehen war, die nötigen Schritte getan haben werden, um seine Person nicht in Feindes Hand Geißel gegen sich selbst, keine Krone und sein Volk sein zu lassen. Sprach er dann das Wort der Entscheidung, so mußte die ganz streitbare Kraft Preußens sofort in größter Ausdehnung einzutreten bereit sein. Es galt also, schleunigst das heimgekehrte Korps wieder instand zu setzen, unter dem Vormarsch der Russen die sonstigen Truppen kriegsbereit zu ma-chen, die Krümper, die Beurlaubten, was irgendsonst dienstfähig war, einzuziehen und fertigzumachen, die streitbare Masse auf das höchst-mögliche Maß zu steigern, Pferde, Waffen, Kriegsmaterial jeder Art zu schaffen, alles zu den äußersten Anstrengungen zu begeistern.

Wir haben erwähnt, daß in den Verhandlungen am Abend vor Ab-schluß der Konvention die Disposition des Wittgensteinschen Korps für die nächsten Tage vorgelegt wurde, daß York sie mit besonderer Auf-merksamkeit prüfte, daß er sie als das eigentlich entscheidende Moment behandelte. Hiernach ergab sich, daß bereits am 29. Dezember die Ka-vallerie Wittgensteins in Schillupischken stehen, am folgenden Tage das ganze Korps in Stärke von 50 000 Mann dort sein werde; daß ferner die Donischen Kosaken unter Platoff am 30. in der Nähe von Königsberg sein würden, und das Korps von Tschitschagoff links von Platoff in forcierten Märschen auf Königsberg zustrebte. Es liegt Schillupischken auf der Straße von Tilsit nach Königsberg; Macdonald hatte bis Schillu-pischken drei Meilen zu machen; vor diesem Orte bildet ein Flußüber-gang einen nicht unbedeutenden Paß, der leicht zu sperren ist; weiterhin führt der Weg durch den meilenlangen Laubwald, der erst vor Tapiau endet.

Als York am Vormittag des 30. Dezember in der Mühle von Poscherun die Konvention abschloß, hatte Macdonald Tilsit und Ragnit noch nicht verlassen. Als am 31. Massenbach mit seinen Truppen aus Tilsit kam und die Nachricht brachte, daß bei seinem Abzuge die nicht preußischen Truppen des Korps, 16 Bataillone und 2 reitende Batterien, noch in Tilsit gestanden hätten, da konnte es keinem Zweifel unterliegen, daß Macdonald, auch wenn er denselben Vormittag von Tilsit aufbrach, den Paß von Schillupischken und damit die Straße nach Königsberg von dem ganzen Wittgensteinschen Korps gesperrt finden, das Gewehr zu strecken genötigt sein werde.

York verlegte am Neujahrstage sein Hauptquartier nach Tilsit, ließ seine Truppen in Quartiere zu beiden Seiten der Memel gehen. Kurz vor ihm hatte Diebitsch mit seinem Korps die Stadt Königsberg verlassen. Von der Vernichtung Macdonalds verlautete an diesem Tage nichts. Ein Schreiben Wittgensteins an York vom 2. Januar aus Szillen enthielt nichts von den so ersehnten Erfolgen, nur die beiläufige Notiz, daß das russische Hauptquartier hoffentlich in einigen Tagen in Königsberg sein werde.

Begreiflich, daß auch im Korps nach der ungeheuren Aufregung der letzten Tage die plötzliche Untätigkeit die Stimmung nicht eben hob; hatte man jene große Entscheidung mit Jubel begrüßt – jetzt sah man nach den eben so großen Wirkungen vergebens aus. Einzelnen begann das Geschehene doch bedenklich, ja zweideutig zu erscheinen; auch an solchen, die noch an der Sache Napoleons hingen, fehlte es nicht völlig. Selbst nach einigen Tagen war man mehr resigniert als freudig entschlossen. „Die Stimmung des Korps", sagt ein Bericht, „ist gut und, was zu loben ist, nicht exaltiert; man verkennt die Aufopferungen nicht, die noch zu machen sind, und scheut sie nicht; das Land muß die Gesinnung teilen und dem ausgeführten Wunsch tätig beitreten, wenn Preußen stehen soll."

Vom Präsidenten v. Schön aus Gumbinnen gesandt, war Graf Lehndorf v. Steinorth am 30. nach Tilsit gekommen, um womöglich York aufzusuchen. Jetzt bei seinem Einzuge in Tilsit begrüßte er ihn, eilte dann mit den ersten Aufträgen Yorks an Schön zurück nach Gumbinnen: York bitte dringend, daß Schön, wenn auch nur auf einige Stunden, nach Tilsit komme, um sich wegen Verpflegung und Wiederaufrüstung des Korps, wegen Aufgebotes der Provinz usw. mit ihm zu verständigen. Schön, der für den Augenblick Gumbinnen nicht verlassen zu dürfen glaubte, sandte den Regierungsrat Schulz, der sein volles Vertrauen verdiente und besaß, mit der Vollmacht unbedingter Repräsentation der litauischen Regierung nach Tilsit.

Um ein vollständiges Bild von der Sachlage, dem Gesichtskreis, den Stimmungen des Augenblicks zu geben, teilen wir die ersten Schreiben, die Schulz an Schön sandte, mit.

„Tilsit, den 3. Januar 13 abends.
Und setzt ihr nicht das Leben ein,
    Nie kann euch das Leben gewonnen sein!
York hat mehr als das Leben eingesetzt. Schon den 29. hat er, noch ehe Seydlitz kam, den Entschluß zur großen Tat gefaßt. Er steht ganz, ganz allein mit seinem freilich nicht ruinierten, aber sehr kleinen Korps. Wie er schon durch Graf v. Lehndorf Ew. H. geäußert hat, bittet er auch jetzt Sie dringendst, wenn auch nur auf einige Stunden herzukommen, mit ihm den Bund zu schließen, mit ihm wegen der Aufrichtung desselben, wegen eines etwa nötigen Aufgebots der Provinz, wegen hundert anderer

Sachen zu verabreden, was die wichtigen Augenblicke fordern. Daß Macdonald vernichtet, davon ist immer noch keine Nachricht. Die russischen Korps sind nicht so stark, als sie ausgegeben werden; heute ging das Lewissche Korps hier durch, es sollte 10 000 Mann sein, ich habe zählen lassen, es waren nicht viel über 5 ½ Tausend. Die russische Armee geht nicht geschwinde vor. Über Österreich weiß er nichts Gewisses. York bedarf Ew. H. Mitwirkung für den Augenblick, aber mehr als das bedarf er Ihrer stützenden Kraft. Die Schweiz ruhte auf drei Säulen, und York ist kein Atlas. Die Stimmung des Korps, soweit ich sie schon kenne, ist nicht so, wie man sie wünschen muß, und York hat wohl recht, daß aus dem Vaterlande rückwärts seine Leute ihm nicht folgen würden, und diesen Fall denkt er sich doch als möglich. Er will daher alle Leidenschaft ausschließen, und auch für den Fall eines échec einen Ausweg offen lassen. York wünscht vor allen Dingen möglichst genau zu wissen, wieviel russische Truppen Litauen schon passiert, oder noch darin sind, wo Tschitschagoff und wie stark steht, wo Platoff und wie stark; – auch von Königsberg hat er keine Nachricht.

Gestern war es mein Vorsatz, heute ganz zeitig in Gumbinnen zu sein; York wünschte, daß ich hier bleiben und Sie abwarten möchte ... Kleist geht morgen früh zum Kaiser nach Wilna; ich habe ihm 600 Rthlr. Reisegeld zusammenbringen müssen ... Sie waren gestern schon bei Siehr angemeldet, ich schrieb daher den anliegenden Brief, um ihn gleich bei der Ankunft an Ew. H. abgeben zu lassen. Der Zettel geht mir ganz von Herzen; die Sache ist so groß, Yorks Tat in unsern Tagen so selten kühn, und es ist Gottes Wille, daß ich an ihn gekommen bin. Jeder Tropfen mehrt das Meer: so erlauben Sie, daß neben York auch ich Sie noch dringend bitte, schleunig herzukommen.

P. S. Durch Bergmann ist ein aufgefangener sehr merkwürdiger Brief von Napoleon an Bassano an unsern König befördert. York hat den König gebeten, vor allem seine Person zu salvieren."

Der eingelegte Brief lautet:

„Tilsit, 3. Januar morgens.

Ew. H. werden mein Schreiben von gestern aus Szillen p. Est. noch nicht bekommen haben. Im wesentlichen enthielt es nur folgendes: Wittgenstein hatte sein Hauptquartier in Skaisgirren. Macdonald war gestern leider noch nicht abgeschnitten; es sind seit seinem Abzuge aus Tilsit nur zwei immer nicht sehr bedeutende Arrieregardengefechte gewesen, bei Schillupischken und von Skaisgirren ab nach Mehlauken; er geht schnell auf Labiau und 6000 Kosaken ihm nach; sein Geschütz ist noch nicht genommen. Wittgenstein scheint ein vortrefflicher Mann, er hat ausgezeichnete Männer um sich; die Truppen von seinem Korps, die ich gesehen habe, sind Mann und Pferd sehr gut imstande. Dörnberg und andere seiner Offiziere jammern nur darüber, daß er nicht schneller vorgeht. Darüber jammert auch York und hält das Korps für lange nicht 40 000 Mann stark. York ist in großer Furcht, daß Macdonald schon durch sei. – Das Paulucissche Korps, angeblich 10 000 Mann, kommandiert jetzt General Lewis, der mir nicht besonders gefällt, er kommt heute durch Tilse und stellt sich mit der Avantgarde nach Schillupischken, H. Q. Jurgait-schen.

„Gottlob, daß Sie hier sind! York hat viel auf die Karte gesetzt; er bedarf Stärkung und Salbung von außen; dieser getane Schritt hat seine ganze Kraft in Anspruch genommen. Ich ging gestern gleich zu ihm, aber nicht wie ein Held, der Europa befreit, wie ein Missetäter, der sein Urteil erwartet, sieht er aus, – und einige Offizierskanaillen, die ich gesprochen von seinem Korps, sind immer noch französisch gesinnt, nicht für die braven Russen ... York will 15 000 Rthlr., um sein Korps instand zu setzen. Diese unbedeutende Summe wird ja wohl keine Schwierigkeit machen; auch ich habe 2000 Thlr. parat. Dörnberg, der mir ausnehmend gefällt, schilt wütend auf die Deutschen, wenn sie auch jetzt wieder nichts tun sollten. Er will jedem Haus und Hof verbrennen, damit er nicht mehr Kalbsbraten und roten Wein höher schätze als Unabhängig-keit und Freiheit. Nicht wie bei Bennigsen scheint im Wittgensteinschen Generalstab viel Ordnung zu herrschen; die Offiziere sind gebildet und zehn und hundertmal so bescheiden als im vorigen Krieg; so heißt es jetzt, man habe einen Kurier von Napoleon an Bassano aufgefangen, worin er Bassano schreibt: Preußen wäre ihm an seiner Stelle immer noch zu wichtig, er müsse und werde es vernichten (diese Sage hat Grund), und so meinen die lieben Moskowiter, unser König habe wohl abfallen müssen von dem treulosen Franzosen."

Auf Wittgensteins Wunsch, einen preußischen Kommissar dauernd bei sich zu haben, ging Schulz am 4. Januar diesem nach; im Augenblick der Abreise schrieb er an Schön: „... Wittgenstein soll heute nach Weh-lau kommen. Er wünscht dringend York zu sprechen. York ist zum zweiten und dritten Schritt entschlossen; er bedauert, daß Ew. H. erst den 6. hier eintreffen wollen, er hätte gern so vieles mit Ihnen gesprochen und hat so wenig Augenblicke zu verlieren ..." Und am Schlusse des Briefes: „Ich glaube, es ist schon viel dadurch verloren, daß Ew. H. nicht schon mit York gesprochen haben, und York fühlt sich schmerzlich ver-lassen. Er hat dem Könige seinen Kopf als verwirkt vorgelegt; er ist entschlossen und groß; es ist mir schmerzlich, von ihm zu gehen."

Man sieht in diesen Briefen den heftigen Wechsel der Stimmungen. York schreibt am 4. Januar an Schön: „Das Korps ist von allem ent-blößt, und ich bedarf schleuniger Mittel, um dasselbe eben so schleunig zu retablieren. Auf dem Punkt, auf welchem sich gegenwärtig der Staat befindet, würde ich zwar auch nicht das Außerordentliche scheuen, aber ich wünsche das Ordentliche so lange als möglich seinen Gang gehen zu lassen, oder deutlicher, ich wünsche so lang, als nur irgend möglich, alles durch die Behörden des Landes betreiben zu lassen. Ew. H. beschwöre ich daher, wo möglich schon morgen hierher zu kommen, übermorgen bin ich vielleicht schon auf dem Marsch nach Königsberg; ich beschwöre Sie als Freund und als Patriot, nicht zu zögern, denn die verlorene Zeit ist nicht wiederzugewinnen. Aber bringen Sie auch, soviel als Sie nur können, die Mittel, die zum Zwecke und zum wahren Wohl des Vaterlandes und des Königs führen. Jetzt oder nie ist der Zeitpunkt, wo Preußen seine nötige Unabhängigkeit wiedererlangen kann." Nach dem Wortlaut der Konvention war der äußerste Punkt des dem Yorkschen Korps bestimmten neutralen Gebietes Labiau; in einem Schreiben an Wittgenstein von 2. Januar äußerte York nur erst noch den brennenden Wunsch, bald durch Befehle seines Herrn autorisiert zu sein, seine Streitkräfte mit denen Wittgensteins zu vereinen und mit ihnen für dieselbe Sache zu kämpfen; alle seine Sorge sei dahin gewandt, sich darauf zu rüsten, indem er nicht zweifle, daß der König die Partei ergreifen werde, die ebenso seinen Interessen wie seinen persönlichen Empfindungen entspreche.

Und bereits am 4. Januar denkt York daran, trotz der Konvention und bevor des Königs Entscheidung eintreffen kann, nach Königsberg zu gehen? Was bestimmt ihn, „den zweiten Schritt" zu beschleunigen?

Die nächsten wichtigen Resultate, die York von dem Vordringen der Russen erwartet hatte, waren nicht erreicht worden.

Macdonald war am 31. Dezember mit dem Rest seines Korps, 16 Bataillone, die noch 3–400 Mann stark waren, und zwei reitenden Batterien, mittags aus Tilsit aufgebrochen. Das Wittgensteinsche Korps sollte nach den erwähnten Befehlen schon am 30. Schillupischken erreicht haben; statt dessen hatte am 30. die Vorhut unter General Schepeleff erst Sommerau erreicht, das Gros stand einen Marsch rückwärts in Gerskullen. Wäre auch nur am Morgen des 31., auch nur die russische Vorhut von Sommerau nach Schillupischken gegangen – nur eine Meile Wegs, – so fing sie den erst in der Dunkelheit in den Paß dort kommenden Feind auf, und er war rettungslos verloren. Angeblich infolge einer Namensverwechselung war General Schepeleff von Sommerau am Morgen des 31. nicht nach Schillupischken, sondern nach Szillen gerückt, das eine Meile vorwärts von Sommerau in der Richtung auf Insterburg liegt. Ungehindert zog Macdonald seiner Straße, nur seine Nachhut wurde von russischen Streifen belästigt. Am Neujahrstage folgten die Russen auf der tags zuvor verfehlten großen Landstraße; wieder erreichten sie bei Skaisgirren und Mehlauken nur die Nachhut Macdonalds. Dann überließ Wittgenstein seiner Vorhut und den Truppen des Generals Berg, verstärkt durch den größeren Teil der Kosaken des Korps, die unmittelbare Verfolgung über Labiau und Königsberg; er selbst ging mit den übrigen Truppen über Mehlauken und Wehlau nach Friedland, um, wie er in einem Schreiben an York sagt, seine weitern Bewegungen erst dort, wo er am 5. Januar zu sein gedenke, nach den Umständen zu bestimmen.

Das Nächste und Wichtigste, was York von Wittgenstein erwartet hatte, war gründlich mißlungen. Hätte man Macdonald, wie man gekonnt, abgeschnitten, so wäre jener bei Königsberg und Tapiau verbliebene Rest französischer Truppen niedergerannt worden; Danzig war von Truppen völlig entblößt, man hätte es sozusagen mit einem Kosaken-

Hurra nehmen können; dann hielt sich auch Thorn nicht länger, dann waren Stettin und Küstrin und das dürftige Reservekorps Augereaus in der Mark die nächsten Stützpunkte der allgemeinen Flucht. Die unselige Versäumnis der letzten Tage hatte das alles zuschanden gemacht. Jetzt hatte der Feind wieder eine gesammelte Macht von 20 000 Mann, um den Weg nach Elbing zu sperren. Es war vorauszusehen, daß Wittgenstein, dessen ganzes Korps wahrscheinlich nicht viel stärker war, wennschon er es auf mehr als 60 000 Mann angab, nichts Wesentliches mehr erreichen werde. Freilich ließ Wittgenstein am 6. Januar an York melden; „Das Macdonaldsche Korps, das schon 1200 Mann und 3 Kanonen verloren, retiriere nicht auf Pillau, sondern auf Danzig, und er sende bereits von Wehlau aus zwei starke Detachements, eins auf Elbing, ein anderes auf Marienburg voraus, um den Rest des Korps gänzlich abzuschneiden." Dinge, an die man im russischen Hauptquartier selbst am wenigsten glauben mochte. Das Nachhutgefecht bei Brandenburg, einen Marsch jenseits Königsberg, bedeutete nichts; der Versuch Tschernitscheffs, mit einem Teil des Kosakenkorps von Platoff auf der Straße von Wehlau nach Elbing den Feind zu überholen, führte zu einem Gefecht, bei Braunsberg (8. Januar), in dem die Russen den kürzeren zogen. Das endlich befohlene Vorrücken der sogenannten dritten Abteilung unter Admiral Tschitschagoff von angeblich 15 000 Mann – es konnte am 3. Januar ganz in Gumbinnen einquartiert werden – kam zu spät, um den langsamen Abzug der Franzosen stören zu können.

Der Rückzug zur Weichsel konnte dem Feinde nicht mehr streitig gemacht werden. Dort hatte er Danzig; ein Teil jener 20 000 Mann genügte, Danzig gegen einen Überfall zu sichern; die Flüchtlinge konnten sich dorthin wenden, sich ausruhen, die Besatzung vollzählig machen; dann war die Festung stark genug, das ganze Wittgensteinsche Armeekorps zu fesseln. Und noch war auch Pillau in der Flanke von Königsberg in der Gewalt der Franzosen.

York war noch nicht in Tilsit. Er hatte am 4. Januar General Kleist zum Kaiser nach Wilna gesandt, allerdings nicht bloß, um ihn zu begrüßen. An demselben Tage empfing er aus Memel ein Schreiben des dort von Paulucci eingesetzten Kommandanten, in welchem derselbe bedauert, den Truppen, die York gemäß der Konvention nach Memel zu verlegen wünsche, den Eintritt in diese von den Russen genommene Stadt nicht gewähren zu können. Während sich eine Reihe sehr unangenehmer Verwickelungen entspann, war es dank der zugleich schlaffen und ungeschickten Verfolgung der Franzosen möglich geworden, sich in solcher Stärke zu sammeln, daß sie Wittgenstein die Spitze bieten konnten. Was dann, wenn er zurückgeworfen wurde?

York hatte am 8. Januar endlich die seit Tagen gewünschte Zusammenkunft mit Schön. Er kannte ihn genügend, um zu wissen, daß, wenn irgend dem getanen Schritt Wirkung und Erfolg gesichert werden sollte, sein Rat und Beistand, seine Entschlossenheit, das Gewicht, das sein Name in der Provinz hatte, nicht zu entbehren sei.

York hatte bereits 1811 mit ihm Maßnahmen besprochen, deren Ausführung jetzt unzweifelhaft eintreten mußte. Wenn irgendeiner, erkannte Schön die Bedeutung des von York gegebenen Anstoßes, aber auch die Gefahr, die in demselben, plötzlich und fast zufällig, wie er gekommen war, lag. Es war nicht bloß bedenklich, wie man in Berlin schnell genug zu einer andern Position gelangen werde, nicht bloß schwierig, der Stimmung der Provinz einen raschen und praktisch wirksamen Ausdruck zu geben. Die Berichte, die aus Tilsit kamen, schienen zu zeigen, in welchem Maße York selbst schwankte; ihn auf der Höhe seines eigenen Entschlusses zu halten, mochte, wie Schön seinen Charakter auffaßte, das nächstdringende sein. Schön schrieb ihm am 4. Januar: „Von Berlin schreibt man mir, der König ist entschlossen, und es werden nur noch Formalitäten wegen Augereau berichtigt. So wäre ja alles in hoher Harmonie, wie der Drang der Umstände (des Fatum) auch geben muß. Ew. Exz. haben das Schicksal beim Schopf genommen, wie jeder große Mann muß. Gott segne Sie. Schelten Sie nicht, daß ich noch nicht bei Ihnen bin. Es ist im Gegenteil gut, daß Graf Brandenburg und Thile mich hier finden. Der König wird die Handlung gerechter und ohne Schein von Vorurteil nun einsehen ... Minister Stein, der mir wahrscheinlich auf Veranlassung der Kaisers schreibt, macht es mir zur Pflicht, zur Erhaltung der Ordnung beizutragen und nichts dabei zu unterlassen. Das hat auch auf die Stimmung Einfluß" usw. Am Abend des 6. Januar kam Schön nach Tilsit. „Er fand York in Absicht der geschlossenen Konvention getrost ... aber in Absicht der Verfolgung der Franzosen von seiten des Wittgensteinschen Korps war er sehr bedenklich; er wollte gern bis Königsberg vorgehen, aber er konnte es damals noch nicht wagen. Schön und York verabredeten, was demnächst als Folge der Konvention in Beziehung auf das Land zu tun sei; sie waren einig, daß man einzelne Aufstände nicht fördern, die Sache nur im ganzen aufnehmen müsse."

Inzwischen war Graf Wittgenstein nach Königsberg gegangen. Die Befreiung der Hauptstadt war in der ganzen Provinz als die entscheidende Tatsache begrüßt worden; nun erst jubelte man den Russen als Befreiern, ihrem Feldherrn als siegreichen Helden entgegen. In Wehlau, wohin er am 5. Januar kam, ward ihm ein Ball gegeben, die Stadt erleuchtet usw. Sein Weg hätte über Friedland auf Elbing geführt; aber eine Deputation der Königsberger erschien in Wehlau, ihn feierlichst zu begrüßen, ihn zum Besuch in die Hauptstadt einzuladen. Er folgte der Einladung; am nächsten Tage fuhr er durch die erleuchteten, von der jubelnden Menge gefüllten Straßen in das königliche Schloß, wo für ihn Zimmer hergerichtet waren; dort empfingen ihn die höchsten Autoritäten der Stadt und des Landes. Nach kurzer Audienz begab er sich in das festlich geschmückte Schauspielhaus; dort wurde er in die Königsloge geführt, mit nicht endenden Vivats begrüßt. Nach beendetem Theater ging es zum Ballhause; die Pferde seines Wagens wurden ausgespannt, Bürger zogen ihn unter dem Geleit von hundert Fackeln die Straßen entlang. Andere Feste folgten an den nächsten Tagen.

Am 8. abends, spät und unbemerkt, kam York, von 50 Husaren begleitet, nach Königsberg.

Er hatte an Auerswald, den Präsidenten der Provinz Ostpreußen, von Tilsit aus dessen Sohn Rudolf, der Offizier bei den schwarzen Husaren war, „mit mündlichen Aufträgen" vorausgesandt. Er fand ihn mit dem bisher Geschehenen völlig einverstanden; Nachrichten aus Berlin hatte auch Auerswald nicht.

Dann folgte die Konferenz zwischen Wittgenstein und York, auf welcher verschiedene Differenzen zwischen beiden zum Ausbruch kamen.

Wittgenstein verließ am Tage nach diesen Besprechungen Königsberg, um seinen Truppen zu folgen.

York blieb. Das Gerücht von seiner Ankunft hatte sich bald verbreitet. Schon am Tage nach seiner Ankunft wurde er auf eigentümliche Art gefeiert.

Am Abend des 9. Januar zogen die Studenten der Albertina vom Dom aus am Schloß vorüber nach dem Eingang der Landhofmeisterstraße, in altstudentischer Feierlichkeit dem General York ein Hoch zu bringen.

Diesem starken, und in die Stimmung mächtig einschlagenden Ausbruch dessen, was die Herzen der preußischen Jugend bewegte – und York würdigte dessen Bedeutung wohl – folgte eine desto schmerzlichere Enttäuschung.

Am 10. Januar kamen Nachrichten aus Berlin. – Die Konvention war verworfen worden.

Wenigstens den äußeren Verlauf dieser Angelegenheit müssen wir hier erwähnen, um so mehr, da die herkömmliche Darstellung desselben unrichtig ist.

Die ersten völlig aufklärenden Nachrichten über die Lage der Kriegsverhältnisse hatte Major Hiller, der am 26. Dezember in Berlin eintraf, gebracht. Anfangs Dezember vom Korps – er war Yorks Adjutant – abberufen, um den Befehl in der Festung Spandau zu übernehmen, war er nach York Weisung nicht in der Richtung, die sein Paß vorzeichnete, sondern über Dünaburg und Kowno nach Königsberg gegangen, und von dort mit den erwähnten weiteren Aufträgen nach Berlin geeilt. Seit den Weihnachtstagen war man somit über die militärischen Verhältnisse soweit orientiert, um zu erkennen, um was es sich jetzt handle.

Graf Henkel, der am 26. Dezember mit der ersten Meldung, die auf den nahen Abschluß der Konvention vorbereiten sollte, abgeschickt worden war, traf am 2. Januar mittags in Potsdam ein. „Wie sehr der König", schreibt er in seinen Erinnerungen, „durch meine Nachrichten überrascht wurde, läßt sich denken." Noch an demselben Abend sandte ihn der König nach Berlin an den Staatskanzler, um demselben Bericht zu erstatten, mit der weiteren Weisung, dann völlig zurückgezogen in Charlottenburg zu bleiben. Er schrieb, wie er versprochen, an York: „Militärs haben zwar geahnt, daß es dem Korps schwer werden würde, durchzukommen, und die peinliche Lage gefühlt, in der Ew. Exz. sich befanden. Von dem allen, was beim Korps vermutet wurde, habe ich hier aber noch nichts wahrgenommen. Nur die höchste Behutsamkeit und Vermeidung aller weiteren Schritte, bis sich die Begebenheiten mehr entwickeln, wird deshalb den König von einer unfehlbaren Verlegenheit retten können." So die Eindrücke, die Graf Henkel in Berlin und Potsdam empfing.

Mit der Nachricht vom Abschluß der Konvention und mit deren Ausfertigung hatte York am 30. Dezember abends den Major Thile abgesandt. Der Umweg über Gumbinnen, den Thile nehmen mußte, machte es möglich, daß der von Macdonald abgesandte Adjutant vor ihm schon am 4. Januar abends in Berlin ankam; derselbe brachte die Konvention, die Schreiben von York und Massenbach an Macdonald, ein Begleitschreiben des letzteren an den Prinzen von Neufchatel, in dem es von Yorks Brief hieß: „er erlaube sich keine Bemerkung über denselben, da er die Indignation jedes Mannes von Ehre erwecken werde."

Graf St. Marsan empfing diese Depeschen, als er mit dem Staatskanzler, dem Fürsten Katzfeld und dem Grafen Narbonne bei dem Marschall Augereau zum Souper war. „Der Baron von Hardenberg", schreibt St. Marsan an den Minister des Auswärtigen, „schien indigniert; er begab sich sogleich zum Könige, der soeben nach Berlin gekommen war."

Nachdem Hardenberg den König gesprochen hatte, kam er – noch vor Mitternacht – zu St. Marsan. Der König – wenigstens erzählte so Hardenberg den französischen Herren – habe auf diese Nachricht ausgerufen: da möchte einen ja der Schlag rühren; er habe beschlossen, den General York abzusetzen, ihn arretieren zu lassen, das Kommando dem General Kleist zu übergeben, die Truppen zurückzuberufen usw., er wolle seinen Flügeladjutanten, Major v. Natzmer, sofort mit diesen Befehlen absenden.

Am andern Morgen, den 5. Januar mit Tagesanbruch, kam Major Thile an, fuhr sogleich beim Palais des Königs vor. Er fand bereits Major v. Natzmer im Vorzimmer. Er überreichte dem Könige seine Depeschen; er hatte auf der Reise Graf Wittgenstein und Präsident Schön gesprochen, er konnte manches zur Erläuterung der Verhältnisse hinzufügen. Der König schien nicht unzufrieden damit, daß York ein nutzloses Aufopfern der Truppen vermieden habe; aber er war es desto mehr mit der Form, in der derselbe seine Handlungsweise gegen Macdonald zu rechtfertigen suchte, „indem sie gewissermaßen einen politischen Charakter trage, durch den das Gouvernement in seiner augenblicklich wehrlosen Lage kompromittiert werde."

Am Abend, nachdem zwischen St. Marsan und Hardenberg die zu ergreifenden Maßnahmen diplomatisch festgestellt waren, reiste Natzmer ab. Er erhielt ein Schreiben des Königs an den König von Neapel, in dem es unter anderm hieß: „Jener Schritt Yorks habe ebenso sehr sein Erstaunen wie seinen Unwillen erregt; Major Natzmer überbringe an den General Kleist den Befehl, sofort das Kommando des Korps zu übernehmen, York abzusetzen und zu arretieren; er, der König, brauche nicht hinzuzufügen, daß er der Konvention seine Ratifikation verweigere. Was die über die Truppen zu treffenden Anordnungen betreffe, so ständen dieselben nach dem Allianzvertrage dem Kaiser und jetzt dem Könige von Neapel, als Stellvertreter des Kaisers, zu; des Königs von Neapel Majestät wolle deshalb den General Kleist mit seinen Befehlen versehen und diesselben dem Major v. Natzmer bezeichnen."

Natzmer traf am 9. Januar morgens in Elbing ein, wurde von Murat, Berthier, Daru und Mortier sehr freundlich empfangen. Nach den notwendigen Besprechungen mit den französischen Gewalthabern ging er an demselben Abend noch, von einem Adjutanten Murats begleitet, nach dem Dorf Neukirch, dem Hauptquartier Macdonalds, der die Nachhut führte. Er fand ihn in sehr gereizter Stimmung; da es nicht Kriegsgebrauch ist, im Finstern Parlamentäre gegen den Feind zu schicken, so mußte Natzmer die Nacht über bei dem Marschall in einer Bauernstube bleiben. Am andern Morgen marschierte Macdonald ab, und Natzmer suchte sich die russischen Vorposten. Er fand General Tschaplitz in Frauenburg, der sofort auf seinen Wunsch einen Offizier stellte, ihn nach Heilsberg zum kommandierenden General zu begleiten. Den Grafen Wittgenstein bat Natzmer um die Erlaubnis, sich zu York begeben zu dürfen; als er auf die Frage nach seinen Aufträgen erklärte, daß er den Befehl habe, York des Kommandos zu entsetzen und dasselbe an General Kleist zu übergeben, versagte Graf Wittgenstein die Erlaubnis zur Weiterreise. Er fügte die Frage hinzu, ob Major v. Natzmer sonst noch etwas auszurichten habe. „Er habe", war die Antwort, „ein Schreiben seines Königs an den Kaiser Alexander zu überbringen." Dazu gestattete Graf Wittgenstein die Weiterreise natürlich sehr gern; er ließ sofort einen Schlitten vorfahren, in den Major Natzmer mit einem russischen Offizier einstieg und von dannen fuhr. So erzählt Clausewitz. Den richtigen Verlauf der Sache können wir erst später mitteilen.

An demselben Abend des 5. Januar sollte Hauptmann v. Schack aus Berlin abreisen, um auf seinen Posten zurückzukehren. Er fuhr mit Natzmer zusammen bis Graudenz; er hatte nur von dem Teil der Sendung Kenntnis, die offiziell bekannt werden sollte; von dessen Aufträgen an den russischen Kaiser wußte er nichts. Am 10. Januar traf Schack, wohl vor Natzmer, in Heilsberg ein, sprach Graf Wittgenstein, erhielt die Erlaubnis zur Weiterreise nach Königsberg.

In Königsberg hatte man, wie erwähnt wurde, an eben diesem Tage von den Entscheidungen in Berlin Nachricht erhalten. Unter dem 10. Januar hat Auerswald in seinem Tagebuch bemerkt: „Berliner Posten kamen wieder an, Yorks Konvention ist nicht genehmigt. Flügeladjutant v. Natzmer soll ihn und Massenbach arretieren, wird aber von den Russen nicht durchgelassen." So mochte man aus Berliner Privatbriefen und durch Meldungen von Frauenburg her erfahren haben.

Am wenigsten diese Wendung der Dinge wird York erwartet haben.

Um so erschütternder traf sie ihn. Nicht militärisch, nur politisch war, was er getan hatte, zu rechtfertigen. Mit 14 000 Mann hatte er kapituliert, während Macdonald mit halb so starker Macht – Bayern, Westfalen, Polen – ohne große Mühe das ganze Korps Wittgensteins hatte passieren können. Hatte der König die Konvention verworfen, so war, was York getan hatte, gebrandmarkt als Feigheit und Infamie, so war alles verloren, auch die Ehre, seine, seines Korps, die letzte Waffenehre Preußens. Und nun mußte, nach eben dieser unglücklichen Konvention, die Rückkehr des Korps erfolgen; dann zwei Monate schimpflicher Waffenruhe hinter der französischen Linie; er selbst als Gefangener im französischen Hauptquartier abgeliefert, im günstigsten Fall zum Transport nach Berlin!

Oder waren dies ersten Nachrichten übertrieben, unrichtig, deutbar? Wollte man, wie Graf Henkels Schreiben vermuten ließ, in Berlin zur Zeit gewinnen? Am folgenden Vormittag kam Schack an; allerdings ohne Duplikate der Depeschen, die Natzmer zu überbringen erhalten hatte, ohne ausdrückliche Befehle, die Verwerfung der Konvention, die Absetzung Yorks, den Rückmarsch des Korps betreffend. Aber was er in des Königs Vorzimmer zu Berlin gesehen und gehört, was er von Natzmer selbst erfahren hatte, bestätigte nur zu sehr die Richtigkeit aller jener Nachrichten. Daß Krusemark und Beguelin schleunigst nach Paris gesandt seien, daß Fürst Hatzfeld ihnen folgen solle, schloß allen Zweifel aus. Der König, was auch seine Herzensmeinung sein mochte, stand unter dem Zwang der Feinde.

Schon begann man in der Stadt von schlechten Nachrichten aus Berlin zu munkeln.

An demselben Montag kam General Kleist von seiner Reise zurück. Er hatte die ehrenvollste Aufgabe gefunden; der Kaiser hatte 500 000 Rubel bar gegen Yorks Quittung für die Bedürfnisse des Korps zu zahlen versprochen und nur gewünscht, daß York inaktiv bis zu weiterer Bestimmung des Königs der russischen Armee folgen möge. Großfürst Konstantin, der krank im Bette gelegen hatte, hatte Kleist mit den Worten empfangen: „Kleist Freund oder Feind?" ihn dann umarmt und geküßt; er hatte mitgeteilt, daß auch die Tiroler in Bewegung seien, daß ein Agent von ihnen in Wilna sei, um Unterstützung zu bitten. Auch ein schwedischer Offizier war im Hauptquartier, „um ein Schutz- und Trutzbündnis abzuschließen." Für York brachte Kleist die schmeichelhaftesten Äußerungen des Kaisers, der Großfürsten, des Feldmarschall Kutusoff; ein eigenhändiges Schreiben des Kaisers an den König übergab Kleist an York zu schleuniger Beförderung. Noch an demselben Abend wurde Schack zurück nach Berlin gesandt.

Aber was wurde durch die Erbietungen des Kaisers anders? York konnte sich über seine Lage nicht täuschen. „Das Korps", äußerte er, „wird mir nicht mehr gehorchen; ich werde einen schimpflichen Tod erleiden." Allerdings nahm Oberst Below, der mit seiner Brigade bereits in Königsberg und Tapiau stand, Anstand, von York weiter Befehle

entgegenzunehmen. York forderte Kleist auf, das Kommando zu übernehmen. Kleist weigerte sich, da er wenigstens ebenso strafbar als York
sei. Und als York erklärte, er werde die Truppen aufmarschieren lassen
und vor der Front des Kommando ihm übergeben, erwiderte Kleist: er
werde es auch dann ablehnen und niemand im Korps werde sich finden,
der es übernehme.

So entschloß sich York – ein ernster und schwerer Entschluß – den
Befehl des Königs zu übersehen. Noch konnte er sagen, daß er von einem
solchen nur gerüchtweise wisse.

Zur guten Stunde kam endlich Antwort von Bülow. Auerswalds Tagebuch sagt am 12. Januar: „Bülow schließt sich an York an." Der Bote
wurde sofort mit folgendem Schreiben Yorks an Bülow zurückgeschickt:
„Was für Ansichten hat man in Berlin? Ist man schon so tief gesunken,
daß man es nicht wagen darf, die Sklavenketten zu zerbrechen, die wir
seit fünf Jahren so demütig tragen mußten? Jetzt oder niemals ist der
Zeitpunkt, Freiheit und Ehre wieder zu erlangen. Die Vorsicht zeigt uns
den Weg, wir sind unwürdig ihres Beistandes, wenn wir ihre Wohltaten
von uns weisen. Unser Gegner gewinnt bei unserm Zögern nur Zeit, wir
verlieren sie, jeder Moment ist ein unersetzlicher Verlust. Mit blutigem
Herzen zerreiße ich die Bande des Gehorsams und führe den Krieg auf
meine eigene Hand. Die Armee will den Krieg gegen Frankreich, das
Volk will ihn, der König will ihn, aber der König hat keinen freien Willen. Die Armee muß ihm diesen Willen freimachen. Ich werde in kurzem
mit 50 000 Mann bei Berlin und an der Elbe sein. An der Elbe werde ich
zum Könige sagen: hier, Sire, ist Ihre Armee und hier ist mein alter Kopf
– dem König will ich diesen Kopf willig zu Füßen legen, aber durch einen
Murat läßt sich York nicht richten und verurteilen. Ich handle kühn,
aber ich handle als treuer Diener, als wahrer Preuße und ohne alle persönlichen Rücksichten.

Die Generale und alle wahren Anhänger des Königs und seines Dienstes müssen jetzt handeln und kraftvoll auftreten. Jetzt ist der Zeitpunkt,
uns ehrenvoll neben unsere Ahnen zu stellen – oder was Gott nicht wolle,
schmählich von ihnen verachtet und verleugnet zu werden. Erkämpfen,
erwerben wollen wir unsere nationale Freiheit und Selbständigkeit; als
ein Geschenk annehmen und erhalten, heißt die Nation an den Schand-
pfahl der Erbärmlichkeiten stellen, und sie der Verachtung der Mit- und
Nachwelt preisgeben.

Handeln Sie, General, es ist absolut notwendig, sonst ist alles auf ewig
verloren. Glauben Sie es mir, die Sachen stehen hier sehr schlimm. Ent-
ferne ich mich von hier, so ist das Korps aufgelöst, und die Provinz in
Aufruhr. Wo kann das hinführen? Das ist nicht zu berechnen.

Königsberg, 13. Januar 1813.

York."

Allerdings standen die Sachen sehr schlimm. Daß der König die mit
der Konvention eingeleitete Wendung nicht sofort ergriff oder ergreifen

konnte, brachte Schwankungen und Stockungen, deren Auswirkung gar
nicht zu berechnen war.

So beherrschte die von Stein vertretene Ansicht die russische Politik
bei weitem nicht, daß nicht andern Absichten auch ihr Einfluß gelassen
wäre. Und Stein war gerade in diesen wichtigen Tagen nicht in der Nähe
des Kaisers; er verließ erst am 5. Januar Petersburg, traf erst am 16. im
Hauptquartier ein. So gewiß Stein von großen europäischen Gesichtspunkten aus und für dieselben den Kaiser zu bestimmen gesucht hatte,
so natürlich war es, daß man russischerseits schließlich auch diese von
russischem Interesse aus auffaßte und deutete. War Steins Ansicht, daß
man zum Kampfe für die gute Sache die Völker aufrufen, die Heere zu
sich hinüberziehen, die Fürsten nötigenfalls zwingen müsse, so mochte
die russische Ansicht in der nächsten Anwendung dieser Grundsätze auf
Preußen, wie sie auch ausfiel, immerhin ihren Vorteil ersehen.

Es ist sehr wohl erkennbar, wie in diesem Geiste die russischen Operationen eingeleitet und geleitet wurden. Nur mit Mühe erhielt Wittgenstein die Erlaubnis, über den Njemen nach Königsberg, bis an die Weichsel zu gehen. Am 12.–14. Januar erreichte sein Korps Elbing; es war
Admiral Tschitschagoff eben dahin vorgerückt, übernahm dann als älterer General den Oberbefehl. – Und sofort stand alles an der Weichsel still.
Wohl mochte York an Bülow schreiben, er wolle bis an die Oder und
Elbe ziehen, dem Könige die Möglichkeit eines freien Entschlusses zu
schaffen – Wittgenstein hatte „gemessene Order", vor der Entscheidung
des Königs York keine Bewegung über die Weichsel hinaus machen zu
lassen.

Am schönsten spricht sich diese angedeutete Tendenz in der krassen
Ablehnung aus, York die Verwaltung der Stadt Memel zu überlassen.

So wenig kannte York die Richtung genau, die Rußland einschlagen
werde. Am wenigsten blendeten ihn die Verbindlichkeiten, die ihm aus
dem russischen Hauptquartier hier zuteil wurden. Je peinlicher und un-
klarer seine persönliche Stellung dem Könige gegenüber wurde, um so
behutsamer vermied er alles, was der Unabhängigkeit Preußens, Rußland gegenüber, zu nahe trat. Den ihm nahegelegten Gedanken russischer Fürsprache oder für schlimmste Fälle russischen Dienstes wies er
nicht ohne Schroffheit zurück.

Man mochte im russischen Hauptquartier über die Fassung der allerdings sonderbaren Verhältnisse, die sich seit der Konvention ergaben,
mit sich selber nicht recht im klaren gewesen sein. Hatte Wittgenstein es
mit direkten Befehlen versuchen zu können gemeint, so mußte er selbst
bald feststellen, daß dies nicht zum Ziele führe. Von desto größerer Bedeutung war die Form, die jetzt russischerseits dem offiziellen Verkehr
mit York gegeben wurde. Am 14. Januar kam Generalleutnant Fürst
Dolgoruki, Flügeladjutant des Kaisers, in Königsberg an, der, wie es in
dem ihn einführenden Schreiben Kutusoffs vom 10. Januar hieß, „zu
dieser Sendung ausersehen sei als die geeignetste Persönlichkeit, sich mit
York über die Einrichtungen und Maßregeln zu verständigen, die Zeit

und Umstände erfordern könnten. Es war bemerkt, daß York dem Fürsten sein ganzes Vertrauen schenken könne, wie er das des Kaisers habe, York werde die Delikatesse des Prinzipes zu würdigen wissen, die diese Sendung sowie die Richtung der besonderen Instruktionen, die der Fürst erhalten, bestimmt hätten." Yorks sehr verbindlich gehaltenes Antwortschreiben bringt die Ausdrücke: der König, mein erhabener Herr, mein Vaterland wiederholt an; gewiß nicht ohne Absicht; es fehlte in der russischen Zuschrift jede ausdrückliche Bezugnahme dieser Art.

Durch den Fürsten Dolgoruki wurde nun förmlich ein, wenn man will, diplomatischer Verkehr eröffnet: in der Form von Noten wurden ihm die Wünsche oder Beschwerden, die York dem Kaiser vorgetragen wünschte, zugestellt. Gleich die erste am 15. Januar betraf die Angelegenheit Memels. Wir werden sehr bald auf sie zurückkommen.

York selbst hatte, wohl gleich nach seiner Ankunft in Königsberg, die Befugnisse des Generalgouverneurs, wie die Kabinettsorder vom 20. Dezember ihn anwies, wieder übernommen. Freilich von einer Übergabe der Gouvernementsgeschäfte von seiten des General von Bülow hatte keine Rede sein können, die geschäftliche Unterbrechung und Stockung, die so entstand, wurde so gut und so schnell als möglich beseitigt.

In den Tilsiter Besprechungen hatte der Gedanke eines allgemeinen Aufgebotes der Provinz eine große Bedeutung gehabt, das weitere war für Königsberg vorbehalten. Je länger, je mehr hatte sich York von der tiefen Zerrüttung der russischen Kriegsmacht, von der dringenden Notwendigkeit der alleräußersten Anstrengungen Preußens überzeugt. Selbst wenn Rußland die gleiche Schnelligkeit und Energie im Organisieren betätigte wie Napoleon, so war der Kriegsschauplatz den Quellen der französischen Macht so viel näher, als er sich von denen Rußlands entfernte. Moskau und Petersburg sind fast doppelt soweit von Berlin entfernt als Paris. Napoleon konnte mit einem neuen Heer die Elbe erreichen, ehe neue Streitkräfte aus dem weiten, dürftig bevölkerten Rußland den Njemen überschritten, wenn nicht Preußen mit der stärksten Wucht seiner Macht, wie sie nur ein Volksaufgebot zu geben vermochte, eintrat. Aber nach den üblen Nachrichten aus Berlin und bei der Art, wie sie von der Bevölkerung aufgenommen zu werden schienen, mußte York wenigstens für den Augenblick sich verpflichtet erachten, sich streng innerhalb der formellen Befugnisse zu halten, die ihm als Gouverneur zustanden. Ein allgemeines Aufgebot, bis dahin in Preußen noch nicht versucht, schien am wenigsten von ihm jetzt gewagt werden zu dürfen.

Man sieht, wie York von jener Stellung, die er mit der Konvention innezuhalten geglaubt hatte, weit und weiter abgedrängt wird. Er hatte auf die rasche Vernichtung der Macdonaldschen Truppen gerechnet; Wittgensteins mißlungene Verfolgung zwang ihn, über die Konvention hinaus sofort bis Königsberg vorzugehen. Er hatte auf den Wechsel der Politik in Berlin gerechnet," war mit dieser Zuversicht nach Königsberg vorgerückt; statt dessen war die Konvention verworfen, er selbst seines Kommandos entsetzt. Er übersah die Befehle seines Königs; die Order zum weiteren Vorrücken in die Stellung von Elbing war eine tatsächliche Kriegserklärung. Noch auf ein Drittes hatte er gerechnet, auf eine rasche und kräftige Bewegung in der Armee, im Volk; wird er auch da sich getäuscht haben?

Den mächtigen Schlägen, die der Jahresanfang gebracht hatte, folgten so rasche Wirkungen nicht, wie die hoch aufschwellende Hoffnung erwartet hatte. Zunächst mit übereiltem Eifer den Russen zugewandt, suchte die aufgeregte Stimmung in Yorks Verfahren den Anlaß zu Mißmut und Besorgnis, an dem sie sich weiter erhitzte. „York hatte den ersten Schritt getan, von ihm wurden auch die ferneren Schritte erwartet, und diese Erwartung stieg noch höher, als er am 8. Januar nach Königsberg kam und wieder die oberste Leitung der auf den Krieg und das Heer sich beziehenden Angelegenheiten der Provinz übernahm. Aber allem, was nicht zu den gewöhnlichen Pflichten seines Dienstes gehörte, schien er nur eine geringe Aufmerksamkeit zu widmen und sich allein mit der Ergänzung des erlittenen Abganges in seinem Heer zu beschäftigen, welches, so vollständig es auch sein mochte, doch seiner Zweckbestimmung nach immer unbedeutend gegen das wahrscheinliche Bedürfnis war. So vergingen die Tage, und eine bange Besorgnis, die Gunst des vielleicht nie wiederkehrenden Augenblicks zur Wiedererlangung der Selbständigkeit und Freiheit zu verlieren, bemächtigte sich der Gemüter." So vor allem in Königsberg. Nur wenige mochten glauben, daß York schon zu weit gegangen sei. Diese wie jene hielten sich fern von ihm; und er hatte hier keine geselligen, geschweige denn vertrauteren Beziehungen von früher her, er gehörte zu keiner der alten ostpreußischen Familien, deren vielverschlungene Kreise nie enger zusammenhielten als in so ernster Zeit; er war auf seine amtlichen Verbindungen beschränkt. „York ist sehr verlassen", schreibt Regierungsrat Schulz an Schön, „und dies fühlt der bejahrte Mann auf eine schmerzliche Weise; könnten Sie ihm doch stützend und helfend mit Rat und Tat zur Seite stehen."

Es wurden schon andere peinlichere Sorgen rege. Nicht ohne ernstliche Zweifel musterte man den Kreis der Personen in des Königs nächster Nähe; man kannte sie und ihre Art aus der Zeit her, da man den Hof in Königsberg gehabt hatte: man erinnerte sich, mit wie heftigen und hartnäckigen Anfeindungen sie die Stein, Schön, Scharnhorst und deren Freunde verfolgt hatten. Jetzt warf man auch York Beziehungen zu einem Klub vor, dem nicht vaterländische, sondern sehr eigennützige Ziele unterschoben wurden. Man wandte sich in dieser Angelegenheit mit einer Zuschrift direkt an den König.

In außerordentlicher Spannung standen die Verhältnisse, als eine Wendung eintrat, welche diese zunächst nur noch steigerte.

Am 16. Januar war Freiherr v. Stein im kaiserlichen Hauptquartier eingetroffen; er benachrichtigte sofort Präsident Schön, daß er am 19. im Gefolge des Kaisers auf preußisches Gebiet nach Lyck kommen werde. Der französischen Begrüßung des preußischen Abgesandten antwortete Stein, daß er nicht als Feind dieser Land betrete, daß er des Königs

Freund sei, daß er gern vergessen werde, was zwischen ihnen vorgefallen sei. Auf Steins Betreiben wurde wegen Memel entschieden, alle Anordnungen Pauluccis wurden zurückgenommen.

Fürst Kutusoff teilte in einem Schreiben aus Lyck vom 20. an York diesen Entscheid des Kaisers mit als ein Zeugnis „der Zuneigung des Kaisers für den König und dessen brave Truppen." Er fügte hinzu: „Der Kaiser habe mit großer Genugtuung den Wunsch Yorks vernommen, an den Operationen der kaiserlichen Truppen teilzunehmen. Um diesen Wunsch mit den Rücksichten auszugleichen, welche noch die Lage des Königs fordere, habe er (Kutusoff) den Auftrag, dem General York für den ersten Moment vorzuschlagen, den Bewegungen der Wittgensteinschen Armee in kleinen Märschen nach Elbing hin zu folgen, wodurch zugleich Zeit und Möglichkeit gegeben werde, das Korps zu reorganisieren, die Truppen in dieser harten Jahreszeit zu schonen und vor den Franzosen die Absichten, die man nicht dürfe offenbar werden lassen, zu maskieren. Sobald der König in Sicherheit sei, werde York in die erste Linie rücken, und mit Graf Wittgenstein angriffsweise vorgehen, wie denn dieser ihm schon jetzt die nötigen Anweisungen geben werde. Der Kaiser hoffe, daß die preußischen Truppen mit der Wahl, die er gemacht habe, um den Befehl über sie zu führen, zufrieden sein werden. Baron Stein sende der Kaiser mit sehr ausgedehnten Vollmachten nach Königsberg, um mit den preußischen Behörden gewisse administrative Maßregeln festzustellen, die die jetzigen Umstände unumgänglich machten, die aber ganz den Interessen des Königs entsprechend sein würden."

York erhielt dies Schreiben am Abend des 21. Es zeigte eine allerdings völlig andere Auffassung der Verhältnisse als bisher. Früher hatte man die délicatesse des principes wohl so ausdeuten können, daß russischerseits der kommandierende General und Generalgouverneur der Provinz einstweilen als Stellvertreter der Krone für das schon frei gewordene Gebiet des Königs angesehen, daß angenommen wurde, er handle und beschließe in demselben so wie der König selbst es tun würde, wenn er bereits vom französischen Einfluß frei wäre. Jetzt ward der kommandierende General ohne weiteres unter Befehl eines russischen Generals, die Verwaltung unter einen russischen Bevollmächtigten gestellt; es trat Stein mit kaiserlich-russischer Vollmacht, und wie sich bald ergab, mit einer Machtvollkommenheit auf, welche immerhin im Interesse der „guten Sache" die Souveränität Preußens völlig in Frage stellte.

Andererseit mußte man, wie eifersücht!ig man auch auf die Selbständigkeit Preußens bedacht sein mochte, anerkennen, daß in der Rückgabe Memels ein Beweis von Loyalität, der nichts zu wünschen übrig ließ, gegeben sei; man konnte geltend machen, daß die überdies sehr lockere Unterordnung des preußischen Korps unter Graf Wittgenstein durch den seltsamen Zwischenzustand, in dem man sich befand, geboten und nicht minder wie die Sendung eines russischen Bevollmächtigten eine richtige Folge der Annahme sei, auf die sich der augenblickliche Zustand diesseits der Weichsel gründete, der Annahme, daß der König unfrei sei. Endlich durfte die Wahl des Freiherrn v. Stein die letzten Bedenken schwinden machen und um so mehr für eine Sicherstellung der Zukunft Preußens gelten, als dessen Einfluß auf den Kaiser ebenso bekannt wie bewährt war. Auch York hatte die Verhältnisse so aufgefaßt. Was die Zivilbehörden bei ihrer Verantwortlichkeit nicht unternehmen durften, konnte nun unter dem rechtfertigenden Zwange der russischen Forderungen rasch und entschieden durchgeführt werden. Jene umfassenden Pläne Schöns, die Stände der Provinz zu berufen, sie den Willen des Landes aussprechen, eine allgemeine Bewaffnung dem Könige darbringen zu lassen, – jetzt war der Augenblick gekommen, sie zu verwirklichen. Und Stein hatte seinen Weg über Gumbinnen genommen, hatte mit Schön verabredet, wie weiter zu verfahren sei.

Die Vollmacht Steins – wahrscheinlich von ihm selbst entworfen – war auf eine Auffassung der Verhältnisse gegründet, welche der Wirklichkeit jedoch keineswegs entsprach; sie verkannte, daß in der großen Bewegung, welche Preußen ergriffen hatte, das wiedererwachte preußische Selbstgefühl bei weitem der mächtigste Faktor war. Nicht bloß, daß in jener Vollmacht der russische Kaiser gebot, die Kriegs- und Geldmittel der Provinz „zur Unterstützung seiner Unternehmungen gegen die französischen Heere" in Tätigkeit zu setzen; der Kaiser beauftragte seinen Bevollmächtigten mit der Leitung der Provinzialbehörden, mit der Sorge darüber, daß die öffentlichen Einkünfte mit Treue verwaltet und jenem Zweck gemäß verwandt würden; er unterrichtete ihn, sich der Agenten zu bedienen, welche ihm, wie der Wortlaut der Vollmacht ist, „die geeignetsten scheinen werden, um Unsere Absichten zu vollziehen, diejenigen, welche er für unfähig oder böswillig halten wird, zu entfernen, die Verdächtigen aber überwachen und verhaften zu lassen."

Bereits Schön hatte sich gegen dies ungewöhnliche Schriftstück auf das entschiedenste ausgesprochen, sich unbedingt geweigert, von der Vollmacht wie Stein forderte, offizielle Kenntnis zu nehmen, vielmehr Stein zu bestimmen gesucht, sie unter keinen Umständen bekannt werden zu lassen, weil jede preußische Autorität dann feindlich gegen ihn auftreten müßte.

Am 22. Januar kam Stein nach Königsberg. Von den drei höchstgestellten Personen wurde er in durchaus entgegenkommender Weise empfangen. Der Oberpräsident v. Auerswald hatte von dem Geist und dem Willen Steins die höchste Meinung; er hatte vollen Glauben an ihn und begrüßte ihn als den Retter Preußens. Graf Alexander Dohna, der Präses des ständischen Komitees, hatte mit Stein schon früher in vielfacher und naher Beziehung gestanden. Auch York ging bereitwillig auf die Vorschläge ein, die Stein nach der Verabredung mit Schön machte.

Allerdings legte Stein seine Vollmacht vor, aber man durfte sie in seinen Händen vollkommen unbedenklich finden, da er sie nur dazu verwenden werde, für die peinlichsten Fälle die preußischen Autoritäten ihrer Verantwortlichkeit zu entheben.

Einer derselben schien die Berufung des Landtags. In einem noch vom

22. datierten Schreiben forderte Stein „zufolge der ihm erteilten Vollmacht" Auerswald als Landhofmeister auf, zum 5. Februar „einen Generallandtag auszuschreiben, um mit den Ostpreußischen, Litauischen und diesseits der Weichsel belegenen Herren Ständen über die Errichtung eines Landsturms und einer Landwehr zu beratschlagen und einen Entschluß zu fassen."

Freilich nur dem Könige stand es zu, einen Generallandtag zu berufen und von dem westpreußischen Gebiete diesseits der Weichsel stand der Marienburgische Kreis bisher gar nicht, der Marienwerdersche nur in gewissen Fragen mit den Königsberger Landtagen in Beziehung. Im vollsten Vertrauen zu Stein ging Auerswald über diese Bedenken hinweg. Bereits am folgenden Tage wurden die erforderlichen Wahlausscheiben an die Regierungen, Landräte usw. erlassen.

Aber kaum, daß man sich über jenen ersten und wichtigsten Schritt verständigt hatte, trat Stein mit weiteren Anordnungen hervor, die nur zu deutlich zeigten, daß er seine Stellung anders auffaßte, als man erwartet hatte. Bereits am 23. ließ er sich den Kassenabschluß übergeben, befahl die Lazarettnachweisungen unmittelbar an ihn einzusenden, forderte von Dohna, daß das ständische Komitee am nächsten Tage zusammentreten und ein Papiergeld zu machen beschließen solle. Begreiflich, daß diese und ähnliche Einmischungen in die innere Verwaltung zu dem lebhaftesten Widerspruch Anlaß gaben, den Stein nach seiner Art mit um so größerer Schroffheit beiseite schob.

Schon äußerte Stein sich gegen jeden, der es hören wollte, daß Auerswald nur ein Hemmschuh für die gute Sache sei. Von ihm wie von York forderte er, daß sie jede dienstliche Verbindung mit Berlin abbrechen sollten, er machte gegen sie seine Vollmacht nach ihrem vollen Wortlaut geltend, daß Ost- und Westpreußen von den russischen Truppen besetzt, und was sich hier an Kriegs- und Geldmitteln vorfinde, zur Unterstützung der russischen Unternehmungen anzuwenden sei. Er forderte demgemäß, daß York und Bülow sofort auf die Franzosen losschlagen sollten, und – seinen eigenen späteren Äußerungen nach – ging er so weit, mit Anwendung von Waffengewalt zu drohen.

Wuchs so auf eine wahrhaft verhängnisvolle Weise zwischen denjenigen Männern, an deren fester Eintracht das Gelingen der großen Sache hing, der Hader mit jedem Tag, so kam eben jetzt eine Entscheidung, die die Schwierigkeiten nach allen Seiten hin auf das peinlichste steigerte.

Die Berliner Zeitungen vom 19. Januar – sie langten am 24. Januar in Königsberg an – brachten die königlichen Befehle, die Major Natzmer hatte überbringen sollen, zur öffentlichen Kunde: der König habe bei der unerwarteten Nachricht von der Kapitulation des Yorkschen Korps den höchsten Unwillen empfunden, und seinem Bündnis mit Frankreich getreu, nicht allein die Konvention nicht ratifiziert, sondern auch sofort verfügt, 1) daß dem General York das Kommando der preußischen Truppen abgenommen und dem General Kleist übertragen, 2) General York sogleich verhaftet und vor ein Kriegsgericht gestellt werde; 3) der General

Massenbach, welcher sich der Kapitulation angeschlossen habe, gleichfalls suspendiert und zur Untersuchung gezogen, endlich 4) die Truppen
selbst nach dem Inhalte des mit Frankreich abgeschlossenen Traktaktes
zur alleinigen Disposition des Kaisers Napoleon oder seines Stellvertre-
ters, der Königs von Neapel verbleiben sollten. „Es ist", so lautet der
Schluß, „Sr. Majestät sehr schmerzlich gewesen, daß ein Corps d'Armee,
welches während des ganzen Feldzuges so viele Beweise erprobter Tapferkeit und Treue gegeben hat, in einem so entscheidenden Momente untätig
geworden ist. Se. Majestät haben den Fürsten v. Hatzfeld nach Paris
geschickt, um Ihrem hohen Alliierten über diesen unerwarteten und
höchst unangenehmen Vorfall die nötige Aufklärung vorzulegen."

Nicht nur, daß so die Gerüchte, die vor vierzehn Tagen die Gemüter
beunruhigt hatten, bestätigt und in die weitesten Kreise verbreitet wurden, durch diese Veröffentlichung war auch die ganze Lage der Verhältnisse in eine Entscheidung gedrängt, die, wie sie auch fallen mochte, nur
unheilvoll werden konnte. Was half es, daß man sich von der Unfreiheit
des Königs zu überzeugen gesucht hatte; wenn man in Berlin in drei
Wochen tiefster Erschütterung der französischen Macht nicht den Augenblick hatte finden können, dem Könige die Freiheit des Willens zu
schaffen, auf die alle Rechnung gestellt war, so blieb nicht eben viel
Aussicht, daß dieser je eintreten werde. Wären die Beziehungen zu Rußland so geblieben, wie sie in der Sendung des Fürsten Dolgoruki aufgefaßt waren, so hätte selbst ein Marsch Yorks auf Berlin, es hätte ein
Aufgebot des Landes, ein Entfesseln aller Kräfte gewagt werden dürfen,
in der vollen Gewißheit, daß es im rein preußischen Interesse geschähe.
Jetzt war das Land offiziell unter russischer Gewalt; sowohl die Vollmacht Steins, wie sein persönliches Verhalten, ließen keinen Zweifel, daß
Rußland sein Protektorat der Befreiung Europas damit beginne, die
Streitkräfte Preußens für jene zunächst russischen oder doch europäischen Interessen in Anspruch zu nehmen. War bisher das Streben der
York, Schön, Auerswald, Dohna gerade gegen diese von Stein mit Lei-
denschaftlichkeit vertretene Tendenz gerichtet gewesen, hatten sie geltend machen dürfen, daß bei der Unzulänglichkeit der russischen Streitkräfte Preußen mit ganzer und vollentwickelter Kraft, wie sie nur der
Wille des Königs wecken könne und dürfe, eintreten, und demgemäß
eine völlig gleiche Stelle neben Rußland in Anspruch nehmen müsse – so
war mit jener Veröffentlichung vom 19. Januar diese Auffassung nicht
mehr zu halten; es war entweder Steins Forderung gerechtfertigt: jede
offizielle Verbindung mit Berlin abzubrechen und sich ganz der russischen Leitung anzuvertrauen – und dann mochte man der französischen
Herrschaft frei werden, aber man blieb nicht preußisch, man wurde russisch – oder man gab alles, was bisher gewagt und gehofft war, dahin und
mochte Gott danken, wenn nach den Vorgängen der letzten Wochen
dem Staate Preußen noch ein Scheindasein gelassen wurde, um wenn es
gelang, mit Hilfe des Yorkschen Korps die Revolte der Provinz, die
unvermeidlich war, niederzuhalten.

Es liegen von York keine unmittelbaren Äußerungen aus diesen Tagen vor. Ohne alle Frage waren sie für ihn die schwersten in dieser schweren Zeit. Gerade an ihn, der die Pflicht militärischer Unterordnung so schroff und positiv als möglich zu fassen gewohnt war, der selbst in der Zeit der tiefsten Demütigung das preußische Selbstgefühl zu behaupten und geltend zu machen gewußt hatte, der durch die Konvention die Bewegung der Gemüter, wenn nicht hervorgebracht, doch auf ein bestimmtes Ziel gewandt und gleichsam gerechtfertigt hatte – gerade an ihn zunächst und persönlich wandte sich die ganze Marter der verhängnisvollen Entscheidung.

Am 24. Januar war die unselige Zeitung nach Königsberg gekommen. Schon am folgenden Tage sprach sich „allgemeines Mißvergnügen" in der Stadt aus. Die bittere Stimmung schwoll mächtig an. Sollte man sich ohne weitere Rußland in die Arme werfen? Oder abwarten, wohin die Berliner Politik das Land noch bringen werde? Noch peinlicher mußte die Lage des Korps, jedes einzelnen Offiziers werden. Stand der General York nicht in offenem Aufstand, wenn er weiter den Befehl führte? Durfte man ihm ferner noch gehorchen? – Der wackere Kommandant v. Treskow in Pillau schickte am 25. Januar an York und Kleist zugleich seine Botschaft, da er nicht wisse, wer nun eigentlich das Generalkommando führe.

Auch sonst konnten jene Veröffentlichungen nicht anders als hemmend und niederdrückend wirken. Nach Steins Forderung hatte Auerswald am 23. einen Landtag ausgeschrieben, wie es verfassungsmäßig nur auf Befehl der Königs geschehen durfte; die Verhältnisse schienen die Annahme zu gestatten, daß einstweilen die Autorität des Kaisers an die Stelle des allerdings unter französischer Gewalt stehenden Königs treten dürfe; und hatte man die Zuversicht, daß der König selbst nichts sehnlicher wünsche, als der Sache Napoleons den Rücken zu kehren, so hatte der Umstand, daß nach der nicht zu ihrem Ziel gelangten Sendung von Natzmer zwei Wochen vergingen, ohne daß weitere Befehle kamen, als Beweis dafür gelten dürfen, wie man in Berlin selbst die Politik betrachtete, die man zu machen scheinen mußte. So hatte man vermuten können; jetzt zeigte sich ein völlig anderes Bild, preußische Autoritäten, in des Königs Eid und Pflicht, wie sehr sie Patrioten und für die Erhebung Preußens begeistert waren, durften nicht mehr tun oder gestatten, als sich durch die russische Besetzung und den tatsächlichen Zwang, den sie ausüben konnte, rechtfertigen ließ. In der Tat lief eine Erklärung der westpreußischen Regierung ein, daß es nach den bestehenden Verfügungen nicht in ihrer Befugnis liege, generallandtägliche Verbindungen zu veranstalten. Die schon erlassenen Wahlausschreiben wurden durch ein Ausschreiben vom 25. Januar dahin abgeändert, „daß nicht ein Landtag, sondern bloß eine Versammlung der Deputierten der Stände stattfinden würde, um die Eröffnungen zu vernehmen und darüber zu beraten, welche der Bevollmächtigte Sr. Majestät des Kaisers von Rußland machen wird."

Es war ein Kompromiß, das man wählte; ohne die große Sache völlig aufzugeben oder ihr gar entgegenzutreten, wahrte man die Prärogative der Krone und schonte man das Gewissen derer, welche dem Könige, auch wenn sie seine Wege beklagen mußten, treu und gewärtig zu sein für ihre erste Pflicht hielten.

In ungleich schwieriger Lage war York. Freilich lag es immer noch als Ausflucht nahe, daß er erst einen direkten Befehl des Königs erwarten müsse. Aber was sollte das jetzt noch nützen? Blieb der König in der Gewalt der Franzosen, so war, mochte man das Volk Preußens zur Erhebung bringen, so viel man wollte, die Wehrkraft Preußens gebunden, und daß ohne deren volle und ganze Mitwirkung Rußland nichts ausrichten könne, war nur zu klar. York mußte sich sagen, daß dem System des Königs länger widerstreben, nur Unheil schaffen könne – aber allerdings auch, daß sein Rücktritt jetzt „die Auflösung des Korps", unberechenbares Unheil zur Folge haben müsse.

Man begreift, daß er schwankte. Am Sonntag war jene Zeitung gekommen; der Montag, der Dienstag verging ohne Entschluß. Im Laufe des Montags kam Auer aus Neustettin von Bülow gesandt. Er berichtete, daß Bülow höchst eindringlich an den König geschrieben habe, um ihn zu einem kräftigen Entschluß zu bewegen, daß General Borstell in Kolberg im Vertrauen und völlig einverstanden sei.

Waren schon die Mitteilungen Auers – und auch von der Stimmung in Pommern berichtete er Hocherfreuliches – befriedigend und ermutigend, so brachte der nächste Abend eine Nachricht, die nach Lage der Verhältnisse als entscheidend angesehen werden durfte.

Major Thile, den York am 30. Dezember nach Berlin gesandt hatte, kam jetzt als Kurier von dort zurück. Er hatte die mündliche Meldung zu überbringen, daß der König unverzüglich von Potsdam nach Breslau abreisen werde, wie denn diese Abreise auch am 22. morgens erfolgte.

Die Bedeutung dieser Nachricht wurde noch durch die weiteren Tatsachen, die Major Thile berichten konnte, erhöht. Er teilte mit, daß, infolge sehr bestimmter Nachrichten, in der Nacht vom 17. auf den 18. Januar ein Überfall der königlichen Residenz erwartet worden sei, und daß sich die Befehlshaber der dortigen Truppen veranlaßt gesehen hätten, sie ausrücken zu lassen, um einen erwarteten Gewaltstreich gegen die Person des Königs abzuwehren. Von besonderem Gewicht war, daß Thile, obschon bei seiner Abreise aus Berlin bekannt war, daß der Befehl der Übergabe des Kommandos an Kleist nicht zur Ausführung gekommen sei, nicht bloß keine weiteren Aufträge in dieser Beziehung erhalten hatte, sondern ausdrücklich angewiesen war, an York, nicht an Kleist seine Meldung zu machen. Übrigens hatte Thile dieselbe Meldung bereits an Borstell und Bülow zu machen gehabt, er hatte Befehl, dieselbe auch dem Kaiser Alexander zu überbringen.

Zunächst veranlaßte York seinen treuen Genossen Kleist, mit Thile in das kaiserliche Hauptquartier zu reiten, um wegen der weiteren Bewegungen des Yorkschen Korps gegen die Oder und ihrer Verbindung mit dem Wittgensteinschen Korps Rücksprache zu nehmen.

Sodann wurde folgende Erklärung auf jenen Berliner Zeitungsartikel in der Königsberger Zeitung Nr. 12 erlassen:

„Nach einem Artikel in einigen Exemplaren der Berliner Zeitung vom 19. d. M. soll der Major und Flügel-Adjutant v. Natzmer an den Herrn General-Major v. Kleist abgeschickt worden sein, um ihm den Befehl zu überbringen, mir das Kommando des Königlichen Armeekorps in Preußen ab- und dagegen es selbst zu übernehmen.

Der Herr von Natzmer ist jedoch weder zu dem Herrn General-Major v. Kleist noch zu mir gekommen, und ich werde daher auch um so unbedenklicher fortfahren, das General-Kommando des Korps und die anderen Funktionen nach den Bestimmungen der Kabinetsordre vom 20. Dezbr. v. J. ferner auszuüben, als im preußischen Staate eine Zeitung bekanntlich kein offizielles Staatsblatt ist, und bis jetzt noch kein General seine Verhaltungsbefehle durch die Zeitungen erhalten hat. Um jede Irrung zu verhüten, habe ich für nötig erachtet, diese Erklärung öffentlich bekannt zu machen.

Königsberg, den 27. Januar 1813.

von York
Königlich Preußischer General-Lieutenant,
General-Gouverneur und kommandierender General
des Armeekorps in Preußen."

Als diese Anzeige in der Königsberger Zeitung erschien (28. Januar), war bereits die Abreise des Königs nach Breslau allgemein bekannt, bekannt auch, daß die Königl. Familie ebendahin abgegangen sei, daß der Staatskanzler dahin folgen werde, daß in Berlin eine Oberregierungs-Kommission von fünf Mitgliedern, unter dem Vorsitz des Ministers Grafen v. d. Golz mit sehr ausgedehnten Vollmachten zurückbleibe.

Wie überall in der Monarchie, so namentlich auch in Königsberg, wurde diese Reise des Königs mit der größten Freude begrüßt; man sah in ihr den ersten und entscheidenden Schritt von dem französischen Bündnis weg.

Aber damit zugleich schien die russische Okkupation den Charakter ändern zu müssen, welchen Steins Eifer ihr zu geben gesucht hatte. Der König war nicht mehr unfrei. Der letzte Vorwand, die russische Vollmacht in Anwendung zu bringen, war dahin; ihr ferner Anwendung geben, hieß eben diejenigen Absichten, mit denen man sie rechtfertigte, Lügen strafen.

Mochte der König, falls er noch schwankte, durch den lauten Zuruf seines Volkes in allen Ständen, in der Zuversicht, das hohe Ziel zu erreichen, gestärkt, in dem Entschluß, mit Rußland vereint weiterzukämpfen erleichtert werden – durch die „Administration für russische Zwekke", durch Rücksichtslosigkeiten gegen die preußischen Regierungsgewalten und die ihnen obliegenden Pflichten wurde am wenigsten auf dieses Ziel hingewirkt.

Nicht so faßte Stein die Lage der Dinge auf. Der Charakter des unvergleichlichen Mannes steht zu hoch, als daß es seiner würdig erachtet werden könnte, alles was er irgend getan und wie er es getan, eben nur zu bewundern. Man ehrt ihn mehr, wenn man auch in seinen Rücksichtslosigkeiten und Heftigkeiten, auch in seinen Irrtümern immer wieder dieselbe Wahrhaftigkeit und Seelenlauterkeit, dieselbe tiefquellende und zornmäßige Ursprünglichkeit wiedererkennt, die ihn über den gewöhnlichen Dunstkreis staatsmännischer Kunst und Mittel, über die politischen Charaktere seiner und vielleicht aller Zeit fast einsam emporragen lassen.

Auf den Sturz Napoleons war die ganze Kraft seines Geistes eingestellt. Hinter den Fersen des aus Rußland Fliehenden sah er die Flammen des Volkshasses, der Volkserhebung emporschlagen. Dem sofort Form, Leitung, Wirkung zu geben, schien ihm der hohe Beruf aller Gutgesinnten. Er begriff nicht, wie man da noch sich an kleinliche Rücksichten und konventionelle Formen binden, wie man sich durch armselige Bedenken, durch Vorfragen, ehe man zu den Waffen greife, oder Vorsorge, wie es nach dem Siege werden solle, hemmen lassen könne. Am wenigsten verstand er, wie preußische Patrioten noch jetzt zaudern, mißtrauen, auf allerlei Majestätsrecht usw. erpicht sein mochten. So wenig er sich, als er mit seiner Vollmacht in der Hand die Zügel der Verwaltung fest und energisch ergriff, durch Auerswald Einrede, Yorks Bedenken und Dohnas strenge Loyalität hatte stören lassen, ebenso wenig nahm er jetzt auf die Zeitungsartikel Rücksicht. Er befahl die Aufhebung der Kontinentalsperre und aller den Handel und die Ausfuhr betreffenden Erlasse seit dem Tilsiter Frieden; er befahl die Geltung des russischen Papiergeldes nach einem Zwangskurs, und als die Behörden Einsprache erhoben, darauf hinwiesen, daß soeben in Berlin die Emission von 10 Millionen Talern Tresorscheinen bekanntgegeben worden sei, erklärten, wenigstens die Genehmigung der obersten Staatsbehörden einholen zu müssen, wies er, wie jene Einrede, als dem Drange der Umstände und dem Zweck des Krieges nicht entsprechend, so diese Berufung an die eines selbständigen, freien Entschlusses noch nicht fähigen Behörden zurück; er forderte, daß die Verordnung noch an demselben Tage veröffentlicht werde.

Der Zwiespalt zwischen Stein und den drei preußischen Männern wuchs immer mehr, und vor Ablauf der zweiten Woche seiner Wirksamkeit in Königsberg stand Stein so gut wie isoliert da.

In wenigen Tagen sollte die ständische Versammlung zusammentreten. Wie vortrefflich auch die allgemeine Stimmung war, gar manchem schien doch zu allen andern Bedenklichkeiten die Form jener ständischen Versammlung auf eine russische Vollmacht hin untragbar zu sein.

Nur wenn die leitenden Personen im völligen Einverständnis und mit der Zuversicht, richtig voranzuschreiten, handelten, konnte ein günstiges Resultat erzielt werden. Statt dessen bestand jetzt voller und offenkundiger Zwiespalt. Noch im letzten Moment drohte alles zu scheitern.

Die Leitung der ständischen Versammlung stand dem Landhofmeister als Königl. Kommissar zu. Stein nahm davon keine Notiz. Er forderte vielmehr Schön auf, „sofort nach Königsberg zu kommen, um die Leitung der ständischen Versammlung zu übernehmen; die eingegangenen Nachrichten würden seine etwaigen Bedenken dabei entfernen". Am 3. Februar kam Schön und lehnte den Auftrag ab.

Daraufhin wandte Stein sich an York „Des Kaisers Majestät", so lautet sein Schreiben, „haben Ihre Gesinnung gegen Preußen und seinen König in Allerhöchst ihrer Proklamation d. d. 6./18. Januar deutlich ausgesprochen; sie sind Wiederherstellung der Unabhängigkeit des Staates und des Glanzes des Thrones. Diese großmütige Erklärung hat die Herzen aller Bewohner dieses Landes mit Dankbarkeit und Ehrfurcht erfüllt; überall wurde die Majestät des Kaisers mit lautem Jubel, die russischen Heere als Brüder und Befreier empfangen, und der brennende Wunsch, mit ihnen gegen den Menschenverderber und seine Räuberbanden zu kämpfen, brach allgemein und laut aus. Nichts hindert jetzt die Erfüllung dieses Wunsches. Das Land ist bis an die Ufer der Spree frei, der König ist für seine Person gesichert, Klugheit, Ehre, Vaterlandsliebe, Rache gebieten, keine Zeit zu verlieren, den Volkskrieg aufzurufen, die Waffen zu ergreifen und jede Kraft anzuspannen, um die Fesseln des frechen Unterdrückers zu brechen und die erlittene Schmach mit Blut seiner verruchten Banden abzuwaschen. Des Kaisers Majestät haben mich in der unter dem 6./18. Januar erteilten Vollmacht zu beauftragen geruht, diese Volksbewaffnungen auf die verfassungsmäßige Art zu veranlassen. Die Stände von Litauen, Ostpreußen und Westpreußen sind auf den 5. d. M. von des Herrn Landhofmeister v. Auerswald Exzellenz zusammenberufen. Die Leitung ihrer Beratung, damit sie zu einem zweckmäßigen weisen Resultat führen, kann von niemand vollkommener geschehen, als von Ew. Exzellenz, die durch Ihren kräftigen und weisen Entschluß die Flucht des Feindes beschleunigt und dem Könige und Vaterlande ein Korps tapferer Männer zum Kampf für Freiheit und Ehre aufbewahrt haben; Se. Majestät der Kaiser erwarten daher, daß Ew. Exzellenz diese Leitung übernehmen und die Verhandlungen zu einem erwünschten Resultat bringen werden."

Es war der Tag vor dem Beginn der Versammlung; es lag alles daran, die heillos verworrenen Verhältnisse zu schlichten. Schön unterzog sich dieser mühevollen Aufgabe. Den am tiefsten gekränkten Auerswald durfte er für den Augenblick zur Seite lassen, da er, krank wie er war, nicht unmittelbar hervorzutreten hatte; er wußte, daß dessen edle und milde Natur durch die Größe der Sache, der es galt, versöhnt werden würde. Dohna hatte erklärt, unbedingt mit Schön gehen zu wollen, und die Überzeugung ausgesprochen, daß sie beide vereint, Stein von zeitwidrigen Forderungen abhalten würden. York endlich schien zu sehr, auch persönlich zu sehr dabei beteiligt, durch die ständische Versammlung dem, was er begonnen, Wirkung und Nachdruck gegeben zu sehen, als daß von ihm eine hartnäckige Weigerung gegen jeden Vermittlungsversuch hätte erwartet werden können. Nach langem Widerstreben und mit erklärtem Widerwillen verstand er sich dazu, mit Schön zu Stein zu gehen, um über die am nächsten Tage stattfindende Eröffnung zu verhandeln.

Das Gespräch hatte anfangs einen ruhigen Gang; von jenem Ansinnen

Steins an York, die Leitung der ständischen Versammlung zu übernehmen, scheint nur obenhin die Rede gewesen zu sein; möglich, daß Stein den Gedanken hingeworfen hat, selbst zu präsidieren; nur das kann gemeint sein, wenn York in einem spätern Briefe sagt, er habe erklärt, sich von allem zurückziehen zu wollen, wenn Stein in der Versammlung erscheine. Man war einen bedeutenden Schritt weiter, wenn sich Stein darin fügte, daß für Vorsitz und Leitung der Versammlung bereits ordnungsmäßig durch den an Brandt, dem Vertreter von Auerswald, gegebenen Auftrag gesorgt sei.

Es kam zu einer zweiten schwierigeren Frage. Allerdings hatte Stein die Ausschreibung eines Generallandtags gefordert, „um über Errichtung eines Landsturms und einer Landwehr zu beraten und Beschluß zu fassen". Aber die Ausschreibung selbst hatte als Zweck der Versammlung nur bezeichnet: „Eröffnungen zu vernehmen und darüber zu beraten, die der Bevollmächtigte des Kaisers machen werde." Es bedurfte sonach, da verfassungsmäßig nur über das beraten werden konnte, wozu berufen war, einer Vorlage von seiten Steins an die Versammlung. Statt dessen forderte Stein, daß York die Versammlung mit einer Ansprache über den eigentlichen Zweck der Berufung eröffnen sollte. Als York dies ablehnte, weil die Berufung ja auf Steins Verlangen erfolgt sei und man allgemein Eröffnungen von ihm erwarte, als auch Schön dieser Ansicht mit Entschiedenheit beistimmte, wurde das Gespräch von Stein so bitter und heftig, und namentlich für York so beleidigend, daß dieser plötzlich von seinem Stuhle aufstand und ohne weiteres das Zimmer verließ. In Königsberg ist in jenen Tagen erzählt und geglaubt worden, daß Stein selbst mit Anwendung von Waffengewalt gedroht habe, und daß York geantwortet habe: „So werde ich Generalmarsch schlagen lassen und Ew. Exzellenz möge sehen, wo hier Ihre Russen bleiben werden."

Schön war mit dem Bemerken, daß er nach einiger Zeit wiederkommen werde, York gefolgt. „Bald nachdem ich", so erzählt Schön weiter, „in meiner Wohnung angekommen war, trat York in mein Zimmer; ich sah es ihm an, daß in seinem Innern ein großer Kampf stattfand. Er klagte zuerst sein Schicksal an, daß, nachdem ein großer Moment für ihn einzutreten schiene, er vom Schicksal jetzt, durch die Unvernunft Steins, zurückgeschleudert würde. Stein habe die Sache jetzt dahin gebracht, daß kein guter Ausgang für ihn abzusehen sei. Erkläre sich das Land nicht laut und entschieden für das, was er durch seine Kapitulation angefangen habe, dann müsse der König ihn verlassen. Stein habe durch seine russische Vollmacht und durch seine darauf gestützten unüberlegten Forderungen schon viel verdorben, und indem er sich jetzt weigere, zu den auf sein Verlangen versammelten Ständen eine Ansprache zu richten, könne unser Vorhaben kein gutes Ende nehmen. Ihm bleibe jetzt nichts anderes übrig, als, da er einer schimpflichen Behandlung sich nicht aussetzen könne, sogleich heimlich nach England zu gehen, und ich möge ihm, da ich in dem Lande bekannt sei, Empfehlungen dahin geben. Ich suchte York zu beruhigen, aber die Zukunft stand schwarz vor seinen Augen, und nur mit Mühe erlangte ich Aufschub bis dahin, daß ich mit Stein wieder gesprochen hätte."

Dann ging Schön zu Stein; er fand ihn aufgeregt, aber doch schon gefaßter. Er stellte ihn die Wichtigkeit des Augenblickes, die Erhabenheit des Zweckes, um den es sich handle, vor; er legte ihm ans Herz, was auf dem Spiele stehe, wenn nicht jeder die Hand biete zum Gelingen. York könne ohne Aufforderung des Landes nicht hervortreten, zumal er nach den Zeitungen als formell abgesetzter General dastehe; kein Diener des Königs könne, da der König sich noch nicht erklärt habe, die Initiative ergreifen. Von Stein erwarte man es, Stein sei als Bevollmächtigter des Kaisers mit einem preußischen deutschen Herzen dazu berufen. Wohl suchte Stein die von ihm gemachten Äußerungen zu rechtfertigen; als aber Schön zuletzt den Ruf des Vaterlandes mit Wärme heraushob, forderte, daß jeder an seinem Teil seine Persönlichkeit dafür einsetze, da konnte die edle Natur Steins nicht widerstehen, er entschloß sich, die erwartete Eröffnung für die Stände an Herrn v. Brandt zu senden.

Noch ein schwerer Schritt war unvermeidlich. Steins fernere Anwesenheit in Königsberg hätte dem kaum beschwichtigten Hader neue Ärgernisse und Zerwürfnisse hinzugefügt. Andererseits „die Glorie, Preußen bewaffnet, Landwehr und Landsturm errichtet, und dem Gang der europäischen Angelegenheiten einen anderen Weg angewiesen zu haben, stand vor ihm, und er sollte darauf Verzicht leisten". Der Kampf in ihm war groß, aber sein herrlicher Geist siegte. „Niemals", fügt Schön hinzu, „ist er mir größer als in diesem Moment der Resignation erschienen."

In einem Bericht vom 5. Februar bat er zum Schluß den Kaiser um die Erlaubnis, „persönlich seine weiteren Darlegungen machen zu dürfen."

So hart rangen diese gewaltigen Charaktere wider einander. Aber allen galt das Vaterland über alles. Wie sehr sie auch nach entschiedenem Streit einander grollten und abgewandt blieben, um des Vaterlandes willen mußten sie miteinander gehen und sich gegenseitig verstehen lernen.

Auch York besuchte Stein, und sie schieden in Frieden voneinander. Tags darauf, am 7. Februar, verließ Stein Königsberg; die russische Vollmacht hatte ein Ende.

II

DIE GRÜNDUNG DER LANDWEHR

Um die Tätigkeit der denkwürdigen ständischen Versammlung und Yorks Auftreten in derselben zu würdigen, ist es nötig, sich die allgemeine Lage, soweit sie von Königsberg aus übersehen werden konnte, zu vergegenwärtigen.

Die letzte Mitteilung, die York vom Könige erhalten hatte, war die von der bevorstehenden Abreise des Hofes nach Breslau, die am 26. Januar Major Thile überbracht hatte; aus Breslau war noch keinerlei

Nachricht eingetroffen. So blieb York fort und fort in der peinlichsten Ungewißheit und ohne alle maßgebende Weisung. Öffentlich und offiziell blieb über ihn alles das verhängt und in Geltung, was die Zeitungen am 19. Januar veröffentlicht hatten; nur daß Major Thile unmittelbar an ihn selbst die Meldung von des Königs Abreise zu überbringen gehabt, war ein Zeichen, aber auch das einzige, daß der König ihn nicht so, wie es jene Bekanntmachungen erscheinen ließen, als einen dem Arm der strafenden Gerechtigkeit verfallenen Verbrecher betrachte.

Über die Stimmung der anderen Provinzen konnte kein Zweifel sein. Die Mitteilungen Bülows und Borstells aus Pommern lauteten durchaus erfreulich. Aus der Mark waren um den 23. Januar mehrere angesehene Männer nach Königsberg gekommen, um sich über die Pläne zur allgemeinen Bewaffnung des Landes zu unterrichten.

Eine Mobilmachung der gesamten preußischen Armee war noch nicht förmlich angeordnet; Napoleons Antrag, daß Preußen sein Kontingent auf 30 000 Mann erhöhen möge, gab, da man auf den möglichen Ausfall des schon mobilen Korps hinweisen durfte, den Vorwand, alle Verstärkungen heranzuziehen, so daß man Ende Januar außer dem Yorkschen Korps 34 000 Mann unter den Waffen rechnen konnte, von denen die kleinere Hälfte von Neustettin bis Kolberg hin, die größere in Schlesien stand.

Von den russischen Heeren nahte sich die Hauptarmee unter Kutusoff der Weichsel, erreichte am 5. Februar Plock. Kleinere Korps waren weiter südwärts auf dem Marsch nach Warschau. Das Korps von Tschitschagoff war Mitte Januar von Elbing südwärts marschiert, lag jetzt vor Thorn; das Kosakenkorps von Platoff war aufgelöst und an die übrigen Korps verteilt; Graf Wittgenstein war Anfang Februar über die Weichsel gegangen und hatte Quartiere von Dirschau bis Preußisch-Stargard bezogen, indem sich etwa zwei Drittel seines Korps allmählich nach Danzig zogen, um die Festung einzuschließen. Nur die Kosaken streiften weit voraus, am 5. Februar waren sie in der Nähe von Landsberg an der Warthe, während Seitenschwärme durch das Netzebruch hin die Verbindung mit dem Korps vor Thorn erhielten und die Franzosen, die noch in Posen ihr Hauptquartier hatten, belästigten.

Yorks Korps, jetzt wieder auf den vollen Bestand von 20 000 Mann gebracht, war seit dem 23. Januar auf dem Marsch westwärts, erreichte am 6. Februar Elbing. Nur Major Schill mit seiner Eskadron Husaren war über die Weichsel vorausgeeilt und stand am 6. Februar in der Nähe von Konitz.

Noch war die kleine Festung Pillau in französischer Gewalt. Die früher erwähnten Unterhandlungen hatten zu keinem Ergebnis geführt, und des General Kleist Sendung in das kaiserliche Hauptquartier hatte namentlich den Zweck gehabt, Maßregeln zu verabreden, um mit Pillau schnell zu Ende zu kommen. Demgemäß wurden 3000 Mann des Wittgensteinschen Korps rückwärts beordert, um unter General Graf Siewers gegen Pillau zu gehen; am 4. Februar war sie bis auf einen Tage-

marsch heran; eine reitende preußische Batterie rückte am Tage der
Eröffnung der Stände aus Königsberg aus, den Russen zur Unterstützung.

Von der allgemeinen Stimmung der Provinz ist schon früher gesprochen worden. Waren auch die mannigfachen Irrungen und Schwankungen, die den engern Kreis der leitenden Personen bewegten, nicht ohne
Einfluß, so wurde doch der einmal wach gewordene Geist durch dieselben so wenig gehemmt oder gebrochen, daß er sich nur um so schärfer
ausprägte. Auf der einen Seite die Ungewißheit über das, was endlich im
Rat des Königs werde beschlossen werden, auf der andern Seite das
Mißtrauen nicht bloß in die wirkliche Macht, sondern auch in die Absichten Rußlands, diese Doppelheit brachte inmitten der höchsten Spannung und Erregung eine Gemessenheit hervor, die es den Leitern der
großen Erhebung möglich machte, zwischen den gefährlichsten Klippen
glücklich hindurchzusteuern.

Schon die Wahlen zur ständischen Versammlung, die in der letzten
Januarwoche in allen Kreisen und Städten bis zur Weichsel hin gehalten
wurden, waren von hoher Bedeutung; sie wendeten in allen Punkten der
Provinz den Blick auf ein bestimmtes und deutliches Ziel. Nicht der
König hatte geladen; es mußte jedem vor die Seele treten, daß es eine
höhere Treue gebe als die des bloßen Gehorsams, und daß diese jetzt zu
bewähren sei. Dem russischen Rufe folgend, mußte man nur um so mehr
im rechten preußischen Geist zu handeln wissen.

Und in denselben Tagen des Wählens waren die vaterländischen Trup-
pen auf dem Marsch vom Njemen zur Weichsel; jubelnd zogen sie nach
Westen; über die Oder und Elbe hinaus, bis zum Rhein hin flogen die
Gedanken. Das Volk in den Städten und Dörfern sah nun mit eigenen
Augen, daß es vorwärts zum Kampf ging.

Aber wer sollte, wenn die Truppen alle abgezogen waren, die Provinz
decken? Wer, wenn die Tausende in Danzig, Thorn, in den polnischen
Festungen hervorbrachen, Rache zu üben, das offene Land beschützen?
Überall wurde der Gedanke wach, daß die Provinz sich selbst wehren,
daß alles, was nicht mit der Armee westwärts eilte, bewaffnet und zum
Waffendienst geübt werden müsse, um sich, wenn es notwendig sei, dem
Feind entgegenzuwerfen.

Seit Steins Ankunft – ausdrücklich lautete seine Vollmacht auf allgemeine Bewaffnung – trat diese Frage in den Vordergrund; man sagte
sich, daß die ständische Versammlung vor allem über sie zu beschließen
berufen sei. Überall wurde erwogen und durchgesprochen, wie solche
allgemeine Bewaffnung einzurichten sei; mehr als ein Projekt wurde aus-
gearbeitet. Das wesentlichste, Recht und Pflicht jedes Preußen zur Verteidigung des Vaterlandes, und die Möglichkeit, daß man Soldat sein
könne, ohne aufzuhören Bürger zu sein, galt in der hohen Stimmung
dieser Tage für selbstverständlich. Über Nebendinge ward desto eifriger
disputiert.

Es ist zweifelhaft, ob es Stein bekannt war, daß im Jahre 1811 ein

Entwurf zu einer eventuellen Volksbewaffnung von Schön und York gemacht und vom Könige genehmigt worden war. Er verhandelte nicht mit York über die Bewaffnung der Provinz; er sah vielmehr die Sache so an, daß während dem General die Angelegenheiten des stehenden Heerwesens zukamen, die Aufstellung von Landwehr und Landsturm Sache der Provinz und ihrer Vertreter sei. In diesem Sinne forderte er Graf Alexander Dohna als Präsidenten des ständischen Komitees von Ostpreußen und Litauen auf, die nötigen Vorarbeiten und Entwürfe für die ständische Versammlung zu machen.

Dohna ging mit dem größten Interesse auf den Gedanken ein, und in eng befreundetem Kreise begannen nun die denkwürdigen Besprechungen, deren Summe dann Clausewitz – es bedurfte wiederholter Aufforderungen, ehe er sich dazu bewegen ließ – in einem Entwurf, „Das Wesentlichste in der Organisation eines Landsturms und einer Miliz" betitelt, zusammenfaßte; – einfache große Gedanken, wie sie die Lage der Verhältnisse und eine hohe und patriotische Auffassung dessen, was dem Volke gebührt, und was es vermag, an die Hand gab.

Der Entwurf weist die ganze jüngere Mannschaft der Provinz vom 18. bis 40. Jahre der Landwehr zu; auch diejenigen, welche zum stehenden Heere berufen worden sind, gehören ihr, wenn sie ausgedient haben, an. Sie soll für Friedenszeit nur zu den nötigsten Übungen distriktsweise zusammenkommen; mit Kriegsbeginn tritt sie, je nach dem Bedarf, in größerer oder minderer Ausdehnung in wirklichen Dienst und wird von der Provinz besoldet und verpflegt. Ihr Zweck ist, die Armee, wenn sie sich zurückziehen muß, aufzunehmen, sich mit ihr zu vereinen und so die Verteidigung der Provinz möglich zu machen. Ihre Formation ist der des stehenden Heeres so ähnlich wie möglich; ihre Offiziere stammen aus der Masse der Miliz selbst. Die Organisation wird durch eine Generalkommission, die der König oder sein Stellvertreter aus Militärs und Einwohnern bildet, und durch ständisch erwählte Spezialkommissionen für je einen Teil der Provinz vollzogen. Der Landsturm besteht aus allen Einwohnern, die imstande sind, Waffen zu tragen, vom 18. bis 60. Jahre, soweit sie nicht in Landwehr und Linie Dienst tun. Sein Zweck ist, dem Feinde, wenn er in die Provinz vordringt, den Besitz der Gebiete streitig zu machen, die er gar nicht oder nur mit einzelnen kleinen Abteilungen besetzt hat, ihn auf den schmalen Strich Landes einzuschränken, wo er sich in ganzer Macht zeigt. Der Landsturm sammelt sich in Haufen, um über sich vereinzelt zeigende feindliche Gruppen herzufallen. Dementsprechend ist die Organisation der Bewaffnung usw.

So die Grundzüge des Entwurfs. Da Clausewitz bereits am 6. Februar mit General Siewers vor Pillau war und die Unterhandlungen wegen Übergabe der Festung führte, so wird wenigstens der summarische Entwurf von seiner Hand bereits vor dem Tage der Eröffnung der Stände niedergeschrieben sein. Stein brachte einige unwesentliche Korrekturen an, und auch York hat zweifellos diesen Entwurf gebilligt.

Am 5. Februar, in früher Vormittagsstunde, versammelten sich die

Herren Stände in dem Saale des landschaftlichen Ständehauses. In Vertretung des Landhofmeisters übernahm Herr von Brandt das Präsidium der Versammlung.

Nachdem die Versammlung sich konstituiert hatte, teilte der Vorsitzende das an ihn gerichtete Schreiben Steins vom 4. Februar mit, worin, wie das Protokoll sagt, „Se. Exzellenz äußert, daß er diese Versammlung veranlaßt habe, um der Deliberation der Herren Stände die Auswahl der Mittel zur allgemeinen Verteidigung des Vaterlandes anheim zu geben."

Man faßte, wie es scheint, das Wesentliche der Sachlage noch nicht völlig scharf ins Auge; man untersuchte nicht das Ob, sondern das Wie dessen, was der russische Bevollmächtigte anheimgegeben hatte. Einstimmig erklärte die Versammlung, „sie gehe von dem Gesichtspunkte aus, daß ihre Beratungen nur dann auf einen richtigen und bestimmten Zweck gerichtet werden könnten, wenn solche von derjenigen Militärbehörde geleitet werde, der sowohl die Gesinnung des Königs als die eigentlichen Erfordernisse der Armee bekannt seien." Demgemäß wurde beschlossen, sofort eine Deputation an den General York zu senden, um ihn zu bitten, seine Vorschläge der Forderungen den Ständen „durch einen schriftlichen Aufsatz" bekanntzumachen.

Beachte man wohl, was dieser Schritt bedeutete. York war notorisch abgesetzt, des Königs „höchster Unwille" über ihn öffentlich und förmlich ausgesprochen; indem die namhaftesten Männer des Landes, unter ihnen der eben gewählte ständische Präsident Minister Graf Dohna, der erste Bürgermeister der ersten Stadt des Landes, Heidemann, der bedeutendste Gutsbesitzer der Provinz, Graf Lehndorf v. Steinorth, als Deputation zu York gesandt wurden, sanktionierten sie namens der Provinz, die sie vertraten, tatsächlich und offenkundig dessen Verfahren.

York würdigte die ganze Bedeutung dieses Augenblickes. Persönlich begab er sich mit der Deputation in die Versammlung zurück: als Generalgouverneur Preußens und als treuester Untertan des Königs trete er in ihre Mitte, um ihre Treue und Anhänglichkeit an König und Vaterland in Anspruch zu nehmen, sie aufzufordern, seine Vorschläge zur Bewaffnung des Landes und zur Verstärkung der Armee auf das kräftigste zu unterstützen. Da die Verbindung mit dem Könige gehemmt sei, könne er nur nach den Umständen und kraft der ihm als Generalgouverneur erteilten Vollmacht handeln. Seine Pläne und Vorschläge könne er der gesamten großen Versammlung nicht bis ins einzelne vorlegen; er wünsche, daß ein Komitee gewählt werde, seine Vorschläge anzuhören, ihre Bemerkungen hinzuzufügen und dann so erörtert der Versammlung der Stände vorzutragen. Dann sprach er in kurzen eindringlichen Zügen von dem, was es jetzt gelte, von der Erniedrigung, die Preußen getragen, von der Hoffnung des Vaterlandes. „Ich hoffe", so schloß er, „die Franzosen zu schlagen, wo ich sie finde; ich rechne dabei auf die kräftige Teilnahme aller; ist die Übermacht zu groß, nun so werden wir ruhmvoll zu sterben wissen." Da brach die Versammlung in lauten begeisterten Zuruf aus, und den Hinausschreitenden begleitete ein jubelndes: Es lebe York! Er wandte sich um, mit ernster Stimme gebot er Stille: „Auf dem Schlachtfelde bitte ich mir das aus!" Dann ging er.

Es war, als wenn nun erst die Herzen gelöst, die ganze Macht patriotischen Empfindens erwacht sei. „Alles", rief man, „selbst Weib und Kind müsse sich bewaffnen; das wolle das Vaterland, das wolle der König in seiner Not."

Noch an demselben Abend versammelte sich ein für diesen Zweck gebildetes Komitee in Yorks Wohnung. Die Vorschläge, welche York machte, waren zunächst dahin gerichtet, daß neben den Aushebungen für das stehende Heer und die Bildung möglichst zahlreicher Rekrutendepots, nach den bisherigen Bestimmungen, eine außerordentliche Landesbewaffnung auf Kosten der Provinz geschaffen werde; er forderte, da die Provinz – die bis zur Weichsel hin damals 1 Million und etwa 4000 Seelen zählte – bereits an General Bülow und an das mobile Korps etwa 30 000 Krümper und Rekruten gegeben habe und noch eine weitere Leistung für Kavallerie zu beantragen sein werde, die Aufstellung von 20 000 Mann Landwehr und 10 000 Mann Reserven auf Kosten der Provinz. In der Art der Herstellung dieser mächtigen Volksbewaffnung sowie in Betreff des Landsturms hatte York im wesentlichen den vorerwähnten Dohnaschen Entwurf angenommen.

Man verständigte sich ohne Mühe auch über die Einzelheiten des Entwurfes. Es wurde angenommen, daß jeder ohne Unterschied des Standes und der Religion, nur Geistliche und Lehrer ausgenommen, bis zum 45. Jahre der Landwehr zugehöre; es ward gebilligt, daß „da jeder Mann von Ehre an dieser Landwehr Anteil nehmen und sich nicht gern ausschließen lassen wird", zunächst die freiwillige Gestellung zu gestatten, danach erst, was noch an der dem Distrikt zugeschriebenen Zahl fehle, durch Los aus den übrigen Pflichtigen zu ergänzen sei. Um diese großen Organisationen schleunigst und mit möglichster Energie zu betreiben, soll eine eigene, überwiegend ständisch gewählte Behörde, die Generalkommission mit den ausgedehntesten Vollmachten und ohne Konkurrenz der vorhandenen Verwaltungsbehörden das weitere leiten; diese wird die Befehlshaber der Brigaden dem Könige oder dessen Stellvertreter zur Ernennung vorschlagen. Die daneben bestehenden fünf Spezialkommissionen sollen die Bataillonsführer und die übrigen Offiziere der Generalkommission zur Genehmigung vorschlagen.

Bei weitem das Wichtigste in dem so durchgesprochenen Gesetzentwurfe war, daß man mit diesen Kommissionen die neue Einrichtung vollständig den „Vertretern der Nation", wie damals der Ausdruck war, anvertraute, und daß man den Staat in seinen Verwaltungsorganen ganz, in seinen militärischen fast ganz beiseite ließ und aus den freien patriotischen Selbsttätigkeit des Volkes heraus das Neue werden zu lassen sich entschloß.

Auf den 7. Februar war die zweite förmliche Sitzung anberaumt. Von allen Seiten in völliger Einmütigkeit – der Oberpräsident erhielt von seinem Stellvertreter die Berichte und erklärte sich mit allem einverstanden – durfte man bereits in dieser zweiten Sitzung zu den entscheidenden Entschließungen schreiten, die einmütig gefaßt wurden.

Es blieb nur übrig, diese – wenn sie auch nicht in der Form von Beschlüssen in den ständischen Akten zu lesen sind – zu verwirklichen. Den Weg hatte bereits H. v. Brandt als Vorsitzender angedeutet. Es wurde vorgezogen, an York, da noch einige Punkte zu erwägen blieben, die Beschlüsse durch Graf Dohna direkt überreichen zu lassen. Ferner wurde beschlossen, durch denselben ein ehrfurchtvolles Schreiben an den König zu befördern, in dem namentlich hervorgehoben würde, daß bei den jetzigen Verhältnissen die augenblickliche Festsetzung durch den König nachzusuchen nicht möglich, dagegen „wegen der dringenden Gefahr keine Zeit zu verlieren gewesen sei".

In der dritten Sitzung, am 8. Februar, erfolgte die Wahl des Abgesandten, die nach einigem Disput auf den Grafen Alexander Dohna fiel, welcher eine Adresse dem König überbringen sollte.

In würdigen Worten stellte diese die bisherigen Ereignisse dar; die russische Initiative erwähnt sie nicht: „Wir versammelten uns im Auftrage der Provinz in gesetzlicher Form zu beraten, welches Opfer wir Ew. Majestät und dem teuren Vaterlande bringen könnten, um in der jetzigen Lage der Dinge unsere Treue für König und Vaterland nicht in Worten zu zeigen, sondern in Taten übergehn zu lassen." So habe man sich an York gewandt, und dieser habe gern und willig die Mittel vorgeschlagen, dem Vaterlande zu nützen, unter diesen die Errichtung einer Landwehr zur Vermehrung der Streitkräfte und zur Verteidigung des Landes. Mit ihm habe man sich über einen Organisationsentwurf geeinigt, ihm denselben anvertraut, um des Königs Beistimmung zu erwirken. „Nur, was unser allgeliebter Landesvater will, wollen wir, nur unter seiner erhabenen Leitung Preußens und Deutschlands Schmach rächen, für die Selbständigkeit unsres teuren Vaterlandes kriegend siegen oder sterben."

Wir müssen an dieser Stelle einen Augenblick innehalten. Der gebotene Gesichtspunkt unserer Darstellung – wie anziehend es auch sein mag, das Werden großartiger Institutionen, die Erhebung einer Nation zu betrachten – nötigt uns immer wieder in den Kreis der persönlichen Beziehungen, Begebnisse, ja Benachrichtigungen zurückzukehren und gleichsam den Gesichtskreis zu rekonstruieren, innerhalb dessen York sich zu entschließen und zu handeln hatte. Und in eben diesen Tagen, von denen wir sprechen, wurden ihm Tatsachen bekannt, die für sein Handeln von der größten Bedeutung sein mußten.

Die Nachricht von des Königs Abreise nach Breslau, die man am 26. Januar in Königsberg hatte, war fast bis zum Schluß der Stände die letzte direkte Andeutung, die York erhielt; – und wie, wenn jene Reise eine österreichische Allianz und einen kläglichen Frieden bedeutete? Noch am 6. Februar bemerkte Auerswald in seinem Tagebuch: „York hat noch keine offizielle Entscheidung." Und am 7. erhielt Auerswald noch Warnungen des Ministers Graf Golz vor den „russischen Umtrieben". So muß hier auch auf Bedenken hingewiesen werden, die sich in Westpreußen namentlich in den Beamtenkreisen über das Verfahren der preußischen Stände aussprachen; in Königsberg selbst ist jener Tage geschrieben worden; „Die Stände haben erklärt: da unsres geliebten Königs Haupt in Feindes-Gewalt ist, so kann er seinen eigentlichen Willen nicht nach Preußen kommen lassen, und daher erklären wir uns für souverän und beschließen usw."

Endlich am 8. Februar enthält das erwähnte Tagebuch die Notiz: „York hat einen Kurier vom König mit guten Nachrichten." Es ist nicht möglich gewesen, festzustellen, wer dieser war, noch bestimmte Nachricht über das, was er brachte, zu finden.

Die Botschaft wird aber, das kann man wohl annehmen, so gut wie die letztvorhergehende, die Major Thile gebracht hatte, eine bezeichnende Tatsache mitgeteilt haben, von der man erwartete, daß York sie richtig zu deuten und danach zu handeln wissen werde; – vielleicht die, daß der General Scharnhorst wieder berufen sei. Daß sie nichts Bestimmteres als eine solche Andeutung enthielt, daß York aus dem kaiserlichen Hauptquartier her nicht über den Stand der Dinge unterrichtet war, ergibt ein Schreiben Yorks vom 10. Februar, in dem es heißt: „Obschon man mit mir verfährt, als wenn ich in der Wirklichkeit aufgegeben wäre, so fahre ich dennoch fort, nach Kräften für das wahre Interesse Sr. Majestät des Königs und des Vaterlandes zu wirken und auf einer Bahn fortzuwandeln, auf der kein Rückschritt mehr möglich ist; alle meine sonstigen Freunde haben sich aus Furcht vor Kompromittierung von mir zurückgezogen; von keinem ein Wink, noch weniger Rat oder Hilfe." Und am Schluß: „Ew. H. beschwöre ich aber schließlich mir wenigstens einen Wink zukommen zu lassen, wenn noch nicht der Zeitpunkt ist, sich rein auszusprechen; Zeit gewinnen können nur die Franzosen, wir aber nur sie verlieren."

Vom Hauptmann Schack lief ein Schreiben aus Konitz vom 8. Februar, ein zweites vom 11. Februar aus Plock, dem russischen Hauptquartier, dies letztere wohl am 13. Februar, ein. Wenigstens, daß Unterhandlungen zwischen dem Könige und Alexander im Gange seien, bestätigten sie; sie ließen, wenn auch noch sehr unbestimmt, die Möglichkeit einer Allianz erkennen.

Deutlicher ergab sie die Sachlage an demselben 13. Februar durch die Ankunft des russischen Obersten Neidhard. Er überbrachte ein Schreiben Wittgensteins aus Preußisch-Stargard vom 12. Februar. „Mit dem größten Vergnügen teile ich Ew. Exzellenz die so angenehme Nachricht mit, daß endlich unsere Truppen vereinigt sind, und daß wir nun gemeinschaftlich die gute Sache zu verteidigen und zu schützen haben werden." Ein abschriftlich mitgeteilter Befehl des Fürsten Kutusoff an Wittgenstein aus Plock den 8. Februar, in dem die nächst weiteren Operationen der russischen Armeen angegeben waren, besagte in Betreff des preußischen Korps: es sei des Kaisers Wille, daß dasselbe ebenfalls vorrücke; demzufolge möge Wittgenstein an York den Befehl erteilen, aus Elbing aufzubrechen, über die Weichsel und weiter in der Richtung von Neu- stettin vorzugehen usw. „Der Befehl des Marschalls", fügt Wittgenstein hinzu, „ist ein sicherer Beweis, daß Se. Majestät der König der Politik unseres Hofes bestimmt." Und in der Nachschrift: „Ich hoffe, daß E. E. die Gefälligkeit haben werden, Ihre Truppen sogleich marschieren und diesen Marsch so sehr als möglich beschleunigen zu lassen, um so schnell wie es tunlich ist, an die Oder zu kommen, welches bei jetzigen Umstän- den von der höchsten Wichtigkeit ist."

Aus diesen Eröffnungen und den weiteren mündlichen, die Oberst Neidhard zu machen beauftragt war, durfte York entnehmen, daß Graf Brandenburgs Erscheinen im russischen Hauptquartier über das Ver- hältnis zwischen Preußen und Rußland der Hauptsache nach entschie- den hatte, da der Befehl Kutusoffs unmittelbar nach des Grafen Abreise erlassen war.

Es lag auf der Hand, daß, wenn dieser Wechsel des preußischen Sy- stems, wie nicht mehr zu bezweifeln war, eingetreten war, ohne weiteren Verzug des Königs Befehle bei York eintreffen mußten. Aber auch um- gekehrt: wenn diese Befehle nicht sofort erschienen, so war es nicht mehr ein unsicheres Schwanken des preußischen Kabinetts, was zu zögern veranlaßte, sondern es handelte sich entweder noch um die Feststellung der Bedingungen mit Rußland oder um den Vorteil weiterer Scheinver- handlungen mit Napoleon oder um beides zugleich.

Das Schreiben des Fürsten Kutusoff – befehlen sollte nach demselben Wittgenstein den Abmarsch der preußischen Truppen aus Elbing – zeig- te auf russischer Seite unzweideutig eine Auffassung des gegenseitigen Verhältnisses, der sich York bisher nicht gefügt hatte, und welche er am wenigsten jetzt hinzunehmen bereit sein konnte. Wenn auch in milderen Formen, enthielt doch Wittgensteins Schreiben ungefähr dieselben Voraussetzungen. Gewiß war es der ganzen Sachlage entsprechend, wenn York das, was angemessen schien, nicht darum unterließ, weil es von russischer Seite befohlen wurde; aber ebenso wenig durften die russi- schen Befehle für sein Tun maßgebend sein.

Während York in den Beziehungen zu Rußland sorgfältig vermied, den Entschließungen des Königs weiter vorzugreifen, ging er in der mili- tärischen Organisation der Provinz desto entschiedener vorwärts.

Es entgeht uns, indem wir die Ergänzung des mobilen Korps und die Bildung der 13 000 Mann Reserven aus Mangel an Material unerörtert lassen müssen, ein namhafter Teil der umfassenden Tätigkeit Yorks. Sie erhält durch die musterhafte Darstellung der Organisation des Bülow- schen Korps einzelne Streiflichter, welche erkennen lassen, wie kompli- ziert dies Geschäft war.

Von den neuen Formationen, die inzwischen von allerhöchster Stelle aus angeordnet waren, erfuhr York nichts; „wir tappen hier ganz im

Finstern über die Formationsprojekte in Schlesien", schreibt noch am
16. Februar ein Offizier des Yorkschen Stabes, „machen daher alles nach
unserer eigenen Meinung".

Die Berliner Zeitungen, welche am 14. Februar in Königsberg ankamen, brachten den sogenannten Aufruf vom 3. Februar, von Hardenberg unterzeichnet: „Die eingetretene gefahrvolle Lage des Staates", so
lautete der Eingang, „erfordert eine schnelle Vermehrung der vorhandenen Truppen, während die Finanzverhältnisse keinen großen Kostenauf-
wand gestatten." Dann folgt die Aufforderung an die bisher nicht dienst-
pflichtigen gebildeten Klassen, unter mehrfach günstigen Bedingungen
und lockenden Aussichten in die zu diesem Zweck angeordneten Jäger-
detachements einzutreten. Sah auch die Provinz Preußen in diesem Aufruf mit Freuden ein weiteres Merkzeichen, das der König seinem Volke
gab, so durfte sie zugleich mit Stolz bekennen, daß sie nicht bloß bereits
Größeres zu leisten und dem Könige darzubringen sich entschlossen
habe, sondern auch, daß sie in dem wahren und großen Sinn der für alle
gleichen patriotischen Pflicht in ihrer Landwehr keinen Unterschied als
den zwischen freiwillig Eintretenden und Gelosten gestattet, mit keinerlei weiterer Zusicherung gelockt habe. Man konnte in dem Aufruf des
Staatskanzlers – erst am 20. Februar ist die landesübliche Veröffentlichung erfolgt – am wenigsten einen Anlaß finden, von dem größeren und
einfacheren Plane abzugehen, welcher überdies den in dem Aufruf vor-
ausgestellten Motiven vollständig entsprach.

So ging denn die eingeleitete Formation raschen Schrittes weiter. Zuerst wurde das von den Ständen beschlossene Kavallerieregiment unter
Major Graf Lehndorf gebildet. Anschließend folgte die Bildung der Landwehr.

Yorks Abreise rückte heran; am 17. Februar vollzog er die Ernennung
der von der Generalkommission gewählten Herren Graf Ludwig Dohna
und Carl Alex. v. Bardeleben als Kommandeur und Inspekteur der
Landwehr: am 18. Februar erließ er an die Regierungen Preußens die
nötigen Mitteilungen, übertrug dem General v. Massenbach für die Zeit
seiner Abwesenheit „oder bis zu einer anderweitigen Bestimmung des
Königs" die Funktionen des Generalgouverneurs, teilte dies, wie seine
demnächstige Abreise, der Generalkommission mit; „ich freue mich",
schreibt er, „mit Hochderselben im voraus des schönen Werkes, welches
Liebe und Treue zum Monarchen und Vaterlande selbst unter den
schwierigsten Verhältnissen schaffen werden."

Am 19. Februar morgens reiste York von Königsberg ab.

Es ist hier nicht der Ort, den weiteren Verlauf der Landwehrformation
in Ostpreußen zu verfolgen. Während sich die Rückantwort aus Berlin
volle vier Wochen verzögerte – sie traf erst um den 25. März in Königsberg ein – arbeitete diese Provinz energisch und selbständig an ihrem
großen Werk weiter.

„Wenn man bedenkt", schreibt Präsident Schön an den Staatskanzler, am 24. Februar, „was diese Provinz vor allen andern gelitten hat,

Greuel, die keine erfuhr, Verluste, die keine erlitt, und daß dies nur Städte von 4–5000 Menschen sind, daß die Landwehr von 20 000 schon publiziert ist, daß keine besoldete Autorität diesen Eifer weckte oder anregte, sondern Bürger die Sache anfingen und mit heiligem Eifer betrieben, so muß man sich freuen, zu einem so braven und treuen Volk zu gehören, und ich muß Ew. Exzellenz bitten, Sr. Majestät den Könige dies vorzutragen."

III

DAS RUSSISCHE BÜNDNIS. KRIEGSANFANG

Der Volksstimmung in Preußen und in dem größeren Teile Deutschlands würde es entsprochen haben, wenn der König das Bündnis mit Napoleon ungesäumt und rücksichtslos zerrissen hätte. Denn war Preußen auch durch völkerrechtliche Formeln gebunden, so hatten doch auch die Gewissenhaftesten keinen Zweifel, daß diese nur auf so lange binden könnten, als die Gewalt währte, die sie erzwungen und die nicht aufgehört hatte, in willkürlicher Deutung dessen, was festgestellt worden war, mißbraucht zu werden.

Der König ging von einer andern Auffassung seiner Lage und seiner Pflicht aus.

Man kennt seine Äußerung: Napoleon müsse sich erst ins Unrecht setzen. Er verbarg sich nicht, daß jener bisher stets den Wortlaut des Allianzvertrages und der nachfolgenden Vereinbarungen für sich hatte. Er hielt sich durch diese gebunden.

Aber sie gestatteten ihm, sie nun auch zu seinen Gunsten zu deuten, zumal durch Napoleons Forderungen Anlaß zu neuen Verhandlungen gegeben war.

Wie der König Napoleons Art auffaßte, zweifelte er nicht, daß alles eher als die Annahme der preußischen Gegenanträge erfolgen, daß Napoleon eher zu Gewaltmitteln greifen als nachgeben werde. Und dann war er in seinem Gewissen frei. Denn ihn band nicht, wie die Rheinbundfürsten, eine verfassungsmäßige Unterordnung; mit schwersten Opfern war wenigstens das Prinzip der vollen Souveränität der Krone Preußen gerettet worden.

Und diesen Verlauf sah er mit solcher Zuversicht voraus, daß er, ohne abzuwarten – schon in den ersten Januartagen – dem Kaiser von Rußland Eröffnungen machte, welche nur eine eventuelle Bedeutung haben sollten.

Wie großen Wert man auch einer formellen Gewissenhaftigkeit beilegen mag – und es wäre die gefährlichste Sophistik, sie zu verleugnen – in der damaligen Lage konnten an dem Formalismus, den der König festzuhalten bemüht war, leicht die größten Interessen zugrunde gehen.

Eine nächste Folge jener Auffassungsweise war, daß Yorks Korps, das

Land jenseits der Weichsel, fast möchte man sagen, dem Zufall überlassen wurde. Und am wenigsten vorausgesehen oder beabsichtigt war jene energische und sichere Selbstbestimmung, mit der Ostpreußen voranschritt, und der die andern Provinzen zu folgen sich anschickten.

Nicht minder bedenklich war es, daß, je länger der Abschluß mit Rußland sich hinzog, desto weniger Preußen in demselben seine Bedingungen geltend machen konnte. Ja, indem die Russen ihr Vorrücken in dem Maße verzögerten, als Preußens Zutritt ungewiß blieb, ging mehr und mehr von der Gunst der Umstände verloren, auf die man Anfang des Jahres vieles und alles hatte rechnen können.

Das Übelste war, daß man mit Napoleon weiter verhandelte ohne den Glauben, ja ohne den Wunsch, zur Verständigung zu kommen, und sich in Zweideutigkeiten verwickelte, die, so sehr in dergleichen die Diplomatie ihre Kunst zu zeigen liebt, weder der Gewissenhaftigkeit, von der man ausgegangen war, noch dem mächtigen Gang des nationalen Empfindens und der Entschiedenheit der Situation entsprachen.

Hardenbergs Verehrer haben die diplomatische Feinheit bewundert, mit der er Napoleon in Täuschungen hinzuhalten verstand. Unzweifelhaft das größere Interesse, Zeit zu gewinnen, hatte aber doch Napoleon.

Daß man sich dazu hergab, einen preußischen General vor erfolgter Untersuchung preiszugeben und durch einen offiziellen Zeitungsartikel zu brandmarken, mochte durch die Besorgnis entschuldigt werden, daß sonst möglicherweise die persönliche Sicherheit des Königs gefährdet sei. Mehr als zuviel war es, wenn Hardenberg jetzt das Projekt einer Vermählung des Kronprinzen mit einer napoleonischen Prinzessin zur Besprechung brachte. Des Königs Reise nach Breslau begründete man mit einem Artikel des Allianzvertrages, der das obere Schlesien von Durchmärschen und Besatzungen französischer oder verbündeter Truppen ausnahm; um eine gleiche Anerkennung der „Neutralität" Schlesiens von russischer Seite zu erwirken, so ward in Paris vorgestellt, wünsche man einen Unterhändler an Alexander zu senden; man mußte es hinnehmen, daß aus Paris – schon am 26. Januar – ablehnend geantwortet wurde.

Im Allianzvertrag hatte sich Preußen verpflichtet, „keine Aushebung, keine Truppenzusammenziehung, keine militärische Bewegung, solange die französische Armee auf preußischem oder feindlichem Gebiet sei, anders als im Interesse des französischen Bündnisses und im Einverständnis mit Frankreich vorzunehmen." Man konnte die Einberufung der Krümper auf die Herstellung des größeren Kontingentes und des schlesischen Kordons rechnen, wennschon man immer wieder als Bedingung so großer Anstrengungen Erstattung der Auslagen von 1812, wenigstens eine Abschlagszahlung forderte. Aber der Aufruf von 3. Februar und gar das Gesetz vom 9. Februar, das für die Dauer des Krieges jede Ausnahme von der Militärpflicht aufhob, gingen dem Geist nach über jenen Vertrag weit hinaus. Der Vizekönig untersagte die Rekrutierungen und die Abreise der Freiwilligen in dem von den Franzosen besetzten Gebiet.

Der Antrag, wegen der Neutralität Schlesiens mit Rußland zu verhandeln, wurde zum zweiten Male zurückgewiesen (9. Februar), zum dritten Male erneuert: „Der König müsse doch einen Winkel behalten, wo er sich sicher aufhalten könne." Eine eingehende Antwort ist in Paris lange hinausgeschoben, endlich – zu spät – erlassen worden.

Nach den Vorverhandlungen durch Major von Natzmer und Graf Brandenburg wurde Oberst Knesebeck, der das Vertrauen des Königs in vorzüglichem Maße besaß, in das kaiserliche Hauptquartier gesandt, um den Allianzvertrag festzustellen. Er hatte zugleich die Vollmacht, die nach dem Abschluß nötigen militärischen Weisungen an die Generale York, Bülow und Borstell zu senden, sowie die Kabinettsorders an die genannten Generale, welche ihnen die Vereinigung der preußischen mit den russischen Truppen bekannt machten.

Am 16. Februar traf Knesebeck in dem kaiserlichen Hauptquartier zu Klodawa ein. Man hatte sich einen raschen Abschluß der Verhandlungen versprochen. Aber gleich in den Vorfragen wurde offenbar, wie hoch Rußland die Hilfe veranschlage, die es der Befreiung Europas bringe. Während Knesebeck die gebotenen Gesichtspunkte der Selbständigkeit Preußens und des europäischen Interesses geltend machte – er war unmittelbar vorher in Wien gewesen und kannte die Ansichten des dortigen Kabinetts – zeigte sich Rußland bezüglich Polens vollkommen entschieden, bot zur Wiederherstellung Preußens Sachsen an, das zu dem Zweck als erobertes Land behandelt werden solle! Die Verhandlungen gerieten ins Stocken, mit den Verhandlungen des Vorrücken der Russen.

Am Tage nach Knesebecks Ankunft in Klodawa, am 17. Februar, war vom Fürsten Kutusoff ein Operationsplan unterzeichnet worden, in welchem es hieß: „Die Überlegenheit unsrer Streitkräfte, mit denen sich jetzt noch die Preußen zur Besiegung des gemeinschaftlichen Feindes vereinigen, gibt uns eine bequeme Gelegenheit, diesen Überrest der französischen Truppen (zwischen Frankfurt und Stettin, nach Kutusoffs Meinung 40 000 Mann) ganz zu vernichten."

Wenn Wittgenstein die Mitwirkung der preußischen Generale nach diesem Plan in Anspruch nahm, so mußten diese sich allerdings weigern, mit dem Feind in unmittelbaren Konflikt zu kommen, ehe der Krieg erklärt war. Aber scheinbar gleichzeitig mit jenem Operationsplan war aus dem russischen Hauptquartier von Knesebeck ein Schreiben an Bülow abgegangen, welches auf ein Vorrücken der beiden preußischen Generale bis an die Oder hindeutete. Dieses Schreiben teilte in Konitz Bülow an York mit; sie durften annehmen, daß, ehe sie die Oder erreichten, die preußische Kriegserklärung erfolgt und der gemeinsame Operationsplan zwischen Preußen und Rußland festgestellt sein würde. So verabredeten die drei Generale, daß Wittgenstein über Landsberg, York über Soldin, Bülow über Stargard vorrücken und daß jede der drei Kolonnen am 8. März die Oder erreicht haben sollte.

Das Yorksche Korps war am 17. Februar aus den Quartieren um El-

bing aufgebrochen; Kleist führte es in drei Abteilungen am 19. über die
Weichsel, am 27. sollte es Konitz und Schlochau erreichen. York blieb
bis dahin in Konitz. Auch Wittgenstein blieb noch einige Tage. Beide Generale sahen sich
öfter, ohne gegenseitig über die Formen gleichgültiger Höflichkeit hin-
auszutreten. Wittgenstein, leichten und raschen Sinnes, voller Hoffnung
für sein deutsches Vaterland, dem er mit ganzem Herzen zugewandt war,
begriff nicht die zögernde Bedenklichkeit, ja die Kälte, mit der York sich
zu der gemeinsamen Sache verhielt. Selbst in völlig unzweifelhaften Dingen fand er ihn bis zum Unbegreiflichen behutsam. Er machte ihn aufmerksam auf die verdächtige Geschäftigkeit des katholischen Klerus
und namhafter Adliger in Westpreußen; sie waren zunächst für die Franzosen in Danzig tätig, aber nachweislich standen sie mit der im Warschauischen eifrigst tätigen nationalen Partei in Verbindung; wenn Napoleon, wie den Polen gesagt worden war, im April den Krieg wieder
aufnehme, sollte alles, was polnisch sei, von den Karpaten bis zur kassubischen Küste hinab die Waffen ergreifen. Wittgenstein forderte von
York, daß er diesen Umtrieben auf preußischem Gebiet schleunigst ent-
gegentrete. York kannte die verdächtigten Personen sehr wohl; es waren
dieselben Dominikaner in Virschau und Neustadt, dieselben Adligen polnischen Namens in jenem Gebiet der altberüchtigten Eidechsengesell-
schaft, deren Umtriebe er schon 1811 beobachtet hatte; aber er weigerte
sich einzuschreiten: „Er könne es nicht, da preußischerseits der Krieg
noch nicht erklärt sei; aber er bitte dringend, daß General Wittgenstein
diese Dinge rein militärisch und mit rascher Energie abmachen möge."
So überall hemmte ihn die Unklarheit seiner Stellung.

Schon am 23. Februar erhielt Wittgenstein neue Weisungen aus dem
kaiserlichen Hauptquartier. Angeblich „weil York sich nicht nur von
Wittgenstein absondere, sondern auch, wie es scheine, ohne Befehl des
Königs nicht weiter als bis Schlochau zu gehen beabsichtige", hatte sich
Kutusoff, wie er sagt, entschlossen, Wittgensteins Armee einige Zeit in
Driesen – zwei Märsche vor Landsberg – stehen zu lassen, wo dieselbe
Quartiere beziehen werde. Die Hauptarmee hatte er die Richtung gerade
westwärts auf Krossen aufgeben und von Konin aus drei Märsche süd-
wärts nach Kalisch ziehen lassen, dort Standquartiere zu beziehen –
Anordnungen, die man nicht umhin können wird, mit dem zögernden
Gang der Knesebeckschen Unterhandlungen in Zusammenhang zu brin-
gen.

Es wird zugleich die Nachricht aus Kalisch gekommen sein, daß Stein
in des Kaisers Auftrag nach Breslau sich begeben werde, die Unterhandlungen dort zu beschleunigen. York schrieb ihm am 23. Februar: „Mein
Korps marschiert bis an die Oder, mit dem Bülows in gleicher Höhe. Bis
dahin erwarte ich nun die bestimmten Erklärungen Sr. Maj. des Königs.
Noch habe ich nur nach eigenen Ansichten gehandelt. Ew. Exzellenz
werden mich aber nicht der Inkonsequenz beschuldigen, wenn ich dann
endlich einmal von Breslau Verhaltungsbefehle erwarten darf, wo man

mich fast vergessen zu haben scheint. Es wäre kein Wunder gewesen, hätte ich am Ende Mut und Geduld verloren. Ew. Exzellenz Reise nach Breslau belebt mich mit großen Hoffnungen, und ich bitte Sie dringend, mir nach Soldin bestimmte Befehle auszuwirken; denn die Kommunikation ist nunmehr frei."

Stein und Baron Anstetten eilten nach Breslau, langten am 25. Februar dort an. Stein fuhr sogleich am Schlosse vor, meldete sich beim Könige und äußerte, daß der König sich nun doch nicht länger besinnen werde; er stellte die Lage des Augenblicks auf das Eindringlichste vor, und der König gab nach ... Stein erklärte, wenn der König nicht Scharnhorst oder ihn selbst nach Kalisch sende, so werde der Kaiser nicht glauben, daß es ernst sei. Es ward also Scharnhorsts Absendung beschlossen. Scharnhorst ging nach Kalisch; dort am 28. Februar, in Breslau am 27. Februar wurde der Vertrag unterzeichnet.

Stein blieb erkrankt in Breslau. Der König verhielt sich kalt und zurückhaltend gegen ihn, er ließ nicht nach Steins Befinden fragen; den Mitgliedern des Hofes wurde verboten, irgendwie seinen Zustand zu erleichtern. Schwerlich, um so Napoleon desto länger zu täuschen, wenn auch St. Marsan, ohne zu merken, was geschehen war, noch am 2. März nach Paris meldete: wenn man irgend etwas für den König tue, so werde es gar nicht schwer sein, ihn in dem französischen System zu erhalten.

Der König war mit dem Gang der Dinge wenig zufrieden, und er maß wohl Stein das Wesentliche der Schuld bei. Schon die Art, wie man den Abschluß übereilt, ihn selbst dazu gedrängt hatte, war ihm unangenehm. Er hatte im Januar als Bedingung des Bündnisses gefordert und zugesagt erhalten, daß die russischen Heere unverzüglich die Weichsel und die Oder überschreiten sollten – vor allem, um so die Bildung der preußischen Heere mit Sicherheit beendigen zu können. Statt dessen hatten die russischen Truppen – jene leichten Schwärme abgerechnet, deren Erscheinen überall nur die Bevölkerung aufregte und sie verführte sich bloßzustellen – weit hinter der Oder an der Grenze des warschauischen Gebietes Quartiere bezogen; ja von der Kriegserklärung Preußens war ihr weiteres Vorrücken abhängig gemacht worden. Die augenblickliche Schwäche der russischen Streitkräfte war erklärlich und, wenn sie auch russischerseits mit unrichtigen Angaben verheimlicht wurde, kein Geheimnis; überwiegend mit preußischen Truppen mußte der Krieg eröffnet werden. Aber in dem Vertrage waren alle die Fragen, an denen Knesebecks Sendung gescheitert war, die über Thorn und Danzig, über das künftige Schicksal Polens und die Herstellung des preußischen Staatsgebietes, offen gelassen; und während sich Rußland im Warschauischen, auch in dem bis 1807 zu Preußen gehörigen Teil tatsächlich festsetzte, enthielt der Vertrag für Preußen nur die allgemeine Phrase einer Rekonstruktion in Norddeutschland; nicht einmal der Besitz der früher preußischen Gebiete an der Nordsee, am Rhein und in Franken wurde garantiert.

Daß man trotzdem den Vertrag hatte abschließen müssen, machte die

Sache nicht besser. Am wenigsten nach des Königs Sinn war die Überspanntheit, die sich überall mit eindrängte, durch alle Stände verbreitet wurde. Die Vorgänge in Ostpreußen waren ihm in sehr zweideutigem Lichte geschildert worden; nichts weniger als freundlich war der erste Empfang, den Graf Ludwig Dohna mit seinen Landwehranträgen fand. „Ob Herr von York schon eine Bürgerkrone trage", hieß es unter anderm. Entschuldigte diesen die eigentümliche Lage, in der er sich befand, – ganz anderer Art war es, wenn General Borstell mit seinen Feldtruppen aus Kolberg auf eigene Hand losmarschierte und seine Meldung an den König mit den Worten schloß: „Ich werde nichts weiteres unternehmen, bis Ew. Majestät Befehle mir bestimmt in Königsberg oder früher zugegangen sein werden, bitte aber Ew. Majestät fußfällig, lassen Sie uns los." Und doch – gerade das entsprach den Ansichten und Stimmungen, die selbst unter des Königs Augen mehr und mehr Raum gewannen, und denen demnächst Gneisenaus Erscheinen in Breslau ihre volle Energie gab.

Nach mehr als einer Seite hin kennzeichnet es die Sachlage, daß der König eben damals Knesebeck zu seinem Generaladjutanten ernannte. Nicht lange und Knesebeck schrieb an Scharnhorst: „Sie, mein Freund, haben in Ihrer Umgebung Leute, die von einem Parteigeist ohnegleichen beseelt werden. Ihre Menschenkenntnis wird sie Ihnen längst haben erkennen lassen; ich bitte Sie, wahren Sie sich gegen ihre Einwirkungen."

Mit Recht lebt in den Erinnerungen des preußischen Volkes und Heeres jene Zeit als ein Bild allgemeiner Begeisterung, patriotischer Herrlichkeit, stolzer Kampfesfreudigkeit. Aber ohne jene trüberen Züge würde das historische Bild unwahr sein; ohne die Kunde jener Spannungen und Spaltungen, die schon die Anfänge bezeichneten, würde in dem weiteren Verlauf wichtiges unerklärlich und zusammenhanglos erscheinen. Daß man trotzdem sich in den höchsten Interessen zusammenfand, ihnen mit höchster Selbstverleugnung aller Meinungsverschiedenheiten unterordnend höchste Ziele errang, ist die Größe jener Zeit.

Unter den Yorkschen Papieren findet sich abschriftlich eine Stelle aus einer Kabinettsorder, welche, wie der Zusammenhang ergibt, vor dem 28. Februar geschrieben sein muß. Sie lautet: „...Was endlich Ihre Bemerkung in Betreff Ihrer eigenen Gesundheit betrifft, so schätze Ich das Gefühl, welches Sie bestimmt hat, Mir die Besorgnis zu äußern, daß Sie nur mit Anstrengung die Beschwerlichkeiten einiger Feldzüge dürften ertragen können. Ihr rühmlicher Eifer für Meinen Dienst gewährt Mir die angenehme Hoffnung, daß Sie bemüht sein werden, alles anzuwenden, was zur Erhaltung Ihrer Kräfte beitragen kann; und je mehr Ich auf den Fall eines Krieges auf Ihre Dienste rechne, desto angelegentlicher empfehle Ich Ihnen, sich möglichst zu schonen und auf Ihre Gesundheit eine sorgfältige Aufmerksamkeit zu richten."

Wie anstrengend auch der Feldzug in Kurland, wie aufreibend auch die Erlebnisse seit der Konvention gewesen sein mochten – eben erst im Beginn der Fünfziger und noch im vollen Gefühl körperlicher Festigkeit und Kraft konnte York jene Äußerungen nur in dem Sinn gemacht haben, der gewiß ohne Mühe verstanden wurde.

Fast volle zwei Monate währte es jetzt, daß der König ihn öffentlich verleugnete. Noch immer waren jene Veröffentlichungen vom 19. Januar nicht zurückgenommen worden; in dem jenem Aufruf vom 3. Februar beigegebenen Verzeichnis der Truppen, bei denen freiwillige Jäger eintreten könnten, waren die des Yorkschen Korps völlig übergangen; ein amtlicher Geschäftsverkehr mit York ward seitens der vorgesetzten Behörden durchaus gemieden. Und doch bewegte man sich längst in einer Richtung, die das, was er getan hatte, rechtfertigte. Warum wollte man immer noch nicht diese Anerkennung aussprechen, wenn seine Tat aufhören sollte, militärisch zweideutig zu erscheinen? Oder erschien es dem Könige so, und sollte es der Armee und dem Lande so erscheinen, so war man wenigstens dem braven Korps schuldig, es nicht länger unter einem Führer zu lassen, an dem solcher Makel haftete. Mochte man dann ihn auf Grund jener Altersschwäche mit einem Gnadenbrot – denn wenigstens den Vorteil jener Konvention schien man sich gefallen zu lassen – beiseite werfen.

Als York auf dem Wege nach Konitz in Marienwerder war, traf ihn aus Breslau zurückkehrend Major Thile, brachte ihm den Befehl, „behufs eines kriegsrechtlichen Erkenntnisses eine auf bloß militärischen Gründen beruhende Rechtfertigung über den Abschluß der Konvention einzureichen."

Als York in Konitz zu Wittgenstein äußerte, daß er gewärtig sein müsse, nach Breslau abberufen zu werden, um dort vor ein Kriegsgericht zu treten, war der russische General nicht wenig erstaunt, meldete es schleunigst dem Kaiser, der äußerte: „Es werde auf die allgemeine Stimmung einen sehr üblen Einfluß haben, einen General, der um die gemeinschaftliche gute Sache ein solches Verdienst habe, wegen eines Schrittes zur Rechenschaft gezogen zu sehen, den man als das glücklichste Ereignis betrachten müsse."

Verstehe man genau. Beim Abschluß der Konvention war sich York bewußt, daß er alles wage; er bot dem Könige, wenn der Weg, den sie öffnete, nicht eingeschlagen werden konnte, seinen Kopf als Opfer. Jener Weg war eingeschlagen worden; es konnte nicht mehr die Rede davon sein, dem politischen System ein Opfer zu bringen. Jetzt schien man der militärischen Ehre und Disziplin ein gleiches bringen zu wollen. York hatte in voller Wehr kapituliert, hatte angesichts des Feindes die Kampfgenossen verlassen und, so viel an ihm lag, dem Untergang preisgegeben; da keinerlei Befehl seines Königs ihn dazu veranlaßt hatte, so war er als Soldat nur gerechtfertigt, wenn er nachwies, daß er militärisch gezwungen gewesen war, so zu handeln. Wenn nur politische Gründe ihn geleitet, wie sehr jeder einzelne sie billigen, wie dankbar das Vaterland das Geschehene anerkennen mochte, mit dem Wesen soldatischer Pflicht, mit dem Geist der Armee vertrug es sich nicht.

Man weiß von jenem Römer, der, wider den Befehl seine Mannen zum

Kampf führend, den glänzendsten Sieg gewann; und der Feldherr, sein Vater, übergab ihn dem Henker.

Sollen wir sagen, daß dies der Sinn des königlichen Befehles war, daß in diesem Geist York ihn aufnahm, in diesem Geist das Urteil erfolgte?

Yorks glorreiche Tat war keine Tat mehr, wenn er beweisen konnte, daß sie militärisch gerechtfertigt war. Wohl hatte er in jenen Märschen der letzten Dezembertage soweit irgend möglich dafür gesorgt, einen Schein der Notwendigkeit zu gewinnen; er selbst am wenigsten konnte sich verhehlen, daß dem kundigen Blick dieser Schein sich sofort als Schein zeigen mußte. Oder sollte er den Stolz haben, den Verlauf der Sache ohne Beschönigung und Sophistik darlegend, seine Verurteilung herauszufordern, welche nicht den Patrioten, aber den Soldaten getroffen hätte? Ohne seinen Wert zu überschätzen, durfte er sich sagen, daß dem Könige daran liegen mußte, ihn für den bevorstehenden Kampf aktiv zu behalten; einmal kriegsrechtlich verurteilt, war er nicht mehr verwendbar, selbst Begnadigung, selbst ein Machtwort des Königs reinigte ihn nicht mehr. Unzweifelhaft war der Wunsch des Königs, ihn freigesprochen zu sehen; sollte er diesen geflissentlich übersehen?

York hatte die Meinung, daß nur der Form wegen Kriegsrecht über ihn gehalten werden solle. Er hielt es für angemessen, die geforderte Rechtfertigung immerhin mit einiger Sophistik so einzurichten, daß sie allenfalls für ausreichend gelten konnte. „Bei dem Bewußtsein", so schloß er seine Darlegung, „unter allen Umständen nur den Waffenruhm des mir anvertrauten Korps und das Interesse Sr. Majestät des Königs vor Augen gehabt zu haben, halte ich übrigens den von mir getanen Schritt vor den Augen der ganzen unbefangenen Welt hinlänglich gerechtfertigt und sehe ruhig entgegen, was man darüber entscheiden wird."

Begreiflich, daß russischerseits diese Angelegenheit sehr anders aufgefaßt wurde. „Ich halte mich verpflichtet", schreibt der Kaiser an Wittgenstein, „Sie ohne Verzug anzuweisen, daß Sie General York über das, was er zu besorgen scheint, beruhigen. Ich kann mir nicht denken, daß in einem Augenblick, wo die Sachen zwischen uns und Preußen so weit vorgerückt sind, der König einem Gedanken sollte Folge geben können, der augenfällig in einer Zeit gefaßt ist, wo er Frankreich gegenüber noch Rücksichten zu nehmen hatte. Demnach lade Ich ihn ein, seinen Entschluß, sich nach Breslau zu begeben, noch aufzuschieben und den Befehl über sein tapferes Armeekorps jetzt nicht zu verlassen unter Umständen, wo seine Anwesenheit so notwendig ist. In allen Fällen kann er auf Meine Fürsprache beim Könige und auf die bestimmten Schritte zu seinen Gunsten rechnen. Ich werde damit ausdrücklich den Staatsrat Anstett beauftragen, den Ich nach Breslau geschickt habe und der den Freiherrn von Stein auf dieser Reise begleitet hat." Und dann der Schluß des kaiserlichen Schreibens: „Herr v. Anstett kommt soeben zurück, der Vertrag ist abgeschlossen, alles ist geordnet und die engste Allianz vereinigt Mich mit dem Könige von Preußen. Sie werden diese gute Nachricht sogleich dem General York mitteilen, sie wird, denke Ich, genügen, ihn vollständig über seine persönliche Lage zu beruhigen." Wittgenstein sandte dies Schreiben von Driesen aus an York; er fügte die dringende Bitte hinzu, daß York das Kommando einstweilen an Kleist übergeben möge, um ihn in seinem Hauptquartier, das am 4. März in Landsberg sein werde, zu besuchen. „Da meine Avantgarde den Befehl hat, über die Oder zu gehen, und da die Brücken fast vollendet sind, so könnten wir nicht genug eilen, unsre Operationen gegen den Feind in der Mark fort-zusetzen, und ich wünsche deshalb, mich sobald als möglich mit Ew. E. über diese Operationen zu besprechen, über das, was wir zurücklassen wollen, und über die Direktion dessen, was vorgehen soll."

Also endlich war der langersehnte Schritt geschehen. „Niemand", schrieb York an Wittgenstein zurück, „kann eine größere Freude dar-über empfinden, als ich, und ich hoffe jetzt wieder auf das Glück der Völker." Aber die Einladung Wittgensteins zu einer weiteren Bespre-chung lehnte er für jetzt ab; er hoffe, am 8. März in Soldin seines Königs weitere Befehle zu erhalten und werde dann nach Landsberg kommen, „früher würden unsre Verabredungen wegen Mangels an freier Disposi-tion über die Korps von Bülow und Borstell nur unvollständig sein." Die beabsichtigte Fürsprache des Kaisers wies er höflich dankend zurück. „Die Sache geschieht allem Anscheine nach nur der Form wegen, und ich habe auch der Form bereits Genüge geleistet."

Am Morgen des 4. März empfing York in Märkisch Friedland Depe-schen vom Fürsten Kutusoff aus Kalisch über das abgeschlossene Bünd-nis; preußische Mitteilungen waren noch nicht an den preußischen Gene-ral gekommen. Auch der 5. März verging, ohne daß die sehnlichst erwar-teten königlichen Befehle eintrafen. Mit dem nächsten Marsch, den 6. März, erreichte York Arnswalde, fünf Meilen ostwärts von Stargard, wo seit dem 2. März Bülow von Neustettin, Borstell von Kolberg her eingetroffen waren. Hier in Arnswalde endlich kamen die Depeschen aus Breslau an. Es war die Mitteilung vom Abschluß der Allianz, der Befehl zum Vorrücken an die Oder: „Sie werden aber den Abschluß der Allianz noch nicht bekannt machen, da der Gang der Unterhandlungen mit Frankreich solches nicht erlaubt, sich übrigens mit dem General Grafen Wittgenstein und dem General v. Bülow, den Ich einstweilen und bis dahin, daß die unter ihm stehenden Truppen eine andere Bestimmung erhalten, unter Ihren Befehl stelle, konzentrieren, auch dasjenige befol-gen, was Ihnen von dem General von Scharnhorst und dem Oberst von Knesebeck, die beide in dem Hauptquartier des Kaisers Alexander sich befinden, gemeldet werden wird. Feindseligkeiten gegen die Franzosen müssen von Meinen Truppen nicht eher ausgeführt werden, bis Ich mich öffentlich erklärt haben werde, worüber Ich Ihnen Nachricht geben wer-de."

Eine andere Kabinettsorder von demselben Tage stellte die in Pom-mern mobil gemachten Truppen, deren Verzeichnis beigefügt war, unter Yorks „Oberkommando".

Endlich traf noch an demselben 6. März vom General Scharnhorst aus Kalisch 3. März folgendes Schreiben ein: „Ew. E. verfehle ich nicht anzuzeigen, daß es die Absicht Sr. Majestät des Königs ist, daß die Vorrükkung Ihres unterhabenden Armeekorps sobald als möglich bis an die Oder und nach dem 10. d. die Vorrückung auch über diesen Fluß nach Umständen geschehen könne."

Mehr Weitläufigkeiten, und zum Teil sehr unangenehme, machte der befohlene Austausch der Truppen. Darüber hinaus fehlte es auch nicht an Dingen, die York persönlich verletzten. Es lag in der Natur der Sache, daß eine Menge Personalveränderungen auch in seinem Stabe eintraten. Seit Röders Abgang fehlte dem Korps ein Chef des Generalstabes; die Stelle des Majors v. Hiller – er war erster Adjutant Yorks – war einstweilen von Seydlitz mitverwaltet worden usw. Eine Kabinettsorder teilte mit, daß auch Seydlitz versetzt sei; er sollte das Garde-Jägerbataillon bekommen. – York wandte sich an den König mit der Bitte, ihm seinen vielerprobten Freund als Adjutant zu lassen. Sie ward abgeschlagen. Auch Seydlitz in seiner herzlichen und anspruchslosen Hingebung an York hätte mit Freuden die selbständigere Stellung, die ihn erwartete, daran gegeben, um bei seinem General zu bleiben; Jork wagte noch einmal zu bitten: „Gewohnt, Ew. Königl. Majestät Befehle immer in Ehrfurcht anzunehmen und auch sofort auszuführen, wenngleich mir Manches auch schmerzhaft sein muß, werden mir Ew. Königl. Majestät gewiß den Wunsch zu verzeihen geruht haben, den Major v. Seydlitz noch länger als Adjutanten bei mir zu haben. In den mannigfaltigen Lagen meines Lebens habe ich leider zur Genüge die traurige Erfahrung gemacht, wie schwer es ist, einenvöllig vertrauten und treuen Freund, geschweige in dem Verhältnis eines Adjutanten zu finden. Der Major v. Seydlitz war mir persönlich attachiert und sein Verhältnis zu mir durch eine Reihe von Jahren das eines Sohnes zum Vater. In meinem Alter ist es nicht mehr so leicht, sich einem andern ebenso zu attachieren. Von allen meinen Umgebungen ist keiner, den ich dazu geeignet fände; sie sind mir alle zu fremd. Ich ersterbe usw." Die Antwort war, daß es bei dem einmal Befohlenen sein Bewenden haben müsse.

York hat diese Abweisung doppelt schmerzlich empfunden. Also nicht einmal soviel wert galt das, was er getan, daß er mit einer so motivierten ersten Bitte Gehör fand. Oder sollte ihm sein Seydlitz gerade darum entzogen werden, weil er zu tief in die Geheimnisse von 1811 und 1812 eingeweiht war? Oder war es eine Intrige von denen, die sich geärgert hatten, daß „der General und sein Adjutant nun einmal alles allein unter sich betreiben wollten"? York wird in seiner Bitterkeit sich keinerlei ungerechten Vorwurf und Verdacht versagt haben.

Zunächst ließ er es die empfinden, die neu in seine Umgebung traten. Es gab da harte Stöße, ehe die Jüngeren sich mit ihm zurechtfanden. Den trefflichen Hiller, der an Seydlitz' Stelle trat, empfing er mit schroffster Kälte; er brauche keine Adjutanten mehr, seit man ihm seinen Freund genommen, Hiller möge sich an den Chef des Generalstabes wenden. Eine ebenso schroffe Antwort Hillers: „Auch er habe sich nicht gefreut, Sr. Exzellenz Adjutant zu werden, aber diesen Krieg gegen die Franzosen mache er, und müßt' es als Tambour sein, mit Freuden mit", leitete ein besseres Verständnis ein; wohl durfte Hiller nachmals äußern: „Er habe sich Yorks Vertrauen erkämpft, er sei, nachdem er unter des eisernen Mannes Augen die Feuerprobe bestanden, von ihm als gutes Werkzeug, als Hammer und Zange gegen den Feind gebraucht."

Noch in Königsberg erhielt York die Kabinettsorder, welche ihn unter Wittgensteins Befehl stellte. Wittgenstein, der am 11. März seinen feierlichen Einzug in Berlin gehalten hatte, befahl nach Yorks Wunsch, daß er am 16. März Ruhetag halten und am nächsten Tage in Berlin einrücken solle.

„Ganz Berlin", schreibt Auvray in Graf Wittgensteins Auftrag am 16. an York, „strömt zum Grafen, um die Stunde zu wissen, wo Ew. Exzellenz mit Ihren Truppen in die Mauern Berlins einrücken werden, weil jedermann das Korps sehen will, das zur Rettung des Vaterlandes so viel beigetragen." Freilich die Berliner hatten es für angemessen gehalten, zu dem Ball, den sie Graf Wittgenstein gaben, auch York und seine Offiziere einzuladen; York hatte für die ihm und seinem Korps zugedachte gelegentliche Ehre gedankt; und nur einige jüngere Offiziere widerstanden der lockenden Gelegenheit zum Tanze nicht.

Eben jetzt, kurz vor dem Einrücken in Berlin, erhielt York endlich die Entscheidung in Betreff der Konvention. Es war nicht ein kriegsrechtliches Erkenntnis, wie nach dem früheren königlichen Befehl zu erwarten gestanden hätte; es war eine andere, offenbar leichtere Form gewählt worden, die Angelegenheit zum Abschluß zu bringen. Uns liegt darüber nur die betreffende Kabinettsorder vom 12. März vor:

„Da Sie wegen der mit dem Russisch-Kaiserlichen General von Diebitsch abgeschlossenen Konvention durch eine Kommission, bestehend aus dem Generalleutnant v. Diericke und den Generalmajors v. Sanitz und v. Schuler, für vorwurfsfrei erkannt worden sind, so habe Ich darüber den anliegenden Parolebefehl hier erlassen und trage Ihnen auf, denselben auch allen unter Ihrem Befehl stehenden Truppen bekannt machen zu lassen."

Der „Armeebefehl" lautete:

„Nach dem Ich durch die vom Generalleutnant v. York eingereichte Rechtfertigung der mit dem Russisch-Kaiserlichen General v. Diebitsch in Tauroggen abgeschlossenen Konvention und durch das Urteil der zur Untersuchung dieser Sache ernannten Kommission, aus dem Generalleutnant v. Diericke und den Generalmajors v. Sanitz und v. Schuler bestehend, Mich überzeugt habe, daß der General v. York wegen jener Konvention in jeder Hinsicht ganz vorwurfsfrei und zu ihrer Annahme nur durch die Umstände, welche den verspäteten Abmarsch des zehnten Armeekorps aus seiner Stellung vor Riga veranlaßten, durch die gänzliche Trennung des zehnten Armeekorps in sich und durch die in jener

Lage sehr vorteilhaften Bedingungen der ihm angetragenen Konvention bewogen worden ist, so mache Ich solches der Armee hierdurch bekannt mit dem Beifügen, daß Ich den Generalleutnant v. York solchen nach nicht nur in dem Kommando des ihm untergebenen Armeekorps bestätige, sondern ihm auch zum Beweise Meiner allerhöchsten Zufriedenheit und Meines ungeteilten Vertrauens auch noch den Oberbefehl über die Truppen des Generalmajors v. Bülow übertragen habe.

„Breslau, den 11. März 1813.“

Wenige Tage darauf kam vom Kaiser Alexander ein glänzender Beweis der Huld; er sandte York den Alexander-Newsky-Orden als Zeichen der Hochachtung, mit der Yorks Grundsätze und sein unermüdlicher Eifer für die heilige Sache ihn erfülle. Scharnhorst, durch dessen Hand diese Sendung ging, sagte in seinem Begleitschreiben: „Mit unbeschreiblichem Vergnügen übersende ich Ihnen den Alexander-Orden; der Kaiser Alexander spricht von Ihnen mit der größten Achtung, er sieht Sie an als einen Mann, dem wir unendlich viel zu verdanken haben, und der König stimmt damit ein. Ich bitte Sie daher inständigst, setzen Sie sich über kleine Unannehmlichkeiten weg; ich lebe nur allein in diesen.“

Am 16. März, als die Truppen Ruhetag in Weißensee hatten, wurde ihnen jener Armeebefehl des Königs bekannt gemacht; zugleich erließ York an sein Korps als Tagesbefehl eine Ansprache, die im wesentlichen aus seiner Feder ist. Zunächst die Anzeige, daß zwischen dem Kaiser von Rußland und dem Könige „eine innige Allianz“ geschlossen, daß der notwendigen Übereinstimmung der Operationen wegen das Korps unter den Befehl des Grafen v. Wittgenstein gestellt sei. Dann heißt es weiter: „Kameraden! nachdem wir eine beschwerliche Kampagne mit Ehren bestanden, den Ruhm der alten preußischen Disziplin von neuem bewährt und uns dadurch die Achtung von Freund und Feind erworben haben, gehen wir jetzt einem heiligen Kampf entgegen, denn es gilt die Unabhängigkeit unseres Vaterlandes, es gilt, ob wir Preußen bleiben, oder ob wir die schmählichen Fesseln eines wütenden Eroberers tragen sollen. Wir wollen uns den Kampf nicht leicht vorstellen, wir sehen aber die Möglichkeit, ihn ganz und glücklich auszukämpfen; wir wollen daher fest und entschlossen auf Gott und unsern Mut vertrauen und entweder siegen oder ehrenvoll untergehen.“

Es war die erste offizielle Kundgebung, daß die Allianz mit Rußland abgeschlossen, daß der Krieg erklärt sei. Sie kam niemandem unerwartet; aber daß sie endlich kam, daß das Heißersehnte endlich in voller, unwiderruflicher Wirklichkeit da war, ergriff und erhob die Gemüter und gab dem Einzug in die Hauptstadt eine doppelt hohe Bedeutung.

An demselben Tage, an welchem in Breslau der Aufruf „An Mein Volk“, der Aufruf zur Bildung der Landwehr und des Landsturms, der Aufruf „An Mein Kriegsheer“ den Beginn des „letzten entscheidenden Kampfes“, „des großen Kampfes für des Vaterlandes Unabhängigkeit“ verkündigte, an demselben Tage, den 17. März, hielt das Yorksche Korps seinen feierlichen Einzug in Berlin.

Vom frühen Morgen an war die Stadt in freudiger Bewegung; unzähliges Volk sammelte sich in den Straßen, die vom Neuen Königstor bis zum Schloß führten; ein paar Hundert freiwillige Jäger standen vor dem Königstor in Parade, das Yorksche Korps zu empfangen. Es in die Residenz zu führen, ritt Prinz Heinrich von Preußen, von Graf Wittgenstein, dem russischen Gouverneur von Berlin, Fürsten Repnin, vielen russischen und preußischen Generalen, auch dem Generalstabe der Berliner Bürgergarde begleitet, dem schon heranziehenden Korps entgegen. Nach dem kurzen Halt der Begrüßung ging es unter klingendem Spiele dem Tore zu.

York war, als er das Tor passiert hatte, von des Prinzen Seite hinweggeritten und hatte sich, von seinem Stabe umgeben, an die Spitze seines Korps gesetzt, dienstlich zum letzten Male von Seydlitz begleitet. Ihn vor allen begrüßte immer neuer Jubel des Volkes, immer neues Hoch und Tücherschwenken aus den dicht besetzten Fenstern. Es bewegte ihn nicht. „Ein Bild stolzer Strenge und Kälte", sagt ein anderer, „ohne den Blick auf die jubelnde Menge rechts und links zu wenden." Vor dem Schlosse hielt Prinz Heinrich mit seiner Suite; York ritt zu ihm hin, salutierte zu den Prinzessinnen hinauf, die auf dem Balkon des Schlosses standen, und ließ dann die Truppen vorüberdefilieren. Ein Teil derselben marschierte gleich weiter nach Potsdam, die andern bezogen Quartiere in Berlin.

Dann folgten Festlichkeiten mancher Art, auch seitens der Stadt zu Ehren Yorks und seiner Offiziere ein Ball im Schauspielhause.

Das Korps blieb acht Tage und mehr in den bequemen Quartieren von Berlin, Potsdam und Belitz; so viel irgend möglich geschah, um es zu dem bevorstehenden schweren Kampfe besser auszustatten.

Am 22. abends langte der König, von General Knesebeck und Major Natzmer begleitet, in Potsdam an. Zum folgenden Tage war York nach Potsdam beschieden. Der Besichtigung der dortigen Truppen ging eine Audienz Yorks beim Könige voraus. Es wird erzählt, daß man im Vorzimmer erst einen lauten Wortwechsel drinnen, dann ein allmählich beruhigteres Sprechen gehört habe, bis zuletzt York mit dem Ausdruck freudiger Rührung aus dem Kabinett des Königs getreten sei. Die zuverlässigsten Zeugen sprechen gegen diese Anekdote. „Es ist mir nicht erinnerlich", schrieb auf direkte Anfrage der eine, „daß wir, die wir im Vorzimmer versammelt waren, so laute Stimmen gehört, welche auf heftige Szenen hätten schließen lassen." Und der Adjutant, welcher York begleitet hat, bemerkt, daß derselbe auch späterhin nichts derartiges geäußert habe: „Der eiserne Mann ließ sich nicht ausforschen; nur soviel glaube ich bemerkt zu haben, daß bei der Truppenbesichtigung nach der Audienz York ganz heiter schien, so gedankenschwer er in das Königliche Schloß gegangen war."

Es wird erzählt, daß kurz vorher – noch in Breslau – darüber beraten worden sei, welcher General den Oberbefehl über die preußischen Truppen erhalten solle, und daß die Wahl namentlich zwischen Blücher und

York geschwankt habe. Wenn dies richtig ist, so kann aus der militärischen Umgebung des Königs, da Scharnhorst und Gneisenau auf Blüchers Wahl gedrungen haben werden, namentlich nur Knesebeck für York eingetreten sein. Die Anordnung, die demnächst getroffen wurde, umging die Entscheidung jener Frage.

Der Verlauf der Ereignisse hatte Berlin und Breslau zu Sammelpunkten der disponiblen preußischen Heeresstärke gemacht. Schon Mitte März hatten Wittgensteins Streifkorps das rechte Ufer der untern Elbe durcheilt, Hamburg befreit.

Wie flammende Proklamationen auch verbreitet, von wie kühnen Hoffnungen in Niederdeutschland auch die Massen ergriffen wurden, man durfte, da weder Österreich noch die Fürsten des Rheinbundes dem Bündnis beitraten, nicht weiter vorzudringen wagen, so lange die Hauptstärke der russischen Streitmacht in Kalisch gefesselt blieb.

Erst Anfang April konnten sich die Russen mit ihrer Vorhut unter General Miloradowitsch, etwa 30 000 Mann stark, von ihren Quartieren bei Kalisch und an der schlesischen Grenze in Bewegung setzen. Bis dahin war nur Winzingerode mit etwa 12 000 Mann über die Oder vorgestoßen und seine Streifpartien besetzten am 20. März Dresden, während er selbst (20.–25. März) in Bautzen rastete.

Auf der nördlichen Marschlinie hatte Graf Wittgenstein etwa 10 000 Mann über Berlin hinaus vorgeschoben, 5500 Mann verbreiteten sich zur Rechten hinab bis Hamburg, andere 5500 unter General Woronzoff blokkierten Küstrin.

Vor den Festungen rückwärts Danzig, Thorn, Tzenstochau, Modlin usw. waren gegen 50 000 Mann Russen zurückgeblieben.

Zu diesen Streitkräften traten jetzt die Preußens, die in Schlesien unter Blüchers Befehl etwa 26 000 Mann, die unter Yorks Befehl vereinten etwa 24 000, von diesen fast ein Drittel in der Formation noch nicht fertig. York war unter Wittgensteins Befehl, Winzingerode unter den Blüchers gestellt.

Die Franzosen waren überall hinter die Elbe zurückgegangen; 50 000 Mann stark unter dem Vizekönig von Italien standen sie um die Mitte des März an der mittleren Elbe von Dresden bis Magdeburg; Dresden wurde beim Anrücken der Russen geräumt; vom 20. März an konzentrierte sich jene Streitmacht in der Nähe von Magdeburg. In Franken und Thüringen sammelten sich bereits die neuen Heeresmassen Napoleons; die Kontingente des Rheinbundes eilten sich ihm anzuschließen.

Freilich drohte die Proklamation von Kalisch den deutschen Fürsten, die ferner dem Tyrannen folgen würden, Fürchterliches an. Von allen hatten bisher nur die Mecklenburger der Sache Napoleons den Rücken gewandt. Der König von Sachsen schwankte. Sein Anschluß hätte den Verbündeten außer einer Verstärkung von 10 000 Mann kampffertiger Truppen namentlich einen Übergangspunkt an der Mittelelbe, die Festung Torgau, gebracht. Der König, unfähig zu einem Entschluß zu

kommen, verließ einstweilen sein Land. Er sandte, wie Scharnhorst am
24. März meldet, einen Vertrauten nach Breslau; er sei durchaus gutge-
sinnt gegen die hohen Verbündeten, müsse aber in der jetzigen Lage
seinen Verhältnissen folgen; der General Thielemann, der in der Festung
Torgau 8000 Mann Sachsen habe, die Franzosen hasse und die deutsche
Sache liebe, habe den Befehl, nichts gegen ein Observationskorps der
Verbündeten, wenn es auch schwach wäre, zu unternehmen.

Auf Österreich konnte man nicht rechnen; die Lage dieses Staates war
diplomatisch zu günstig, als daß das Wiener Kabinett nicht den Vorteil
derselben auszubeuten hätte versuchen sollen. Wohl gab es in Kalisch
schöne Worte genug; die Verbündeten konnten sich nicht darüber täuschen, daß vorerst mit Napoleon nicht minder eingehend unterhandelt
wurde. Man verbarg es österreichischerseits nicht, daß man die Beunruhigung der Völker, die im Namen der guten Sache geflissentlich geschürt
werde, mißbillige, daß man ähnliches im eigenen Lande nicht gestatten,
ja selbst in Tirol und anderen ehemals österreichischen Landen, wenn es
auch zugunsten Österreichs geschähe, nicht anerkennen werde.

So in den allgemeinsten Grundrissen die Grundlagen, aus denen sich
die Operationen des beginnenden Feldzuges ergeben mußten.

Dem Fürsten Kutusoff war der Oberbefehl über die verbündeten Heere übertragen worden. Und doch täuschte sich kein Kundiger darüber,
daß der alte vielgepriesene Feldherr einer solchen Aufgabe wenigstens
jetzt nicht mehr gewachsen sei. Man durfte zufrieden sein, wenn er jetzt,
wo die Rücksicht auf Preußen in die erste Reihe trat, den dorther kommenden Vorschlägen sich nicht ganz versagte. Scharnhorst hatte bei
seiner Anwesenheit im kaiserlichen Hauptquartier seine Gedanken dar-
gelegt; aber man fand vielerlei Bedenken gegen die Ausführung; in einem
Schreiben vom 6. April hebt er hervor, „daß über die Operationen nichts
von ihm in dem Hauptquartier des Fürsten verabredet worden sei, als
daß Wittgenstein auf Magdeburg, Blücher in der Direktion auf Dresden
agieren, und daß hierbei die große Armee drei Tagemärsche rückwärts
folgen solle." Das weitere scheint in Scharnhorsts Hand gelegt worden zu
sein.

Scharnhorsts Gedanke war: Auf dem rechten Flügel in zerstreuten
Haufen den Feind zu umgehen und im Rücken zu nehmen, auf dem
linken Gewalt der Gewalt entgegenzusetzen. „Wir müssen uns", fügt er
hinzu, „auf dem rechten Flügel viel gefallen lassen und dem Feinde preisgeben – wir müssen auf dem rechten Flügel die leichten Truppen, Kosaken und Kavallerie, auf dem linken Infanterie und Linienkavallerie haben." In der Zuversicht, daß die russische Hauptarmee der Verabredung
gemäß drei Märsche hinter Blücher folge, wollte er, daß Blücher in der
Richtung auf Leipzig und Altenburg vorgehe, Wittgenstein durch Bülow und Borstell Magdeburg von Wittenberg beobachtend, oberhalb
Wittenberg (bei Elster) die Elbe passiere und sich an Blücher heranziehe.
Schon streiften die leichten Scharen Wittgensteins über die untere Elbe
ins Hannöversche; an Reiterei dem Feinde weit überlegen, konnte die

Blüchersche Kolonne das Gebiet zwischen Magdeburg und dem Harz beherrschen. Während die Hauptmasse des verbündeten Heeres das Vorbrechen Napoleons aus Thüringen hinderte, gefährdeten ihre leichten Truppen weit und weiter über Norddeutschland den Aufruhr verbreitend, die Flanke, ja die Verbindung des Feindes.

Allerdings war dieser Kriegsplan vor der Abreise der Monarchen aus Breslau (21. März) angenommen worden. Es lag viel daran, daß man sich auch dann nicht von demselben entfernte, wenn der Feind, von Magdeburg aus drohend, den Vormarsch des rechten Flügels auf Leipzig zu fesseln versuchte. Allerdings war am 24. in Berlin die Nachricht eingetroffen, daß tags vorher der Feind etwa 8000 Mann stark von Magdeburg aus vorgegangen sei, bereits Möckern besetzt habe, die ganze Umgegend mit starken Requisitionen heimsuche. Weitere Nachrichten am 25. meldeten, daß in der Nähe von Magdeburg zwei Brücken über die Elbe geschlagen würden.

Gleichzeitig war aus Kalisch ein Befehl des Fürsten Kutusoff vom 20. März eingetroffen, welcher Wittgenstein anwies, über Dahme, Elsterwerda und Großenhain nach der Elbe zu marschieren, sie zwischen Torgau und Meißen zu überschreiten, um mit Blücher gemeinschaftlich auf Altenburg zu operieren; nur Bülow solle vor Magdeburg und Wittenberg bleiben.

Selten mag eine Armee so von Kampfbegier durchglüht gewesen sein, wie damals die preußische. Die Kunde zum Abmarsch aus Berlin, die am Abend des 26. sich verbreitete, erweckte allgemein lauten Jubel. Am anderen Morgen wurde auf dem weiten Platze vor dem königlichen Schlosse angetreten; es entsprach der Stimmung jener Tage, daß die Ausziehenden in feierlichem Gottesdienst zum Kampf geweiht wurden. Der würdige Feldprediger Schultze hielt eine ergreifende Rede; als er den Segen sprach, brach über dem Dom die Sonne durch die Wolken hervor. Dann trat York selbst in den Kreis; mehr noch als Tapferkeit sei Geduld und Zucht des Soldaten Ruhm; aber der Kampf für die heilige Sache des Vaterlandes fordere mehr; nur ein edles menschliches Betragen selbst gegen den Feind werde zeigen, daß sie wüßten, wofür sie kämpften. – „Von diesem Augenblick an gehört keinem von uns mehr sein Leben; keiner muß darauf rechnen, das Ende des Kampfes erleben zu wollen; er sei freudig bereit, sein Leben dahin zu geben für das Vaterland und den König." Dann zurücktretend nach der Seite hin, wo das Leibregiment stand, rief er: „Soldaten, jetzt geht's in den Kampf; ihr sollt mich an eurer Spitze sehn; tut eure Pflicht; ich schwöre euch, mich sieht ein unglückliches Vaterland nicht wieder." Der alte Horn, so erzählt ein Augenzeuge, ward von diesen Worten so ergriffen, daß er York in die Arme stürzte und laut rief: „Er und das Leibregiment und gewiß alle würden dem Beispiel des Generals folgen." Und ein Soldat aus dem Leibregiment rief: „Das soll ein Wort sein!" – „Ja, das soll ein Wort sein", wiederholten die andern.

„Ein unglückliches Vaterland sieht mich nicht wieder." Er trug von diesem Tage an Gift bei sich.

Vom Könige eine Strecke begleitet, marschierten die Truppen in Richtung Potsdam und weiter.

Das Korps war beim Einrücken in Berlin 18 000 Mann stark gewesen, darunter freilich an 2000 Kranke. Seitdem hatten mannigfache Ablösungen stattgefunden. Ein paar hundert Mann waren nach Hamburg abgegeben, um dort den Stamm der hanseatischen Legion zu bilden; es folgte zu demselben Zweck Major v. Schill mit 100 Pferden. An Borstell war ein Füsilierbataillon überlassen, an das Belagerungskorps vor Spandau das halbe Jägerbataillon und eine Batterie abgegeben. Mit General Kleist in der Avantgarde voraus waren 6 Bataillone, 4 Schwadronen Husaren. Unmittelbar bei York blieben etwa 10 000 Mann in zwei Brigaden.

Alle diese Truppen bis auf ein Bataillon hatten in Kurland ihre Schule gemacht. Ihre Offiziere hatten mit ihnen einen mühseligen Feldzug erlebt; sie kannten einander. War es bittere Prüfung gewesen, für den Feind des Vaterlandes kämpfend sich soldatisch zu bewähren, so ging es jetzt wie zum Lohn in einen Krieg, in dem man mit voller Herzenslust schlagen konnte.

Unter den höheren Führern war mehr als einer, der in seiner Art bedeutend und eigentümlich genannt werden durfte. Von Oberst Horn wurde früher gesprochen; er war recht eigentlich das Bild eines Soldaten, groß, kräftig, derb, von unerschütterlicher Festigkeit, für seine Truppen sorgsam; keiner verstand es wie er, mit ihnen zu sein; wie manchem hat er gezeigt, wie er sich die Streu machen, wie sich ein Essen schnell kochen, wie er durchgelaufene Füße behandeln müsse. So kühn und gewaltig im Gefecht, so scharf und fest im Dienst, ebenso gütig und herzlich war er, wo er es konnte; gegen Arme, Kranke, Gefangene voller Erbarmen. Mehr als einmal hat er in der Winterkampagne 1814 in französischen Dörfern für die Dorfarmen Suppe kochen lassen, und als er einst dort ein Lazarett französischer Verwundeter fand, für das weder die Behörde noch die Ortseinwohner etwas taten, ruhte er nicht eher, als bis er alles in Ordnung gebracht hatte, legte selbst Hand an, zwang die Behörde und die Einwohner, für ihre unglücklichen Landsleute des weitern zu sorgen.

Sehr anderer Art war General Hünerbein. Er hatte viel bei Hofe gelebt, war von vielseitiger und eleganter Bildung, sprudelnd von Witz und beißendem Spott, von größter Elastizität des Geistes; im Frieden lukullisch und frivol, war er, wenn es zum Ernst der Waffen ging, ganz Soldat; dann aß er mit den Soldaten ihr Kommißbrot, blieb mit ihnen, wenn andere ein Haus suchten, am Biwakfeuer. Im Gefecht war sein rascher klarer Blick unschätzbar. York hielt gegen ihn, obschon er ihn gern um sich sah, mehr als gegen irgendeinen der unter ihm Stehenden die dienstlichen Formen aufrecht. Als nach dem glänzenden Gefecht bei Wartenburg, wo Hünerbeins Brigade zu dessen großem Ärger in Reserve gestanden, York ihn fragte, ob er Verlust gehabt habe, antwortete er allerdings witzloser als gewöhnlich: einem einzigen krummbeinigen Packknecht habe zufällig eine Kugel die Kaldaunen in Unordnung gebracht; darauf York: „Herr General, dem Packknecht sind seine Kaldaunen genau so lieb gewesen, als Ihnen die Ihrigen; ich verbitte mir ein für allemal im Dienst jeden Witz; bei Tisch werde ich ihm gern sein Recht lassen." Dergleichen nahm er hin; rächte sich allenfalls hinter dem Rücken des Generals mit anderen Witzen; so diesmal: „Da zieht sie hin, die wandernde Warnungstafel!"

Und noch zum Schluß ein Wort von Major Platen, dem tollen Platen, wie man ihn nannte, dem einstweiligen Führer der litauischen Dragoner, eine Soldatennatur der schroffsten Art, von jäher Zornesgewalt, trotzig, wild, gewaltsam. Er sehe die Pferde so gut wie die Litauer für seinesgleichen an, hieß es von ihm. Freilich, als eine Schwadron einmal, da ein Angriff nicht glückte, einen Verweis erhielt, befahl er auch, die verfluchten Mähren sollten den Tag kein Futter bekommen. Ein andermal hat er, da ihm wegen eines beabsichtigten Duells eine kurze Festungsstrafe diktiert war, seine drei schönen Pferde nacheinander mit eigener Hand totgeschossen: „Er brauche keine Pferde mehr, er sei Arrestant." Zu tollkühnen, waghalsigen Dingen war niemand bereiter und brauchbarer als er; es gab nichts, was er nicht gewagt hätte, um seinen Haß gegen die Franzosen zu sättigen.

Bald sollte das Korps seine erste Probe bestehen.

Am 28. März war der Feind aus der bis dahin behaupteten Stellung bei Möckern nach Magdeburg zurückgegangen; es zeigte sich, daß er so maskiert sich zu einer größeren Unternehmung zusammengezogen, Schiffbrücken erbaut habe, vielleicht einen Ausfall nach Berlin hin im Schilde führe. So meldete am 30. abends Borstell, der mit dem Auftrag, Magdeburg möglichst eng einzuschließen, über Möckern hinaus bis Nedlitz vorgerückt war. York hatte bereits sein Hauptquartier in Belzig, sein Korps in der Nähe, nur die Brigade Hünerbeins war rechts vorgeschoben, um Borstel, im Fall er angegriffen würde, zu unterstützen. Bülow hatte Befehl, mit seinem Korps, etwa 11 000 Mann, nach Berlin zu eilen; er erreichte es am 31., rückte mit der Hälfte über Potsdam weiter, während die andere Hälfte Spandau einzuschließen ging. General Berg mit etwa 7000 Russen war bereits über Potsdam voraus. Auch Graf Wittgenstein hatte sein Hauptquartier am 31. nach Belzig verlegt. Dorthin kam am 1. April Scharnhorst aus Dresden; er brachte die Nachricht, daß Blücher bei Dresden die Elbe überschritten habe. Ein Brief von ihm an Knesebeck gibt eine Übersicht der Lage: „Unser Plan ist, mit dem Blücherschen Korps nach Leipzig zu marschieren, mit dem Wittgensteinschen oberhalb Wittenberg über die Elbe zu gehen, dann gemeinschaftlich zu operieren, Magdeburg durch das Detachement von Borstell und die Brigade von Bülow zu observieren, mit Kosaken und Kavalleriedetachements gegen die Weser und über diesen Fluß hinaus zu operieren. Die letzten Truppen des Blücherschen Korps passieren den 5. die Elbe, die ersten sind schon den 30. in Dresden eingerückt. Damit das Blüchersche Korps nicht von Dresden abgeschnitten wird, marschieren wir über Rochlitz und bleiben dort, wenn sich etwas von Erfurt her oder aus Franken zeigt. Wir haben den Befehl des Fürsten Kutusoff, über die Elbe zu gehen, wir wissen die Sache nicht anders zu machen; es ist nur ein Versuch, der gemacht wird, bei dem wir uns jetzt nach meiner Ansicht nicht von der Elbe entfernen dürfen. Bei Magdeburg sind 40 000 Mann, wieviel bei Erfurt, das wissen wir nicht. Ich hoffe, daß dies Vorrücken unseren Kavalleriedetachements freies Spiel verschaffen wird."

An demselben Tage, wo Scharnhorst unmittelbar vor seiner Rückreise so schrieb – und das Schreiben zeigt, wieviel ihm an Wittgensteins Vorrücken über die Elbe gelegen sein mußte – an demselben 2. April brach der Vizekönig von neuem aus Magdeburg aus, drängte mit überlegener Macht auf Borstell ein, der sich in den nächsten Tagen mit Mühe in Nedlitz hielt.

Am Morgen des 5. April schien sich die Lage verändert zu haben; es wurde berichtet, der Feind ziehe sich wieder auf Magdeburg zurück.

Graf Wittgenstein faßte den Entschluß, den Feind, ehe er ganz entkomme, anzugreifen. Um 11 Uhr, beim Aufbruch aus Zerbst, meldete York an Borstell und Bülow nach Hohenziatz: „Der Feind stehe hinter Dannigkow, Vehlitz und Zepernik, Graf Wittgenstein sei im Marsch, um ihn heute noch anzugreifen; er, York selbst, werde dies in der Richtung über Dannigkow gegen Gommern, General Berg über Vehlitz tun. Bülow möge sich nach Zepernik wenden, um womöglich den Feind in seiner linken Flanke zu umgeben und ihn zu beschäftigen und sich dabei nach dem Kanonenfeuer zu richten."

General Hünerbein stand am nächsten an dem Feind. Er scheint den Befehl gehabt zu haben: den Feind zu beschäftigen und festzuhalten, bis York mit den sechs Bataillonen und Jürgaß' Dragonern herankomme.

Hünerbein hatte drei Bataillone Ostpreußen, zwei Husarenschwadronen, Treskows Dragoner, 12 Geschütze, ein Pulk Kosaken.

Er stand mit diesen verdeckt hinter der Höhe zwischen Leitzkau und Dornburg.

Eine vorgehende Husarenpatrouille stieß – es war um 1 Uhr – auf dem Wege nach Dannigkow auf feindliche Reiter, die sich sofort auf Dannigkow zurückzogen; dort standen diesseits des Dorfes einige Eskadrons formiert. Hünerbein gab seinen Husaren Befehl anzugreifen; sie warfen die feindlichen Reiter; aber sofort erhielten sie von den hinter den Weiden rechts und links aufgestellten Vorposten ein heftiges Feuer; ein Offizier, mehrere Husaren fielen, aber die Posten wurden ins Dorf zurückgetrieben. Hünerbein zog die Schützen seines ersten Bataillons vor, das Dorf zu reinigen; er glaubte es schwach besetzt, er wollte hinter demselben haltmachen, weitere Befehle erwarten.

Die Schützen drangen rasch ins Dorf ein, nahmen die ersten Häuser, folgten durch das Dorf bis zu der Brücke über die Ehle. Aber das Feuer aus den Häusern und hinter den hohen Zäunen her mehrte sich. Die

Schützen des zweiten Bataillons wurden nachgesandt, das Dorf völlig zu reinigen; sie fanden hartnäckigen Widerstand, weit überlegene Macht; schon wurden sie hart bedrängt, und nicht weit von der Brücke in sehr vorteilhafter Stellung sah man ein volles Bataillon bereit vorzugehen.

Hünerbein ließ, damit der Feind nicht Verstärkung ins Dorf werfen könne, vier Geschütze links von Dannigkow auffahren; während sie feuerten, gingen die Schützen von neuem vor. Vergebens; sie wurden „zum zweiten Male fast hinausgeworfen, und der Feind behielt die über die Ehle führende Brücke und sämtliche Häuser stark besetzt"; den Stützpunkten jenseits der Brücke kam von Gommern her „jeden Augenblick" neue Verstärkung. „Nur war", sagt Hünerbein weiter in seinem Bericht, „die Sache offenbar zur Ehrensache, zur heiligen Sache des Vaterlandes geworden, und ich konnte den Befehl, Gefecht zu vermeiden, nicht mehr befolgen; es war das erste ganz ernsthafte Gefecht in diesem Kriege, und Sieg oder Tod mußte hier offenbar die Losung sein; ich mußte, so schwach ich war, auf den alten Mut der preußischen Truppen und die Unterstützung der Feldherren, die mich befehligten, rechnen." Er befahl Major Lobenthal mit seinen beiden Bataillonen das Dorf anzugreifen, ließ gleichzeitig die ganze Batterie mit den Dragonern zur Seite des Dorfes vorgehen, um den Feind in die rechte Flanke zu nehmen. Der erste Angriff wurde zurückgeschlagen. Im heftigsten Feuer ordnete Lobenthal seine Bataillone zu neuem Angriff; auf das höchste entflammt drangen die Truppen von drei Seiten zugleich in das Dorf ein; die Häuser, welche der Feind verteidigte, wurden mit dem Bajonett genommen, alles niedergestochen; die Schützen wateten durch die Ehle, unterstützten den Frontangriff auf die Brücke; zurückgeworfen versuchte der Feind sich 300 Schritte weiter zu setzen, ein erneuter Bajonettangriff warf ihn. Man war auf offenem Felde, der Artillerie, der schon anrückenden Kavallerie des Feindes bloßgestellt. Lobenthal zog sich auf Dannigkow zurück, um sich dort zu behaupten. In den vier Stunden, die dies Dorfgefecht gewährt hatte, hatten die beiden Bataillone 100 Tote und Verwundete.

Um vier Uhr waren Wittgenstein und York mit 6 Bataillonen, Jürgaß' Dragonern, drei Batterien bei Leitzkau eingetroffen. Das Städtchen brannte, man mußte die Batterien um die Stadt fahren lassen. Noch ohne Nachricht von dem, was weiter rechts bei Borstell und Bülow geschehen sei, sandte Wittgenstein sofort an Bülow den Befehl: „General Bülow nähert sich Möckern, wenn der Feind diesen Ort verlassen hat, macht heut aber keinen Angriff, behält den Feind im Auge und schickt so viel Meldungen als möglich über die Lage. Hält der Feind stand, so soll er morgen angegriffen werden; zieht sich der Feind zurück, so wird er mit Kavallerie verfolgt." Nach Dannigkow hin wurden zwei frische Bataillone gesandt, rechts und links Batterien aufgefahren. Der Feind zog gleichfalls Geschütz vor, die Kanonade währte bis zur Dunkelheit.

Erst jetzt erfuhr man im Hauptquartier, wie heftig bei Vehlitz und Zepernik gekämpft worden sei. Borstell hatte bald nach 4 Uhr Vehlitz, wo die Vorhut des General Berg bereits längere Zeit im Geschützfeuer mit dem sehr starken Feinde begriffen war, erreicht, sogleich das Gefecht aufgenommen, und endlich, von zwei russischen Bataillonen unterstützt, das hartnäckig verteidigte Dorf genommen. Im besten Vorrücken begriffen gegen Sonnenuntergang, wäre er von einer wild daherstürmenden Reitermasse von Lanciers, roten Pariser Husaren, Chasseurs, fast überrannt worden, wenn nicht das zweite Pommersche Bataillon, schnell in Masse formiert, auf 50 Schritt eine Salve gegeben hätte, vor der die wilde Horde rechts und links auseinanderstob, querfeldein nach Vehlitz, nach Leitzkau, teils den Grodnoschen Husaren, teils Jürgaß' Dragonern gerade in das Eisen.

Das war des tollen Platen Meisterstück. Bülow nämlich war mit seinen Dragonern, einem Füsilierbataillon und vier Schwadronen Husaren und einem Pulk Kosaken gegen 4 Uhr bei Möckern angelangt; mit den Husaren drängte er die vorgeschobenen paar Schwadronen des Feindes zurück; die Husaren folgten, drei Gräben hintereinander hemmten sie endlich. Jenseits desselben stand die feindliche Kavallerie, an 1000 Pferde stark; eine Batterie daneben, drei Bataillone etwas rückwärts. Bülow ließ – man hörte den wachsenden Geschützdonner bei Vehlitz – die Dragoner zur Unterstützung der Husaren vorgehen. Platen hatte seinen Dragonern eine Ansprache in seiner Art gehalten; sie schloß damit: auch muß ein guter Dragoner die Pfeife noch brennend haben, wenn nach der Attacke Appell geblasen wird. Jetzt kam er im starken Trab heran; „er hielt sich stark genug, mit seinen 200 Dragonern dem Feinde die Spitze zu bieten." Ohne sich zu besinnen oder die Pferde verschnaufen zu lassen, ging es weiter und mit Hurra über die Gräben, Platen voran; – „und so hieb", sagt sein Bericht, „dies 200 Pferde starke Regiment auf drei aus Lanciers, Chasseurs und Husaren zusammengesetzte Regimenter, gewiß tausend Pferde stark, dergestalt ein, daß die drei Regimenter aufgerollt und vor sich her getrieben wurden. Wie wenig das Regiment sich mit der Gefangennahme einzelner Leute abgab, beweist, daß es nur 86 Gefangene machte, hingegen gewiß noch einmal soviel niedergehauen wurden, indem die Erbitterung so groß war, daß anfänglich gar kein Pardon gegeben wurde."

So war der Tag glorreich vollbracht; den stärkeren Feind hatte man überall aus seinen starken Positionen geworfen; fast nur preußische Truppen – bei ungefähr 10 000 Preußen etwa 1200 Russen – waren ins Gefecht gekommen; „der Graf Wittgenstein und alle Russen", so berichtet Major Natzmer an den König, „sind außer sich über das heldenmäßige Betragen unserer Truppen und bezeugen ihnen die größte Achtung." Es war der freudigste Anfang des großen Krieges.

Der Verlust des Feindes war bedeutend. Etwa 900 Gefangene, darunter 38 Offiziere, wurden eingebracht, eine Kanone, mehrere Munitionswagen waren genommen.

Die einbrechende Nacht, mehr noch die vorteilhaften Stellungen, in die sich der Feind zurückziehen konnte, hatte ein weiteres Verfolgen unmöglich gemacht. Graf Wittgenstein war „fest entschlossen, am andern Morgen den Feind von neuem anzugreifen. Aber", fügt der Bericht hinzu, „um einer zweiten, vielleicht gänzlichen Niederlage vorzubeugen", war der Vizekönig, der selbst bei dem Gefecht zugegen war, die Nacht schon aufgebrochen und eiligst nach Magdeburg zurückgegangen. Ob die Anordnungen, welche die Gefechte des 5. April einleiteten, in Yorks Augen von der Art waren, das Vertrauen zu der militärischen Vorzüglichkeit des russischen Oberbefehls zu steigern, muß dahingestellt bleiben. Wenigstens nicht die Anordnungen des Wittgensteinschen Hauptquartiers hatten es bewirkt, daß die Gefechtsmomente, so wie es endlich geschah, ineinandergriffen. Mochte Hünerbeins kecker Angriff auf Dannigkow von andern gerühmt werden, York unterließ nicht, ihn streng zu rügen.

Noch schärfer als die Rüge gegen Hünerbein bezeichnet eine andere Yorks Art. Unter den Trophäen des Gefechtes im Dorf Dannigkow fanden sich 200 Gewehre – keine Gefangenen. Von vielen wurde damals Haß und Rache gegen jeden Franzosen als patriotische Tugend gepriesen. Um keinen Preis hätte York solchen Motiven in der Disziplin seines Korps eine Stelle gestatten mögen; je natürlicher und in jedem einzelnen mächtiger sie waren, um so strenger sollte das Wesen soldatischer Ehre und Zucht sie bändigen.

Unverzeihlicher noch erschien es, wenn ein Husarenregiment in Dornburg, einen anhaltischen, also noch rheinbündnerischen Ort einrückend, ohne höheren Befehl Bier und Branntwein requiriert hatte. York machte den Kommandeur des Regiments dafür verantwortlich, er verurteilte ihn, dem dortigen Amt die volle Wertsumme des Beigetriebenen zu erstatten, und ließ dies im Parolebefehl erwähnen.

Im Blücherschen Hauptquartier hatte man „auf die Nachricht, daß die Franzosen von Magdeburg aus auf Berlin operierten", sich entschlossen, „schnell auf Leipzig anfangs in der Direktion auf Plauen, dann sich rechts wendend zu marschieren." Scharnhorst fügt hinzu: „– es ist sehr notwendig, daß die große russische Armee jetzt folge; ständen in diesem Augenblick diese zwar schwache, aber des Sieges gewohnte Armee an der Elbe und in Dresden, so könnten wir frei operieren und entscheidende Schläge wagen." Sie stand immer noch in und um Kalisch, achtzehn Märsche hinter Dresden.

Wie zwischen Torgau und Wittenberg die Elster, so war zwischen Wittenberg und Magdeburg bei Roßlau die Elbe überbrückt, ohne daß man von dem Feinde gehindert worden wäre. Schon am 4. April ging ein Teil der Hornschen Brigade über die Brücke bei Roßlau. Nachdem durch die Gefechte am 5. April der Feind auf Magdeburg zurückgedrängt worden, eilte man mit dem Elbübergang der Truppen um so mehr, als man bemerkte, daß von Magdeburg aus bedeutende Kolonnen die Elbe aufwärts gingen, wie man annahm, um Roßlau zu gefährden.

Nachdem York am 7. April die Stellungen vor Magdeburg an der Ehle beritten und an Bülow, der mit Borstell vor Magdeburg bleiben sollte, die nötigen Weisungen für die Blockierung der Festung gegeben hatte, rückten am 8. seine Truppen von Dannigkow aus, gingen folgenden Tages über die Elbbrücke bis Dessau und bezogen am 10. in und um Köthen Quartier. Hier stand man vierzehn Tage, nicht eben zur Hebung der Stimmung. Die Langeweile unterbrach wohl hier und da die Hoffnung, daß es endlich vorwärts gehe; aber sie täuschte immer wieder.

Am 13. hatten Yorks Vorposten die des Feindes hart an der Saale nach Wettin, Alsleben, Bernburg gedrängt. Am 15. kam von Wittgenstein Befehl an York, „sich zweier Übergänge über die Saale zu versichern und zu dem Ende Alsleben und Bernburg zu nehmen." Was konnte das anders bedeuten, als daß man nach dem Harz vorrücken wolle. In Yorks Umgebung war gerade ein solcher Plan sehr begrüßt worden, und zwar auf Grund einer anonym an Valentini übersandten Denkschrift eines jüngeren Offiziers im Stabe. War es denn nicht entsetzlich, die Deutschen, die im guten Glauben an die hochtönenden Verheißungen Wittgensteins, Kutusoffs, Tschernitschefs, Tettenborns sich gegen die napoleonische Knechtschaft erhoben hatten, durch die Langsamkeit der Operationen der furchtbarsten Rache preisgegeben zu sehen? Begreiflich, daß man die angeordnete Bewegung nach Bernburg und Alsleben in dem erwünschten Sinne verstand und freudig begrüßte.

Am 19. April kam an Wittgenstein die Meldung, daß das französische Korps, das in Franken gesammelt sei, sich über Erfurt und Weimar in Bewegung setze. Allem Vermuten nach sei Napoleon schon bei der Armee eingetroffen und könne die Absicht haben, auf die untere Saale zu gehen, um sich mit dem Vizekönig zu vereinen und sich zwischen Blücher und Wittgenstein zu werfen. Demnach beschloß Wittgenstein, sich so schleunig als möglich mit Blücher zu vereinen; er sandte Diebitsch an York mit dem Befehl, die Position am Harz zu verlassen und sich über Zörbig und Düben hinter die Mulde zu ziehen.

Also rückwärts! Wegen der Nähe des Feindes mußte man mit großer Vorsicht abziehen. „In größter Stille als bei einem heimlichen Marsch", lautete Yorks Disposition; so still als möglich brach man in der Nacht um 3 Uhr auf – der Feind merkte nichts; man erreichte um 10 Uhr Zörbig. Da freilich kam die weitere Nachricht von Wittgenstein, „daß die gestrigen Gerüchte sich nicht bestätigt hätten, und daß sich das Korps um Zörbig in weitläufige Quartiere legen könne."

IV

GROSS-GÖRSCHEN UND BAUTZEN

„Daß die große Armee nicht gefolgt ist, ist ein großer Fehler", so schrieb Scharnhorst schon am 6. April. Ihr langes Ausbleiben – durchaus gegen die Kalischer Verabredungen – hemmte die Operationen Blüchers und Wittgensteins, zwang sie, an der unteren Saale und an der Elster wochenlang stillzuliegen, während Napoleon seine Heeresmassen in Franken und Thüringen sammelte und schon daran war, mit überlegener Macht durch die Pässe der Saale hervorzubrechen.

In demselben Maße schwand das moralische Übergewicht, mit dem man begonnen hatte: die Vernichtung der Napoleonischen Macht wurde verwischt durch ihr kühnes und gewaltiges Wiedererscheinen; die Siegesglorie Rußlands und die Kühnheit der preußischen Erhebung schien sich in nichts zu verlaufen.

Die Rheinbundfürsten im Südwesten Deutschlands stellten trotz der Kalischer Proklamation ihre Kontingente zum französischen Heere. Und der König von Sachsen, auf dessen Beitritt man hoffen zu können gemeint hatte, antwortete der verbindlichen Einladungen des Königs von Preußen: er wolle seinen eingegangenen Verbindlichkeiten getreu bleiben. Man erfuhr aber, daß er auf der Reise von Regensburg nach Prag sei und, wie Scharnhorst am 27. April schreibt, „Österreichs Partei" ergreifen werde.

Man hoffte auf günstige Erklärungen Österreichs, weil endlich die große russische Reservearmee nachrückend sich der Elbe näherte.

Es war hohe Zeit. Am 26. April war Napoleons Hauptkolonne, Ney, Marmont, Garden, 80 000 Mann von Erfurt bis Kösen im Vormarsch. Von Süden her, aus Franken das Saaletal hinab, kamen 40 000 Mann unter Betrand und Oudinot, ihre Spitzen erreichten an jenem Tage Jena. Von Norden her, am linken Saaleufer aufwärts zog, durch Wittgenstein nicht gestört, der Vizekönig mit dem größten Teil seiner Armee; er stand an demselben Tage Wettin gegenüber. Leipzig war der gegebene Vereinigungspunkt des Vizekönigs mit Napoleon; es konnte in fünf bis sechs Märschen erreicht werden.

Der Streitmacht, die Napoleon zu vereinen im Begriff war, – man konnte sie auf 120 000 Mann rechnen – hatten die Verbündeten, die große russische Reserve mit eingerechnet, nur etwa 85 000 Mann entgegenzustellen. Es war im russischen Hauptquartier ernstlich davon die Rede, einem Zusammentreffen auszuweichen und hinter die Elbe zurückzugehen.

Weder Wittgenstein, noch Blücher, noch Winzingerode waren dieser Ansicht. „Ich ziehe", schreibt Wittgenstein am 26. April, „alle disponiblen Truppen bei Leipzig zusammen und werde in Verbindung mit den Generalen v. Winzingerode und v. Blücher, wenn der Feind offensiv über Weißenfels vorgeht, ihm bei Lützen eine Schlacht anbieten." Schon hatte Kleist (5000 Mann), vor Wittenberg und Roßlau durch Bülow abgelöst, Halle besetzt. Hinter ihm rückte York (10 000 Mann) ein, den linken Flügel in Schkeuditz auf die Elster und die Straße von Halle nach Leipzig gestützt. Das Korps von Berg stellte sich in und um Leipzig auf. So war am 27. April der rechte Flügel der Verbündeten dem linken auf vier Meilen nahe; denn Blücher (24 000 Preußen) stand in der Gegend von Borna bis Altenburg, mit starken Kavallerieposten nach Südwesten, um die Straße aus Franken zu decken. Vor beiden Flügeln in der Mitte, über Lützen hinaus vorgeschoben, bildete Winzingerode (15 000 Russen) die Vorhut beider gegen die Pässe der Saale.

In wenigen Tagen konnte die große russische Reserve heran sein. Ihre Vorhut unter Miloradowitsch (11 500 Mann) stand am 25.–27. April in Chemnitz. Die Hauptmacht unter Tormassoff (17 500 Mann) verließ am 27. Dresden.

Fürst Kutusoff war auf den Tod erkrankt in Bunzlau zurückgeblieben; am 18. April hatte er zum letztenmal einen Befehl unterzeichnet. Erst die Nachricht seines nahen Todes ließ die Monarchen zur Ernennung eines neuen Oberbefehlshabers schreiten. Aber wen wählen? Unter den russischen Generalen, die bereits ein selbständiges Kommando geführt hatten, war Graf Wittgenstein der jüngste, aber er hatte den Ruhm des Tages von Dannigkow, den Ruhm der Rettung Petersburgs durch seinen Feldzug an der Düna. Auch Blücher war älterer General; der König forderte ihn auf, zugunsten Wittgensteins auf den Oberbefehl zu verzichten. Durch kaiserlichen Befehl vom 27. April wurden Blücher und Winzingerode unter Wittgensteins Befehl gestellt.

Nach der Sachlage konnte, wenn man eine Schlacht wollte, nur noch die Absicht sein, Napoleon in seinem Aufmarsch zu überfallen. Die große Überlegenheit der Verbündeten an Reiterei gab einem solchen Manöver doppelte Aussicht auf Erfolg.

Die Saale bildet von Naumburg bis Halle einen vorspringenden Winkel, vor dessen Spitze, eine Meile entfernt, Lützen liegt. Von Lützen ist Naumburg über Weißenfels, Halle über Merseburg je vier Meilen entfernt. Über Naumburg, Weißenfels und Lützen mußte Napoleons Marsch auf Leipzig gehen, in langer Kolonne, da das enge Saaletal den breiteren Aufmarsch hinderte. Der Vizekönig konnte seinen Marsch entweder auf Merseburg richten, um dort die Saale überschreitend sich strategisch mit Napoleon zu vereinigen, oder auf Halle, um den rechten Flügel der Verbündeten zu überholen.

Noch hielten die Verbündeten den vorspringenden Winkel der Saale besetzt. Winzingerode hatte seine Vorhut bei Naumburg, einen Kavallerieposten in Merseburg; Halle war von Kleist besetzt. Am 28. April begann sich der Druck des entscheidenden Heranrückens der feindlichen Macht fühlbar zu machen. Der Versuch des Feindes, bei Halle durchzubrechen, führte zu einem heftigen Gefecht, das mit dem Zurückweichen des Feindes endete.

Wittgensteins Befehl war, den über Halle vordringenden Feind wenigstens zwei Tage aufzuhalten. York schob, um Kleist gegen den erneuten Angriff, der erwartet wurde, zu stützen, die Brigade Horn näher nach Halle hin. Entschiedener war Halle gedeckt, wenn man Merseburg hielt.

Auf diese Stadt rückte Marschall Macdonald mit dem 11. Armeekorps los. Bald nach zwölf Uhr waren die Kosaken, die in Lauchstädt standen, bis an die Stadt gedrängt; man schätzte den heranziehenden Feind – wie sich später ergab, zu gering – auf 8–10 000 Mann. Die Übermacht des Feindes ließ erkennen, daß man die Stadt nur einige Stunden werde halten können; um so mehr wußte dafür gesorgt werden, den Posten am Ausgang der Vorstadt zu verstärken, der schließlich die Abziehenden aufnehmen mußte. Die Kosaken und die beiden zur Verfügung stehenden Geschütze gingen dorthin.

Der Feind hatte sich hinter seiner Artillerie formiert; er begann seine Angriffe gegen die Tore, am stärksten gegen das Gotthardtstor auf der Westseite der Stadt. Mit etwa 1000 Mann, zahlreiche Tirailleurs voraus, drang er heran; ehe die vorgeschobenen Trupps eingezogen waren, war er nahe genug, mit einzudringen; ein Bajonettangriff mit Hurra warf ihn zurück. Schnell wurde alles eingezogen, das Tor verrammelt. Vergebens rückten neue Kolonnen heran. Ähnlich an den anderen Toren, zu denen man nach und nach die Reserven vom Markt holte. Den Versuch, an der Saale herauf unter dem felsigen Ufer heranzuschleichen, um den Dom zu gewinnen, straften die zwei Geschütze von drüben her.

Alles war im besten Gang, da wurde gemeldet, daß der Feind bereits mitten in der Stadt sei, in Masse auf dem Markt stehe. Verräter hatten ihm, wie später bekannt geworden ist, ein stets gesperrtes Mühlenpförtchen am oberen Ende der Stadt gezeigt, das war gesprengt, dort war er eingedrungen. Am Gotthardstor war die Meldung zuerst; sich den Rückzug zu decken, eilte man nach dem Markt; man traf den Feind schon von der Brücke her im Gedränge, er wurde geworfen, aus der Stadt gedrängt. Ebenso erging es einem andern Haufen, der schon auf dem Wege zum Dom war.

Die Stadt war überall vom Feinde frei; Lobenthal, der die Verteidigung geführt hatte, gab – er fühlte wohl, daß er schon weiter gegangen war, als sein Auftrag ihm gestattete – den Befehl zum Rückzug über die Brücke. Er gelang ohne zu großen Verlust.

Am Abend des 29. April, während Macdonald mit seinem Korps Merseburg und die Vorstadt auf dem rechten Saaleufer besetzte, war die Vorhut gegen Naumburg unter General Lanskoi nach einem heftigen Gefecht über Weißenfels zurückgegangen; die französische Vorhut unter General Souham besetzte Weißenfels.

Um Mitternacht, auf die Meldung, daß Merseburg in Feindes Hand sei, verließ auch Kleist Halle in Richtung auf Schkeuditz. Die Stadt wurde am andern Morgen vom Feinde besetzt, der sich sofort zu verschanzen begann.

Wollte man den Feind im Ausmarsch überfallen, so war der letzte günstige Moment da. Kleist auf dem äußersten rechten Flügel war am 30. in Leipzig, seine Vorhut auf der Straße nach Merseburg. York lagerte in zwei Kolonnen dicht aufmarschiert bei Zwenkau, Front gegen Lützen; hinter ihm Berg; Blücher einen kleinen Marsch seitwärts hinter ihnen bei Borna. Allen voraus bei Lützen Winzingerode. Aber Tormassoff hatte erst Frohburg erreicht, Miloradowitsch stand noch weiter seitab in Penig. Wollte man schlagen, ehe sich Napoleon und der Vizekönig vereint, so mußte man den Anmarsch des Feindes über Lützen um einen Tag verzögern; zum Sonntag, den 2. Mai, konnte auch Tormassoff mit den russischen Garden, auch Miloardowitsch nahe genug heran sein, um mitzuschlagen.

Am 1. Mai hatten die Monarchen dem Grafen Wittgenstein den Oberbefehl über die ganze Armee übergeben und seinen Plan zur Schlacht auf den folgenden Tag genehmigt. Die Nachricht, daß sich ein feindliches Korps bei Stößen zeige, bewog ihn, den schon heranrückenden Miloradowitsch schleunigst anzuweisen, daß er bei Zeitz halt mache, um die Flanke der Verbündeten und die Straße auf Dresden zu decken. Der Plan Wittgensteins, die preußischen Brigaden noch vor der Schlacht aufzulösen und die einzelnen Waffengattungen in die russischen Divisionen einzuordnen, wurde nicht ohne Mühe beseitigt.

Am 1. Mai blieb das Yorksche Korps neben Zwenkau dicht aufgerückt stehen, harrte kampfbegierig der Schlacht. Der Geist der Truppen war über alle Beschreibung vortrefflich. Das hohe Gefühl dessen, was es galt, erfüllte alle, verband alle. Man wollte den Sieg erzwingen.

Noch sorgsamer und strenger wie schon sonst sah York in dem Biwak von Zwenkau auf die höchste Sorgfalt und Genauigkeit im Dienst. Er verbarg es nicht, daß er dem entscheidenden Tage mit Besorgnis entgegensehe. War nicht, seit man die Elbe überschritten hatte, und seitdem mit jedem Tage mehr, die Bewegung des Ganzen schwankender, unsicherer, planloser geworden? Hatte man darum vier Wochen nichts getan, um endlich Napoleon um wahrscheinlich 30 000 Mann schwächer gegenüberzustehen? Und nun ward Wittgenstein mit dem Oberbefehl betraut; York vergaß ihm jene Enttäuschungen am Njemen, das Entkommenlassen Macdonalds nicht; oder sollten die Dispositionen zum 5. April etwa Feldherrntalent bewährt haben? Oder die Dispositionen an der Saale? Einem so gewaltigen Feinde wie Napoleon gegenüber mußte man mehr können, als überschwengliche Proklamationen diktieren; und der keck wagende Leichtsinn, wie sehr er durch Erfolge verwöhnt sein mochte, reichte in dem fruchtbaren Ernst der Entscheidungen, denen man entgegenging, nicht aus.

Auch Yorks Offiziere fiel es auf, daß der Tag verlief, daß zum zweiten Male die Truppen ihre Feuer bei Zwenkau anzünden mußten, ehe Befehle kamen, was weiter geschehen solle. Noch peinlicher wurde die Spannung, als die Meldungen kamen, daß die Wege von Zwenkau vorwärts, auf denen man jeden Augenblick vorzurücken gehofft hatte, durch Winzingerodes Bagagen verfahren seien.

Endlich um Mitternacht kamen Wittgensteins Anordnungen. Morgens um fünf Uhr, so wurde befohlen, wird Blücher die Elster mit seiner rechten Kolonne bei Storkwitz, mit seiner linken weiter hinauf auf Pegau überschreiten, um 6 Uhr jenseits des Floßgrabens sein; York und Berg sind um 5 Uhr unmittelbar hinter Blüchers Kolonne, Berg marschiert nach Storkwitz, York auf Pegau. Winzingerode hat sich um 6 Uhr allen voraus bei Werben am Floßgraben aufgestellt, deckt Blüchers Aufmarsch. Um 7 Uhr sind die russischen Reserven bei Storkwitz und Pegau usw.

Die Offiziere des Stabes waren bei York versammelt, als der Befehl kam; sofort wurden die weiteren Befehle diktiert und befördert. Mit dem grauenden Morgen begann der Abmarsch des Korps, die schwarzen Husaren an der Spitze.

Man hatte über Audigast nach Pegau stark 1 ½ Meilen; dort mußte um 5 Uhr Blüchers linke Kolonne aufgerückt stehen. Aber auf halbem Marsch stieß man auf Blüchers rechte Kolonne. Es gab das widerwärtigste Kreuzen. York ließ nur die Kavalleriebrigade von Dolffs vorüber; dann folgte er; bis er, bis Berg vorüber war, mußte die inzwischen anrükkenden brandenburgische Brigade warten.

Ganz in der Frühe waren die beiden Monarchen nach Pegau zu geritten, um Blüchers und Yorks Truppen vorbeimarschieren zu lassen. Seit halb fünf warteten sie. Endlich kamen die ersten Truppen, Dolffs Brigade; mit fröhlichem Hurra zogen die Schwadronen vorüber. Auch Wittgenstein und seine Suite war angekommen; er wurde von den Monarchen auf das huldvollste empfangen; der Kaiser eilte ihm entgegen, umarmte ihn, sprach zu ihm in den schmeichelhaftesten Ausdrücken.

Wittgenstein sandte Meldungen an York, daß die Monarchen links an der Straße vor Pegau auf den Vorbeimarsch seiner Truppen warteten. York ritt vor dem Kolbergischen Regiment. Ehe er ganz heran war – die Monarchen, Generale, Flügeladjutanten standen sich unterhaltend am Wege – stieg er vom Pferde, sich zu melden. Der Kaiser sah ihn zuerst, eilte ihm entgegen: „Da ist ja mein lieber York", streckte ihm die Hand entgegen, umarmte ihn, küßte ihm die Stirn. Dann erst konnte York auf den König zugehen, der militärisch die Hand an der Mütze seine Meldung empfing, dann entgegnete: „Habe Ihnen bereits das eiserne Kreuz verliehen, sehe aber, daß Sie es noch nicht tragen. York erwiderte: so dankbar er für Sr. Majestät Gnade sei, habe er doch für seine Person das Kreuz nicht angelegt, weil ihm noch nicht Sr. Majestät Entscheidung über alle diejenigen Offiziere, Unteroffiziere und Gemeine zugegangen sei, die er zu solcher Auszeichnung vorzuschlagen für Pflicht gehalten habe, sondern erst über einen Teil derselben; er werde auch das Kreuz nicht eher tragen, als bis Se. Majestät so gnädig gewesen seien, es auch denen zu bewilligen, die sich sonst nach dem gemachten Vorschlage gekränkt fühlen müßten. Nichts weniger als gnädig hörte der König diese Entgegnung: „Kann doch unmöglich gleich allen das eiserne Kreuz bewilligen; haben mir überdies sehr viele dazu vorgeschlagen." York stand noch immer entblößten Hauptes vor dem Könige: er habe Sr. Majestät nur solche Offiziere und Soldaten vorgeschlagen, welche sich durch die größte Tapferkeit und Todesverachtung dieser Auszeichnung würdig bewiesen hätten, und er habe es für seine Pflicht erachtet, so zu tun, ohne die Besorgnis, daß die Zahl so vorzüglicher Leute zu groß erscheinen könne. Gar sehr zur rechten Zeit war es, daß der Kaiser dieser peinlichen Unterhaltung eine andere Wendung gab.

Hinter einem flachen Höhenzug, rechts an dem Floßgraben, links bis Dommsen, rückten die Truppen, von dem Feinde nicht bemerkt, in Schlachtordnung auf, Blücher im ersten Treffen, hinter ihm York links, Berg rechts als zweites Treffen, Winzingerode in gleicher Höhe mit ihnen vor Dommsen. Die russischen Reserven waren in Pegau angelangt.

Inzwischen hatte sich vor Leipzig bereits ein lebhaftes Gefecht entsponnen. Dorthin drängte Napoleon mit voller Kraft, in der Überzeugung, daß die Verbündeten jenseits der Stadt ihm die Spitze bieten würden. Kleist war über Lindenau hinaus auf der Merseburger Straße vorgerückt; in ziemlich günstiger Position hielt er, nur etwa 5000 Mann stark, den Angriff des weit überlegenden Feindes von 9 bis gegen 11 Uhr aus; dann wich er langsam über Lindenau zurück. So hartnäckiger Widerstand vollendete die Täuschungen. Selbst der Vizekönig, der tags vorher gegen Napoleon die Meinung vertreten hatte, daß die Verbündeten von Altenburg der angreifen würden, überzeugte sich jetzt, daß Napoleon richtig vermutet habe, daß er sich über die Absichten des Feindes vollkommen getäuscht habe.

Es war das gegen 12 Uhr. Napoleons Macht stand in diesem Augenblick auf Meilen weit auseinander; seine Garden und die Hälfte von der Armee des Vizekönigs (Macdonald) Kleist gegenüber, fast zwei Meilen nordöstlich von Lützen, die andere Hälfte noch entfernter auf der Straße von Merseburg; Marmont war auf dem Marsch, konnte bei Weißenfels, zwei Meilen von Lützen sein; noch weiter zurück waren Bertrand und Oudinot; nur das dritte Korps (Ney) stand noch 40 000 Mann stark in den dicht am Floßgraben belegenen Dörfern Görschen, Rahna und Caja, eine Meile südöstlich von Lützen, über zwei Meilen südlich von der von Kleist verlassenen Stellung.

Trotz der langen Verzögerung beim Aufmarsch der Verbündeten war alles dazu angetan, den kühnen Entwurf zur Schlacht vollkommen gelingen zu machen.

Aber Wittgenstein war überrascht, so nahe vor seiner Stellung in den Dörfern am Floßgraben den Feind zu sehen. Er veränderte die allgemeine Disposition dahin, daß zunächst die Brigade Klüx aus den Dörfern die feindliche Nachhut vertreiben und die Dörfer besetzen, „hierauf das Kriegsheer in Schlachtordnung" gegen den Feind vorrücken solle.

Einer lebhaften Kanonade folgte der Angriff der Brigade Klüx; man fand unerwartet kräftigen Widerstand. Den Versuch, mit der Reservekavallerie unter Dolffs die Flanke jener Dörfer zu gewinnen, hemmte das Kartätschenfeuer von dem nächstwestlichen Dorf Starsidel aus. Den überlegenen Feind warf endlich der Ungestüm der preußischen Bajonette aus Groß-Görschen. Jenseits des Dorfes hemmten neue Massen. Eine zweite Brigade, die von Ziehten, wurde herangezogen; mit frischer Kraft gewann sie nach den nächsten Dörfern Rahna und Klein-Görschen hin Boden. Der Feind zog neue Bataillone aus Caja heran; auch die dritte Brigade Blüchers, die brandenburgische, wurde hervorgeholt; mit wahrer Blutgier, sagt ein Augenzeuge, stürzten die Garden sich auf den

Feind. Stundenlang wütete der furchtbare Kampf zwischen den vier Dörfern und in denselben. Wittgenstein erhielt die Meldung, daß von Merseburg her starke Kolonnen heranzögen, des Feindes rechten Flügel zu verstärken. Er ließ aus der zweiten Linie Bergs Korps und einen Teil von Yorks schwerem Geschütz sich links ziehen, „welches nochmals." sagt Yorks Bericht, „auf die nachfolgenden Bewegungen einen nachteiligen Einfluß hervorbrachte." Es zeigte sich gleich. Schon waren auch die Brigaden Horn und Hünerbein herangezogen; Horn erstürmte Rahna von neuem, er vereinte seine fünf Bataillone unter dem Feuer der vorliegenden Höhe: der Feind stand dort in Massen formiert. Alles ging vorwärts. Auch der flache Rücken wurde besetzt. Schon war der Feind im Rückzug in der Richtung auf Merseburg. Jetzt noch eine Reserve, und der glänzendste Sieg war entschieden.

Aber Fürst Wolchonsky, des Kaisers Flügeladjutant, hatte der russischen Reserveinfanterie sagen lassen, man möge mit dem Vorrücken nicht eilen, da das Treffen sich sehr günstig gestalte.

Blücher war verwundet, an seiner Stelle übernahm York den Oberbefehl über die preußischen Truppen. Wie Starsiedel zur Linken, so war Eisdorf jenseits am Floßgraben zur Rechten noch in des Feindes Hand; und von beiden Dörfern wurde die schwer erkämpfte Stellung beherrscht. Auf sie wandte York die ganze Gewalt erneuten Anstürmens; in mörderischem Wechsel wurde Starsiedel halb gewonnen, wieder verloren; Eisdorf wurde vom Feinde genommen, er war daran, über den Floßgraben zu dringen. „Wir waren im Begriff", sagt Yorks Bericht, „den entschiedensten Sieg zu erfechten, als ungefähr 7 Uhr abends starke feindliche Kolonnen, angeblich das Korps des Vizekönigs von Italien, von Leipzig angekommen auf Eisdorf vorrückend, unsere rechte Flanke bedrohten." Und während von hier aus ein weit überlegener Feind fast unwiderstehlich vorwärts drängte, begann von Starsiedel aus 60 Feuerschlünden ein Granatfeuer der furchtbarsten Art; und gleichzeitig wurden bei Eisdorf „schweres Geschütz und einige Haubitzbatterien" aufgefahren und begannen mit jenen zu wetteifern.

York pflegte im Toben der Schlacht völlig ruhig auf einem höheren Punkt zu halten; nur an dem gespannten, leuchtenden Auge mochte man sehen, daß er kein Zuschauer sei. Als jene furchtbare Batterie zu spielen begann, ließ er sein Pferd die Achte gehen.

Bis endlich nach einer entsetzlichen halben Stunde die russischen Reserven herankamen; teils rückten sie in die Dörfer, teils zur Unterstützung an den schwer bedrohten rechten Flügel. Aber „mit der russischen Garde, die allein nicht im Klein-Gewehrfeuer gewesen war, über die Dörfer hinauszurücken und einen neuen nächtlichen Angriff zu unternehmen, schien deshalb nicht ratsam, weil, da es bereits zu dunkeln anfing, die Stärke und Stellung des Feindes nicht mehr gehörig erkannt werden konnte, und die Fortsetzung der Schlacht auf den andern Tag zu erwarten war." So Yorks Bericht.

Allerdings war es Wittgensteins Absicht, die Schlacht am folgenden Tage wieder aufzunehmen. Der Plan ist aufgegeben worden, weil sich zeigte, daß die russischen Munitionskolonnen zu weit zurückgeblieben waren, um noch über Nacht benutzt werden zu können.

So die erste große Schlacht dieses Krieges. Die Preußen hatten 8000, die Russen 2000 Mann verloren. „Die Russen", sagt Wollzogen, „waren im ganzen lau; wer sie bei Borodino gesehen hatte, erkannte sie kaum wieder als dieselben an; sie meinten, nun da Rußland befreit sei, wäre es vorzugsweise Sache der Preußen, auch das Ihrige zu tun."

Gerechter war ein zweiter Vorwurf. Von wem immer der erste Schlachtplan stammte, so groß, kühn und verschlagen er gedacht war, so völlig wurde er vom Beginn der Schlacht an mißverstanden und verdorben. Man wollte unerwartet in eine meilenlange Marschkolonne stoßen und verlor Stunden, jene Dörfer zu erkämpfen, als gält es, den Schlüssel zu einer Position zu gewinnen. „Es kommandierte eigentlich", sagt ein vollgültiger Zeuge, „niemand oder vielmehr jedermann: der Kaiser, d'Auvray, Dibitsch, Blücher, Scharnhorst (welche beide bald verwundet wurden), ja selbst die Generaladjutanten des Kaisers, am allerwenigsten aber Wittgenstein, der gar nicht einmal recht wußte, wie die Brigaden und Regimenter standen." Er ließ den Heldenmut der preußischen Jugend in jenen Dorfgefechten sich verbluten, die dem Feind zur Zeit gaben, sich zu den entscheidenden Schlägen zu sammeln.

Den Ausgang des blutigen Tages zu erklären, bedarf es keiner weiteren Gründe. Mögen Eifersüchteleien gegen das Oberkommando – Wittgenstein, d'Auvray, Dibitsch waren freilich keine Russen – bis in des Kaisers nächste Nähe hinaufgereicht haben, eine starke Persönlichkeit, ein General von überlegenem Charakter und Geist hätte sie zu beherrschen, hätte Alexanders liebenswürdigen Enthusiasmus an sich zu ketten gewußt.

Als an York der Befehl zum Rückzug kam, ließ er zunächst alles unnötige Fuhrwerk verbrennen. Dann ging, was von Truppen noch beieinander war, noch während der Nacht über den Floßgraben. Mit der Morgendämmerung folgte auch diese Nachhut. Der Rückzug ging auf Frohburg. Von 30 000 Preußen waren 8000 tot oder verwundet; bataillonsweise waren die Truppen an den Feind gebracht, und wenn sie fast stets aufgelöst kämpfend im förmlichen Handgemenge abgenutzt waren, durch neu herangeführte Bataillone abgelöst worden. Es waren unverhältnismäßig viele Offiziere verwundet und tot; die Infanterie von Röders Brigade war mit 159 Offizieren in die Schlacht gegangen, hatte nach derselben nur noch 85.

Freilich offiziell wurde der Tag von Groß-Görschen als ein Sieg betrachtet; so hieß es in der Kabinettsorder, mit der York für jenen Tag des eiserne Kreuz erster Klasse erhielt: „Sie haben durch die tapfere Anführung der unter Ihrem Befehl stehenden Truppen in der Schlacht am 2. Mai an dem errungenen Siege einen so wesentlichen Anteil, daß Ich es Mir zum Vergnügen anrechne, Ihre rühmlichen Anstrengungen an diesem Tage durch das anliegende eiserne Kreuz erster Klasse belohnen zu können."

Aber der Feind drängte schon am 3., dann jeden folgenden Tag heftiger nach. Am Abend des 4. hatten Blücher und York ihr Hauptquartier in Kolditz; die Nachhut, zehn Schwadronen unter Katzeler, zog sich gegen 8000 Franzosen mit Anstrengung fechtend zurück, bis die Brigade Zieten sie aufnahm. Wittgenstein hatte sich inzwischen entschlossen, an der Mulde festen Fuß zu fassen: „Der Himmel wolle sich unsrer annehmen", schreibt Kleist mit dieser Meldung an Bülow „von Feldherrn und Menschen scheinen wir verlassen zu sein." Durch das Nachdrängen des Feindes mußte man auch die Mulde verlassen. Am folgenden Morgen, als kaum die Kolonnen aufgebrochen waren, drängte der Feind heftiger von Borna gegen Kolditz; man mußte hier den Übergang über die Mulde halten, bis die Russen drei Stunden südwärts bei Rochlitz den Fluß passierten. Steinmetz, der den Auftrag erhielt, bestand ein schweres, sechs Stunden währendes Rückzugsgefecht, in dem die Russen, die ihre Flanke bedroht sahen, zur rechten Zeit helfend eingriffen.

Das Gros der preußischen Truppen lagerte an diesem Abend brigadeweise bei Döbeln. Bis Meißen waren noch vier Meilen. Die ursprüngliche Weisung war, daß die ganze Armee eine Stellung einnehmen sollte, als wenn man das ganze linke Elbufer hartnäckig halten wollte. Allerdings für den Rückzug der Russen eine große Erleichterung. Die russische Hinterhut war am 6. bis Nossen, 2 Meilen von Meißen, 4 von Dresden zurückgegangen. In so gefährdeter Lage zog Blücher wenigstens mit seiner Bagage den größeren Teil des Fußvolks über die Meißener Elbbrücke zurück; die Brigaden Steinmetz und Klüx, sowie die Kavallerie blieben in und vor Meißen; man warf hier und da Schanzen auf, um die schwache Stellung möglichst zu verstärken.

Der König selbst ritt von Dresden nach Meißen, er untersuchte die Verteidigungsanstalten und erteilte den Parolebefehl, welcher den preußischen Truppen „seine Zufriedenheit zusicherte und ihren Mut aufs neue belebte." Er sah die Truppen hier über die Brücke ziehen; wie waren die Reihen gelichtet; vor allen die seines Garderegimentes, es hatte die Hälfte seines Bestandes verloren, es hatte von 60 Offizieren nur noch 22. Bis spät am Abend zogen die Truppen sämtlich über die Brücke, die schließlich zerstört wurde.

Am 8. Mai früh wurde Meißen, am Mittag die Altstadt Dresden von den Franzosen besetzt.

Die Verbündeten durften sich nicht verhehlen, daß der 2. Mai, wie wenig immer sich Napoleon des Sieges rühmen konnte, in seinen allgemeinen Folgen für sie die Bedeutung einer verlorenen Schlacht hatte. Die gehoffte Erhebung der gesamten deutschen Nation war längst unmöglich geworden; die rheinbünderischen Truppen hatten bei Groß-Görschen auf das tapferste gegen die Preußen gekämpft. Was half es, daß man von der bayrischen Grenze erfuhr: „Das bayerischen Volks ist durchaus gegen den Krieg, und der Kronprinz spricht sich ganz laut darüber aus; man erwartet sogar von ihm, er werde irgendeinen Gewaltstreich machen und zu den Alliierten übergehen, denn er predigt laut den Krieg gegen Frankreich ... Montgelas allein hält die französische Partei fest." Er hielt sie eben fest. Alles deutsche Land jenseits der Elbe war unter Napoleons Gewalt; schon rückte Davoust mit starker Macht gegen Hamburg an; fiel dieser wichtigste Punkt der unteren Elbe – und am wenigsten der Kronprinz von Schweden machte Miene es zu hindern – so entstand in der rechten Flanke der Verbündeten eine Gefahr, die den Dänen reizend genug erscheinen konnte, der schon halb verlassenen Sache Napoleons sich von neuem zuzuwenden. Aber Österreich? Man war in den Verhandlungen auch nicht einen Schritt weitergekommen. Kaiser Franz ließ vielmehr ein eigenhändiges Schreiben Napoleon überbringen, das die Österreichische Vermittlung antrug und meldete, daß Graf Stadion mit derselben Aufforderung an die Verbündeten gesandt sei: „Ich glaubte", sagte der einst deutsche Kaiser in seinem Schreiben an Napoleon, „zu dieser Sendung den lang vorhergesehenen Augenblick erwarten zu müssen, wo eine erste Schlacht viele Leidenschaften abgekühlt und viel Chimären zerstört haben würde; dieser Augenblick ist da, und Ew. Majestät hat die schöne Aussicht vor sich, als Folge eines glänzenden Sieges der Welt den Frieden zu geben."

Vor der Ankunft Stadions im Hauptquartier hatten die Verbündeten, ungewiß, ob Napoleon über Dresden oder auf Berlin vorgehe, die Absicht, hinter Torgau zwischen Herzberg und Luckau eine Stellung zu nehmen, „um dem Feinde mit aller Kraft auf den Hals gehen zu können." Aber Napoleon hatte, kaum in Dresden angelangt, durch die drohendste Alternative dem Schwanken des sächsischen Königs ein Ende gemacht; der König kehrte in die französische Allianz zurück, sandte Befehl nach Torgau, sofort die Festung den Franzosen zu öffnen.

Dies und das energischen Vorrücken Napoleons über Dresden veranlaßte, daß man sich hinter die Spree bei Bautzen zurückzog, entschlossen, dort eine Schlacht anzunehmen. Man dürfte in wenigen Tagen die Ankunft von 12 000 Mann Russen erwarten, die Barclay de Tolly heranführte. Auch einige preußische Verstärkungen standen in Aussicht.

Während Miloradowitsch mit größter Bravour das Nachdrängen des Feindes hemmte, zogen am 12. Mai die preußischen Kolonnen über Camenz kommend, die russischen von Bischofswerda her durch Bautzen in die vorbestimmte und zum Teil befestigte Stellung. Sie wurde für so ungenügend befunden, daß man am folgenden Tage eine andere, eine Stunde weiter rückwärts gelegene nahm.

Am 18. Mai erschien Caulaincourt bei den Vorposten, um eine Unterredung mit Kaiser Alexander zu erbitten und diesem die einstweilige Einstellung der Feindseligkeiten vorzuschlagen. Am Morgen des 20. Mai, als bereits Napoleon 170 000 Mann stark den 90 000 Mann der Verbündeten geschlossen gegenüberstand, wurde in einer Besprechung, der auch Graf Stadion beiwohnte, beschlossen, Caulaincourt nicht anzunehmen, und durch den russischen auswärtigen Minister zu antworten, daß Alexander den beabsichtigten Vorschlägen nur durch das Wiener Kabinett zustimmen werde. Und an demselben Morgen des 20. Mai schrieb Wittgenstein an Bülow: Unter dem Siegel der Verschwiegenheit teile ich E. E. mit, daß die Alliance mit Österreich geschlossen ist, und daß diese Macht gegen Ende dieses Monats losschlagen wird."

Seit dem 12. Mai standen die Verbündeten in ihrer weit ausgedehnten Stellung hinter Bautzen, die Preußen auf dem rechten, die Russen auf dem linken Flügel. Die seit dem 1. Mai ungemein angestrengten Truppen hatten mehrere Tage zur Erholung.

Namentlich Yorks Korps war stark mitgenommen. Es zählte – von den gesonderten Abteilungen unter Kleist und Bülow abgesehen – nur noch 5670 Mann. Das erste ostpreußische Regiment, das mit über 2000 Mann aus Berlin ausgerückt war, hatte nur noch 920 Mann unter den Waffen. Am 16. Mai traf Barclay mit angeblich 12 000 Mann frischer Truppen ein, stellte sich auf der rechten Flanke der Stellung auf. Graf Wittgenstein hatte damit mehr als 90 000 Mann beieinander; es lag nahe, den Feind, bevor er sich sammelte, anzugreifen.

Aber es scheint, daß man über die Bewegungen des Feindes nichts weniger als gut unterrichtet war. Nach einer mündlichen Mitteilung zu schließen, hat eine mit 20 Reitern unternommene Patrouille, welche von der Höhe von Mirka aus die Stellung des Feindes sah – nach der Lagermasse wurde die dort gelagerte Macht auf höchstens drei Armeekorps geschätzt – im Hauptquartier nicht geringes Aufsehen gemacht.

Mahnender noch war eine zweite Nachricht, die in der nächsten Nacht einlief. Major v. Hellwig, der mit seinem Streifkorps in den Wäldern zwischen der Elster und der Spree umherschlich, berichtete, daß das Armeekorps von Lauriston, 18 bis 20 000 Mann stark, das man mit Ney und Victor von Torgau auf Berlin in Marsch glaubte, sich gen Bautzen wende, und daß er mit dessen Vorhut bei Senftenberg (acht Meilen nordwestlich von Bautzen) geplänkelt habe. Aufgefangene Depeschen bestätigten diese Nachricht; man erfuhr außerdem, daß Ney auf derselben Straße heranziehe. Also an 50 000 Mann ließ Napoleon von Norden herankommen, die schwächste Seite in der Aufstellung der Verbündeten, ihre rechte Flanke, zu fassen.

Sollte die vereinte Armee der Verbündeten in ihrer Verteidigungsstellung warten, bis sich auch der Feind vereinigt haben würde? Wenn man nicht hier in der Richtung, in der Napoleon selbst von Dresden heranrückte, angreifen wollte, so bot sich ein zweiter Plan: mit voller Macht sich möglichst unbemerkt rechts gegen die von Norden anrükkenden Korps zu wenden und sie zu schlagen. Man wählte einen Mittelweg. Es wurde für besser gehalten, das noch im Marsch begriffene fünfte Korps (Lauriston), dessen Vereinigung mit dem dritten, wie man glaubte, noch nicht geschehen sein konnte, anzufallen und ihm einen empfindlichen Schlag beizubringen, nach welchem man dann am folgenden Tage den vor Bautzen stehenden Teil der Armee vorteilhaft angreifen konnte.

Nach einer großen Erkundung am 18. nachmittags, die wohl den beabsichtigten Ausfall noch mehr verdecken sollte, wurde Barclay mit der Ausführung desselben beauftragt. Außer seinem Korps unter General Graf Langeron erhielt er das Yorksche Korps und das russische Grenadierkorps unter General Rajeswky (5000 Mann) zugewiesen.

Abends 9 Uhr empfing das Yorksche Korps den Befehl zum Ausrükken. Es sammelte sich hinter den Kreckwitzer Höhen, die weitere Order erwartend. Sie lautete dahin: daß um Mitternacht auf dem Wege über Gotta abmarschiert werden sollte. Als man den langen Damm zwischen den Teichen bei Gotta fast passiert hatte, kam Befehl, nach Gotta zurückzugehen, dort eine Stellung zu nehmen; „als ob", sagt York in seinem Bericht, „die beabsichtigte Offensivbewegung völlig aufgegeben sei." Nachdem man das Befohlene ausgeführt hatte – im Dunkel der Nacht brauchte man fast drei Stunden dazu – kam Befehl, den Marsch fortzusetzen. Zum zweiten Male ging es über den Damm, dann nach mühseligem Marsch durch Sand und Fichtenwald über die schlechte Brücke bei Lieska; endlich nach zwei Uhr wurde in Hermsdorf an der Spree haltgemacht.

Die russischen Truppen, die links von den Preußen den näheren Weg auf Königswartha genommen hatten, waren bereits im Gefecht. Aus dem Walde bei Neudörfel vorgehend, waren sie auf den völlig überraschten Feind gestoßen, hatten ihn in das Städtchen hineingeworfen, nach heftigem Kampf hinausgetrieben. Barclay meinte die Spitze des von Norden kommenden Korps vor sich zu haben; es war eine Division Italiener, von Bautzen her gesandt, um die Verbindung mit Ney zu sichern. Erst nach dem leichten und glänzenden Stege in Königswartha – man hatte unter den Gefangenen nicht weniger als 4 Generale, auch 7 Geschütze waren erbeutet –, rückte schleunigst die Vorhut Neys heran; und die Russen zogen sich auf Neudörfel zurück, Königswartha und die große Straße von Hoyerswerda über Wartha und Königswartha nach Bautzen vor sich; Rajewskys Grenadiere blieben in Johnsdorf, 1600 Meter hinter Neudörfel.

Beim Vorgehen auf Königswartha hatte Barclay an York den Befehl gesandt, die Richtung auf Wartha zu nehmen und alles anzugreifen, was er auf der durch diesen Ort führenden Straße von Hoyerswerda finden würde. Jetzt, nachdem er die Lage der Dinge zu übersehen begann, sandte er bald nach 3 Uhr andern Befehl: York solle seinen Marsch statt auf Wartha schleunigst auf Johnsdorf richten und dort den russischen Truppen als Reserve dienen.

Jenen ersten Befehl hatte York in Hermsdorf, als er seine Truppen eben nach so beschwerlichem Marsch ein wenig ausruhen ließ, erhalten. Sofort gab er Befehl zum Antreten. Dreißig Husaren voraus, dann die Brigade Steinmetz, an ihrer Spitze York mit dem Stabe, die Reservekavallerie unter Corswandt, endlich die Brigade Horn, so wurde in der

Richtung nach Wartha abmarschiert. Das Korps hatte 36 Geschütze bei sich.

Der Weg führt im ganzen westwärts, von Hermsdorf über Weißig und das Vorwerk Neusteinitz nach Wartha; er schneidet auf halbem Wege zwischen Weißig und dem Vorwerk die große Straße, welche von Spremberg auf Bautzen führt, der andern großen Straße über Wartha und Königswartha, die das Neysche Korps marschierte, parallel.

Man war nahe vor Weißig, als sich aus dem Walde vorwärts, den man passieren mußte, einzelne Schüsse hören ließen. Auf der großen Straße von Spremberg her war eine bedeutende feindliche Kolonne in Anmarsch, diesseits des Dorfes Steinitz.

York ritt mit seinem Stabe auf einen Hügel (den Eichberg), der sich einige hundert Meter südwestlich von Weißig in der nächsten Waldecke erhob. Mit noch niedrigem Eichenbusch spärlich bewachsen, gestattete die Anhöhe eine freie Umschau. Man sah überwiegend, namentlich nach Westen hin, der Richtung von Wartha und Königswartha, Wald. Nordwärts an der großen Straße, etwa 1600 Meter entfernt, sah man das Dorf Steinitz, in und schon vor demselben den Feind in Anmarsch, dem Walde zu, den die Straße etwa 800 Meter näher berührt, eine Strecke noch am Waldsaum hingehend, dann sich in den Wald verlierend, bis sie andere 800 Meter südlich von dem Eichberg wieder aus dem Walde trat und durch eine etwa 160 Meter breite Niederung führte, die, nach Osten hin sich erweiternd, in einen großen Teich endete.

Dieser Eichberg war die entscheidende Stellung, das Vorgehen des Feindes auf der Bautzener Straße zu hindern; York ließ die reitende Batterie oben Stellung nehmen, und, sowie die Spitze der feindlichen Kolonne in den Bereich des Geschützes kam, das Feuer beginnen. Das vorgesandte Füsilierbataillon im Walde links und rechts, die Reservekavallerie auf dem Acker nach Weißig zu deckten die Batterie.

Schon waren die Füsiliere im lebhaften Gefecht mit dem Feinde, der, um das Feuer zu meiden, seitab über das Vorwerk von Steinitz seine Voltigeurs in den Wald geworfen hatte; York erkannte, daß es, wie er in seinem Bericht sagt, zu einem hitzigen Gefecht kommen werde", das er in seiner günstigen Stellung nicht zu fürchten hatte – da kam der erwähnte zweite Befehl Barclays: daß er schleunigst nach Johnsdorf abrücken solle, um den Russen als Reserve zu dienen.

Also wieder einmal Gegenbefehl: und dieser, ohne daß der Befehlshaber von dem Kenntnis genommen hatte, was sich hier den Preußen gegenüber zeigte. York war schon über die Art, wie man in der Nacht seine Leute her- und hingezerrt hatte, in gar übler Laune, sollte er nun „schleunigst nach Johnsdorf", damit ihm und den Russen zugleich die Doppelkolonne des Feindes über den Hals käme? Barclays Befehl lautete ausdrücklich und unbedingt. York ließ antworten, er werde sogleich gehorchen, müsse aber bemerken, daß der Feind, der in bedeutender Macht gegen ihn stehe, folgen und die Russen in der Flanke bedrohen werde; daß er hier in vorteilhafter Position kämpfend die Russen wirksa-

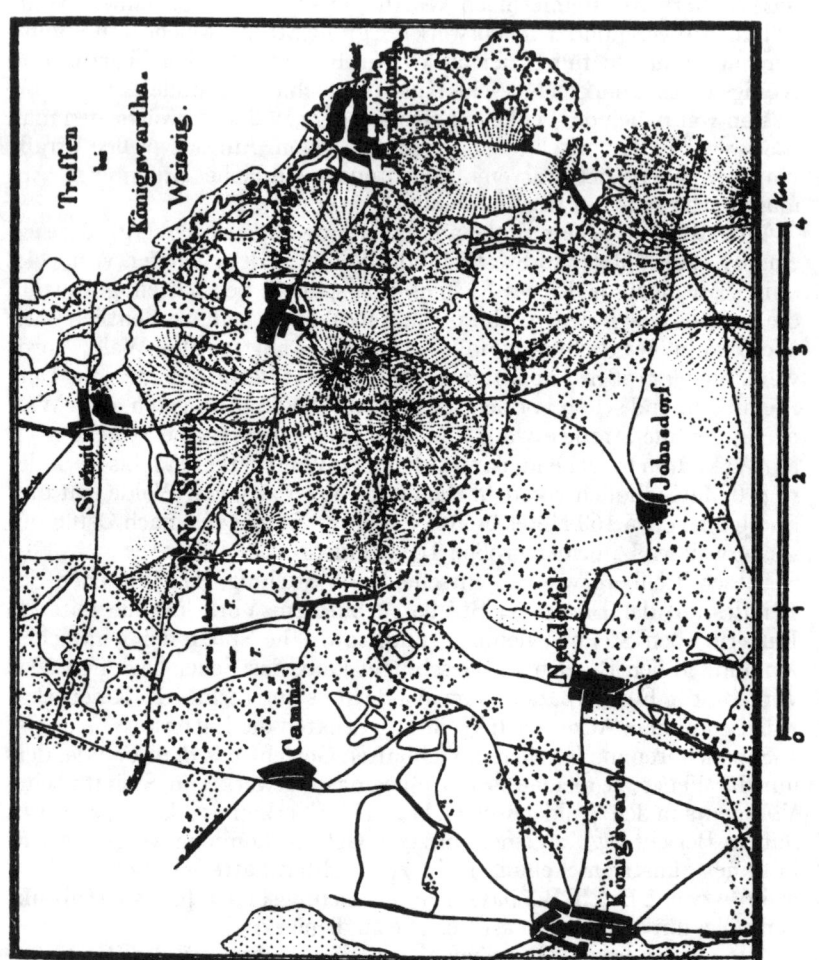

mer als bei Johnsdorf unterstützen könnte, besonders wenn er russischerseits verstärkt werde.

Einstweilen erhielt Steinmetz Befehl, während die übrigen Truppen nach Johnsdorf abmarschierten, mit vier Bataillonen und vier Eskadrons als Nachhut deren Marsch zu decken und später selbst zu folgen. Steinmetz zog, da der Feind sichtlich nach dem Vorwerk Neusteinitz hin seine Stellung nahm, seine Musketiere aus Weißig heran, „um dem Feind in seiner Bewegung mit dem linken Flügel zu folgen"; allmählich ließ er die im Wald kämpfenden Füsiliere sich an die übrigen Truppen der Nachhut zurückziehen; er verließ endlich den Eichberg. Die feindlichen Voltigeurs im Walde drängten lebhaft vorwärts.

Indes kam – gegen fünf Uhr, als die Brigade Horn bereits bei Johnsdorf neben den russischen Grenadieren eingetroffen war – Barclays Antwort: York möge die Gegend von Weißig und die dortigen Höhen bis zu einbrechender Nacht behaupten. Sofort rückte York mit der Brigade Horn und acht ihm überwiesenen russischen Grenadierbataillonen (1600 Mann) zurück nach dem eben passierten Damm, sandte an Steinmetz den Befehl: das aufgegebene Gelände wieder einzunehmen, oder wie es in Steinmetz' Bericht heißt: „das Terrain festzuhalten und zu behaupten." „So günstig", fügt er hinzu, „dies anfänglich gewesen sein würde, so ungünstig war es für diesen Moment. Das Dorf Weißig war zu entfernt, um es aufs neue mit Infanterie besetzen zu können, und der Feind hatte durch den Abzug unserer Artillerie ein moralisches Übergewicht auf diesem Punkt gehalten, wodurch er, der bis jetzt zur Verteidigung genötigt gewesen war, zum Angriff überging und denselben direkt auf unsere linke Flanke richtete."

Steinmetz ließ seine Bataillone wieder Front machen.

Im Kieferwalde und um den Eichberg her wurde mit wachsender Heftigkeit gekämpft. Der Feind hatte 6 Bataillone (zu 600 Mann) nach dem Eichberg entsandt; er hatte nach und nach 8 Bataillone über das Vorwerk in den Wald gebracht, wenigstens 8000 Mann gegen höchstens 1300.

Man tat genug, sich hier im Walde und am Waldsaum am Weißiger Weg zu behaupten, bis endlich – es war um 6 Uhr – die ersten Verstärkungen eintrafen, die Batterien, die westpreußischen Dragoner, die übrige Reservekavallerie: sie besetzten die Ackerbreite zunächst südlich vom Eichberg bis zum Walde rechts, da, wo der Hermsdorfer Waldweg das freie Feld durchschneidet; die Geschütze begannen sich mit den feindlichen Batterien, die im Erlenbruch hinter Weißig aufgesellt waren, zu beschießen.

Plötzlich ganz aus der Nähe empfingen sie Feuer; der Regimentskommandeur, beide Bataillonskommandeure, mehrere Offiziere, viele Leute stürzten verwundet oder tot. Sofort wurde Kolonne formiert; unter Yorks Zuruf, gefällten Bajonetts ging es waldeinwärts; „eins der mörderischsten Nahgefechte, welches die Geschichte aufzuweisen haben mag", schreibt ein Augenzeuge; „als endlich die Franzosen zurückwichen, folgten die mehr aufgelösten als geschlossenen Bataillone, jene noch weiter zurückdrängend, bis man sie ganz aus dem Gesichte verlor. Nun suchten die Bataillone sich dem Eichberg zu nähern und, mehr rechts sich wendend, erreichten sie einen Waldsaum gegen ein ganz freies Terrain, auf welchem ein Dorf sichtbar wurde, dessen vorderer Teil mit vielen Truppen des Feindes angefüllt war.

Sie waren am Nordabhang des Eichberges; sie sahen Weißig.

Auch waldeinwärts auf dem linken Flügel war das Gefecht im Vorgehen; mörderisch wie es war und zum Teil in dichtem Wald hin und herwogend, lockerte es schnell die Haufen.

Und nun wandte sich das Gefecht. Jenes weit vorgedrungene Regiment vernahm plötzlich in der linken Flanke heftiges, rasch vorschreitendes Gewehrfeuer; schon selbst von dorther beschossen, mußte man, um nicht ganz abgeschnitten zu werden, den Rückzug antreten. York hatte ein Grenadierbataillon gesandt, das die Zurückweichenden aufnahm.

Um den Eichberg war indes auf das wütendste gekämpft worden. Er war wieder verloren, wieder genommen, wieder verloren. Jetzt mit Hilfe des Leibregiments ward er zum dritten Male genommen; aber es verzehrte der hartnäckige Kampf die Kräfte der Streitenden.

Der Feind hatte eine neue Angriffskolonne formiert; die sechs eben zurückgeworfenen Bataillone mit sechs frischen verstärkt, gleichzeitig drei andere Bataillone von Weißig her drangen im Sturmschritt mit lautem vive l'Empéreur heran. „Noch einmal krachte es ihnen aus den Gewehren der geschlossen gebliebenen preußischen Häuflein entgegen, noch einmal versuchten einzelne von diesen ihr Bajonett, dann aber unterlag", wie es in Steinmetz' Bericht heißt, „der preußische Wille der feindlichen Kraft und der Soldat wich auf allen Punkten."

Aber weiter vorwärts konnte der Feind nicht, so lange die Ackerbreite zwischen dem Wald rechts und links von der preußischen Artillerie und Kavallerie gesperrt war. Schon zwei Versuche waren mißlungen.

Der Feind hatte aus Weißig drei Bataillone vorrücken lassen, einige hundert Tirailleurs voraus, die sich meist kriechend der preußischen Artilleriestellung zu nähern suchten, bis Oberst Wuthenow mit zwei Schwadronen westpreußischer Dragoner darauf losging, die meisten Tirailleurs niederhieb, den Rest auf die Bataillone zurückjagte.

Diese offenbar bedrohte Stellung zu sichern, hatte dann York von den noch in Reserve befindlichen russischen Grenadieren zwei Bataillone herangezogen. Sie waren kaum angelangt, als eine dichte Infanteriemasse von Weißig her gegen den rechten Flügel der Stellung anrückte; die Grenadiere gingen mit Hurra drauf los – bald sah man sie kehrtmachen und in Unordnung auf den Wald rechts zurückgehen. Schnell rückte der Oberst Wuthenow nach; der Feind kehrte, ehe er ihn erreichte. Dies war geschehen, als der Eichberg zum letzten Male verloren ging.

In derselben Zeit hatte Horn, der im Walde rechts den Befehl übernommen, einen Angriff auf Weißig beschlossen, um, wie es in seinem

Bericht heißt, den Feind dem General v. York entgegenzutreiben. Beim Herausrücken aus dem Wald kamen jene aufgelösten Grenadiere auf ihn zugerannt, störten einen Augenblick seinen Marsch. Dann ging es vor gegen Weißig; der zurückgedrängte Feind war wie verschwunden, eine steile Absenkung neben dem Dorf verdeckte ihn. Dann plötzlich wurde sein linker Flügel von Kleingewehrfeuer beschossen, ein Bajonettangriff Rudolphis drängte den Feind auf den Eichberg zu rückwärts. Er setzte sich wieder in seinem Walde fest.

Der Abend nahte. Bei der jedenfalls bedenklichen Lage, in der das Korps sich befand, und da das enge Terrain überall nur geringen Gebrauch von der Artillerie zuließ, befahl York, mit einem Teil der Geschütze abzufahren.

Wie das Gefecht im Walde rückwärts ging, sandte York die Offiziere seines Stabes nach allen Richtungen aus, die Herauskommenden zu sammeln, wieder ins Gefecht zu bringen und es wenn möglich zum Stehen zu bringen. Wenigstens brach nirgends der Feind durch, nirgends gewann er das freie Feld. Da und dort ward er weiter hineingedrängt.

Nur noch die letzte Waldecke an der großen Straße und dem Weißiger Wege hielten die Preußen. Wieder und wieder sah man sie gegen den Wald stürmen; dann hörte man zwischen dem Geknatter des Kleingewehrfeuers Trommelwirbel, gleich darauf erschien eine Kolonne, „die sich auf 1000 Mann schätzen ließ". Waren es Russen oder Franzosen? Ihr Trommeln klang wie der russische Geschwindmarsch. Erst als die Kolonne näher kam, erkannte man die Franzosen; der „sehr junge" Artillerieoffizier begann sein Feuer, sehr ruhig, jedes Geschütz selbst kommandierend, zu guter Richtung ermahnend; er wirkte mit zweilötigen Kartätschen auf die Kolonne; man sah, wie dort die Offiziere die Leute in die vorderen Glieder hineinrissen, welche nicht an der Gefallenen Stelle treten wollten. Die Kolonne blieb im Vorrücken.

York hielt mit seinem Stabe zwischen einer Batterie und den Litauern. „Der kaltblütige Feldherr", schreibt ein Augenzeuge, „hing nachlässig auf seinem Pferde, die Tabaksdose in der Hand, das Auge fest auf den anrückenden Feind gerichtet. Vielleicht auf 250 Schritt herangekommen, stutzte die Kolonne und die Tete feuerte. General von York sprach in diesem Augenblick das Wort: Einhauen! Ein Offizier, ich glaube Hauptmann v. Schack, flog um den rechten Flügel des Litauischen Dragonerregiments herum, dem Major von Platen das Wort zu wiederholen. Kaum ausgesprochen, folgte dessen Kommando: mit Zügen rechts schwenkt Marsch! Der unübertrefflich kühne Platen war, als er: Halt! und gleich darauf vom Fleck aus: Marsch! Marsch! kommandierte, schon im gestreckten Lauf vor dem ersten Zuge. Als er bei York vorüberjagte, rief der auf den Feind weisend ihm zu: „Die schenkte ich Ihnen!" Das Regiment folgte mit jubelndem Hurra! und die letzten Züge, die das Marsch! Marsch! nicht gleich vernommen hatten, sprengten lachend und das blanke Eisen in den kräftigen Fäusten schwingend, ohne zu wissen, wo es drauf ginge, noch beim General York vorüber, als der tapfere

Führer schon mit den ersten Zügen eingebrochen war. Die zwei Schwadronen Westpreußen setzten vielleicht eine Viertelminute später an, kamen aber auch noch zur rechten Zeit, um mit reinen Tisch zu machen." So ein Augenzeuge. „Was nicht niedergehauen ward", sagt Yorks Bericht, „lief in totaler Unordnung und Auflösung in den Wald und wurde von der Kavallerie und den Tirailleurs verfolgt. Der Platz war mit feindlichen Toten und Blessierten bedeckt."

Es war fast dunkel geworden. Das Feuern im Walde hörte allmählich auf. Ein nochmaliger Versuch den Eichberg hinauf mißlang; ein Angriff vom Eichberg herab wurde ebenso abgeschlagen. Dann trat auch dort Ruhe ein. York befahl, daß die Truppen zum Biwak zusammenrücken sollten. „Er hoffte, daß der durch die Zähigkeit des Gefechtes ermüdete Feind durch diese Bravade, wie er die Lagerung auf dem Schlachtfelde unmittelbar unter den Augen des Feindes selbst nannte, bewogen werden würde, abzuziehen." Er selbst wollte um Mitternacht abmarschieren; er sandte mit dieser Meldung Selasinsky nach Johnsdorf.

Schon jetzt begann das Geschütz über den Damm abzufahren; nur Leutnant Stern sollte in seiner Stellung bleiben. Die preußische Infanterie lagerte in Bataillonsmassen „in der von Anfang an eingenommenen Stellung quer über die große Straße"; auf dem linken Flügel die russischen Grenadiere; am Walde rechts Horn mit drei Bataillonen; die Kavallerie hinter der Infanterie. Yorks Feuer war dem Walde rechts nahe. Den Damm hatte man im Rücken. Vier russische Grenadierbataillone, die zuletzt eingetroffen waren, und noch nicht gefochten hatten, sollten die Front decken und die Nacht hindurch unter Gewehr bleiben.

Bald loderten die Feuer auf; nur bei Horns Truppen nicht, der trotz Yorks Befehl es streng verboten hatte, Feuer zu machen. Die todmüden Truppen begannen es sich bequem zu machen und die letzten Reste aus den Brot- und Futterbeuteln zusammenzusuchen. York hatte die Kommandeure um sein Feuer nahe bei dem Walde rechts versammelt, ihnen den Zweck dieser „Bravade" bekannt zu machen und die Befehle für den Abmarsch zu verteilen.

Es kamen von allen Seiten Meldungen, widersprechende: bald, der Feind sei abgezogen, bald, er sei unmittelbar dem Biwak gegenüber. Es machte das York sehr unruhig. Rohr bat um die Erlaubnis, vorzureiten und sich selbst zu überzeugen.

Rohr fand vor der Linie der Biwakfeuer das Regiment Nr. 6. Gewehr in der Hand, die Husaren aufgesessen, beide in Linie. Einen Husaren hinter sich, zwei Infanteristen zur Seite, in solchem Abstand, daß sie ihn sehen konnten, ritt er langsam nach der Stelle der Litauer Attacke. Über viele Tote, die dort lagen, sein Pferd hinweglenkend, kam er an eine Kieferngruppe vor dem Wald; plötzlich erblickte er zur Rechten gegen den Horizont auf dreißig Schritt eine Bajonettmasse, die von hinten immer mehr Anschluß erhielt. Zweifelnd, ob es der Feind, ob ein preußischer Haufe, der sich noch sammle, sei, wartete er auf ein Erkennungszeichen; dann hörte er mit gedämpfter Stimme fragen: de quel régiment êtez-vous? Er wandte sein Pferd so still als möglich, eilte zurück, gab den beiden Regimentern im Namen des Generals die Nachricht, daß sogleich eine Kolonne sie angreifen werde, fügte den Befehl hinzu, daß man den Feind auf 50 Schritt heranlassen solle, daß dann die Infanterie eine Salve geben, die Kavallerie in Schwadronen aufgelöst alles angreifen solle, was sie vor sich fände.

Er eilte – es war 10 ½ Uhr abends – zum General, meldete was er gesehen; eben begann York das Nötige zu befehlen, als man von der Richtung der Kolonne her plötzlich den französischen Sturmmarsch, untermischt mit dem Geschrei: en avant! en avant! hörte. Und wie in Antwort darauf rechts und links derselbe Sturmmarsch, dasselbe en avant!

Ohne sich einen Augenblick zu besinnen, rief York mit freier tönender Stimme: „Feuer aus! Infanterie Gewehr in die Hand! Kavallerie aufkandart!" Im Augenblick waren die Feuer bis auf das Yorks ausgelöscht, die Truppen fertig: in lautloser Stille erwartete man, was weiter geschehen werde. Bald merkte man, daß der Sturmmarsch und das Geschrei nicht näher kamen, daß der Angriff stockte. York benutzte das, um den Befehl zum Abzug zu geben.

Um 11 ½ Uhr verließ York das Biwak. Die Kavallerie war schon voraus. Sie hatte auf dem Wege Halt gemacht, fütterte, sperrte dem Fußvolk den Weg; alles stockte. York trabte hin: mit heillosen Donnerwettern ging es da auf hoch und niedrig los. Genug, man kam ohne weitere Belästigung hinweg; auf der großen Bautzner Straße ging es südwärts, bald lachte der helle Maimorgen. Im Laufe des Vormittags empfing York Befehl, schleunigst heranzukommen. Es war der erste Tag der Schlacht bei Bautzen. Um 5 Uhr stand das Korps auf seinem Posten in der Schlachtlinie.

Fast zweimal 24 Stunden hatte das Korps marschiert, gefochten, wieder marschiert, gehungert, so gut wie nicht ausgeruht. „Mit 5673 Kombattanten", sagt Yorks Bericht, „war ich ins Gefecht gegangen, durch welches ich einen Verlust von rund 1500 Mann erlitt."

Der Zweck, den man mit dem Ausfall nach „Königswartha" beabsichtigt hatte, war nicht erreicht worden. Und da man sich in der Stellung vor Bautzen wesentlich auf eine Verteidigungsschlacht eingerichtet hatte, so konnte selbst die kurze Verzögerung in dem Anmarsch des Korps von Ney und Lauriston, die der Ausfall bewirkte, keinen namhaften Erfolg bringen.

Am 20. Mai um Mittag begann Napoleon seinen Angriff gegen die weitgedehnte Stellung der Verbündeten. Sein energisches Vordringen gegen die Stellung im Gebirge veranlaßte die Verbündeten, nicht bloß einen bedeutenden Teil der Reserven dorthin zu ziehen, sondern auch den Besitz von Bautzen ohne namhaften Kampf aufzugeben; sofort folgte der Feind, besetzte eine Viertelmeile über die Stadt hinaus das Gelände. Damit war Kleist, der sich mit der äußersten Anstrengung verteidigte, in seiner Flanke bedroht; zugleich hatte der Feind weiter abwärts, wo die Kreckwitzer Höhen den Fluß verlassen, dessen rechtes Ufer gewonnen.

Gegen 1 Uhr mittags hatte der Feind alles zum entscheidenden Angriff auf die Kreckwitzer Höhen vorbereitet. Von Norden, Westen und Süden her begann das Anstürmen. Da Blücher die nach Preititz geschickten Bataillone seines Korps zurückrief, war Kleist zu schwach, einem neuen Ansturm zu widerstehen; er zog sich auf Burschwitz zurück. Schon wurde auch Kreckwitz von dem Feind erstürmt; von dort aus war der ganze Wiesengrund bis Burschwitz hinab zu bestreichen; das Dorf mußte um jeden Preis wieder genommen und behauptet werden. Blücher warf ein Bataillon dorthin; gleichzeitig hatte York die Füsiliere aus Litten und die reitende Batterie Borowsky vorrücken lassen; das Dorf wurde wieder genommen.

Mit jedem Augenblick mehrte sich die Gefahr für die Preußen auf der Höhe, völlig umringt zu werden; nur noch der Rückweg über Burschwitz und der hinter Kreckwitz war ihnen frei. Blücher hoffte durch eine starke Unterstützung das Gefecht herzustellen: er forderte York auf, zu ihm zu eilen.

York konnte das Zentrum einer so stark entwickelten feindlichen Macht gegenüber nicht verlassen, so lange nicht andere Truppen da waren, in seine Stelle zu treten. Er schickte einen Adjutanten zu den Monarchen. Der König hatte schon früher, als er das Andrängen des Feindes gegen Kreckwitz beginnen sah, ein Vorschieben der russischen Reserven gegen das Zentrum gefordert. Es unterblieb, „weil die Russen bis an die Zähne verschanzt standen und ihre unüberwindliche Stellung nicht verlassen wollten." Jetzt erhielt General Jermoloff Befehl, mit der zweiten Gardedivision vorzurücken.

Auf die Nachricht, daß er heranrücke, eilte York, nur zwei Bataillone zur Deckung der Batterien zurückhaltend, durch Litten vor, Kreckwitz rechts lassend, den Feind aus Blüchers Flanke zu werfen. Er war bereits über den Bach, als ihm die Meldung wurde, daß Blücher die Höhen schon geräumt habe. Ein mörderisches Feuer aus 50 Geschützen, die der Feind bereits auf den Höhen hatte, begleitete den Rückmarsch in die Stellung bei Litten.

Die Lage des Gefechts war derart, daß, wenn man es weiter fortsetzte, die Möglichkeit eines Rückzuges mit jedem Augenblick bedenklicher wurde, während man bei dem augenblicklichen guten Stande auf dem linken Flügel und bei der von Kleist und Barclay besetzten Stellung im Norden der Straße auf Weißenberg auch den rechten Flügel noch unbedenklich auf der Görlitzer Straße zurückführen konnte. Es war Knesebeck, der diesen Rat gab, die Schlacht, wie er es nannte, abzubrechen.

Freilich die nächste Empfindung bei den Führern wie bei den Truppen war eine bitterlich andere. Selbst der Kaiser war über das Verlassen der Kreckwitzer Höhen unzufrieden; seine Generale – soeben noch war der linke, der russische Flügel im Vorgehen – verbargen noch weniger ihren

Mißmut. Da geschah es denn wohl, daß General Jermoloff, der eben mit seinen völlig frischen Garden neben Horns Brigade heranrückte, spitze Worte über das Zurückgehen der Preußen von jenen Höhen fallenließ; worauf Horn, gern bereit zu jedem Wagnis, ihn aufforderte, gemeinsam vorzurücken: „sie wollten das Ding schon wiedernehmen"; in der Tat brachen sie auf, diesen „Krieg auf eigene Hand", wie unsere Quelle sagt, zu beginnen, bis von York der allerschärfste Befehl kam, sofort sich auf den angewiesenen Posten zu verfügen. Wenigstens „Kehrt" wollte der tapfere Horn nicht kommandieren; er ließ, um zugleich den französischen Kugeln seine tiefe Verachtung zu bezeugen, in aller Ruhe einige Schwenkungen wie auf dem Paradeplatz ausführen und schloß mit „In Sektionen rechts abmarschiert!"

Wenn auch vom Feinde gedrängt, doch ohne namhaften weiteren Verlust zog man sich an demselben Abend bis Weißenburg und Löbau zurück.

Aber man mußte weiter und weiter rückwärts, über die Neiße, den Queis, die Bober. Der Feind drang in das Herz Schlesiens. Alle Hoffnungen, mit denen sich Preußen erhoben hatte, sanken dahin. Die Marschrichtung auf Liegnitz schien zu bezeichnen, daß sich alles hinter die Oder zurückziehen solle. Geschah das, so schwand auch die letzte Aussicht auf das Hinzutreten Österreichs.

Vielleicht die übelste Folge so vielen Mißlingens war, daß die gegenseitige Stimmung in den höheren Kreisen fort und fort übler, gereizter, mißtrauischer wurde. York war nicht der letzte, sich in Bitterkeiten zu ergehen; er hatte selbst die empfindlichsten hinzunehmen. Es gab zwischen ihm und Gneisenau ein höchst unangenehme Erörterung über die von Blücher verlangte, von York nicht zur rechten Zeit geleistete Unterstützung in dem schwersten Moment der Schlacht; der alte Gegensatz leider begann in erneuter Schroffheit hervorzubrechen. Man erzählt sich von einer Zusammenkunft, in der über die Möglichkeit, sich in Schlesien zu halten, auch die einzelnen Korpskommandeure gehört werden sollten; der König sei vor dem Kaiser gekommen, habe sich an York gewandt, mit auffallender Heftigkeit geäußert, den ganzen Wirrwarr habe er verschuldet; worauf York sich verbeugt und gesagt habe: er habe nach bestem Gewissen gehandelt und seinen Kopf Sr. Majestät zur Verfügung gestellt.

Am 25. Mai wurde der Oberbefehl an Barclay übertragen. Es war bereits dem Bemühen Knesebecks und Gneisenaus geglückt, den Kaiser für eine andere Richtung des Rückzuges zu gewinnen; es war der Beschluß gefaßt, statt auf dem nächsten Wege über die Oder sich plötzlich südwärts zu wenden, sich in den Stellungen bei Schweidnitz zu konzentrieren, noch einmal zu schlagen; für den Notfall sollte der Rückzug über Brieg genommen und zu dem Ende dort schleunigst ein Brückenkopf angelegt werden.

Barclay hatte gleich bei der Übernahme des Kommandos dem Kaiser vorgestellt, daß es unmöglich sei, die tief zerrüttete russische Armee während der Operationen so entfernt von den eigenen Hilfsquellen zu reorganisieren, daß es notwendig sei, zu dem Zweck sich nach Polen zurückzuziehen. Jetzt in Schweidnitz erneute er dieselbe Forderung nur noch dringender.

Am 25. Mai hatte Caulaincourt in Antwort auf ein Schreiben Nesselrodes geäußert, daß er nicht zu diplomatischen Verhandlungen, sondern nur zum Abschluß eines Waffenstillstandes bevollmächtigt sei, und daß er demnach um die Ehre einer Audienz bei dem Kaiser bitte. Am folgenden Tage wurde durch Nasselrode geantwortet: dem Kaiser erscheine es geeigneter, zum Abschluß eines bloßen Waffenstillstandes einen vertrauten Offizier auf die französischen Vorposten zu schicken. Die Vollmacht, die durch Barclay für die Generale Schuwaloff und Kleist ausgestellt wurde, lautete auf Abschließung eines Waffenstillstandes, während dessen unter österreichischer Vermittlung über den Frieden verhandelt werden solle.

Es ist hier nicht der Ort, auf Einzelheiten dieser Verhandlungen einzugehen. Die Forderung französischerseits auf den status quo abzuschließen, war um so peinlicher, als sich die französische Okkupation mit jedem Tage weiter ausdehnte, bereits Breslau erreichte. Wenn sich die Verhandlungen zerschlugen, so war die Stellung von Schweidnitz bereits in der Flanke umgangen.

So schien nichts übrigzubleiben, als der Rückzug durch Oberschlesien auf das rechte Oderufer und nach Polen.

Der Tagesbefehl vom 2. Juni ordnete den Abmarsch der preußischen Truppen und des Korps des Großfürsten Konstantin aus den Schweidnitzer Stellung an. Der Befehl des folgenden Tages ließ keinen weiteren Zweifel.

Und dann kam die Nachricht, daß am 4. Juni in Poischwitz ein Waffenstillstand bis zum 20. Juli mit sechs Tagen drüber zur Aufkündigung abgeschlossen sei.

Am Abend des 5. Juni erhielt York diese Nachricht. Er beschied seinen trefflichen Feldprediger Schultze zu sich: er wünsche, daß am folgenden Tage, dem Pfingstsonntage, bevor die Truppen in die Quartiere zögen, Feldgottesdienst gehalten und den Truppen der Sinn und Zweck des Waffenstillstandes klargemacht werde. Der Geistliche erfüllte seinen Auftrag auf die würdigste Weise, noch heute lebt bei den Veteranen des Yorkschen Korps die Erinnerung an jene erhebende Feier. In der Hoffnung, bald mit frischen Kräften dem Feinde entgegenzutreten, trennten sich die Truppen, verteilten sich in die Dörfer zwischen Ohlau und dem Zobten.

VIERTES BUCH

I

KATZBACH

Wie man auch über den Abschluß des Waffenstillstandes denken mochte, denen, die wußten, daß nur so der Abzug der Russen aus Schlesien zu verhüten gewesen, mußte er doch als das kleinere Übel erscheinen.

Die russische Politik war in ihrem Recht, wenn sie zunächst und vor allem die eigenen Interessen ins Auge faßte, wenn sie die Preußens, Deutschlands, Europas nur aus russischen Gesichtspunkten behandelte. Der hochgesteigerte Eifer, mit dem sich Preußen erhob, konnte ihr als ein Mittel, die eigenen Interessen desto sicherer zu fördern, nur erwünscht sein, zumal sich Preußen der russischen Leitung so bereitwillig unterordnete.

Aber daß Polen vorweg als eine russische Erwerbung betrachtet wurde, ließ Österreich um so behutsamer und zögernder operieren.

Von nicht minder üblen Wirkungen war, daß Rußland das kürzlich durch die Freundschaft mit Napoleon gewonnene Finnland jetzt durch die Feindschaft mit ihm desto sicherer an sich zu ketten entschlossen war. Indem er als Ersatz dafür Norwegen der schwedischen Krone zugesichert hatte, mußte Dänemark entweder auf deutschem Boden entschädigt oder Napoleon in die Arme getrieben werden.

Man gebrauchte Österreich. Es hatte von Anfang an seine Teilnahme an dem Kampf gegen Napoleon zugesagt; es wiederholte diese Zusicherung für den Fall, daß Napoleon den Frieden, den es zu vermitteln versuchen wolle, nicht annehme. Mit großem Geschick hat das Wiener Kabinett den Augenblick erfaßt, in welchem die Verbündeten, um sich die Aussicht auf die österreichische Kriegshilfe zu sichern, sich den Bedingungen eines Friedens, wie sie dem österreichischen Interesse entsprachen, fügen mußten.

Rußland willigte in eine Friedensbasis, welche den Kalischer Vertrag auch in betreff des Großherzogtums Warschau aufhob; Preußen war einverstanden, daß die Elbe auch ferner seine Grenzen bleibe, daß der Rheinbund, daß das Königreich Westfalen erhalten werde. Und Österreich nahm zum Befestigung des allgemeinen Friedens nur in Anspruch, daß ihm die Illyrischen Provinzen und sein früherer Anteil an den Teilungen Polens erhalten werde.

Die einzige Hoffnung der preußischen Patrioten war, daß Napoleons Verblendung oder, wie ruhiger Blickende erkannten, die unerbittliche Notwendigkeit seiner Stellung ihm die Annahme eines Friedens, den er nicht diktierte, unmöglich machen werde. Aber den Krieg fortführen konnte man nur mit englischer Hilfe. Und England war hierzu nur bereit, wenn Preußen nicht seine alte Stellung an der Nordsee zurückerhalte; zur Vergrößerung und Abrundung Hannovers mußte Preußen unter anderm auch darauf verzichten, Ostfriesland wieder zu erhalten.

Weder der König noch die Staatsmänner, denen er sein Vertrauen zu schenken gewohnt war, faßten den Beruf dieses Staates so hoch und mit dem Selbstgefühl, wie es die mächtig emporschwellende Kraft der Nation gestattete, die Größe der Situation erforderte, das staunende deutsche Volk erwartete. Die Diplomaten wollten sich mit dem genügen lassen, was die Eifersucht, daß Mißtrauen und das eigene Interesse der übrigen Mächte Preußen bewilligte. Sie schienen weder den Stolz noch die Fähigkeit zu haben, statt der tugendsam zweitrangigen Rolle, in der die Bundesgenossen Preußen so gern sahen – als habe nur Preußen dankbar zu sein, zu fürchten und zu hoffen –, diejenige geltend zu machen, zu welcher das schon Geleistete das volle Recht gab. Daß auch Preußen seine Interessen und seine Ansprüche, daß es einen deutschen und europäischen Ruf habe, – nicht in Heer und Volk, wohl aber in den höchst entscheidenden Stellen schien es – nach den Demütigungen und der Hoffnungslosigkeit der letzten Jahre nicht mehr oder noch nicht wieder geglaubt zu werden.

Erst jetzt, während des Waffenstillstandes, vollendeten sich die Rüstungen Preußens. Das Heer, jetzt das bewaffnete Volk, warf, wenn nur der Krieg fortgeführt wurde, die ganze Wucht seines erstarkten preußischen und deutschen Selbstgefühls mit in die Waagschale. In den alten Soldatenherzen brannte die Schmach von 1806, in der begeisterten Jugend war, wie seit Jahrhunderten nicht, der Gedanke des deutschen Vaterlandes wach, in der Masse war so viel Haß und Grimm und Rache, als jeder einzelne den Schaden und Hohn von Frevelmut der Fremdherrschaft hatte schweigend dulden müssen. Man war sich bewußt, um alles zu ringen; jedem stand das ihm Höchste auf dem Spiel. Das Mißgefühl, zur Waffenruhe verdammt zu sein, überholte der Eifer, sich zum weiteren Kampf zu rüsten. Man fürchtete nichts als den Frieden.

Auf den Gang der Verhandlungen – und denen in Prag, die dem Frieden gewidmet waren, gingen die für den wiederbeginnenden Krieg in Reichenbach und Trachenberg zur Seite – ist nicht nötig näher einzugehen, da weder bei den einen noch andern York persönlich beteiligt wurde. Ihm blieben ausschließlich die Geschäfte seines Korpskommandos.

Schon vor dem Waffenstillstand war eine „neue Einteilung der im Felde stehenden Armee" befohlen worden. Die bisher zwischen Blücher und York verteilten Truppen sollten drei „Korps" unter York, Kleist und Bülow bilden; alle drei dem Oberbefehl Blüchers unterstellt sein. Als Chef des Generalstabes blieb ihm Gneisenau beigeordnet.

Nicht nur die gewöhnliche schlechte Laune, mit der York jede Veränderung zu begrüßen pflegte, war es, wenn er diese Anordnung ein Unglück nannte.

In Blücher sah er den „Husarengeneral", dem eine überspannte Partei eine Volkstümlichkeit angedichtet habe, welche weit über seine Befähigungen hinausreiche. York hatte seit dem Zuge nach Lübeck die Meinung, daß Blücher von seiner Umgebung ganz abhängig sei. Und in wessen Händen sah er ihn nun! Von Gneisenau versah er sich nichts als unpraktische Dinge, Überspanntheiten, und für seine Person Ärgernisse die Fülle, geflissentliche Kränkungen. Jede Berührung mit ihm gab der wachsenden Bitterkeit seiner Stimmung neue Nahrung. Müfflings kluge Behutsamkeit und weltmännische Gewandtheit schien nur noch zu fehlen, um den alten Blücher ganz zu umgarnen, der nur darum zum Oberbefehl auserlesen sei, weil er allein sich gefallen lasse, daß andere in seinem Namen kommandierten; den „Kraftgenies", deren Einfluß nun einmal alles mache, sei damit das Kommando tatsächlich in die Hände gegeben.

So beurteilte York in seiner heftigen und bittern Art die Personen und die Verhältnisse. Und bald stellte sich heraus, daß nicht Kleist, nicht Bülow, sondern gerade er in der Armee, die Blücher führte, unter Gneisenaus Leitung bleiben sollte. Nur um so schroffer schloß er sich ab. Es lag in seiner Persönlichkeit zu viel Fesselndes und Zwingendes, als daß sich der Kreis seiner Umgebung nicht fest und fester um ihn hätte schließen, mehr und mehr auf seine Anschauungsweise hätte eingehen sollen. Es bildet sich bald ein völliger Gegensatz zwischen dem Yorkschen und Blücherschen Hauptquartier, ein Gegensatz, den die verschiedene Art der Geschäftsführung nur um so auffallender machte. Wenn Blücher, neidlos und voll großsinnigen Vertrauens, seinen Gneisenau gewähren ließ, und auch Müffling, auch die jüngeren Offiziere des Stabes sich in wetteifernder Selbständigkeit bewegen durften, so war in Yorks Stabe die strengste Regel, die gemessenste Ordnung, jeder auf seinen Bereich gewiesen. „York befahl, ordnete, leitetet alles selbst", so schreibt einer seiner Adjutanten, „er verlangt von seinen Untergebenen nur Rapport und Gehorsam; keiner, vom ersten bis zum letzten, übt den mindesten Einfluß auf ihn." Suchte man dort, in dem großen Gedanken dieses größten Krieges lebend, nur in den höchsten Zielen das Maß dessen, was geleistet werden müsse, so wurde hier festgehalten, was, freilich mit höchster Steigerung aller Kräfte, geleistet werden könne. Den „Strategen" gegenüber war man hier um so taktischer, den „Genialen und Enthusiasten" gegenüber um so mehr auf das Praktische gewandt; und wenn die kühnen Kombinationen dort nicht selten das Maß leiblicher Kraft, die Bedingungen von Raum und Zeit zu vergessen schienen, so dachte man hier an die „Füße und Magen, an die Flintensteine und Hufeisen". Gegensätze, über die doch immer die wundervolle Kraft und Zuversicht des alten Feldherrn emporragte, wie denn mit Recht in ihm das Preußen jener unvergeßlichen Zeit seinen rechten Ausdruck gefunden und erkannt hat.

Kehren wir nun zur Neubildung des Yorkschen Korps zurück. Yorks Infanterie war auf 4000 Mann zusammengeschmolzen. Teils durch Einordnung einiger Reserve- und Marschbataillone, teils durch Austausch einzelner Truppenteile wurde sie wieder auf etwa 8000 Mann gebracht.

Darunter waren freilich Bataillone, die noch nicht im Feuer gestanden, zum Teil noch nicht ausgebildet waren; auch die acht älteren Bataillone bestanden jetzt fast zu einem Drittel aus Rekruten. Schon trafen die ersten der für das Korps bestimmten Landwehren ein. Sie waren in nicht eben erfreulichem Zustande. Allerdings waren für die schlesischen Landwehren an 20 000 österreichische Gewehre angekauft, aber es stellte sich heraus, daß man in diesen die Zündlöcher zu bohren vergessen hatte; so mußten denn die zwei ersten Glieder dieser Bataillone vorerst mit Piken aufmarschieren. Auch ihre Bekleidung war äußerst mangelhaft; Litewken von ungekrumpenem Tuch, das beim ersten Regen zusammenschrumpfte, als Kopfbedeckung Mützen, die weder gegen Hieb noch Regen schützten, meist leinene Beinkleider, statt der Tornister leinene Quersäcke usw. Namentlich aus Schlesien hatten sich viele Freiwillige zur Armee gestellt; was irgend Bildung hatte, war, ehe die Landwehren formiert wurden, wieder verschwunden; so ergab sich, daß man bei vier Kompanien nicht einen Feldwebel hatte, der schreiben konnte; an gedienten Offizieren war der größte Mangel. Die Leute waren willig und gelehrig; aber meist aus den ärmeren Gegenden der Provinz, aus den Weber- und Fabrikdistrikten, standen sie an körperlicher Kraft dem jungen Volk aus den agrarischen Provinzen weit nach. Es waren in jeder Hinsicht die schlechtesten Landwehren des ganzen Landes.

Ebenfalls auf persönliche Schikane führte York es zurück, daß wieder einmal sein ganzer Stab umgewandelt werden sollte. Wurde auch an Valentinis Versetzung zu Bülow festgehalten, so durfte er doch bis zum September bei York bleiben. Als Chef des Generalstabes an Rauchs Stelle trat Zielinsky ein, den York schon in Marienwerder um sich gehabt, der dann das Seinige getan hatte, damit die Reibungen mit dem Blücherschen Hauptquartier im Gange blieben.

Herzog Karl von Mecklenburg hatte, da Hünerbein noch an seiner Wunde von Groß-Görschen krankte, dessen Brigade, die Steinmetz bei Kolditz und Weißig so ruhmvoll geführt, erhalten. „Hat mir der Teufel wieder einen Prinzen …!" das war Yorks Ausruf bei der Nachricht; er meinte, daß, da man ihn doch nicht geradezu beiseite schieben könne, man wenigstens des Königs Schwager ihm ins Korps gesetzt habe, „damit ja alles an die rechte Quelle berichtet werde." Und gerade dieses Prinzen Namen stand in der Armee nicht eben in hohen Ehren; es war bekannt, daß er sich nach der Schlacht von Auerstädt selbst beurlaubte und nach Strelitz zurückgezogen hatte. Seine Wiederaufnahme in die Armee hatte vielfach Anstoß erregt. York empfing jetzt den jungen Brigadechef, trotz des schwarzen Adlerordens auf seiner Brust, mit jener kalt vornehmen Höflichkeit, die von seiner Umgebung noch mehr als sein Zorn gefürchtet wurde. Einige Zeit darauf bereiste er sein Korps, kam auch nach Klein-Öls, dem Standort des Prinzen, dessen Truppen zu besichtigen; es waren namentlich die beiden ostpreußischen Regimenter, die York besonders liebte, die Sjöholms und Lobenthals. York stieg vom Pferde, durchging die Reihen, musterte alles bis ins kleinste; alles war untadelig; er probierte da und dort ein Gewehr; alles war ohne Makel. Endlich fand er eins, dessen Schloß nicht in Ordnung war. Er drehte sich zu der folgenden Suite: Die Herren, sagte er, den Prinzen fixierend, soll- ten doch daran denken, daß Soldaten zum Kriege und nicht zum Spielen sind; solche Vernachlässigung der Waffen ist unverantwortlich, durch solche Unordnung und Nachlässigkeit verliert man Bataillen, und an einer verlorenen Schlacht hängt vielleicht wieder das Schicksal der Mon- archie. Und so gingen die sehr anzüglichen Rügen noch eine Weile fort; der Prinz wurde bald blaß, bald rot, schwieg jedoch. Dann wurde die Besichtigung beendet, eine Einladung des Prinzen zum Frühstück ange- nommen; York war da liebenswürdig und verbindlich, zeigte sich, wie er es konnte, als den vollendeten Weltmann. Nach einer heiteren Stunde nahm er Abschied, wünschte dann, als der Prinz ihn zum Wagen beglei- tete, „ein glückliches Wiedersehen auf dem Schlachtfeld."

Um die Mitte des Monats Juli schien der Tagesbefehl, welcher die „Formation der Armee" in drei Armeekorps unter York, Kleist, Bülow anordnete. Auch diese unterlag noch manchen Veränderungen, bis schließlich – wie es scheint um den 20. Juli – die Armee diejenige Eintei- lung erhielt, welche sie im wesentlichen bis zum Ende des Krieges behal- ten hat. Es wurden die zunächst für den Belagerungskrieg bestimmten Truppen zu einem besonderen, dem vierten Armeekorps unter Tauent- zien gemacht, es wurden die Garden, die zwischen York und Kleist ver- teilt gewesen waren, zu einer besonderen Brigade außerhalb der Armee- korps vereinigt.

Die endgültige Aufteilung ließ vermuten, daß das Yorksche Korps zu einer verhältnismäßig untergeordneten Tätigkeit bestimmt sei. Ihm wa- ren von den sechs Grenadierbataillonen der Armee vier zugewiesen, Kerntruppen unter erprobten Führern; vereint mit zwei Kompanien ostpreußischer Jäger unter Major v. Klüx bildeten sie die Grenadierbri- gade, über die Major Hiller den Befehl erhielt; er sollte bald Gelegenheit haben zu zeigen, was es hieß, in Yorks Korps „Zange und Hammer" zu sein. Diese Linientruppen, acht Bataillone Landwehr, dazu die schwar- zen Husaren mit dem Totenkopf und die am Walde zu Weißig erprobte Batterie Lange waren die erste Brigade des Korps, Oberst von Stein- metz ihr Chef.

Die zweite Brigade führte Herzog Karl von Mecklenburg. Sie war nicht ohne Vorliebe ausgestattet, nur vier Landwehrbataillone zu sechs Bataillonen schon erprobter Truppen, und dies waren die beiden ost- preußischen Regimenter, das erste unter Lobenthal, dem vielbewährten, und das zweite unter Sjöholm, „dem Stillen", wie ihn ein Bericht Yorks nennt. Als Kavallerieregiment folgten dieser Brigade das Husarenregi- ment unter v. Warburg, das das kleine Strelitz aufgestellt hatte, trefflich beritten und stattlich ausgerüstet, dem Prinzen als Kinder der eigenen Heimat doppelt wertvoll.

Bunter war Horns Brigade, die siebente. Er hatte zu 8 Landwehrba- taillonen nur ein volles Regiment, aber es war das Leibregiment; dane-

ben zwei Kompanien von den Gardejägern. Dieser Brigade war ein Bataillon zugewiesen, das noch nach französischer Art uniformiert war,
sich auch ferner noch nach dem französischen Dienstreglement hielt, das
thüringische Bataillon unter Major v. Linker; es waren Weimaraner,
nicht wenig gute Schützen darunter. Sie hatten ihre Gelegenheit abge-
paßt, sich von preußischen Husaren in und um Ruhla überfallen zu
lassen, überzeugt davon, daß ihr Landesherr gut heiße, was sie getan. Es
war von nicht geringem Wert, daß man einige Hundert gute Schützen
zusätzlich hatte, immerhin auf die Gefahr, wie York scherzte, daß sie in
faulen Tagen mit eigenem Jagdfrevel sich und ihre Heimat an ihm für
die gewilddiebten Hasen von 1806 rächen würden. Freilich mit dem weiteren Ersatz des Bataillons sah es, als der Feldzug schnell mächtige Lük-
ken riß, übel aus; es nahm auf, was es bekommen konnte, wenn es nur
nicht gerade Franzosen waren. Als Kavallerie erhielt die Brigade außer
zwei Schwadronen Landwehrkavallerie, die meist unter ihrem Major
Falkenhausen auf Patrouille waren, drei Schwadronen brandenburgische Husaren unter dem unvergleichlichen Sohr, der sie jüngst auf dem
Rückzug von Bautzen das „Ruhigreiten im Feuer" gelehrt hatte.

Zwei andere Schwadronen dieses Regiments waren im russischen
Feldzug fast vollkommen zusammengeschmolzen. Sie hatten völlig neu
organisiert werden müssen und wurden erst im Waffenstillstand fertig.
Diese beiden Schwadronen und die andere Hälfte des dritten Landwehr-
kavallerieregiments kamen zur achten Brigade, die Oberst von Hünerbein führte, freilich noch mit dem Arm in der Binde. Er erhielt nur
neuformierte Bataillone, aber einige von ihnen hatten bereits bei Bautzen die Feuertaufe erhalten. Diese drei Bataillone waren nun zu einem
Regiment vereinigt worden unter dem Namen Brandenburgisches In-
fanterieregiment, zu dessen Führer Oberstleutnant v. Borck ernannt
war, der erste Ritter des eisernen Kreuzes. Zu diesem Linienregiment
erhielt Hünerbein drei Reservebataillone unter dem Namen des 12. Re-
serveregiments vereint und von Major v. Goltz geführt; endlich vier
Landwehrbataillone unter Major v. Gaza.

Die Reservekavallerie befehligte Oberst Jürgaß. Kürassiere gab es in
diesem Armeekorps nicht, da sie sämtlich dem zweiten unter Kleist zugeteilt waren. Aber die Litauer Dragoner waren dem Korps gelassen.
Diese und die westpreußischen Dragoner erhielten Graf Henkel von
Donnersmarck zum Brigadekommandeur, der uns als des Königs Flügeladjutant schon von Kurland her bekannt ist.

Die Artillerie des Korps war wieder dem Oberstleutnant v. Schmidt
anvertraut. Mit dem Äußeren dieser Batterien sah es zum Teil traurig
aus: „In Ansehung der Bekleidung der Artilleristen", sagt ein Inspekti-
onsbericht vom 21. Juli, „war alles sehr schlecht; besonders gingen die
reitenden und fahrenden Artilleristen beinahe nackend. Bei jeder reitenden Batterie waren gewiß über 30 Mann, die gar keine Überhosen hatten, sondern in zerrissenen zwilchenen Hosen Dienst taten. Auch Mäntel
und Mantelsäcke nebst Schabracken waren höchst schlecht." Von Ge-

schütz und Fahrzeugen hieß es: „Aus Mangel an Geld war nur das Notdürftigste repariert und vieles blieb noch zu machen übrig." Ferner:
„Geschirr und Stallsachen, Geschützzubehör usw. waren bei allen Batterien in sehr trauriger Verfassung."
    Mag das genügen, um wenigstens eine ungefähre Übersicht über das
Yorksche Korps zu geben. Der Waffenstillstand, der sich um Wochen
verlängerte, gestattete, auch die Landwehren feldmarschmäßig zu machen, den neuen Zugang der Linienregimenter in die alten Rahmen fest-
zufügen, das Ganze „zusammenzuarbeiten".
    Die völlig neuen Elemente, welche die allgemeine Bewaffnung des
Volkes in die Armee gebracht hatte, bedingten, wie York das Wesen des
Krieges und die Aufgabe des Kriegers ansah, keineswegs eine veränderte
Art soldatischer Zucht. Wie gewiß immer auf die größte Tapferkeit und
Begeisterung aller, wenn es an den Feind ging, zu rechnen war, der größere, schwerere Teil des Dienstes – denn die Gefechtstage sind die
„Sonn- und Festtage des Soldaten" – besteht nun einmal im Marschieren, Biwakieren und Mangelleiden, in der Entbehrung leiblicher Pflege,
in Hunger und Durst, Regen, Schmutz, Kälte, in Resignation ohne
Übersicht des Ganzen und seines Zusammenhanges, ohne Kunde von
den jedesmaligen Gründen und Zwecken, doch unverdrossen, blindlings,
bis ins kleinste genau das Befohlene zu leisten und zu leiden, meist ohne
Dank, ohne vom Erfolg zu erfahren. Vielleicht wurde in anderen Korps
die Aufgabe freier, volkstümlicher, idealer gefaßt. Gar manchem Freiwilligen ist es anfangs hart angekommen, sich in das herbere, starrere
Wesen des Yorkschen Korps zu finden; es ging ihnen nahe, wenn es im
Tagesbefehl hieß: „Se. Exzellenz haben bemerkt, daß die freiwilligen
Jäger sich nicht strenge genug nach den gegebenen Befehlen und Militär-
vorschriften richten. Ordnung und Gehorsam ist die erste Pflicht des
Soldaten, und werden die Herren Kommandeure angewiesen, bei dergleichen Vorfällen ohne Ansehen der Person zu handeln." Aber nur so
glaubte York die Truppen dauernd zu höchsten Leistungen befähigt.

    In steten Übungen, Manövern, Besichtigungen verging der Juni, der
größte Teil des Juli; mit Spannung erwartete man, was der sechste Tag
nach dem 20. Juli bringen werde. Man hatte im Yorkschen Hauptquartier nur widersprechende Gerüchte über die Verhandlungen in Prag; von
den Verhandlungen in Trachenberg wußte auch York nichts Genaueres.
    Am 25. Juli vor Tagesanbruch kam von Blücher eine Ordonnanz,
brachte den Befehl Barclays, sofort aufzubrechen, um sich in Wernersdorf, eine Meile diesseits der Demarkationslinie, zu versammeln. In der
Tat hatte man sich in Prag, ohne in den Friedensverhandlungen zum
Ziele gekommen zu sein, über die Verlängerung des Waffenstillstandes
nicht verständigen können. Es schien der Wiederbeginn des Krieges zu
sein; mit lautem Jubel zogen die Truppen aus ihren Quartieren. Aber
schon der nächste Abend brachte andere Weisung: alles kehrt wieder in
die alten Quartiere zurück. Der Waffenstillstand war bis zum 10. August

verlängert; wenn dann nicht der Friede unterzeichnet wäre, sollten nach den sechs Tagen, also mit der ersten Stunde des 17. August, die Feindseligkeiten wieder beginnen. Niemand glaubte mehr an den Frieden.

Am 7. August brach das zweite Armeekorps nach Böhmen auf. Die preußischen Garden, die russischen Grenadiere und Garden, das Wittgensteinschen Korps brachen eben dahin auf, sich mit 130 000 Österreichern zu einer, der großen böhmischen Armee, zu vereinen, die 230 000 Mann und 700 Kanonen stark, den Feldzug beginnen sollte.

Auch die Nordarmee war mächtig ausgestattet; man berechnete sie auf 124 000 Mann, darunter 73 000 Preußen; und unmittelbar an sie schloß sich das Wallmodensche Korps an der Niederelbe mit 27 000 Mann.

Der Armee unter Blüchers Befehl war ein bescheidenere Rolle zugewiesen: sie sei bestimmt, sagte des Königs Adjutant, als Observationskorps in Schlesien zu bleiben. Sie enthielt außer dem Yorkschen Korps (38 221 Mann) die beiden russischen von Baron Sacken (17 000 Mann) und Graf Langeron (31 000 Mann). Ein eigentlich zu Langeron gehörendes Korps (13 000 Mann) war bestimmt, die Verbindung der schlesischen mit der böhmischen Armee zu bilden, und konnte, wie bei der Nordarmee Wallmoden, nur als mitwirkend betrachtet werden.

Am 8. August brach auch das Yorksche Korps auf, sich wieder bei Wermersdorf zu sammeln. Die Monarchen hatten die nach Böhmen ziehenden Truppen besichtigt, das Korps Langerons gemustert. Am 11. August kamen sie nach Rogan am Fuß des Zobtenberges, wo das Yorksche Korps zur Besichtigung aufgestellt ihrer harrte. Freilich ein bei weitem nicht so glänzender Anblick als die russischen Korps und selbst das von Kleist. In Ausrüstung und Bewaffnung standen diese Truppen weit zurück; am wenigsten stattlich sahen die Landwehren aus, und deren waren hier von 30 000 Mann Fußvolk fast die Hälfte, 13 370 Mann, von 6000 Mann Kavallerie 1320 Mann. Es war nicht Yorks Schuld, daß in dem Äußeren der Truppen noch manches zu wünschen übrigblieb. Nach der Musterung äußerte er zu dem König, daß noch dies und das, namentlich Schuhwerk, fehle. Ihm wurde die Antwort: „Ist mir sehr unangenehm, haben aber den Krieg gewollt und alles angefangen."

Die Feuerzeichen von Prag her hatten in der Nacht vorher die Kunde von dem Ende der Unterhandlungen gebracht. Blücher hatte bereits seine Instruktion aus der Hand des General Barclay erhalten; sie sowie die mündlichen Verabredungen beider wurden durchaus geheimgehalten.

Noch blieben sechs Tage bis zum Beginn der Feindseligkeiten. Der Waffenstillstand hatte zwischen den beiden Armeen ein Gebiet von etwa zwei Tagesmärschen Breite, Breslau mit eingeschlossen, als neutral bezeichnet. Auch denen, die nicht in das Geheimnis des Operationsplanes eingeweiht waren, mußte es klar sein, wie wichtig die Besetzung dieses Landstriches, bevor der Feind auch ihn durch Requisitionen verwüstete, sein würde, das um so mehr, als die oberschlesischen Landschaften, in denen die Verbündeten bisher in Quartier gelegen hatten, förmlich ausgesogen waren. Blücher wartete nur auf einen Vorwand, um vor Ablauf der sechs Tage einzurücken. Er ließ alles dazu vorbereiten.

Am 13. August kam die Nachricht, daß der Feind im Gebirge das neutrale Gebiet betreten und sich Requisitionen erlaubt habe, daß er das Vieh wegtreibe. Sofort befahl Blücher: „Vorposten und Patrouillen nach dem neutralen Gebiet zu senden, um von dem Stand und den Bewegungen des Feindes Nachricht einzuziehen, und am 15. August von allen Vordertruppen starke Abteilungen gegen die Katzbach zur Erkennung des Feindes vorzuschicken, denselben jedoch nur dann anzugreifen, wenn man ihn auf neutralem Gebiet träfe, außerdem sich aber jeder Feindseligkeit zu enthalten."

Sacken stand nahe bei Breslau, Langeron bei Schweidnitz, York in der Mitte bei Wernersdorf. Jenem Befehle gemäß rückten am 14. die drei Korps vor, freilich Sacken nach eigenem Gutdünken von den gegebenen Anweisungen abweichend. York bezog Stellung in Conradswaldau hart an der Demarkationslinie. Eine aus allen Brigaden entnommene Vorhut unter Lobenthal ging in das neutrale Gebiet bis Mertschütz, halben Weges nach Liegnitz vor, ohne etwas vom Feinde zu sehen.

Die Patrouille, die zu einigen Plänkeleien bei Liegnitz führte, ergab, daß der Feind völlig ruhig an seiner Demarkationslinie, am linken Ufer der Katzbach, lagerte.

Über die Stellung und Absicht des Feindes hatte man widersprechende Nachrichten. Um zu sehen, ob er bleibe oder abziehe, unternahm Gneisenau am 17. August mit der Yorkschen Vorhut und der gesamten Reservekavallerie einen Vorstoß in der Richtung auf Goldberg. Man überzeugte sich, daß der Feind noch an der Katzbach, wie bei Liegnitz so bei Goldberg stand. Aber schon während der folgenden Nacht liefen die Meldungen ein, daß er überall die Katzbach verlasse.

So erfolgte am 18. August, wie es Aufzeichnungen des Yorkschen Hauptquartiers von Valentinis Hand nennen, „die erste Disposition zum fortwährenden Verfolgen des Feindes". Sacken sollte über Liegnitz und Hainau, York über Goldberg, Löwenberg gegen Naumburg, Langeron über Schönau auf Lauban vorgehen.

Erst um Mittag wurde dieser Befehl ausgegeben. York ließ sofort seine zwei Gruppen von Jauer nach Goldberg hin aufbrechen, erst um Mitternacht langten sie teilweise dort an.

Seit 2 Uhr nachts war Yorks Vorhut auf dem Marsch gegen Löwenberg. Ihr Marsch führte sie an der Südseite des Gräditzberges, der in der Mitte zwischen Hainau und Löwenberg liegt, vorüber. Bald traf sie auf den Feind, es entwickelte sich ein hartnäckiges Gefecht; weit und weiter, endlich bis nahe an den Bober gelangt, erfuhr man, daß sich auf dem Gräditzberg andere feindliche Massen, namentlich Kavallerie, festsetzten. Also zwischen Vorhut und dem Korps stand der Feind, während doch Sachsen, gleichzeitig vorrückend, die rechte Flanke sichern mußte. Oberst Lobethal empfing jene Nachricht mit großer Ruhe: „Die Kerls soll ja der Teufel holen – die sollen Angst vor uns kriegen!" und dann zu dem ihm begleitenden Leutnant v. Röder vom Stabe gewandt: „Das ist sonderbar; ich glaube aber, die Kerls wundern sich noch mehr über uns als wir über sie; ich lasse mich auch nicht darin stören, die vor uns sind, vollends abzuklopfen." Und so geschah es; eine kleine Abteilung sandte er zur Beobachtung rückwärts, während er weiter vordrang; seine Truppen wetteiferten im entschlossenen Vorgehen und nahmen die Nachricht, daß der Feind ihnen im Rücken sei, ebenso ruhig auf als ihr Führer. Man ruhte nicht eher, als bis man den Bober erreicht, die Weinberge, welche auf dem rechten Ufer Löwenberg gegenüber liegen, besetzt hatte.

Eben jenen Feind am Gräditzberge sah Yorks rechte Gruppe unter dem Prinzen von Mecklenburg, als sie über das dorfreiche Tal der schnellen Deichsel bei Ulbersdorf hinaus vordrang, während die zweite Gruppe eine halbe Meile südlicher bei Pilgramsdorf überging.

Auf die erste Meldung vom Prinzen ließ York seine Gruppe, die eben die Höhe westlich von Pilgramsdorf erreicht hatte, Halt machen, Horn zur etwa nötigen Unterstützung des Prinzen rechts nach Neudorf marschieren, Hünerbein auf der Straße nach Löwenberg durch den Hahnwald gehen und sich an dessen Ausgang bei Lauterseifen aufstellen, um sowohl mit Lobenthal als auch mit dem Korps von Langeron in Verbindung zu bleiben. Er selbst begab sich zu Blücher, der sich bei Lauterseifen befand, ihm die Gefechtslage darzulegen, namentlich auf das bedenkliche Übergewicht des Feindes an Kavallerie aufmerksam zu machen.

Mit dem Zugeständnis, vier Schwadronen von der Reservekavallerie an sich zu ziehen, eilte York nach Neudorf. Er ließ die Truppen mehr zusammenfassen; schon war Horn auf der linken Flanke eingerückt, es langte – gegen 7 Uhr – die ostpreußische Nationalkavallerie an. York hielt sich stark genug, zum Angriff überzugehen. Schon flankierten die schwarzen Husaren; der Nationalkavallerie, die zum ersten Male einhauen sollte, gab Jürgaß noch eine Lehre auf den Weg: „Die Franzosen pflegen beim Andringen der Preußen eine Karabinersalve zu geben; laßt euch dadurch nicht stutzig machen, sondern schlagt ihnen nur geradezu mit dem Säbel in die Fresse." Dann ging es gegen den Berg vor. Aber der Feind zog ab; im schnellen Trabe konnte man ihn nicht mehr einholen.

Inzwischen war Major Oppen, von Blücher gesandt, zu York gekommen, berichtete, daß er und Graf Nostiz ein feindliches Korps von wohl 30 000 Mann festgestellt hätten; Blücher beabsichtige am folgenden Tage, eben dieses Korps – es war das Neys – anzugreifen.

Sacken war in glücklichen Gefechten über Hainau hinaus bis Thomaswaldau, eine Meile von Bunzlau, gegen einen starken Feind (Marschall Marmont mit 27 000 Mann) vorgedrungen, so daß er sich bereits im Rücken der Stellung bei Gräditzberg befand. Das feindliche Korps hier schien so gut wie umzingelt; man brauchte nur das Netz zuzuziehen, um es völlig abzutun. In diesem Sinn gab Blücher spät abends am 19. seine Befehle aus; mit Tagesanbruch sollte York in der Front angreifen, Sakken gerade in den Rücken des Feindes marschieren, Langeron ihm über Lauterseifen in die rechte Flanke fallen.

Langeron hatte am Tage ein lebhaftes Gefecht am Bober gehabt, hatte 1200 Mann Tote und Verwundete, über 400 Mann Gefangene verloren. Er antwortete auf jenen Befehl: „Seine Truppen seien zu ermüdet, um den befohlenen Marsch ausführen zu können."

Auch Sacken weigerte sich, wenn auch in vorsichtigerer Form: „Ich bin vom Gräditzberge drei starke Meilen entfernt … ich müßte mit meinem ganzen Korps rückwärt gehn … ich würde hier Terrain verlieren und dort zu spät kommen." Die Entfernung war tatsächlich kaum zwei Meilen.

Schon vor Eingang beider Antworten war Yorks Meldung vom Abzug des Feindes eingegangen. Der schöne Plan brach in sich zusammen.

Auch Yorks Truppen hatten einen ungemein anstrengenden Tag hinter sich. So namentlich die Vorhut. In der Frühe des andern Morgens fand sie York zu seinem Erstaunen in der Nähe von Neudorf. Sofort befahl er zurückzukehren, er ließ reitende Artillerie vorgehen, und die Höhen vorläufig zu besetzen. Man fand sie noch unbesetzt; man sah die Truppen in Löwenberg in lebhafter Bewegung, hinter der Stadt teils auf der Landstraße, teils vor Hüttenlagern, wohl 20 000 Mann Fußvolk und 5000 Pferde in Schlachtordnung aufgestellt; dann abmarschieren, halt machen, sich lagern.

Gegen 4 Uhr kam der Befehl, mit dem ganzen Korps nach Serkwitz, eine Meile unterhalb Löwenberg am Bober, abzumarschieren. Um 5 Uhr wurde aufgebrochen.

Die durch den Regen aufgeweichten Wege und die vielen Straßen, die man passieren mußte – es liegt da Dorf an Dorf in fast meilenlanger Straße – hatten den Marsch des Korps ungemein erschwert und verzögert. Erst gegen Mitternacht unter strömendem Regen kam Horns Brigade durch Deutmannsdorf bei Ludwigsdorf an. York ließ sie rechts des Dorfes in Marschkolonne lagern, meldete an Blücher, daß er aus verschiedenen strategischen Gründen hier halten werde.

Blücher hatte, nachdem er um Sonnenuntergang persönlich vom Weinberg aus die Aufstellung des Feindes bei Löwenberg erkundet hatte, sich nach Hohlstein dicht vor Ludwigsdorf dem Bober zu begeben; die in der Nähe anrückende Hornsche Brigade stellte die Deckung des Hauptquartiers, Blücher ließ noch während der Nacht die Boberbrücke bei Serkwitz herstellen, um, wenn der Feind anziehe, ihm sogleich folgen zu können. Die eingehenden Meldungen bestätigten diese Annahme nicht; ungeduldig, immer noch nicht klar zu sehen, und in der Hoffnung, durch eine rasche Offensive über den Bober Bunzlau und Löwenberg zu überholen, ließ Blücher Husaren bei Serkwitz über den Bober gehen, sich umzuschauen; sie stießen auf starke feindliche Kräfte und hatten Mühe, zurückzukommen.

Schon meldete – am 21., morgens 8 Uhr – Lobenthal vom Weinberge her, daß der Feind in Löwenberg in Bewegung sei. York eilte dorthin.

270   VIERTES BUCH

Die Stellung des Weinberges erschien sehr stark: ein abgesonderter, nach dem Bober zu steil abfallender Felsen, rückwärts nach Ludwigsdorf sanft sich senkend; an der steilen Südwestecke, die Chaussee, die nach Goldberg führt, und jenseits derselben ein zweiter Felsen, der Plattenberg, dessen Aufgang vom Langeronischen Korps aus mühelos besetzt war; zwischen beiden Felsen und am Plattenberg sich hinziehend das Dorf Plagwitz.

Auch Blücher traf ein. Wohl sah man in und um Löwenberg die Truppen antreten, hörte deutlich den Ruf: vive l'Empéreur; einige Schüsse hinab wurden von dort erwidert; sonst blieb es aber stundenlang ruhig.

Immer noch hielt Blücher an dem Gedanken einer Offensive über Serkwitz fest, von der sowohl York wie Gneisenau ernstlich abrieten. Nach Hohlstein zurückgekehrt, erhielt er die Meldung, daß der Feind mit Macht über Bunzlau vordringe; gleichzeitig hörte man die Kanonade von Löwenberg her lebhafter werden. Napoleons Absicht war unzweifelhaft: Das Zentrum zur Schlacht zwingen und inzwischen den rechten Flügel von Bunzlau aus umgehen. „Es ist meine Absicht", schrieb Blücher an York, „einer Schlacht, die der Feind sucht, auszuweichen und nach dem Gräditzberg mit E. E. Korps zurückzugehen ... Die Avantgarde wird den Feind so viel als möglich aufhalten, auf der Straße nach Lauterseifen zurückgehen, und sich nicht von selbiger abdrängen lassen."

Schon stand Lobenthal in hartem Gefecht. Bald nach Mittag war der Feind aus Löwenberg unerwartet heftig vorgebrochen, hatte den von den Russen versäumten Plattenberg besetzt, mit immer stärkeren Massen vordingend sich zwischen die preußische Stellung und die Langerons eingedrängt. Der Weinberg, so in der Seite umgangen, war nicht mehr zu halten. Lobenthal versuchte die Chaussee zu sperren. Es entspann sich der heißeste Kampf um das Dorf Plagwitz; die zweite Brigade sandte York mit in das Gefecht, um das Vorbrechen des Feindes aus Plagwitz und auf der Goldberger Chaussee möglichst lange hinzuhalten.

Es war zum ersten Male, daß die Landwehren ins Feuer kamen; sie bewährten sich über alle Erwartung, sie schlugen sich „wie alte Linientruppen". Namentlich das Schweidnitzer Bataillon, das zur Vorhut gehörte. Zweimal griff es den Feind, da er aus Plagwitz vorbrach, mit dem Bajonett an, warf ihn ins Dorf zurück, ging unter Kartätschenfeuer des Feindes geordnet in seine Stellung zurück.

Endlich um 5 Uhr kam der Befehl zum Rückzug; die Vorhut ging nach Deutmannsdorf, die zweite Brigade auf der Chaussee nach Lauterseifen – vom Feinde heftig bedrängt, immer fechtend. Wohl zehnmal ließ Lobenthal bis Deutmannsdorf Front machen; das Füsilierbataillon vom Leibregiment warf sich einem verfolgenden Kavallerieregiment mit gefälltem Bajonett und lautem Hurra entgegen, und die Reiter machten kehrt. Auch nicht ein Mann fiel auf diesem Rückzuge in Feindes Hand.

„Der Feind will uns zu einer entscheidenden Schlacht nötigen, aber unser Vorteil erheischt, daß wir solche jetzt vermeiden"; so Blüchers Tagesbefehl, der sofort den Truppen mitgeteilt werden sollte.

Am Vormittag des folgenden Tages (22. August) erneute der Feind seine Angriffe auf der Löwenberger Straße. Langeron verließ, sobald seine Vorhut fechtend aus dem Wald vor Pilgramsdorf zurückgegangen war, ohne den Befehl dazu abzuwarten, seine Stellung, befahl der Vorhut, nur so lange dem Feind standzuhalten, bis das Korps durch Goldberg sein könne. Blücher war über diese Eigenwilligkeit nicht wenig betreten; für den Augenblick blieb nichts übrig, als auch dem Korps Yorks den Befehl zum Abmarsch zu geben.

Wenigstens Goldberg hielt man; die Nacht wurde benutzt, die Stadt so gut wie möglich zur Verteidigung einzurichten. Die beiden Abteilungen des Korps hatten drei Stunden rückwärts die Katzbach bei Dohnau und Niederkrain spät und äußerst erschöpft erreicht. – „Dritter Marsch ohne Kochen", sagen die Aufzeichnungen des Yorkschen Hauptquartiers.

Während der Nacht hatte sich der Feind der Höhen südwärts Goldbergs bemächtigt; v. d. Toltz meldete am frühen Morgen an Blücher, wie seine Stellung bedroht sei. Schon hatte Langeron Befehl, wieder vorzugehen; um Goldberg auch in der rechten Flanke zu sichern, wurde York angewiesen, eine Brigade dorthin zu entsenden. Es wurde die des Prinzen von Mecklenburg dazu vorgeschickt, mit der Weisung, nur wenn sehr überlegene Macht ihn zwinge, über die Katzbach zurückzugehen.

Indes kamen in das Hauptquartier Meldungen, daß der Feind seit drei Tagen auf der großen Bunzlau-Görlitzer Straße aus der Lausitz abziehe. Demnach schien die Offensive gegen Goldberg nur ergriffen zu sein, um den Abmarsch zu maskieren. Sofort wurde 8 Uhr morgens eine „Disposition zum Angriff auf den 11./23. August" ausgegeben, worauf York den Abmarsch um 11 Uhr und die Ordnung desselben festsetzte.

Ehe man zum Angriff kam, war bereits der Kampf bei Goldberg und südwärts von der Stadt am Wolfsberg, wo Langeron anrückte, entbrannt. Mit 6400 Mann stand der Prinz von Mecklenburg gegen 20 000 Mann, teils auf dem Plateau jenseits der Katzbach, teils in dem Ilusttal; das Vorbrechen des Feindes hier (von Niederau) zu hemmen, ließ er seine zwei Füsilierbataillone und drei Eskadrons unter dem steilen Talrand halten, an den sich anlehnend die übrige Brigade schnell in Schlachtordnung aufrückte, die Hälfte seiner Batterie auf dem äußersten rechten Flügel, die andere Hälfte noch am Talrand. Der Feind eröffnete den Kampf mit dem Feuer von 30 Geschützen gegen den rechten Flügel, das bald die Geschütze bis auf eins kampfunfähig machte und die Bataillone des Flügels mehr zurückzunehmen nötigte. Schon faßte das feindliche Feuer auch die Landwehrbataillone im Zentrum; sie hielten gut stand. Da schlug eine Granate mitten in das dichtgeschlossene Neustädter Bataillon mit so furchtbarer Wirkung, daß dasselbe von Entsetzen ergriffen, völlig auseinanderstiebte. Schon war das feindliche Fußvolk heran, und sein mörderisches Feuer, auf die beiden andern Landwehrbataillone gerichtet, erschütterte auch diese; sie begannen zu weichen. Ihnen rechts zunächst stand das zweite Bataillon von Sjöholms Ostpreußen; auch sie wankten. Rasch rückte das nächste Bataillon aus der zweiten Linie vor; es sammelte sich die Landshuter Landwehr; festgeschlossen, mit gefälltem Bajonett, Major Rostken zu Fuß an der Spitze, stürzte es sich auf den Feind; mit einem Mut ohnegleichen folgte das wiedergesammelte Liegnitzer Bataillon, folgten die beschämten Ostpreußen, der Feind wurde geworfen, verfolgt. Da stürmte von zwei Seiten Kavallerie auf die aufgelöst Kämpfenden heran, hieb ein, ehe man Karree bilden konnte; ein furchtbares Gemetzel, in dem beide Landwehrbataillone fast aufgerieben wurden.

Auch die vier Musketierbataillone hatten zurückgehen müssen; es geschah in so guter Haltung, daß der Feind, der minder schwere Verluste erlitten, nicht sogleich folgte; so gewannen sie Zeit, sich links zu schieben, um die im Zentrum entstandene Lücke zu füllen und von dem Talrand und den Bataillonen unten nicht ganz abgedrängt zu werden. Jetzt griff der Feind mit erneuter Heftigkeit an. Zwei dichte Abteilungen, die im Sturmschritt vorrückten, ließ man ganz nahe heran, gab ihnen dann eine volle Salve, stürzte sich mit dem Bajonett unter lautem Hurra nach; der Feind machte schnell kehrt. Den Verfolgenden warf sich Kavallerie entgegen; sie wurde zurückgewiesen. Von heftigem Geschützfeuer unterstützt drängte die feindliche Reiterei von neuem ein; es galt hier zunächst am Talrand durchzubrechen. Jene drei Geschütze, die Leutnant Stern mit unerschütterlicher Ruhe und Geistesgegenwart Lage auf Lage Kartätschen feuern ließ, wurden schon dicht umschwärmt, waren in Gefahr, genommen zu werden; schon stürzten sich überlegene Massen auf die Bataillone rechts; sie waren im äußersten Gedränge; es war der entscheidende Augenblick. Lobenthals zweites Bataillon hatte Karree formiert. Feindliche Kavallerie nah hinter sich, sprengte der Prinz heran, rief: „Bataillon Marsch!" Schnell war angetreten, der Prinz aufgenommen; er ergriff die Fahne: „Nun, Ostpreußen, gilts!" Mit Hurra ging es gegen die Kavallerie, sie wurde geworfen.

Die Brigade hatte schwer gelitten; in einem Bataillon war bereits der dritte Fahnenträger verwundet; drei Landwehrbataillone fehlten in der Linie. Man mußte zurück. Das Andrängen der feindlichen Kavallerie wurde von den Ostpreußen in der Nachhut unter Spott und Lachen wiederholt zurückgewiesen; auch die Mecklenburger Husaren hieben wacker ein. Am Talrand, hinter sich die Katzbach, nahm man, von ein paar russischen Bataillonen unterstützt, eine Stellung, bis endlich – 2 Uhr nachmittags – der Befehl, über die Katzbach zurückzugehen, kam. Die Brigade war fast um ein Drittel zusammengeschmolzen.

Während derselben Zeit währte der Kampf in Goldberg; die Tore, die Straßen, die einzelnen Häuser waren namentlich auch von der Leobschützer Landwehr, die hier zum ersten Male im Feuer stand, mit der äußersten Hartnäckigkeit verteidigt. Der gleichzeitige Kampf um den Wolfsberg und die Besitznahme jener wichtigen Stellung durch den Feind nötigte Major Goltz, aus Goldberg zurückzugehen. Es geschah mit der größten Ordnung.

Nach dem Angriffsplan des Morgens war York mit seinen drei Brigaden um 11 Uhr aufgebrochen und bis auf eine Stunde von Goldberg vorgerückt, als der Befehl zum Rückzug kam, zum Rückzug an die wütende Neiße, die man ein paar Stunden vorher verlassen hatte. York war im äußersten Maße ungehalten; es schien ihm mit den Kräften, ja dem Leben der Menschen, geradezu „Kinderspiel" getrieben zu werden.

Um die von Goldberg Zurückgehenden aufzunehmen, blieb Hünerbeins Brigade zunächst zurück. Mit den Brigaden Steinmetz, Horn und der Reservekavallerie ging York selbst bis hinter der Neiße jene Hohlwege und Höhen hinauf, die bald Zeugen einer entscheidenden Schlacht werden sollten. Dort hörte er in der Richtung von Liegnitz Kanonendonner; es war kein Zweifel mehr, daß der Feind über Hainau bis Liegnitz vorgedrungen sei; und er hatte von dort nur zwei Meilen und guten Weg bis Jauer. York wünschte sich mit Sacken, der von Bunzlau aus abgedrängt worden war, zu vereinigen, um dem Feind diesen Weg zu verlegen. Ihm wurde die Antwort, daß dem Sackenschen Korps der Rückzug auf Jauer befohlen sei.

Der gleiche Befehl kam, als es anfing dunkel zu werden, auch an York. Es folgte der abscheulichste Nachtmarsch.

York und Sacken hatten ihr Hauptquartier in Profen, eine Stunde seitwärts Jauer genommen, Sacken im Schloß, York „in einem schlechten Bauernhaus". Die Russen, die preußische Reservekavallerie, und was von Steinmetz' Brigade beieinander war, biwakierten hier unter strömendem Regen. Endlich kam auch der Prinz von Mecklenburg und die Bataillone von Goltz. Den Prinzen empfing York mit den feierlichen Worten: „Bisher trugen Ew. Durchlaucht den schwarzen Adlerorden als des Königs Schwager; gestern haben Sie ihn sich erkämpft."

Am 24. August morgens wurde aufgebrochen, Sacken auf der großen Straße, York auf Seitenwegen und Umwegen, bei unablässigem Regen. Und an demselben Abend erschien eine neue „vorläufige Disposition", am andern Morgen 8 Uhr, wenn drei Kanonenschüsse bei Jauer fielen, wieder vorwärts zu marschieren. Da brach denn Yorks Ingrimm los.

Allerdings war sein Korps in üblem Zustande. Die drei Bataillone, die in der vorigen Nacht abgekommen waren, hatten sich noch nicht wiedergefunden, man hatte keine Spur von ihnen. Das Landwehrregiment des zweiten Brigade, vor 8 Tagen 2000 Mann, war auf 700 Mann zusammengeschmolzen. Die Infanterie des Korps war von 30 000 Mann auf 25 000 zusammengesunken. In sechs Tagen viermal Nachtmarsch, viermal Märsche, ohne daß die Truppen abgekocht, stets Biwak, in tief aufgeweichtem Boden. Die Bekleidung, namentlich der Landwehren, im kläglichsten Zustande; die Taschenmunition in dem fortwährenden Regen meist verdorben; in den Munitionswagen kaum noch Vorrat zu einer Schlacht, wie man sie erwarten mußte – und die Parkkolonnen mußten bis Neiße zurück, 16 Meilen weit, um neuen Vorrat zu holen.

York schickte Major Diedrich zu dem kommandierenden General: er möge dem Korps etwas Ruhe lassen. War auch der alte Blücher in übler

Laune, oder versah sich Diedrich in seinen Ausdrücken, er wurde auf das
übelste angefahren, bedroht, in Arrest gelegt, vor ein Kriegsgericht gestellt zu werden. Es blieb bei dem Befehl.

Am andern Morgen (25. August), um acht Uhr mußte angetreten werden. Schon voraus war die Infanterie der neugebildeten Vorhut unter
Hiller, in aller Frühe folgte die Kavallerie, die Reservekavallerie. Um 10
Uhr hörte man die drei Signalschüsse vor Jauer her, und das Korps
setzte sich in Marsch. Ein neuer Befehl war ausgegeben, auf die Annahme gebaut, daß der Feind im vollen Rückzuge sei. Als die Spitze des
Yorkschen Korps bei Jauer anlangte, kam wieder Gegenbefehl: „Da ich
soeben die Meldung von feindlichen Bewegungen auf der Seite von Liegnitz erhalte, welche erst aufgeklärt werden müssen, ehe der Marsch der
Armee fortgesetzt werden kann, so ersuche ich E. E. Dero Korps bei
Jauer bis auf weitere Anweisung halten zu lassen."

York nahm sein Hauptquartier in Jauer. Er ging persönlich zu Blücher; es kam zu einem sehr heftigen Auftritte; Blücher scheint in seinem
Zorn bis zur äußersten Grenze gegangen zu sein.

Es liegt außer dem Bereich dieser Darstellung, das strategische Verhalten des Hauptquartiers zu rechtfertigen; sie hat sich vielmehr in dem
Gesichtskreise Yorks zu halten, der ohne Kunde von dem verabredeten
Zusammenhang der großen Operationen, ohne Kunde der Instruktionen
Blüchers und der Reichenbacher Verabredungen nur nach dem urteilte,
was er unmittelbar übersah – und freilich weder Blücher noch Gneisenau
hoch genug würdigte, um ihnen auch da zu vertrauen, wo ihr Verfahren
ihm unbegreiflich erschien.

Und diese beiden wiederum hielten es nicht für angemessen, York
über das, was sie bestimmte, aufzuklären. Wenn der alte Blücher in
seiner unerschöpflichen Frische rasch im Zorn auffahrend ebenso schnell
wieder in guter Laune war, und trotz allem doch fand, daß „der Schwere-
nöter, der York" ein unschätzbarer Korpsführer sei, einer, „der wohl
brumme, aber auch beiße", so empfand der hochherzige Gneisenau desto
schärfer und schmerzlicher die Bitterkeit seiner Aufgabe, desto entrüste-
ter die ungeheure Gefahr, die der großen Sache des Vaterlandes drohe.
Mit Widerstreben hatten die Russen sich dem preußischen Oberkommando gefügt; gleich die erste Maßregel des Feldzuges, die Besetzung des
neutralen Gebietes, war von ihnen als zweideutig und unwürdig bezeichnet worden; Sacken hatte mit einem befehlswidrigen Marsch begonnen;
Langerons Verhalten wurde mit jedem Tage eigenwilliger und für das
Ganze nachteiliger. Desto gewissenhafter mußte man des preußischen
Korps sein. Hätte nicht schon der Gedanke an das Vaterland York bestimmen müssen, jedes Ärgernis, jeden Tadel, jeden Schein des Mißtrauens gegen Blüchers Leitung zu vermeiden? Statt dessen trieb er die Dinge
zum offenen Skandal, tat seinerseits, soviel er konnte, um Blücher und
dessen durchdachte Kriegsführung in den Augen der verbündeten wie
der preußischen Truppen verächtlich zu machen.

So mochte Gneisenau urteilen. Auch er verkannte Yorks militärische

Tüchtigkeit nicht. Aber dessen Art und persönlicher Charakter – York erschien ihm absichtsvoll, gallsüchtig, in seinen Motiven gewöhnlich, dem wahren Gedanken dieses Krieges völlig fremd, ja ohne Verständnis für denselben – war ihm um so widerwärtiger, als er, selbst durchaus gerade und lauter, sich des edelsten Wollens und völliger Selbstverleugnung bewußt war.

Dies möge genügen, um die große innere Krisis anzudeuten, die Blücher nur durch eine Schlacht lösen zu können erkannte.

Freilich schwankten – noch am 25. – die Nachrichten über den Feind, ob er vorrücke, ob er abziehe, hin und her. Die Meldungen von den vorgeschobenen Posten der drei Korps ließen erkennen, daß auf den jenseitigen Uferhöhen der Katzbach von Goldberg bis gegen Liegnitz hin der Feind lagere. Ihn während der Nacht zu alarmieren, wurden Katzeler und Sackens Vorhut beauftragt.

Um Mitternacht empfing York den Befehl Blüchers, am folgenden Morgen 5 Uhr von Jauer abzumarschieren und sich bei Schlauphof verdeckt in Kolonne aufzustellen.

Im stärksten Regen, den ein heftiger Nordwind ins Gesicht schlug, zum Teil über tief aufgeweichtes Feld, wo vielen im Lehm die Schuhe stecken blieben, marschierte das Korps über Brechtelshof hinaus, die Reservekavallerie bis zu dem Vorwerk Christianshöhe, wie eine Weisung während des Marsches anordnete. Gegen 10 Uhr langten die Truppen an, machten halt, standen unter strömendem Regen weiteren Befehl erwartend. Um 11 Uhr kam Befehl, die Leute sollten abkochen und zu zwei Uhr marschfertig sein. Nur wie in solchem Wetter kochen?

„Um 11 Uhr", sagt Yorks Bericht, „wurde in Brechtelshof der Befehl zum Angriff des Feindes ausgegeben, der von Hainau gegen Liegnitz vorgedrungen sein sollte." Sacken sollte die Front des Feindes bei Liegnitz festhalten, York gerade nordwärts bei Kroitsch und Dohnau die Katzbach überschreiten, Langeron unterhalb Goldberg auf die Höhen jenseits der Katzbach vorgehen. „Beim Rückzug des Feindes", so schließt Blüchers Befehl, „erwarte ich, daß die Kavallerie mit Kühnheit verfährt, der Feind muß erfahren, daß er im Rückzuge nicht unbeschadet aus unsern Händen entkommen kann." Punkt 2 Uhr sollten sich alle Gruppen in Bewegung setzen.

Dem Korps Yorks zur Rechten stand das Sackens; vor beiden eine wellige Ebene, die eine halbe Meile nordwärts sich bei Dohnau zur Katzbach hinabsenkt. Zur Linken nach der wütenden Neiße zu ein steil abgestürzter, mit Schluchten und Hohlwegen durchschnittener Talrand, der bei Bellwitzhof 1600 Meter links von Christianshöhe beginnend, sich in einem flachen Bogen bei den Dörfern Schlauphof, Ober-, Nieder-Weinberg, Nieder-Krayn, die unten liegen, bis Dohnau hinzieht. Von Bellwitzhof 1600 Meter südwärts liegt Schlaupe; 200 Meter weiter südlich begrenzt das Gebirge rasch ansteigend die Ebene und deckt südwärts die sehr starke Stellung von Hennersdorf, in der Langerons Korps Front gegen Goldberg stand.

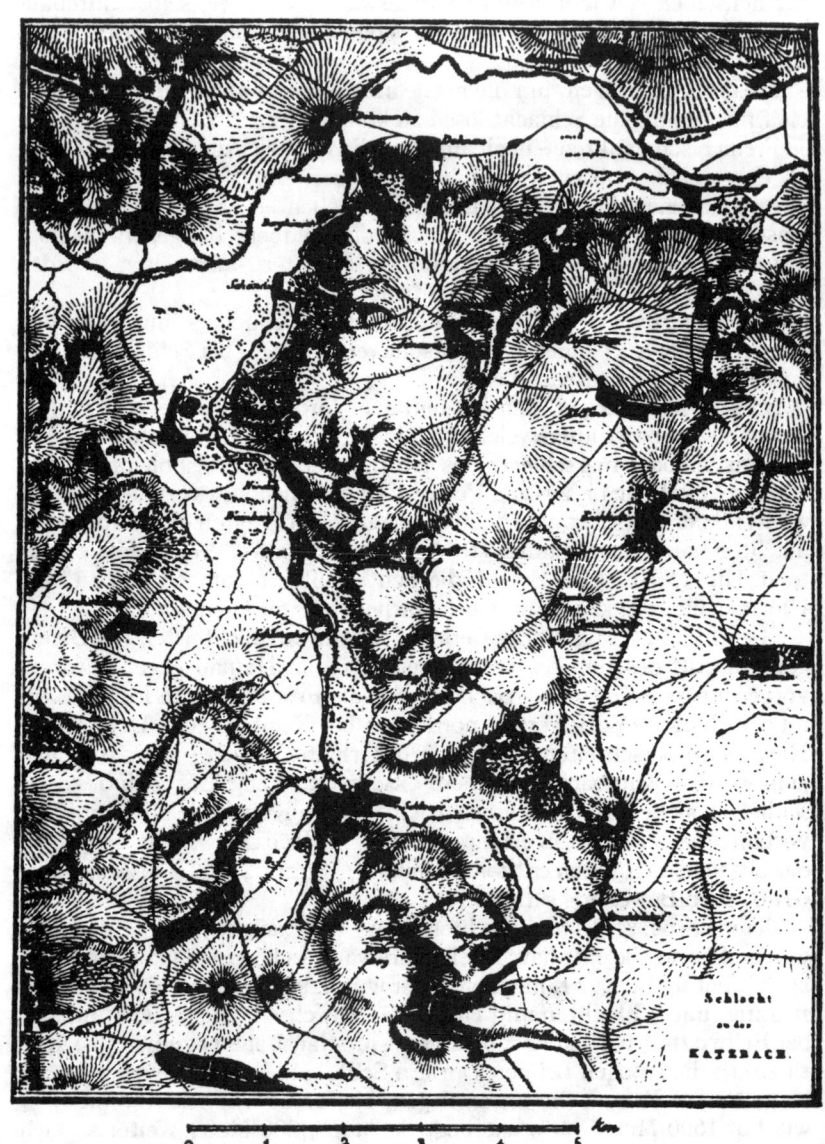

Beim Empfang jenes Befehls erklärte Langeron, daß er ihm nicht Folge leisten werde. „Er sprach von geheimen Instruktionen, nach denen er sich richten müsse, und daß er sein Korps nicht aufs Spiel setzen dürfe."

Es wird erzählt, daß York sich ebenso geweigert und Gneisenau erklärt habe: „Er werde eher seinen Degen zerbrechen als über die Katzbach gehen." Als York jenen Befehl ausgab – er war wie Blücher in Brechtelshof – waren kaum einzelne ferne Kanonenschüsse gefallen, und die Vorhut jenseits der Katzbach hatte noch nichts von der Nähe des Feindes gemeldet. Aber bald (von 12 Uhr an) hörte man ein heftigeres, sich näherndes Feuern; auch links jenseits der Neiße auf der Goldberger Straße kamen die einzelnen Kanonenschüsse, die fielen, näher. Wenn um diese Zeit Gneisenau gefordert hat, daß York nach dem Befehl um 2 Uhr, die eine Kolonne unten an der wütenden Neiße, die andere oben auf dem Plateau, vorgehen solle, so war die Weigerung Yorks erklärlich, wie denn auch die Ausführung des Befehls – vielleicht infolge solcher Erörterung – bis 3 Uhr hinausgeschoben wurde, „um erst gewiß zu sein, ob die feindliche Bewegung nur eine Rekognoszierung oder einen wirklichen Angriff beabsichtige."

Bald zeigte es sich; im Begriff anzugreifen, wurde man angegriffen. Die Vorhut hatte jenseits der Katzbach bei den langgestreckten Dörfern Kroitsch und Wöltsch ihre Kavalleriefeldwachen; sie zu unterstützen wurde (um 10 Uhr) das Dorf selbst mit ostpreußischen Jägern und 100 Schützen vom Brandenburgischen Regiment besetzt, an der Katzbachbrücke und in Nieder-Krayn ein Teil der Thüringer aufgestellt, das übrige Fußvolk der Vorhut unter Hillers Befehl an den engen Ufern der Neiße.

Indes hatte sich Katzeler, da Langerons Vorhut auf der Goldberger Straße schnell weichend seine Flanke entblößte, mit der Kavallerie der Vorhut über die wütende Neiße zurückgezogen.

Die Masse des Feindes – „dessen Stärke ich", sagt Major Hillers Bericht, „auf 40 000 Mann taxierte" – drängte mit ungemeinem Eifer nach; während Hiller langsam, alle 100 Schritt Front machend, um der Armee Zeit zu schaffen, sich aufzustellen", über Nieder-Krayn, über die Neißebrücke, den Talrand hinauf wich, drängte der Feind bis Schlauphof hinauf, bis Dohnau hinab, Kavallerie, Infanterie, Batterien vorwärts über und durch die schwellenden Wasser, die Hohlwege und Schluchten des Tales hinauf. Eine Stunde lang hielt die Vorhut den mit außerordentlicher Übermacht andringenden Feind in diesem Gelände auf; besonders das Thüringer Bataillon zeichnete sich durch Unerschrockenheit aus.

Offenbar folgte der Feind, ohne von der Nähe der ganzen schlesischen Armee eine Ahnung zu haben. Blücher beschloß den günstigen Moment zu benutzen, einen Teil des Feindes auf die Höhe kommen zu lassen, sich dann auf ihn zu werfen und ihn die Abhänge hinabzustürzen. Er sandte diesen Befehl an Sacken und York. „Antworten Sie dem General: Hurra!" war Sackens Entgegnung.

York hatte, als Hiller meldete, daß er auf die Höhe zurückgedrängt sei, sich zu Pferde gesetzt, um hinauszureiten: „An Ort und Stelle werde sich das weitere finden", war sein Ausdruck; er befahl, daß inzwischen die Truppen antreten sollten. Jetzt kam zu ihm ein Offizier, „der sehr tapfer und tüchtig war, zuweilen aber etwas gezierte Manieren haben konnte, die dann den General zum Gegenteil reizten"; er sagte: „General Blücher befehle, York möge so viele Feinde herauflassen, als er glaube schlagen zu können, und dann angreifen"; – worauf York: „Reiten Sie hin und zählen Sie; ich kann bei dem Regen meine Finger nicht mehr zählen." Als bereits feindliche Kugeln die dichtgeschlossenen Abteilungen fast erreichten, ließ York, um das mit ungeübten Truppen schwierige Auseinanderziehen der Bataillone in die richtigen Distanzen nicht erst im entscheidenden Augenblick vorzunehmen, die Truppen sich entwickeln.

Das Korps sollte nach der Weisung Blüchers so aufrücken, daß der Herzog Karl, Horn und die größere Hälfte der Brigade Hünerbein das erste Treffen, die von Steinmetz die Reserve bildeten, drei Bataillone von Hünerbein links nach Schlaupe hinabgingen, um die Verbindung mit Langeron zu sichern und die Flanke des Korps zu decken.

Zuerst kam der linke Flügel, der aus der Hünerbeinschen Brigade gebildet und von York geführt wurde, an den Feind. Während Horn und Prinz Karl noch erst sich ordneten, hatte er schon von dem Talrand her Artilleriefeuer erhalten; bald sah er drei Bataillone im Viereck und vier Geschütze vor sich. Das erste Treffen, das Brandenburger Bataillon Othegraven voran, eilte auf diese zu, bald im heftigen Kartätschenfeuer; „was fiel, das fiel, alles übrige blieb im Avancieren"; schon war man im Bereich der Flintenkugeln. „Nun verdoppelten wir", schreibt ein Offizier des Regiments, „unsere Schritte, fällten das Gewehr und griffen das mittelste Karree von französischen Grenadieren und gefälltem Bajonett unter fürchterlichem Hurrageschrei an. Das Karree stand wie eingemauert. Wir näherten uns bis auf zwei Schritt. Einen Augenblick standen unsere Leute so den Franzosen gegenüber, von beiden Seiten sah man einander an. Dann riefen die Offiziere: „Drauf! drauf!" und nun nahm der Soldat das Gewehr verkehrt und schlug mit dem Kolben in die Franzosen hinein. Schnell wurde das Karree, da wir in Linie standen, rechts und links umzingelt und so von allen Seiten mit Bajonett und Kolben angegriffen. Jetzt war an kein Pardongeben mehr zu denken, und nach 10 Minuten lag das ganze Karree da zu Boden geschlagen und in eine Pyramide verwandelt. Etwa 150 Lebendige und leicht Verwundete fanden sich hernach noch aus dem niedergeschlagenen Menschenhaufen heraus, diese wurden als Gefangene zurückgeschickt." – Indes waren die andern Bataillone auf jene Batterie und die ihr zur Seite stehende Infanteriemasse vorgerückt und warfen sie; die Bunzlauer Landwehr eroberte drei Geschütze.

Der Feind sei im Weichen, meldete Graf Brandenburg an Jürgaß; „es schien mir also", schreibt Jürgaß in seinem Bericht, „das für die Reiterei so günstige Moment gekommen zu sein, dem Feind schnell auf den Leib

zu gehen." Mit lautem Jubel ging es vorwärts; während die Nationalkavallerie feindliche Reiter und Artillerie, die eben einen Hohlweg hinauf
drangen, angriff, warf, in die Schlucht hinab verfolgte, jagten die Westpreußischen Dragoner und drei Litauer Schwadronen gerade in die
feindliche Geschützlinie hinein und über sie hinaus, Kanonen nehmend,
in Karrees einhauend, bald in völliger Auflösung.

Aber während dieses allgemeinen Handgemenges kamen immer neue
feindliche Reitermassen von Weinberg herauf, trabten geschlossen vor;
die Dragoner mußten zurück; heftig verfolgend kam der Feind in die
preußischen Batterien, nahm deren die nächste, drang in die Lücke zwischen den Bataillonen Borcks und Horns weiter vor, während die Kavallerie bis hinter die zweite Linie zurückeilte. York fuhr mit heftigsten
Worten auf Jürgaß los, der allerings seine Reiter völlig aus der Hand
gegeben; mit dem Brandenburger Bataillon Bülow eilte er zu den Batterien, die im Vorrücken begriffenen Bataillone Hillers schwenkten links,
gingen mit dem Bajonett gegen die feindlichen Reiter; gleichzeitig führte
Prinz Karl seine Musketiere mit Trommelschlag, ohne einen Schuß zu
tun, in die feindliche Kavallerie mitten hinein. Hinter dem Fußvolk
sammelte Jürgaß die Dragoner und die Nationalkavallerie. „Wenn nur",
meinte er, „der General nicht die Schweinerei hier sieht und noch einmal
fluchen kommt, aus all den ... Kerls den Franzosen mache ich mir
nichts." Das Vordringen der Infanterie, der energische Seitenangriff
Katzelers mit den Neumärkischen Landwehrschwadronen und russischen Husaren hatte die feindliche Kavallerie zurückzugehen gezwungen, die schon abgeschnittenen Bataillone zur Linken befreit, die verlorene Batterie gerettet. Schon schwenkte Sackens rechter Flügel, die
feindliche Stellung überholend, gegen deren Flanke ein.

Jetzt gab Blücher den Befehl zum allgemeinen Vorrücken; mit gezogenem Säbel führte er selbst die Kavallerie, die sich rechts der Sackens
anschloß, vor; York folgte an der Spitze seines Fußvolks.

Das Gefecht wurde jetzt sehr heftig. Der Feind zog von Krayn und
Weinberg, von Dohnau her immer neue Truppen auf die Höhen; vergebens. Drei neue Kavallerieregimenter suchten schließlich noch das Gefecht herzustellen, nach kurzem Erfolg mußten auch sie wenden, ein
frisches Regiment, das sich durch das schon wilde Gewühl der Flüchtenden vorzuarbeiten suchte, man sagt, von Macdonald selbst vorgeführt,
vermochte dem Hurra! und Vorwärts! der preußischen Bataillone und
der unter Kartätschenfeuer wilderen Hast der Flüchtenden nicht zu widerstehen. Es war an kein Halten mehr zu denken. Glücklich, wer durch
die verfahrenen Hohlwege hinabkam, in welche Haubitzen und Zwölfpfünder, oben an dem Talrand aufgefahren, hinunterfeuerten; alles
stürzte in wilder Auflösung der wütenden Neiße zu, der Katzbach zu, die
hoch angeschwollen in reißender Wildheit dahinschießend, zahlreiche
Opfer verschlangen. Die schwarzen Husaren und zwei Ostpreußische
Bataillone folgten bis Nieder-Krayn, Sacken wandte sich auf Dohnau;
zwei Divisionen aus Liegnitz her, hieß es, seien in Anmarsch; in der

Dämmerung passierten sie mit Mühe die Katzbach, erreichten noch den Talrand rechts von Dohnau, eilten, da sie die Höhen dicht besetzt sahen, nach kurzer Kanonade über die Katzbach zurück.

Es war ein wundervoller Sieg. Schacks Tagebuch sagt: „Siegesgeschrei unserer Leute beim Anblick des General York." Er verbat es sich: So weit sei es noch nicht, man müsse sich schleunigst sammeln, sich zu neuem Kampfe bereit halten. Er sagte zu seiner Umgebung: Der Sieg sei ungewiß, solange er nicht eine Anzahl geordneter Bataillone wieder in der Hand habe. Er schickte die Adjutanten aus, schleunigst dafür zu sorgen.

Yorks Hauptquartier sammelte sich in Bellwitzhof. Allmählich orientierte man sich über den Zusammenhang der Dinge. Der Feind hatte in drei Armeekorps sich auf Jauer zugewandt, wo er den Gegner zu treffen hoffte, Lauriston von Goldberg her, Macdonald und die 52 Schwadronen Sebastians über Kroitsch und die Katzbach, das dritte Korps, jetzt unter Souham, oberhalb Liegnitz auf die Straße von Liegnitz nach Jauer. Daß Macdonald persönlich wenigstens in der Nähe gewesen sei, erfuhr man auf dem Edelhof in Nieder-Krayn, wo seine Küchenwagen und Maultiere gegen Mittag angelangt waren, um das Diner zu bereiten.

Die erschöpften Truppen und Pferde blieben fast alle da, wohin sie vor Einbruch der völligen Dunkelheit gelangt waren, stehen und liegen, bis auf die Haut durchnäßt, ohne Stroh, ohne Holz, zum Teil ohne Brot, unter fortdauerndem Regen, bei kaltem Nordwind. Am übelsten waren die Landwehren daran, „fast alle ohne Schuh und Hosen; alle ohne Mäntel, in dem traurigsten Zustande", sagt Hillers Bericht von dem Oppelnschen Bataillon; nur die kräftigsten Naturen überstanden diese Nacht und die Anstrengungen der nächsten Tage. Aber die Truppen waren trotz allen Regens, Frierens, Hungerns in der freudigsten Siegesstimmung; noch den Abend entstand jener Soldatenrefrain von der Schlacht „an der wütenden Neiße, da kamen die Franzosen in die ..." Ein Name, der freilich nicht blieb: Da Blücher erfuhr, daß Sacken in dem ersten kurzen Armeebericht den Ruhm seines Korps nicht hinreichend hervorgehoben finde und darüber auch seine Offiziere leicht beleidigt seien, so schrieb er ihm, daß „ihm zu Ehren diese Schlacht die Schlacht an der Katzbach heiße, weil seine braven Truppen in unausgesetztem Gefecht bis an dies Wasser gekommen seien". „Bescheidenheit", schreibt Gneisenau, „kleidet die so lange Unglücklichen wohl."

Mit Recht ist der große Einfluß hervorgehoben worden, den der Sieg an der Katzbach auf das Verhältnis der schlesischen Armee und namentlich zwischen den höheren Befehlshabern ausgeübt hat. Nur wird man bekennen dürfen, daß derselbe unrichtig bezeichnet ist mit den Worten: „So war also durch einen Tag alle Zwietracht, alle Verstimmung im Innern der schlesischen Armee gehoben, und in den folgenden sieben Monaten bis zu ihrer mit dem Frieden erfolgenden Auflösung kam keine Klage, keine Unzufriedenheit mehr vor." Richtiger wird es sein, zu sa-

gen, daß von dem Tage der Katzbach an das hohe moralische und geistige Übergewicht entschieden war, welches fortan das schlesische Armeekommando charakterisiert. Von nun an begann der Zauber, der den
Truppen an Blüchers Persönlichkeit haftete, seine ganze Macht zu ent-
falten, und Gneisenaus Gedankenkühnheit und völlige Hingebung trug
ihn gewisseren Fluges hoch und höher. Was auch andere, namentlich
York selbst, im einzelnen gegen sie recht haben mochten, das, was jene
im ganzen dachten und schufen, ragte fortan unzweifelhaft über das
Niveau der nur im Alter und Rang unterschiedenen Dienstverhältnisse
hervor. Nicht ausgeglichen waren die Differenzen, aber jene beiden standen über ihnen, wenn auch Blücher heiterer.

Es galt den errungenen Sieg möglichst auszunutzen und zu vervollständigen. Gegen Mitternacht erhielt York den Befehl zur allgemeinen
Verfolgung; York sollte „versuchen um 2 Uhr in der Nacht eine Brigade
Infanterie bei Kroitsch über die Katzbach gehen zu lassen. Die Infanterie geht in festgeschlossenen Bataillonsmassen über und beobachtet die
größte Stille. Kein Soldat darf sich unterstehen Toback zu rauchen ...
Stößt die Infanterie auf den Feind, so greift sie ihm mit gefälltem Bajonett an, ohne zu schießen. Jede dieser Infanteriemassen muß versuchen,
für sich vorzudringen, ohne sich um die nebenstehenden zu bekümmern ... Am Schluß dieser Infanterie befindet sich der größere Teil der
Reservekavallerie" usw.

York bestimmte die Brigade Horn, die in der Schlacht wenig hervor-
getreten war, die Litauer Dragoner, die zwei schlesischen Landwehr-
Kavallerieregimenter und die Batterie Borowsky zur Verfolgung. Die
schwarzen Husaren hatte Gneisenau schon abends vom Schlachtfelde
aus zur Verfolgung abgesandt; sie gingen auf eigene Hand auf Goldberg
und weiter, reiche Ernte zu halten.

Um 2 Uhr nachts sollte nach dem Befehl die Brigade über die Katzbach gehen; aber erst mußte man die Hohlwege nach Nieder-Krayn so
weit aufräumen, daß sie zu passieren waren. Erst um 6 Uhr morgens
konnte Horn abmarschieren. Noch hielt der Feind Kroitsch, ja die Brük-
ke. Wenigstens die Kavallerie eilte, über die Katzbach zu kommen; der
Feind verließ nach geringem Widerstande die Brücke, das Dorf; aber auf
den Höhen dahinter sammelte sich mehr und mehr Kavallerie, auch ein
paar Geschütze kamen heran; – die Infanterie mußte, um die Brücke zu
erreichen, erst eine weite Strecke waten; endlich war das Leib-Füsilier-
bataillon – um Mittag – hinüber. Der Feind zog ab. „Aber der Marsch
meiner Brigade", meldet Horn an York, „geht so langsam, daß ich nicht
mehr als 3 Kavallerieregimenter und 1 Bataillon durch Kroitsch habe.
Die Katzbach schwillt so an, daß sie nach Aussage der Bauern in der
Nacht nicht mehr zu passieren sein wird. Die Brücke hier bei Kroitsch
hilft zu nichts, da man das ausgetretene Wasser passieren muß." Horn
mußte befürchten, durch die Katzbach völlig abgeschnitten zu werden.
Wenigstens ließ er seine Kavallerie in der Nähe des Fußvolks bleiben
und sandte für alle Fälle seine beiden Batterien zurück.

Man hat es im Yorkschen Hauptquartier scharf kritisiert, daß nur eine Brigade zum Verfolgen bestimmt worden; „der Kommandierende müsse besondere Gründe haben nicht vorzugehen." Erst um 2 Uhr mittags erhielt York Befehl, den Rest der Reservekavallerie nachzuschikken, um 5 Uhr Befehl: „Mit dem ganzen Armeekorps sogleich und mit Benutzung aller Hilfsmittel die Katzbach zu passieren und sich auf Ulbersdorf zu bewegen; es sei hinreichend, wenn das Korps heute nur noch 1 Stunde Weges jenseits der Katzbach zurücklegt."

York ließ, während seine Truppen antraten, Zielinsky nach der Katzbach reiten, um sich zu überzeugen, ob noch durchzukommen sei. Das Wasser stieg schnell; man hätte keine Munition weder in den Taschen noch in den Wagen mehr trocken hinübergebracht. Nur schwimmend kamen endlich noch zwei Ordonnanzen von Horn herüber. Wie sollte man – und die Brücke über die wütende Neiße zwang in einer Kolonne zu marschieren – noch eine Stunde hinter der Katzbach erreichen? Oder sollten die erschöpften, hungernden Truppen bei finsterer Nacht watend resp. schwimmend die Katzbach passieren? York gab den Marsch auf, meldete es Blücher mit dem Bemerken, daß die Katzbach nur bei Liegnitz und Goldberg zu überschreiten sei, und daß er vorschlage, Horn nach Goldberg zu dirigieren, wo er sich auf Langeron stützen könne.

Zunächst erfolgte ein mündlicher Bescheid: „York möge die Katzbach passieren, wo er könne, Horn unausgesetzt und mit Sackens und Langerons Vorhut in Verbindung verfolgen." Horn brach am 28. früh in der Richtung nach Hainau auf; Katzeler war vormittags dort, ehe die Vorhut Sackens, ja ehe dessen Kosaken erschienen. York selbst brach am frühen Morgen, die Reservekavallerie voran, nach Goldberg auf. Jürgaß ging bei Röchlitz halb schwimmend über die Katzbach, erreichte den Gräditzberg, Prinz Karl am späten Abend, Hünerbein gegen Morgen, Steinmetz am andern Mittag (den 29.) die Dörfer an der schnellen Deichsel.

Am Abend des 28. August erhielt York folgendes Schreiben Blüchers: „Bei dem gegenwärtigen Rückzug des Feindes muß unser ganzes Bestreben dahin gerichtet sein, ihm soviel Abbruch zu tun, daß er außer Stand gesetzt werde, sich noch einmal mit uns zu messen. Dieser wichtige Zweck kann nur durch ein schnelles und sogar verwegenes Verfolgen des Feindes erreicht werden. Ich sehe aber mit Bedauern, daß unsere demselben nachgesandte Kavallerie dem Zweck keineswegs entspricht, daß sie keine Gefangene macht, und daß sie überhaupt mit einer Behutsamkeit zu Werke geht, als habe sie nicht einen geschlagenen, sondern einen siegreichen Feind vor sich.

Ew. Exzellenz wollen es daher den Anführern jener Kavallerie zur strengsten Pflicht machen, mit dem Eifer und der unermüdeten Tätigkeit zu verfolgen, welche die Wichtigkeit des ihnen aufgetragenen Geschäftes fordert, und ihnen zugleich bemerklich machen, daß sie bei ihrer Entfernung vom Gros der Armee nach ihrer Einsicht handeln und nicht bei jeder Gelegenheit sich Verhaltungsbefehle erbitten müssen, wodurch die kostbare Zeit, die sie unausgesetzt zu benutzen haben, verloren geht."

Dieser Brief ist von Gneisenaus Hand, und wer der Verfolgung nach der Schlacht von Belle-Alliance gedenkt, wird erkennen, daß er seinen Geist atmet. Allerdings erst die Verfolgung gab dem Tage der Katzbach seine Bedeutung; aber es darf bezweifelt werden, ob es auch nur der Vorhut und Kavallerie derselben möglich war, mehr zu leisten. Am wenigsten Katzeler war der Mann, bei einer solchen „Hasenhetze", wie er sie nannte, säumig zu sein. Und Horn leistete, was irgend mit seinen erschöpften Truppen möglich war. Aber mehr als den Feind mit dem nächsten Marsch (29. August) bis Gnadenberg, eine halbe Meile vor Bunzlau, zu drängen, vermochten sie nicht. Dort setzte sich der Feind. Horn schrieb am Morgen dieses Tages an York: Die Majore Reibnitz und Kottulinsky von Landwehrbataillonen hätten ihm erklärt, daß ihre Bataillone nur noch je 100 Mann zählten, und auch diese seien so ausgehungert und ermattet, daß sie nicht mehr marschieren könnten; er habe deshalb beide Bataillone in Hainau zurückgelassen mit der Weisung, die nachkommenden Landwehrmänner zu sammeln; „ich glaube", fügte er hinzu, „ein großer Teil ist des Hungers wegen nach Hause gegangen ... 200 Brode zu 10 Pfund ist alles, was ich aus der Stadt und Gegend habe erhalten können." Ähnlich die übrigen Landwehren; sie schmolzen wie Schnee; „zum Teil aus Erschöpfung, zum Teil aber aus bösem Willen bleiben die Leute zu Hunderten zurück", so Yorks hartes Urteil. Der Hunger stieg auf das äußerste; und halfen sich die Menschen in der vollkommen ausgesogenen Gegend allenfalls noch mit Wurzeln und Branntwein, so verkamen die Pferde desto sicherer.

Nicht minder übel war es mit der Munition bestellt. „Der unaufhörliche Regen", sagt Oberstleutnant Schmid in einem Bericht vom 20. September, „hatte alle Patronentaschen durchweicht und die darin befindliche Munition gänzlich verdorben. Die Regimenter bestürmten mich mit der Forderung, ihnen diese Munition zu ersetzen, und bei der Berechnung fand sich, daß alle meine Kolonnen nicht hinreichend waren, auch nur diese durch Nässe verdorbene Munition zur Hälfte zu ersetzen. Hätten die Ereignisse jener Tage, in welchen das Korps sich nur noch teilweise im Verfolgen schlug, neue bedeutende Gefechte oder gar eine Schlacht herbeigeführt, so wäre die schlesische Armee wahrscheinlich, aus Mangel an Munition, sehr unglücklich gewesen."

Auch im Blücherschen Hauptquartier erkannte man diese Übelstände; aber nach der kühnen und großartigen Auffassung, die dort herrschte, würdigte man die Bedeutung des Sieges und seines Preises anders, als es York seiner Stellung und vielleicht seiner Natur nach konnte. Gneisenau schreibt am 29. August: „... die angeschwollenen Gewässer hielten unser Nachsetzen etwas auf, dennoch folgten wir so gut wir konnten. Der Soldat ging bis an die Brust durchs Wasser; er versank in Schlamm; viele sind barfuß und deren Zahl nimmt zu. Es fehlt in der ausgezehrten Gegend an Lebensmitteln, und der grundlosen Wege wegen können die

Lebensmittelwagen nicht folgen; auch fehlt es in den verlassenen Dörfern an Fuhrwerk. Dennoch trägt der Soldat dieses Ungemach ohne Murren, selbst mit Heiterkeit … Es lebe der König! sein Thron ist neugegründet, und wir werden unsern Kindern die National-Unabhängigkeit hinterlassen. Nun gehe ich gern schlafen." Wir übergehen die Einzelheiten des nächsten Marsches, die Bewegungen des Langeronschen und des Sackenschen Korps. Am 1. September standen die Armeen am Queis, der sächsischen Grenze, York bei Naumburg, die Vorhut bis Görlitz.

Ein erhebender Tagesbefehl Blüchers verkündete den Truppen die Wirkungen des Sieges vom 26. und ihrer großen Anstrengungen: „Schlesien ist vom Feinde befreit … 103 Kanonen, 250 Munitionswagen, des Feindes Lazarett-Anstalten, seine Feldschmieden, seine Mehlwagen, ein Divisionsgeneral, 2 Brigadegenerale, eine große Anzahl Obersten, Stabs- und anderer Offiziere, 18 000 Gefangene, 2 Adler und andere Trophäen sind in euren Händen … Die Straßen und Felder zwischen der Katzbach und dem Bober habt ihr gesehen, sie tragen die Zeichen des Schreckens und der Verwirrung eurer Feinde." Hier an der Grenze feierte das Heer das Siegesfest mit Gottesdienst und Viktoriaschießen. „Es war ein unbeschreiblich seliges Gefühl, den Feind aus dem Vaterlande vertrieben zu haben, sich zu denken, daß man mit seiner Brust alle Lieben im Vaterlande decke. Wir hatten einen herrlichen Gottesdienst, wo unser lieber Feldprediger Schultze eine würdige und erhebende Predigt hielt; unsere Herzen waren voll Preis und Dank gegen den allmächtigen allbarmherzigen Gott." So einer aus Yorks Umgebung.

Es war der erste Ruhetag des Armeekorps.

In den 18 Tagen Kampagne, die man hinter sich hatte, war es von 37 700 Mann auf 25 296 Mann gesunken. Der ungleich größere Verlust war auf seiten der Landwehrbataillone; sie hatten von 13 370 Mann 7092 verloren, die Linienbataillone von 16 747 Mann 4040.

II

WARTENBURG

„So, einen Ruhetag! und Gottesdienst! dann haben wir sicher Schläge bekommen", so soll sich York geäußert haben, als ihm Blüchers Tagesbefehl vom 1. September vorgelegt wurde.

In der Tat waren am 31. August die ersten Nachrichten von der Schlacht bei Dresden Blücher übermittelt worden. Die große Offensive der Hauptarmee der Verbündeten war völlig mißlungen. Am 2. September traf bereits ein Stabsoffizier vom Fürsten Schwarzenberg, am Morgen des 30. August abgefertigt, im Blücherschen Hauptquartier ein; er berichtete, daß die große Armee am 25. vor Dresden angelangt sei, am 26. zu stürmen versucht habe und zurückgewiesen sei, daß sie sich über das Erzgebirge zurückgezogen habe, von Napoleon heftig gedrängt werde. Eine mitgesandte Instruktion Schwarzenbergs forderte, daß von der schlesischen Armee 50 000 Mann nach Böhmen abmarschieren sollten, 30 000 würden zum Schutz Schlesiens genügen.

Blücher hatte wenig Neigung, dem Folge zu leisten; er wies in seiner Antwort darauf hin, daß er durch eine Bewegung auf die Elbe, zumal im Einverständnis mit der Nordarmee, den beabsichtigten Zweck vollständig erreichen werde.

Am Morgen des 2. September hatte Katzeler mit der Vorhut Görlitz besetzt und war über die Stadt hinaus bis an die weiße Schöps vorgegangen. Der Feind zog sich, schon geordneter, aus Bautzen zurück. Das Yorksche Korps war auf dem Marsch von Naumburg nach Waldau, auf halbem Wege erhielt es Befehl, bis auf weiteres halt zu machen; zur Rechten und Linken in gleicher Höhe hielt Sacken und Langeron.

Die drei Generale erhielten folgende Mitteilung aus dem Blücherschen Hauptquartier: „Die große böhmische Armee hat, nach einem fehlgeschlagenen Versuch auf Dresden, sich wieder nach Böhmen zurückgezogen, und es ist noch ganz ungewiß, ob der Feind ihr mit allen seinen Kräften folgt oder solche gegen die schlesische Armee dirigiert. Ich muß daher mit Vorsicht zu Werke gehen, jedoch dem Feinde glauben machen, daß wir ihm mit aller Energie folgen und überall angreifen, damit er hierdurch genötigt werde, einen Teil seiner Kräfte gegen uns zu richten und von der großen Armee abzulassen." Demgemäß wurden die Vorhuten der drei Korps zu einem selbständigen Korps unter General Wassiltschikoff, dem ältesten der drei Führer, vereint, dem die drei Armeekorps in einem starken Tagemarsch folgen und zunächst bei Görlitz an der Landeskrone Stellung nehmen sollten.

Dieser Plan blieb allerdings ohne Erfolg, da der Feind dem Korps größere Infanterie- und Kavalleriemassen entgegenwarf und es zwang, sich bis in die früheren Stellungen am Queis zurückzuziehen.

Der Feind folgte jetzt langsamer; er zögerte über die Neiße zu gehen; kaum daß er die Vorstädte von Görlitz besetzte. Napoleon, der eine Schlacht beabsichtigt hatte, erkannte, wie systematisch Blücher sie vermied. Man erfuhr einige Tage darauf seine Äußerung: ces animaux ont appris quelque chose.

Man war, namentlich im Yorkschen Hauptquartier, sehr unzufrieden mit diesem Zurückgehen, das, so meinte man, wenn es einmal nach dem größeren strategischen Plan notwendig war, wenigstens mit mehr Haltung und weniger Verlust hätte gemacht werden sollen. In den Aufzeichnungen von Valentini heißt es: „Übereilter Rückzug von Görlitz. Demütigende Bemerkung, daß wir von einer Hand voll Feinden gejagt sind."

Am 7. September gab Blücher Ruhetag. Gar sehr wider seinen Willen. Er hatte, sobald er die Offensive des Feindes stocken sah, wieder angreifend vorgehen wollen; daß es nur unterblieb, weil Langeron seine Artillerie rückwärts gesandt hatte, bezeugt ein sehr ernster Brief, welchen er diesem am 7. September zusandte.

Erst am 8. September wurde aufgebrochen. Das gemeinschaftliche Korps war aufgelöst. Der Feind hatte bei der Landskrone nur ein Beobachtungskorps zurückgelassen. Dies in der Flanke zu umgehen, sollten die Korps von Langeron und York links abmarschierend die Neiße bei Ostritz und Radmeritz überschreiten, während Sacken den Feind in der Front festhielt.

Statt sich verdeckt aufzustellen, zog Langeron es vor, am Abend des 8. eine Stellung einzunehmen, die der Feind von der Landskrone aus völlig übersehen konnte. „Ew. Exzellenz Stellung ist so gewählt", schreibt ihm Blücher am Abend des 8. September, „daß man von der Landskrone alle Ihre Wachtfeuer übersehen kann, als worüber ich Ew. Exzellenz meine Unzufriedenheit bezeugen muß." Man war im Hauptquartier der Überzeugung, daß Langeron absichtlich sich dem Feinde präsentiert habe, um ihn zum Rückzug zu veranlassen und einer Schlacht aus dem Wege zu gehen. In der Tat verließ der Feind am folgenden Morgen Görlitz in der Richtung auf Bautzen.

Die Linksschiebung der Armee an der Neiße hinauf hatte die schlesische Armee dem rechten Flügel der großen böhmischen Armee so nahe gebracht, daß das Korps von St. Priest zur Verbindung leider nicht mehr nötig war; es nahm fortan seine Stellung im Langeronschen Korps ein. Die sogenannte polnische Armee unter General Bennigsen, etwa 50 000 Mann stark, stand in der Gegend von Breslau und wartete auf weitere Befehle.

Während die Avantgarden dem Feind in der Richtung nach Bautzen folgten, hatten die Korps am 10. und 11. September Ruhe.

Die Nachricht, daß Napoleon, von Bautzen zurückgekehrt, sich wieder auf Böhmen zuwende, veranlaßte die weiteren Operationen. Man konnte die „Boberarmee" (Macdonald), die auf Bautzen zurückwich, mit Einschluß Poniatowskys, der, ihre rechte Flanke deckend, zwischen Bautzen und Pirna stand, auf 50 000 Mann schätzen. Blücher wollte sich zunächst auf Poniatowsky werfen und damit die Boberarmee von Dresden abdrängen. Das schnelle Zurückweichen Macdonalds auf Bischofswerda und darüber hinaus ließ auch diesen Versuch der Überflügelung ohne Erfolg. Wieder (am 14.) rastete das Yorksche Korps.

Hatte es im Anfange des Feldzuges scheinen können, als wenn die böhmische Armee recht eigentlich dazu ausersehen sei, die Initiative der großen und entscheidenden Bewegungen zu machen, so zeigte sich je länger je mehr, wie wenig sie solchen Erwartungen zu entsprechen vermochte. Wie nach der Niederlage vor Dresden Fürst Schwarzenberg den größeren Teil der schlesischen Armee an sich zu ziehen gewünscht hatte, so wurde jetzt, da man einen Abmarsch Napoleons auf Leipzig vermutete, von demselben, um auf Chemnitz offensiv vorgehen zu können, wieder gefordert, daß sich Blücher der großen Armee entweder über Pirna oder lieber auf dem ungefährlicheren Wege über Rumburg anschließen möge, Bennigsen könne bis Görlitz vordringend Schlesien decken. Doch überließ Kaiser Alexander es Blüchers Entscheidung, welchen von bei-

den Wegen er nehmen, oder ob er, wenn es ihm durchaus notwendig
scheine, überhaupt den Plan verwerfen wolle.

Zwei Tage später, am 13. September, lief ein zweites Schreiben des
Kaisers ein, das das erneute Vordringen Napoleons gegen Böhmen meldete: damit sei denn der Marsch der schlesischen Armee über Pirna unmöglich, sie müsse nun über Rumburg nach Leitmeritz eilen.

Die Antworten Blüchers sind bekannt: daß Bennigsen noch weit zurück war, gab guten Grund gegen den sofortigen Abmarsch. Außer den
offiziellen Briefen und den begleitenden Denkschriften an den Kaiser,
den König, sandte Blücher ein eigenhändiges Schreiben an Knesebeck
mit, das besser noch als jene die Sachlage beleuchtet. Es stammt ganz
von seiner Hand, auf einem Folioblatt, ganz oben in der Ecke beginnend:

> um des allgemeinen wohl und Besten, bewahren si mich
> vor einer vereinigung mit der großen armeh, waß soll eine
> solche ungeheure masse uf einen gleichsam ... (unleserli-
> ches Wort) terrain. hier will ich wirksahm sein und kann
> ich nützlich werden weiche ich von einen den Kronprinzen
> von Schweden mitgetheilten operations Plan ab, so kriegt
> er sicher, staht daß er nu mit starken Schritt vor werts
> geht, solte Napoleon nach Boehmen hineingehn wollen so
> muß man ihm in Boehmen vernichten, ich glaube aber daß
> er die Elbe verläst wenn man guht manouvirt.

Hernhuht den 13. Sept. 1813   Blücher.

Am Vormittag des 16. September standen beide Korps bei Bautzen,
Front gegen die Spree, York oberhalb der Stadt auf dem linken Flügel,
Langeron unterhalb; Sacken zwei Meilen vorwärts in der Richtung auf
Kamenz bei Kloster Mariastern.

In diesen Stellungen hatte die schlesische Armee mit Ausnahme von
Vorpostengefechten bis zum Auszug des Monats Ruhe. Das Blüchersche
Hauptquartier bereitete, während Napoleon seine Truppen bald da,
bald dort anrennend ermüdete, die entscheidende strategische Bewegung im tiefsten Geheimnis vor.

Neue größere Anstrengungen standen bevor. Es war notwendig, die
Truppen frische Kraft für dieselben gewinnen zu lassen. „... Der augen-
blickliche Stillstand in unsern Operationen", schreibt Müffling am 20.
September, „war durchaus nötig, wenn wir nicht in den kläglichsten
Zustand geraten sollten. Ein großer Schuhtransport hat uns endlich erreicht, und 4000 Paar Schuhe per Brigade sind ausgegeben worden. Man
sah schon Bataillone, in denen die Hälfte der Leute barfuß ging. Mit den
Lebensmitteln ist es bis jetzt noch gegangen; allein bald wird alles aufge-
zehrt sein, da die Unordnungen durch die Kosaken unbeschreiblich sind.
Nicht genug, daß sie überall verwüsten, was sie nicht selbst mitnehmen
können, so nehmen sie alle Pferde, alles Zugvieh weg, so daß keine
Transporte möglich sind. Durch die Beraubungen auf öffentlicher Landstraße, denen jeder ausgesetzt ist, der sich nicht wehrt, ist es so weit

gekommen, daß aus Schlesien keine Zufuhr mehr nachkommt. Deputierte mehrerer Städte, welche aus dem Innern von Schlesien kommen, um der Armee Geschenke an Lebensmitteln nachzubringen, verloren alles, es wurden ihnen die Stiefeln ausgezogen, und sie mußten barfuß nach Hause gehen. Die strengste Bestrafung der Marodeurs durch Erfüllung der kriegsrechtlichen Sprüche wäre das einzige Mittel, die Disziplin und unsre Subsistenz zu sichern. Allein dazu können sich unsre Herren Generale und vorzüglich der General v. Blücher nicht entschließen. Wenn wir eine Zeit lang stille liegen, so ist es möglich nach und nach durchzukommen und die Ordnung wieder herzustellen, allein keineswegs, wenn wir in Bewegung geblieben wären. Die Kosaken waren schon meist alle hinter der Armee. Mit ihnen zog ein Teil der Landwehr umher, und unsre besten Kavallerieregimenter hatten bereits eine Menge Marodeurs, welche plünderten und stahlen. Diese Unordnung hat mir viel Sorge gemacht und macht sie mir noch. Denn wenn wir uns 10 Meilen weit ohne Halt bewegen, so wird es wieder eben so arg sein, als es war."

Über die Landwehren ist schon früher gesprochen worden. Gegen Ende dieser Ruhetage standen vor ihnen wieder 8012 Mann in Reih und Glied, 2410 Mann lagen in den Lazaretten, 386 Mann waren gefallen, 528 Mann kommandiert, so daß von der ursprünglichen Stärke der Landwehr – 13 370 Mann – noch 2034 Mann übrig waren, über welche nicht Auskunft gegeben werden konnte, unter diesen natürlich die in Gefangenschaft Geratenen. Die 16 Schwadronen Landwehrkavallerie hatten im Anfang des Feldzuges 1867 Mann gezählt; es fehlten jetzt derer 353 Mann; wie viele von diesen tot, in Lazaretten oder gefangen waren, läßt sich nicht mehr ermitteln.

Mehr noch als die rasche und großartige Organisation der Massen als Landwehr verdient es Bewunderung, daß es nach so ungeheuren Anstrengungen und Entbehrungen nur weniger Tage bedurfte, um sie in fast völlig gleichem Verhältnis mit den Linientruppen unter den Waffen zu haben. Auch von den 16 741 Mann Linieninfanterie, mit denen man vor fünf Wochen ins Feld zog, waren nur noch 12 058 unter den Waffen. Es waren die Bataillone auf 600 Mann und tiefer gesunken; durch mehr als 3000 Mann Ersatz waren sie wenigstens auf dieser Höhe erhalten.

Die Stärke des Korps bei der Wiederaufnahme der Kampfhandlungen am 25. September war 20 588 Mann Infanterie und 4043 Mann Kavallerie.

Blücher hatte sich den wiederholten Aufforderungen, sich der großen böhmischen Armee anzuschließen, zu entziehen gewußt. „Man gibt uns zwar", schreibt Gneisenau am 15. September, „aus dem durch widersprechende Ratschläge zerrissenen Hauptquartier der großen Armee in Böhmen Aufgaben, welche zu lösen oder zu verwerfen man uns die Freiheit läßt. Wo wir nicht gehorcht haben, darüber hat man uns hinterher immer gelobt, weil wir durch unser Urteil und durch die Ereignisse immer gerechtfertigt waren. Man legt dort Wert auf unser Urteil."

Seit der Nachricht von der Schlacht bei Dennewitz war im Blücher-

schen Hauptquartier der Gedanke, mit der Nordarmee vereinigt über
die Elbe vorzugehen, ins Auge gefaßt worden. Die ungemein mangelhaf-
te Ausnutzung jenes großen Sieges – gleich dem von Groß-Beeren war er
ohne Mitwirkung des Kronprinzen, ja trotz seiner erkämpft worden –
steigerte das Mißtrauen gegen den Kronprinzen; wenigstens auf ein täti-
ges Eingreifen von seiner Seite, wenn es zur letzten Entscheidung gegen
Napoleon ging, glaubte man nicht rechnen zu können, so lange er auf
dem Kriegstheater der Nordarmee allein stand. Man war wohl der Ansicht, wenn man sich rechts wandte, ihn mit über die Elbe ziehen zu
müssen.

Freilich wurde man je länger je mehr zweifelhaft, ob der Kronprinz
überhaupt mit vorwärtsgehen, ob er nicht vielmehr versuchen werde,
einen Plan zu stören, der mehr, als er zu wünschen schien, die französische Macht gefährdete. Die Mitteilungen Tauentziens und Bülows ließen
keinen Zweifel über seine zweideutige Politik; beide waren es müde, sich,
wie es Bülow ausdrückt, „durch die Furchtsamkeit und egoistische Politik eines Fremdlings" gehemmt zu sehen. Für den äußersten Fall
wünschte Blücher – oder Gneisenau – die preußischen Truppen der
Nordarmee ohne weitere Rücksicht auf den Kronprinzen mit der schlesischen Armee zu vereinigen.

Die Monarchen erkannten wohl, daß die unabhängige Stellung Blüchers allein die großen Ergebnisse möglich gemacht habe, welche die
schlesische Armee vor den beiden größeren in Böhmen und in der Mark
auszeichneten. Sie gestatteten deshalb, daß statt Blücher die Armee des
General Bennigsen zur Verstärkung nach Böhmen vorgehe; sie billigten
den großen und kühnen Plan des Rechtsabmarsches und des Übergan-
ges über die Elbe. Nur die Absicht, dem Kronprinzen das ihm übertragene Kommando zu schmälern, verwarf der König.

Mit diesen Verhandlungen und mit den Vorbereitungen zum Übergang über die Elbe verfloß die zweite Hälfte des September. Auch die
böhmische Armee erwartete die Ankunft Bennigsens, um die große Offensive über das Erzgebirge zu ergreifen. Nur die Mitläufer der Verbündeten schwärmten immer kühner vom Erzgebirge aus und über die mitt-
lere Elbe in den Rücken der französischen Stellung und auf deren Ver-
bindungslinien; sie fingen von den für die napoleonische Armee bestimmten Transporten wahrscheinlich den größeren Teil auf, von nachkommenden Mannschaften nahmen sie 10 000 Mann in 14 Tagen gefangen; in den ersten Oktobertagen erreichten sie Kassel und sprengten die
dort stehenden Truppen.

In Dresden selbst begann es an Vorräten zu mangeln; sie mußten aus
den Magazinen von Torgau ergänzt werden. Aber seit der Dennewitzer
Schlacht war das rechte Elbufer bis über Torgau aufwärts in der Gewalt
der Verbündeten; jenen Transport zu decken, ward der König von Neapel (12. September) mit drei Korps nach Großenhain abgesandt. Gleichzeitig bereitete Napoleon eine dritte Offensivbewegung gegen die schlesische Armee vor. Er ließ bei Pirna eine Brücke schlagen, er sandte einen

Teil seiner Garden hinüber, er befahl Macdonald eine große Erkundung, welche am 15. September auf der ganzen Linie der Vorposten zu lebhaften Gefechten führte. Doch verschob Napoleon seinen Angriff mehrere Tage.

Gegen jene Stellung von Großenhain erschien ein Angriff um so angemessener, als Tauentzien nahe genug stand, um sich an demselben zu beteiligen: nur bat er, ihm zu dem Zweck einige Kavallerie zukommen zu lassen. Am 20. September war die Vorhut des Langeronschen und Yorkschen Korps auf der großen Bautzner Straße über Bischofswerda hinaus bis Groß-Hartha, drei Meilen von Pirna und von Dresden, vorgedrungen, und hatte nach lebhaftem Gefecht ihre Vorposten bei dem Dorfe aufgestellt. Tauentzien war nach einem glänzenden Reitergefecht seiner Vorhut bei Mühlberg bis Elsterwerda, 3 Meilen von Großenhain, vorgerückt. Jetzt (am 22.) sollte Sacken von Kamenz her aufbrechen, Jürgaß mit zwölf Schwadronen zu Tauentzien stoßen, am 24. jener Angriff erfolgen, unterstützt durch eine Scheinattacke der beiden Vorhuten auf der großen Dresdner Straße. Zugleich wurde diesen befohlen, den Feind durch nächtliche Überfälle vorher möglichst zu ermüden.

York ritt am 22. früh mit Schack zu den Vorposten hinaus. Bischofswerda lag vollkommen in Trümmern. Von einer Höhe jenseits der Stadt sah man die Stellung des Feindes bei Groß-Hartha und am Kappelberg; die beiderseitigen Vorposten standen sich nahe gegenüber. Die Anordnungen zu den nächtlichen Angriffen wurden festgestellt. York wies namentlich auf den Wald zur Rechten hin, der dem Feinde sehr günstig sei, um auf Bischofswerda vorzudringen.

Gegen Mittag war der Feind auf dem Kapellenberge in lebhafter Bewegung. Um 2 Uhr rückten einige Eskadrons aus Hartha vor, drängten, von lebhaftem Feuer aus schwerem Geschütz unterstützt, die preußischen Vorposten zurück; dann sah man mehrere Feuersignale aufsteigen und gleich darauf aus verdeckter Stellung nordwärts vom Kapellenberg Abteilungen vorrücken; alles ging mit solcher Lebhaftigkeit vor sich, und das en avant! ward so kräftig gerufen, daß man sofort auf die Anwesenheit Napoleons schloß. Mit großer Behutsamkeit wich man langsam auf Bischofswerda zurück. Das heftige Nachdrängen hielt eine Weile das Feuer der verdeckt aufgestellten Batterie Borowsky auf, der Feind suchte sie durch den Wald rechts zu überholen; sie war in nicht geringer Gefahr, wenn nicht die Strehlener Landwehr, deren Tirailleurs schon aus ihrer Waldecke gedrängt waren, den hervorbrechenden Feind mit voller Salve empfangen, dann mit einem Bajonettangriff in den Wald zurückgejagt hätte. Fechtend und mit größter Ruhe gingen Zug um Zug die Truppen der Vorhut durch Bischofswerda und zur Seite der Stadt zurück, zuletzt gedeckt durch die westpreußischen Grenadiere, die endlich nach einem hitzigen Straßengefecht von ihrer Artillerie aufgenommen wurden. Mit einem Verlust von etwa 250 Mann hatte man die große Übermacht des Feindes doch stundenlang hingehalten.

War man auf Seiten der Verbündeten mit Angriffsplänen beschäftigt gewesen, so hatte Napoleon recht eigentlich diese beschleunigt. Gleichzeitig ward berichtet, daß sich die bei Großenhain gesammelte Truppenmacht südwärts gezogen habe. Man durfte, zumal da Napoleon anwesend war, eine Fortsetzung der Offensive vermuten. Am wenigsten jetzt hatte man sich auf hartnäckige Gefechte einzulassen. Noch abends am 22. wurden entsprechende Anweisungen an die Vorposten und an Tauentzien gegeben, die Großenhainer Expedition natürlich aufgegeben.

Der Vormittag des 23. verlief ruhig. Doch wurden die Brigaden bei Bautzen auf ihre Alarmplätze bestellt. Die Vorposten standen am Saum des Waldes, aus dem ¼ Meile von Bischofswerda die große Bautzener Straße heraustritt, rückwärts staffelartig durch den Wald hin die übrigen Abteilungen. Um 11 Uhr sah man den Feind in drei Wellen durch und neben Bischofswerda vorgehen. Wieder langsam vor dem heftig drängenden Feind weichend, kam man über Roth-Nauslitz bis auf die Höhen von Klein-Praga, wo Langerons Vorhut zum Aufnehmen bereit stand.

So war der dritte Stoß, den Napoleon gegen die schlesische Armee zu führen versuchte, völlig mißlungen. Bei Löwenberg am 22. August, bei der Landskrone am 5. September, und nun bei Bischofswerda am 23. September war man ihm, mit jedem Male behender, ausgewichen. Wie auch diese Strategie des Blücherschen Hauptquartiers im Tagtäglichen sich darstellen mochte, in dem Gesamtergebnis rechtfertigte sie sich. Eben jetzt war sie daran, ihren Meisterzug zu tun. Es galt die Elbe zu überschreiten.

Es ist nicht hier der Ort, die Bedeutung dieses Rechtsabmarsches und seine Wirkung zu erörtern. Aber man würde irren, wenn man in denselben nur die richtige strategische Berechnung hervorheben wollte. Das Größere war der Entschluß, die beiden stärkeren Armeen vorwärtsstürmend mit sich zu reißen und zum letzten entscheidenden Schlage zu vereinen – war die Zuversicht, alle die schleichenden Bedenklichkeiten und Schwächlichkeiten, die auflösenden Eifersüchteleien und Selbstsüchteleien, deren die Natur dieses Bündnisses nur zu reichliche Keime trug, in nichts zerfallen zu sehen, sobald das Wahre und Rechte einfach und energisch vor sie hinträte. Wie gewandt Fürst Schwarzenberg die Honneurs des großen Kriegsbündnisses zu machen, der Kronprinz seine Schlauheiten in soldatische Offenheit zu bergen verstand, der rechte Zorn dieses Krieges erfüllte doch nur das Blüchersche Hauptquartier.

In diesem Geiste hat der an sich einfache Plan durch einen Rechtsabmarsch sich vor die Nordarmee zu schieben und voran über die Elbe zu gehen, seine Energie und seine entscheidende Bedeutung. Die Vorgänge der letzten Tage waren in vorzüglichem Maße geeignet, seine Ausführung dem Blick des Feindes zu verbergen. Am Abend des 25. September wurden die Dispositionen zum Rechtsabmarsch mit der Andeutung der weiteren Absicht den Korpsbefehlshabern mitgeteilt.

Der Plan war so völlig geheim gehalten worden, daß er jetzt auf das

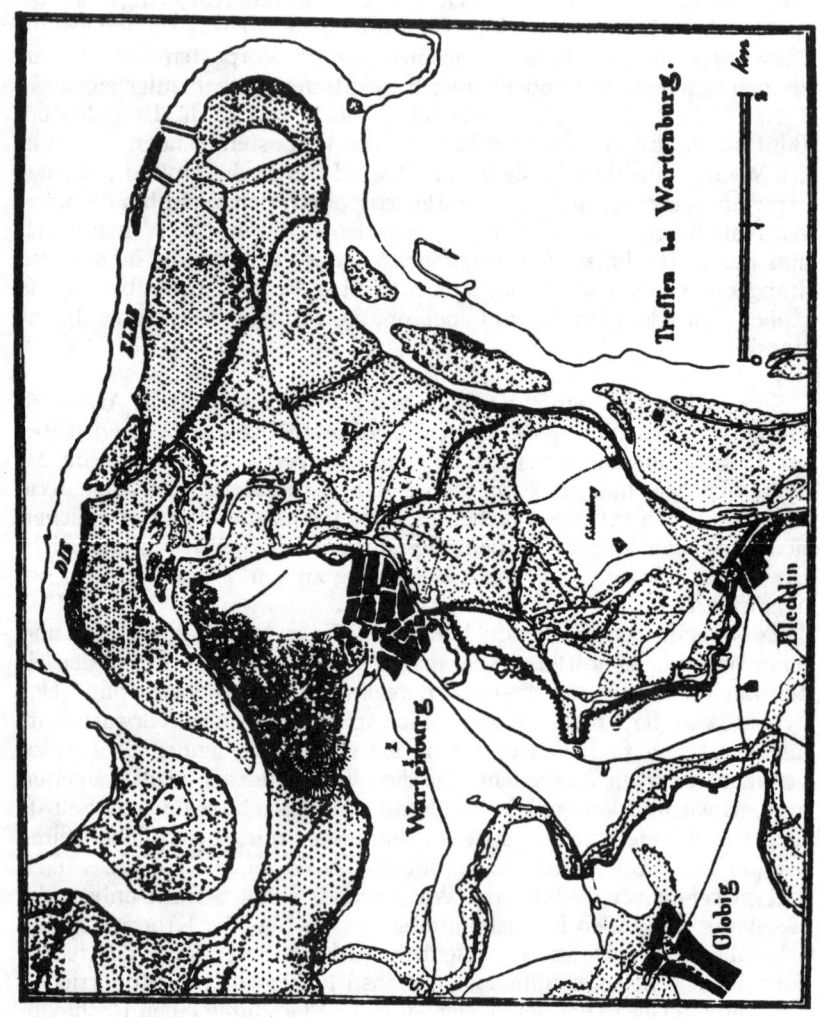

äußerste überraschte. Der von seiten des russischen Kaisers zu Blüchers Hauptquartier kommandierte General Graf Thuyl legte förmlich und feierlich Protest gegen die beabsichtigte Operation ein. General Rauch übergab zur Unterstützung seiner Einrede eine Denkschrift, in der er aus dem schlechten Zustande der schlesischen Festungen die Notwendigkeit erwies, eine Bewegung zu unterlassen, welche sie den Angriffen des Feindes bloßlege. Anderen erschien es höchst bedenklich, die Verbindung mit den Vorräten und dem Kriegsmaterial Schlesiens aufzugeben. Ich finde nicht angegeben, wie York urteilte, und ob er seiner Mißbilligung – wie hätte sie fehlen sollen! – einen bestimmten Ausdruck gegeben. Es ist bekannt, mit welcher Energie Blücher alle jene Einreden von der Hand wies.

Am 26. September, Yorks Geburtstag, brachen die drei Korps in der Richtung von Kamenz nach Elsterwerda auf, während Major Rühle mit Hauptmann v. Lollhöfel bis Wittenberg vorausritt, um einen Punkt zum Übergang über die Elbe, einen zweiten zur Anlage eines verschanzten Lagers unmittelbar an der Elbe ausfindig zu machen. Für den ersten Zweck machte Gneisenau auf den vorspringenden Winkel der Elbe bei der Elstermündung aufmerksam, wo seitens der Nordarmee bereits wie bei Roßlau und Aken eine Schiffbrücke geschlagen war: „... während wir das verschanzte Lager anlegen lassen", schreibt er am 26. September, „bewegen wir uns nach der Elbe weiter oberhalb und suchen bei Mühlberg oder sonst schnell hinüberzukommen."

York erreichte am 28. September Elsterwerda, Langeron folgte.

Aber jene Überbrückungen hatten die Aufmerksamkeit des Feindes erregt; als Marschall Ney sich auf Wittenberg zurückzog, und das Bertrandsche Korps auf Wartenburg der Elstermündung gegenüber vorschickt hatte, war sofort vom Kronprinzen von Schweden Befehl gekommen, die dort geschlagene Schiffbrücke abzubrechen. „Nun ist der Feind", schreibt Gneisenau am 29. September, „auf diesen Punkt aufmerksam und ein Übergang kann nur durch gewaltsame Hand ausgeführt werden."

Da am 29. bereits Sackens Vortruppen bei Meißen angelangt waren und die dortige Brücke zu zerstören begonnen hatten, da gleichzeitig Tauentzien von dem Kronprinzen Befehl erhielt, in Eilmärschen von Mühlberg zurückzukommen, „weil die weiteren großen Operationen (der Nordarmee) davon abhängen", so schien der Augenblick gekommen, in der linken Flanke durch Sacken gedeckt, gleichzeitig mit der bei Roßlau sich konzentrierenden Nordarmee die Elbe, und zwar bei Mühlberg, zu überschreiten. Die abziehenden Tauentzienschen Truppen zu ersetzen, wurde Major Pentzig mit den ostpreußischen Füsilieren nach Mühlberg gesandt mit dem Auftrag, sich dort möglichst verdeckt aufzustellen. Graf Brandenburg ging mit, um die Gelegenheiten zu einem Flußübergang und die Stellung des Feindes möglichst genau zu erkennen.

Die weiteren Verhandlungen mit dem Kronprinzen bestimmten Blücher, nicht Mühlberg, sondern jenen vorspringenden Winkel der Elbe, Wartenburg gegenüber, zum Übergang zu wählen. Der Kronprinz und Sacken hatten sich erboten, durch Demonstrationen an anderen Elbbrücken die Aufmerksamkeit des Feindes auf sich zu ziehen.

An der Spitze des vorspringenden Winkels, den die Elbe bildet, dem Dorfe Elster gegenüber, war noch der Brückenkopf, der zum Schutz der früheren Schiffbrücke angelegt war, erhalten und von Tauentzien durch pommersche Grenadiere besetzt worden. Sie waren in der Nacht zum 1. Oktober angegriffen und mußten auf den bereitliegenden Fahrzeugen zurückgenommen werden; Kartätschenfeuer von Elster her vertrieb den Feind bald aus dem Werk und dessen Nähe; es wurden drei Kompanien hinübergesetzt, die sofort die Büsche vor dem Brückenkopf beseitigten und einige Viehställe in der Nähe, die dem Feind als Deckung hätten dienen können, niederbrannten. Indessen wurde unter Hauptmann Lollhöfels Leitung eifrig an der Brücke gearbeitet. Am 2. Oktober konnte er melden, er würde an demselben Tage fertig werden, wenn es nicht an Bohlen zum Belegen der Brücke und an dem nötigen Fuhrwerk, sie heranzufahren, fehlte.

York befahl, alle verfügbaren Wagen des Korps abladen zu lassen und nach Elster zu schicken. Wenigstens während der Nacht konnte die Brücke fertig werden.

Der Feind störte den Tag über die Arbeit nicht. Aber gegen Sonnenuntergang drang er mit Tirailleurs vorauf gegen den Brückenkopf vor. Da er nichts als die kleine Besatzung und die Geschütze bei dem jenseitigen Dorfe, die ihm schon bekannt waren, erblickte, ging er bald zurück.

Sowie es völlig dunkel war, kamen die russischen Pontons an der Elbe an; mit ihnen wurde eine zweite Brücke oberhalb der andern gebaut, um am andern Morgen zur größeren Überraschung des Feindes in zwei Abteilungen zugleich übergehen zu können. Zwei Batterien des Bülowschen Korps – es stand 2 Meilen entfernt vor Wittenberg – wurden so aufgefahren, daß sie beide Brücken und das freie Land davor bestrichen.

Das Yorksche Korps war ausersehen, wie Blüchers Bericht sagt, „den Angriff zu machen, damit der Feind, gewohnt an diesem Punkt der Elbe mit preußischen Truppen zu fechten, nicht bemerke, daß er es mit der schlesischen Armee zu tun habe."

York erhielt die Weisung, mit seinem Armeekorps am andern Morgen um 5 Uhr nach Elster zu marschieren, jedoch die nächststehenden 3 Bataillone noch diesen Abend nach Elster vorrücken zu lassen.

Von der Stärke und Stellung des Feindes bei Wartenburg wußte man sehr wenig. Nur meldete Bülow, daß er um Mittag wieder eine Abteilung, die er auf 6000 Mann schätze, aus der Festung der Elbe aufwärts habe ziehen sehen. Das ganze Gelände in jenem vorspringenden Winkel war so mit Bäumen und Buschwerk bedeckt, daß man durchaus keine Übersicht gewinnen konnte. Auch aus den Aussagen dortiger Bauern war kein deutliches Bild zu gewinnen. Doch gaben sie an, daß bei dem Dorfe Bleddin ein toter Elbarm anfange und sich nach Wartenburg hinabziehe, daß ein Damm ihn auf der Binnenseite begleite, der sich an Wartenburg vorüber wieder bis an die Elbe ziehe; daß von dem Brükkenkopf ein Weg nach Wartenburg durch den „hohen Wald" und die „Bruchwiese" führe, etwa ½ Meile lang, also ein äußerst schwieriges Gelände.

Am 3. Oktober – es war ein Sonntag – mit Tagesanbruch war Prinz Karl von Mecklenburg, seiner und Steinmetz' Brigade voraus, bei Elster. Er fand Gneisenau bereits dort und erhielt von ihm die mündliche Weisung: „Sowohl die Pontonbrücke wie die Bockbrücke würden in ganz kurzer Zeit fertig sein; auf der zuerst passierbaren solle der Prinz mit allen vorhandenen Truppen des ersten Armeekorps übergehen und Wartenburg nehmen, das, wie er glaube, nicht stark besetzt sei; sobald das Dorf in seinen Händen sei, solle er berichten; dann erst würde die übrige Armee folgen."

Gegen 7 Uhr ging Prinz Karl mit jenen drei Bataillonen und der halben Batterie Huet über die Pontonbrücke. Ein Morgennebel verdeckte seinen Aufmarsch. Auf dem Wege nach Wartenburg vorrückend, stießen seine Vorposten bald auf feindliche Posten, die Feuer gaben und in den „hohen Wald" zurückwichen. Gleich darauf hörte man „ein großes anhaltendes Geschrei" von Wartenburg her, dessen Stärke auf eine bedeutende Besatzung schließen ließ. Das Dorf selbst konnte man vor den Bäumen des „hohen Waldes" nicht sehen, der links und rechts vom Wege bis an den Fluß reichte.

Es war klar, daß in diesem bewachsenen, von Wasserlachen durchschnittenen, zum Teil morastigen Terrain mit drei Bataillonen nicht viel zu machen sei. Der Prinz bat um mehr Truppen. York, der um 7 Uhr in Elster angekommen war, sandte die schlesischen und ostpreußischen Grenadiere, die Schweidnitzer Landwehr, etwas später die Breslauer Landwehr und die ostpreußischen Füsiliere unter Major Pentzig.

Wieder vorgehend warf man die feindlichen Posten, nahm etliche gefangen, folgte durch den „hohen Wald" auf die mit Gräben und Büschen durchzogene Wiese, die sich, rechts von Wasser und Wald begrenzt, links bis zur Elbe hinaufzog. Hier ward man von einem mörderischen Kreuzfeuer völlig verdeckt stehender Geschütze bei Wartenburg und dem Walde rechts empfangen. Auf diesem Wege in Wartenburg einzudringen – man sah es etwa 1200 Meter weit vor sich – erklärten die mitgenommenen Bauern für untunlich: es führe nur ein niedriger und nasser Dammweg dahin, der leicht ungangbar gemacht werden könne; weiter links könne man das Dorf umgehen.

Der Prinz ließ demnach Sjöholm mit vier Bataillonen zurück mit der Weisung, den Feind in der Front zu beschäftigen, und wandte sich mit den übrigen Truppen und den Geschützen links, jene Umgehung zu versuchen. Da aber war das Gelände so schwierig und so bewachsen, daß der Prinz nach langem Her- und Hinziehen erst die Kanonen zurücksandte, dann, als er den Weg von der kleinen Streng, einem morastigen Wasser, das von Wartenburg südöstlich sich bis an den Elbdamm hinaufzieht, gesperrt sah, ganz aufgab, hier durchzudringen. Sicher, meinten die Führer, komme man nur über Bleddin nach Wartenburg. So zog man möglichst im Schutz der Eichen (auf der Nordseite der kleinen Streng), dem Elbdamm zu, dann zwischen der Spitze dieses Wasser und der Elbe durch weiteres Eichengehölz. Feindliche Vorposten – Württemberger – die hier den Weg sperrten, wurden geworfen. Ihnen folgend, kam man auf eine Wiese von 800 Meter Breite, rechts von Obstpflanzungen und Eichen, links von dem Elbdamm begrenzt; gerade südwärts ¼ Meile entfernt sah man die Turmspitze von Bleddin über Bäumen hervorragen. Hier kam der Vormarsch des Prinzen zum Stehen.

Auch Sjöholm hatte indes mit seinen vier Bataillonen einen schweren Stand gehabt. Wohl war er mit seinen Vorposten bis nahe vor Wartenburg vorgedrungen; aber ein mörderisches Feuer, das die buschige Wiese, auf der man vorgehen mußte, in der Front und von der rechten Seite her bestrich, machte es unmöglich, hier irgend dauernden Vorteil zu gewinnen; es kostete das Festhalten dieser Stellung ungemein viele Opfer.

Wenigstens die Meinung Gneisenaus, daß der Feind in Wartenburg nicht stark sei, war zur Genüge widerlegt; die ernsten Bedenken, die York ihm beim ersten Vorgehen entgegengestellt, drohten sich auf sehr empfindliche Weise zu bestätigen. Aber jetzt m u ß t e man durch.

Die Infanterie der Brigade Steinmetz stand bereits aufmarschiert, bis auf die vier Bataillone, die sie schon im Gefecht hatte. York ließ sofort die Brigade angreifen, um das Gefecht in der Front von Wartenburg zu unterstützen.

Bald folgte York selbst mit seinem Stabe. Er ritt über den „hohen Wald" hinaus, um die Lage des Gefechtes und das Terrain zu übersehen. Wohl waren die Vorposten bis an den toten Elbarm vor Wartenburg vorgedrungen; aber sie litten furchtbar unter dem verdeckten Kartätschen- und Gewehrfeuer des Feindes. Steinmetz hatte sie etwas zurückgezogen. York ritt bis in ihre Linie vor: eine Kartätschkugel traf seinen Adjutanten Delius in den Mund; dem Oberstleutnant Schmidt ward das Pferd erschossen, ein paar Leute von der Stabswache verwundet.

Noch einmal ließ York die Vorpostenlinie verstärkt bis an den toten Arm vor Wartenburg vorgehen; nachdem auch dieser Versuch mißlungen war, befahl er, sie ein wenig zurückzunehmen und sich auf die Verteidigung zu beschränken.

Es war klar, daß man mit einem Frontangriff auf Wartenburg nicht zum Ziele kommen konnte, daß man die festungartige Stellung des Feindes umgehen müsse. „Mit seinem feinen Sinn für das Terrain fand sich York zurecht. Ein toter Flußarm, wußte er, ist am Eingang seicht, am Ausgang tief; bei Bleddin wird demnach am ersten durchzukommen sein; der Elbdamm ist die natürliche Straße zum Vorrücken, freilich unter dem Feuer der feindlichen Batterien. Es galt den Feind in Wartenburg festzuhalten und zugleich sein Feuer möglichst zum Schweigen zu bringen."

In diesem Sinne ordnete York das bisher verworrene Gefecht. Steinmetz sollte seine Stellung behaupten, zugleich seine Brigadebatterie und die vier vom Prinzen Karl zurückgesandten Geschütze so aufstellen, daß sie namentlich die Batterie rechts zum Schweigen brächten. Die Südbiegung, welche die Elbe jenseits Wartenburg und hinter jenem mit Artillerie gespickten Weinberg macht, ließ vermuten, daß man dort im Rücken des Feindes Geschütz mit Nutzen verwenden könne. Oberstleutnant Schmidt erhielt den Auftrag; den Zwölfpfündern dort eine Stellung anzuweisen. „Der linke Flügel unter dem Prinzen Karl von Mecklenburg." so sagt der Befehl weiter, „dringt rasch auf das Dorf Bleddin vor, vertreibt den Feind daraus und sucht mittels einer Rechtsschwenkung den Feind in seiner rechten Flanke zu umgehen. Die siebte Brigade (Horn) bleibt verdeckt zur Unterstützung des Prinzen Karl von Mecklenburg stehen. Die achte Brigade bildet die Reserve und bleibt an dem Wege stehen, welcher nach den beiden Schiffbrücken führt. Sobald der Prinz von Mecklenburg Bleddin genommen und des Feindes rechten Flügel umgangen hat, greifen die Brigaden Steinmetz und Horn die feindliche Stellung in der Front an, lassen das Dorf Wartenburg durch einige Bataillone stürmen und umgehen dasselbe mit dem übrigen Teile ihrer Truppen an beiden Seiten."

Dieser Befehl war etwa um 9 Uhr gegeben. Indes war das übrige Fußvolk des Korps über den Fluß gegangen, „in fröhlichster Stimmung, den Prinzen Eugenius singend"; von der Kavallerie nur die mecklenburgischen und die schwarzen Husaren, ihre Pferde am Zügel über die losen Bretter führend. Der alte Blücher, der da hielt, rief ihnen zu: „Husaren! wer nicht siegt, muß in der Elbe ersaufen; die Brücke lasse ich hinter uns abbrennen."

Jetzt kamen Yorks Befehle. Er selbst ritt mit Lobenthal, der des Prinzen Brigade führte, die acht Schwadronen Husaren folgten ihr. Schon im „hohen Walde" schlugen einzelne Kugeln in die Kolonne. Als man über den Wald hinaus am Rand der Wiese zum Paß der kleinen Strenge zog, wirkte das Feuer jener Batterien, welche die Wiese bestrichen, heftiger. Horns Brigade folgte.

Es währte geraume Zeit, bis dieser Aufmarsch der zweiten und siebten Brigade zustande gebracht war. Inzwischen hatte Steinmetz einen überaus schweren Stand. Vergeblich suchten seine Geschütze eine Stellung, von wo aus jene Batterie, die ihm besondere Schwierigkeiten bereitete, mit Wirkung beschossen werden konnte. Es war offensichtlich, daß hier der Feind unter allen Umständen durchbrechen wollte, nur die äußerste Hartnäckigkeit des Widerstandes konnte die links vorgeschobenen Brigaden vor einem großen Unglück schützen. Aber dies mörderische Gefecht schmolz Bataillon auf Bataillon zu Schlacken – und noch immer war nichts von dem Erfolg der Umgehung, von dem Feuer der Zwölfpfünder im Rücken des Feindes zu spüren.

Prinz Karl war, sobald die Geschütze und die Husaren über die schnell zugerichteten Wege den Paß hinter sich hatten, zum Angriff vorgegangen, voran auf dem Elbdamm Lobenthal mit seinen beiden

Musketierbataillonen; staffelartig hinter ihm zwei weitere Bataillone, die schon den ganzen Morgen im Gefecht gewesen waren. Dem Vordringen Lobenthals warf sich der Feind äußerst hartnäckig entgegen, dreimal zog er Verstärkung vor; aber als er die Geschütze aus dem Walde auffahren, als er auch Kavallerie in die freie Wiesenstelle vorbrechen sah – denn der Weg hierher hatte für Pferde und Kanonen völlig unpassierbar geschienen – da begannen die Württemberger langsam und in bester Ordnung zu weichen. Mit erneutem Eifer drangen die Preußen nach, endlich um 2 Uhr hatten sie, nach einem mörderischen Gefecht im Dorf, Bleddin.

Die ausgeschwärmten Vorposten folgten den Württembergern, die sich, da der Weg nach Wartenburg mit dem Rückzug aus Bleddin verloren war, 600 Meter südwärts erneut aufgestellt hatten. Bald mußten sie auch da weichen; weiter zu verfolgen rückten die Bataillone über Bleddin südwärts nach.

In derselben Zeit hatte Lobenthal von Bleddin aus südwärts auf den Elbdamm Patrouillen vorgeschickt; es schien eine feindliche Abteilung von Torgau her in Anmarsch zu sein. Gleichzeitig kam Befehl vom General Blücher an den Prinzen, um jeden Preis vorzudringen und Wartenburg im Rücken zu nehmen, da alle Versuche in der Front scheiterten. Da die Husaren bei Globig vollauf zu schaffen hatten, da die von Torgau drohende Gefahr doppelte Sicherung für Bleddin forderte, konnte der Prinz nur zwei Bataillone und vier Geschütze „auf gut Glück" rechtsschwenken und vorrücken lassen.

Ohne irgend etwas vom Feind zu bemerken, gelangten sie zu den Windmühlen, die einige 600 Meter westlich von Wartenburg standen; auch hier sah man keine Reserven, keine Posten; offenbar hielt der Feind seinen Rücken völlig sicher, wußte nichts von dem Rückzug aus Bleddin; anscheinend war er mit seiner ganzen Macht im Gefecht. Bald zeigte sich die Entscheidung.

Horn nämlich war, nach der Verabredung mit dem Prinzen, gleichzeitig mit dessen Angriff auf Bleddin mit zwei Bataillonen vorgegangen; unter dem heftigsten Kreuzfeuer waren die Bataillone fast vollständig aufgelöst. Horn brauchte Unterstützung; da bereits die Spitzen des Langeronschen Korps vorrückten und die Verbindung sicherten, nahm er den Rest seiner Brigade, die hinter der kleinen Strenge hielt, vor. Auch das half nichts.

Auch das Blüchersche Hauptquartier begann unruhig zu werden; noch war von der Umgehung in Bleddin kein Erfolg zu merken; man hatte über die Stärke des Feindes keine Kunde; durch einen Spion des General St. Priest ward gemeldet, daß Napoleon mit 20 000 Mann von Torgau her in Anmarsch sei. Es schien dringend notwendig, mit allen Mitteln die Entscheidung zu erzwingen. Das Korps Langerons war bereits über die Brücken gekommen. Nach einer derben Anrede hieß Blücher sie vorgehen.

Indes hatte York bei der Hornschen Brigade den entscheidenden Angriff befohlen. Ihr gegenüber bildete der Damm an dem toten Elbarm einen vorspringenden Winkel, hinter dessen rechtem Schenkel Wartenburg lag; vor dem linken Schenkel kein breites Wasser wie vor jenem, sondern ein freilich morastiger Verbindungsgraben. Hier mußte durchgebrochen werden. Oberst Welzien sollte mit seinen zwei Landwehrbataillonen die Spitze des Winkels erstürmen, Wartenburg in der rechten Flanke angreifen, Horn weiter hinauf den Damm erstürmen und Wartenburg rechts umgehen, sobald die Brigade Hünerbein zur Unterstützung heran wäre.

Die Landwehrbataillone drangen vor; der Feind hinter dem Damm empfing sie mit lebhaftem Feuer, Kartätschenfeuer von dem Wall rechts bestrich den Raum vor dem Graben wie ein Glacis. Die braven Landwehrmänner wichen nicht, feuerten mit der größten Hartnäckigkeit. Als Horn dies heftige Feuern zu seiner Rechten hörte, meinte er, die Hünerbeinsche Brigade nicht erst abwarten zu dürfen; York stimmte zu: „Ja Horn, jetzt ist es Zeit." Trotz heftigster Gegenwehr des Feindes ging es voran. Da traf eine Kugel Horns Pferd; es stürzte tot nieder. Dem Jammerruf: der General sei tot, antwortete er mit einem gesunden Fluch; die Nächsten halfen ihm unter dem Pferde hervor; er ergriff das Gewehr eines erschossenen Musketiers: „Ein Hundsfott, wer noch schießt! Zur Attacke Gewehr rechts!" Er voran, durchwatete das Bataillon den vorliegenden Morast, erstieg den Wall. Die feindlichen Vorposten eilten von dannen, die hinter ihnen stehenden fünf Bataillone, Italiener, die auf nichts weniger gefaßt sind, machten kehrt. Ein zweiter buschiger Wall 400 Meter weiter konnte ihnen Schutz gewähren, aber die Tirailleurs unter Hauptmann Holleben ließen ihnen keine Zeit, sich zu ermannen; man sah einen General sich vergeblich bemühen, die Leute zu halten; nicht einmal die Kanone, die bei ihnen gestanden, retteten sie. Schon hatte auch Oberst Welzien mit seinen beiden Landwehrbataillonen den Graben „bis an den Gürtel im Wasser" durchwatend den Damm erstiegen.

Steinmetz hatte die Wendung des Gefechts rasch benutzt. Die Breslauer Landwehr ging zum Sturm vor; so schnell als möglich räumte man den Vorhau vor dem schmalen überschwemmten Dammweg auf, drang über den Wall in das Dorf ein, das der Feind eben räumte; die andern Bataillone folgten, der Feind versuchte, sich auf dem Weinberg hinter Wartenburg zu setzen. Da plötzlich öffneten sich die der Höhe zugewandten Tore der Scheunen, in denen Steinmetz seine Truppen geordnet hatte, geschlossen rückten sie nun vor. Zugleich drangen ebenso geschlossene Bataillone auf der anderen Seite des Dorfes vor. Der Feind erwartete den Angriff nicht, er eilte, in zwei Kolonnen über die Wiese, die sich längs der Flußbiegung hinter dem Weinberg hinzieht, abzuziehen.

Das war der Tag von Wartenburg. „Dieses Gefecht", heißt es in einem Tagebuch aus Yorks Umgebung, „ist die schönste Kriegstat des Yorkschen Korps in dieser Kampagne, und nur das Gefecht von Weißig kann ihm zur Seite gestellt werden." Gleich diesem trägt es jenes eigentümliche Yorksche Gepräge der Ausdauer und bohrenden Zähigkeit; es ist nicht irgendein Handstreich, eine geistreiche Wendung, ein keck gewagter Versuch auf den niedrig geschätzten Mut oder Verstand des Gegners, womit man zum Ziele gelangt; es gilt möglichst sicher zu gehen, und wenn auch mit mehr Mühe und größerem Opfer des Erfolges gewiß zu sein. Man geht behutsam tastend vor, dann faßt man an, beißt sich in den Feind ein, hält ihn zäh fest, drückt und zerrt und schüttelt ihn da und dort und überall, bis er mürbe ist, dann gibt man ihm den sicheren letzten Stoß. Zu dieser Art des Kampfes muß der Führer völlig kalten Blutes, eisernen Willens, zähester Spannkraft sein, muß er sich auf seine Truppen völlig verlassen können, sie müssen ganz in seiner Hand sein. Und die Truppen wissen, daß, wo der „alte Isegrimm" sich einmal eingelassen hat, der Ausgang, es mag biegen oder brechen, gewiß ist.

Die Trophäen des Tages waren 11 Geschütze, 70 Munitions- und andere Wagen, gegen 1000 Gefangene. Unendlich mehr war es, daß das preußische Korps allein immerhin mit einem Verlust von fast 2000 Toten und Verwundeten einen ihm an Zahl überlegenen Feind – denn gefangene Stabsoffiziere gaben das Bertrandsche Korps auf 23, ja 26 000 Mann an – aus solcher Stellung geworfen hatte, ohne alle russische Mitwirkung. Nun mußte doch endlich einmal das Blüchersche Hauptquartier in dem Armeebericht der Wahrheit die Ehre geben, und nicht wie bisher immer den Russen zum Ruhm anrechnen, was die Preußen geleistet hatten; nun mußte doch endlich „Herr von Müffling", der die Berichte schrieb, erzählen, was preußische Truppen leisteten.

York selbst zeichnete vor allen das zweite Bataillon des Leibregiments aus, das zuerst den Wall erstiegen. Als das Gefecht siegreich beendet war, zogen die Truppen an York vorüber; jeder Kommandeur wurde begrüßt; als aber jenes Bataillon kam, fragte York, ob dies das zweite Bataillon vom Leibregiment sei? „Ja!" ward geantwortet; da nahm York die Mütze ab, und das ganze Gefolge folgte dem Beispiel, entblößten Hauptes standen sie, bis das Bataillon vorüber war. Aber jedes Bataillon hatte im vollsten Maße seine Schuldigkeit getan. Die Landwehr verdiente und erhielt das Lob, „wie alte Grenadierbataillone sich geschlagen zu haben". York, der nicht eben leicht befriedigt war, sagte: „Nun hat die schlesische Landwehr auch mit allen Ehren das große Examen bestanden."

Das Gefecht hatte um 3 Uhr ein Ende. Das Yorksche Korps lagerte an der Straße von Bleddin nach Wartenburg. „Die Truppen wurden angewiesen zu kochen und ihre Toten zu begraben." Noch in der Abenddämmerung war York auf der blutgetränkten Bruchwiese, wo Steinmetz gekämpft. „Traurige Szenen mit den Verwundeten", sagt Schacks Tagebuch. „Dreihundert Leichen hatte man einzuscharren; am späten Abend, so erzählt mir ein Veteran, habe er den schauerlichen Klang gedämpfter Trommeln gehört."

III

MÖCKERN

Mit dem Übergang der schlesischen Armee über die Elbe war der Krieg in das entscheidende Stadium eingetreten.

Der Kronprinz mußte jetzt mit der Nordarmee über die Elbe folgen; am 4. und 5. Oktober ging er über seine Brücke bei Roßlau und Aken, völlig ungehindert. Und die große böhmische Armee bewegte sich links hin, um aus den Pässen des Erzgebirges in die sächsische Ebene hinabzusteigen. Man nahte sich dem Augenblick, wo nach den Trachenberger Verabredungen die drei Armeen vereint den entscheidenden Schlag führen mußten.

Zwischen ihnen stand Napoleon; in dem Maße, als sich die Kreise um ihn her enger zogen, hatte er seine Streitkräfte dichter beieinander; man lief Gefahr, vor der vollbrachten Vereinigung einzeln von ihm mit Übermacht angegriffen und bewältigt zu werden.

Blüchers nächste Sorge war, sich für solchen Fall eine feste Stellung an der Elbe zu sichern, in die er sich zurückziehen könne. Oberst Rauch erhielt den Auftrag, Wartenburg in kürzester Frist zu verschanzen und mit großen Batterien zu bestücken

Dann folgte die Vereinigung der schlesischen und Nordarmee, indem von dieser 40 000 Mann an dem linken Muldeufer vorrückten, jene, 60 000 Mann stark, sich an das rechte Ufer zog. Am 7. Oktober war diese Vereinigung durchgeführt.

An demselben Tage hatten Blücher und der Kronprinz von Schweden eine Zusammenkunft in Mühlbeck an der Mulde, um die weiteren Bewegungen zu verabreden. Nach allen Nachrichten war Napoleon mit seiner Hauptmacht noch in der Nähe von Dresden; von der böhmischen Armee wußte man, daß sie zum größeren Teil bis Chemnitz und Altenburg vorgegangen sei, also schon näher an Leipzig sei als Napoleon. Der Zeitpunkt schien gekommen, sich dort mit ihr zu vereinigen. So wurde verabredet, am folgenden Tage (8. Oktober) beide Armeen, die schlesische und die des Kronprinzen, in sich zu versammeln, am 9. den Marsch auf Leipzig anzutreten.

Demgemäß ordneten Blüchers Dispositionen für den 8. und 9. Oktober den Vormarsch auf Leipzig; das Yorksche Korps, jetzt auf dem rechten Flügel der schlesischen Armee, sollte über Mühlbeck, Langeron bei Düben, Sacken bei Eilenburg die Mulde passieren. „Wenn der Feind diesseits Leipzig eine Schlacht anbietet, so wird er am 10. Oktober von der Armee des Kronprinzen von Schweden und der schlesischen Armee gemeinschaftlich angegriffen; die Korps haben sich daher auf eine Schlacht vorzubereiten; alle Bagage bleibt auf dem rechten Muldeufer; nur soviel Lebensmittel, als auf einen Tag nötig sind, folgen den Kolonnen."

Am 8. bei guter Zeit erreichte das Yorksche Korps die Gegend von

Mühlbeck an der Mulde; die Vorhut war schon am Morgen hier übergegangen, die Infanterie auf Fähren, die Kavallerie durch den Fluß; die Hellwigschen Husaren und Kosaken vom Bülowschen Korps schlugen sich eine Meile vor Leipzig mit der französischen Kavallerie aus Leipzig herum und trieben sie bis dicht vor die Stadt.

Alles ließ sich trefflich an. Mit Freuden begrüßte man die nahe Entscheidung. Die Meldungen, welche im Lauf des Tages eingelaufen waren, ließen erkennen, daß große feindliche Streitmassen von Dresden her gegen Wurzen in Bewegung seien; es schien unzweifelhaft, daß Napoleon beabsichtigte, sich auf die schlesische und Nordarmee zu werfen, bevor diese ihre Vereinigung mit der böhmischen ermöglichten. Der Kronprinz hatte keine Meinung, den drohenden Stoß zu erwarten, er wollte schleunigst über die Elbe zurück und die Brücken hinter sich abbrechen, er forderte Blücher auf, sich ebenso über Wartenburg zurückzuziehen, um Berlin zu decken. Es kostete Mühe, ihn von dieser Vorstellung abzubringen. Da der Hauptgesichtspunkt war und bleiben mußte, sich mit der böhmischen Armee zu vereinen, so wurde seitens des Blücherschen Hauptquartiers vorgeschlagen, dem Stoß, den Napoleon zu beabsichtigen scheine, hinter die Saale hin auszuweichen und von dort aus im Rücken Napoleons die Verbindung mit der böhmischen Armee zu suchen. Der Kronprinz ging auf diesen Plan mit der Bedingung ein, daß Blücher sich dann auf den rechten, dem Feinde näheren Flügel setze und bei Wettin die Saale überschreite.

Diese Manöver, an welchem Yorks Korps einen großen Anteil hatte, glückte vollkommen. Als Schack am andern Morgen (10. Oktober) von York gesandt zu Gneisenau kam, äußerte dieser: „Napoleon habe gestern ins Blaue gestoßen; damit er dies morgen wieder tue, werde man sich auch über die Saale zurückziehen; die Marken seien hinreichend durch Puttlitz vor Magdeburg, Hirschfeld vor Aken, Tauentzien bei Dessau und Thümen vor Wittenberg gedeckt, überdies sei Fürst Tscherbatoff auf dem Wege von Dresden her in forcierten Märschen, die Elstermündung bei Jessen zu erreichen."

Am 11. Oktober sollte die Saale überschritten werden. Der Kronprinz hatte dafür sorgen wollen, daß bei Wettin zwei Brücken gebaut würden. In aller Frühe brachen die Korps auf; als man eine Meile von Wettin entfernt war, kam Leutnant Scharnhorst, der vorausgesandt war, von dort mit der Nachricht zurück, daß weder eine Brücke geschlagen sei, noch irgend jemand davon gehört haben wolle, daß eine geschlagen werden sollte. Blücher entschloß sich, ohne weiteres auf Halle zu marschieren und dort überzugehen. Freilich ein äußerst ermüdender Marsch, noch beschwerlicher dadurch, daß sich die Kolonnen mehrfach kreuzten. Zuerst erreichte Langeron Halle; da er in Parade durch die Stadt ziehen zu müssen glaubte, war das Yorksche Korps genötigt, mehrere Stunden zu warten; erst am Abend rückte es ein und hindurch. Der Jubel der guten altpreußischen Stadt war unbeschreiblich.

Während das Korps drei Tage ruhig in und bei Halle stand, war die

Tätigkeit, ja die Sorge der Befehlshaber desto gespannter. Noch war die
Bewegung Napoleons am 9. Oktober auf Düben, wo Blüchers Hauptquartier sich vorher befunden hatte, nichts weniger als aufgeklärt. Man konnte
vorläufig nichts Besseres tun, als sich hinter der Saale zu sammeln, die
Verbindung links mit der Nordarmee, die bei Alsleben stand, erhalten, die
mit der böhmischen anknüpfen, zu welchem Ende Langeron das Korps
von St. Priest am 12. Oktober nach Merseburg zu seinen Befehl erhielt;
nur die Vorhuten und Yorks Reservekavallerie blieben auf dem rechten
Saaleufer, letztere auf der Straße von Halle nach Leipzig.

Am 12. klärte sich die Lage der Dinge allmählich auf. Die Verbindung
mit der großen böhmischen Armee hinter der feindlichen Stellung in
Leipzig war hergestellt. Merseburg, Weißenfels, Pegau, Borna waren
von den Verbündeten besetzt. Mittags wurde die Nachricht überbracht,
daß die große Armee in starken Märschen vorrücke, daß das Korps von
Giulay bei Lützen, Kleist und Wittgenstein bei Borna stehe, daß auch
Bennigsen über Dresden hinaus und auf dem Wege nach Leipzig sei.
Von Napoleons Bewegungen erfuhr man, daß er von Düben auf Wittenberg marschiert sei, von seinen Garden begleitet; Leipzig schien er fast
entblößt zu haben, 20 000 Mann, hieß es, seien südwärts der Stadt unter
Murat gegen die anrückende böhmische Armee aufgestellt. Gegen Abend
des 12. kam die weitere Nachricht, daß am vorigen Tage der Feind mit
überlegener Macht die Elbe bei Wittenberg überschritten, das Korps des
General Thümen (5000 Mann) zurückgeworfen habe.

Napoleons überraschende Bewegung über Düben und Wittenberg auf
das rechte Elbufer mußte als Einleitung zu einem coup d'eclat erscheinen, dessen Bedeutung man sich auf Seiten der Verbündeten nicht verbergen konnte. Schon war Bayern von Napoleon abgefallen, damit für
ihn seine bisherige Verbindung mit dem Rhein gefährdet; lag es nicht
nahe, daß er seine Verbindungslinie nach Niederdeutschland verlegte?
Hatte er dort nicht Magdeburg und Hamburg und die ihm völlig ergebe-
ne dänische Macht, die ganz anders als bisher geschehen war, herangezogen werden konnte? Er war mit jenem Marsch dem strategischen Netz
entschlüpft, mit dem ihn die Verbündeten umstellt zu haben glaubten;
die ganzen schwerfälligen Bewegungen, die endlich nach zwei Monaten
zu dieser Umstellung geführt hatten, waren über den Hafen geworfen.
Und weder die böhmische Armee hatte bisher die Tätigkeit und Beweglichkeit gezeigt, daß man von ihr ein rasches Nachgehen auf ein neues
und entferntes Kriegstheater hätte erwarten können, noch war von dem
Kronprinzen von Schweden zu erwarten, daß er auch dann noch im
Geist des gemeinsamen Interesses tätig sein werde, wenn Napoleons Erscheinen an der unteren Elbe diejenigen Verhältnisse gefährdete, die gewissermaßen ihn, den Kronprinzen, persönlich angingen. Im Blücherschen und Yorkschen Hauptquartier, wo man die Lage der Dinge am
schärfsten zu beurteilen das Recht gewonnen, mochte man Napoleons
kühne Wendung als ein strategisches oder psychologisches Meisterstück
würdigen.

Aber die Nachrichten von der böhmischen Armee her ließen durchaus nicht der Meinung Raum, daß Napoleon im Ernst jenen Plan hege, den er anscheinend vortäuschen wollte. War er immer mit dem größeren Teil seiner Macht – 120 000 Mann – auf Wittenberg gewandt, so stand bei Leipzig eine nicht viel geringere Macht, gewiß 70 000 Mann; Napoleon selbst hatte allen Nachrichten nach sein Hauptquartier noch in Düben im Mittelpunkt dieser Linie von Wittenberg bis Leipzig. In Blüchers Umgebung hielt man an der Meinung fest, daß der große Gegner nur beabsichtige, durch dies Vorbrechen auf seinem rechten Flügel (Wittenberg) bei der schlesischen und Nordarmee die Besorgnis zu erwecken, die der Kronprinz in so reichlichem Maße empfand, namentlich durch Bedrohung Berlins die Preußen in jenen Armeen zu verlocken, daß sie zur Rettung der Marken über die Elbe zurückeilten, um sich dann rasch auf seinem linken Flügel bei Leipzig konzentriert mit plötzlichem Ungestüm auf die böhmische Armee zu werfen.

Napoleon wartete vom 9. bis zum 12. Oktober in Düben die Wirkungen seiner Demonstration ab. Es ist nicht glaublich, daß er sich über das Mißlingen derselben getäuscht haben sollte. Am Morgen des 13. befahl er den Marsch aller Korps auf Leipzig.

Schack schreibt in seinem Tagebuch am 14. Oktober: „Der Knoten wird von Minute zu Minute enger und gefährlicher geschürzt. Napoleon, der seine Truppen bei Leipzig konzentriert haben sollte, führt sie nach Düben; ein gefangener Oberstleutnant schildert ihn sonderbar: er schläft lange, darf nicht geweckt werden, gibt den Klagen der Truppen wegen Mangel kein Gehör. Es muß bald biegen oder brechen. Wir leben im tiefsten Frieden zu Halle."

Wer hätte es nicht empfunden, daß man der großen, lang ersehnten Entscheidung nahe sei. Aber alles vereinte sich hier, die drei Tage der Ruhe zu glücklichen und erquickenden zu machen. Das „westfälische Königreich" hatte in der alten preußischen Universitätsstadt am wenigsten Wurzel fassen können; der Befreiung im Frühling war noch einmal die Fremdherrschaft gefolgt; jetzt schien es mit ihr für immer zu Ende zu sein. Die preußischen Truppen waren überall in ihren Quartieren „mit größter Liebe und Freundlichkeit" aufgenommen und auf das Beste verpflegt. Wie mancher im Korps, Offizier, Freiwilliger, Landwehrmann, hatte hier in Halle studiert, freute sich jetzt, die alten Bekanntschaften zu erneuern, Giebichenstein und Passendorf und den Ratskeller wiederzusehen. Viele der ehemaligen Professoren der Universität waren noch in Halle; Steffens und Karl Raumer im Blücherschen Hauptquartier hatten manchen alten Kollegen zu begrüßen. Der treffliche Heinrich Krosigk, der die Brandenburger Füsiliere führte, hatte seine väterlichen Güter noch bei Halle; er war dort 1811 aufgehoben nach Kassel ins Gefängnis geschleppt, – gleich ihm Blanc, Willisen, mancher andere; – im Herbst 1812 ließ man ihn gegen Kaution seines ganzen Vermögens frei; aber als Preußen sich zur Befreiung erhob, brachte er Weib und Kind in Sicherheit, eilte in die Reihen seiner alten preußischen Kameraden, mochte Hab

und Gut in die Hand des Kasseler Napoleoniden fallen. Wie frohen Sinnes
trat er nun in den Kreis seiner alten Hallischen Freunde; auch auf sein Gut
Popplitz ritt er hinaus; freilich war da schrecklich gehaust, aber das alles,
sagte er zurückkommend einem Freunde, verschmerze sich leicht gegen
die große Freude, die ihm das Wiedersehen mit seinen Dienstleuten und
Bauern gemacht; was irgend zu bergen gewesen, hätten sie ihm gerettet;
den Pachtzins hätten sie ihm aufbewahrt, die Bibliothek sei wohl gebor-
gen, auch den Weinkeller hätten sie zu retten gewußt; „es stehn uns heiße
Tage bevor; wenn Gott uns das Leben läßt, trinken wir nach gewonnener
Schlacht auf das Wohl meiner braven Bauern." Er war unter den Tausenden, die der Sieg als Opfer fordern sollte.

Wie mancher auch von denen, die sich an einem jener Abende in dem
Ratskeller zusammenfanden, in feierlichem Kommers mit Landesvater
und durchstoßener Feldmütze das hallische Studententum zu erneuern;
– Studierte und nicht Studierte, Stabsoffiziere und Landwehrmänner
nebeneinander, recht im Geist dieses preußischen Heeres, dieses deutschen Krieges; auch darin in diesem Geist, daß man so in der vollen Lust
und Hoffnung soldatischen Lebens, immerhin scherzend, die Universität als ein Rüstzeug mehr desselben Geistes, in dem man kämpfte und
siegte, gleichsam im voraus herstellte. Ich weiß nicht, ob der alte York
mit auf dem Kommers war, aber Schack war dort, und Borcke, der erste
Ritter vom eisernen Kreuz; auch der alte Horn hat da sein Schmollis
gerufen, auch Graf Brandenburg sein Fiducit geantwortet.

Auch von kleineren Kreisen wird berichtet, die sich in diesen Tagen
zusammenfanden, traulicheren Gesellschaften bei Kanzler Niemeyer im
Frankeschen Waisenhause, bei Prof. Bucher, bei Kurt Sprengel, dessen
Sohn bei den brandenburgischen Husaren stand. Daß York eben jetzt
zum Dank für Wartenburg den St. Georgsorden erhielt, gab zu einem
kleinen, fröhlichen Feste Anlaß, das am Fuße des Giebichensteins gefeiert wurde.

Verzeihe man diese immerhin kleinlichen Mitteilungen. Freilich sind
sie nur ein dürftiger Ersatz für das lebendigere Bild, das in Yorks und
seiner Kampfgenossen Erinnerung gelebt haben wird. Und daß neben
dem Schematischen der Taktik und Strategie, zumal in solchem Kriege,
das Persönliche und wenn man so sagen darf Menschliche seine Stelle
hat, mag durch jene zufälligen Notizen wenigstens in Erinnerung gebracht werden.

Während jener friedlichen drei Tage in Halle hatte sich alles zur letzten großen Entscheidung vorbereitet. Blücher erhielt Weisungen von
Fürst Schwarzenberg, welche, wenn auch in den Einzelheiten nicht nach
seinem Wunsche, den gemeinsamen Angriff gegen Leipzig auf den 16.
Oktober anordneten. Man war nahe genug, um sich während des 15.
über jene Einzelheiten noch verständigen zu können.

Zur Übersicht der weiteren Ereignisse ist die Beschreibung des Geländes wichtig, in welchem die großartigste Schlacht, von der die Geschichte weiß, geschlagen ist.

Die waldigen Niederungen der Pleiße-Elster bilden einen ostwärts vorspringenden Winkel, vor dessen Spitze Leipzig liegt. Von allen Seiten her laufen Landstraßen wie Radien eines Kreises nach Leipzig zusammen, die, wenn man jenem Kreisausschnitt, den die waldigen Niederungen bilden, den Rücken wendet, das Terrain von Leipzig wie fächerartig zerlegt zeigen.

Die beiden Straßen in jenem Kreisausschnitt, die von Naumburg und Merseburg auf Leipzig führen, beherrschten von der Saale her die Verbündeten. Die gegenüberliegenden Straßen, die zur Mulde nach Wurzen, Eilenburg, Düben, also zur Elbe nach Torgau und Wittenberg führen, hatte Napoleon. Um die zwischenliegenden drei Straßen von Norden, drei Straßen von Süden her galt es zunächst den Kampf. Napoleon hatte mit dem Besitz von Leipzig den Knotenpunkt aller Straßen; zugleich flankierte er von der nach Wurzen die böhmische, von der nach Düben die schlesische Armee; wie ein Keil zwischen beiden hielt er sie auseinander.

Aus dieser Lage ergab sich den Verbündeten der Gedanke, der den Angriffsbestimmungen für den 16. zugrunde lag: man mußte jenen Keil aus Leipzig, wo er aufgesetzt war, hinausdrängen; in jenem Kreisausschnitt und auf den Straßen zunächst der Niederung (Halle, Altenburg) vordringend, mußte man Leipzig nehmen.

Am 15. Oktober in der Frühe gab Blücher seinen Befehl zum Vormarsch aus Halle. Um 11 Uhr sollten die Korps von York und Langeron auf der Halle-Leipziger Straße bis Schkeuditz vorgehen, Sacken eine Stunde hinter ihnen in Reserve bleiben. Das Yorksche Korps zählte an diesem Tage mit Einschluß der Vorhut 20 848 Mann, darunter 16 120 Mann Infanterie.

Über Lindenthal führt die der Hallischen nächste Straße, die von Landsberg nach Leipzig. Lindenthal und eine Stunde weiter nordwärts Radefeld waren von den Feinden besetzt. Gegen Radefeld stand Langerons Vorhut.

Drei Kanonenschüsse spät am Abend verkündeten den Truppen im Biwak bei Schkeuditz, daß es morgen zur Schlacht gehe.

Hatte der Feind noch die Landsberger Straße inne, so gefährdete er von Radefeld und Lindenthal aus den Vormarsch auf Leipzig. Und der Kronprinz von Schweden, der ihn von Landsberg her hätte im Schach halten können, hatte für gut befunden, so langsam heranzurücken, daß er am 16. erst vom Petersberg aufbrechen und bis Landsberg marschieren wollte. Die nördlich und südlich abfließenden Bäche bezeichnen den Landrücken zwischen jenen Dörfern als die beherrschende Wasserscheide; und dieser Landrücken zieht sich über Hohenossig ostwärts fort, zu einem Plateau erweitert, das die Straßen von Delitzsch, Düben, Eilenburg und Wurzen trägt. Man vermutete im Blücherschen Hauptquartier, daß Napoleon dies Plateau halten, dort in günstigster Stellung die Schlacht annehmen werde. Dafür sprach vor allem, daß er Radefeld und Lindenthal, und damit den Aufgang zu diesem Plateau besetzt hielt. Es war das altberühmte Schlachtfeld von Breitenfeld.

Um die Stellung des Feindes genau zu erkunden, wurden von der gesamten Kavallerie der drei Korps unter Führung Blüchers Patrouillen geritten.

Man fand auf der Halle-Leipziger Straße Stahmeln, eine halbe Stunde jenseits Lützschena, vom Feinde besetzt; seine Posten zogen sich nach Lindenthal hinauf, die Feldhöhen hinderten eine nähere Einsicht in die Aufstellung des Feindes; weiterhin an der selben Straße jenseits Möckern befand sich ein starkes Infanterielager. Lindenthal, Radefeld und das Gehölz zwischen beiden war vom Feinde mit allen Waffen stark besetzt.

Man hörte von der Südseite Leipzigs sowie rechts über die Elster her Kanonendonner. Die Schlacht war also dort schon im Gang. Blücher gab – es war gleich nach 9 Uhr – seine Anordnungen: Langeron sollte Radefeld, York, bei Lützschena links von der Straße abbiegend, Lindenthal angreifen, Sacken in Reserve folgen; die Infanterie der Yorkschen Vorhut auf der Hallischen Straße vorgehen; endlich St. Priest, der von jenseits der Elster herübergezogen wurde, dem Korps Langeron folgen.

Blücher ritt mit seinem Gefolge die Linien der Kavallerie entlang, da und dort in seiner derben Art zu den Truppen sprechend: „Kinder, heut haut einmal auf altpreußische Art ein", sagte er der ostpreußischen Nationalkavallerie; anderen sagte er: „wer heut abend nicht entweder tot oder wonnetrunken ist, der hat sich geschlagen wie ein infamer Hundsfott."

York war in Schkeuditz. Er befahl in Ausführung der Blücherschen Anordnung, daß, sobald die Spitze Lützschena erreicht, sie links von der Straße abbiegen, zum Angriff formiert auf Lindenthal losgehen, daß Horns Brigade folgen, Steinmetz' Brigade sich rückwärts formieren und zur Unterstützung bereit halten sollte; „die zweite Brigade (Prinz Karl von Mecklenburg), da sie fast aus lauter Linientruppen besteht, bildet die letzte Reserve." Die Infanterie der Vorhut sollte bis auf weiteren Befehl diesseits Stahmeln stehen bleiben, die Kavallerie mit der Reservekavallerie den Aufmarsch der Brigaden decken.

Zuerst – nach 12 Uhr – kam das Langeronsche Korps an den Feind. Ohne Widerstand zog sich dieser aus Radefeld zurück, aber nicht ostwärts auf der Höhe entlang, sondern südwärts nach Lindenthal auf der Straße nach Leipzig. Blücher ließ Langerons Bataillone folgen, während dessen Kavallerie ostwärts nach Hohenossig vorstoßen sollte, um festzustellen, ob die Stärke des Feindes wirklich nicht auf jenem Plateau stehe.

Eine halbe Stunde später ging Hünerbeins Brigade den Feldweg von Lützschena nach Lindenthal hinauf, die beiden Zwölfpfünder-Batterien des Korps mit ihr. Da York bemerkte, daß das Gehölz zwischen Lindenthal und Radefeld besetzt war, ließ er Horns Brigade links in die erste Linie rücken zum Angriff gegen das Holz; in zweiter Linie hinter Horn folgte die Brigade Steinmetz, hinter Hünerbein rechts überreichend der Prinz von Mecklenburg.

Während des Aufmarsches der Preußen hatte der Feind von Wahren und Stahmeln aus deren rechte Flanke beschlossen; Hiller warf sich mit

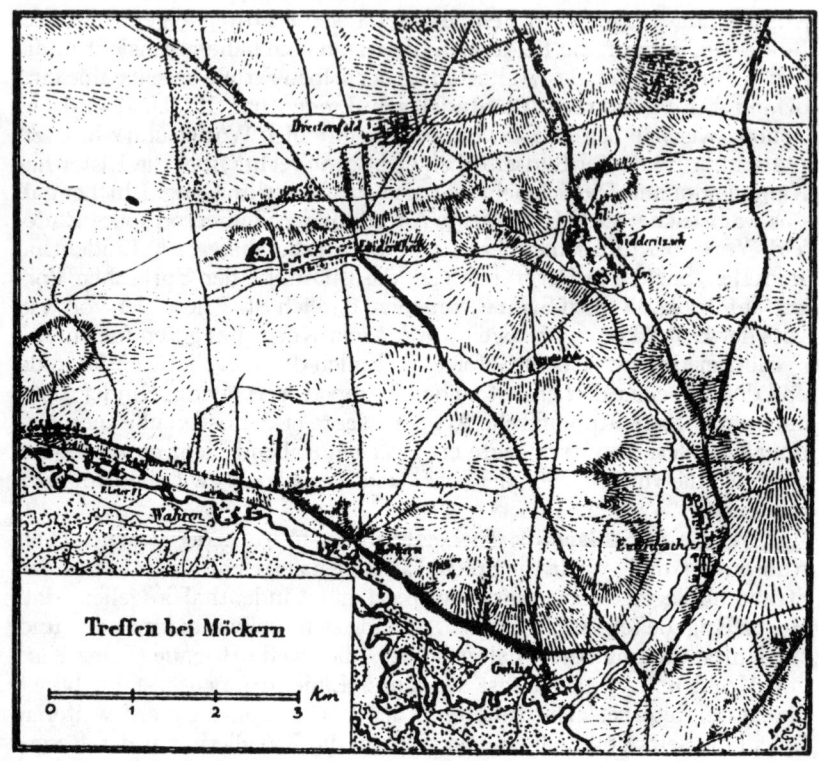

Treffen bei Möckern

den Bataillonen der Vorhut an der Elster vorgehend auf Stahmeln und nahm es.

Aus Lindenthal abziehend, ging der Feind hinter eine an der Halleschen Straße gelegene, noch besetzte Linie, in der 16 bis 20 Geschütze, bei einer der Schanzen aufgefahren, ein lebhaftes Feuer begannen. Während die Zwölfpfünder gegen sie gewandt wurden und sie allmählich – ein Bericht sagt: nach einer Stunde – zum Schweigen brachten, rückte das Korps durch und neben Lindenthal vor.

„Ich bemerkte", sagt Hiller in seinem Bericht, „in der Höhe von Wahren, daß der Feind sich in das Dorf Möckern zog, dies Dorf stark besetzt und jenseits auf der Höhe von Möckern viel Artillerie- und Infanteriemassen aufgestellt hatte, auch daß der linke Flügel des ersten Armeekorps, so wie das Korps unter Graf Langeron fechtend über Radefeld und Lindenthal vorrückte. Ich ließ deshalb die mir anvertrauten Truppen das Gewehr in die Hand nehmen, formierte sie zum Angriff und rückte vor." Eben jetzt kam ihm auf seine Anfrage von Blücher der Befehl, auf Leipzig vorzurücken und den Feind zu drängen. Es ging weiter auf Möckern los.

Von Lindenthal fließt ein Wasser, der Rietschke-Bach, südöstlich ab, um sich bei Klein- und Groß-Widderitzsch und Eutritzsch vorüber westwärts und etwa 1600 Meter vor demnördlichsten Tore Leipzigs in die Pleiße zu ergießen. Dieser Bach und die Elster-Niederungen umschließen so einen Geländeabschnitt, den die Straße von Lindenthal fast in der Mitte durchschneidet, und welcher sanft nach Süden ansteigend zwischen Möckern und Eutritzsch am höchsten ist. Hier ein wenig hinter den flachen Höhen zurückgenommen, hatte der Feind seine Stellung, eine Linie von etwa 2500 Meter, der linke Flügel auf Möckern gestützt und durch dasselbe stark, der rechte durch den Bach und durch die Truppen jenseits desselben in Eutritzsch und Widderitzsch gedeckt.

Schon als der Feind aus Lindenthal südwärts wich, schienen die Voraussetzungen des Blücherschen Befehls sich als irrig zu erweisen. York entschloß sich, um nicht dem Feinde die Flanke zu bieten, statt ihn zu treffen, durch eine Rechtsschwenkung seines Korps ihm die Front zuzuwenden. Das Langeronsche Korps dagegen blieb in der Richtung des Befehls; noch immer meinte Blücher von dem Plateau her die größere Streitmasse des Feindes erwarten zu müssen. Während Langeron – freilich langsam genug – auf Groß- und Klein-Widderitzsch an der Delitzscher Straße vorging, sandte Blücher dessen ganze Kavallerie weiter links, um den Feind auf dem Plateau zu suchen. Infolge eines Mißverständnisses schloß sich Sackens Reiterei dieser Bewegung an, statt die Lücke zwischen Langeron und York, die durch dessen Rechtsschwenkung immer größer wurde, zu schließen. Zu rasch mit seinem linken Flügel vorgehend, hätte York ihn dem Feind in jenen Dörfern, die Langeron noch nicht erreicht hatte, preisgegeben. Er hielt den linken Flügel, die 8. und 7. Brigade, zurück; er deckte sie mit dem Feuer von 50 Geschützen, die er allmählich zu beiden Seiten der Straße von Lindenthal auffahren ließ.

Aber daß Langeron nicht in gleicher Höhe mit York vorrückte, benutzte der Feind dazu, „alle seine Streitkräfte von 90 Kanonen auf seinem linken Flügel zu konzentrieren, und drang mit großer Überlegenheit gegen den rechten Flügel des preußischen Korps vor." So der Ausdruck in Yorks Bericht.

Schon entwickelte sich bei Möckern ein heftiges Gefecht. Möckern liegt auf der Absenkung der Höhe zu jener waldigen und buschigen Niederung, durch welche sich die Elster schlängelt; gerade hier drängt sich der Fluß an den Rand seiner Niederung, und auf dem steilen Lehmufer liegt Möckern, mit einer Brücke über die Elster in der Mitte seiner Uferseite. Auf der andern Landseite des Dorfes der Brücke ziemlich gegenüber zieht sich die Hallesche Straße an das Dorf und geht dann längs den Häusern und Gartenmauern desselben weiter. Die schmale Seite des Dorfes – denn es liegt wie ein längliches Viereck zwischen der Straße und dem Fluß – ist nach Wahren zu etwa 250 Meter breit.

Gegen diese Seite ließ Major Klüx, der Führer der Vorhut, zwei Züge Jäger und die Tirailleurs der Füsiliere vorgehen. Sie drangen ein, wurden aber schnell mit Ungestüm zurückgeworfen. Ein zweiter Angriff gelang nicht besser; energisch verfolgt, warfen sich die Tirailleurs auf die Jägerkompagnien, die an der Elster geschlossen folgten; zugleich von jenseits, aus den Elsterbüschen her, lebhaft beschossen, gerieten sie einen Augenblick in Unordnung. „Nun schien es", sagt Hillers Bericht, „eine Ehrensache, das Dorf zu nehmen." Schnell wieder geordnet, ging man zum dritten Mal vor; die Füsiliere und Jäger, bis auf eine Kompagnie, die den Feind drüben im Zaum zu halten hatte, sollten in Abteilungen vorgehend eindringen, wo sie könnten, die Landwehr – Graf Wedell, der Kammerpräsident gewesen war, hatte für sein Bataillon um die Ehre gebeten, den ersten Sturm auf das Dorf zu machen – ein großes Gehöft rechts an der schmalen Dorfseite in Kolonne vorgehend mit dem Bajonett zu nehmen. Der Angriff gelang; zwar war „jedes Haus und jede Mauer zur Verteidigung eingerichtet, durch französische Grenadiere stark besetzt und heftig verteidigt." Aber die Füsiliere und Jäger nahmen die ersten Häuser links, die Landwehr das Gehöft, sie drangen im Dorf bis zu der Querstraße, die von der Chaussee zur Elsterbrücke führt, vor. Aber da entspann sich das heftigste Nahgefecht, frische feindliche Truppen auch von der Brücke her drangen vor, warfen die Angreifenden völlig hinaus.

Die Leibgrenadiere waren, da sie das Dorf an der steilen Uferseite, freilich umsonst, zu gewinnen versucht hatten, nahe genug, um sofort vorzugehen, die vorbrechenden feindlichen Tirailleurs zu werfen; rasch gesammelt drangen die Jäger, Füsiliere und Landwehren aufs neue mit vor, trieben den jetzt nicht verschanzten Feind durch das Dorf vor sich her bis zu jener Querstraße; „da aber", sagt Hillers Bericht, „stieß ich nicht bloß auf eine neue feindliche Kolonne, sondern erhielt auch das heftigste Artilleriefeuer in der Front, Gewehrfeuer im Rücken und sah

mich gezwungen, mit beträchtlichem Verlust an Toten und Verwundeten das Dorf wieder zu verlassen."

Der Feind folgte aus dem Dorf und zur Seite des Hohlweges.

Im heftigsten Feuer sammelte Hiller die geworfenen Truppen zu einem neuen Angriff, zog die Landwehrbataillone vor, schickte die Tirailleurs der westpreußischen Grenadiere links um das Dorf. „Ich ließ die
Tambours schlagen und attackierte so mit gefälltem Bajonett unter dem
Ruf: es lebe der König! den in zwei Kolonnen heranrückenden Feind."
Während Hiller gegen die besetzten Höfe und Häuser einen Teil der
Truppen warf und mit dem übrigen durch das schon brennende Dorf
vordrang, hatten sich die Brandenburger links gegen die Höhen gewandt, drangen unter dem heftigsten Kartätschfeuer gegen die feindliche Batterie dort vor; da wurden sie durch ein feindliches Marinebatail-
lon in der linken Flanke gefaßt, mußten mit ungeheurem Verlust weichen, warfen sich nach Möckern hinein, schlossen sich den vordringenden Bataillonen Hillers an. Bis jenseits des Dorfes jagte Hiller den Feind;
„aber hier", berichtet er, „ward ich mit so heftigem Kartätschfeuer von
mehreren Batterien empfangen, daß ich nicht allein vom Verfolgen ab-
lassen, sondern auch mehrere zurückweichende Bataillone erst wieder
sammeln und ordnen mußte."

„Da ich", so fährt er fort, „den rechten Flügel des Armeekorps noch
nicht engagiert und vorrücken sah, mich aber von der außerordentlichen
Wichtigkeit des Besitzes von Möckern als des Pivot der Manöver im
großen überzeugte, so wendete ich, unterstützt von den braven Kommandeurs und den Offizieren aller Bataillone, alle Kräfte an, um festen
Fuß in und jenseits Möckern zu fassen. Ich ließ die Lage der Sache dem
General York melden, erhielt den Bescheid, daß die Brigade von Mecklenburg zu meinem Soutien bestimmt sei, und griff daher mit meinen
Bataillonen abermals das Dorf und den von neuem zum Soutien vorrük-
kenden Feind an ... Jeder brannte vor Begierde, nahe an den Feind zu
kommen, und ohne Bedenken stürzten die Bataillone auf meinen Zuruf,
daß heute Deutschlands Schicksal entschieden werden müsse, über die
Leichen ihrer Brüder mit Hurrageschrei von neuem auf den Feind ... Da
ein großer Teil der Bataillone durch das heftige Feuer zusammengeschmolzen war, so sah ich mich genötigt, endlich auch meine Reserve
(die westpreußischen Grenadiere) heranzuziehen. Ohngeachtet der Mut
und die Wut der Truppen aufs höchste gestiegen waren, so blieb es dennoch unmöglich, das Feuer der in den Häusern postierten feindlichen
Bataillone zum Schweigen zu bringen. Doch genoß ich die hohe Freude,
die zur Verstärkung heranrückenden feindlichen Grenadiere und Garden
durch den Mut und die Ausdauer der braven Truppen, vorzüglich der
Landwehrbataillone, zum Weichen zu bringen; und indem ich diese flie-
hend erblickte, sah ich auch die übrigen Brigaden des Armeekorps im
Vorrücken begriffen. In diesem Augenblick ward ich verwundet – ich
sank mit dem seligen Gefühl, daß wir siegen würden, in Bewußtlosig-
keit."

Auch Major Thiele fiel verwundet. Rekowsky fand hier den Ehrentod. Auf den Tod getroffen, rief Graf Wedell seinen Landwehrmännern zu: „Kinder, rettet das Vaterland! helf uns Gott!" Wieder vordringend, warf der Feind die Preußen zurück, nur die letzten Häuser des Dorfes wurden behauptet.

York hatte, als er das Gefecht um Möckern so ernsthaft sich entwikkeln sah, „sich entschlossen, seine frühere Disposition, die auf die von Blücher ausgegebene gegründet gewesen war, zu verlassen". Die nächste Brigade, die des Prinzen von Mecklenburg, erhielt Befehl, nach Möckern zu eilen, die von Steinmetz, ihr zu folgen; Horn und Hünerbein, vorzurücken und sich beständig rechts zu halten.

Diese Bewegung mußte der Feind in seiner höheren Stellung deutlich übersehen können; „da er zugleich bemerkte, daß der linke Flügel der Armee, das Korps Langeron, sehr langsam vorrückte und sehr weit vom Schlachtfelde entfernt blieb, so konzentrierte er seine Hauptstärke durch einen Linksabmarsch bei Möckern, brachte gegen 90 Kanonen zusammen und begann seinen sehr überlegenen Angriff auf unsern linken Flügel." So Yorks Stabschef Zielinsky.

Es war der Augenblick, in welchem die zweite Brigade zum Angriff kam.

Mitten im Kugelregen steht York. „Eine Kugel schlägt zwischen uns und ihm ein. Er sieht sich um, ob wir ruhig aussehen. Er nimmt die Dose aus der Tasche, macht sie auf, nimmt eine Prise in die Hand, verwahrt die Dose, vergißt aber die Prise in die Nase zu stecken." Seine Batterien können gegen die schwereren des Feindes nichts ausrichten. „Die Kerls sollen sich doch wundern!" Er befiehlt einem Adjutanten, die schwere Artillerie zu holen; im Hurra kommen sie an. Es beginnt ein Kanonenfeuer, das seinesgleichen nicht hat; die Kugeln schlagen in die Schwadronen, man zieht sich rechts und links, alles umsonst; es wird kommandiert: in ein Glied! damit die Kugeln weniger Menschen und Pferde hinwegraffen.

Zugleich mit dem letzten Angriff Hillers zog die Brigade des Prinzen von Mecklenburg mit klingendem Spiel auf der Chaussee heran; voran die ostpreußischen Füsiliere des Major Pentzig; der Prinz selbst führte sie auf die Höhe zu, die neben Möckern aufsteigt. Dort rückten eben jetzt auf feindlicher Seite unter dem Schutz einer mit Kartätschen feuernden Zwölfpfünder-Batterie einige Bataillone, von dem Herzog von Ragusa persönlich geführt, vor. Den Ostpreußen entgegen ging ein Gardebataillon der marine die Höhe hinab, ließ sie auf 50 Schritt herankommen, ehe es Feuer gab. Von diesen Bataillonssalven und dem Flankenfeuer vom nahen Dorfe her schmolz das brave Bataillon rasch zusammen; aufgelöst warf sich, was übrigblieb, rechts nach Möckern hinein. Lobenthal zog seine beiden Musketierbataillone v. d. Schleuse und Kurnatowsky ins erste Treffen; wutentbrannt stürzte das erste Bataillon sich auf die Marinetruppen, warf sie, stürmte auf die Zwölfpfünder los, sie mit dem Bajonett zu nehmen; da ging zwischen den Geschützen feindliche Infanterie vor. Die Ostpreußen stutzten. Prinz Karl eilte heran, sich an die Spitze zu setzen; sein Pferd stürzt verwundet, im Begriff ein anderes zu besteigen, sinkt auch er schwer verwundet zu Boden. Lobenthal übernimmt den Befehl; Sjöholm hat sein Musketierbataillon in eine nahe Vertiefung gestellt, von wo es selbst gedeckt, mit mörderischem Nahfeuer die Bedienung der Geschütze fast aufreibt, die deckende Infanterie zum Weichen zwingt. Das Auffliegen einiger Pulverwagen mitten in der feindlichen Infanterie läßt dort einen Augenblick das Feuer schweigen; Kurnatowsky eilt links gegen eine Infanteriemasse, die, wie er naht, zurückweicht, während v. d. Schleuse an der Batterie ist, die Bedienung der ersten, der zweiten Kanone niederstößt – da plötzlich ist eine frische Abteilung dicht heran, auch Kurnatowsky sieht, wie der Pulverdampf sich verzieht, links neben sich frische Truppen. Man muß zurück. Lobenthal sinkt verwundet. Der Feind folgt; auch die vorgegangenen Batterien müssen zurück. Das Feuer der Batterie Huet und der Zwölfpfünder Simons hat Mühe, den Feind zu hemmen, dem endlich das geschlossene Vortraben der Mecklenburgischen Husaren Halt gebietet; von ihnen gedeckt sammeln sich die aufgelösten Bataillone.

Nur noch Trümmer waren von der zweiten Brigade übrig, sie hatte über 1500 Mann, fast die Hälfte ihrer Stärke, verloren; das Bataillon Schleuse hatte 428 Tote und Verwundete; alle ihre Stabsoffiziere, v. d. Schleuse, Kurnatowsky, Dessauniers, Pentzig, Fischer, waren verwundet oder tot. Aber die Ziegelscheune zur Seite von Möckern, die mit ihren Ziegelhaufen eine gute Deckung gab, ward behauptet und bot den Stützpunkt zu einem nächsten Angriff.

Während dieses mörderischen Kampfes war in Möckern selbst nicht minder erbittert und blutig gekämpft worden. Hatte man auch die Dorfstraßen, so hielt sich der Feind doch noch in den Häusern, Ställen, Scheunen, feuerte aus den Fenstern, von den Dächern, aus den Kellern. Man mußte jedes Haus einzeln erobern. Alles kämpfte aufgelöst, Haufen von 30, 40 Mann, Landwehr, Grenadiere, Jäger, wie man sich zusammenfand, nahmen je ein solches Stück Arbeit vor; war die Hofmauer genommen, das Tor eingeschlagen, die Haustür endlich erbrochen, dann ward, was man drinnen fand, ohne Pardon niedergestochen. Und doch kam man wenig weiter, erlitt schweren Verlust. Der dritte Teil der Mannschaft war tot oder verwundet.

Derweilen versuchte Langeron mit seinen 15 000 Mann die Dörfer Groß- und Klein-Widderitzsch zu nehmen, welche der Feind mit 2000 Mann Infanterie und ebensoviel Kavallerie verteidigte. Drang hier Langeron vor, so bedrohte er Eutritzsch und den rechten Flügel Marmonts, und das Gefecht war entschieden. Mit der äußersten Hartnäckigkeit behaupteten sich jene paar tausend Mann; endlich doch aus den beiden Dörfern geworfen, kehrten sie sofort wieder um zum lebhaften Angriff; und da sich zugleich von Düben her eine bedeutende Truppe in Anmarsch zeigte – 4000 Mann, die ein großes Fuhrwesen begleitete und dadurch freilich um so bedeutender aussah – so gab Langeron es auf, weiteres zu wagen; und damit war nicht bloß sein Korps hier gefesselt, sondern dem Blücherschen Hauptquartier schien es auch notwendig, Sackens Korps, das bei Radefeld stand, für mögliche Fälle zurückzuhalten. Man ließ York nach eigenem Ermessen schalten, aber die rechte Gefahr erwartete man von der linken Seite her. Nur wurde, das die Lücke zwischen dem preußischen Korps und dem Langerons immer größer wurde, ein schwaches Husarenregiment des Sackenschen Korps und, wie es scheint, zwei Geschütze über Lindenthal hinaus vorgeschoben; befohlen wurde auch, daß St. Priest mit seinen 36 Zwölfpfündern in diese Lücke einrücken und den rechten Flügel der feindlichen Linie brechen sollte; sie kamen aber nicht.

York war auf seine eigenen Kräfte angewiesen. Wohl waren die beiden Brigaden des linken Flügels, im Vorgehen sich rechts ziehend, diesseits der Straße von Lindenthal; aber an den Feind gekommen waren sie noch nicht, sie hatten noch nicht Befehl zum Angreifen, ein mörderisches Kugel-, Granat- und Kartätschfeuer erschwerte ihr Vorgehen. York hatte, nachdem die zweite Brigade verbraucht war, nur noch die acht Bataillone der ersten unversehrt. Und der Feind konnte sehen, daß dies seine letzte Reserve war. Gelang es ihm auch, deren Angriff zurückzuweisen, so war Möckern, das er teilweise noch hielt, der Stützpunkt eines entscheidenden Schlages, mit dem er die Preußen auf Radefeld zurückwarf und der schlesischen Armee die Straße nach Halle entriß. Ebenso wird York die Sache angesehen haben, es hing alles daran, mit der letzten Anstrengung dem Feind Möckern zu entreißen und von der Höhe zu drängen.

York ließ die Brigade Steinmetz vorgehen. Der Feind zog sich in seine Stellung auf der Höhe zurück, sich zum Empfang des neuen Sturmes zu rüsten. In diesem Augenblick sandte York den Grafen Brandenburg, den beiden Brigaden des linken Flügels den Befehl zum Angriff zu bringen.

Steinmetz ging – es war 5 Uhr – in zwei Treffen vor. Da das Feuern in Möckern zeigte, daß man das Dorf noch immer nicht sicher besaß, so ließ er die Flügelbataillone beider Treffen, das von Seydlitz und Walther, sowie die schlesischen Grenadiere abschwenken und da, wo die Chaussee das Dorf berührt, eindringen. Sie gelangten, das Bataillon Walther voran, trotz der brennenden Häuser und des heftigen Feuerns aus den Häusern links, durch die Querstraße des Dorfes, dann links bis zum Ausgang des Dorfes. Aber dort empfing sie ein so furchtbares Kartätschfeuer, daß die Landwehr zurückprallte, sich auf die folgenden Grenadiere warf. Diese schlossen sich um so dichter zusammen. Mit dem Bajonett kämpfte man gegen den hartnäckig haltenden Feind.

Indes war Steinmetz selbst mit den andern fünf Bataillonen vorgegangen. Sie drangen bis dicht an den Feind, ein furchtbares Feuer in der Front und von Möckern her machte sie stutzen, sie begannen zu feuern; das nahe Feuer des Feindes wirkte um so mörderischer, endlich wichen sie. Die feindlichen Vierecke, die Batterien rückten nach. Wie Major

Maltzahn das sah, ging er mit seinen beiden Bataillonen Mumm und Kossecki, von den ostpreußischen Grenadieren gefolgt, im Sturmschritt vor, links an den Weichenden vorüber. Es waren Yorks letzte Bataillone.

Nun erst schien das feindliche Feuer, während die preußischen Batterien, deren Vorrat an Kugelschüssen erschöpft war, schwiegen, seine ganze Wut zu entwickeln; 40 Geschütze donnerten dicht nebeneinander. Steinmetz stürzte verwundet, Maltzahn, Kossecki wurden getötet, Major Mumm und rasch nach ihm alle Hauptleute des Bataillons fielen; Major Leslie von zwei Kugeln getroffen, schritt immer noch seinen Grenadieren voran, bis er erschöpft niedersank; „Vorwärts Kinder!" war sein letztes Wort.

„Das Schicksal des Tages hing an einem seidenen Faden", schreibt Schack. „Alles war in starrer Spannung, und außer dem Geschützdonner vernahm man keinen Laut", sagt ein anderer. „Der Kampf steigerte sich von Moment zu Moment, bis seine Heftigkeit in und neben Möckern eine solche Höhe erreichte, daß sogleich Hunderte von Verwundeten aus den Reihen der fechtenden Bataillone zurückkehrten, und so eine Krisis andeuteten, die den nahen Ausgang des blutigen Dramas zu unserem Nachteil besorgen ließ. In diesem wichtigen Augenblick, wo alles auf dem Spiele stand, stürzte sich Major Sohr auf den Feind."

Major Sohr mit zwei Schwadronen und dem Jägerdetachement der brandenburgischen Husaren hatte den rechten Flügel in der Kavallerie der Vorhut und hielt einige hundert Schritt rückwärts Möckern an der Landstraße.

„In dem Augenblick", sagt Sohr in seinem Bericht, „wo die feindlichen Batterien die unsrigen zum Schweigen gebracht und unsre Infanterie durch das Vordringen der feindlichen Karrees und Batterien zum Weichen gebracht wurde, schwenkten die drei Eskadrons rechts ab, stellten sich bei dem Dorfe Möckern dicht hinter unsre Infanterie und verhinderten dadurch deren weiteres Zurückgehen." Während sie sich sammelt, kommt York mit verhängten Zügeln auf Sohr zugesprengt: „Major v. Sohr, attackieren!" „Wir hörten", sagt ein Berichterstatter, „nicht deutlich, was Sohr erwiderte, da er von uns abgewendet sprach, doch wir sahen, daß er den Befehl nicht gleich ausführte, daß er sein Pferd links wendend mit dem Säbel auf die rückwärts stehende Kavallerie zeigte, hörten einige Donnerworte des Generals, sahen einen Adjutanten – es schien Major v. Schack zu sein – nach der Kavallerie fortjagen und wenige Augenblicke darauf den Kommandierenden links vorwärts reiten …" Dicker Pulverdampf hinderte den Blick; aber an dem Sausen der Flintenkugeln konnte man erkennen, wie nahe der Feind war. „Uns schienen", fährt jener Berichterstatter fort, „etwa 10 Minuten vergangen zu sein, als wir den Major sagen hörten: Trompeter, Trab! Das Signal erfolgte; das Regiment ging in solcher Ruhe und Ordnung zur Attacke vor, wie auf dem Exerzierplatz." Sohr selbst sagt: „Ohne die Ankunft der übrigen Kavallerie abzuwarten, da die feindliche der unsrigen weit überlegene Infanterie schon eine Bajonettattacke auf dieselbe machen wollte, warfen sich genannte Eskadrons den beiden feindlichen Karrees entgegen, vernichteten dieselben größtenteils, drängten den Rest auf ihre Batterien zurück und nahmen sogleich anfangs 4 Kanonen. Jetzt erschien die feindliche Kavallerie und attackierte uns mit großer Entschlossenheit ..." Sohr war, als er seinen Husaren voran zum Hurra den Säbel hochschwang, in den rechten Arm geschossen; er nahm den Säbel in die Linke.

Noch blieb der Erfolg höchst zweifelhaft. Als York seine Husaren durch jene Kavallerie in der Flanke bedroht sah, gab er Befehl, daß die gesamte Kavallerie vorgehen, alles, was vom Fußvolk noch übrig sei, mit dem Bajonett folgen sollte; er selbst setzte sich an die Spitze der schwarzen Husaren, mit gezogenem Säbel. Mit dem Aufruf: „Marsch Marsch! Es lebe der König!" gab er das Signal zum allgemeinen Angriff, während Katzelers Adjutant, der zur Kavallerie der Vorhut zurückgejagt war, auch schon mit den brandenburgischen Ulanen und den Landwehrschwadronen voreilte. Da sprengte Graf Brandenburg vom linken Flügel daher, strahlend und siegestrunken: „Die Schlacht ist gewonnen, die Bataillone des linken Flügels haben alle Batterien genommen, der Feind ist total geschlagen." „Erlauben mir Ew. Exzellenz", fuhr er fort, „die Bemerkung, daß der kommandierende General etwas Besseres zu tun hat, als mit den Husaren einzuhauen." York stutzte, warf sich förmlich auf sein Pferd zurück – sagte dann: „Der junge Mann kann doch recht haben." Er hieß Brandenburg zur Reservekavallerie eilen, sie vorzuführen. Er selbst wollte zur Infanterie des rechten Flügels, sie, da ihr alle Stabsoffiziere fehlten, schnell zum Vorgehen ordnen helfen; sein Adjutant Röder mit ihm. Dann kehrte er: „Ich werde doch zur Kavallerie reiten;" Röders dringender Bitte, daß er sich nicht in das Handgemenge begeben möchte, ward eine harte Antwort, Röder mußte nach dem Flügel. York eilte zu den Mecklenburgern, die, um einer Batterie Spielraum zu lassen, noch hielten; auch sie vernahmen nun das ersehnte „Marsch Marsch!" Dann trabte die Nationalkavallerie vorüber; „bald", so erzählt ein Tagebuch aus dem Regiment, „kommen wir an ein Karree; es wird übergeritten; York ist in unserer Nähe und ruft, auf ein zweites Karree zeigend: dort blüht euer Weizen." Endlich folgt er, an der Spitze der Litauer, mit gezogenem Säbel, Prinz Friedrich an seiner Seite, der Attakke der westpreußischen Dragoner.

So die einzelnen Züge des entscheidenden Augenblickes.

Auf dem linken Flügel hatte Horn zunächst von Graf Brandenburg den Befehl zum Vorgehen erhalten. Mit Trommelklang und Hörnerschall ging das erste Treffen vor. Das Leibregiment folgte als zweites Treffen, aber das erste Bataillon Graf Schwerin ward mit vorgezogen, es hatte gebeten, gleich dem zweiten bei Wartenburg sich zeigen zu dürfen; der alte Horn setzte sich an die Spitze. Und wie es näher an die feindlichen Batterien kam, drängten sich auch die andern beiden Bataillone mit ins erste Treffen; je heftiger das Kartätschfeuer wurde, desto lauter wurde das Hurra der Angreifenden; „ohne einen Schuß zu tun", berichtete Graf Brandenburg, „unaufhaltsam stürmten sie auf den Feind; und wenn die Reihen durch Kartätschen gelichtet wurden, riefen sie: „Es lebe der König! vorwärts! vorwärts! wir müssen siegen." Das Landwehrbataillon Graf Reichenbach stürzte sich auf die feindliche Artillerie des Zentrums, die eiligst abfuhr. Die Bataillonsmassen, in die sich der Feind zu sammeln eilte, wurden „wie Schanzen gestürmt". Plötzlich bekam das Leibregiment von der linken Seite her heftiges Kanonenfeuer; es waren russische Geschütze, die Freund und Feind verwechselten, bis der Irrtum erkannt wurde. Die Brigadekavallerie kam heran. Bald war auch hier der Feind in völliger Auflösung und Flucht.

Nicht minder kühn drang Hünerbeins Brigade vor. Wohl sanken im Vorgehen die meisten Stabsoffiziere; als man dem ersten Viereck nahte, stürzte sich Krosigk, seinen Füsilieren voran, auf den Flügelmann, warf ihn mit mächtiger Faust zu Boden, da traf ihn Kugel und Bajonett; sterbend winkt er mit dem Degen vorwärts; und da man ihn wegtragen will: „Laßt mich, geht und siegt"; er schleppt sich zu einem Erdhaufen, verschied da; „wer rückwärts sähe, den hätte die Leiche zurückgedrängt!" Vordringend fand man noch mehr als einmal heftigen Widerstand; mit dem Mut der Verzweiflung wehrte sich der Feind an dem Bach entlang, trotz schwersten Verlustes warf man ihn. Hünerbein sagt in seinem Bericht: „Was die Poesie der Geschichte vom Spartanermut dichten, was der Pinsel der Künstler uns von Römerkühnheit malen möge, so wird es doch durch das, was bei dieser Schlacht vorging, unendlich übertroffen. Wer muß nicht von dankbarer Rührung durchdrungen werden, wenn er sich einen Obristen v. Borcke, einen Major v. Othegraven, einen Major v. Krosigk, den edel gefallenen, an der Spitze ihrer Angriffskolonne denkt, wie sie unter dem Hagel der Kartätschen, unter dem Mordgesause der schweren Kugeln, unter dem erschütternden Gekrach berstender Granaten in die feindlichen Massen und Tod und Vernichtung unter die sich verzweifelt Wehrenden tragen. Gibt es schönere Handlungen der Unerschrockenheit und Aufopferung, als die des Leutnants v. Sellin, der mit dem Leutnant v. Favrat und sieben gemeinen Soldaten sich in ein mit Ordnung zurückgehendes feindliches Karree hineinwürgt und eine bespannte Kanone herausholt? – eines Leutnants v. Eberhardt, der während der Attacke von einer Kartätschkugel zu Boden gestreckt, von seinem Bataillon zertreten, noch ehe solches den Feind erreicht, keuchend mit einer bedeutenden Kopfwunde wieder vor demselben erscheint und ausruft; nein, Kinder, ich muß auch mit in den Feind! – eines Leutnants v. Arnstädt, der, als beim Verfolgen des Feindes die Bataillone in Unordnung und mit dem linken Flügel der 7ten Brigade zusammengedrängt waren, sich mit dem Leutnant Hübner des Landwehrbataillons Graf Reichenbach Wort und Hand gab, im nächsten feindlichen Karree die ersten zu sein, und es auch wirklich waren? Ein Befehlshaber müßte einen Gottesblick haben, um in einer so hohen Stunde als die einer Schlacht alle Taten der Einzelnen zu übersehen, und die deutsche Bescheidenheit läßt so manche unentdeckt, sonst würde man ganze Bogen damit füllen können."

Auch in Möckern vollendete sich jetzt der Kampf; die Reste der Vorhut und der Brigade Steinmetz folgten mit dem Bajonett über Möckern hinaus dem Siege der elf Schwadronen.

Wie teuer der Sieg erkauft war, übersah man erst ganz am folgenden Tage, als Sacken zur Ablösung vorrückte und das Yorksche Korps sich bei Wahren aufstellte. Mit 20 848 Mann war man am vorigen Morgen ausgerückt; jetzt zählte das Korps 13 150; von 16 120 Mann Fußvolk waren nicht mehr volle 9000 übrig. Fast kein Regiment oder Bataillon der 1., 2. und 8. Brigade, dessen Führer nicht verwundet oder tot war. Die Landwehren hatten mit höchstem Ruhm gekämpft, sie hatten furchtbar verloren; es waren ihrer wenig über 2000 Mann, der Rest von den 13 300, die im August unter die Waffen getreten waren.

York hatte für diesen Morgen – der 17. Oktober war ein Sonntag – Gottesdienst angeordnet. Es war ergreifend, wie sich die dünngewordenen Bataillone mit ihren Fahnen, fast ohne Führer, zusammenstellten.

Dann folgte die neue Formation des Korps; aus den vier Brigaden wurden zwei Divisionen; die erste unter Horn, aus den Resten seiner und der zweiten Brigade gebildet, die zweite unter Hünerbein aus der bisherigen achten und ersten Brigade; fast durchgehend mußten je zwei, ja drei Bataillone zu einem zusammengelegt werden. So gut als möglich, wurde das Korps wieder in kampffähigen Stand gesetzt. Da die Parkkolonnen des Korps fehlten, so ergänzte man die schon fehlende Munition aus dem Vorrat der erbeuteten Wagen.

Der 16. Oktober hatte die Entscheidung noch nicht gebracht. Im Süden von Leipzig war auf das hartnäckigste gekämpft worden, und so zweideutig war der Ausgang, daß Napoleon sich den Sieg zuschrieb und in Leipzig und den Dörfern, die er innehatte, mit allen Glocken läuten ließ. Auch dort hatten die Preußen ungeheure Verluste gehabt. Nur die Niederlage bei Möckern hatte dem Feinde, außer dem schweren Verlust an Truppen, einen wesentlichen Teil seines Geländes gekostet. Die Straßen auf der rechten Seite der Partha, die von Halle, Landsberg, Delitzsch und die über Düben auf Wittenberg waren ihm verloren; er konnte nicht mehr die Elbe, er mußte Leipzig als seinen Rückzug nehmen.

Napoleon versuchte zu unterhandeln. Am 16. war der österreichische General Meerveld gefangen genommen; ihn sandte er noch an demselben Abend an den Kaiser von Österreich.

Die französischen Truppen auf der Nordseite von Leipzig waren bis nahe an die Stadt zurückgenommen; sie hatten noch die Brücke des Rietschkebaches und jenseits desselben Gohlis inne, sie hielten auch Eutritzsch noch besetzt. Sie waren dabei, zwischen dem Bach und der Partha einige Verschanzungen aufzuwerfen. Mochte Napoleon Fortsetzung des Kampfes wünschen oder fürchten, die Bogenlinie der Partha, innerhalb deren er mit seiner Hauptstärke nach Süden gewandt zu kämpfen hatte, mußte gegen das Andringen der schlesischen Armee von Norden her gesichert sein; und die Stellung jener Truppen vor dem Nordausgang Leipzigs – es war die Division Delmas – hemmte „wie ein Brückenkopf" das Vordringen gegen die Partha.

Im Blücherschen Hauptquartier, wo man von der Sendung Meervelds nichts wußte, wurde erwartet, daß sich Napoleon mit erneuter Gewalt auf die böhmische Armee werfen werde. Noch waren die dort erwarteten frischen Streitkräfte nicht angelangt, so daß, falls Napoleon angriff, ein Entlastungsangriff der schlesischen Armee dringend nötig war, um einen Teil seiner Streitmacht abzuziehen.

Am Morgen des 17. war der Kronprinz von Schweden bis Breitenfeld gekommen, Winzingerode, mit einigen Tausend Pferden voraus, war an Blüchers Befehle gewiesen und wurde, um die nähere Verbindung mit der großen Armee herzustellen, links in der Richtung von Taucha vorgesandt. Um nicht in den weiteren Bewegungen gelähmt zu sein, mußte Blücher den Feind aus seiner Seitenstellung von Eutritzsch bis Gohlis zu entfernen wünschen. Er ließ Sacken zum Angriff auf Gohlis, Langeron auf der Straße von Widderitzsch vorrücken. Der Feind verließ Eutritzsch; in Gohlis wehrte er sich hartnäckig. Blücher selbst ging mit vier Husarenregimentern zum Rekongnoszieren vor; die üble Anordnung der feindlichen Reiter gab Gelegenheit zu einem glücklichen Handstreich. Die Husaren warfen sich trotz des feindlichen Feuers im vollen Jagen auf die französische Reiterlinie, welche auseinanderstiebte; die Infanterie eilte, sich in Vierecken zu sammeln; sie konnte nicht hindern, daß die kühnen und kühn geführten Husaren fünf Geschütze mit sich zurückbrachten; sie zogen sich näher an Leipzig in das Vorwerk Pfaffendorf zurück. Dies geschah gegen 10 Uhr vormittags.

Sichtlich war auf Seite der böhmischen Armee alles ruhig. Im Laufe des Tages kam Blücher von dort die Mitteilung, daß am folgenden Morgen der Kampf erneut werden solle.

Der Kronprinz von Schweden hatte sich nur unter der Bedingung, daß ihm von der schlesischen Armee 30 000 Mann zur Verfügung gestellt würden, dazu verstanden, an der Schlacht tatkräftigen Anteil zu nehmen. Blücher überwies ihm das Langeronsche Korps. Er selbst behielt nur die beiden schwachen Korps von Sacken und York, etwa 25 000 Mann. Sackens Aufgabe war, über Gohlis vordringend, den Eingang in Leipzig zu erzwingen, während York hinter ihm in Reserve auf der Höhe blieb. Da Sackens Angriff zurückgeschlagen wurde, erbat er sich von York Unterstützung, um wenigstens Gohlis zu sichern; zwei Füsilierbataillone von Horns Division besetzten Gohlis, nahmen die zurückgedrängten russischen Truppen auf, wiesen die Angriffe auf das Dorf, den Versuch, es zu umgehen, zurück.

Auf der Höhe seiner Stellung hielt York mit seinem Stabe, das große Panorama des Kampfes zu überschauen. „Kanonenfeuer rings am Horizont, brennende Dörfer, auffliegende Pulverwagen, andauerndes Dröhnen der Luft, Zittern der Erde; man merkt, daß eine Weltschlacht geliefert wird." So ein Tagebuch aus seiner Umgebung.

Zwischendurch ein jubelndes Hurra und schmetternde Fanfaren; es ist der Empfang der beiden sächsischen Kavallerieregimenter, die zu den Verbündeten übergegangen und von Blücher dem Yorkschen Korps zugewiesen sind.

Als die Sonne sank, kam General Rauch mit der Botschaft vom Könige, daß der Feind auf allen Punkten im Rückzuge sei; er brachte an York den Befehl: „mit seinem Korps sogleich abzumarschieren, die Saaleübergänge bei Merseburg und Halle gegen den Feind, der seinen Rückzug von Leipzig auf Merseburg und Weißenfels zu nehmen scheine, sicherzustellen und ihm auf seiner Retraite allen nur möglichen Abbruch zu tun, wobei es dem General York überlassen bleibe, nach eigener Einsicht den Umständen gemäß zu operieren."

Um 9 Uhr abends wurde abmarschiert. Die Dunkelheit machte den Marsch äußerst beschwerlich. Vielen erschien die Richtung des Marsches ein „Sieg", wie den am 2. Mai, zu bezeichnen; und das Dunkel der Nacht, die Hast des Weitereilens, das Verfahren der Wagen, das Auseinanderkommen der Truppen, das Suchen und Fragen der Abgekommenen, alle diese Unleidlichkeiten eines Nachtmarsches dienten nur dazu, die traurige Rückzugstimmung zu mehren. York selbst war in nicht viel besserer Laune und Meinung. Da kam gegen die Morgendämmerung – man ruhte eben in Großkugel – Schacks Bruder Ferdinand mit der „ersten offiziellen und beruhigenden Siegesnachricht", wie ein Tagebuch sagt. Schnell unter den Truppen verbreitet, wurde sie mit unendlichem Jubel begrüßt. Fröhlich, in der Morgenfrische, ward weitermarschiert, gegen 7 Uhr in Halle „unter dem höchsten Enthusiasmus der Einwohner" eingezogen.

Vor allem eilte York – durchaus ohne Kunde über die Bewegungen der übrigen Truppen der Verbündeten – Patrouillen vorauszuschicken und die Pässe, die weiter der feindliche Rückzug durchziehen mußte, vorläufig zu besetzen. Ein Teil der Reservekavallerie ging nach Merseburg, leichte Kavallerie nach Weißenfels. Wenn der Feind seinen Rückzug über Merseburg nahm, so vermied er zwar die langen Pässe der Saale, aber er mußte dann das tiefe Tal der Unstrut bei Freiburg und Laucha durchschneiden. York sandte Husaren und Kosaken voraus, diesen wichtigen Punkt vorweg zu besetzen. Den übrigen Truppen ward nach dem beschwerlichen Nachtmarsch Ruhe gegönnt; es mußte überdies erst Meldung erwartet werden, ob die Saale aufwärts nach Merseburg zu marschieren oder eine andere Richtung einzuschlagen sei.

Nicht lange und es kam die Botschaft aus Leipzig, daß die Stadt um 1 Uhr im Sturm genommen, daß Napoleon selbst bis 11 Uhr in der Stadt gewesen sei, daß das feindliche Heer in völliger Auflösung flüchte, Aber in welcher Richtung? Erst in der Nacht traf die Meldung ein, daß der Feind seinen Rückzug nur auf der Straße nach Weißenfels fortsetze und Merseburg nicht mehr berühren könne.

Weißenfels liegt von Halle ebenso weit wie von Leipzig entfernt. Nur mit der Kavallerie konnte man hoffen, vor Napoleon die Pässe der Saale zu erreichen. Den 20. früh 3 Uhr war York mit der Reservekavallerie und zwei reitenden Batterien in Marsch über Lauchstädt und Groß-Kayna, die beiden Divisionen folgten. Um 9 Uhr in Groß-Kayna ward gemeldet, daß der Feind ganz nahe der Straße von Weißenfels nach Freiburg vorüberzieht; York ritt selbst vor und sah eine starke Abteilung aus allen Waffengattungen im Marsch, es war nahe bei dem Schlachtfelde von Roßbach. Von Überläufern erfuhr er, daß eine andere Kolonne nebst Bagage und Artillerie, aber sehr aufgelöst, den Weg im Saaltale verfolge. York, obschon er nur Kavallerie bei sich hatte, versuchte auch die geordnete Truppe in Verwirrung zu bringen, aber sie machte halt, entwickelte sich zum Gefecht und das in so günstiger Stellung und mit solcher Übermacht, daß, da die Infanterie noch weit zurück war, nichts erreicht werden konnte. Man beschoß sich gegenseitig ohne großen Erfolg, und York war zufrieden, den Marsch des Feindes bis zum Abend aufgehalten zu haben.

Bei der weiteren Verfolgung näherte man sich den steilen und engen Wegen, die bei Freiburg zur Unstrut hinabführen. Der größte Teil der feindlichen Kolonne war bereits über die Unstrut und begann die ebenso steilen und schlechten Wege auf der anderen Seite emporzusteigen. Burg Zscheiplitz diesseits der Unstrut hatte der Feind noch inne und mit Geschütz besetzt, er deckte von dieser dominierenden Stellung den Übergang seiner noch diesseits befindlichen Truppen. Um 2 Uhr entspann sich ein Gefecht, das bald ungemein hartnäckig wurde und bis 9 Uhr abends währte. Der Feind entkam ohne entscheidenden Verlust.

Nach dem gewaltigen Ausgang des 18. und 19. Oktober und bei der großen Übermacht der Verbündeten hätte allerdings das Ergebnis der Verfolgung ein ganz anderes sein müssen, als es war. Ich weiß nicht, ob nicht auch das Yorksche Korps sich von Halle aus schneller hätte bewegen können. Die Ovationen und Beglückwünschungen, deren sich die Sieger am 19. in Leipzig erfreuten, hatten Napoleon Zeit gegeben, denselben Tag bis gegen Lützen hin zu gelangen. Er hatte noch etwa 100 000 Mann unter den Waffen. Bis Weißenfels, das Bertrand zu besetzen vorausgesandt war, hatte Napoleon kein Hindernis gefunden; dort erfuhr er, daß Giulay bei Naumburg stehe, deshalb verließ er die große Straße und eilte über Freiburg weiter.

Jetzt stand den Verbündeten der nähere Weg auf Erfurt offen, während Napoleon durch jenen Seitenmarsch in die durch den Regen der letzten Tage unwegsamen Nebenstraßen geraten war. Er mußte auf jeden Fall den Verfolgenden die Pässe sperren, die in die thüringische Ebene führen.

Blücher war mit den russischen Korps der schlesischen Armee am 22. Oktober in Freiburg eingetroffen. Er hoffte, in gerader Linie an Erfurt vorüber nach Eisenach eilend dem Feind zuvorzukommen und ihm die Pässe dort zu verlegen.

Die Herstellung der Brücken verzögerte den Abmarsch aus Freiburg und Laucha bis Mitternacht. Erst mit dem Morgen des 23. kamen die Yorkschen Brigaden hinüber. Und nun begann ein heilloses Marschieren auf den abscheulichsten Wegen, mit häufigen Kreuzungen, mit entsetzlicher Ermüdung der Truppen, mit „Konfusion an allen Ecken".

Erst am 4. November erreichte das Yorksche Korps die Gegend von Gießen. Menschen und Pferde waren auf das äußerste erschöpft. Das Korps scheint in diesen Tagen seinen niedrigsten Bestand gehabt zu haben, „9993 Mann, der Rest von 37 800 Mann, womit der Feldzug nach dem Waffenstillstand eröffnet war".

Gneisenau war nach Frankfurt geeilt, um die weiteren Operationen zu verabreden. Man erfuhr, daß Kaiser Alexander am 5. November an der Spitze der russischen und preußischen Gardekavallerie seinen Einzug in Frankfurt gehalten habe, und zwar, indem er zu diesem Zweck jene Truppen in drei Tagen mehr als 15 Meilen habe machen lassen. Man sagte, der Kaiser habe die Absicht gehabt, in die alte Kaiserstadt zuerst einzuziehen, und die Schwarzenbergischen Marschdispositionen, welche sehr sorgsam die österreichischen Truppen auf der Straße nach Frankfurt vorgeschoben, hätten vor allem diesen Gesichtspunkt im Auge gehabt. Das ganze Verhalten Österreichs machte diesen Zusammenhang nur zu wahrscheinlich.

IV

IN WIESBADEN

„Jetzt läßt sich Napoleons Lage übersehen. Gehen wir schnell auf Holland los und mit doppelter Kraft über den Rhein, so muß die Eroberung Hollands in zwei Monaten vollendet und ein dauerhafter Friede sein. Bleiben wir diesseits stehen und lassen uns von Unterhandlungen hinhalten (ich meine, sie können ihren Gang gehen, auch wenn wir über den Rhein sind), so prophezeie ich eine blutige Kampagne pro 1814. Napoleon ist in der schrecklichsten Lage, in der er je war und kommen kann; ich bin begierig zu sehen, wie sein Genie sich herausziehen wird."

So schrieb Müffling am 3. November. Bis an den Rhein war man gleichsam unwillkürlich dem Gegner gefolgt. Militärisch betrachtet, war die Wirkung des Leipziger Sieges hier nicht erschöpft: Napoleon konnte das Überschreiten des Rheins nicht hindern. Aber die Politik fragte, ob man weiter wolle, und was man weiter wolle.

Fragen, welche geeignet waren, die Verschiedenheit der Interessen, wie der Ansichten der Verbündeten mit unberechenbarer Wirkung hervortreten zu lassen. Es lag nahe, ihnen militärisch eine tatsächliche Lösung zu geben, bevor diplomatische Einmischung sie vergiftete.

Daher der Plan des Blücherschen Hauptquartiers, über den Rhein hinaus zu verfolgen. Ihn darzulegen, ging Gneisenau am 5. November nach Frankfurt, wo ja Kaiser Alexander eingetroffen war.

Nach zwei Ruhetagen in der Gegend von Gießen, so war die Absicht, sollte die schlesische Armee nach Mühlheim aufbrechen, dort am 15. November den Rhein überschreiten und, während die Nordarmee, die über Hannover marschiert war, sich auf Holland wendete, etwa am 25. November Brüssel erreichen. Daß auch die böhmische Armee über den Rhein folge, werde, so erwartete man, des Kaisers Alexander Einfluß bewirken. Das Ziel der Bewegungen mußte Paris sein. Napoleon schien außerstande, so schnell als die siegreichen Heere der Verbündeten eindrangen, Streitkräfte genug zu sammeln, um ihnen ernstlich Widerstand zu leisten. Schon war Wellington von Spanien her auf französischem Gebiet; auch gegen die in Oberitalien eindringenden Österreicher mußte ein französisches Heer im Felde bleiben. Kaum 70 000 Mann hatte Napoleon über den Rhein zurückgebracht, eine „Nervenfieber-Armee", von der vor Ablauf des Jahres die größere Hälfte in den Lazaretten starb.

Um keine Zeit zu verlieren, ließ Blücher, ohne die Entscheidung aus Frankfurt abzuwarten, seine Armee am 7. November aufbrechen; York und Sacken gingen die Lahn abwärts, um dann von Limburg aus der großen Straße zwischen Frankfurt und Köln zu folgen, während Langeron den Weg über Siegen einschlagen sollte, wo das Korps von St. Priest, das über Kassel gegangen war, zu ihm stoßen sollte.

Im Yorckschen Hauptquartier war die Überzeugung, daß der Plan des sofortigen Rheinübergangs verderblich und, soweit das Korps an demselben teilnehmen solle, geradezu unausführbar sei, da sich die Truppen und deren Bewaffnung in einem geradezu traurigen Zustand befanden.

Ein am 7. November in Frankfurt abgehaltener Kriegsrat kam zu keinem Ergebnis. Am 8. und 9. fanden die von Fürst Metternich schon in Weimar vorbereiteten Verhandlungen mit dem Baron St. Aignan statt; mit geschickter Hand gab Metternich den Dingen diejenige Wendung, welche den Ansichten und Interessen Österreichs entsprechend war. Indem in den Vorschlägen, die St. Aignan nach Paris überbrachte, die Auflösung des Rheinbundes und die Rheingrenze in den Vordergrund gestellt wurden, konnte man sagen, daß man ja tatsächlich erreicht habe, was man wolle.

Allerdings war seit dem Gefecht von Hochheim (9. November) das rechte Rheinufer bis auf Wesel und die Brückenköpfe von Kehl bis Kastel von den Franzosen geräumt. Der Rheinbund war faktisch aufgelöst. Von den vier Königen, die zu demselben gehörten, war der eine als Gefangener in der Obhut Preußens, der andere landflüchtig; die Unterhandlungen mit dem bayrischen König hatte Österreich geführt und in einer Weise abgeschlossen, welche geflissentlich gegen die nationale Auffassung des großen Krieges gerichtet schien und schon damals als ein gegen Preußen geführter Streich erkannt wurde. Bayern war wenigstens vor der Leipziger Schlacht der Sache der Verbündeten beigetreten; aber gegen ausdrückliche Verabredungen gewährte Österreich dem Könige von Württemberg eine ähnlichen Vertrag (3. November), garantierte dessen volle Souveränität und den durch Plünderung ehemals gleichberechtigter Mitstände am Reich gegründeten Gebietsumfang der neuen Krone. Österreich schien sich beeilen zu wollen, von den Willkürakten, mit denen Napoleon das Staatsleben der Nation vergiftet hatte, wenigstens die unheilvollsten zu retten und in Obhut zu nehmen.

Noch war das künftige Schicksal der Rheinbundfürsten nicht entschieden. Mehrere unter ihnen, namentlich die dem Rhein näheren, hatten sich durch besondere Servilität gegenüber Napoleon ausgezeichnet, dessen autokratisches System in ihren Ländern eingeführt, mit besonderem Behagen die durch Napoleons Gnade zu ihren Gunsten Mediatisierten ihre unumschränkte Gewalt fühlen lassen. Mehr als einer dieser kleinen Potentaten hatte allen Grund, bei der jetzigen Wendung der Dinge besorgt zu sein; man konnte das Recht der Eroberung, man konnte das bis vor sieben Jahren gültige deutsche Staatsrecht, man konnte die selben Nützlichkeitsgründe, kraft deren sie mediatisiert hatten, jetzt gegen sie geltend machen. Und vielleicht nicht ein Land jenseits des Thüringer Waldes gab es, in dem die Bevölkerung, auch die in den altangestammten Gebieten, bei solchem Schicksal ihrer Herrscher nicht vollkommen gleichgültig geblieben sein würde.

Das Yorksche Korps war am 7. November in Richtung Mühlheim aufgebrochen, am 11. traf der Befehl ein, an der Blockade von Mainz teilzunehmen. Vom 15. November an hatte es den linken Flügel bezogen; Kavallerieposten standen am Rhein hinab bis Ehrenbreitstein. War auch der Feind nicht in der Lage irgend Namhaftes zu unternehmen, so bot doch der Blockadedienst gerade Beschwerde genug, um die Truppen in Tätigkeit zu erhalten, ohne ihre Wiederauffrischung zu stören.

Sie wurde soviel als irgend möglich beschleunigt. War auch die sofortige Verfolgung des Feindes über den Rhein hinaus aufgegeben worden, so gewann doch in dem Kriegsrat der Verbündeten die Ansicht, daß man Napoleon in Frankreich selbst zum Frieden zwingen müsse, die Oberhand. Als die Österreicher erkannten, daß selbst das Schreckbild eines Verzweiflungskampfes der französischen Nation, wenn man ihre Rheingrenze überschreite, nicht Eindruck mache, legte sie einen Operationsplan vor, der weniger in den allgemeinen Grundsätzen der Strategie, als in den besonderen Interessen der österreichischen Politik seine Rechtfertigung zu haben schien. Sie forderten eine Operation der Hauptarmee durch die Schweiz gegen Südfrankreich, „weil", wie es in der betreffenden Denkschrift heißt, „diese Gegend von Festungen entblößt der verwundbarste Teil von Frankreich ist." Um völlig sicherzugehen, sollte die Hauptbestimmung der Armee des General Blücher die Deckung Deutschlands bleiben; es müsse diesem erfahrenen Feldherrn überlassen bleiben, ob er – ohne seinen so wichtigen Hauptzweck zu vernachlässigen, irgend eine Kampfhandlung zugunsten der Hauptarmee auf dem linken Rheinufer zu machen für möglich halte. War der Marschall Vorwärts vor Mainz an die Kette gelegt, so ließ sich das weitere ungefähr übersehen.

Auch der Kronprinz von Schweden warnte vor dem Rheinübergang. Ebenso wünschte der König, der von Berlin und Breslau kommend, am 13. November in Frankfurt eingetroffen war, den Frieden, jenen in der Sendung St. Aignans vorgeschlagenen; den Operationsplan über die Schweiz mißbilligte er aus militärischen Gründen. Noch war derselbe nicht angenommen. Die mit den Rheinbundfürsten vollzogene Konförderationsakte und die energische Tätigkeit der Zentralverwaltung ließ hoffen, daß vor Ende Dezember an 300 000 Mann frischer deutscher Truppen bereit sein werde, den Armeen der Verbündeten zu folgen.

Indes traten gleichzeitig mehrere Umstände ein, welche die ganze Sachlage veränderten. Auf die Sendung St. Aignans erfolgte eine vom 16. November datierte Antwort, in welcher sich Napoleon zwar zu einem Kongreß in Mannheim bereit erklärte, doch ohne die Basis der Verhandlungen anzunehmen, die ihm vorgeschlagen war. Deutlicher noch schien das Staatsdekret vom 15. November zu sprechen, welches dem Kaiser eine Aushebung von 300 000 Mann gewährte. Man erfuhr von jenseits des Rheines wenigstens soviel, daß mit der äußersten Anstrengung zur Fortsetzung des Krieges gerüstet werde. Endlich: In Holland war die Oranische Fahne erhoben, Bülow begann mit der Eroberung der Ysselfestungen jenen glänzenden Feldzug, der in ebenso schneller wie günstiger Weise das Kriegstheater veränderte.

In den letzten Novembertagen ward die Fortsetzung des Krieges und der Operationsplan beschlossen. Für die große Armee war der österreichische Plan angenommen worden; im Anfang Dezember begann sie sich rheinaufwärts zu schieben, um demnächst von Basel über Neuchâtel bis Genf ausgebreitet gegen die Höhe von Langres vorzugehen. Die schlesische Armee sollte zum 1. Januar den Rhein zwischen Mannheim und Koblenz überschreiten und gerade auf Metz vorgehen.

Frankfurt war in dieser Zeit der Mittelpunkt des glänzendsten und bewegtesten Lebens. Die drei hohen Verbündeten zu begrüßen und in der sich vorbereitenden Neugründung der deutschen und europäischen Verhältnisse auch an ihre Verdienste oder Ansprüche zu erinnern, kamen Könige und Kronprinzen, Fürsten und Mediatisierte in großer Zahl; neben der Generalität der Armeen zeigten sich die Kreise der hohen Diplomatie in schon rührigem Wetteifer; vor allem die Österreichs waren tätig und ausgreifend; schon wurde merkbar, daß sie hier den Vorsprung, den Preußen im Felde gewonnen, einzuholen sich beeilten. In diesen Kreisen trat jene hochnationale Auffassung des großen Krieges, in dem Preußens Stärke lag, mehr in den Hintergrund gegen die diplomatische Österreichs, der sich die rheinbündnerischen Fürsten anschlossen; wie denn von Metternich gesagt wird, daß er, den Frieden zu empfehlen, auch von der „in Deutschland vor sich gehenden Umwäl-

zung" gesprochen, die Bezeichnung dieses Krieges als eines deutschen
Volkskrieges als „ihm unverständlich" abgelehnt habe.

Nur einmal, zur Begrüßung des Königs, ging York am 18. November
nach Frankfurt. Der Empfang war förmlich, das Gespräch bewegte sich
in Fragen des Dienstes.

Allmählich rückten in Wiesbaden die Ersatzmannschaften aus Schlesien und Brandenburg heran, es kamen die Genesenen aus den Lazaretten. Auch von den Verwundeten von Möckern kam schon der eine und
andere; es war ein froher Tag, als Katzeler, Klüx und Sohr, dieser den
Arm noch in der Binde, von Halle anlangten; sie hatten den Weg „nach
alter Ritterart" zu Pferde gemacht.

Sind aus dieser Ruhezeit auch nicht historisch große Dinge zu berichten, so ist doch zur inneren Geschichte des Korps und zur Charakteristik
auch Yorks manches einzelne aufbewahrt, was hier erwähnt zu werden
verdient.

Festtage für das Korps waren der 30. November und 1. Dezember. Die
Offiziere hatten einen großen Ball im Kursaal zu Wiesbaden arrangiert,
auch den König eingeladen. Er versprach zu kommen, er wünsche bei der
Gelegenheit auch die Truppen zu sehen. Am Dienstag, dem 30., war der
Ball. Der König erschien in Begleitung seiner Prinzen; er nahm an der
Freude seiner braven Offiziere den freundlichsten Anteil; auch er lächelte,
als er Blücher und York miteinander in einer Quadrille tanzen sah.

Es sei mir gestattet, auch von einer ergreifenden Szene zu berichten,
die des Königs Art bezeichnet. Unter den Anwesenden war ein Offizier
des Yorkschen Korps mit noch verbundenem Kopf; drei seiner Brüder
waren gefallen, ein vierter hatte den Arm verloren. Der König kam einige Male in seine Nähe, als wolle er mit ihm sprechen, endlich redete er ihn
an: „Ihre Familie hat viel verloren, brave Männer, die dem Vaterlande
noch große Dienste hätten leisten können; habe großen Teil daran genommen, hat mir sehr leid getan, sehr leid." Auf die Entgegnung, daß
wie diese so jede preußische Familie gern Blut und Leben für Se. Majestät gebe, antwortete der König: „Nicht für mich, nicht für mich! Der
Gedanke wäre nicht zu ertragen; aber nach Gottes Willen für die gerechte Sache und für das Vaterland; – ist auch das Einzige, was einen bei so
großen Verlusten trösten kann." Drauf ging er tief bewegt weiter.

Am folgenden Tage war die Besichtigung des Korps. Es zählte bereits
wieder an 15 000 Mann. Man hatte sich so nett als möglich gemacht,
freilich neue Montierungen gab es noch nicht; genug, daß alle Löcher
richtig zugeflickt waren. Aber die Waffen waren blank und die Herzen
treu und die Blicke stolz. Angesichts des Rheines von Mosbach nach
Erbenheim standen die Truppen, den Franzosen in Fort Montebello und
auf der Petersau sichtbar; ein paar Paßkugeln, wie um sich zu melden,
schossen sie ab, als der König vom Kronprinzen, von Blücher, York
usw. begleitet, unter dem jubelnden Hurra der Truppen die Front abritt.
Dann folgte der Vorbeimarsch der Truppen. Der König bezeigte seine
Zufriedenheit.

Arge Verstimmung hinterließ im Korps die Art, wie die Beförderungen und Auszeichnungen behandelt wurden. York selbst wurde am meisten dadurch getroffen, daß man seinen alten Adjutanten, den Major Seydlitz, bei der Beförderung hintenansetzte. York schrieb ihm am 14. Dezember, als er hörte, daß er seinen Abschied erbeten habe:

„Mit der Teilnahme eines aufrichtigen Freundes – ja Seydlitz, mit der Teilnahme eines Vaters an dem Schicksale seines Sohnes, fühle ich schmerzhaft die Kränkung, die Ihnen durch den Vorzug Ihrer Hinterleute im Avancement geschehen ist.

Zwölf Jahre lang war Sie mein Adjutant, drei Feldzüge machten Sie an meiner Seite. Ihre Tätigkeit, Ihre Kenntnisse, Ihre Talente als Offizier und Geschäftsmann, Ihre Entschlossenheit als Soldat, Ihre edlen Grundsätze, Ihr redliches Herz mußten natürlich aus dem Adjutanten den Freund machen. Mein Ihnen gegebenes uneingeschränktes Vertrauen muß Ihnen bewiesen haben, daß ich Ihr aufrichtiger, Ihr Sie hochschützender Freund im vollen Sinne des Wortes war.

In den schwierigen Verhältnissen, in denen sich der Staat in den letzten Zeiten und also auch ich als wirkender Diener des Staates mich befand, teilten Sie, lieber Seydlitz, redlich alle Sorgen, allen Kummer, alle Arbeiten und Anstrengungen mit mir und leisteten dadurch dem Staate wesentliche Dienste. Nie werde ich diese Dienste vergessen und schmerzhaft wehe tut es mir, daß der Staat sie vergißt.

Sogleich, als ich Ihre Zurücksetzung erfuhr, habe ich im Gefühle meiner Pflicht den König auf das Ihnen zugefügte Unrecht aufmerksam gemacht. Mit jener strengen Prüfung der Wahrheit, mit Beseitigung aller Persönlichkeit, mit der ich, wie Sie es aus meinem vieljährigen Geschäftsleben kennen, stets zu Werke gehe, wenn ich zu meinem Könige spreche – mit dieser Unparteilichkeit und mit dieser wahrhaften Überzeugung habe ich Sr. Majestät die Bitte vorlegen lassen, das Ihnen zugefügte Unrecht wieder ins Gleichgewicht zu bringen.

Von ganzer Seele wünsche ich, daß auf meinen Antrag gerücksichtigt wird. Geschieht es nicht – nun dann, mein Freund, so lobe ich Ihren männlichen Entschluß. Es ist der Entschluß eines Mannes von Ehre, ein Entschluß, der aus dem Gefühl des inneren Wertes hervorgeht.

Eigene Erfahrung hat mich gelehrt, wie schmerzhaft es ist, das geliebte Vaterland zu verlassen und einem fremden Lande seine Kräfte und sein Blut zum Opfer zu bringen; ich bedaure daher Ihre Lage; es ist aber leichter, Unglück als Undank zu ertragen.

Wenn ich in meinem Verhältnis als General nichts für Sie tun kann und darf, so kann doch kein Gesetz meiner Dankbarkeit und meiner Hochachtung für Sie Schranken setzen. Überall, wo ich Ihnen nützlich sein kann, da reklamieren Sie mich. Überall werde ich laut und mit Wahrheit aussprechen, daß Ihre Talente, Ihre Erfahrungen, Ihre Redlichkeit und Ihre Tapferkeit Ihnen in jedem Dienst Anspruch, gültigen Anspruch auf einen ehrenvollen Posten geben. Kann der Ausspruch eines alten Soldaten, der nun schon eine Reihe von Jahren im Frieden wie im Kriege Truppen mit Ehren führt, ein Selbstvertrauen geben, so treten Sie mit festem Tritt als Adjutant an die Seite eines Fürsten, als Generalstabsoffizier zur Seite eines vernünftig kühnen Generals, treten Sie an die Spitze eines Truppenteils und führen Sie ihn dahin, wohin ich Sie immer gehen sah. Überall werden Sie immer meinen Ausspruch rechtfertigen; das sagt Ihnen kein Schmeichler, das sagt Ihnen der alte York, dem seine Feinde zugestehn müssen, daß er immer nur redliche Wahrheit sagt.

Sobald Sie den Abschied erhalten haben, so zeigen Sie es mir an. Ich werde dann gleich an den Prinzen von Oranien und an den Kurfürsten von Hessen schreiben.

„Wenn ich gleich nicht viel auf Rücksichten der Fürsten halte, so hoffe ich doch, daß diese Fürsten sich erinnern werden, daß ich es war, der ihnen die Tore zum Einzug in ihre Staaten öffnete, daß Sie, mein Freund, damals der Mann waren, der zunächst bei mir stand, daß Sie der einzige Vertraute waren, dem ich meine Entschlüsse und meine Entwürfe mitteilte, und der mir treulich beistand.

Ist demnach nicht alle Dankbarkeit verbannt, so hoffe ich, Sie werden irgendwo einen ehrenvollen Posten erhalten.

Sie sind von Sr. Exzellenz dem Minister v. Stein gekannt; suchen Sie auch von diesem eine Empfehlung zu erhalten. Dieser Minister steht jetzt mit allen Fürsten in Verbindung und kann Ihnen nützlich sein. So wie ich das Herz dieses Mannes kenne, so hat er Gefühl für Recht und wird Ihnen seine Unterstützung nicht versagen.

Ich erwarte nun sehnsuchtsvoll Nachricht von Ihnen. Leben Sie wohl und seien Sie der festen Überzeugung, daß ich unter allen Umständen immer bin

Ihr Freund, Ihr Vater

York."

Seydlitz' Sache wurde nach Wunsch geordnet; zum Oberstleutnant befördert, erhielt er das zweite westpreußische Regiment im Kleistschen Korps, das zur Zeit noch in Erfurt lag.

Die ganze Haltung des Yorkschen Hauptquartiers – namentlich seit Valentinis Eintritt und in dem mühseligen Winterfeldzug, der nun folgte – ist zu charakteristisch, als daß sie übergangen werden dürfte. Jener alte Johannisburger Ausdruck: „Ein Offizierkorps bilde einen Orden", war hier in Yorks nächster Umgebung auf das vollständigste verwirklicht. „Wir lebten wie eine Familie, zwischen uns war Offenheit, Herzlichkeit, gegenseitige Förderung", so schreibt einer aus diesem Kreise. York selbst fühlte sich wohl in demselben; es war ihm ein Genuß, mit diesen jüngeren Männern zu verkehren. Täglich waren sie und die Ordonnanzoffiziere der Brigade bei ihm zu Tisch; auch der geistvolle Divisionsprediger Schultze und der Stabsarzt des Korps, der vielbewährte Dr. Hohenhorst, durften nicht fehlen. Es ward da einfach gegessen; eine lebhafte Unterhaltung, ein wissenschaftlicher Disput, Erörterungen oft der ernstesten und tiefsten Fragen waren die Würze des Mahles. York

selbst nahm stets an ihnen den lebhaftesten Anteil; die Schärfe und Ursprünglichkeit seiner Auffassung und seine Lust an gewagten Behauptungen, die er dann durchzuführen, an dreisten Kombinationen, die er
zu begründen suchte, dann wieder Erzählungen aus seinem vielbeweg-
ten Leben, oder Fragen über das Geschichtliche der Orte und Landschaften, durch die man kam, die dann der vielseitig gebildete Geistliche zu
beantworten sich schon vorbereitet hatte, – das alles gab einen mannigfachen und stets ergiebigen Stoff des Tischgespräches. Auch politische
Gespräche, auch militärische, wenn sie nicht gerade die nächsten Gegen-
stände des Dienstes betrafen, wurden nicht gemieden; wie denn in den
Tagen in Wiesbaden die Frage, ob man über den Rhein gehen könne, mit
so lebhaftem Eifer verhandelt wurde, daß General Pirch, der mit zu
Tische war, meinte: sein Vater habe auch gern gehabt, wenn in seiner
Gegenwart disputiert worden sei, aber er habe immer gesagt, es müsse so
geschehen, daß man dabei eine Biene im Zimmer könne summen hören;
worauf man denn bekennen mußte, daß man hier auch einen Bären
nicht mehr brummen hören würde.

Auch außer der Tischzeit war York gern und viel mit seinen Offizieren
zusammen; er liebte es, wenn allerlei Leibesübungen und Kriegsspiele
vorgenommen wurden, versuchte auch wohl selbst, ob er trotz des in
Lübeck zerschmetterten Schlüsselbeins noch seinen Zentner stemmen
könne; im wilden Reiten tat er es trotz seines Doppelbruches auch den
besten Reitern, vielleicht Sohr und Platen ausgenommen, gleich. Wenn
der Dienst freie Abende zuließ, ward im Hauptquartier oder bei Prinz
Friedrich, der auch in dem Winterfeldzug das Korps begleitete, Schach
gespielt oder gelesen, namentlich Schillersche und Shakespearesche
Stücke, oft mit verteilten Rollen, wie denn der allezeit gefällige Schultze
dergleichen vortrefflich zu ordnen verstand.

Allerdings lag es in Yorks Art, mit einer gewissen Schroffheit die
dienstlichen Formen aufrecht zu erhalten, und selbst den ihm täglich
nahen Offizieren hätte er nicht gestattet, sie einen Augenblick außer
acht zu lassen. Selbst zu Tische mußten sie mit dienstlicher Pünktlich-
keit eine halbe Stunde, nachdem der Trompeter des Hauptquartiers das
Signal gegeben hatte, erscheinen; wehe dem, der nach ihm kam: „Ich
wüßte nicht, Herr Graf", so ward Graf Brandenburg einmal angeredet,
„daß Sie heut dienstliche Geschäfte haben, welche Sie veranlaßten, nicht
zur rechten Zeit zu erscheinen; ich muß mir dergleichen verbitten." Er
verwöhnte seine Umgebung nicht eben durch Beifall und Lob; man
konnte lange in seiner Nähe sein, ohne persönlich anders als in den kalten Formen des Dienstes behandelt zu sein; und denjenigen, welchen er
gewogen war, zeigte er sich gern doppelt streng, so daß namentlich mancher Jüngerer schließlich verzweifelte, es ihm je recht zu machen, bis
dann irgend einmal ein kleiner Anlaß zeigte, wie er in der Stille gesorgt
hatte und Teilnahme empfand. „Als ich", erzählt einer dieser Jüngeren,
der mit dem Ausbruch des Krieges seine Studien in Heidelberg aufgegeben hatte und wieder zu den Waffen geeilt war, „als ich im Dezember

1813 in Wiesbaden du jour bei General York und also den ganzen Tag in
seiner Nähe war, kam er abends ganz gemütlich zu mir – ich hatte mehrere Briefe vor mir, er fragte mich, was ich für Briefe erhalten hätte? als
ich ihm sagte, sie seien aus Heidelberg, und auf seine weitere Frage, was
man mir Neues schreibe? hinzufügte: eigentlich nur, daß man mich ein-
lade, zu Weihnachten dorthin zu kommen, doch davon könne natürlich
nicht die Rede sein; – so antwortete er: warum nicht? bis Neujahr bleiben wir ruhig hier; reisen Sie in Gottes Namen und feiern Sie fröhliche
Weihnachten; reisen Sie als Hauptmann, ich war herüber gekommen,
Ihnen zu sagen, daß Sie Hauptmann geworden sind."

Schon früher ist erwähnt, wie wenig York seiner Umgebung Einfluß
auf seine militärischen Entschließungen gestattete. Doch machte er
auch hier einen Unterschied, wenn er sah, daß es nicht aus Anmaßung
und Selbstüberschätzung, sondern aus militärischem Feuer und Liebe
zur Sache geschah. So durfte wohl einer aus der Umgebung z. B. im
Gefecht ausrufen: Sollte nicht jetzt das Regiment angreifen? Er sah es
sich dann ruhig an; zuweilen ging er darauf ein, öfter aber pflegte er zu
sagen: „Ja, junger Freund, Sie haben ganz recht, wenn ich vor Gott und
Sr. Majestät nichts zu verantworten hätte, würde ich auch so sprechen."

Den Schluß dieser vielleicht schon zu weit ausgesponnenen Einzelheiten mag ein Schreiben bilden, das einen Blick in die Disziplin des Korps
und Yorks Auffassung derselben tun läßt. Es ist an einen Bataillonsführer gerichtet; über das Tatsächliche liegt nichts weiter vor, als was das
Schreiben selbst ergibt.

„Ew. Hochwohlgeboren Rechtfertigungsschreiben vom 15 d. M. be-
antworte ich, um Sie zu überführen, daß die von Ihnen angeführten
Gründe nicht hinreichend sind, um Sie von aller Schuld frei zu sprechen.
Wenn Sie meinen ausdrücklichen Befehl, alle Kranken von den Vorposten sogleich zurückzuschicken, genau befolgt hätten, so würden Sie keine Präsenzkranke gehabt haben, von denen Sie in Ihrem eigenen Briefe
reden. In einer Nacht können nicht von einem Bataillon 58 Mann erkranken; so plötzlich und schnell fangen Epidemien nicht an, und zeigten sich schon früher Spuren ansteckender Krankheiten, so durfte um so
weniger mit der Fortschaffung der Kranken aus Biebrich gesäumt werden. Ferner ist es eine falsche Ansicht, wenn Sie glauben nicht nötig zu
haben, sich um den Gesundheitszustand einer zum Vorpostendienst Ihnen anvertrauten Truppenabteilung zu bekümmern. Die Sorgfalt für die
Gesundheit der Soldaten ist zu wichtig, als daß sie nicht ein Gegenstand
der vorzüglichsten Aufmerksamkeit eines jeden Befehlshabers sein müßte. Und weil ich diese hohe Pflicht erkenne, wie sie erkannt werden muß,
und durchaus will, daß sie von einem jeden besonders beachtet werden
soll, mußte ich zur Aufrechterhaltung meiner in dieser Hinsicht schon so
oft wiederholten Befehle ein Beispiel statuieren. Es tut mir leid, daß dies
in Ew. Hochwohlgeboren gerade einen Offizier getroffen, dessen militärischen Eigenschaften ich gern Gerechtigkeit widerfahren lasse. Wenn
ich Sie polizeilicher Fehler wegen strafen mußte, so wird dies niemals

irgend einen Einfluß auf die Gesinnungen der Hochachtung haben, die
Sie mir und dem ganzen Korps auf dem Schlachtfelde einzuflößen wuß-
ten, und es wird mir jederzeit angenehm sein, zu bestätigen, daß ich Ihre
Verdienste erkenne und zu schätzen weiß.
Wiesbaden, den 21. Dez. 1813."

Allerdings – und damit kehrt die Darstellung zur Reorganisation des
Korps zurück – war der Gesundheitszustand der Truppen von der Art,
daß er die nächste Aufmerksamkeit forderte. Das Korps war fast ohne
Kranke an den Rhein gekommen; was irgend kränklich und erschöpft
war, hatte die lästigen Märsche nicht aushalten können und war liegen
geblieben. Aber am Rhein kam man in die soeben von den Franzosen
verlassenen Quartiere, in die sie den Typhus eingeschleppt hatten; andere erkrankten in Folge der übermäßigen Anstrengungen; eine epidemi-
sche Ruhr tat das übrige. Das Korps hatte am Ausgang des Dezember,
als es wieder aufbrach, über 5000 Kranke zurückgelassen.

Aber Ersatzmannschaften und Rekonvaleszenten waren in bedeutender Zahl gekommen, so daß das Korps am Ende des Jahres doch wieder
22 108 Mann, darunter 661 Offiziere, unter den Waffen zählte.

Auch die andern Korps der schlesischen Armee hatten sich während
der Ruhezeit am Rhein ergänzt. Das Korps von Sacken war auf 21 000
Mann, das Langerons auf 33 000 Mann gebracht, von denen jedoch
10 000 Mann unter St. Priest getrennt operierten. Demnächst zur Verstärkung der schlesischen Armee sollte das Kleistsche Korps, das zunächst noch vor Erfurt stand, nachrücken. Als Reserven waren ihr zwei
von den deutschen Korps, die eben in Bildung begriffen waren, das kur-
hessische und das des Herzogs von Koburg, bestimmt.

Auf dem rechten und linken Flügel waren die Armeen der Verbündeten mit dem Ausgang des Jahres im vollen Vorrücken.

Bülow hatte die Franzosen aus Holland gedrängt; er war bereits über
die untere Maas vorgedrungen, Breda war genommen, Antwerpen war
der nächste bedeutende Waffenplatz, den der Feind noch hielt. Borstell
hielt Wesel eingeschlossen, seine Streifkorps waren bei Düsseldorf über
den Rhein gegangen, hatten Neuß besetzt. Ein zweites Korps der Nordarmee, das Winzingerodes, war bestimmt, gleichzeitig in der Gegend von
Düsseldorf über den Rhein zu gehen. Schon die Unternehmung gegen
Holland war ihm zu gewagt erschienen, er hatte die Anträge der holländischen Bevollmächtigten, die um das Vorgehen seines Korps baten,
zurückgewiesen. Er nahm auf Grund einer Anordnung des Kronprinzen
von Schweden den Oberbefehl auch über das Bülowsche Korps in Anspruch, und Bülow, reizbar wie irgend ein anderer General, war im Begriff, mitten in seinem Siegeslauf abzutreten, wenn er unten dessen Befehl stehen sollte, „der, als er selbst schon Stabsoffizier bei Prinz Louis
Ferdinand gewesen, noch als Kammerherr am Berliner Hofe gelebt
habe." Die Sache wurde noch zur rechten Zeit in Ordnung gebracht.

Der linke Flügel der Verbündeten war inzwischen nach dem oberen
Rhein und in die Schweiz vorgerückt, hatte Genf (am 30. Dezember) und

Fort l'Ecluse zur Deckung der linken Flanke genommen. Streifkorps schweiften bereits jenseits der Vogesen, während Werde mit seinen Bayern Hüningen einschloß, Landskrone und Blamont nahm, überall im Elsaß interimistisch neue Behörden einsetzte, als ob diese Provinz für Bayern bestimmt sei; trotz des Dreinredens von Stein, der, wie natürlich auch hier, der Zentralkommission die Verwaltung übertragen wissen wollte.

Fürst Schwarzenberg setzte in einem Schreiben aus dem Hauptquartier Lörrach, 27. Dezember, Blücher von dem Stand seines Korps in Kenntnis und schloß mit den Worten: „Aus dieser Lage der Dinge und den eingezogenen Kundschaftsnachrichten werden Ew. Exzellenz sich gefälligst von der Wichtigkeit überzeugen, welche Ihrerseits eine Operation gegen Metz und Nancy unter diesen Verhältnissen haben muß. Ich bitte, mich von Ihren Entschlüssen ehemöglichst zu verständigen, damit ich im Einklange derselben auch die Bewegungen der Hauptarmee regeln könne, um jenen Grundsätzen getreu zu bleiben, die uns schon in Sachsen so fruchtbare Erfolge gebracht haben und fortwährend dahin abzielen müssen, daß derjenige von uns, gegen welchen die Hauptmacht des Feindes sich direkt wendet, derselben ausweichend dem Nachbar die Gelegenheit gibt, durch eine Bewegung in die Flanken des Feindes um so empfindlicher auf selbigen und entscheidender zugunsten unserer gemeinschaftlichen Operationen zu wirken."

Blücher ließ Fürst Schwarzenberg antworten: Er werde am 15. Januar vor Metz ankommen.

V

ÜBER DEN RHEIN

Die Aufgabe, welche der schlesischen Armee gestellt wurde, war nicht ohne Schwierigkeit.

Während die große Armee, die Neutralität der Schweiz außer acht lassend, die zwei- und dreifache Reihe von Festungen, die Frankreich gegen den Rhein hin deckt, vermied und die Saar, Mosel, Maas an ihren Quellen umging, sollte die schlesische Armee zunächst den Rhein, dann jene drei Flüsse überschreiten, zwischen jenen Festungsreihen hindurchziehen, Ende Januar jenseits des Argonner Waldes in den Ebenen der Champagne sein.

Man wußte durch Überläufer und Kundschafter, daß in der Festung Mainz General Morand mit mehr als 15 000 Mann stehe, daß von Koblenz bis gegen Speier hinauf Marschall Marmont etwa 20 000 Mann habe, daß 4000 Mann von diesen unter General Riccard den Rhein von Bingen abwärts besetzt hielten. Oberstleutnant Klüx, der die Pfalz im Rhein von Caub aus mit seinen Jägern besetzt hatte und die Rheinstraße beobachtete, meldete, daß seit dem 21. Dezember viel Bewegung am jenseitigen Rheinufer sei, daß der Posten in Bacharach verstärkt, viel Geschütz dort angekommen und nur zum Teil stromauf nach Bingen gegangen sei, meist bei Nacht, um nicht beobachtet zu werden.

Der Rheinübergang konnte nur gelingen, wenn er so behutsam vorbereitet wurde und so plötzlich geschah, daß der Feind sich nicht konzentrisch dagegen wenden könnte. 50 000 Mann der schlesischen Armee standen für diese Operation zur Verfügung.

Am 26. Dezember schrieb Blücher an York: „Ew. Exzellenz benachrichtige ich vorläufig ganz ergebenst, wie ich den 1. Januar mit Tagesanbruch den Rhein mit der Armee passieren werde. Die Disposition soll morgen folgen. Um meinen Vorsatz zu verheimlichen, werde ich den 29. d. mein Hauptquartier nach Frankfurt verlegen, und solche Einrichtungen treffen, als wenn ich auf einige Dauer dort bleiben würde."

Während in Frankfurt die ausgedehntesten Anstalten und Verhandlungen in betreff der Winterquartiere der schlesischen Armee gemacht wurden, rüstete sich Sacken bei Mannheim, St. Priest bei Koblenz, York und Langeron bei Caub über den Rhein zu gehen.

Am 31. erreichte das Yorksche Korps die Dörfer, die hinter Caub und Goarshausen landeinwärts liegen. Hünerbeins Brigade, die diesmal den Vortritt erhielt, ging noch denselben Nachmittag nach Caub hinab, quartierte sich dort ein. Es ward strenger Befehl gegeben, daß sich kein Soldat am Ufer sollte sehen lassen. Die hellen Fenster und das laute Leben in dem Städtchen mochte der feindliche Posten auf dem Zollhaus jenseits auf Rechnung der Neujahrsnacht schieben. Wenigstens bemerkte man auf dem linken Ufer nichts, was auf feindliche Vorbereitungen schließen ließ. Es war völlig sternenhell und scharfer Frost.

Gegen Mitternacht ließ York Hünerbeins Brigade, der noch die beiden Jägerkompagnien, 7 Schwadronen und eine reitende Batterie zugegeben waren, antreten, die Infanterie am Rheinufer, die Kavallerie und Artillerie in dem Paßwege hinter dem Städtchen. Man hatte mehrere Rheinkähne zusammengebracht, sie wurden zum Überfahren fertig gemacht. Die russischen Pontons waren um Mitternacht angekommen. Russische Pioniere begannen die Brücke zunächst bis zur Rheinpfalz; eine Zwölfpfünderbatterie fuhr hart am Ufer auf, vier andere Zwölfpfünder bei Burg Guttenfels oberhalb der Stadt. Trotz des dabei unvermeidlichen Geräusches blieb es drüben auffallend still.

Um halb drei Uhr nachts stiegen 200 Mann von den Brandenburger Füsilieren in die Kähne; Graf Brandenburg mit ihnen. Es war Befehl gegeben, unterhalb des Zollhauses möglichst unauffällig zu landen. Die Stille drüben ließ irgend eine Hinterlist vermuten; man mußte auf alles gefaßt sein.

Mit größter Spannung horchte man hinüber. „Das Licht im Douanenhäuschen brannte; kein Schuß fiel; es war still, bis unsere Füsiliere aus den Kähnen springend gegen das gegebene Verbot das linke Rheinufer mit einem lauten Hurra begrüßten. In diesem Moment fielen einige Schüsse aus dem Douanenhäuschen; sie blessierten einen Jäger und einen Führer, der sich freiwillig erboten hatte, die ersten preußischen Gruppen über den Rhein zu führen." Es waren schon weitere Truppen übergesetzt, ehe der Feind aus Bacharach und Oberwesel herankam; nach kurzem Geplänkel wich er eiligst zurück.

Als es Tag wurde, sah man von Bacharach aus einige Hundert Mann vorgehen, die auf einen Angriff der Vorposten schnell zurückgingen. Das nachfolgende Detachement fand Bacharach vom Feinde verlassen; ein anderes fand ebenso Oberwesel unbesetzt.

Um 9 Uhr war die Brücke bis zur Pfalz, um 4 Uhr der zweite Teil der Brücke bis auf wenige Pontons fertig. Da riß der gewaltige Strom die Anker aus und trieb die Brücke hinweg, weil die Russen sich geweigert hatten, von den schwereren Rheinankern zu nehmen. Es währte bis zum Morgen des 2. Januar, ehe die Brücke beendet war. Dann gingen die noch übrigen Truppen des Korps hinüber; am 3. Januar folgte Langeron.

Aus aufgefangenen Depeschen ersah man, daß Marmont bei Neustadt an der Hardt, Riccard bei Kreuznach stehe, daß General Dürütte mit seiner Division von Koblenz aus nach Kaiserslautern kommen solle, wo Marmont alle seine Truppen vereinigen wollte. Diese Vereinigung galt es zu hindern, durch schleuniges Vorrücken an die Saar, Marmont von Metz abzuschneiden.

Sacken war bei Mannheim, St. Priest bei Koblenz am 1. Januar über den Rhein gegangen.

Unter den größten Strapazen hatten die Truppen in 14 Tagen diese Aufgabe gelöst. Das ganze Gebiet zwischen Saar und Mosel war vom Feinde verlassen; nur Saarlouis hatte er noch inne.

Aber sie hatten alle Mühe mit wahrer Lust bestanden, es hatte eine Menge kleiner Gefahren und Gefechte gegeben, und alles war glücklich, ja glänzend bestanden. Namentlich der Prinz Wilhelm als Führer der Vorhut zeigte ebenso viel Kühnheit wie militärische Einsicht. Bis nahe an die Mosel hin war die Bevölkerung deutsch und meist den Verbündeten freundlich. Erst „im schwarzen Bruchwald" begann auch in den Dörfern das Französisch; aber auch da noch fand man gute Aufnahme; die ewigen Aushebungen und jetzt noch dazu das Zusammentreiben der Nationalgarden, um die Festungen zu besetzen, hatten die Leute erbittert. In ihren letzten Kalendern hatten sie von der Defection du Général York und daß die an allem schuld sei, gelesen; sie dachten sich unter diesem traitre wer weiß welch ein Ungeheuer und waren nun sehr erstaunt, ihn und seine Truppen wie andere Menschen angetan und nicht wie die Bestien hausen, sondern die strengste Mannszucht halten zu sehen.

Nicht eben in gleicher Weise schnell wie die schlesische, bewegte sich die große böhmische Armee vorwärts. Auf dem Wege von Basel bis Langres, 24 Meilen, marschierten sie vom 20. Dezember bis 17. Januar.

Man hatte im Blücherschen Hauptquartier dies langsame Vorrücken mit der eigentümlichen Auffassung dieses Krieges, mit der man schon in

Frankfurt zu ringen hatte, in Zusammenhang gebracht. Als der Kronprinz von Schweden im September in gleicher Weise zögerte, hatte sich die schlesische Armee vor ihn geschoben und die Nordarmee zur Entscheidung gezogen. Man entschloß sich jetzt in der gleichen Weise zu verfahren. Nach der überraschenden Besetzung von Nancy befahl Blücher den Linksabmarsch und schob sich dadurch vor die große böhmische Armee.

Allerdings ein kühnes Manöver. Es waren nur 27 000 Mann, die er mit sich nahm, und mit diesen umging er die rechte Flanke der drei Marschälle, die mit 40 000 Mann nahe genug standen, sich auf ihn zu stürzen. Er glaubte es wagen zu dürfen; er war in dem vollen Gefühl moralischer Überlegenheit. Rasch wurde die Mosel, die Maas überschritten; nach den Gefechten von St. Aubin (22.) und Ligny (23.) stand Blücher von Joinville die Marne abwärts bis St. Dizier, ihm zur Seite die Marschälle bei Vitry (25. Januar). Es war der Moment, wo Napoleon in Chalons eintraf, wohin auch Macdonald von der unteren Maas her berufen war. Schon war die große Armee über Chaumont hinaus; mit dem Gefecht von Bar sur Aube (24. Januar) hatte sie den Weg auf Troyes. Blücher eilte, mit ihr gleiche Höhe zu gewinnen, nach Brienne; hier, wo einst Napoleon die Kriegsschule besucht, nahm er sein Hauptquartier (27.); hier könne nun Examen gehalten werden, meinte er; er hoffe, der Feind solle merken, daß auch sie etwas gelernt hätten.

Während dieser raschen Bewegungen lag York mit dem ersten Armeekorps innerhalb jenes Festungsnetzes der Saar, Mosel und Maas; eine ausführliche Darlegung Blüchers wies York an, in welcher Weise er eine oder die andere jener Festungen nehmen, welchen Verlust an Menschen er allenfalls daran wagen solle. Der Name „Champagnerdisposition", mit dem man die Weisung im Yorkschen Hauptquartier bezeichnete, zeigt, wie man sie beurteilte. Wegen der außerordentlichen Stärke dieser Festungen mußte jeder Versuch trotz erheblicher Opfer erfolglos verlaufen.

Im Blücherschen Hauptquartier hatte man sich in der Tat von dieser Expedition gegen die Festungen Erfolg versprochen; und Bülows Erfolge in Holland schienen es zu rechtfertigen, wenn man sich von französischen Festungskommandanten nicht mehr großer Dinge versah. Man meinte wohl, York hätte mehr leisten können; „General York", schreibt Müffling am 25. Januar, „hat von einer Festung zur andern eine Reise gemacht, ist aber dabei geblieben, daß er überall eine Visitenkarte abgegeben hat und weiter gereist ist." Namentlich auch dem großen Hauptquartier gegenüber hätte man gern in dem Fall der einen oder anderen Festung einen Beweis mehr gehabt, daß es mit der moralischen Kraft des feindlichen Heeres zu Ende sei. Von österreichischer Seite wurde dort das Entgegengesetzte geltend gemacht; und während man im Blücherschen Hauptquartier der Überzeugung lebte, daß erst Napoleons Heeresmacht gebrochen sein müsse, ehe vom Frieden die Rede sein könne, neigten sich auch Hardenberg und Knesebeck auf die Seite jener Vorsicht, die unter den Diplomaten des großen Hauptquartiers immer mehr Anhänger fand. Sie mißbilligten die gewagte Bewegung Blüchers; sie meinten, man dürfe in das eigentliche und alte Frankreich sich nicht hineinwagen, das Höhenland von Langres „müsse als der Rubikon betrachtet werden, den man nicht überschreiten dürfe." Allerdings veranlaßte die Ankunft Alexanders im Hauptquartier Langres (22. Januar) und seine entschieden ausgesprochene Meinung, daß die schon stockende Bewegung – man hatte der Armee zwischen Chaumont und Langres Ruhetage gegeben – wieder aufgenommen wurde, und mit dem Gefecht von Bar sur Aube (24. Januar) eröffnete man sich den weiteren Weg auf Troyes, wo Schwarzenberg am 29. eintreffen wollte.

Die noch nicht herangekommenen Korps abgerechnet, hatte man 137 000 Mann zu einer Schlacht beieinander; es stand Blücher mit 27 000 Mann an der Marne, Schwarzenberg einen Marsch hinter ihm mit 110 000 Mann, die im Laufe eines Tages zusammengeschlossen sein konnten, während man wußte, daß Napoleon in und um Chalons nicht über 60 000 Mann vereinigen konnte und mit Macdonalds Ankunft nur um 12 000 Mann stärker wurde. Aber die Sorge der Diplomaten wuchs; Knesebeck schrieb Briefe auf Briefe ins Blüchersche Hauptquartier, die dort freilich geringen Eindruck machten.

Man war im Blücherschen Hauptquartier der Meinung, noch bevor es zum Zusammenstoß mit Napoleon komme, das Yorksche Korps an sich ziehen zu können. Indem man eine Scheinbewegung in der Richtung von Chalons machte, hoffte man, Vitry an der Marne, einen Marsch von Chalons, mit der Vorhut festhaltend, Yorks Einrücken auf den rechten Flügel zu sichern, während sich der linke Flügel um Vitry, wie um seinen Angelpunkt von der Maas bis zur Aube schwenkte. In derselben Zeit, wo dann York bis auf einen kleinen Marsch an Vitry heran war (29. Januar), stand die große Armee in Troyes, Blücher vor ihr in Arcis an der Aube, in der rechten Flanke des bei Chalons vereinten feindlichen Heeres und es weit überflügelnd.

In diesem Sinne war eine Weisung Blüchers gehalten, die York am Morgen des 25. Januar erhielt. Nach dem mitgesandten Marschplan sollte er am 27. in Bar le Duc, am 28. in St. Dizier sein. „Sollte der Feind", heißt es in Blüchers Schreiben, „eine Offensive gegen meinen rechten Flügel versuchen, um dadurch unsern Marsch aufzuhalten, so ist meine Absicht, daß Ew. Exzellenz sich in keine Schlacht einlassen, sondern ausweichend sich auf mich nach der Aube zurückziehen; wenn wir auch die Kommunikation mit dem Kleistschen oder Langeronschen Korps einen Augenblick verlieren sollten, so ist daran nichts gelegen, da wir die Kommunikation mit der großen Armee benutzen können." Namentlich sollte York Macdonalds Marsch aufmerksam beobachten lassen, der sich über Namur gewiß auch auf Chalons bewege.

Man wird im Yorkschen Hauptquartier über diesen Befehl nicht sehr erbaut gewesen sein. Wie die Truppen für den Augenblick stan-

den, weit auseinander, in einzelne Abteilungen von Verdun bis Saarlouis aufgelöst, war es unmöglich, das Korps vor dem 28. zum Maasübergang bei St. Mihiel zu vereinen; – und eben an diesem Tage wollte
Blücher bereits in Brienne, 15 Meilen weiter, sein Hauptquartier haben. Wenn Napoleon in Chalons eingetroffen war, so war mit Zuversicht zu erwarten, daß er sich zwischen die Korps der schlesischen Armee, deren Verbindungslinie kaum sechs Meilen von Chalons entfernt
war, warf und deren rechten Flügel vernichtete. Es lag alles daran, die
unmittelbare Verbindung mit Blücher sobald als möglich wieder zu
gewinnen.

Um dem Befehl möglichst nachzukommen, gab man es auf, das Korps
vor dem Maasübergang zu vereinigen. Noch am 25. kam die Nachricht,
daß der Feind St. Mihiel verlassen, freilich auch die Maasbrücke dort
gesprengt habe.

Bisher hatte man überall bei der Bevölkerung gute Aufnahme gefunden. Mit Schrecken sprachen die Leute von den Kosaken, von deren
Plünderungen weiter hinauf an der Mosel. Und das nicht mit Unrecht.
York sah sich veranlaßt, jetzt beim Vorrücken in das Innere Frankreichs
die Brigadechefs und alle Offiziere erneut für die strengste Manneszucht
verantwortlich zu machen; „es muß dem gemeinen Manne begreiflich
gemacht werden, daß hiervon die Stimmung der Nation für unsere gute
Sache abhängt." In seinem Offizierkorps war es Ehrensache, auch nicht
im Entferntesten jene nichtswürdige Kunst des Requirierens, welche die
französischen und rheinbündnerischen Offiziere in preußischen Landen
bis zum Übermaß geübt hatten, zu versuchen. Er selbst bezahlte alles
bar. Als er in Pont à Mousson in dem Schloß eines Generals, der 1806 in
Berlin sich in das königliche Schloß einquartiert hatte, sein Quartier
nahm und dann bei Abreise die Rechnung für die 20 Couverts seines
Tisches, die er bestellt hatte, fordern ließ, weigerte sich der Maitre
d'Hotel Bezahlung anzunehmen: sein Herr werde es sich zur Ehre rechnen, den berühmten General York bewirtet zu haben usw. York ließ sich
den galanten Verwalter kommen. Allerdings hätte er wohl die Macht
und allenfalls auch das Recht, hier in diesem Schlosse zu hausen, es
niederzureißen und Salz auf die Stätte zu streuen, da der General sich
einst unterfangen habe, in Berlin in seines Königs Schloß zu hausen, als
wenn es ihm gehöre; aber es solle aller Welt ersichtlich werden, welch ein
Unterschied zwischen einem preußischen und französischen General be-
stehe, er befehle jetzt die Rechnung. Sie ward dann im doppelten Betra-
ge bezahlt.

Von Pont à Mousson eilte York nach St. Mihiel; neue Weisungen des
Feldmarschalls hatten Beschleunigung des Marsches geboten. York kam
gegen Mittag des 27. dort an; er fand Graf Henkel bereits dort; im Laufe
des Tages sollte Prinz Wilhelm eintreffen. Da die Brücke hier zerstört
war, war ein wenig oberhalb bei dem Dorfe Ham eine Furt gesucht,
daneben eine Brücke hergestellt, ein Fußsteg für Infanterie. Die Nachrichten, die man hier erhielt, zeigten, daß allerdings um Chalons der

Feind sich gesammelt und man allen Grund habe, für die rechte Flanke zu fürchten; aber auch, daß General Lanskoy vom Sackenschen Korps am 25. den Feind aus St. Dizier geworfen habe. Spätere Nachrichten aus St. Dizier hatte man nicht.

Erst am Morgen des 28. Januar erfuhr York, daß der Feind bis Bar le Duc, welches schon Blücher durchzogen haben mußte, stehe. Eine nordwärts gesandte Patrouille brachte die Meldung, daß ein feindliches Korps mit vieler Kavallerie – es war Macdonald – bei Clermont vorüberziehe. Auch Marmont, erfuhr man nun sicher, habe sich von Verdun auf Chalons gewandt; am 25. sei Napoleon dort eingetroffen, habe am 26. Vitry passiert; im Laufe des 27. wollten Landleute in der Richtung von St. Dizier eine starke Kanonade gehört haben.

Es war klar, daß man sich in der Nähe großer Entscheidungen befand. Auch die Stimmung der Bevölkerung war wie umgewandelt. Die Nähe Napoleons und seine zuversichtlichen Proklamationen schienen plötzlich die Bevölkerung zu begeistern; daß er die Offensive ergriffen, belebte alte Hoffnungen; mit der befohlenen levée en masse schien es Ernst zu werden. Die Dörfer waren leer, die Einwohner mit ihrem Vieh, ihren Vorräten in die Wälder geflüchtet; dort lauerten sie Nachzüglern und kleinen Patrouillen auf, überfielen, entwaffneten, mißhandelten sie; in den Quartieren wurden Mordversuche gemacht; man konnte sich nicht länger über die Gesinnung des Volkes täuschen; der eigentliche Krieg begann.

Die Lage des Yorkschen Korps war übel; es hatte die Verbindung mit Blücher verloren, hatte zwischen sich und ihm den Feind; selbst ohne irgendeinen Rückhalt stand es zwischen Napoleon und seinen Festungen.

Erst nach vier Tagen, am 29. Januar, trafen die ersten Nachrichten aus dem Hauptquartier bei York ein. Danach war es Blücher gelungen, sich der großen Armee vorzuschieben; beide standen an der Aube, er bei Brienne, sie drei Meilen weiter stromauf bei Bar sur Aube; die Korps von Wrede und Wittgenstein bei Joinville an der Marne als rechter Flügel, mit ihm nun schon York in Verbindung, ihm vorgeschoben wie Blücher dem linken. Es war klar, daß sich die ganze Streitmacht der Verbündeten in einem Halbkreis um Napoleon zusammengefunden hatte, der durch schleunige Besetzung von St. Dizier – 6 Meilen von Brienne – noch enger geschlossen werden mußte.

Eben dies hatte York schon vorbereitet, als er die Nachrichten Wittgensteins aus dem Hauptquartier und die Aufforderung, an dem Angriff von Joinville aus mitzuwirken, erhielt. York ließ ihm antworten: Se. Erlaucht möchten die ersten Kanonenschüsse des 1. Armeekorps als Signal zum eigenen Angriff nehmen. Noch am Abend des 29. gab er die Angriffsdisposition für den folgenden Tag aus.

Am Sonntag, den 30., vormittags 10 Uhr, brach das Korps in zwei Gruppen vom Saulx nach St. Dizier auf, rechts die Vorhut unter Prinz Wilhelm, links die drei anderen Brigaden.

Nach zwei Uhr kam die Spitze dieser Hauptkolonne aus dem Wald, der auf dieser Seite die Stadt eine Viertelstunde entfernt umschließt. York ließ sofort, ohne die Ankunft der anderen Gruppe abzuwarten, den Angriff beginnen. Nach einem leichten Geplänkel und einigen Kanonenschüssen verließ der Feind die Vorstadt und die Stadt selbst und zog sich über die steinerne Marnebrücke zurück. Die Mecklenburger Husaren, dann auch die Reservekavallerie und Katzeler mit den Schwadronen der Vorhut folgten in der Richtung auf Brienne.

Der Feind – was man gesehen, schätzte man auf 6000 Mann – hatte sichtlich sich nicht in ein ernstes Gefecht einlassen wollen, wie denn General Lagrange, der diesen Teil des Marmontschen Korps führte, den Befehl hatte, St. Dizier aufzugeben und nach Brienne zu eilen. Aber die Heftigkeit des Angriffs hatte ihm nicht einmal Zeit gelassen, die Marnebrücke zu sprengen, und auf seinem weiteren Marsch schien er Wittgenstein, der ja über Vassy hatte vorgehen wollen, unvermeidlich in die Hände fallen zu müssen.

York nahm sein Hauptquartier in St. Dizier; er erfuhr dort, daß man während des vorigen Tages (29.) eine heftige Kanonade in der Richtung von Brienne vernommen habe.

Allerdings war dort gekämpft worden. Napoleon hatte in der Hoffnung, seinen gefährlichsten Gegner noch unvorbereitet, noch vor seiner Vereinigung mit der großen Armee über den Haufen zu werfen, mit größter Heftigkeit angegriffen, Blücher mit ebenso viel Ruhe das Gefecht abgebrochen und sich auf Trannes zurückgezogen, in der Zuversicht: „daß sofort en allgemeines Hurra sämtlicher verbündeter Heeresteile auf den umringten Feind denselben vernichten werde".

In der Tat, Napoleon war umringt, wenn die Verbündeten die zwei Tage seiner rätselhaften Untätigkeit in Brienne benutzten; er war vernichtet, wenn sie die Überlegenheit an Streitmitteln, über welche sie verfügen konnten, 150 000 Mann gegen 50 000, auch wirklich verwendeten.

Der gerade, aber unchaussierte Weg von St. Dizier nach Brienne führt über Eclaron durch den Wald von Der; das Dorf Montier en Der liegt auf der Mitte dieses Weges, noch 3 Meilen von Brienne. Will man von St. Dizier auf Brienne auf guter Chaussee gehen, so macht man den Umwelt über Vassy. Bis Eclaron war Yorks Kavallerie noch am Abend des 30. gegangen. Für den folgenden Tag befahl er: „Die Avantgarde bricht in jedem Fall morgen mit Tagesanbruch auf und verfolgt den Feind auf dem Wege nach Vassy"; alle Truppen wurden angewiesen, geschwind zu kochen und jederzeit marschfertig zu sein. Diese Weisungen zeigen, wie er die Lage der Verhältnisse auffaßte; doch traf er zugleich die Anstalten, den Marsch auf Vitry fortsetzen zu können. Er sandte noch am Abend des Gefechtes von St. Dizier Graf Brandenburg über Joinville an den Feldmarschall.

York war infolge der sich kreuzenden Befehle am 1. Februar mit dem Gros seines Korps erst gegen 1 Uhr abmarschiert; er forderte Wittgenstein, der unmittelbar nach ihm in St. Dizier einrückte, auf, da das preußische Korps auf dem rechten Marneufer stark genug sei, auf dem linken vorzugehen und so die Verbindung von Vitry nach der Aube zu unterbrechen.

Die Vorhut stand schon am Morgen vor Vitry. Nach vergeblicher Aufforderung zur Übergabe hatte man die Stadt zu beschießen begonnen, ohne mit dem leichten Geschütz eine Wirkung erzielen zu können. Ein dichtes Schneetreiben hinderte die Fernsicht; einer von Chalons eintreffenden Abteilung von 42 Geschützen und 400 Mann Bedeckung gelang es, die Festung zu erreichen. Nur der führende Offizier wurde von einer Husarenpatrouille kaum zwanzig Schritt vor seiner Gruppe aufgegriffen und sogleich ins Hauptquartier gebracht. Von ihm erfuhr York, daß Macdonald in Chalons am 30. eingetroffen sei, und daß er wahrscheinlich auf Vitry gehen werde, daß jene Geschütze dem Kaiser zugesandt würden. Ihre Anwesenheit in Vitry merkte man bald an dem lebhafteren Artilleriefeuer, vor dem sich die Vorhut, zu schwach, um Ernstliches zu unternehmen, aus der ganz freien Umgebung der Stadt zurückzog.

Noch also war Macdonald nicht in Vitry. Es kam darauf an, ihn nicht dahin gelangen zu lassen.

York persönlich überzeugte sich, daß ein sofortiger Angriff auf Vitry untunlich sei; der Platz hätte nur mit großem Verlust gestürmt werden können, während man die Kräfte des Korps für den wahrscheinlichen Zusammenstoß mit Macdonald zusammenhalten mußte. York beschloß einen nächtlichen Angriff. Er befahl, daß zum nächsten Morgen (3. Februar) 4 Uhr die Brigaden bereit stehen sollten.

Auf der Höhe des Weges nach Chalons fließt ein Bach zur Marne hinab; in den Dörfern an demselben, Quentin, St. Amand, Aulnay, Mutigny, jedes ein paar Tausend Meter von dem andern, sollte die vorgehende Kavallerie sich einquartieren. Ihnen gegenüber bei dem Dorfe la Chaussee lag der Feind in Stärke von 5 bis 6000 Mann im Biwak.

Vor sich hatte man den Bach; hinter demselben hebt sich das Gelände, begleitet in welligen Höhen die Marne bis ein paar Tausend Meter vor Chalons, nur einmal durch das Gesenke des Flüßchen Moivre unterbrochen, das eine Meile von la Chaussee dicht hinter dem Dorfe Pogny in die Marne fließt.

Noch ehe es tagte, hörte man im Biwak des Feindes die Trompete zum Ausrücken blasen. In der Dämmerung sah man die überlegene Kavallerie des Feindes – mindestens sieben Regimenter – teils auf der Höhe von la Chaussee, teils mit Infanterie gegen Aulnay hin aufgestellt; man hörte das schwere Rasseln der aus dem Dorfe heraneilenden Geschütze. Um diese nicht die Höhe gewinnen zu lassen, eilte man, ohne auf das Eintreffen der Infanterie zu warten, zum Angriff.

In erster Linie rechts der Chaussee die westpreußischen Dragoner, hinter ihnen die Litauer, auf dem linken Flügel unter Major Zastrow die Ostpreußen und Mecklenburger; in der Mitte im zweiten Treffen sollten die Brandenburger Husaren kommen, die sich Katzeler für das Gefecht ausgebeten. Sie hatten den weitesten Weg; sie trabten an den ostpreußischen Bataillonen vorüber, die gerade zur rechten Zeit kamen, um an den Ulanen vorüber gleich weiter zum Gefecht zu gehen.

„Als wir aufmarschiert waren", so erzählt einer von ihnen, „wurde Fanfare geblasen. Im Galopp erreichten wir, vier Schwadronen Husaren und zwei des Brandenburgischen Ulanenregiments, den Rücken des Berges. Nun sahen wir dicht vor uns den Feind, zwei Kürassierregimenter und ein Chasseurregiment in ihrer Mitte, rechts hinter ihnen eine Batterie, die noch nicht schußfertig war. Nun erst wurde „Gewehr auf" kommandiert. Wie eine Windsbraut fielen wir über die Franzosen her; es war unser erstes anständiges Gefecht in Frankreich. Auf sechs Schritt Entfernung wurde von beiden Seiten Feuer gegeben. Es half etwas, aber die Franzosen hielten stand, und die Kürassiere lagen mit ihren langen Pallaschen in Stichparade so ruhig wie auf dem Fechtboden. Wir hatten es mit den Chasseurs zu tun. Weichen mußten sie, und hätten wir sie mit den Zähnen herunterreißen sollen. Kräftige Säbelhiebe in die Gesichter warfen sie in die Flucht. Auch einen Teil des rechts stehenden Kürassierregiments jagte unser wackere Jägerschwadron vor sich her." Der Stoß der Westpreußen mißlang, desto kräftiger faßte Zastrow die rechte Flanke des Feindes; sie machte kehrt. Die Flucht des ersten Treffens riß teilweise auch das zweite in die Verwirrung. Die Batterien waren ohne Mühe überwältigt und genommen. Aber noch stand der größere Teil der Kürassiere; jetzt machten sie Front gegen die ziemlich aufgelöst nachsetzenden Schwadronen; aber schon waren die Brandenburgischen Ulanen ihnen auf den Fersen; die westpreußischen Dragoner mit dem Jägerdetachement der Litauer folgten. Die Kürassiere mußten weichen, wurden bis in das Dorf verfolgt, bis Gewehrsalven feindlicher Infanterie Einhalt geboten. Wenigstens drei Geschütze hatte man glücklich erobert.

Der Feind wich über la Chaussee bis an den Moivre zurück, nur einzelne Posten auf der Höhe von Pogny zurücklassend.

Als York in Pogny ankam, war bereits Dämmerung. Den glücklichen Kampf nochmals aufzunehmen, hätte man den Bach passieren müssen, den der Feind mit seinen Batterien beherrschte. Die Truppen waren erschöpft, sie hatten schon den zweiten Tag nicht abgekocht, waren meist die Nacht durch marschiert; und die Brigaden des Prinzen Wilhelm und Horns – York hatte sie um 10 Uhr marschieren lassen – konnten höchstens bei la Chaussee angelangt sein. So ließ York für heute innehalten, zufrieden mit dem gewonnenen Resultat.

„Die Truppen müssen sehr allart und in Bereitschaft sein, im Fall eines Alarms auf ihre Alarmplätze zu rücken"; so der Eingang des Befehls, den York am Abend des Gefechts erließ; die Vorhut sollte dem Feind gegenüber in Stellung bleiben und, falls der Feind in der Nacht abzöge, ihn womöglich bis Chalons verfolgen; wenn er am folgenden Morgen noch in seiner Position stünde, so sollte er angegriffen werden.

Aber der Feind zog ab; um 10 Uhr verließ er die Moivrebrücke. Die Spitze der Vorhut rückte sofort hinüber, folgte bis Mitternacht. Völlig erschöpft ruhte sie ein paar Stunden, brach morgens 5 Uhr (4. Februar) wieder auf, traf gegen 9 Uhr die feindlichen Vorposten dicht vor Chalons. Marschall Macdonald war, wie französische Berichte angeben, entschlossen, Chalons zu behaupten. Er hatte noch 12 000 Mann; hohe Mauern und zum Teil sumpfige Gräben davor, umschlossen die Stadt, die Zugänge waren barrikadiert, starke Tambours bedeckten die Tore. Die Breite südwärts der Stadt beherrschte die Uferhöhe jenseits der Marne, auf der zwei Zwölfpfünderbatterien aufgefahren waren. Die Vorstadt St. Memmie, an der Chaussee von Vitry hinausgebaut, von dem Stadtgraben durch eine breite mit Bäumen bepflanzte Promenade getrennt, war mit Infanterie stark besetzt, um dem ersten Anlauf zu wehren.

Um 11 Uhr begann Katzeler den Angriff, drang mit seinen Füsilieren in diese Vorstadt ein, folgt dem weichenden Feinde bis zu jener Promenade. Dort unter dem plötzlich eröffneten Feuer der Zwölfpfünder und der am Johannistor aufgestellten Geschütze entspann sich ein überaus heftiges Gefecht. Es war nicht möglich, hier auf so offenem Gelände Raum zu gewinnen; genug, daß die braven Ostpreußen ein paar Stunden die Vorstadt, endlich bei immer heftigerem Drängen des Feindes wenigstens am Ende der Vorstadt ein Gehöft mit Garten von besonders wichtiger Lage behaupteten.

Inzwischen war York gekommen und überzeugte sich persönlich von der Beschaffenheit der Befestigungsanlagen. In der Nähe des Rheimser Tores entdeckte er eine Art Bresche in der Mauer, dort konnte gestürmt werden. Des Prinzen Brigade war zum Sturm ausersehen, die Horns sollte als Deckung folgen.

Es war vorauszusehen, daß ein Sturm unter diesen Verhältnissen sehr viel Blut kosten werde; vielleicht, daß ein nächtliches Bombardement, zumal wenn es gelang, auch sonst die Mauer zu brechen, die Räumung der Stadt erzwang. York ließ die Zwölfpfünder und 8 Haubitzen auf dem Windmühlenberge auffahren. Er sandte Graf Brandenburg als Parlamentär an das nächste Tor, um den Marschall zur Übergabe aufzufordern, andernfalls die Stadt bombardiert werden würde. General Sebastiani kommandierte dort; er empfing den Antrag mit hohem Tone: man werde die Antwort mit 80 Feuerschlünden geben.

Darauf ließ York das Bombardement beginnen. Er stand neben den Geschützen. Man hatte nicht eben großen Vorrat an Granaten. Die ersten Würfe blieben wirkungslos. „Ich wollte, daß es nun brennte", sagte York. Endlich zündete eine Granate, gleich darauf noch ein paar. Man richtete die Zwölfpfünder dorthin, um das Löschen zu hindern; die Munition zu schonen, wurde langsam gefeuert. Die angeblichen 80 Feuerschlünde der Stadt schwiegen. Die Ostpreußen in St. Memmie waren wieder im Vorgehen.

In einem Bauernhause unfern einer Windmühle war das Hauptquartier. Inmitten des geräumigen Hausflurs auf dem niedrigen Herd war ein

Feuer angemacht. York und seine Offiziere saßen und standen umher. Noch hörte man das Knattern des Gewehrfeuers aus St. Memmie her, aber es wurde matter und matter; die Bataillone dort mochten von der zweitägigen Anstrengung erschöpft sein. Da kam Yorks Reitknecht, der nach St. Memmie geschickt war, um etwas Wein zu holen, zurück ohne Wein, aber stark taumelnd: „Alles tot, Exzellenz, ja alles tot." Das war sein Bericht. Schleunigst war Valentini, Yorks Adjutant, hingeritten, um selbst nachzusehen. Er fand ein seltsames Schauspiel. Die braven Soldaten hatten ein paar Champagnerkeller aufgefunden, hatten in dem trefflichen Weißbier – dafür tranken sie es – ihren Durst äußerst reichlich gelöscht. Tausende von Flaschen lagen zerbrochen umher; schnell berauscht waren die einen nur desto verwegener geworden, und mancher hatte mit der Flasche in der Hand gegen die Mauer stürmend den Tod gefunden, andere lagen, immerhin an gefährlichster Stelle, im süßen Schlaf, alle Gefahr und Drangsal vergessend, andere saßen und schwatzten und tranken. Das war der Bericht, den Valentini zurückbrachte. „Eine nüchterne Brigade zur Ablösung" war das vor allem Nötige.

Es war gegen Mitternacht. Oberst Schmidt meldete, daß er nur noch halbe Munition habe. Auch die Jäger, seit zehn Stunden im Gefecht, hatten den Vorrat ihrer Pulverkarren verschossen; auch die Ostpreußen hatten doppelte Munition verbraucht. Sollte man nun stürmen? Die Truppen waren alle durch Märsche, Wachen, Hunger, Kälte erschöpft; ein Sturm, ohne daß man die örtlichen Verhältnisse der Stadt kannte, war um so bedenklicher. Und wieder abzuziehen und die Truppen in die nicht eben nahen Dörfer zurückzuführen, schien völlig unratsam. So beratschlagte man, als von den vorderen Truppen die Meldung einging, ein Trompeter kündige die Absicht zu parlamentieren an. Die Stadt wurde zu den von York gestellten Bedingungen übergeben: sofortige Räumung der Rheimser Vorstadt, Zurückziehen aller feindlichen Posten hinter die Mauer der Stadt, Abzug des Feindes um 7 Uhr, so daß um 8 Uhr die Preußen einrücken können, endlich: „die Stadt und die Magazine bleiben, wie sie augenblicklich sind."

VI

MONTMIRAIL

Der Zufall hat uns Kunde von einem Tischgespräch erhalten, das in jenen Tagen das Yorksche Hauptquartier lebhaft beschäftigte. Eine Erzählung Schacks von der großen Liebe, die General Kleist bei seinen Truppen habe, veranlaßte York zu der paradoxen Äußerung, daß es ihm ganz gleichgültig sei, was die Soldaten von ihm dächten, wenn sie ihn nur fürchteten. Die völlig zutreffende Entgegnung, daß der Soldat sehr gut wisse, wie York unablässig für ihn sorge, ja weniger gegen ihn als gegen die Offiziere unnachsichtig sei, sich in der Gewißheit, richtig und mit Sorgfalt geführt zu werden, völlig sicher fühle und das unerschütterliche Vertrauen des Erfolges habe, führte York zu einer kurzen und scharfen Darlegung seiner Ansicht von der Führung des Krieges: Die Sache der Strategen sei es, die Bewegungen der Heerkörper so zu leiten, daß sie unter möglichst günstigen Verhältnissen schlagen könnten; daß die Heerkörper in der Verfassung seien zu schlagen, und daß der zum Schlagen bestimmte Moment erfaßt, der Sieg erzwungen, die strategisch eingeleitete Entscheidung taktisch gewonnen werde, das sei die Sache der Korpsführer, dafür seien sie verantwortlich; jene hätten die Aufgabe zu stellen, diese zu lösen; jene seien die Baumeister, diese die Werkmeister; „aber sie müssen uns nicht ins Handwerk pfuschen wollen." Er zitierte schließlich den schönen Satz aus Friedrichs des Großen Unterricht an seine Generale: „Ein vernünftiger Mann muß niemals eine Demarche tun, ohne einen guten Beweggrund zu haben; wird der General von einer Armee von dem Feinde forciert Bataille zu liefern, so geschiehet solches allemal deshalb, weil er einige Fautes begangen hat, die ihn zwingen, daß er von seinem Feinde das stolze Gesetz einer Schlacht annehmen muß."

Äußerungen, die wohl dazu angetan sind, den „Schlachtengeneral", wie man York genannt hat, zu charakterisieren. Nichts widerstand ihm mehr als das „Wagen auf gut Glück."

Bisher hatte die schlesische Armee nur glücklich gefochten; selbst gewagte Unternehmungen waren ihr geglückt. Jetzt sollte auch sie einmal böse Tage haben.

Die gestellte Aufgabe, Vitry und Chalons zu nehmen, hatte York gelöst und damit den weiteren Bewegungen der schlesischen Armee Stützpunkte an der Marne gewonnen, deren Wichtigkeit die nächsten Tage beweisen sollten. Aber zweifellos hätte Größeres erzielt werden können, wenn Wittgenstein, der York zu unterstützen angewiesen war, dem Wunsche desselben entsprechend, von St. Dizier am linken Marneufer vorgegangen wäre. Er sandte York am 3. Februar die Nachricht, daß er es vorziehe, wieder nach der Aube zu marschieren. York war nicht stark genug, zu hindern, daß das große Munitionsdepot in Vitry, die in Vitry und Chalons zusammengebrachten Geschützmassen, die vielleicht 12 bis 16 000 Mann, welche Macdonald befehligte, über die Marne entkamen. Er mußte erwarten, daß namentlich Blücher, der seit dem 2. Februar in dieser Richtung marschierte, jene in ihrem eiligen Rückzug auffangen werde; es schien hinreichend, sie ihm zugetrieben zu haben.

York ließ am Sonntag (6. Februar) gegen Mittag aufbrechen; er gedachte die Pariser Straße über Vertus und Montmirail einzuschlagen, nicht dem Rückzuge Macdonalds längs der Marne über Epernay zu folgen, zumal da dieser bereits einen Vorsprung von zwei Märschen gewonnen hatte.

Von Chalons führen zwei große Straßen nach dem 24 Meilen entfernten Paris. Die eine, die sogenannte große Pariser Straße, folgt dem flach gegen Norden gebogenen Lauf der Marne zuerst auf ihrem linken Ufer, geht bei Chateau Thierry 11 Meilen von Chalons auf das rechte Ufer über; zwischen beiden Städten ziemlich in der Mitte liegt Epernay. Die kleine Pariser Straße führt mit einer flachen Biegung nach Süden an Vertus vorüber durch Etoges, Champaubert, Montmirail nach La Ferté sous Jouarre an der Marne, wo sie sich mit der großen Pariser Straße vereint. La Ferté ist auf dieser kleinen Straße 14 Meilen, auf der großen 16 Meilen von Chalons. Zwischen beiden Straßen sind viele Waldungen und Sümpfe, die Zwischenwege in winterlicher Zeit schwer zu passieren. Eine dritte Straße mit der kleinen Pariser Straße südlich in der Entfernung von 2 bis 3 Meilen parallel führt von Vitry durch den ödesten Teil der Champagne über Sommesous, Fère-Champénoise und Sezanne nach Paris.

Blücher stand am 4. Februar in Sommesous auf der Straße von Vitry nach Paris. Die nächste Aufgabe seiner schlesischen Armee mußte es sein, dem Marschall Macdonald den Weg zu verlegen. Auf der kleinen Pariser Straße hatte man bis La Ferté einen Marsch weniger als über Epernay; und das Sackensche Korps stand am Abend des 5. (Sonnabend) bereits auf dieser näheren Straße. Nach Befehl zum 6. Februar sollte Sacken am 6. bis Vertus marschieren, am 8. Montmirail erreichen, die Division Olsufieff einen Marsch hinter ihm bleiben, York auf der großen Straße über Epernay vorgehen. Zum 8. Februar wurde Kleist mit 8000 Mann, Kapzewitsch vom Langeronschen Korps mit 7000 Mann erwartet, sie sollten mit forcierten Märschen zum 10. Montmirail erreichen.

Diese Anordnungen des Feldmarschalls waren es, welche Yorks schon begonnenen Abmarsch aus Chalons unterbrachen. Noch am Sonntag (6. Februar) nachmittag ließ er von der kleinen Straße rechts abbiegen, und wenigstens die Vorhut ging denselben Abend noch den halben Weg bis Epernay, traf dort auf den Feind. Wieder am nächsten Tage holte sie ihn bei Epernay ein; in den Weinbergen der Stadt kam es zu einem hartnäckigen Gefecht; der Feind suchte die Verfolger möglichst aufzuhalten.

Macdonald eilte, durch vorausgesandte Kavallerie La Ferté zu besetzen und sich so des Knotenpunktes beider Pariser Straßen und der dortigen Marnebrücken zu versichern. Er selbst erreichte am Abend des 8. (Dienstag) Chateau Thierry, zog alle Truppen auf das rechte Marneufer, ließ die hohe, steinerne Brücke, die aus der Vorstadt in die Stadt führte, sprengen.

Als Katzeler am Mittwoch (9.) vormittag in der Vorstadt von Chateau Thierry anlangte, war von Macdonalds Korps nur noch ein Bataillon in der Stadt mit dem Befehl, die Herstellung der Brücke zu hindern. Katzeler forderte die Räumung der Stadt: sonst werde er sie in Grund und Boden schießen. Als wirklich die Batterien aufgefahren wurden, kam gegen 12 Uhr ein Parlamentär: Aus Rücksicht auf die Stadt werde man sie in einer Stunde geräumt haben. Um 1 Uhr erfolgte der Abmarsch; sofort wurde eine Abteilung auf Kähnen übergesetzt, die Stadt in Besitz genommen, die Herstellung der Brücke begonnen. Ihr mittelster Bogen war gesprengt; ein Joch in einem großen Kahne aufgestellt und gegen die nächsten Pfeiler gestützt, mußte ausreichen, Balken und Bretter zur Füllung der Brücke zu tragen.

Macdonald hatte so einen neuen Vorsprung gewonnen. Es war unmöglich, ihn vor La Ferté einzuholen. York glaubte annehmen zu dürfen, daß Sacken, der nach dem Befehl vom Sonntag – spätere Befehle und Nachrichten fehlten – schon am 8. (Dienstag) in Montmirail sein sollte, am 9. gewiß das nur vier Meilen entfernte La Ferté mit seiner Vorhut erreicht haben werde. So ward dem Korps ein Ruhetag in den Marnedörfern von Dormans bis Chateau Thierry hinab gegeben; er war nötig genug. „Alles", sagt das Tagebuch des litauischen Regiments, „war aufs höchste ermüdet, unsere Pferde ohne Eisen, lahm, abgezehrt, die Infanterie bei den abscheulichen Wegen ohne Schuhe, mit wenigen Worten, unser ganzes Korps entkräftet." Die Bevölkerung wie in Chalons und Epernay so in Dormans und Chateau Thierry zeigte sich durchaus ruhig und erleichterte die geordnete Verpflegung der Truppen auf alle Weise. Die Niederlage Napoleons bei la Rothière schien die allgemeine Stimmung tief gebeugt zu haben.

Gerade jetzt wandelte sich die ganze Lage des Krieges auf plötzliche und höchst bedrohliche Weise.

Fürst Schwarzenberg hatte, statt auf Troyes zu marschieren, wie am 2. Februar in Brienne verabredet war, sich weiter links geschoben, um die feindliche Stellung zu umgehen, aber damit den Raum zwischen den beiden Armeen noch vergrößert. Er hatte zur Verstärkung auch Wittgenstein, auch die Kosaken Seslawins über die Aube gezogen und damit die Verbindung beider Armeen völlig geschwächt, die Beobachtung des Feindes von der Seine bis zur kleinen Pariser Straße aufgegeben. Ein um so energischeres Vordringen gegen Napoleon lag nicht im österreichischen Interesse. Seit dem 5. Februar war der Kongreß von Chatillon eröffnet, und die österreichische Diplomatie wünschte den Frieden zu schließen, ehe Napoleon zum äußersten getrieben sei. Als sich Napoleon am 7. Februar von Troyes auf Nogent an der Seine zurückgezogen hatte, erhielt die große Armee drei Ruhetage bei Troyes.

Von Blücher glaubte man im großen Hauptquartier, daß er, wenn sich die Gelegenheit ergab, wohl gar auf eigene Faust Paris nehmen möchte. Am 6. forderten Kaiser Alexander und Fürst Schwarzenberg ihn auf, das Kleistsche Korps seinerseits nach der Seine hinzuschicken, um dem Feind, der sich in Nogent an der Seine zu setzen scheine, desto stärker gegenüberzustehen; am 7. Februar schrieb der Kaiser, er habe mit dem Könige verabredet, daß die Truppen, sobald sie in die Nähe von Paris kämen, Quartiere beziehen, aber keinesfalls die Stadt selbst betreten sollten, und daß zuerst die Monarchen mit den Truppen, bei welchen sie sich befänden, in Paris einrücken wollten.

Die Untätigkeit der großen Armee und die völlig unbewachte Lücke zwischen ihr und der schlesischen Armee hatte Napoleon mit bewunderungswürdiger Kühnheit benutzt. Er ließ 30 000 Mann an der Seine der großen Armee gegenüber und brach mit 40 000 Mann nach Sezanne auf. Trotz der unglaublich schlechten Wege erreichte er am Mittwoch, dem 9., diesen Ort; seine Vorhut schob er auf dem Wege, der senkrecht auf die kleine Pariser Straße bei Champaubert stößt, bis an den Petit Morin, eine Stunde von Champaubert, vor.

Gerade jetzt (Mittwoch, 9. Februar) stand die schlesische Armee völlig zerstreut. Blücher hatte, als er Mittwoch abends 5 Uhr in Etoges sein Hauptquartier nahm, keine Ahnung, daß ihm Napoleon auf eine Stunde nahe in der Flanke sei. Da plötzlich – es war 6 Uhr – kommt ein russischer Offizier herein, bringt in sehr dringender und bestürzter Weise die Meldung: Olsufieff in Champaubert sei von feindlicher Kavallerie, die Kanonen mit sich habe, überfallen. So unangenehm diese Überraschung war, so schien sie doch eben nichts Besonderes zu bedeuten; man legte das Hauptquartier zurück nach Vertus; die eigentliche Gefahr verbarg sich dem Blick des Feldherrn noch so ganz, daß die Anordnungen, die sofort nach Osten und Westen gesandt wurden, das Übel nur noch vermehrten.

Von allen diesen Vorgängen wußte York in seinem Hauptquartier Dormans nichts, als er am Dienstag vormittag (den 10. Februar) ein Schreiben Blüchers vom vorigen Abend aus Vertus erhielt: Der General Sacken sei von Montmirail nach La Ferté aufgebrochen, eine Stunde vor der Stadt auf den Feind gestoßen, deshalb sollte sich York von Chateau Thierry auf die kleine Straße nach Vieils Maisons wenden und dem General Sacken zu Hilfe eilen.

Der schon angeordnete Weitermarsch auf der großen Straße wurde aufgegeben und den Truppen solche Quartiere in und vor Chateau Thierry angewiesen, daß sie sofort zur Unterstützung Sackens vorrücken konnten. Die Vorhut ging an der Marne hinab bis Nogent sur Marne, eine Meile von Vieils Maisons, die erste Brigade bis Viffort, halben Weges auf Montmirail.

Im Laufe des Nachmittags (Donnerstag, 10. Februar) brachte eine Patrouille aus La Ferté den schriftlichen Bericht des dortigen Maire, aus dem hervorging, daß Macdonald am gestrigen Abend die steinerne Marnebrücke gesprengt und in der Nacht alle seine Truppen weiter nach Paris abgeführt habe, daß die Stadt von russischen Truppen besetzt sei und an der Herstellung der Brücke gearbeitet werde.

Also Macdonald war entkommen, eine Unterstützung gegen ihn brauchte Sacken nicht mehr, wozu also die veränderte Marschrichtung des Korps? York war in der peinlichsten Ungewißheit; aus dem, was ihm vorlag, war durchaus nicht der Zusammenhang der Operationen zu ersehen. Er sandte Graf Brandenburg über Montmirail in das Blüchersche Hauptquartier.

Da kam gegen Mitternacht ein zweites Schreiben Blüchers aus Vertus, das morgens 7 Uhr abgegangen war. Es lautet:

„Nach allen Meldungen dirigiert sich Kaiser Napoleon von Nogent sur

Seine über Villenoxe nach Sezanne, wo er nach Aussage der Gefangenen die heutige Nacht zubringen soll.

Es kann diese Bewegung des Feindes die Vereinigung mit dem Marschall Macdonald beabsichtigen, sie kann jedoch auch eine Offensive gegen die Marne sein.

In diesem letzten Fall muß ich die Armee hier in der Gegend von Vertus konzentrieren.

Sollten Ew. Exzellenz den Marsch nach Montmirail noch nicht angetreten haben, so muß es augenblicklich geschehen und das Korps in einem Biwak vereinigt bleiben, um sich nach allen Richtungen hin bewegen zu können.

Ihre Kavallerie schicken Sie auf dem Wege von Montmirail nach Sezanne vor. Sobald ich über die Bewegungen des Feindes genau unterrichtet bin, werde ich Ihnen weitere Nachrichten geben.

„Wenn die Brücke von Chateau Thierry durch den General Katzeler hergestellt ist, so muß sie nicht allein erhalten, sondern noch eine Schiffbrücke geschlagen werden, damit, wenn es im schlimmsten Fall dem Feinde gelingen sollte, uns zu trennen, Ew. Exzellenz und General Sakken sich auf das rechte Marneufer retten können, bis die große Armee herankäme.

P. S. Ich bitte mich zu benachrichtigen, wo Sie sich befinden."

York übersah allmählich die Sachlage; sie war nichts weniger als beunruhigend. „Wenn Napoleon", so antwortete er umgehend an Blücher, „die Nacht vom 9. zum 10. in Sezanne zugebracht hat und seine Offensive fortsetzt, so wird es mir nicht möglich werden, mich in Vertus mit Ew. Exzellenz zu vereinigen, ebenso wenig dem General Sacken, der, wie mir gemeldet wird, bis La Ferté poussiert hat. Es würde also für beide Korps hier der Fall eintreten, den Ew. Exzellenz in Hochdero Schreiben erwähnen, nämlich eine Konzentrierung, um im Fall der Not die Marne passieren zu können, zu welchem Ende ich sogleich eine Schiffbrücke bei Chateau Thierry schlagen lasse."

Ungemein merkwürdig ist der Befehl für den 11. Februar, den York sofort nach Empfang jenes Schreibens erließ und an Blücher mitsandte.

York hat in jener Nachtstunde die Ansicht geäußert: „Die Herren Strategen sollten jetzt das Manöver von drüben anwenden." War Napoleon im Begriff, der zersplitterten schlesischen Armee in die Flanke zu stoßen, so mußte man dem Stoß ausweichend eilen, sich zu vereinigen; daß die Vereinigung in Vertus, die Blücher wünschte, nicht mehr möglich, daß jener „schlimmste Fall" bereits eingetreten war, schien unzweifelhaft. Man mußte die Vereinigung rückwärts suchen. Blücher mußte mit seinem Korps, vielleicht 17 000 Mann, nach Eparnay ausweichen, Sacken konnte über La Ferté dem Yorkschen Korps dahin folgen. Yorks nächste Sorge war, Epernay festzuhalten; er befahl, daß sogleich eine Abteilung abgehe, um die dortige Brücke zu sichern.

Am Freitag gegen 10 Uhr war York mit dem Gros seines Korps bei Viffort angelangt; der Weg bis dahin war nicht Chaussee, wie die kassinische Karte angab, sondern ein ruinierter Steinweg von drei Stunden. Von Viffort vorwärts bis Montmirail (drei Stunden Entfernung) war nach dem Bericht der Vorhut „ein fast grundloser Weg, der für Artillerie fast gar nicht zu passieren ist."

Hier in Viffort erfuhr York, daß Montmirail vom Feinde besetzt sei. Also der Feind hatte die Pariser Straße. Ein Kosakenoffizier, der sich bei Viffort einfand, sagte aus, daß Sacken die hergestellte Brücke in La Ferté wieder zerstört habe, die Nacht durch marschiert und bis Vieils Maisons gekommen sei.

Man hörte einige Kanonenschüsse in der Richtung von Montmirail.

York begriff sogleich das Gefährliche der Lage, in der sich Sacken befand. „Durch die Zerstörung der Marnebrücke bei La Ferté hatte dieser General sich einen Rückzug versperrt, der ihn auf dem kürzesten und sichersten Wege auf dem andern Ufer der Marne nach Chateau Thierry bringen konnte. Hätte er diese Partie ergriffen, so konnte General York in aller Ruhe ebenfalls über die Marne gehen, und Napoleon stieß in der Luft wie bei Löwenberg, bei Hochkirch, bei Düben. Jetzt stand aber die Sache anders. War der Feind bei Montmirail sehr stark, was man vermuten konnte, so mußte das ganze Sackensche Korps mit zahlreicher Artillerie und einer noch viel zahlreicheren Bagage, um von Vieils Maisons nach Chateau Thierry zu kommen, in der Verlängerung seiner linken Flanke abmarschieren; er mußte die Traversen in einem tiefen Lehmboden passieren, und aller Wahrscheinlichkeit nach war es diesem Korps nicht mehr möglich, einem sehr bedeutenden Verlust auszuweichen."

York konnte in dieser Sachlage so wenig wie in dem ihm gewordenen Befehl den Anlaß finden, sich in ein allgemeines Gefecht einzulassen.

Da Sacken es unterließ, zu ihm zu schicken, so sandte er Schack nach Vieils Maisons mit dem Auftrag, jene Ansichten Sacken mitzuteilen und zugleich nähere Nachrichten vom Feinde und von der Lage des russischen Korps einzuziehen.

Sacken war der Meinung, „daß er einen unbedeutenden Feind vor sich habe"; indes wünschte er doch, daß York vorrücken und an dem Angriff sich beteiligen möge; er ließ ihn darum ersuchen. Auf Schacks Einwand, daß wegen der schlechten Wege das preußische Korps erst spät ankommen und Geschütz wahrscheinlich gar nicht mitbringen könne, erwiderte Sacken, das russische Korps sei hinreichend mit Geschütz versehen.

So wenig York die Entschlüsse Sackens billigen konnte – Schacks Berichte zeigten vielmehr die ganze Größe der Gefahr – so zögerte er doch keinen Augenblick, die Unterstützung zu bringen, ohne die, wie es ihm schien, das russische Korps der Vernichtung anheimfiel. Aber in der Überzeugung, daß der Rückzug auf Chateau Thierry unvermeidlich sei, suchte er sich dieses Punktes auf das vollständigste zu versichern. Er fürchtete, daß Macdonald von Meaux aus umkehren, daß andere Truppen sich von Soissons her mit ihm vereinen und den Rückzug auf Chateau Thierry zu sperren versuchen möchten. Er sandte sofort den Prinzen Wilhelm mit seiner Brigade von Viffort zurück. Er ließ sogleich die schweren Batterien, die wegen der schlechten Wege doch nicht weiter vorzubringen waren, dorthin abfahren. Mit den beiden anderen Brigaden (Pirch und Horn) brach er von Viffort nach Fontenelles auf; nur eine kleine Meile Weges, aber in völlig aufgeweichtem schweren Lehmboden. York langte um halb vier Uhr mit Pirchs Brigade in Fontenelles an, die Horns folgte. Nur acht Geschütze hatte man mit durchbringen können.

Die Schlacht war im vollen Gang. Sichtlich war der Kampf südwärts der Chaussee am hartnäckigsten: Sacken hatte sich mit Heftigkeit auf das Dorf Marchais geworfen, es genommen und gegen immer neues Anstürmen des Feindes behauptet. Jetzt führte Ney die Garden auf der Chaussee heran, schon an Marchais vorbei gegen das nächste Dorf; die Kavalleriemassen des Feindes, die bisher zwischen der Chaussee und dem Wege nach Chateau Thierry dicht gedrängt gestanden, begannen sich zu entwickeln, um, wie es schien, sich des Weges nach Chateau Thierry zu bemächtigen.

Jetzt wurde ein französischer Offizier gefangen eingebracht; von ihm erfuhr man, daß Napoleon selbst in Montmirail sei, daß er am gestrigen Tage Olsufieff bei Champaubert geworfen, dessen Korps fast aufgerieben habe.

Der Feind führte neue Truppenmassen gegen Marchais, eine frische Abteilung auf der Chaussee vor. Sacken hatte alle seine Kräfte verwendet. Unter anderen Umständen hätte man das Gefecht abgebrochen; hier konnte man es nicht, da die russischen Geschütze und Bagage zu retten waren.

Es war zwischen 5 und 6 Uhr, als der Feind die Russen aus Bailly warf; damit war der rechte Flügel Sackens bedroht; er mußte fürchten, ganz von der Chaussee abgedrängt, in den Petit Morain geworfen zu werden. Während er seine Truppen in Karrees formiert aus Marchais zurückgehen ließ, sandte er an York die dringende Bitte, den Feind, der über Billy vordrang, in der linken Flanke anzugreifen, um den Russen Luft zu machen.

Sogleich ließ York die erste Brigade vorgehen; in erster Linie die ost- und westpreußischen Grenadiere und zwei Landwehrbataillone. General Pirch setzte sich an die Spitze der Grenadiere; die Schützen gingen vor, die Bataillone folgten in Kolonnen. Der Feind hatte Bailly schon besetzt, er empfing den Angriff der Grenadiere mit einem heftigen Gewehr- und Kartätschfeuer. Als sie bis auf 100 Meter vor Bailly angekommen waren, wurden sie links durch das Feuer feindlicher Posten gefaßt, die durch ein Gehölz vorgedrungen waren, rechts warf eine russische Batterie, die gegen Bailly aufgestellt war, Granaten auf sie. Hier fielen die Kommandeure der Bataillone, noch acht Offiziere, viele Grenadiere; die Bataillone stutzten, gingen zurück. Sogleich brach der Feind in Masse aus dem Gehölz hervor, nachzudringen. Die beiden Landwehrbataillone, die als Reserve gefolgt waren, fällten das Gewehr, stürzten sich mit Hurra auf den Feind, warfen ihn ins Gebüsch, deckten so den Rückzug der Grenadiere.

Indes hatte der Feind in einem zweiten Gehölz näher an Les Tourneux eine stärkere Truppenmasse gesammelt, bedrohte von dort hervorbrechend den Rückweg der ersten Brigade nach Fontenelles. Vergebens wurden die Leibgrenadiere und ein Landwehrbataillon ihm entgegengeworfen. Es war die höchste Zeit, den rechten Flügel (Horn) zurücknehmend, die Front zu verändern, ehe der Feind die Linie durchstieß und die erste Brigade von der Horns trennte. Das Leibregiment rückte rechts neben Les Tourneux auf, das Füsilierbataillon besetzte das Gehöft. Die Landwehr der Brigade folgte hinter dem Leibregiment. So an der Flanke gestützt, sammelte sich die erste Brigade links von dem Gehöfte.

Dem Feind war der Angriff auf Bailly völlig unerwartet gekommen; er hatte sofort seine Kräfte nach diesem Flügel zu konzentriert; dadurch gewannen die Russen Luft. Sie zogen von der Chaussee abwärts in großer Unordnung immer hinter dem ersten Korps weg gegen Chateau Thierry.

Das Gehölz bei Les Tourneux, in dem sich der Feind sammelte, lag wenige hundert Meter vor dem Gehöft, zwischen beiden eine schmale Wiese. Plötzlich bricht der Feind mit größter Heftigkeit hervor. Die Füsiliere empfangen ihn mit Unerschrockenheit, weisen den Angriff zurück; er wird stärker, wie es scheint, mit frischen Kräften wiederholt. York sendet die schlesischen Grenadiere und ein Landwehrbataillon zum Angriff auf das Gehölz; gleichzeitig dringt ein Zug der Leibfüsiliere vor. Das Gehölz wird genommen, trotz wiederholter Angriffe behauptet; vier russische Geschütze werden dem Feinde wieder entrissen. Die völlige Dunkelheit macht dem Kampf ein Ende.

York hatte das Sackensche Korps recht eigentlich gerettet. Er hatte alles daran gewagt. Mehr als einmal hatte das Gefecht so gestanden, daß man an dem Ausgang verzweifeln mußte. Hielten die Truppen bei Les Tourneux nicht, so waren beide Armeekorps verloren. „York ritt bis in das Schützenfeuer; umsonst machte ihn Valentini auf die Gefahr aufmerksam; er tat, als hörte er es nicht; forderte die Herren vom Stabe auf, sich zu entfernen; er würde den Tod gesucht haben, wenn wir uns nicht behaupteten." So berichtet einer seiner Adjutanten.

Der Feind schien ermüdet; er bezog gegen 8 Uhr Biwak. Sacken persönlich war nach Chateau Thierry voraus, „um dort zu schlafen."

Bei dem Bericht über diese Nacht erinnert einer von Yorks damaligen Offizieren an ein schönes Wort, das von Wilhelm III., dem Oranier, gesagt ist: „Er zitterte in keiner Gefahr, da er vorher gezittert; keine Schwierigkeit überwältigte ihn, da er sorgend und ringend sie zuvor überwältigt hatte." So zitterte York in dieser Nacht, so rang er mit den furchtbarsten Bildern, die ihn umstürmten. Er rüstete sich auf das schlimmste.

York übernachtete in einem einzelnen Hause zwischen Fontenelles und Viffort, um sofort auf dem Platz zu sein; wachend saß er am Feuer, unzählige Male hinaustretend, in die noch immer dunkle Nacht spähend.

Graf Brandenburg kam von seiner Sendung zu dem Feldmarschall zurück; er brachte den mündlichen Befehl, daß beide Korps „unverzüglich" die Marne passieren und nach Reims, dem allgemeinen Sammelplatze der schlesischen Armee, eilen sollten.

Bitter genug mögen Yorks Äußerungen beim Empfang dieses Befehls gewesen sein. Das bedeutete für ihn eine schwere Aufgabe.

Was man vom Feinde gesehen, schätzte man auf 25 000 bis 30 000 Mann; es war viel Kavallerie darunter, man hatte die gebräunten Gesichter der alten Kerntruppen, die in Spanien gedient, wohl zu unterscheiden geglaubt. Was hatte man dagegen? Yorks Korps war am Morgen vor dem Gefechte 15 670 Mann gewesen; davon waren über 3000 Mann im Chateau Thierry, fast ein volles Tausend hatte das Gefecht gekostet; er hatte Napoleon am nächsten Tage nicht viel über 10 000 Mann entgegenzustellen. Sacken war mit 14 000 Mann ins Gefecht gegangen, er hatte bei 3000 Mann verloren, alle seine Truppen waren im Feuer gewesen, er hatte kein frisches Bataillon. Und so sollte man den stärkeren Feind, den der gewaltige Kaiser persönlich führte, bestehen!

Unter größten Opfern gelang nach mehrstündigem, erbittertem Kampf, bei welchem sich besonders die Kavallerie Yorks auszeichnete, der Übergang.

Der Feind versuchte nicht weiter zu folgen. Die Truppen sammelten sich auf den Höhen hinter der Stadt.

Das Yorksche Korps hatte an 1300 Mann, 3 Geschütze und einen Teil der Bagage der Vorhut, Sacken gegen 1500 Mann, 8 bis 10 Geschütze und einen großen Teil seiner Bagage verloren.

Man hatte allen Grund vorsichtig zu sein. Man hörte vom anderen Ufer herüber den Lärm und Jubel der siegestrunkenen Feinde. Man durfte erwarten, daß Napoleon versuchen werde, zu folgen, und im eigenen Lande, zumal nach solchen Erfolgen, boten sich tausend Hilfsmittel dar. Man eilte weiter zu kommen. Es ward verabredet, daß Sacken dem Yorkschen Korps folgen sollte.

Blüchers Befehl hatte beide Korps nach Reims beschieden. Schon war Prinz Wilhelm mit der achten Brigade und der Reserveartillerie voraus mit der Weisung, der Chaussee über Soissons zu folgen. Ein weiter Umweg, aber selbst ein größerer wäre erträglicher gewesen, als dies entsetzliche Marschieren auf grundlosen Seitenwegen.

Um Mitternacht brach York mit den übrigen Truppen auf. Wenig später sammelten sich, auf ein paar Kähnen über die Marne kommend, Feinde genug, um Sacken zu beunruhigen und zum schnelleren Abmarsch zu nötigen.

Prinz Wilhelm hatte auf demhalben Wege nach Soissons von einem Seitenwege vernommen, der, selbst in dieser Jahreszeit völlig gut und fest, vier Meilen Umweges nach Reims erspare. York ließ diesen Weg nehmen, „und man war erfreut, hier einen festen Sandboden und sogar Kiefernholz zu finden". Am 14. stand das Korps in und um Reims. An eben diesem Tage (14. Februar) hatte Napoleon, schleunigst von der Marne zurückgewandt, sich auf den rechten Flügel der schlesischen Armee bei Etoges geworfen und denselben trotz der tapfersten Gegenwehr niedergerannt, namentlich das Kleistsche Korps hatte ungeheure Verluste erlitten; es hatte von 8000 Mann fast volle 4000 verloren.

Napoleons Stern schien sich von neuem zu erheben. Was er am Tage von Champaubert gesagt: „Er sei jetzt näher an München als an Paris", schien durch die glänzende Reihe von Siegen über den gefährlichsten seiner Gegner wahr werden zu sollen. „Er hat sein volles Vertrauen wieder; seine Soldaten frohlockten." Sein Einzug in Chateau Thierry am 13. Februar hatte einen unbeschreiblichen Enthusiasmus entzündet. Das Aufgebot der Nationalgarden im Marnetal erhöhte den Eifer und die Hoffnung der Bevölkerung. „Das Volk glaubte die Lage der Alliierten mit der der Franzosen in Rußland vergleichen zu dürfen, und schon dachte man an eine Wiederholung des unglücklichen Rückzuges der Preußen aus der Champagne."

Die Wirkungen dieser veränderten Stimmung machten sich sehr fühlbar. Die Verpflegung des Korps ward ungemein erschwert; sie wurde in demselben Maße für das Land drückender, für die strenge Zucht der Truppen gefährlicher. Bis jetzt hatten die Truppen größtenteils in Quartieren gelegen. Von nun an mußte man in bei weitem größeren Abteilungen marschieren; man fand die Dörfer und kleineren Städte von ihren Bewohnern verlassen, das Vieh weggetrieben, die Vorräte zerstört. Man wurde genötigt, den Brigaden Dörfer zum Fouragieren anzuweisen, und bei dieser Art von Notbehelf, deren notwendige Folge unordentliche und ungleichmäßige Verpflegung und bald gänzlicher Mangel ist, lösen sich nur zu schnell und in erschreckender Steigerung die Bande der Ordnung und Disziplin. Nächst dem Mangel hatte der Soldat mit allen Beschwerden einer rauhen Jahreszeit zu kämpfen. Der Frost war bei dem großen Holzmangel in der fast baumlosen Champagne um so empfindlicher, und beim Tauwetter waren die Wege zwischen den Chausseen fast grundlos. Die Folge war der rasche Verbrauch an Schuhzeug, das fast nicht zu ersetzen war, der Mangel an Fußbekleidung machte viele Leute dienstunfähig. Die Notwendigkeit, alle Kranken mitzuschleppen, weil die Zurückbleibenden allen möglichen Mißhandlungen der Einwohner ausgesetzt waren, vermehrte die Schwierigkeiten bei den ferneren Bewegungen, die von nun an ohne alle Rücksicht auf eine Operationslinie stattfanden.

Ein Tag Ruhe in Reims hätte viel bessern können. Aber am 15. mittags lief Befehl vom Feldmarschall ein, daß das Korps noch an demselben Tag einige Stunden marschieren, am folgenden zu Mittag in Chalons, 6 Meilen von Reims, eintreffen sollte.

In der Abenddämmerung wurde aufgebrochen. Das Land zur Rechten über Epernay hinaus war in vollem Aufruhr – Tausende von Bauern standen in Waffen, so wie nur irgendwo im vorigen Jahre in preußischen Landen der Landsturm; nicht anders war es links nach dem Lothringischen zu.

Am 16. mittags war das Korps in Chalons. Etwas später traf Sacken ein. „Es war uns", schreibt ein Offizier des Korps, „eine unbeschreibliche Freude, hier mit den Kleistschen Truppen zusammenzukommen; seit dem Waffenstillstand waren wir nie mit Preußen vereint gewesen; es war uns, als könne uns jetzt gar nichts Übles mehr begegnen, da zwei preußische Korps beieinander waren."

Wenigstens anderthalb Tage Ruhe hatten hier die Truppen. Für die Führer waren auch sie voller Tätigkeit, und teilweise voll sehr ernster Erörterungen.

Von den 56 000 Mann, die die schlesische Armee am 8. Februar gezählt, war fast ein Drittel verloren. Kaum 40 000 Mann stark fanden sich die vier Armeekorps bei Chalons zusammen. Und diese Verluste, so sah es York an, waren recht eigentlich durch die Führung der Armee verschuldet, ihm schien mit den Streitkräften des Vaterlandes ein leichtsinniges und unverantwortliches Spiel getrieben zu werden. Und Sacken, der nach seiner Ansicht verdient hätte, vor ein Kriegsgericht gestellt zu werden, wurde nicht bloß entschuldigt, er wurde wegen seiner „Unerschrockenheit" gelobt; es fehlte wenig und man hätte das Unglück von Montmirail dem „Eigensinn" Yorks zugeschrieben.

Daß Napoleon nach seinem glänzenden Siege am 14. Februar denselben nicht weiter verfolgt hatte, ließ erkennen, was er im Schilde führte. Gewiß warf er sich nun, in der Überzeugung, daß die geschlagene Armee Blüchers fürs erste unfähig sein werde, auf dem Kampfplatz zu erscheinen, mit aller Heftigkeit des wachsenden Erfolges auf die große Armee. Schon am 16. Februar kamen Alexanders und Schwarzenbergs Aufforderungen an Blücher, von neuem vorzugehen, jetzt auf Sezanne.

Blücher eilte, seine Korps wieder schlagfertig zu machen. Ihre Stärke war zu sehr geschmolzen, als daß man die bisherige Zahl von Brigaden, Regimentern, Bataillonen hätte beibehalten können. Sollte das Bataillon als taktischer Körper seine Bedeutung haben, so durfte es nicht unter ein gewisses Maß hinabsinken; man setzte als kleinste Stärke 400 Mann fest. Yorks Infanterie war auf 7000 Mann Linie und 2000 Mann Landwehr zusammengeschmolzen. Es wurden die alten 19 Linienbataillone in 12, die Reste der 14 Landwehrbataillone in 4 zusammengezogen. Die vier Brigaden wurden in zwei Divisionen vereint, die erste und siebte mit 7 ½ Bataillonen unter General Horn, die zweite und achte mit 9 Bataillonen unter Prinz Wilhelm. In der Reservekavallerie wurden die 10 Landwehrschwadronen in vier zusammengezogen. Man hoffte auf die baldige Ankunft Lobenthals, der ein paar tausend Mann Genesene und Ersatz bringen sollte.

Ähnlich wurde das Kleistsche Korps umgeformt. Die Russen erhielten schon am 18. 10 000 Mann Verstärkung. Am 18. war die schlesische Armee wieder auf dem Marsch, nicht nach Sezanne, sondern zur Vereinigung mit der großen Armee.

Fürst Schwarzenberg hatte mit der großen Armee drei Tage bei Troyes Ruhelager bezogen, während Napoleon gegen Blücher marschierte. Wohl wurden, als nacheinander die Nachrichten von Champaubert, Montmirail, Chateau Thierry kamen, einige Abteilungen an die Seine und über sie vorgeschoben, doch ohne die Energie, welche die Rettung des schwer gefährdeten Kampfgenossen erfordert hätte. Als am Vormittag des 15. Februar die Nachricht von Blüchers Niederlage bei Etoges eintraf, beschloß man im großen Hauptquartier, die ziemlich zerstreuten Korps zwischen Troyes und Mery an der Seine zu sammeln.

Ungleich rascher ergriff die Diplomatie diese Glückswechsel. Es schien für die österreichische Politik der Zeitpunkt gekommen, mit ihrer Ansicht endlich den vollständigen Sieg davonzutragen. War im Blücherschen Hauptquartier der rechte Mittelpunkt der Ansicht, daß man erst Napoleon vom Thron stürzen, dann Frieden schließen müsse, so schienen die jüngsten Ereignisse den Beweis an die Hand zu geben, daß das unausführbar sei. Am wenigsten die österreichische Politik kümmerte sich damals um jene Prinzipien der Legitimität, die sie wenige Monate später, als es in der sächsischen Frage Preußen entgegenzutreten galt, mit so großem Eifer geltend machte.

Am 9. Februar hatte der französische Bevollmächtigte an Metternich das Erbieten gerichtet: Frankreich wolle die Eroberungen seit 1792 abtreten, wenn dagegen sofortiger Waffenstillstand gewährt werde. Hardenberg, so gut wie Lord Castlereagh, war für diese Idee gewonnen; nur sollte die angebotene Formel des Waffenstillstandes zugleich in der Form von Friedenspräliminarien festgestellt werden. Es galt, Alexander zu bearbeiten und ihn, wie heftig er auch die ersten Bemühungen des englischen Gesandten zurückgewiesen hatte, von der Ansicht der „Enragierten" abzuziehen.

Metternich, Castlereagh und Hardenberg unterstützten ihre Anträge bei Alexander, jeder durch eine Denkschrift, die preußische war von Knesebeck entworfen. Alexander antwortete in einem Memoire vom 15. Februar durchaus ablehnend.

Aber als an eben diesem Tage die Nachricht von der Niederlage bei Etoges eintraf, als in der folgenden Nacht Graf Haak von Blücher gesandt mit der Nachricht kam, daß sich Napoleon allem Anschein nach gegen die große Armee wende, da begaben sich die genannten drei Minister persönlich zu Alexander und drangen von neuem auf Frieden. Nach langem Widerstreben entschloß er sich, seinen Gesandten in Chatillon zur Unterzeichnung des Friedens zu bevollmächtigen.

Hardenberg schreibt an Knesebeck, Troyes, 16. Februar:

„Es betrübt mich, daß der König mich gegen den Kaiser Alexander im Stich läßt, aber mich tröstet mein Bewußtsein, Ihm und dem Staat in diesen Tagen vielleicht den größten Dienst geleistet zu haben, dazu ich je Gelegenheit hatte."

Also der König stand auf Alexanders Seite, sein Staatskanzler und sein Generaladjutant gegen ihn.

Rußland und Preußen stimmten nun also, wie Österreich wünschte, für den Frieden mit Napoleon.

Glücklicherweise war die Ansicht durchgedrungen, daß man trotz der zum Abschluß gegebenen Vollmachten die militärischen Operationen fortsetzen müsse. In der vierten Kongreßsitzung in Chatillon am 17. Februar war der französische Bevollmächtigte nicht in der Lage, die vorgelegten Präliminarien anzunehmen; er bat um mehrere Tage Bedenkzeit. An eben diesem Tage hatte Napoleon seine siegreichen Truppen gegen die Seine zurückgeführt und begann nun von Nangis aus seine Operationen gegen die große Armee. Schnell wurden die vorgeschobenen Korps der Verbündeten zurückgedrängt, der Seineübergang bei Montereau erkämpft.

Fürsten Schwarzenberg eilte, die schlesische Armee zu seiner Unterstützung an die Seine zu bescheiden. Blücher ließ antworten, daß er am 21. mit 53 000 Mann und 300 Kanonen in Mery zur Schlacht bereit stehen werde.

VII

LAON

Am 18. Februar brachen die preußischen Korps von Chalons auf; am 19. folgten die beiden russischen, Sacken und Kapczewitsch, die den rechten Flügel der schlesischen Armee bildeten.

Man hatte einmal einen Ruhetag gehabt, leidlich sich wärmen und sättigen können; man war mit Schuhzeug versehen, hatte auch Tuchmäntel bekommen. Vor allem, es ging zur entscheidenden Schlacht. So marschierte man bei frischer Kälte über die kahlen Kreideflächen der Haute Champagne.

Am 19. war man in Sommesous. Die vier Armeekorps der schlesischen Armee in einem großen Biwak vereint, freilich in dieser öden Gegend, ohne Holzung, ohne Hecken, ein schlechtes Biwakieren. An Stroh fand man geringen Vorrat. Man deckte die Scheunen und Häuser im Dorfe ab, riß sie selber ein, um nur Holz zum Feuern zu bekommen. Sir Hudson Lowe, der vom Diner bei Blücher in sein Quartier zurückkehren wollte, fand statt des Hauses eine leere Stelle. Auch das Haus, in dem York übernachtete, schwand so über ihn und um ihn her; er hinderte niemand daran.

Am 20. Februar erreichte man Arcis; der Übergang über die schlecht hergestellte Aubebrücke verursachte langen Aufenthalt.

Am 21. sollte die große Schlacht geliefert werden. Früh trat man den Marsch auf Mery an; er wurde gegen 8 Uhr durch einen Gegenbefehl aufgehalten, „und zwar, wie man sagte, infolge der Unterhandlungen, die seit einiger Zeit in Chatillon betrieben wurden, und deren Abschluß man erwartete". Um 10 Uhr kam wieder der Befehl, weiter zu marschieren, „woraus man schließen wollte, daß die Unterhandlungen abgebrochen wären".

Der Befehl zur Schlacht kam nicht; vielmehr der Befehl zu einer „allgemeinen Rekognoszierung" am 22. Februar; Fürst Schwarzenberg hatte bereits den Gedanken an eine Schlacht aufgegeben.

Die allgemeine Rekognoszierung – sie sollte um 12 Uhr ihren Anfang nehmen – ward durch Napoleons Anrücken überflüssig. Während er selbst mit seiner Hauptstärke auf Troyes marschierte, sollte zur Sicherung seiner Flanke Marschall Oudinot den Seineübergang bei Mery besetzen.

Russische Truppen hatten Mery, sowie die Vorstadt auf dem linken Ufer der Seine, besetzt. Gegen 2 Uhr rückte der Feind heran, drängte so heftig, daß ihm die Vorstadt und die Brücke überlassen werden mußten; eine Feuersbrunst in der Stadt, die rasch um sich griff, veranlaßte die Russen, auch diese zu räumen. Zwischen den Flammen hindurch folgten die feindlichen Schützen, besetzten die letzten Häuser der Stadt.

Schon war in den preußischen Biwaks Alarm geschlagen.

York ließ die ostpreußischen Füsiliere vorgehen, Füsiliere und Grenadiere folgen. Mit dem Bajonett trieben die Ostpreußen den Feind aus seiner Stellung, jagten ihn durch die brennende Stadt über die Brücke; jeder erneute Versuch, die Brücke wieder zu gewinnen, ward zurückgewiesen. Gegen Abend bezogen die Russen wieder die Stadt, legten sich in die Häuser ein, die noch standen, oder wärmten sich an den Brandstätten, während die Preußen in ihre zwei Dörfer zurückkehrten, die freilich in dieser Nacht so gut wie ganz verschwanden.

Die Verbündeten standen 150 000 Mann gegen 70 000 zwischen Mery und Troyes und hatten die Seine vor sich. Am Morgen des 23. wurde im großen Hauptquartier der Beschluß, bei Napoleon um einen Waffenstillstand anzutragen, durchgesetzt.

Einstweilen hatte Blücher seit morgens um 7 Uhr seine Armee in der Stellung des gestrigen Tages zum Kampf bereit. Preußische Truppen lösten die Russen in Mery ab; die ostpreußischen Jäger waren in den Häusern und Ruinen längs der Seine aufgestellt; ihre sicheren Büchsenschüsse hielten den Gegner im Zaum. Nicht lange und der Feind hörte auf, sich drüben in Schußweite sehen zu lassen.

Napoleon soll über den hartnäckigen Widerstand, den seine Truppen bei Mery gefunden, sehr erstaunt gewesen sein, erstaunter darüber, daß es Preußen von Blüchers Armee seien, die ihm dort gegenüberstanden; doch nahm er an, daß es nur eine patrouillierende Vorhut der schlesischen Armee sei, und daß Blücher von der allgemeinen Bewegung rückwärts, die die große Armee ergriffen, mit zurückgezogen werden würde.

Es fehlte wenig daran. Umsonst war alles Bemühen Blüchers gewesen, den Fürsten Schwarzenberg zu einer entscheidenden Schlacht zu bewegen; er erbot sich, sie allein zu liefern, wenn die große Arme nur in Reserve stehen wolle; vergebens; es blieb beim allgemeinen Rückzug. Blücher war entschlossen, nicht zu folgen. Sein Antrag, sich zum zweiten Male von der großen Armee zu trennen, die Offensive zu ergreifen, sobald als möglich auf Paris vorzudringen, erhielt die Billigung seines Königs und Alexanders. Schon war Winzingerode, der an der Marne stand, der schlesischen Armee zugewiesen; jetzt wurde auch Bülow, der bis Laon vorgerückt sein mochte, Blüchers Befehlen unterstellt. „Der Ausgang dieses Feldzugs", schreibt der König an Blücher, „liegt von nun an zunächst in Ihrer Hand. Ich und mit Mir die verbündeten Monarchen rechnen mit Zuversicht darauf, daß Sie durch eine ebenso kräftige als vorsichtige Leitung Ihrer Operationen das in Sie gesetzte Vertrauen rechtfertigen und bei der Entschlußkraft, die Ihnen eigen ist, es nie aus den Augen verlieren werden, daß von der Sicherheit Ihrer Erfolge das Wohl aller Staaten abhängig ist."

Schon in der nächsten Nacht (23. bis 24. Februar) überschritt die schlesische Armee auf drei Pontonbrücken die Aube; ein Posten von 40 Dragonern blieb zurück mit dem Auftrag, die Biwakfeuer zu unterhalten und den Feind möglichst lange zu täuschen. Die Täuschung gelang völlig, der Feind verfolgte nicht.

Aber der Angriff, mit dem Marmont am 25. niedergerannt werden sollte, mißlang; Marmont wich mit der größten Geschicklichkeit manövrierend über die Marne zurück, vereinigte sich am 27. mit Mortier. Mit äußerst anstrengenden Märschen nacheilend, erreichte die schlesische Armee am 27. abends die Marne bei Laferté und Meaux. Blücher mußte sich begnügen, in Laferté einen Übergangspunkt gewonnen zu haben, der den allerdings in der Luft schwebenden Bewegungen zwischen Aube und Marne einen Halt gab und die Verbindung mit Bülow und Winzingerode sicherte. Beide Generale – in Laon und Reims – wurden aufgefordert, sich in der Richtung auf Paris in Marsch zu setzen.

Den nächstwichtigen Geländeabschnitt bildet das Flüßchen Ourcq, das sich zwischen Meaux und Laferté bei Lily in die Marne ergießt. Hinter dem Ourcq standen die beiden Marschälle; man wolle sie von Meaux und Laferté aus zugleich angreifen. Bei Lily überschritt Katzeler den Ourcq, Kleist folgte. Den Augenblick, wo beide von York und den beiden russischen Korps an zwei Meilen entfernt standen, benutzten die Marschälle, sich auf sie zu stürzen. Nach hartnäckigem Kampf mußten die Preußen weichen; nicht einmal über den Ourcq zurück konnten sie; sie zogen sich an seinem rechten Ufer hinauf bis Foulaines.

Am Abend desselben Tages kam die Nachricht, daß Napoleon über Sezanne heranrücke. Es schien notwendig, ihn noch weiter abzuziehen, damit die große Armee Zeit und Mut gewönne, wieder auf Paris vorzurücken. Gelang es Napoleon, die Verbindung mit seinen Marschällen zu gewinnen, so war er stärker als für den Augenblick die schlesische Armee. Man mußte eilen, sich rückwärts mit Kleist und weiter mit Bülow und Winzigerode zu vereinigen. Vielleicht daß man im Vorübergehen – denn noch hatte man vor Napoleon einen Tag Vorsprung – den Marschällen einen Schlag versetzen konnte.

Noch am Abend spät (28. Februar) erhielt York den Befehl zum Abmarsch nach Laferté. Es war ein widerwärtiges Regen- und Nebelwetter; man hatte nicht auf festen Chausseen, sondern auf tiefaufgeweichten Nebenwegen zu marschieren. Sacken sollte den Feind in Lily angreifen und damit den Marsch Yorks und des Langeronschen Korps, sowie ihren Übergang über den Ourcq, verdecken.

Aber die Brücke bei Crouy, die man hatte passieren wollen, war zerstört; in Ermangelung allen Materials hätte die Herstellung bis zum Dunkelwerden gedauert. So ward der Angriff aufgegeben, sogleich weiter hinauf nach Foulaines marschiert. Es währte bis in die Nacht, ehe die Truppen ins Biwak kamen; es war einer der mühseligsten Tage dieses an Strapazen überreichen Winterfeldzuges.

Wie klar und richtig auch die großen strategischen Anordnungen sein mochten, dem Soldaten ward die Mühsal des rastlosen Marschierens durch das niederdrückende Gefühl des Zurückgehens von Paris, dem man zum zweiten Male vergeblich nahe gewesen war, nur um so peinlicher. Es gab nichts als Widerwärtigkeiten. Das Kleistsche Korps auf der andern Seite des Ourcq hatte auch den 1., den 2. März zurückweichend nachteilige Gefechte, schwere Verluste; daß die Langeronschen Truppen, statt auf der linken Seite dieses Flusses zu bleiben, die Chaussee auf der rechten nahmen, verstopfte dem Rückwege Kleists den Paß von Marcuil in dem Augenblick, wo Marmonts überlegene Artillerie die preußische Gruppe erreichte.

Und nun kam die Nachricht, Napoleon sei nicht etwa auf dem nächsten Wege zur Vereinigung mit seinen Marschällen geeilt, sondern habe den über Chateau Thierry eingeschlagen. Noch war Soissons vom Feinde besetzt, Bülow noch jenseits dieses Platzes, Winzingerode in Fismes, drei Meilen ostwärts von Soissons. Napoleon schien die Verbindung der schlesischen Armee mit Bülow und Winzingerode hindern zu wollen. Man mußte schleunigst jene beiden zuvor erreichen.

Also ein dritter Nachtmarsch. York ließ – es war am 2. März in Foulaines – sofort nach Laferté Milon abmarschieren; eben im Abmarsch sah man den Weg verstopft und verfahren, das Sackensche Korps hatte seinen Weg verfehlt; man hatte lange Mühe, vor den Russen vorbeizukommen. Dann mußte man, um nicht in völlig unergründliche Straßen zu geraten, die vorgeschriebene Straße aufgeben, eine andere aufsuchen. Endlich gegen Tagesanbruch (3. März) erreichte man Oulchy le Château an der Chaussee von Château Thierry nach Soissons.

Es waren furchtbare Anstrengungen, furchtbarer als die in jener ersten Woche nach dem Waffenstillstand, nur daß sie der völlig abgehärtete Soldat jetzt besser ertrug. Im Yorkschen Hauptquartier erneuten sich die Stimmungen von damals; in Yorks harten Tadel stimmte Schack mit voller Überzeugung ein. Namentlich über jene schonungslosen Nachtmärsche spricht er mit harten Ausdrücken: „.... am nachteiligsten wirken sie, wenn der Offizier und Soldat zu merken anfängt, daß die Märsche bequemer und zweckmäßiger eingerichtet sein könnten, wenn ihre Anordnung mehr in Überlegung gezogen und ganze Armeen weniger auf

bloße Meldungen und Nachrichten, als in Folge gehörig kalkulierter und
mit Beharrlichkeit durchgeführter Operationen bewegt würden."

Je strenger Yorks Begriffe von soldatischer Zucht und Ehre waren,
desto unerträglicher mochte ihm eine Art der Kriegsführung erscheinen,
die den Soldaten zwang, „in Plünderungssucht und Raubsucht" zu ver-
wildern. Es war ihm entsetzlich, daß jetzt der preußische Soldat im
schreiendsten Widerspruch mit den Verheißungen des Einmarsches in
Frankreich Gewalt üben und „vandalisch" hausen mußte, um nur zu
existieren. Es war ihm unerträglicher, einer Kriegsleitung folgen zu müssen, die das strenge und feste Band der Ordnung, kraft dessen allein die
Autorität des Befehls gesichert und berechtigt ist, leichtsinnig zu miß-
achten schien.

Die schlesische Armee stand am Donnerstag früh (3. März) nach dem
dritten Nachtmarsch bei Oulchy, drei Meilen südlich von Soissons und
der Aisne. Blücher befahl den Übergang über die Aisne. Dort vereinigte
sich die schlesische Armee mit den Korps von Bülow und Winzingerode.
Am 5. März wurde ein Ruhetag gewährt.

Dieser hinter der Aisne vereinten Heeresmacht von 110 000 Mann
gegenüber rückte Napoleon mit etwa 60 000 Mann heran. Er suchte sie
in ihrer linken Flanke zu überflügeln.

Die Stellung, welche Blücher mit seiner überlegenen Macht eingenommen, war eine überaus feste und dominierende; ein schmales Plateau
zwischen Aisne und Lette, dessen Südseite (nach der Aisne zu) durch
eine Menge steiler Gründe fast unangreifbar ist; im Osten bei Craonne
und Corbeny zu der großen Ebene hinabgesenkt, an deren Saum die
große Straße von Reims nach Laon führt. Es war dies die Straße, auf der
ein Teil der Bagage der schlesischen Armee nach Laon geführt worden
war; Winzingerodes Posten deckten sie.

Suchte Napoleon eine Schlacht, so befand sich die schlesische Armee
in der Stellung, sie, wo auch immer der Angriff erfolgte, unter günstigsten Verhältnissen anzunehmen; wo auch der Feind die Aisne zu überschreiten wagte, überall war man nahe und stark genug, ihm einen
Schlag zu bereiten, den man mit dem an der Katzbach im voraus ver-
glich.

Aber aufmerksam mußte man sein. Am Abend des 5. März kam Meldung aus Laon: Gleich nach der einrückenden Bagage sei der Feind vor
der Stadt erschienen. So unerklärlich diese Nachricht schien – denn Winzingerode hütete ja den Aisneübergang bei Bery au Bac – auf alle Fälle
ward der Befehl erlassen, die sämtlichen Korps am folgenden Morgen
auf dem Plateau nach Craonne zu zu konzentrieren: „Der Feind", sagt
der Befehl, „macht Miene, unsern linken Flügel zu umgehen und die
Aisne zwischen Bery au Bac und Vailly zu passieren; sollte der Übergang
wirklich ausgeführt werden, so werde ich den Feind zwischen Aisne und
Lette angreifen."

Nachts um 12 Uhr meldete Winzingerode, daß Bery au Bac und Cobeny in der Gewalt des Feindes sei. „Ob es gleich", schließt sein Bericht, „gegen meine Ansicht ist, so scheint es doch nach den Rapporten keinem Zweifel unterworfen, daß sich der Feind von Bery au Bac auf Laon dirigiert."

Der folgende Tag zeigte des Feindes Absicht deutlicher. Während sich die beiden Marschälle von Soissons hinwegzogen, dem Kaiser nachzueilen, führte dieser seine ganze Streitkraft nach Corbeny, entsandte zwei Divisionen links nach Craonne.

Freilich standen dort zwei russische Jägerregimenter, sie verteidigten den Platz mit bewunderungswürdiger Hartnäckigkeit; aber Winzingerode stand mit seinem Korps zu weit, fast eine Meile rückwärts, um sie unterstützen zu können, er ließ das Gehölz in seiner Flanke in des Feindes Hand fallen; damit war Craonne umgangen, kaum noch, daß man die Jäger zurücknehmen konnte.

Und damit war es um den schönen Plan geschehen, dessen Gelingen auf die Gewißheit, von der festungsähnlichen Stellung aus bei Craonne auf den Feind einen Ausfall machen und ihn auf der weiten Ebene mit der weit überlegenen Reiterei umwickeln zu können, gegründet gewesen war. Napoleon stand ja selbst auf dem Plateau; es war so schmal, daß die noch so große Übermacht doch nur in gleicher Front gegenübertreten konnte. Man durfte seinen Angriff erwarten.

Man entwarf einen andern Plan. Die große Überlegenheit an Kavallerie war auf dem Plateau vollkommen nutzlos. Man beschloß, während Napoleon auf dem Plateau in hartnäckigem Kampf festgehalten werden sollte, die ganze Kavalleriemasse in jene Ebene zu werfen und ihn in Flanke und Rücken zu nehmen. Abends 6 Uhr (den 6. März, Sonnabend) wurde der Befehl ausgegeben. General Winzingerode mit dem größten Teil seiner Kavallerie, mit der des Langeronschen Korps und der Reservekavallerie Yorks, im ganzen 10 000 Pferde und 60 Geschütze reitende Artillerie, sollte während der Nacht nach Fetieux, dem nächsten Punkt auf der Chaussee von Laon nach Bery au Bac gehen, von dort mit Tagesanbruch sich auf Corbeny werfen. Zum Gefecht auf dem Plateau wurden die drei russischen Korps bestimmt, Kleist und York erhielten die Weisung, sich für den nächsten Morgen marschfertig zu halten, um nach den Umständen verwandt zu werden. Bülow mußte noch vor der Nacht nach Laon abmarschieren, um diesen Platz für alle Fälle zu sichern. Blücher nahm sein Hauptquartier nahe der Aufstellung Woronzoffs, der Winzingerodes Infanterie führte, in der Absicht, am folgenden Morgen selbst auf dem Plateau zu kommandieren.

Am 7. März bald nach Tagesanbruch ward von den Vorposten gemeldet, daß der Feind bei Craonne sich zum Angriff rüste. Winzingerode mußte bereits in Fetieux sein; jetzt schien es angemessen, auch Kleist, York, Bülow nicht bloß Laon decken, sondern jenen Flankenangriff unterstützen zu lassen. Freilich erst um halb neun Uhr kam an Kleist der Befehl, auf dem nächsten Wege (über das Plateau von Martigny) nach Fetieux zu gehen, an York der Befehl, zunächst der Chaussee nach Laon

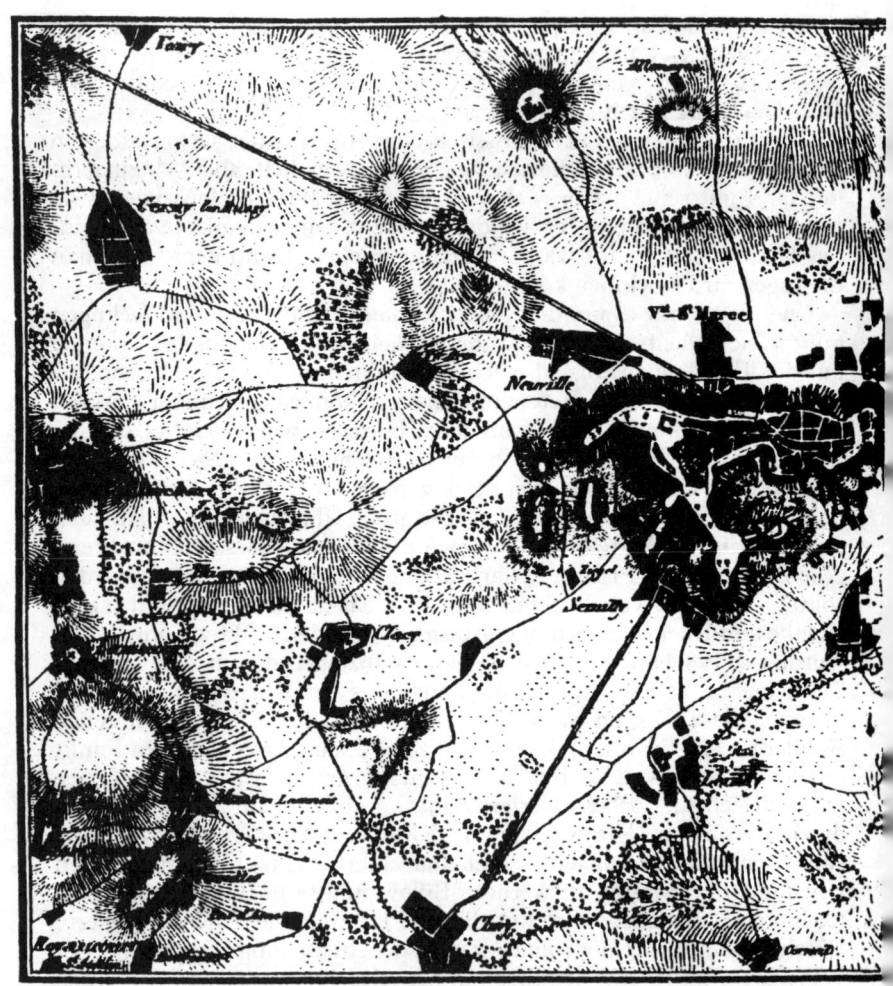

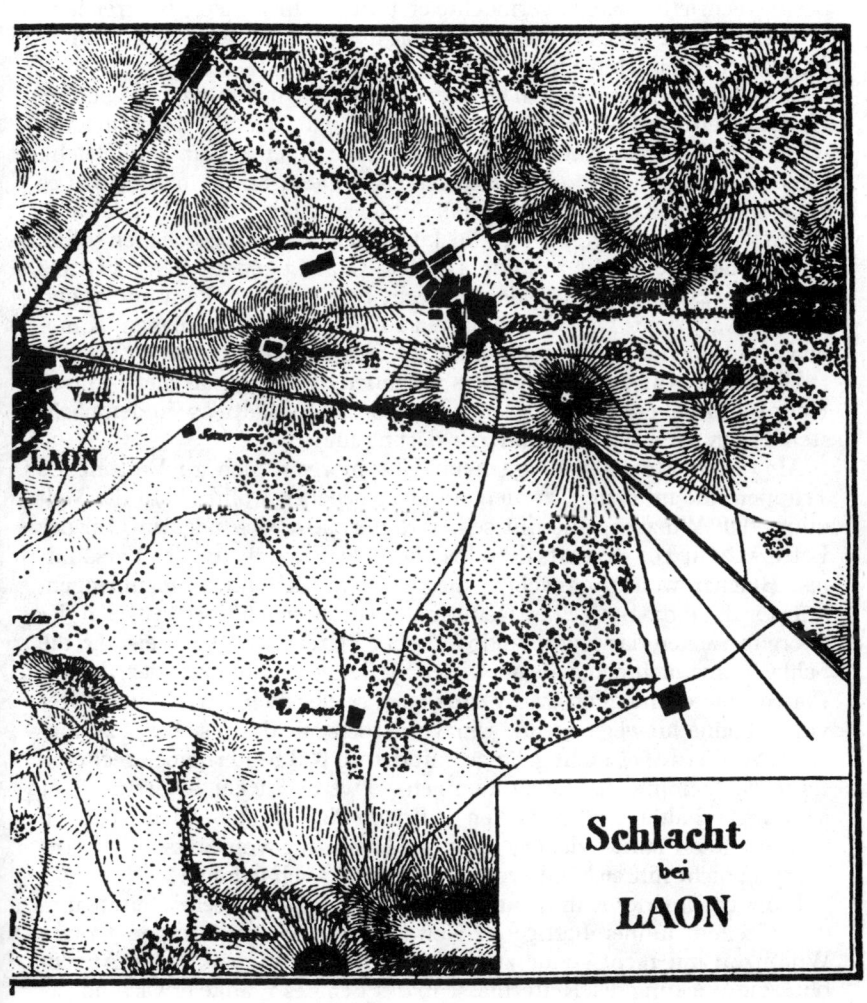

Schlacht bei LAON

zu folgen und vor der Stadt in Leully weitere Befehle zu erwarten; Bülow, so hoffte man, „werde der Befehl noch auf dem Marsch treffen".

Aber Bülow „erhielt von dieser projektierten Offensive nicht die min-
deste Nachricht"; Kleist vermochte erst um 4 Uhr Fetieux zu erreichen.
Und kam York auch bei sehr guter Zeit in Leully an, so hatte er von da
an bis Fetieux doch noch anderthalb Meilen.

„Wir hörten", schreibt ein Offizier aus Yorks Umgebung, „das heftige
Kanonenfeuer auf den Höhen von Craonne; alle Augenblicke erwarteten
wir den Befehl zum Angriff. Es wurde finster, aber es kam kein Befehl.
General York schickte einen Offizier nach Laon, um zu hören, was es
gäbe; dieser fand den Feldmarschall mit allen seinen Offizieren bei Tafel.
Allein keiner der Herren wußte Auskunft zu geben, was geschehen sollte.
Wir blieben die Nacht ruhig in Leully." Graf Lehndorf, den York bei
Sacken gelassen hatte, um dem Gefecht beizuwohnen, kam am Abend
mit der Nachricht: Die Russen hätten alle Angriffe abgeschlagen, Kanonen genommen und den vollkommenen Sieg davongetragen.

Die Sache war doch gar anders verlaufen, und sie muß hier in ihren
Hauptpunkten erwähnt werden, weil wichtige Verhältnisse in den nächsten Tagen zum Teil daher ihre Erklärung finden.

Als der Feldmarschall um neun Uhr morgens sich zu Woronzoffs
Truppen, die im ersten Treffen standen, begeben wollte, kam die Meldung, daß Winzingerode mit seiner Reitermasse sich noch im Tal der
Lette, ja zum Teil diesseits derselben befinde. Ein unheilvolles Versäumnis! Blücher wollte versuchen, die verlorene Zeit noch einzubringen,
selbst sich an die Spitze der Reitermasse setzen, nach Corbeny eilen. Er
übergab Sacken das Kommando auf dem Plateau mit der Weisung, die
Schlacht anzunehmen, jede der vielen Stellungen hintereinander, die das
Plateau bietet, möglichst zu verteidigen, so den Feind weit und weiter
von Craonne hinweglockend, sein Verderben nur desto sicherer zu machen. Wenn es aber nicht gelänge, mit den 10 000 Reitern noch rechtzeitig in des Feindes Flanke zu kommen, so werde Sacken sofort darüber
Meldung erhalten und mit allen auf dem Plateau stehenden Truppen
sich auf Laon zurückziehen, auch die Besatzung von Soissons, da die
Festung nicht hinreichend proviantiert sei, an sich nehmen.

Indes begann der Kampf auf dem Plateau. Napoleon selbst leitete ihn,
den raschen, immer heftigeren Gewaltstößen seiner Truppen trotzte
Woronzoff mit nicht genug zu bewundernder Festigkeit, jeden Augenblick die Wirkung der Reitermasse in des Feindes Flanke erwartend.

Sie blieb aus. Blücher hatte um 11 Uhr die letzten Schwadronen und
Geschütze noch an der Lette gefunden; er eilte, Winzingerode selbst zu
suchen; um 2 Uhr erreichte er ihn, eine Stunde vor Laon, ebenso weit
noch von Fetieux! Es war nicht mehr daran zu denken, die zerstreuten
und ermatteten Schwadronen zu sammeln und fast noch drei Meilen
weit bis Craonne zum Gefecht zu führen. Der ganze Plan war zerstört.
Blücher eilte, Sacken den Befehl zum Rückzuge zu schicken.

Als Sacken den Befehl erhielt, zögerte der tapfere General, eine starke

Stellung aufzugeben, die er mit geringerer Gefahr behaupten als verlassen zu können glaubte. Erst als der Feind in den Flanken hinaufstieg, begann er sich zurückzuziehen. Auf das heftigste, mit jener wunderbaren Spannkraft, die Napoleons Gegenwart den Truppen zu geben pflegte, ward nachgedrängt; nur mit der größten Anstrengung wehrten die Russen schweres Unheil ab. Der Kampf und die Verfolgung dauerten bis zur Dunkelheit; die französischen Truppen besetzten das Plateau bis Soissons hin. Napoleon nahm sein Hauptquartier in dem Hause, wo der Feldmarschall es die Nacht zuvor gehabt hatte.

„Die Schlacht", sagt ein französischer Berichterstatter, „ließ uns keine Trophäen als die Toten der Feinde." Von beiden Seiten waren keine Gefangene gemacht, keine Kanone, keine Fahne erobert worden; aber die Russen hatten von 21 000 Mann fast 4800, die Franzosen von 30 000 Mann an 8000 verloren.

Aber allerdings, man gewann mit den Märschen der drei preußischen Korps am Schlachttage, ohne daß sie in die Kampfhandlung verwickelt wurden, eine neue Defensivstellung, in die sich auch die russischen Korps während der Nacht und am Morgen des 8. März zurückzogen.

Während das Yorksche Korps aus Leully abmarschierte, um den einrückenden Russen Platz zu machen, ritt York nach Laon hinein. Er fand beim Feldmarschall Bülow Sacken und andere höhere Generale. Blücher selbst „war unwohl und litt an den Augen". Man war beschäftigt, einen Gefangenen zu examinieren, einen Hannoveraner Palm, Sekretär oder Kommissar in dem Büro Berthiers. Er hatte dem kaiserlichen Hauptquartier nachfahren wollen und war den Kosaken in die Hände gefallen. Er schien ziemlich ehrlich zu sein und wurde auch ein paar Tage nachher in dem Verpflegungsbüro unter Ribbentrop, der ihn kannte, angestellt. Seine Aussage war: Napoleon sei mit der alten Garde, nachdem er gesehen, daß er die große Armee zu keiner Schlacht werde zwingen können, und aus Besorgnis, Blücher werde auf Paris losgehen, über Chateau Thierry marschiert, habe sich mit den Korps von Mortier und Marmont vereinigt, und seine Idee sei, die Korps der Blücherschen Armee einzeln zu schlagen, in der Art, wie er dies in den Gefechten im Februar getan habe. Wenngleich er Nachricht habe, daß Blücher stärker sei, so sei er dennoch fest entschlossen, ihn anzugreifen, wo er ihn finde, und wenn seine Generale ihm die Stärke der schlesischen Armee vorstellten, so antworte er, das sei nicht wahr. Übrigens sei kein Zweifel, daß, wenn am gestrigen Tage Blücher über Corbeny angegriffen hätte, die Franzosen eine große Niederlage erlitten haben würden; denn man habe dort gar keine Nachricht über die Nähe des Feindes auf diesem Wege gehabt, und als einzelne Kosaken und Husaren sich auf der Seite von Fetieux gezeigt, wären die Artillerie- und Trainknechte eines großen Artillerieparks, der auf jener Seite von Corbeny aufgefahren war, davongeritten, und unter den Truppen in Corbeny hätte sich die größte Bestürzung verbreitet.

„Nach mehreren Bedenklichkeiten", so sagen die authentischen Aufzeichnungen, denen wir hier folgen, „ward beschlossen, bei Laon zu schlagen."

Laon liegt mitten in einer weiten Ebene auf einem isolierten, etwa 280 Meter hohen Kalkfelsen, der ein Dreieck mit südwärts gewandter Spitze bildet. Von dieser und der davor liegenden Vorstadt Semilly aus führt die Chaussee nach Etouvelles, den sumpfigen Ardonbach in einem langen Paß überschreitend, nach Soissons. Dieser Sumpfgürtel des Ardonbaches, vielfach mit Holzungen bewachsen, zieht sich der Südostseite des Felsens von Laon auf wenige hundert Schritt nahe vorüber und begleitet die Chaussee von Laon nach Reims bis 1600 Meter vor Fetieux. Von Fetieux bis gegen Etouvelles hin zieht sich die Absenkung eines Plateaus, das sich südwärts bis zur Lette verbreitet, von Waldstrecken, Elsbrüchen, Sumpfwiesen so durchschnitten, daß es nur einen Weg von der Reimser Chaussee zu der von Soissons hindurch gibt, den, welchen Kleist am 7. März gemacht hatte, von der Lettebrücke bei Urcel nach Fetieux. Der von Soissons und Reims anrückende Feind konnte also nur in zwei 1 ½ Meilen weit voneinander getrennten Abteilungen anrücken; von Etouvelles nach Fetieux gab es wohl noch eine Verbindungsstraße, aber sie führte wenige hundert Schritt vor dem Felsen von Laon vorüber, um bei dem Dorfe oder der Vorstadt Ardon den einzigen Brückenweg durch jenen Sumpfgürtel zu erreichen.

So das überaus günstige Terrain, in dem man die Schlacht anzunehmen beschloß. Während Woronzoff den schwierigen Paß von Etouvelles mit 6000 Mann besetzt hielt, rückten die verschiedenen Korps in ihre Stellungen, die Russen zur Rechten, die Preußen mit Ausnahme Bülows, dessen Korps den Felsen von Laon besetzte, zur Linken desselben. Als Vorhut dieses linken Flügels hielt Oberst v. Blücher mit zwei Bataillonen und einigen Schwadronen Fetieux besetzt.

In der Nacht (vom 8. zum 9. März) drang der Feind gegen Etouvelles vor, warf die Russen, besetzte den Paß. In raschem Zuge auf der Chaussee weitereilend, erreichte er noch vor Tagesanbruch Semilly unmittelbar vor Laon; dort aber empfing ihn ein so heftiges Kartätschenfeuer, daß er weichen mußte.

York hatte sein Hauptquartier in Chambry, dem nächsten Dorf auf der Straße nach Marle, in einem Bauernhause. Ein freiwilliger Jäger erzählt, wie er ins Hauptquartier kommandiert, dort auf dem geräumigen Flurplatz um den Herd die Offiziere des Hauptquartiers gefunden habe, und zwar – zu seinem Erstaunen – am Abend vor einer großen Schlacht, Shakespeares Heinrich IV. lesend; wie dann auch General York hinzugekommen sei, „– den Scheitel mit kurz verschnittenen grauen Haaren bedeckt, ein fast viereckiges Gesicht, gebräunt von der Sonne des Äquators und gehärtet vom Wetter und den Mühseligkeiten vieler glorreicher Feldzüge, äußerst markige, etwas verwitterte Züge, eine durchaus kräftige Gestalt", wie York ihn, als er sich gemeldet, von Kopf bis zu Fuß mit den „großen, klugen, flammenden Adleraugen" gemessen habe.

Für die Schlacht, die man am folgenden Tage erwartete, waren die

Korps von Sacken und Langeron hinter den Felsen von Laon verdeckt aufgestellt, man mußte abwarten, auf welcher der beiden Chausseen Napoleons Angriff kommen, und namentlich, ob er die Traverse von Bruyeres auf Ardon benutzen werde.

Daß der Feind von Soissons her in der Nähe sei, hatte die nächtliche Alarmierung in Semilly gezeigt. Aber ein dichter Nebel hinderte an diesem Morgen (9. März) durchaus die Aussicht. Blücher hatte am frühen Morgen den Korpskommandeurs bekanntgemacht: daß, wenn der Feind gegen die eingenommene Position vorrücke, er die Offensive ergreifen werde.

York war – „es mochte 9 oder 10 Uhr sein", sagt unsere Quelle – in Begleitung eines Offiziers nach Laon hinaufgeritten, um noch gewisse Verabredungen zu treffen, nach denen der begleitende Offizier dann schnell nach Chambry zurückgesandt wurde. Er selbst kam langsam nachgeritten.

Dann wurde „ein exzellentes Frühstück eingenommen, gebratene Kartoffeln, damals unser gewöhnliches Gericht!" Als das Hauptquartier so beieinander saß, stürzte Lützow herein: Wir sind überfallen, die Franzosen sind im Biwak! Alles eilte zu den Pferden. „Als ich zu den Truppen kam", sagt unser Berichterstatter, „fand ich sie bereits in Schlachtordnung und nicht weit davon den General York ... Feindliche Schützen hatten sich unter dem Schutz des Nebels durch die Gärten auf den Berg von Laon an die Mauer herangeschlichen, und auf einmal waren Gewehrkugeln in die Stadt geflogen, ohne daß man wußte, woher sie kamen. Dies hatte den Befehl veranlaßt, daß die Armee unter Gewehr treten sollte." Der Schrecken in Laon war nicht wenig dadurch vermehrt worden, daß ein Offizier, der mit Befehlen vom Feldmarschall an General Kleist geschickt wurde, unverrichteter Sache mit der Meldung zurückkam: „Er könne nicht mehr durch, er sei schon auf den Feind gestoßen." Kleist stand in der Vorstadt Vaux am östlichen Fuß des Felsens von Laon.

Der Feind hatte unter dem Schutz des Nebels seine Schlachtlinie geordnet. Um 11 Uhr schwand der Nebel, ein heiterer Sonnenblick erhellte die Gegend; man übersah von den Windmühlen auf der Südspitze des Felsens die Aufstellungen des Feindes auf beiden Seiten der Straße von Soissons bis hinauf gegen Ardon.

Die Korps von York und Kleist standen links von Laon. Die Reimser Straße geht zuerst gerade ostwärts, indem sie das große Dorf Athis etwa 800 Meter links läßt; dann wendet sie sich südöstlich. Von Athis rückwärts bis gegen die Vorstadt Vaux hin waren die Truppen beider Korps in dichten Massen aufgerückt, den Feind erwartend; Athis war von Major Stockhausen mit den ostpreußischen Füsilieren besetzt. Die Verteidigung von Athis würde einen bedeutenden Aufwand von Truppen gefordert haben; York hatte, um ein blutiges Dorfgefecht, in dem er die Franzosen seinen Truppen überlegen glaubte, zu vermeiden, ihn angewiesen, das Dorf, wenn er gedrängt würde, in Brand zu stecken und nur die letzten Häuser zu halten. Zwischen Athis und der Reimser Straße stand an einem Fichtengehölz Katzeler mit den brandenburgischen und schwarzen Husaren. Den von beiden Korps besetzten Abschnitt begrenzte rechts der schon oben erwähnte Wald- und Bruchgürtel, links eine mit breiter und buschiger Wiese gefüllte Senkung, durch die der Bach von Salmoucy erst westlich, dann nordwestlich abfließt. Beide, diese Wiese und jener Waldgürtel, verengen hier das Gelände, das sich eben hier hebt, bis auf 1200 Meter, und jenes Fichtengehölz von Athis liegt auf der Mitte dieser Erhebung.

Bald nach 1 Uhr erhielt York von Oberst Blücher die Meldung, daß er von drei feindlichen Kavallerieregimentern bedrängt werde, und daß er sich zurückziehe. Jene Kavallerieregimenter aber trabten unaufhaltsam in seiner linken Flanke fort; es schien, als wolle der Feind die Stellung bei Athis links umgehen, vielleicht die Straße auf Marle, das heißt den Weg nach den Niederlanden gewinnen. Deshalb wurde General Zieten mit der Reservekavallerie beider Korps über jenen Bach gesandt, auf der Nordseite der buschigen Wiese eine verdeckte Stellung zu nehmen. Die feindliche Kavallerie machte ihr gegenüber auf der Südseite Halt. Die tiefe Wiese mit breiten Gräben lag zwischen ihnen.

Indes war der Feind auf der Reimser Straße gefolgt. Er ließ den größten Teil seiner Kavallerie und auch einige Bataillone in jene Stellung mit einrücken; andere wandten sich links, nahmen jenes Fichtengehölz zwischen der Chaussee und dem Bach. Batterien fuhren auf, zwangen die noch haltenden Husaren zum Weichen, warfen Granaten auf Athis, versuchten, in das Dorf einzudringen. Schon brannten einzelne Häuser, weichend ließ Stockhausen den Rest anzünden, indem er selbst nur die letzten einzeln liegenden Gehöfte festhielt. Auch von seiten der Preußen war inzwischen die Kanonade eröffnet, aus sehr vorteilhaft aufgestellten Zwölfpfündern, die bei der großen Entfernung wenigstens etwas besser zu wirken schienen, als des Feindes Sechspfünder.

Es mochte 4 Uhr sein. Man bemerkte kein weiteres Anrücken von Truppen auf seiten des Feindes; die ganze für diesen Flügel bestimmte Heeresstärke schien heran zu sein. Jeden Augenblick erwartete man, die Angriffskolonnen hervorbrechen zu sehen. Sie kamen nicht. Es schien, daß sie heute nur eine Stellung nehmen, nur den Punkt hatten gewinnen wollen, von wo aus am andern Morgen die eigentliche Schlacht mit Erfolg eröffnet werden könnte. „Die Manövers des Feindes überzeugten mich", sagt York in seinem Bericht, „daß seine Kräfte den vereinigten der beiden preußischen Korps nicht bedeutend überlegen seien."

Schon begann die Dämmerung. In Yorks Umgebung sprach man davon, was man jetzt für eine Partie ergreifen müsse. Der Feind hatte eine Stellung eingenommen, von der aus er mit dem linken Flügel der Verbündeten deren Rückzugslinie über Marle, d. h. nach Brüssel bedrohte, und zwar um so mehr, da die Aufstellung dieses Flügels mit jener Straße fast parallel verlief. Ferdinand Schack meinte, am besten wäre es, die Franzosen des Nachts zu überfallen. Jeder freute sich des kecken Gedankens „und ich ärgerte mich nur", schreibt einer von ihnen, „nicht selbst den Einfall gehabt zu haben." So kam der Vorschlag York zu Ohren, der ihn als sich von selbst verstehend hinnahm. Graf Brandenburg wurde zu Zieten geschickt, ob er mit der Kavallerie einen Weg zum Angriff werde finden können; er brachte die Antwort: General Zieten werde die Mittel finden, um zum Angriff überzugehen. York teilte Kleist seine Absicht mit, der sich völlig einverstanden erklärte. „Ich beschloß gemeinschaftlich mit General Kleist", sagt Yorks Bericht, „in die Offensive überzugehen." Dann ward Graf Brandenburg nach Laon geschickt, um des Feldmarschalls Einwilligung zu holen. Auf halbem Wege traf er Blüchers Adjutanten Graf Goltz, der denselben Befehl an York bringen sollte. Beide eilten zu York, der dem Grafen Goltz seinen Plan darlegte und ihm zu veranlassen auftrug, daß, wenn er vorgehe, Sacken mit seinem Korps in seine Stellung vorrücken und ihm als Reserve dienen möge. Goltz versprach, alles Gewünschte zu besorgen.

Sobald Graf Goltz sich entfernt hatte, berief York alle kommandierenden Offiziere beider Korps. „Dieser Moment war einer der brillanten des General York", schreibt einer der Mitanwesenden; mündlich mit größter Klarheit, Kürze und Bestimmtheit gab er die Befehle für den Angriff. Prinz Wilhelm mit seiner Division sollte Athis angreifen, Horn rechts neben Athis vorgehen, Kleists Korps auf beiden Seiten der Chaussee vorgehend, des Feindes linke Flanke gewinnen, Zieten mit der gesamten Kavallerie dem Feind in die rechte Flanke und den Rücken fallen. „Das Vorrücken geschieht in geschlossenen Kolonnen und mit lautloser Stille, bis man an den Feind kommt. Es fällt kein Schuß; es wird nur mit dem Bajonett angegriffen." „Gott" hieß die Parole, „Friedrich" die Losung. Den Befehl zum Vorgehen an Zieten überbrachte Below gleichzeitig.

Dann sandte York Röder an Sacken: Er sei sehr erfreut, daß Sacken, mit dem in Gemeinschaft er den Sieg an der Katzbach errungen, auch heute sein Rückhalt sein werde; im Vertrauen auf ihn werde er, York, auch keinen Mann Reserve zurückbehalten, sondern alles ins Gefecht bringen; über alles weitere werde Röder Auskunft geben.

Mit der sinkenden Dämmerung verstummte der Kanonendonner nah und fern; man hörte nur noch einzelne Gewehrschüsse bei Athis. Drüben beim Feinde sah man Biwakfeuer aufflammen; man sah die brennenden Lunten bei den in ihrer Position vor dem Fichtengehölz gebliebenen Geschützen. Athis stand noch in Flammen. Endlich war es völlig Nacht, der Himmel sternklar. Die unzähligen Lichter am Felsen von Laon und das brennende Athis konnten den Truppen zur Orientierung dienen.

Um 8 Uhr war alles fertig. In der größten Stille, mit völliger Ordnung wurde vorgerückt.

In diesem Augenblick kam Röder vom General Sacken zurück, hatte dessen Korps in entgegengesetzter Richtung abmarschierend gefunden; alle Vorstellungen und Beteuerungen waren vergebens gewesen; Sacken hatte geantwortet: Er bedaure, Yorks Wünschen nicht entsprechen zu können; er habe ganz andere Befehle. Brockhausen war, als Röder sich sofort entfernte, um die Meldung zu überbringen, ihm nachgeeilt, und hatte mit höchster Entrüstung geäußert: Was Sacken von andern Befehlen gesagt habe, sei völlig unwahr.

Diese Meldung brachte Röder an York. „Es wird auch wohl ohne ihn gehen", war dessen Antwort. Alles blieb im Vorgehen.

Zuerst kam Prinz Wilhelm an den Feind. In und neben Athis vorrükkend, traf er in der Mitte des Dorfes auf zwei feindliche Bataillone, die ohne alle Vorsicht herangezogen kamen, um dort die Nacht zuzubringen. Sogleich mit dem Bajonett angegriffen, wurden sie, fast ohne Widerstand zu leisten, über den Haufen geworfen. Sie flüchteten sich nach der Höhe des Fichtengehölzes, dort sammelten sie sich, begannen zu feuern. Eiligst folgte die Division; während die achte Brigade, von Borck geführt, die Höhe rechts und links umging, führte der Prinz persönlich die ostpreußischen Füsiliere gerade auf den Feind, „mit dem, man kann sagen, löwenhaften Mut, den er besitzt", so schreibt Graf Brandenburg, „und dem er es zu verdanken hat, daß er schon zweimal in und vor feindlichen Karrees gelegen, auch hier mitten im nahen Gewehrfeuer, wo die Kugeln uns hageldicht um die Ohren pfiffen." Plötzlich erklangen Flügelhörner, alle Feldmusik, der Sturmmarsch aller Bataillone, Hurra auf Hurra, Siegesgeschrei. Nach kurzer Gegenwehr, von panischem Schrecken ergriffen, nahm der Feind Reißaus. Prinz Wilhelm folgte bis dicht an die Chaussee, wo er die Division, um nicht alle Verbindung zu verlieren, sich sammeln ließ; nur die Füsiliere verfolgten weiter.

In derselben Zeit war auch Horns Division auf der Chaussee vorgegangen. York war an seiner Seite. Ohne auch nur auf einen Posten zu stoßen, kam man den feindlichen Batterien nahe. „Da stehen die Kanonen", sagt Horn. „Ich sehe sie wohl", sagt York. „Darf ich sie nehmen?" fragte jener. „In Gottes Namen drauf!" erwiderte York. Mit fröhlichem Hurra ging's drauf los. „General Horn", sagt Yorks Bericht, „ließ nach seiner gewöhnlichen Entschlossenheit das feindliche Geschütz nur einmal zum Schuß kommen, ehe es in seine Hände fiel"; man fand den Feind völlig unvorbereitet; wer nicht niedergestochen wurde, lief davon.

Mit gleicher Raschheit und gleichem Erfolg rückten Kleists Brigaden rechts der Chaussee vor. Von Athis her überrannt, in der Front geworfen, ward der Feind auf die Chaussee flüchtend nun auch in seiner linken Flanke von dem Hurra und Sturmmarsch und den hallenden Signalen der Flügelhörner empfangen.

Und schon rasselten und schmetterten auf dem linken Flügel die preußischen Schwadronen heran. Die erste Arbeit hatten die Husaren, die schwarzen und die Brandenburger, gemacht; sie waren durch Athis vorgegangen; erst die feindlichen Vorposten, dann ein Regiment abgesessener Chasseurs wurden übergeritten. Da hörte man im Fichtengehölz die Flügelhörner; Major Hedemann, des Prinzen Adjutant, kam zu ihnen mit der Nachricht: Ganz nahe seien französische Kürassiere; „wir rücken vor, attackieren sie, sie erwarten uns stehenden Fußes, wir dringen in sie ein, werfen sie über den Haufen. Nach kurzer Verfolgung sahen wir wieder in unserer Flanke einen Trupp Kavallerie. Ich mußte bis auf wenige Schritt an die unbeweglich und lautlos Haltenden heranreiten, um zu erkennen, daß es wieder französische Kürassiere seien; dann greifen die Husaren an und werfen den Feind auf gleiche Weise. So geschah es nach jedesmaliger Konstatierung des Feindes drei- bis viermal."

Indes war Zieten über den Bach und zwischen diesem und dem brennenden Dorf herangekommen. Voran die Litauer, dann die brandenburgischen Ulanen. „Ohne zu wissen, wohin", sagt das Tagebuch der Litauer Dragoner, „wurden wir in die finstere Nacht geführt; lautlose Stille herrschte bei uns, nur das Klappern der Bügel und Säbelscheiden hörte man. – Da fiel vor uns ein Schuß, und unmittelbar darauf hörten wir das Rasseln schweren Geschützes, aber auch den Ausruf des General Jürgaß: „Nun ist es Zeit! nur drauf, alte Litauer, alles nieder!" und mit dem lautesten Hurra ging es in Karriere vorwärts. Wir stießen zuerst auf Kürassiere, sie wurden umgeritten und zerstreut. Dann ging es links in die große Reimser Straße hinein; hier fanden wir einen französischen Artilleriepark, welcher in größter Eile entfliehen wollte; aber unsere Pferde waren schneller, im gestreckten Galopp ritten wir die Chaussee entlang, die Bedeckung der Artillerie wurde niedergehauen, die Pferde vor den Kanonen erstochen oder die Stränge abgehauen, und in einer halben Stunde waren wir an der Spitze der fliehenden Kolonne. Der Paß war ihnen nun abgeschnitten, alles, was uns entgegenkam, war unser oder wurde niedergestochen." Immer neue Schwadronen folgten; sehen, was Freund oder Feind sei, konnte man nicht; aber mit dem Ruf „Heurich", den der Feind nicht nachsprechen konnte, erkannte man sich. „Unaufhaltsam im Vordringen", sagt Yorks Bericht, „wurden die Bataillone durch das Schlagen aller Tambours und die Signale der Hornisten stets zusammen und das Ganze in Verbindung gehalten." Jeder Versuch des Feindes, sich zu sammeln, war vergebens. „Gleich aufgescheuchten Schwärmen von Vögeln", sagt Graf Brandenburg, „ließen sie sich auf ihrem eilfertigen Rückzug von Zeit zu Zeit nieder, da denn der herannahende Sturmschritt und Hörnerschall sie wieder aufscheuchte. Die Verwirrung des Feindes wurde maßlos; Kürassiere hieben auf die eigene Infanterie ein, ein paar Chasseurszüge suchten Schutz bei einem geschlossenen Bataillon und merkten zu spät, daß es ein preußisches war. Die ganze Masse der feindlichen Streitkräfte war endlich wie breiartig aufgelöst auf der Flucht. Nur ein Bataillon zog sich geschlossen, Sturmschritt schlagend, auf der Chaussee zurück. An der Ordnung, die da herrschte, vermutete man, daß der Marschall in diesem Karree abgezogen sei.

Die Verfolgung wurde bis Fetieux fortgesetzt; die letzte Haubitze, die der Feind gerettet, ward dort noch einmal abgefeuert, dann aber auch genommen. Vier Füsilierbataillone besetzten Fetieux, die Kavallerie lagerte vorwärts auf der Reimser Straße bei Maison rouge; Kosaken schweiften bis Corbeny, besetzten Craonne. Beide Armeekorps biwakierten auf dem Schlachtfelde unweit Athis, wo York und Kleist in einem unversehrt gebliebenen Hause ihr Hauptquartier nahmen.

Es war ein wundervoller Sieg – nach so vielen üblen Tagen und Wochen desto erquickender. Das Armeekorps Marmonts war in völliger Auflösung, sammelte sich erst hinter der Aisne wieder; es hatte fast seine ganze Artillerie, 45 Stück Geschütze, 131 Munitionswagen eingebüßt, 2500 Gefangene, gegen 1500 Tote und Verwundete, sehr viele Pferde verloren. Vor allem waren die gefüllten Munitionswagen erwünscht; denn die Vorräte aus der Beute von Vitry gingen auf die Neige.

Als nach der Einnahme des Fichtengehölzes der Erfolg des Angriffes entschieden war, ward Graf Brandenburg nach Laon gesandt. Er fand den Feldmarschall mit Gneisenau, Müffling und noch einigen Personen beim Abendessen; ihre Freude war unbeschreiblich, „um so größer, je unerwarteter dergleichen noch vor wenigen Stunden gewesen war." Sie entließen Graf Brandenburg mit den lebhaftesten Glückwünschen für York und zugleich mit der vorläufigen Benachrichtigung, daß man sich bereit halten sollte, am folgenden Morgen nach Fetieux zu marschieren.

Mit einer zweiten Meldung eilte Röder nach Laon. Blücher lag schon zu Bett, ein Lämpchen brannte im Zimmer. Nachdem er die Meldung des schon glänzenden Erfolges empfangen hatte, sagte er: „Bei Gott, Ihr alten Yorkschen seid ehrliche, brave Kerls; wenn man sich auf euch nicht mehr verlassen könnte, da fiele der Himmel ein."

Endlich, um 11 Uhr, mit der Nachricht der vollendeten Niederlage des Feindes, ward Lützow nach Laon gesandt. Er brachte den Befehl zum folgenden Tage und folgendes Schreiben des Feldmarschalls an York zurück:

„Ew. Exzellenz haben aufs neue bewiesen, was Einsicht mit Entschlossenheit verbunden vermag. Ich wünsche Hochdenselben Glück zu dem brillanten Resultat dieses Tages und vermag in beiliegendem Befehl nur das zu verfolgen, was Ew. Exzellenz so schön begonnen haben."

In der Tat war die Lage Napoleons jetzt so, daß seine völlige Niederlage nicht mehr zweifelhaft erscheinen konnte. Napoleons rechter Flügel war in völliger Auflösung; Mortier, der am Abend in Bery au Bac ankam, war von Marmonts Flucht mit rückwärts gerissen worden. Mit nicht mehr als 35 000 Mann stand Napoleon der nun dreifach stärkeren schlesischen Armee gegenüber, und der Paß von Etouvelles war seine einzige Rückzugstraße.

„Der General York", so beginnt der Befehl, „meldet mir soeben, daß es ihm gelungen ist, den Feind mit Einbruch der Nacht gänzlich über den Haufen zu werfen, sein Geschütz und seine Munitionswagen zu nehmen, ihn in komplette Deroute zu bringen, so daß die diesseitige Vorhut bereits bei Maison rouge steht." Demnach wird bestimmt, daß Bülow und Winzingerode Napoleon gegenüber bleiben und ihm folgen, die vier andern Korps von der Reimser Straße aus seine rechte Flanke umgehen sollten, Kleist und York bei Bery au Bac die Aisne passierend, Sacken und Langeron auf die Straße von Soissons eilend. „Alles bricht um 7 Uhr auf", so schloß der Befehl.

Blücher nahm also an, daß Napoleon, wenn er von der Vernichtung seines rechten Flügels hörte, abziehen werde. Während dann Bülow und Winzigerode ihm mit 40 000 Mann nachdrängten, hatte er die übrigen vier Korps nacheinander in der Flanke oder auf seiner Rückzugslinie; er mußte entweder versuchen sich durchzuschlagen, freilich mit der Gefahr, völlig aufgerieben zu werden, oder er warf sich in die Traversen westwärts nach Compiegne und ließ damit der schlesischen Armee die nähere Straße auf Paris. Je länger er in seiner Stellung vor Laon blieb, desto sicherer war sein Verderben; aber selbst wenn er schon während der Nacht von Marmonts Niederlage unterrichtet war und gleich abzuziehen begann, waren die beiden Korps bei Laon stark genug, ihn so lange festzuhalten, bis die Umgehung nicht mehr fehlschlagen konnte.

Schon mit Anbruch des Tages war die Vorhut der beiden preußischen Korps auf dem Marsch nach Corbeny; es folgte die vereinte Reservekavallerie. Um 7 Uhr brach Kleists und nach ihm Yorks Korps aus dem Biwak auf, den Vortruppen zu folgen.

Man war in Fetieux angelangt, als eine Ordonnanz den Befehl des Feldmarschalls brachte, mit allen Korps halt zu machen, da der Feind auf dem rechten Flügel unbeweglich stehe, und nach der Aussage der Gefangenen Napoleon heute, den 10. März, zum allgemeinen Angriff bestimmt habe. Dieser Befehl erweckte nicht geringes Erstaunen. Was war denn seit Mitternacht geschehen, daß man die eingeleiteten Bewegungen plötzlich stocken ließ und damit den Erfolg des glänzenden Gefechtes gefährdete? Und wenn auf die Strategen des Hauptquartiers noch einmal „die Gegenwart des Gefürchteten ihre versteinernde Wirkung übte", wenn sie sich nicht getrauten, in einer unüberwindlichen Stellung mit einer stärkeren Truppenzahl seine Verzweiflungsangriffe auch nur ein paar Stunden auszuhalten, wenn Bülow, der freilich hier zum erstenmal die Gewaltstöße Napoleons kennenlernte – denn auch dies ist gesagt worden – sich mit Winzingerode vereint nicht stark genug glaubte, seine Stellung zu behaupten, warum denn gleich der ganzen Armee Halt gebieten? Man mochte zur Beruhigung der Besorglichen noch ein Korps, das stärkste, nach Laon hinziehen; aber warum die beiden preußischen Korps jetzt, wo sie schon Napoleons Flanke überholt hatten, halt machen lassen? Sie hatten nur zwei Stunden länger, als er selbst bis zu der Lettebrücke bei Urcel zu marschieren; ließ man sie wenigstens dorthin marschieren, so sperrten sie ihm den Paß von Etouvelles, griffen ihn im Rücken an; von vorn und hinten zugleich gefaßt, wurde er dort zermalmt.

Mit dem Antrage, diese Bewegung zu genehmigen, sandte York den Grafen Brandenburg nach Laon. Er erhielt einen ablehnenden Bescheid.

Also mußte man rückwärts! Statt der handgreiflich sicheren letzten Entscheidung ein Rückmarsch!

Wenn Müffling in jenen Tagen schrieb: „Napoleons Attacke am 7. März war unverschämt, die am 10. gehört zu den unverschämtesten", was sollte man dann zur Armeeführung sagen, die solche Unverschämtheit zweimal hingenommen hatte? Napoleon erreichte mit der am 10.

seinen Zweck vollständig; er imponierte. Völlig unbehindert zog er am Nachmittage ab und erreichte Soissons.

Es hieß damals in der Armee, der Feldmarschall sei geisteskrank; als Beweis führte man an, daß York einen Befehl von Blücher mit umgekehrter Namensunterschrift erhalten habe; man erzählte sich, Blücher glaube von einem Elefanten schwanger zu sein und warte neugierig, auf welchem Wege er ihn zur Welt bringen werde. Die zuverlässigsten Zeugen, solche, die ihn täglich gesehen, bezeugen, daß sein Augenleiden ihn zwar an der persönlichen Einwirkung bei Führung der Gefechte hinderte, er jedoch auf die zu fassenden Entschlüsse in jedem Augenblick einzuwirken imstande blieb.

Blüchers Krankheit war es nicht, was Gneisenau bestimmte, dem der völligen Vernichtung nahen Feinde goldene Brücken zu bauen.

Aber wie weit war er von sich selber entfernt, als ihm der stets behutsame York so kühn vorkam!

In Yorks Art lag es, wenn er innerlich am heftigsten bewegt war, um so kälter und heiterer zu erscheinen. Als er am 10. März nach Athis zurückgekehrt, die Offiziere des Hauptquartiers bei sich zu Tische hatte – freilich bei ziemlich magerer Kost – war er so heiter, wie nicht immer; es ging bei dem wissenschaftlichen Disput, den man hatte, so lebhaft her, daß er auf den Tisch klopfte und sagte: „Meine Herren, nun hab' ich auch einmal das Wort." Der aufgesetzte Wein war zu Ende; als er der Ordonnanz zurief: „Die Herren haben keinen Wein mehr", und dieser ihm etwas ins Ohr flüsterte, rief er lachend: „Ich höre, daß ich nur noch sechs Flaschen Wein habe; sind die Herren damit einverstanden, so behalte ich zwei in Reserve."

In der Dämmerung ging er auf das Schlachtfeld der vergangenen Nacht; Schack begleitete ihn. Die Leichen und Sterbenden lagen dort noch grauenhaft umher. Dann sah er ein Weib, das, wie ihm schien, sich mit Plündern einer Leiche beschäftigte; empört befahl er Schack, „dies verfluchte Mensch fortzujagen." Er hörte, wie sie sich zu Schack umwendend – es war eine Marketenderin vom Leibregiment – mit schluchzender Stimme sagte: „Ich werde doch meinen Mann einscharren dürfen!" Und York sich abkehrend: „Wie gräßlich ist Krieg!"

Und mit diesem Tage hätte man ihn enden können. War es zu verantworten, gegen die Truppen, den König, ja gegen des Feindes Land zu verantworten, daß man den grauenhaften Jammer ins Ungewisse verlängerte?

Man hatte den Truppen schonungslos die unerhörtesten Anstrengungen zugemutet, hatte sie hungern, frieren, fast in Schmutz verkommen lassen, sie gezwungen, roh und gewalttätig zu werden, um nur zu leben; und nun, wo die Frucht ihrer Mühen, der Ruhm glorreichen Vollendens fast in ihrer Hand war, befahl man halt und rückwärts und zwang sie, den Weg der Mühsal und Entbehrungen von neuem anzufangen.

Die Truppen biwakierten in der Nähe von Athis. Es gab wenig Lebensmittel mehr; die Leute aus Athis und andern nahen Dörfern kamen ins Biwak, um Brot zu betteln. Auch an Holz war Mangel; die Kirche von Athis war in jener nächtlichen Feuersbrunst stehen geblieben. Die Nacht war bitterlich kalt. Die Grenadiere und das Leibregiment halfen sich erst mit den Kirchstühlen, dann wurden auch die Latten und Sparren vom Kirchdach abgerissen und ins Biwak geschleppt. Auf den 11. wurde eine Siegesfeier, Viktoriaschießen und Gottesdienst befohlen. Im Karree der Hornschen Division ergriff York, nachdem Schultz geendet, das Wort: Mit Dank und Stolz erkenne er, daß er und sein Korps gestern Gottes Werkzeug gewesen seien, über den hochmütigen Feind ein strenges Gericht zu halten; aber so tapfer seine Preußen wieder im Gefecht gewesen, so tief verletze, ja empöre ihn ihr rohes, verwildertes Verhalten; Plündern und Zerstören scheine ihre Losung zu sein, das Gotteshaus, das die wilde Flamme unversehrt gelassen, sei durch ihre frevelnde Hand zerstört. „Die stummen Sterne werden euch vor Gott verklagen." Dann wies er auf den Stern auf seiner Brust: „Kennt ihr den Stern? Kennt ihr seine Umschrift? Sie bedeutet: Jedem das Seine. Das ist Preußens Wahlspruch. Habt ihr ihn wahr gemacht? Gebrochen habt ihr ihn, den Stern habt ihr befleckt, des Königs Wahlspruch zur Lüge gemacht, seinen und des Vaterlandes Namen geschändet, euren und meinen Ruhm mit Füßen getreten. Ihr seid nicht mehr das Yorksche Korps, ich bin nicht mehr der General York; eine Räuberbande seid ihr, ich bin euer Räuberhauptmann." Dann stellte er ihnen dar, was die Folgen ihrer Raubsucht seien, wie sie mit der strengen Zucht den rechten Soldatenmut daran gäben; die westpreußischen Grenadiere erinnerte er an ihren Obersten, den sie verwundet in Feindes Hand gelassen hätten. Er forderte endlich das Versprechen, fortan wie brave Preußen einen ehrlichen Krieg, nicht mehr einen Räuberkrieg führen zu wollen; es möge von jeder Kompagnie ein Mann vortreten und ihm mit Handschlag namens aller Besserung geloben. Zuerst trat Horn zu York: „Für das Leibregiment gebe ich Ew. Exzellenz die Hand"; dann viele einzelne, Unteroffiziere und Gemeine, sie gelobten, daß es besser werden solle.

York wußte wohl, daß auch der beste Wille der Truppen nicht mehr dem Zwang der Not widerstehen könne. Am 11. März schreibt Langeron an Blücher, „daß er nun den vierten Tag hier stehe und in dieser Zeit 3250 Pfund Brot geliefert erhalten habe"; und er sollte 25 000 Menschen satt machen. Um nichts besser erging es den Preußen. Und doch wird ausdrücklich bezeugt, „daß von diesem Tage an im Yorkschen Korps keine derartige Unordnung mehr vorgekommen ist."

Ich weiß nicht, in welchem Maße York von dem unterrichtet war, was im großen Hauptquartier vor sich ging. Gewiß ist, daß er in der bittersten Stimmung war, daß er den persönlichen Haß und Neid Gneisenaus beschuldigte, ihm nicht den Ruhm der letzten und entscheidenden Schlacht dieses Krieges gegönnt zu haben. Jede neue Anordnung von dorther stachelte und steigerte seinen Grimm.

In dem Befehl zum 12. wurden den Korps weite Verpflegungsdistrikte angewiesen; dem Yorkschen Korps die Gegend von Corbeny, Bery au bac und Craonne, „natürlich" die schlechtesten, die seit acht Tagen völlig ausgesogen waren. Man schien in einen völligen Ruhestand übergehen zu wollen.

Am 12. März sollte das Korps nach Corbeny abmarschieren. Da trug sich Unglaubliches zu.

York erhielt aus dem Hauptquartier den Befehl, von seiner Kavallerie hundert Pferde zur Eskortierung nach den Niederlanden zu kommandieren. So ärgerlich solch ein Befehl, bei dem schon schwachen Stande der Kavallerie des Korps, immerhin sein mochte, nur das alles, was vorgegangen war, konnte ihm in Yorks Augen die Bedeutung geben, die er darin fand oder suchte. Nur dies letzte hatte noch gefehlt, um die lang verhaltene Galle endlich losbrechen zu lassen.

Er rief Schack herein, er zeigte ihm den Befehl; und nachdem er seinen vollen Zorn ausgeschüttet, schloß er mit der Erklärung, daß er sogleich die Armee verlassen werde. Vergebens waren Schacks Bemühungen, ihn zu beruhigen. York blieb bei seinem Entschluß, Schack mußte sich bequemen, den Brief an den Feldmarschall aufzusetzen, in dem York anzeigte, daß er sich veranlaßt sehe, seiner Gesundheit wegen nach Brüssel zu gehen. Ein zweites Schreiben an den Prinzen Wilhelm übertrug diesem das einstweilige Kommando des Korps.

Schon wurde der Reisewagen gepackt; da York sonst nie fuhr, machte dies nicht geringes Aufsehen. Schack eilte, Graf Brandenburg von dem, was vorgehe, zu unterrichten, bat ihn, auch seine Überredungskunst zu versuchen. Es war vergebens; York wiederholte ihm in kurzen Sätzen die lange Reihe seiner Beschwerden und beharrte bei seinem Vorsatz. Dann gab er Schack den Auftrag, die beiden Briefe zu besorgen.

Im Hauptquartier war man ratlos. „Als der Wagen fortrollte", so schreibt einer aus jenem Kreise, „standen wir wie gelähmt; wir begannen zu empfinden, daß dies ein tödlicher Schlag für das Korps und für die schlesische Armee war." Graf Brandenburg und Schack – der Prinz war mit den Truppen voraus – berieten, was weiter zu tun sei. Sie entschlossen sich, zum Feldmarschall zu reiten und zu versuchen, ob sich die Sache noch irgendwie in Ordnung bringen lasse. Sie ersuchten Graf Lehndorf, mit ihnen zu reiten.

Damals wäre nach der Stimmung des Blücherschen Hauptquartiers Kriegsrecht über York gehalten worden, nur daß es Blücher selbst nimmer gestattet hätte. Ich weiß nicht, ob er in diesen Tagen den bekannten Ausdruck gebraucht hat: „Der York ist oft verdrüßlich, aber er läßt es sich auch sauer werden; hätte ich noch so einen, so könnte man einen Bären damit fangen."

„Der Feldmarschall gab meinen Bitten Gehör", schreibt Graf Nostiz, den man gebeten hatte, bei Blücher zu intervenieren, „so groß auch der Schmerz war, den das Schreiben jeder Zeile bei einer so heftigen Augenentzündung veranlaßte." Mit großen groben Buchstaben schrieb er York einen Brief, dessen Inhalt uns in folgender Fassung mitgeteilt ist:

„Mein alter Kamerad, so etwas darf die Geschichte von uns nicht erzählen, also seid vernünftig und kommt zurück."

Auch Prinz Wilhelm schrieb an York: „Ew. Exzellenz Abwesenheit versetzt uns alle, welche das Glück genießen, unter Ihren Befehlen zu stehen, in die tiefste Betrübnis; doch jeder, welcher die Gründe kennt, durch welche Sie zu diesem Schritt bewogen wurden, die allerdings vieles für sich haben, kennt auch den Edelmut Ihres Charakters und hofft vertrauensvoll, Sie werden sich der großen Sache des Vaterlandes in diesem kritischen Augenblick nicht entziehen. Wohl nie hat Preußen einsichtsvoller Feldherrn mehr bedurft als jetzt, und auf welchen kann es wohl mehr bauen als auf den Wiederhersteller seines alten Ruhmes, der in Kurland wieder herrlich aufblühte, als auf den, welcher das Signal gab zur Abwerfung der fremden Herrschaft, der sein tapferes Heer siegreich führte von den Ufern der Düna bis an der Seine Strand. Als Ihr Mitbürger, als Ihr Unterfeldherr, als Enkel, Sohn und Bruder Ihrer Könige beschwöre ich Sie, das Kommando nicht niederzulegen.

„Corbeny, 12. März 1814.

Ihr wahrer Freund

Wilhelm Pr. v. Preußen."

Diese Briefe, von Graf Brandenburg und Schack überbracht und durch ihre Bitten unterstützt, bestimmten York, zurückzukehren und sein Kommando wieder zu übernehmen.

VIII

PARIS

Die Bevölkerung, die man beim ersten Einrücken in Frankreich in dumpfer Gleichgültigkeit gefunden hatte, war durch die Greuel des Krieges zur Verzweiflung getrieben, durch des Kaisers Erfolge im Februar neu entflammt, und der allgemeine Aufstand, welchen die kaiserlichen Dekrete vom 4. März befahlen, begann im Elsaß, in Lothringen einen sehr bedrohlichen Charakter anzunehmen. Offiziere der Armee traten da und dort an die Spitze, die Festungen der Mosel und Maas gaben feste Stützpunkte für den beginnenden Volkskrieg. Nur mit Mühe hatte Oberst Lützow mit seinen Soldaten durch die Ardennen kommen können. Die „Blaukittel" drohten für die weitere Kriegführung eine sehr ernste Bedeutung zu gewinnen. Durch die Einnahme von Reims gewann der Kaiser, indem er die Armeen von Blücher und Schwarzenberg trennte, die Verbindung mit jenen aufsässigen Landschaften und mit den Festungen, in denen sich frisch ausgebildete Truppen in bedeutender Zahl befanden.

Man konnte sich nicht verhehlen, daß die Entscheidung, je länger sie sich verzögerte, desto zweifelhafter wurde. Es ist unberechenbar, wie sie ausgefallen wäre, wenn Napoleon, dem hochentflammten Sinn des Volkes entgegenzukommen, sein und Frankreichs Schicksal, wie es ein Jahr vorher Preußen in glorreichster Weise getan hatte, dem sich bewaffnenden Volke anzuvertrauen sich hätte entschließen können. Er hat es nicht gewagt.

Die große Armee hatte, seit Blücher zum zweiten Male sich von ihr trennend, des Feindes Hauptstärke über die Aisne nach sich zog, sich von einem mehr als dreimal schwächeren Korps, das ihr gegenüberstand, fast im Schach halten lassen. Man war langsam wieder bis Troyes gekommen und hielt dort Ruhetage, bis die Nachricht von der Schlacht bei Laon eintraf; nun sollte wieder die Offensive ergriffen werden. Als jedoch die Meldung von dem unglücklichen Gefecht von Reims angekommen war, hielt Fürst Schwarzenberg es für notwendig, seine Streitkräfte rückwärts bei Brienne zu konzentrieren; dort wollte er Napoleon, den er über Chalons im Anzuge glaubte, erwarten.

Durch Napoleons Bewegung auf Reims war das Yorksche Korps gleichsam die Vorhut der in Quartieren festliegenden Blücherschen Armee.

York hatte, seiner Weisung gemäß, nur die beiden Husarenregimenter seines Korps über die hergestellte Brücke von Berry au Bac vorgeschoben; in den Häusern jenseits der Brücke lag ein Bataillon Ostpreußen als Deckung, als der Feind, voll des glücklichen Erfolges von Reims, am 14. sich in bedeutender Stärke gegen ihn wandte. Die Schwadronen waren, da bedeutende Abteilungen zum Fouragieren ausgesandt werden mußten, nur 40 Pferde stark; und der heranrückende Feind hatte drei ziemlich vollständige Regimenter Lanciers, Chasseurs und Ehrengarden an seiner Spitze. Katzeler setzte sich an die Spitze der schwarzen Husaren, und so ungestüm war der Ansturz der „Totenköpfe", daß die feindlichen Schwadronen kehrtmachten und eine Stunde weit gejagt wurden, wo Infanterie sie aufnahm.

Aber der Feind folgte mit Infanterie, begann von der jenseitigen Uferhöhe Bery au Bac mit Granaten zu beschießen; man mußte den Ort räumen, sich begnügen, ihn dicht zu umstellen.

Wollte Napoleon von neuem sich auf die Blüchersche Armee werfen? Noch am 14. erließ Blücher den Befehl an Langeron und Sacken, sich nach Laon zu konzentrieren; es war schon zuvor bestimmt, daß, wenn der Feind eine neue Schlacht suche, man sie wieder bei Laon schlagen werde.

Aber der Feind begnügte sich mit dem Besitz von Bery au Bac; „es scheint", schreibt York am 15. an Blücher, „als wenn der Feind eine Offensive über Bery au Bac fürchtend sich in den Besitz der Straßen gesetzt habe, um über Reims und Epernay gegen die große Armee ungehindert zu marschieren."

So war es. Napoleon brach, nachdem er am 14. Chalons genommen hatte, am 17. März von Reims auf, um über Epernay südwärts gegen Fürst Schwarzenberg zu eilen und, mit den gegen ihn zurückgelassenen Truppen vereint, wie er hoffte, ihn zu schlagen. Der schlesischen Armee gegenüber ließ er die Marschälle Marmont und Mortier mit etwa 30 000

Mann zurück mit dem Auftrage: Blücher zu beobachten und, wenn er gegen Paris vordringe, die Hauptstadt zu decken. Sobald man im Blücherschen Hauptquartier die neuen Bewegungen des Gegners festgestellt hatte, hatte die Untätigkeit ein Ende. Zum 18. wurden die sechs Armeekorps auf der Straße von Bery bis Laon zusammengezogen, an der Spitze York und Kleist mit dem Befehl, den „starken vorgeschickten Rekognoszierungen" zur Reserve zu dienen und Bery au Bac zu nehmen, am meisten rückwärts Bülow, der in Laon einrücken sollte.

Als in Ausführung dieser Anordnung York und Kleist am Morgen des 18. März die Aisne bei Bery und weiter stromab zu überschreiten versuchten, stand der Feind gegenüber in so starker Stellung, daß man, um unnützen Verlust zu vermeiden, vorzog, die Umgehung, die weiter stromauf Tschernitscheff machen sollte, abzuwarten. Sie verzögerte sich bis Mittag, aber als sich die Russen in der Flanke zeigten, eilte der Feind hinweg.

Die Kavallerie beider Korps folgte dem Feind, der den Weg nach Chateau Thierry einschlug. Im Hauptquartier vermutete man, daß die Marschälle von Chateau Thierry die Marne hinabeilen würden, um Paris zu decken, während Napoleon, wie man bereits wußte, die Hauptarmee an der Aube zu einer Schlacht zu treffen suche. Als Katzeler an der Spitze der Vorhut am Morgen des 22. Chateau Thierry erreichte, fand er die Stadt geräumt, von den Einwohnern verlassen, die Brücke zerstört, das jenseitige Ufer besetzt, den Feind in der Richtung auf Montmirail abziehend.

Also Napoleon zog auch die beiden Marschälle an sich, gab Paris einen Augenblick preis, um alle Kräfte zu einem Hauptschlage gegen Schwarzenberg zu vereinigen.

Inzwischen war an der Aube bereits dieser entscheidende Schlag gefallen. Blücher erfuhr davon zuerst aus einem aufgefangenen Briefe Napoleons an seine Gemahlin, aus dem sich ergab, daß am 20. und 21. gekämpft worden war, und daß Napoleon sich entschlossen habe, nach der Marne auf St. Dizier zu marschieren, um den Feind weiter von Paris abzuziehen und sich den Festungen zu nähern. Wird man nach seinem Wunsche ihm nachziehen? Oder wird man es wagen, ihn im Rücken der verbündeten Armeen zu lassen, um endlich auf Paris loszugehen?

Am 24. März ward im großen Hauptquartier der Marsch auf Paris beschlossen. Gegen Napoleon sollte Winzingerode bleiben, um ihn teils zu beobachten, teils zu täuschen.

York und Kleist empfingen diesen Befehl in ihrem gemeinsamen Hauptquartier in Montmirail, während sie plaudernd vor dem Kaminfeuer saßen. Also endlich die entscheidende Wendung zum letzten Ziel: Ein doppelt frohes Ziel denen, die auch in den traurigen Zeiten der Erniedrigung Preußens ausgeharrt und den alten Stolz des preußischen Namens zu besseren Tagen hindurch gerettet hatten. Sie mochten an die Jahre von Jena und Tilsit, an den Feldzug in Kurland denken, dort wie jetzt wieder hatten sie treu und brüderlich zueinander gehalten.

Am Sonnabend früh (26. März) ging es nach La ferté gaucher. Schon auf dem Marsch empfing man einen Befehl des Feldmarschalls vom vorigen Abend, der beide Korps, als Spitze der Blücherschen Arme, auf der kleinen Pariser Straße zur Marne eilen hieß.

Am Sonntag um 2 Uhr mittags erreichte die Spitze der preußischen Kolonne Trilport. Die Marnebrücke war gesprengt; der Feind hielt das jenseitige Ufer besetzt. In einem lebhaften Gefecht erzwang man den letzten Flußübergang vor Paris. Die Posten der Vorhut wurden bis Meaux vorgeschoben. In Trilport und weiter rückwärts an der Chaussee biwakierten die übrigen Truppen beider Korps. Eine zweite Brücke für Artillerie ward über Nacht fertig.

Die Stille der Nacht unterbrach eine furchtbare Explosion. Das Pulvermagazin in Meaux hatte der Feind beim Verlassen der Stadt in die Luft gesprengt.

Die preußische Vorhut beider Korps unter Katzeler erreichte am 28., morgens 3 Uhr, Meaux, ging sofort auf der großen Straße von Paris weiter. Mit frohem Eifer folgten über die Brücke bei Trilport erst die Kavallerie Zietens, dann das zweite, dann das erste Korps. In geschlossener Ordnung, ohne Aufenthalt zogen die Truppen durch die Hauptstraße der Stadt, die Nebengassen durch Posten absperrend. Kein Soldat durfte Reih und Glied verlassen, so sehr auch die offenen Läden zu beiden Seiten locken mochten. „Dem General konnte alles nicht rasch genug gehen, und er trieb, schalt und spornte beständig zur Eile an." Staunend sahen die Bürger der Stadt diesen rastlosen, endlosen Zug: mon Dieu, Paris est perdu, hörte man mehr als einmal.

Bei dem Städtchen Claye traf Katzeler auf den Feind; es begann ein sehr heftiges Gefecht, das, bald von dem nachrückenden Kleistschen Korps mit aufgenommen, sich bei Montsaigle und Ville Parisis bis in den Abend fortsetzte. Die Truppen biwakierten auf dem blutig erkämpften Geländeabschnitt, zunächst vor sich den Waldgürtel, der sich hier, drei Meilen von Paris, vom Ourcqkanal bis zur Marne hinabzieht.

Der Widerstand des Feindes in diesen Gefechten war ungemein hartnäckig, die Führung meisterhaft gewesen; wenn Paris mit gleichem Ernst verteidigt wurde, so konnte man noch ein schweres Stück Arbeit bekommen. Und wie lange durfte man Napoleon in seiner fehlerhaften Richtung bleiben zu sehen hoffen? Wie, wenn er seinen Irrtum erkannte, ehe die Entscheidung gefallen? Wenn er alle die ungeheuren Hilfsmittel der Verteidigung, die eine so große Stadt darbietet, mit den seines unerschöpflichen und kühnen Genies vereinigte, wenn er zu der Nationalgarde von Paris die Massen aufbot und die ganze blutige Wildheit eines Straßenkampfes aus den Tagen der Revolution heraufbeschwor? In der Tat, man hatte Grund, keine Zeit zu verlieren.

Der 29. März war nach dem Befehl des Feldmarschalls für die Korps der schlesischen Armee zum Ruhetag bestimmt, mit dem Bemerken: „Es wird dafür gesorgt, daß die Straßen frei sind, damit die Korps von Winzingerode mit den Grenadier-Reserven und sämtlichen Garden der großen Armee die Straße nach Paris ohne Hindernis nehmen können." Dann, während der Nacht, kam die weitere Aufforderung Blüchers an York, in der Frühe, „wenn Ihro Majestäten die Truppen gegen Paris vorbeiführen, sich rechts und links an der Straße aufzustellen und die Monarchen zu bewillkommnen."

Dazu kam, daß morgens um 8 Uhr ein russischer Flügeladjutant sich zu den französischen Vorposten begab und Depeschen für den französischen Kriegsminister abgab, die, wie ausdrücklich bemerkt wurde, sich auf die Friedensunterhandlungen bezogen; es wurden nach mündlicher Übereinkunft die Feindseligkeiten bis zur Ankunft der Antwort aufgehoben.

Alles schien auf nahen Friedensschluß zu deuten. Beim Yorkschen Korps beeilte man sich, „zum Einmarsch nach Paris alles in propern Stand zu setzen." Gegen 10 Uhr standen beide Korps in Parade zur Seite der Chaussee von Claye bis Ville Parisis. Freilich nicht an der Spitze der Garden und Grenadiere, deren Heranrücken der Übergang über die Marnebrücken verzögerte, kamen die Monarchen herangeritten. Die Freude der Truppen, ihren König wiederzusehen, war jedoch größer, als seine Nachsicht mit ihrem allerdings sehr mitgenommenen Äußern.

Weder die versuchten Verhandlungen mit dem französischen Kriegsminister, noch die am 29. März ausgegebene bekannte Proklamation an die „Einwohner von Paris", so begütigend, ja schmeichelhaft sie für die Pariser war, hatte die geringste Wirkung gehabt. Die Waffen mußten entscheiden.

Die Verbündeten standen der Nordostecke von Paris gegenüber. An ihrer Ostseite erhebt sich ein mit Dörfern besetztes Plateau das unmittelbar an der Stadt beginnend, sich mit ziemlich steilen Abhängen, Schluchten, Steinbrüchen im Bogen zur Marne hinabzieht und sie, den Wald von Vincennes gegen Osten umschließend, eine halbe Meile oberhalb Paris erreicht. Ein kleineres, steileres Plateau, das des Montmartre, liegt auf der Nordseite der Stadt. Zwischen beiden Hochflächen, die an ihrem Fuß etwa 1600 Meter voneinander entfernt sind, liegen die Vorstädte La Chapelle unmittelbar am Montmartre und La Vilette an der Straße von Soissons hinausgebaut. Am Nordabhang der größeren Hochfläche führt die Chaussee von Meaux nach Paris, erreicht die Stadt in der Barriere Pantin, die nur durch den Ourcqkanal von La Vilette getrennt wird. Zwischen dem Kanal und der Chaussee, ¼ Meile vom Tor, das Dorf Pantin.

Um 6 Uhr morgens begann vor Pantin und Romainville am Aufgang der Hochfläche der Kampf. Bald wurde er außerordentlich blutig, beide Orte waren genommen, sie zu behaupten, kostete die äußerste Anstrengung. Und noch immer nicht wurde rechts und links der unterstützende Angriff begonnen. Vielmehr ließ der Kronprinz von Württemberg, der über Vincennes vorgehen sollte, melden, daß er erst nachmittags auf dem Kampfplatz eintreffen könne. Und in Blüchers Hand war der Befehl des Fürsten Schwarzenberg, nach welchem er bereits mit Tagesbruch den Kampf beginnen sollte, erst um 7 Uhr gekommen, erst um 8

Uhr erhielten York und Kleist seine weiteren Anordnungen; sie sollten „gegen La Vilette vorrücken und den Montmartre von dieser Seite angreifen", Woronzoff ihnen in Reserve folgen, Langeron von St. Denys her den Montmartre angreifen.

York und Kleist ließen sogleich aufbrechen. Gegen 10 Uhr war die Vorhut auf der Straße der „kleinen Brücken", in gleicher Höhe von Pantin.

Man hatte keine hinreichend genaue Karte der Umgebung von Paris. York und Kleist ritten mit ihrer Suite vor, sich zurechtzufinden. Zur Linken jenseits des Kanals war Pantin bereits von den Russen genommen, doch hielt sich der Feind noch in den letzten Häusern.

Es war hohe Zeit, daß den Russen in Pantin diese Hilfe kam; nur mit Mühe behaupteten sie, da die Garden noch nicht heran waren, hier und auf der Höhe das schon Gewonnene. Um desto sicherer zu stützen, zogen noch zwei Bataillone über die Brücke nach Pantin hinein. Weiteres Vordringen hemmte das mörderische Feuer einer Zwölfpfünderbatterie, die sich weiter rückwärts aufgestellt hatte.

Bald nach 11 Uhr kamen die Garden heran; sofort gingen sie vor; es begann jener furchtbare Kampf, dem an Hartnäckigkeit vielleicht nur der von Möckern an die Seite zu stellen ist.

Überaus günstig stand das Gefecht, als plötzlich – bald nach drei Uhr – der Feind aus La Vilette und gegen Pantin zugleich zum Angriff vorging. Alte Garde drängte die preußische Garde über die Brücke am Bassin zurück. Gegen die Haubitzbatterie, die hier stand, brachen zwei Regimenter Chasseurs und polnische Lanziers hervor, Infanterie zu ihrer Rechten mit lautem en avant. York hielt bei den nahen Husaren, den schwarzen und Brandenburgern. „Die Batterien dürfen wir nicht im Stich lassen." Die Totenköpfe trabten hervor, freilich in Zügen abgebrochen, um das Kanalbett zu passieren, sich jenseits im raschen Trabe formierend, als schon die Polen herangejagt kamen; noch gerade zur rechten Zeit erfolgte das Signal Marsch! Marsch!, um mit Hurra dem Feind entgegenzujagen. Der Feind erwartete den Zusammenprall nicht, machte kehrt, ward verfolgt, bis nach La Vilette hinein; dort knäulte sich alles zusammen, „so daß man sich bald nur noch mit dem Säbelgefäß bekämpfen konnte". Aber plötzlich knatterte aus den Fenstern herab Kleingewehrfeuer; die Brandenburger mußten wieder zurück.

Den Moment jener glänzenden Attacke ergriff York, jetzt an Kleists Seite, um mit dem Vorgehen beider Armeekorps den Sieg zu entscheiden. Er zog den Säbel. Dem Marsch! Marsch! längs der Linien folgte das jubelnde Hurra der Truppen. Schon war jenseits des Kanals auch Prinz Wilhelm mit seinen Brandenburgern und Landwehren im Vorrücken, nahm die Brücke am Bassin wieder. Überall belebte sich das Gefecht; fort und fort erklang das schöne Signal der Flügelhörner „Avancieren". Man nahte sich dem Montmartre. Schon gingen auch Woronzoffs Jäger im Sturmschritt auf La Vilette los, Prinz Wilhelm, bereits in der Mitte des Dorfes, wandte sich links, die kaum mehr 1000 Meter entfernte Bar-riere zu erstürmen; Horn hatte La Chapelle genommen, Kleist ließ das Gewehr fällen zum Sturm gegen die Kuppe der „fünf Mühlen", und Lan-geron rückte im Sturmschritt rechts gegen den Montmartre. Da kamen Adjutanten mit wehenden weißen Tüchern angesprengt, die Botschaft des Waffenstillstandes; sie wurde als volles Zeugnis des Sieges mit lau-tem Hurra begrüßt.

Nur Langeron nahm sich noch die Zeit, die begonnene Erstürmung zu vollenden; und da die Besatzung der „fünf Mühlen" freiwillig abzog, besetzten Kleist und Horn auch diese.

Das war um 6 Uhr. Dem Waffenstillstand folgten die Unterhandlun-gen. Sie zogen sich in die Länge. Es lief Befehl vom Feldmarschall ein, „alle Truppen so in Bereitschaft zu halten, daß sie jeden Augenblick den Angriff auf den Feind und die Stadt erneuern könnten; es sei keine Auf-kündigung der Waffenruhe nötig; sobald der Angriff von Seiten der Hauptarmee fortgesetzt werde, greife auch die schlesische Armee an". Blücher hatte 84 Stück schweres Geschütz auf dem Montmartre auffah-ren lassen; nach seinem Sinn war die Sanftmut nicht, die man gegen diesen Feind zu üben wetteiferte.

In den Truppen war das Gefühl des vollsten Sieges, der glorreich er-rungenen Entscheidung; wie zu ihren Füßen lag nun, im Glanz der sin-kenden Sonne, die riesige Stadt, so lange die übermütige Herrin Euro-pas, nun völlig gedemütigt, ohnmächtig; – für unsägliche Mühsal der höchste Lohn. Das kühne Wagnis, das auf der Mühle bei Tauroggen begonnen worden, nun war es wundervoll vollbracht.

Und hier sei eines Zuges erwähnt, der – gleichsam zum Schluß – den Anfang des Krieges und mit welcher Meinung er begonnen war, verge-genwärtigt. Wie man dort oben bei den Windmühlen stand, die Bataillo-ne Gewehr beim Fuß, die Kavallerie unten zum Teil abgesessen, da mit einem Male kommt Oberst Below mit seinen alten Litauern herauf, rei-tet in langem, gemächlichem Zuge den Montmartre entlang, zeigt ihnen Paris, und als York nicht wenig erstaunt und ungehalten nachreiten und fragen läßt, was das bedeute, entgegnet Below: Das habe er seinen Leu-ten schon in Tilsit versprochen; man wisse doch nicht, ob sie sonst Paris zu sehen bekämen.

Sämtliche Truppen biwakierten; ihre Feuer umschlossen die Stadt im weiten Halbkreis. York und Kleist blieben auf dem Montmartre; sie ließen sich zur Seite des vordersten Hauses eine Streu machen, durch-wachten, in den Mantel gehüllt, die Nacht.

York war der Meinung, daß nun erst die rechte Gefahr anfange. Noch ziemlich günstig lauteten die ersten Mitteilungen, die einliefen. Graf Brandenburg, den er zum König gesandt, schrieb: „Ew. Exzellenz melde ich, daß das H. Q. des Königs in Pantin ist. Die beiden Korps von Mar-mont und Mortier haben eine Kapitulation geschlossen, vermöge deren sie freien Abzug nach Rennes in der Bretagne erhalten haben. Sie müssen bis dahin zurück, ehe sie wieder gegen uns im Felde erscheinen dürfen. Alle Kriegsbedürfnisse und Kanonen, die nicht zu diesen beiden Korps gehören, bleiben in Paris und werden mit übergeben. Die Übergabe von Paris ist noch nicht definitiv abgeschlossen, insofern die französischen Generale sagen, daß diese von seiten der Zivilbehörde verhandelt werden muß, über welche sie keine Autorität hätten. Man erwartet aber mit Gewißheit, daß morgen die Behörden von Paris erscheinen werden, um das Wohl der Stadt der Gnade des Kaisers und Königs zu empfehlen. Nach heute von Tettenborn eingelaufenen Nachrichten ist denn Kaiser Napoleon von Vitry wieder umgekehrt und nach St. Dizier gegangen. Der Einzug wird wahrscheinlich morgen mittag sein."

Sehr viel weniger günstig war der endlich nachts 2 Uhr abgeschlossene Vertrag. Man hatte den Marschällen zugeben müssen, die Richtung ihres Marsches selbst zu wählen, – sie zogen gegen Fontainebleau, Napoleon entgegen. Wozu anders, als um demnächst zum Angriff auf Paris zurückzukehren, die Verbündeten zu einer Schlacht mit den Hunderttausenden dieser gedemütigten Stadt im Rücken zu zwingen?

Freilich hätte man es trotzdem nicht nötig gehabt, nur die Garden zum feierlichen Einzug in Paris zu bestimmen und die übrigen Truppen, so namentlich die ruhmreichen Korps der schlesischen Armee, hinter den Barrieren herumschleichen zu lassen. Niemand zweifelte, daß es geschähe, weil sie zu schmutzig aussähen, um den eleganten Parisern gezeigt zu werden. Während jene bevorzugten Truppen von morgens 10 Uhr an, die Monarchen, Prinzen, Feldmarschälle, Generäle usw. in der Mitte ihres Zuges, von der Barriere Pantin aus den Einzug hielten, mußten die Korps von York und Kleist rechts um die Stadt marschieren, um die Westausgänge derselben zu bewachen und in Passy, Neuilly und den rückwärts liegenden Dörfern, Landhäusern und Schlössern Quartier zu nehmen. „Die Wachen an den Toren", befahl York, „lassen keinen Soldaten nach Paris; auch nur wenigen Offizieren mit einem Male darf Erlaubnis gegeben werden, nach Paris zu gehen: Während der Nacht darf niemand in den Ringmauern der Stadt bleiben."

York – so bezeugt ein Offizier seiner Umgebung – erwartete, „daß Napoleon nun, da es um die Krone gehe, wie ein angeschossener Eber heranstürmen, die Verbündeten zu einer Schlacht zwingen werde. Sie mußten dann eine bedeutende Streitmacht in Paris lassen, denn dem scheinbaren Umschwung der Meinung, der sich beim Einzuge gezeigt, traute er im entferntesten nicht. Er klagte den Leichtsinn des großen Hauptquartiers an, sich in die arge Stadt gewagt zu haben, er mißtraute dem Genie der Strategen und dem guten Willen der Österreicher; dazu war man ohne Munition; die bei Laon erbeutete hatte nur gerade bis Paris gereicht, war so gut wie völlig aufgebraucht, die letzten Granaten waren in dem mit sechs Schimmeln bespannten Munitionswagen, der auch nur halb gefüllt gewesen, in die Luft geflogen."

In der Tat rückte Napoleon zum Kampf heran. Er war am 27. in Vitry, sobald er die Absicht der Feinde erkannt hatte, sofort umgekehrt, hatte mit ungeheuerster Anstrengung seiner Truppen am 29. abends Troyes erreicht, war dann selbst nach Fontainebleau vorausgeeilt, dort am Abend des 30. angekommen. Da Paris selbst bereits in der Gewalt der Verbündeten war, sammelte er am 1. und 2. April seine Truppen bei Essonnes und Corbeil, 4 Meilen von Paris, mit denen Marmonts und Mortieurs, mit den inzwischen nachgerückten Garden immer noch 50 000 Mann.

Während in Paris die Diplomatie ihre feinen Fäden spann, um den Sturz Napoleons zu vollenden und in Frankreich eine neue Ordnung der Dinge herzustellen, sollte sich die Armee der Verbündeten am 2. April südwärts von Paris sammeln, um nötigenfalls zur Schlacht bereit zu sein.

Schon am Tage des Einzuges hatte der König an York das Großkreuz des eisernen Kreuzes gesandt. „Sie haben", so lautete die Kabinettsorder, „bei verschiedenen Gelegenheiten, wo Sie Truppenkorps selbständig gegen den Feind angeführt, durch den glücklichen Erfolg, mit welchem solches geschehen ist, der guten Sache so wesentliche Dienste geleistet, daß Ich mit Vergnügen Veranlassung nehme, Ihnen zum Beweise Meiner Erkenntlichkeit und Meiner besonderen Zufriedenheit hierdurch das Großkreuz des eisernen Kreuzes zu verleihen." York hatte sogleich um eine Audienz gebeten, seinen Dank zu sagen; der König empfing ihn am andern Morgen von dem Jardin des Plantes kommend, wo er „zum Schrecken Cuviers vor 6 Uhr die wilden Bestien besucht und in der Chaumiere Milch und Eier gefrühstückt hatte". In dem Hotel des Invalides empfing der König York. „Es ging", so erzählt der hochberühmte Gelehrte, der ihn an diesem Morgen begleitete, „von beiden Seiten mit einer Ökonomie von Wärme vor, die mir viel Verhängnisvolles von vorher und nachher erklärt; der ernste, strenge York machte mir einen tiefen Eindruck; hier sah ich ihn zuerst, sah mit stiller Bewunderung den tatenreichen Mann; ganz so hatte ich ihn mir gedacht: ich glaubte ein Stück Weltgeschichte zu lesen."

An demselben Morgen marschierten die beiden preußischen Korps ab, um südwärts der Stadt auf der Straße von Orleans bei Longjumeau ihre Stellung zu beziehen. Sie wurden über die Brücke von Jena geführt; auf dem Marsfelde hielt der König, sie vorbeimarschieren zu lassen.

Am 3. und 4. stand alles zur Schlacht bereit. „Napoleon", so meldete Müffling an York am 5. April, „hat seine Armee die Revue passieren lassen, sie angeredet und encouragiert, gegen Paris zu marschieren, um diese treulose Stadt zu züchtigen. Er hat den Soldaten die Plünderung zugesichert. Hierauf haben sich die Marschälle Ney, Macdonald und Mortier zu ihm begeben, ihm vorgestellt, daß er das Glück von Frankreich so lange untergraben habe, und ihn aufgefordert, sogleich die Krone niederzulegen. Obgleich sich eine unglaubliche Heftigkeit Napoleons bemeistert, so habe er zuletzt gesagt: Er wolle die Krone niederlegen, die Arme augenblicklich verlassen, jedoch mache er den Marschällen zur Pflicht, den König von Rom auf den Thron zu setzen. Mit diesem Antra-

ge sind die Marschälle bereits in Paris angekommen." Schon am folgenden Tage meldete Müffling: „Napoleon hat alles unterschrieben, wie
man es verlangt hat."

Kleist war zu den Verhandlungen nach Paris befohlen. York hatte
dementsprechend den Befehl über beide Korps. Sie blieben bis zum 10.
April in und um Palaisseau, dann wurde in die Quartiere nach den beiden nördlichsten Departements Frankreichs abmarschiert. York ging
nach Paris, um dort einige Tage zu verweilen, dann ritt er, von Below
begleitet, seinem Korps nach über Amiens nach Arras, wo er sein Hauptquartier nahm.

Man mag es entschuldigen, daß aus den denkwürdigen Tagen der Entscheidung nur einzelne dürftige Züge mitgeteilt wurden. Das vorliegen-
de Material gestattet weder eine zusammenhängende Erzählung von
dem Standpunkt dieser Biographie aus, noch läßt es über Yorks Auffassung der politischen Lage, seine Ansicht über die diplomatischen Verhandlungen, sein Urteil über die Vertretung der preußischen Interessen
in demselben erkennen.

Die Tage in Paris mögen ihm in höherem Maße als anderen anziehend
gewesen sein; wie war dort seit 1782 alles anders geworden. In der überaus glänzenden europäischen Gesellschaft, die sich damals in Paris zusammenfand, „war er", wie es ein Schreiben jener Tage ausdrückt, „am
entschiedensten der preußische General." Glaubwürdig wird folgendes
erzählt: Man war zu irgendeinem großen Diner versammelt, nur Blücher
fehlte noch; die Versammelten, Prinzen, Feldmarschälle, Minister usw.
taten, als bemerkten sie die Verzögerung nicht; nur ein junger deutscher
Fürst, dem der Krieg sein Land wiedergegeben hatte, äußerte endlich,
warum doch nur der Blücher die ganze Gesellschaft warten lasse. York
hörte das; wie er pflegte, wenn es heftig wurde, die Haare rückwärts
streichend, sprach er: „Wird denn niemand dem jungen Mann Antwort
geben?" Dann trat er selbst zu den Fürsten: „Ich dächte, es wäre besser,
daß Ew. Hoheit hier auf den Blücher, als in Petersburg auf Ihre Pension
warten." Damit drehte er sich um, aber die laut gesprochenen Worte
lenkten die peinlichste Aufmerksamkeit auf den beschämten Regenten.
Man hat sich damals nicht über York entsetzt; man vertrat die Ansicht,
daß solche Sprache einem preußischen General zustehe.

Um den 20. April war York bei seinem Korps in Arras. Man wird es
uns erlassen, von der Wiederherstellung des Korps nach seinen alten
Brigaden, Regimentern und Bataillonen usw. zu berichten. Auch über
den kleinen Ärger mit einzelnen Kommandanten und Munizipalbehör-
den dürfen wir hinweggehen.

Anziehender dürfte es sein, York endlich einmal in derjenigen Beziehung zu sehen, die wir weniger aus Absicht, als wegen Mangels an geeig-
netem Material ganz außer acht gelassen haben.

Es liegen uns zwei Briefe Yorks an seinen älteren Sohn Heinrich vor,
von denen wir den einen vollständig mitteilen werden. Als York in den

ersten Januartagen 1813 nach Königsberg zurückkam, war der Sohn bereits nach Liegnitz auf die Ritterakademie abgereist; infolge der Bautzener Schlacht hatte er gleich den meisten Zöglingen Liegnitz verlassen, war zum Vater gegangen, der den Leutnant von Wussow aufforderte, den kecken und geistvollen Knaben zu unterrichten; der Vater wohnte oft und gern dem Unterricht bei. Nach der Schlacht an der Katzbach kehrte Heinrich wieder nach Liegnitz zurück. Dorthin schrieb ihm der Vater in Antwort auf einen Glückwunsch zum Geburtstag (21. September 1813): „... es sind die Ausdrücke der Gefühle eines guten Sohnes und tun meinem Vaterherzen wohl. Gott stärke Dich in Deinen guten Vorsätzen. Liegt es in dem Beschlusse der allmächtigen und allgütigen Gottheit, mir mein Leben zu erhalten, so hat dieses Leben für mich nur einen Reiz in der Hoffnung, Freude an Dir und Deinen Geschwistern zu erleben. Sollte dieser mein innigster Wunsch, dies mein inbrünstiges Gebet nicht erfüllt werden, dann würde mir die erste treffende Kugel die liebste sein; lieber den schmerzhaftesten Tod, als das gekränkte Gefühl, in meinen Kindern unbrauchbare und unmoralische Mitglieder der menschlichen Gesellschaft zu wissen. Doch ich fürchte dieses schreckliche Gefühl nicht; Du bist edel und gut und wirst Deine Pflichten nicht vergessen. Ich hoffe mit Zuversicht, daß Du in die Fußstapfen Deiner Voreltern treten, daß Du ein unterrichteter Diener des Staates, ein nützlicher und brauchbarer Mann, ein guter edler Mensch, sowie die Stütze und Zierde Deines Namens werden wirst. Diesen Reichtum, den ich von meinem Vater geerbt, lasse ich Dir unverkürzt zurück und hoffe, daß Du diesen Schatz mit Ehre und mit Würde verwalten wirst." Und weiter nach einer Anfrage, ob der Unterricht wieder in völliger Ordnung oder ob durch Privatstunden nachzuhelfen sei: „... bis dahin mußt Du alle Mittel anwenden, um nicht zurückzubleiben und Deine kostbare Zeit zu verlieren. Der eigene innere Trieb ist der beste Lehrmeister, und wenn man festen Willen hat, so kann man aus sich selbst alles hervorbringen, was man will. Der Mensch besitzt eine unglaubliche Kraft in sich, besonders wenn die Natur so wohltätig, wie es bei Dir der Fall ist, gesorgt hat."

Damals lebte und webte die preußische Jugend in Kriegsgedanken; selbst Knaben eilten zu den Waffen. Auch Heinrich York sehnte sich danach, mit ins Feld zu kommen; endlich 1814 wagte er dem Vater seinen Wunsch zu äußern; wurde er doch demnächst 16 Jahr alt!

York antwortete am 26. April, wie folgt:

„Mein Sohn!

Erst jetzt nach hergestellter Ruhe habe ich Deinen Brief vom 18. Februar erhalten. Der frühere, von dem Du sprichst, ist mir gar nicht zugekommen. Die Gemeinschaft war in der letzten Epoche des Krieges so unterbrochen, daß der Postenlauf ganz und gar gehemmt war. Jetzt ist es, wie Du bereits wissen wirst, Friede, und man kann beinahe mit Gewißheit einen Frieden dauernd für eine ganze Generation voraussagen; denn alle Menschen sind erschöpft, alle Länder entvölkert, alle bedürfen

Ruhe. – Hätte der Krieg noch fortgedauert, so hätte ich Deinem Wunsch, teil daran zu nehmen, kein Hindernis in den Weg gelegt. Ich wollte nur Deine Einsegnung und Dein vollendetes 16. Jahr abwarten; alles war dazu bereit, Dich in die Reihen der Vaterlandsverteidiger zu stellen. – Der Friede verändert die Lage der Dinge, und ich glaube, daß Du selbst jetzt andere Ansichten über Deine künftige Bestimmung aufgestellt haben wirst. Ich bin keineswegs gesonnen, meinen väterlichen Willen Deiner Neigung zu irgend einem Stande, den Du Dir wählen willst, entgegenzusetzen. Die Leitung dieser Neigung, die mußt Du mir aber überlassen, und ich erwarte von Deinem Herzen und von Deiner Vernunft die Überzeugung, daß ich nur für Dein reelles Glück sorgen und handeln kann.

Ich habe Dir gesagt: werde nicht Soldat; ich sage es Dir heute noch, und zwar aus Gründen. Dieser Stand hat für die Jugend einen Schimmer, einen Reiz, ein glänzendes Äußere. Nur durch die Erfahrung erkennt man das Schwierige, das Mühsame, das Undankbare und, was das Allerunglücklichste ist, das Abhängige vom Zufall. Es ist nicht zu leugnen, daß es ein hohes Verdienst ist, für die Rechte seines Vaterlandes und seines Königs zu fechten, zu bluten und allen Gefahren zu trotzen; es ist das erhabenste aller Gefühle, sich auf dem Standpunkt zu sehen, wo man als Anführer dem Vaterlande große ersprießliche Dienste leistet. Dieses Ziel, dieser Standpunkt bleibt aber jedem Untertan offen; denn ich will, daß jeder Untertan in der Zeit der Not als Verteidiger des Vaterlandes auftritt. Ein junger Mann mit Kenntnissen aller Art ausgerüstet, wird, wenn das Vaterland in Gefahr ist, und er die Waffen zur Verteidigung desselben ergreift, sehr bald aus der Pflicht heraustreten und wenn er vom Genie und vom Glück begünstigt wird, an der Spitze des Haufens glänzen. Blicke auf die Römer, die Griechen hin, sehe in der neueren Zeit einen Moreau. Du siehst aus diesem, daß ich den Soldatenstand sehr ehre und schätze, und ich wünsche von Herzen, daß Du ein solcher Soldat einst werden mögest. Ich fordere Dich daher auch auf, alle Kräfte anzustrengen, um die Wissenschaften zu erlernen, die Dich zu diesem großen Zweck führen können. – Ein Tagelöhner-Soldat sollst Du aber nicht werden, das wünsche ich, das bezwecke ich. Ich nenne einen Tagelöhner-Soldaten einen jungen Menschen, der im 15.–16. Jahre ohne wissenschaftliche Bildung die Pike in die Hand nimmt, durch Dienstzeit und ein unbedeutendes Examen Sekondeleutnant wird, und sodann erbärmlich die schönste Zeit seines Lebens verkümmert oder verschleudert. Nichts ist trauriger, als Subalternoffizier in der Garnison. Ist er ein Mensch ohne Gefühl, ohne Sinn fürs Gute und Edle, so stirbt er dahin wie ein vertrockneter Baum, dem es an Nahrungsstoff fehlt. Ist er ein Mann von Kopf und Herz, so fühlt er das Drückende seiner Lage, er fühlt den Verlust seiner Zeit, strebt nach Vervollkommnung, schafft sich die Wege dazu. Aber mit wieviel Schwierigkeiten hat er zu kämpfen, wie unendlich mühsam muß er sich alles erringen. Die Zeit der Kraft vergeht; was er als Knabe und Jüngling mit Leichtigkeit gelernt hätte, das kostet saure Mühe und schlaflose Nächte; seine Laufbahn ist verdorben, er fängt da an, wo der junge Mann von früherer Bildung aufhört. O mein Sohn, glaube mir, was ich Dir hier sage, ist eine schmerzhafte Erfahrung, bestätigt durch das Unglück von Hunderten von Beispielen vernachlässigter Jünglinge. Ich wiederhole es Dir, ich will Deine Neigung nicht beschränken, ich will sie nur leiten. Diesem nach ist es mein Wunsch, daß Du Deine Studien völlig absolvierest. Herzlich soll es mich freuen, wenn Du mit Aufbietung aller Deiner Kraft daran arbeitest und sobald als möglich die Reife zur Universität erlangst. Bist Du dahin gelangt, nun so soll es ganz von Dir abhängen, was Du für Dein künftiges Leben unternehmen willst. Dich aber auf diesem Punkt zu sehen, ehe ich Dir die Wahl überlasse, ist meine Pflicht; verabsäume ich diese, so würdest Du mir einst gerechte Vorwürfe machen können; und das darf ich nicht veranlassen; denn der ganze Lebenslauf Deines Vaters ist frei von dem Vorwurf einer versäumten Pflicht. Nachdem ich hier mit väterlicher Liebe zu Deinem Herzen und zu Deiner Vernunft mit Gründen gesprochen habe, erwarte ich mit Zuversicht, daß Du mit aller Anstrengung Deine Lehrstunden benutzen wirst, und daß Du bemüht bist, meine Wünsche und Dein dereinstiges Glück zu begründen.

Ich bin nunmehr am Ziel meines öffentlichen Lebens. Ich habe meine Pflicht gegen König und Vaterland erfüllt, ich habe dies große und schöne Gefühl, zum Wohle des Ganzen tätig und nützlich mitgewirkt zu haben – ich kann mich nun nach Ruhe sehnen und sie ohne Vorwurf genießen, hoffe auch, daß man sie mir gewähren wird. Vielleicht tut das Vaterland etwas, um meine Vermögensumstände zu verbessern. In diesem Falle mache ich jetzt schon den Entwurf, Dich, wenn Du wie ein gebildeter und gut unterrichteter junger Mann die Universität verläßt, drei Jahre reifen zu lassen, damit Du England, Frankreich und Italien kennen lernst. Wenn Du Deine Zeit gut benutzest, so kannst Du mit dem 17. Jahr auf die Universität gehen und mit dem 20. Deine Reise antreten und mit dem 23. als ein mit Erfahrung und Kenntnis ausgestatteter junger Mann jede sich Dir darbietende Laufbahn betreten. Bei meiner guten Gesundheit kann ich diesen Zeitpunkt noch erleben. Der Gedanke, dann in meinem Sohne einen Mann zu sehen, auf dessen gute Dienste das Vaterland in jedem Verhältnis rechnen kann, der die Stütze und Zierde seiner Familie wäre, dieser Gedanke, mein Sohn, ist beseligend für mich und faßt alle meine hienieden noch habenden Wünsche in sich. Dies, mein Sohn, sind meine Wünsche und Entwürfe hinsichts Deiner. Überlege alles und schreibe mir Deine Meinung. Willst Du lieber den gewöhnlichen Weg einschlagen, nun, so vollende Deine Schulstudien und, wenn Du reif zur Universität bist, so soll es von Dir abhängen, diese zu betreten oder nach abgelegtem Offizierexamen in der gewöhnlichen Art ins Militär zu treten. Ich setze den Termin zu beiden bis zum vollendeten 17. Jahr.

Du erwähnest Deiner Zensur; ich habe sie aber in Deinem Schreiben vermißt – dahingegen sagt Herr Direktor v. Briesen, daß Du sie mir hast überschicken wollen; hierin liegt eine Zweideutigkeit. Ich kann Fehler verzeihen – ich hasse und verachte aber Zweideutigkeit und Verschlossenheit als häßliche Laster. – Aus dem Schreiben des Herrn Direktor an mich geht einige Unzufriedenheit mit Deinem Betragen hervor. Es scheint mir, Du hast einen falschen Begriff von Ehrgefühl. Das wahre Ehrgefühl strebt danach, sich durch treue Erfüllung aller Obliegenheiten die Achtung aller Menschen zu erwerben und sich in sich selbst das Gefühl eines Wertes zu geben. Jede Zurechtweisung, die zu diesem Zweck führt, muß dankbarlichst anerkannt werden, jeder Verweis, den man bekommt, muß zur Erkenntnis und Besserung führen; – Eigendünkel, Starrsinn, Jähzorn sind Laster, die abschrecken und verachtet werden. Man steht damit gar bald allein in der Welt und taugt in dem gesellschaftlichen Leben nichts. In Deinem Alter kann und darf man noch nicht absolut selbständig sein wollen; man muß erst das Leben kennen lernen, ehe man leben will. In Deiner Organisation liegt mancher Keim, der, wenn Du nicht jetzt schon darauf wachest, zu großen Übeln führen kann. Du hast ein sehr wallendes Blut, was Dich im Moment zu Übereilungen verleiten kann, deren Folgen Du nicht berechnen kannst, und was Dir im Leben manche Unannehmlichkeiten zuziehen wird und Dein Glück stören kann. Wache also, daß Du immer Herr eines Temperamentes bleibest, welches, wenn es gut geleitet wird, wie ein schönes Geschenk von der Natur zu betrachten ist. Denn der leichte Umlauf eines feurigen Blutes bewirkt auch eine leichte Fassungskraft und lebhafte Eindrücke für das Gute und Edle. Die Grenzlinie zwischen dem Guten und Bösen ist hier aber so fein gezogen, daß Du alle Anstrengungen und alle Aufmerksamkeit anwenden mußt, immer besonnen zu bleiben und die schöne Naturgabe zur Quelle Deines Glückes und nicht zu der Deines Kummers und Unglückes zu machen. Von dem guten Fond Deines Herzens erwarte ich, daß Du meinen väterlichen Rat beherzigen und ausüben wirst. Es tut mir leid, Dir noch einen Vorwurf machen zu müssen. Ich habe die Berechnung Deiner Ausgaben erhalten und darin manche unzeitige Ausgabe gefunden. Ich will Dich nicht zu sehr beschränken, aber Du mußt doch wirtschaftlich sein. Die Kosten, die Du mir gemacht hast, sind sehr ansehnlich. Du weißt, ich bin nicht reich; was ich habe, wird durch Wirtlichkeit Deiner Mutter und meine an unseren öffentlichen Verhältnissen und durch unsere eigenen Versagungen erspart, und diese Ersparnisse gehören Dir und Deinen Geschwistern in gleichen Teilen und mit gleicher Liebe. Bedarfst Du mehr, so ist es ein Nachteil für Deine Geschwister. Ich hoffe, mehr darf ich Dir nicht sagen, um Dich zur Wirtlichkeit zu bringen.

Beherzige diesen Brief, prüfe Dich genau, zieh Deine Vernunft zu Rate. Verkenne meine väterliche Liebe nicht. Du siehst, ich behandle Dich nicht mehr wie ein Kind. Ich spreche zu Deiner Vernunft. Schreibe mir recht bald. Gott leite und beschütze Dich, damit ich immer Gutes von Dir höre. Sei gut, edel und fleißig. Du erfüllst dadurch die inbrünstigen Wünsche Deines Vaters. Von der guten Mutter habe ich lange keine

Nachricht gehabt, jetzt erhalte ich alle drei Briefe auf einmal. Der letzte
ist vom 30. März. Mit ihrer Gesundheit geht es immer nur leidend; – ihr
fühlbares Herz wird durch Kummer und Besorgnisse für Dich und für
mich sehr angegriffen. Schreibe doch oft an sie; dieser Trost ist eine
Pflicht für Dich. Von Berthchen und Louis habe ich erfreuliche Nachricht; sie sind beide gut und fleißig. Mit Liebe und Hoffnung drücke ich
Dich an mein Herz; sei immer der gute und edle Sohn

Deines Dich liebenden Vaters

York.

Arras im Departement Pas de Calais, den 26. April 1814.

„Was sagst Du zu Herrn Bonaparte? – Ein großer Beweis, daß nur die
Tugend groß machen kann, daß das Laster am Ende in Erbärmlichkeit
untergeht."

Yorks Aufenthalt in Arras währte nicht lange. Das Yorksche Korps
sollte am 8. Mai von Arras aufbrechen und Quartiere zwischen Lüttich,
Namur und Tirlemont beziehen. York hatte den lebhaften Wunsch, vor
dem so beginnenden Rückmarsch England zu sehen, und bat beim Könige um einen kurzen Urlaub.

Er erhielt nachstehende Antwort von dem Adjutanten des Königs:
„Des Königs Majestät werden hoffentlich gegen den 30. d. oder den 1.
k. M. von hier über Boulogne nach London gehen und wünschen, da nun
auch die Friedensangelegenheiten auf dem Punkt des Abschlusses stehen und daher keine militärische Rücksicht mehr eintreten kann, daß
Ew. Exzellenz Ihre vorhabende Reise nach London, wenn es Ihnen ohne
Beschwerde möglich ist, so einrichten möchten, daß der König Sie in
London wiedersehen könnte. Ew. Exzellenz haben die Bahn des Ruhms
gebrochen, die wir in Paris beschlossen, und der König wünscht darum,
daß Sie an dem Empfang, der die Monarchen dort erwartet, den hoch-
verdienten Anteil nehmen möchten."

Noch von Paris aus erließ der König jene denkwürdigen Kabinettsorders vom 3. Juni, in denen die größte Zeit der preußischen Geschichte
ihren Abschluß finden sollte, voran der Dank an Volk und Heer: „Mit
Ruhm gekrönt steht Preußen vor Mit- und Nachwelt da; – selbständig
durch bewiesene Kraft, bewährt in Glück und Unglück: allesamt, Einer
wie Alle eilte Ihr zu den Waffen, im ganzen Volk nur Ein Gefühl." Dann
der Erlaß, welcher den neuen Regimentern Fahnen, den alten das eiserne Kreuz und dessen Band als Fahnenschmuck gab. Schließlich die Auszeichnungen für Blücher und Hardenberg, für Tauentzien, York, Kleist,
Bülow, Gneisenau. Des Königs Schreiben an York lautete:

„Durch Ihr hohes Verdienst um die glückliche Entwickelung der großen Angelegenheit, die wir eben verfochten, haben Sie sich das Vaterland dauernd verpflichtet. Ich wünsche Ihnen einen tätigen Beweis der
Anerkennung davon zu geben, indem Ich Sie und Ihre Nachkommen
hierdurch in den Grafenstand unter Beilegung des Namens York von
Wartenburg erhebe. Demnächst wird es Meine erste Sorge sein, Ihnen

noch einen andern Beweis Meiner Erkenntlichkeit durch Verleihung eines Besitzes liegender Güter für Sie und Ihre Nachkommen zu geben.
H. Q. Paris, den 3. Juni 1814.
(sign.) Friedrich Wilhelm."
Von Sack begleitet, ging York nach Boulogne, um sich mit den Monarchen und ihrer glänzenden Begleitung nach England einzuschiffen.
Noch in London erhielt York einen andern Wirkungskreis zugewiesen, den Oberbefehl über alle Truppen und Festungen in Schlesien, da ihm der Oberbefehl über die am Rhein stehenden Truppen „keine dauernde und hinreichend wichtige Beschäftigung mehr gewähren könne." Kleist erhielt diese Stellung, die sich, wie vorauszusehen war, bald als sehr wichtig herausstellte. Daß der mildere Kleist mehr für sie geeignet scheinen konnte als York, lag in der Natur der bei weitem nicht bloß militärischen Verhältnisse, die es dort zu behandeln galt. York empfand diese Entscheidung als kränkende Zurücksetzung.
Am 4. Juli kehrte er zu seinem Korps nach Arlon zurück, um die Generale und Stabsoffiziere des Korps noch einmal um sich zu versammeln und von ihnen Abschied zu nehmen. Es geschah dies am 6. Juli.
Der letzte Tagesbefehl Yorks an sein Korps lautet wie folgt:
„Seine Majestät der König haben geruhet, mir das Generalkommando von Schlesien zu übertragen, und mich von dem Kommando des ersten Korps abzuberufen. Ich bin im Begriff, zu meiner neuen Bestimmung abzugehen, und darf nun nicht länger mehr zögern, Euch, meine braven Soldaten des ersten Korps, das letzte Lebewohl zu sagen.
Mit schwerem Herzen erfülle ich diese Pflicht; mit schmerzlicher Rührung trenne ich mich von einem Korps, welches in drei blutigen Feldzügen so heldenmütig focht, und sich durch jede militärische Tugend auszeichnete.
Es war ein Teil des ersten Korps, welches in Kurland der preußischen Armee ein Beispiel des Gehorsams, der Tapferkeit und des Edelmutes gab. Im Stamm des ersten Korps lebten damals die kriegerischen Tugenden unserer Väter von neuem auf, und dankbar erkannte es das Vaterland, in dessen Hauptstadt die Gelübde niedergelegt wurden, die uns dem Siege oder dem Tode weihten.
Ihr habt Euer Wort gehalten, Soldaten des ersten Korps. – – Ihr waret die ersten, die bei Dannigkow den Rücken des geschlagenen Feindes sahen. Die Tage von Groß-Görschen und Königswartha werden Euch zum ewigen Ruhm gereichen.
An der Katzbach gabt Ihr das Signal zu aufeinanderfolgenden Siegen, die das Vaterland befreiten. Mit hoher Rührung sah ich Euch damals die angeschwollenen Ströme Schlesiens durchschreiten, und Eurer bei Wartenburg bewiesene Tapferkeit verdanke ich den Namen, den ich zur Ehre des ersten Korps durch die Gnade Sr. Majestät forthin führen soll.
Die Völkerschlacht, durch die in den Ebenen von Leipzig Deutschlands Freiheit errungen wurde, sie ward von Euch, Soldaten des ersten

Korps, siegreich eröffnet. Stets die ersten im heldenmütigen Handeln, waren die von Euch errungenen Trophäen das Unterpfand der Siege, welche der fremden Tyrannei auf deutschem Boden ein Ziel setzten.

Aber nicht Deutschland allein, auch das fremde Land, von dem das gemeinsam erduldete Unheil ausgegangen war, ist Zeuge Eurer kriegerischen Taten und Eurer Mäßigung gewesen. In den Gefechten von St. Dizier und La Chaussée, in den Schlachten von Laon und Paris habt Ihr den Weltfrieden erkämpfen helfen.

Ehrenvoll habt Ihr das Werk begonnen, ruhmvoll habt Ihr es beendigt! –

Zweihundertfünfundzwanzig mit den Waffen in der Hand auf den Schlachtfeldern eroberte Kanonen sind Trophäen, die dem ersten Korps zum bleibenden Ruhm gereichen.

Ich fühlte mich hochgeehrt, als ich an Eure Spitze trat; jetzt ist es mein höchster Stolz und begründet die Freude meines Alters, Euer Führer gewesen zu sein.

Empfangen Sie nun, meine Herren Generale, im Augenblick der Trennung meinen Dank für Ihre Unterstützung in den Augenblicken der Gefahr, für Ihre, mit seltener Aufopferung durch Talent und durch ein leuchtendes Beispiel dem Vaterlande geleisteten Dienste; Sie, meine Herren Brigadiers aller Waffen, die Anerkennung der ausgezeichneten Führung Ihrer Abteilungen an so manchen blutigen, ruhmvollen Tagen.

Empfangen Sie, meine Herren Stabs- und Subalternoffiziere, den Dank, den ich mit inniger Rührung für Ihre in diesem heiligen Kriege bewiesene Tapferkeit und für die heldenmütige Ertragung so außerordentlicher Mühseligkeiten vom Grund meines Herzens zolle. Sie haben ein hohes Verdienst um den schönen Geist, der in unserm Soldaten lebt, denn Ihr Standpunkt erlaubte es Ihnen, unmittelbar auf ihn zu wirken, und gern und freudig neigte sich der Soldat zu dem Beispiele, mit dem Sie ihm auf der Bahn der Ehre und des Ruhmes vorangingen.

Ich wende mich jetzt zu Euch, meine braven Unteroffiziere und Soldaten, die Ihr mir so viele Beweise Eurer Tapferkeit, Eurer Selbstverleugnung, Eures Gehorsams und Eures Vertrauens gegeben habt. Wie soll ich Euch die Empfindungen ausdrücken, von denen mein Herz bei der Trennung von meinen Kindern voll ist? Wie soll ich Euch würdig danken für die Ausdauer, die Ihr von den Ufern der Düna bis zur Seine, an heißen Schlachttagen, im Angesicht des Todes, bei den angestrengtesten Mühseligkeiten in zwei Winterfeldzügen, und bei Entbehrungen aller Art, bewiesen habt.

Mitten unter den Schrecknissen eines mit Erbitterung geführten Nationalkrieges, der seine Schritte durch Barbarei und Verwüstung bezeichnete, habt Ihr bewiesen, daß der wahre Soldat der Menschlichkeit nicht fremd werden darf. Die Zeugnisse feindlicher Generale und Obrigkeiten sind schöne Denkmäler des Geistes, der unter Euch waltet und Eure Schritte zum Ruhme und zur Menschlichkeit geleitet hat. Ich danke, ich danke Euch als Euer bisheriger Führer, – als Euer Vater und Freund!

So lebt denn wohl, Ihr Gefährten dreijähriger Kämpfe und Anstrengungen! Vergeßt einen General nicht, der mit schmerzlichen Gefühlen und inniger Rührung aus Eurer Mitte tritt, der Euch liebt und ehrt; und nehmt mich freundlich wieder auf, wenn das Vaterland wieder eines Yorkschen Korps bedürfen sollte.

Arlon, den 7. Juli 1814.

York von Wartenburg.“

FÜNFTES BUCH

I

DAS LETZTE DIENSTJAHR

York hatte am 8. Juli 1814 Arlon verlassen, reiste über Berlin nach Breslau, um das Generalkommando von Schlesien zu übernehmen.

Der König hatte bestimmt, daß die Dotationen für York, Tauentzien, Kleist, Bülow und Gneisenau gleichwertig 200 000 Taler sein, Blücher und Hardenberg mit dem Fürstentitel Güter zu 450 000 Taler erhalten sollten. York glaubte sich durch die Gleichstellung mit jenen, durch die Zurücksetzung gegen diese tief verletzt. Schon in London hatte er sich darüber gegenüber dem Staatskanzler geäußert; er war von diesem aufgefordert worden, seinen Antrag schriftlich einzureichen.

Ende Juli sandte York eine ausführliche Denkschrift ein. Er erwähnt darin das Gefecht von Altenzaun, die großen Vollmachten von 1811, den Feldzug von 1812, die Konvention von Tauroggen; er führt an, daß er mit ihr die 20 000 Francs Renten, die ihm Napoleon durch Macdonald angekündigt, aufgegeben habe; nach kurzer Übersicht dessen, was seitdem geschehen ist, schließt er mit der Frage: „Ist es ungerecht und unbillig, wenn ich wünsche und erwarte, daß der Staat neben der Dotation, die Se. Majestät der König im allgemeinen den fünf Generalen bestimmt haben, mir insbesondere einen Ersatz für die Dotation leistet, die mir von Napoleon schon bewilligt war, ehe noch die allgemeine Gelegenheit eintrat, sich Verdienste um das Vaterland zu erwerben?"

So der Anfang dieser Dotationsangelegenheit, die sich noch über Jahr und Tag hinzog und zu den ärgerlichsten Erörterungen Anlaß gab.

Vorläufig – denn der König hatte den Generalen die Wahl unter seinen Domänen freigestellt – wünschte York die ehemalige Maltheser-Kommande Klein-Öls „in Beschlag zu nehmen." Sie war zur Zeit wirtschaftlich so vernachlässigt, daß der damalige Pächter sich mit 6000 Taler Pacht kaum auf derselben zu halten vermochte; doch mußte sich bei gründlichen, freilich auch kostspieligen Verbesserungen ein weit höherer Ertrag erzielen lassen. Zur Vervollständigung und Erhöhung der Dotation wünschte York noch die kleineren Domänen Bischwitz und Zülshof.

In Breslau scheinen sich weder die dienstlichen noch die sonstigen Verhältnisse wunschgemäß gestaltet zu haben. Er mußte vorerst in einem Privathause wohnen, in dem sich unten ein Tabakgeschäft befand. Es wird erzählt, daß es zwischen York und dem Tabakshändler zu einer äußerst unangenehmen Szene gekommen sei, welche die Breslauer Börse zu Beschwerden beim Könige veranlaßt habe.

Der Oktober verging, ohne daß über Klein-Öls eine Entscheidung getroffen wurde. Eine durch Stafette an Minister Bülow geschickte Anfrage blieb ohne Antwort. „Ich muß gestehen", schreibt York an Schack,

„dieses sind auffallende Ungezogenheiten." Und einige Wochen später: „... was mich hauptsächlich kränkt, ist die Behandlung des Königs. Blücher hat seine Dotation nach seiner Wahl aus der Hand des Königs erhalten; sie beläuft sich auf 30 000 Taler Einkünfte. Ich habe nur eine Wahl von 12 bis 15 000 gemacht und erbeten, werde aber unter die Kontrolle des Ministers Bülow, des Westfalen, gesetzt. Ist das nicht demütigend, niederdrückend?"

Daneben ergaben sich noch andere Ärgernisse. Die Armeeberichte des Blücherschen Hauptquartiers, in welchen die Kriegstaten Yorks seiner Ansicht nicht ausreichend gewürdigt wurden, hatten nicht bloß im großen Publikum Eingang gefunden, auch in den höheren militärischen Kreisen begannen sie dem allgemeinen Urteil als Unterlage zu dienen.

Am 11. März 1815 traf die Nachricht von Napoleons Landung an der französischen Küste in Wien ein. Schon am folgenden Tage befahl der König das Aufbieten der Landwehr, am 18. die Einberufung aller Beurlaubten, Offiziere, Unteroffiziere und Gemeine, sowohl von der Linie als von der Landwehr. Wenige Tage später wurden auch alle verabschiedeten Offiziere aufgefordert, sich sofort bei den Regimentern, zu denen sie zuletzt gehört hatten, zu melden. Wieder eilte die Jugend wetteifernd zu den Waffen. Auch York gab jetzt den Bitten seines Heinrich nach und gestattete ihm mitzugehen. Er sandte ihn an Sohr: keinem lieber vertraue er das Liebste an, was er habe.

In diesen hochbewegten Tagen schreibt York an Schack: „... Jetzt, da der Teufel wieder los ist, muß man wieder in Bewegung kommen ... Der größte Teil der Armee ist Napoleons Fahne gefolgt. Er nennt sich Leutnant des Königs von Rom und will nichts weiter als das linke Rheinufer. Die Idee ist unstreitig sehr klug, denn sie dient den Franzosen zum Vereinigungspunkt. Aus einem soeben aus Wien erhaltenen Schreiben geht hervor, daß unsere ganze Armee sich in Bewegung setzen wird. Es ist freilich das Klügste, gleich zu Anfang mit voller Kraft zu handeln. Leider haben wir die Aussicht zu einem sehr blutigen Kriege; ich fürchte, die Sache wird für diesmal noch schwieriger als früher. Jeder, selbst der einfältigste Bürger, fühlt und sagt, daß man sich den Krieg mutwillig zugezogen, indem man die Stupidität begangen, das Ungeheuer nach Elba hinzusetzen. Alles ist unzufrieden, mißmutig und aufgebracht gegen die Regierung, – neue Opfer zu bringen, ist alles abgeneigt, da man die früheren mit Undank aufgenommen ... in einem solchen inneren Zustand einen auswärtigen blutigen Krieg vor sich sehend, was ist da Gutes zu hoffen. Noch erfahre ich soeben, daß der Feldmarschall Blücher das Armeekommando wieder übernimmt und General Gneisenau Chef des Generalstabes wird – nun, Gott gebe seinen Segen. Geht der liebe Gott wieder mit seinem Würgengel voran, so wird es auch wohl wieder gut gehen; sollte Gott aber die Sache der menschlichen Weisheit überlassen, dann möchten große Ereignisse zu erwarten stehen ... Von meiner Dotation ist noch immer nicht die Rede; man behandelt mich auf die unwürdigste Weise. Wie ich unter der Hand erfahren, bin ich bestimmt, mit der Reserve, Landwehr und den Invaliden die Grenze von Schlesien gegen Polen zu decken. Auch gut. Fragen Sie doch Graf Brandenburg, ob er nicht Chef meines Generalstabes werden will. Grüßen Sie ihn herzlich und sagen Sie ihm, er solle mich lieb behalten."

Ich weiß nicht, ob die Entscheidung über den Oberbefehl im bevorstehenden Kriege in so einfacher Weise getroffen wurde, wie in der Regel geglaubt wird. Freilich hatte die große vaterländische Bewegung von 1813 für den Augenblick jenen tiefgreifenden Gegensatz der Parteien, der das Jahr 1808 so denkwürdig macht, in den Hintergrund gerückt; nur wenige mochten, wie Knesebeck, die politische Bedeutung der allgemeinen Bewaffnung schon damals, als sie die einzige Rettung für Preußen war, gefürchtet haben; wir erwähnten, wie er Scharnhorst vor den „Leuten, die von einem Parteigeist ohne gleichen beseelt seien", warnte. Wie schnell und heftig gleich nach beendetem Kampf der alte Hader sich erneute, dafür ist die Denunziation gegen den Tugendbund ein wichtiges Zeugnis. Wenn auch Blücher für seine Person sich wenig um die Fragen der inneren Politik kümmern mochte, in seiner durchaus populären Weise lag ein Hauptmoment seiner Kraft, und seine rechte Hand war Gneisenau, der in den militärischen Kreisen mit Boyen, Grolman, Rühle usw. eben jene Richtung von 1808 vertrat. Jetzt war Boyen Kriegsminister; wenn nun Gneisenau an Blüchers Seite und unter seinem Namen die Armeen Preußens führte und dem schon gewonnenen Ruhm neue Verdienste um das Vaterland zufügte, so mochten diejenigen, welche ihre politische Überzeugung oder ihr Interesse – was 1811 „die fridericianische Verfassung" genannt worden war – mit jenen Richtungen im Widerstreit fanden, ernstlich besorgt sein. Der Beifall der österreichischen Staatsmänner wird ihnen um so weniger gefehlt haben, als sich Alexander mit erneutem Eifer eben jenen Anschauungen zuwandte, in denen vor allem die Kraft der glorreich vollbrachten Feldzüge geruht hatte.

Eine Kabinettsorder vom 15. April übertrug York den Befehl über das fünfte Armeekorps, das sich bei Magdeburg, Wittenberg und Torgau sammeln werde, mit der Weisung, während der russischen Durchmärsche in Schlesien zu bleiben und über den Zeitpunkt seines Abganges zum Korps weiteren Befehl zu erwarten.

Es mag gestattet sein, hier einen Brief Yorks an Schack einzuschalten, der die Stimmung, die jene Kabinettsorder hervorrief, sehr deutlich schildert. Er ist vom 6. Mai.

„Sie werden bereits gehört haben, wie traurig es mir geht; Se. Majestät haben geruht, mir das 5. Armeekorps zu geben, unter der Bedingung, bis auf weitere Order in Breslau zu bleiben und das Kommando des Korps dem ältesten General zu übertragen. Dieses Korps ist bestimmt, bei Wittenberg und Torgau stehen zu bleiben und an den Verschanzungen dieser Festungen zu arbeiten. Eine solche Bestimmung habe ich nicht erwartet. Da ich nun deutlich merke, daß ich dem erhabenen Tugendbund lästig werde und im Wege bin, so habe ich Se. Majestät ehrfurchtsvoll, aber bestimmt um eine gänzliche Verabschiedung alleruntertänigst gebeten und ich hoffe, in acht Tagen am Ziel meiner Wünsche zu sein. Schmerzhaft bleibt es zu sehen, wie der König seine treusten Diener behandelt. Seit dem Pariser Frieden habe ich eine Kränke nach der anderen erfahren müssen; überall hat man mich zurückgedrängt und mir wehe getan. In Arras erhielt ich, wie Sie sich erinnern, das Kommando der Armee und acht Tage darauf gab man es an Kleist und ich erhielt den Befehl, sofort nach Schlesien zu gehen, wo damals kein Mann Truppen war. Blücher ist seit 8 Monaten im Besitz von ansehnlichen Gütern; über meine Dotation ist noch nichts entschieden, ich habe noch keinen Pfennig. Se. Majestät passieren Breslau, daß ich um 10 Uhr Allerhöchstdieselben sprechen sollte, reisen aber schon um 9 Uhr ab, und ich werde vor die Türe plantiert. Feldmarschall Blücher kann seinen Sohn als Offizier sogleich mitnehmen, der meinige geht als gemeiner Husar zur Armee. Kleist, der in zwei Feldzügen unter mir gestanden, erhält ein eigentümliches Korps und ich soll Schanzarbeiten machen, wahrscheinlich unter Anleitung des Herrn v. Rauch oder, da dieser es nicht versteht, unter einem französischen Überläufer. Noch soll ich in Schlesien bleiben, wo sich an Truppen nichts als 17 000 Mann unbekleidete Rekruten befinden ... Alle meine Adjutanten nimmt man mir einen nach dem anderen, ohne mich zu fragen, und schickt mir unerträgliche Menschen, alles vom Tugendbund. Sie, lieber Schack, wissen, daß ich weit entfernt bin von einer unbegrenzten Eigenliebe und daß ich meine Prätensionen zu zügeln weiß, wenn ich es für des Königs Wohl für notwendig finde. Sie wissen, wie ich im letzten Feldzug mich freiwillig darbot, unter Kleist zu dienen. Unter den gegenwärtigen Umständen aber, wo alles anders gestaltet ist, ist es meiner Ehre nachteilig, mich gewaltsam zurückdrängen zu lassen ... Alles läßt es mich fühlen, daß ich gekränkt werde, und diese Teilnahme demütigt mich noch mehr. Sobald ich meinen Abschied erhalten, werde ich Breslau verlassen, um zu einem Freunde auf das Land zu gehen, wo ich eine Wohnung gepachtet habe. So, lieber Schack, muß ich eine Laufbahn beschließen, die ich, wie ich glaube, ehrenvoll durchlaufen."

York hatte wenige Tage nach Empfang der königlichen Kabinettsorder sein Abschiedsgesuch eingereicht.

„Als Ew. Königl. Majestät", heißt es in demselben, „mir diese Bestimmung, die ein Mittelstand zwischen Krieg und Frieden ist, zu geben geruht, haben Allerhöchstdieselben gewiß auf meinen in Ew. Maj. Diensten zerrütteten Gesundheitszustand zu rücksichtigen geruht. Da man aber nach meinen Grundsätzen sich auch nicht einmal länger Soldat nennen muß, als man alle Pflicht dieses Standes und seine Verhältnisse erfüllen kann, so halte ich es für meine Schuldigkeit, Ew. Maj. alleruntertänigst zu bitten, mich meiner militärischen Verhältnisse gänzlich zu entbinden und mir einen förmlichen Abschied huldreich zu erteilen." Es schließt mit den Worten: „Die Macht Ew. König. Maj. ist jetzt so groß, daß der gute Wille eines Einzelnen sich in der Masse verliert. Sollten aber, was Gott verhüten möge, Umstände eintreten, die Gefahr drohen, und ich alsdann anders nützlich sein können, dann werden auch noch meine letzten Kräfte Ew. Maj. gewidmet sein."

Der König erwidert am 3. Mai: „Er sei außerstande, den Wunsch nach Ruhe in der jetzigen Zeit zu gewähren, wo die Begebenheiten der letzten Jahre, mit denen Yorks Person und Name so unmittelbar verwebt seien, nicht als beendigt angesehen werden könnten. Die Bestimmung des 5. Armeekorps mache es notwendig, daß dasselbe bewährter Führung anvertraut bleibe."

York fand in dieser Kabinettsorder keinen Anlaß, seinen früheren Wunsch aufzugeben. Er schrieb dem Könige am 10. Mai:

„Wenngleich das huldvolle Schreiben Ew. Königl. Majestät vom 3. Mai mir zur Teilnahme an dem bevorstehenden Kriege den Befehl gibt, so fühle ich mich dennoch in der traurigen Notwendigkeit, meine Ew. Majestät am 26. v. M. zu Füßen gelegte Bitte zu wiederholen.

Mein Schicksal hat freilich gewollt, daß meine Person und mein Name mit den Begebenheiten der letztverflossenen fünf Jahre enge verwebt wurden: ich glaube aber, der Friede von Paris hat meine peinliche Lage beendet.

Von der weisen Beurteilung Ew. Majestät kann ich mit Gewißheit voraussetzen, daß es Allerhöchstdenenselben nicht entgangen ist, mit welcher Hingebung, mit welcher Anstrengung, mit welcher Selbstverleugnung, ja mit welchem Glück ich die letzten Feldzüge gemacht habe. Ohne Verblendung, ohne Selbstsucht kann ich keck jeden zur Beantwortung der Fragen auffordern:

Wer war der Letzte auf dem Schlachtfelde von Groß-Görschen?

Wer sammelte die preußischen Truppen bei Frohberg und ordnete den Rückzug?

Wer deckte den Rückzug nach der Schlacht von Bautzen?

Wer disponierte den Rückzug nach dem schlecht eingeleiteten Gefecht von Löwenberg?

Wo ist die Disposition zu der Schlacht an der Katzbach?

Und wo sind die zu den Schlachten von Möckern und Laon?

Kann jemand auftreten, der mir beweiset, daß ich bei allen diesen für den Staat so entscheidenden Momenten bloßer ausführender General gewesen bin, so bin ich der Ehrenräuber eines andern und erkenne mich selbst öffentlich an als unwürdig des Namens eines rechtlichen Mannes.

Es gibt Verhältnisse und Augenblicke im Leben, in denen es des treuen Dieners heiligste Pflicht ist, Alles aufzuopfern; sein Glück, sein Ruhm, sein Name, Alles gehört dem Könige und dem Vaterlande. Mein König, mein Herr! mit einem dankbaren Gefühle blicke ich auf zu meinem Gott, daß mir diese Verhältnisse und diese Momente geworden sind, und daß ich ihnen nach Pflicht genügt habe. Ohne Scheu gegen persönliche Feindschaft stemmte ich mich mit ehernem Willen im letzten Feldzuge gegen so manche Dinge, die den unausbleiblichen Untergang der Armee nach sich gezogen hätten. Ohne diesen meinen unbiegsamen Willen gab es keinen 26. August, keinen 16., also auch keinen 18. Oktober. Im Bewußtsein erfüllter Pflicht und in der Überzeugung, daß es das Wohl des Vaterlandes erheische, trat ich bescheiden in den Hintergrund, hoffend, daß mir die von Ew. Majestät so oft und so gnädig verheißene Huld und das mir versprochene Vertrauen Ew. Majestät erhalten werden würde. Mit tiefem Schmerze mußte ich aber bald nach dem Frieden von Paris erfahren, daß es meinen Gegnern gelungen, mir auch bei Ew. Majestät zu schaden.

Ew. Königl. Majestät geruhten mir den Oberbefehl der Truppen in Frankreich zu verleihen. – Bald darauf mußte ich das Kommando abgeben und mich nach Breslau verfügen. Das Allerhöchste Kabinettsschreiben sprach selbst die Notwendigkeit aus, daß ich Ruhe nötig habe. Von diesem Augenblick an mußte ich die Anerkennung meiner Invalidität als ausgesprochen ansehen. Ew. Königl. Majestät hatten die Gnade, Ihre Staatsdiener mit Dotationen zu beschenken. Der Fürst v. Hardenberg und der Marschall v. Blücher erhielten diese Geschenke aus der Hand ihres Monarchen und sind seit acht Monaten im Besitz; die meinige soll ich durch Ausmittelung des Ministers v. Bülow erhalten. Mir muß die tiefe Kränkung werden, daß mir dieser Minister unter 26. November schreibt: Daß auf sein Verwenden mir meine Dotation erhöht worden. – Uneigennützig diente ich Ew. Majestät eine lange Reihe von Jahren, mein Stolz läßt mir nur von meinem Gott und meinem Könige Wohltaten annehmen. Meine Grundsätze und die des Ministers v. Bülow haben sich im Leben ausgesprochen: Sie sind sehr verschieden. Ich kann auch bei dieser Gnadensache die Bitterkeit meiner Gegner nicht verkennen; denn seit sieben Monaten taxieren alle Regierungsräte, einer nach dem andern, die mir verheißenen Güter, und noch bis zum heutigen Tage ist nichts entschieden. Auf der Wageschale gegen fünf Taler mehr oder weniger wird mein Verdienst um den Staat abgewogen. Alle meine Adjutanten, die ich mir zuziehe und die zum Nutzen Ew. Majestätes Dienstes mein Vertrauen erwerben und sich an mich anschließen, werden mir weggenommen und mir von allen Generalen bleibt keine Wahl. In dem Augenblicke, wo die Armee von neuem schlagfertig wird, bin ich unter der Zahl derer Generale, welche zuletzt eine Anstellung erhalten: Hundert und hundertmal habe ich die Frage, ob ich eine Anstellung habe, mit Beschämung beantworten müssen, daß meine Unbrauchbarkeit zum Kriege meine Anstellung behindern würde.

Ew. Königl. Majestät geruhen mir jetzt das Kommando des 5. Armeekorps zu erteilen, eines Korps, dessen vorläufige Bestimmung die Schanzarbeiten von Wittenberg und Torgau ist.

Nicht blinder Egoismus oder ungemessene Ehrsucht leiten mich. – Geruhen Ew. Majestät sich huldreich zu erinnern, daß ich, als ich es dem Wohl Ew. Majestät Dienstes angemessen hielt, selbst bat, mich unter die Befehle eines jüngeren Generals zu stellen, und ich hätte pünktlich gehorsamt. Stellen Ew. Majestät mich heute mit einem Bataillon in eine offene Feldschanze, und ich werde sie mit der Entschlossenheit, mit der pflichtmäßigen Hingebung verteidigen, mit der ich mehrmals an der Spitze eines Husarendetachements in den Feind drang; gebieten Ew.

Majestät aber nicht, daß ich in einem Wirkungskreis auftrete, der öffentlich ausspricht, daß ich die Gnade und das Vertrauen meines Königs nicht mehr habe. Das Zutrauen und die Achtung der Truppen, an deren Spitze ich unter verschiedenen Verhältnissen stand, habe ich zu erwerben das Glück gehabt. Von drei großen Provinzen des Reichs, in denen ich Gouverneurstellen bekleidete, habe ich mich der Liebe und des Vertrauens der Behörden und des Allgemeinen zu erfreuen. Meine Feinde habe ich nicht gewinnen wollen, weil ich es gegen die Würde eines Mannes von Ehre halte, zu schmeicheln und zu kriechen. Alle persönlichen Nachteile, die mir dadurch werden, habe ich mit Stolz belacht. – Wenn ich aber sehen muß, daß es nun auch gelungen, mir das Vertrauen meines Königs zu schmälern, dann kann ich, tief niedergebeugt, nur in die Vergessenheit zurücktreten. Diese tief niederdrückenden moralischen Gefühle haben die durch Anstrengung und Blessuren erhaltenen physischen Leiden so vergrößert, daß ich für den Dienst nicht mehr tauge.

Die Gnade Ew. Majestät, das erhabene große Gefühl der edelsten Seelen, die auch als Monarchen die Empfindung des Privatmannes nicht unterdrücken, wird es entschuldigen, daß ein treuer Diener, daß ein Untertan, dem das Bewußtsein seiner persönlichen Verehrung und Anhänglichkeit an seinen König seine höchste Seligkeit, sein höchster Stolz war, seinem beklommenen Herzen Luft macht und seine innersten Gefühle zu den Füßen Ew. Majestät legt.

Ich ersterbe mit unerschütterlicher Treue
     Ew. König. Majestät
Breslau, den 10. Mai 1815.   alleruntertänigst
            treugehorsamster Knecht."

Der König antwortete (Wien, 21. Mai):

„Die Beweise des Wohlwollens, welche Ich Ihnen fortdauernd gegeben habe, müssen Ihnen auch die Überzeugung geben, daß Ihre geäußerten Besorgnisse unbegründet sind, und daß die Bestimmung, bei dem Ausbruch eines Krieges die Reservekorps zu kommandieren, ein Beweis des Vertrauens ist. Sie selbst werden es einsehen, daß zur Erhaltung der Ordnung des Dienstes das Gesuch um Verabschiedung eines Generals bei dem Ausbruch neuer Feindseligkeiten nur durch gänzliche körperliche Unfähigkeit herbeigeführt werden kann, und Ich muß es daher Ihrem eigenen Ermessen überlassen, ob Sie sich in dem Augenblick, wo der Staat Ihres Dienstes bedarf, zum Weiterdienen für körperlich unfähig halten, und sehe darüber Ihrer Erklärung entgegen."

Yorks Erklärung liegt nicht vor; er hatte, wie aus einem Antwortschreiben des Oberst Thile zu entnehmen ist, am 31. Mai um die Erlaubnis, nach Warmbrunn ins Bad zu gehen, gebeten.

Man kannte in der Armee Yorks Bedeutung zu gut, als daß seine Absicht, den Abschied zu nehmen, nicht einen peinlichen Eindruck hätte hervorbringen sollen. „... Daß Ew. Exzellenz sich ins Bad begeben werden", schreibt ihm Valentini, „wissen wir, leben aber der Hoffnung, daß Sie sich der Armee erhalten werden. Das Gerücht, daß Ew. Exzellenz uns verlassen wollten, war selbst bis zum Kaiser Alexander gekommen, und ich hörte Fürst Blücher zum Kaiser sagen: Daß die Armee Sie nicht verlieren, nicht entbehren könne. Und er hat nur die allgemeine Stimme ausgesprochen."

York war mit seiner Familie in Warmbrunn, als, am 14. Juli die Nachricht von dem unglücklichen Gefecht bei Versailles kam.

Nach dem glorreichen 18. Juni, in der kühnen Verfolgung des Sieges, war Oberst Sohr mit seinen und den Pommerschen Husaren bei St. Germain über die Seine gesandt, um die Straße von Paris nach Orleans zu sperren. Am 1. Juli wurde Sohr in der waldigen Umgebung von Versailles von überlegener Macht, die sich verdeckt herangezogen, angefallen; trotz aller Tapferkeit der Husaren nahm das Gefecht eine üble Wendung; man war umgangen, es galt sich durchzuschlagen. Schon mancher hatte verwundet seinen Säbel abgegeben. Heinrich York blutete schon aus zwei Wunden; als auch ihm Pardon angeboten wurde, rief er: „Ich heiße York"; ein paar Kameraden, die ihm helfen wollten, konnten durch das wilde Handgemenge nicht mehr zu ihm hindurch. Endlich mit einer dritten und vierten Wunde stürzte er vom Pferde.

Beide Regimenter waren zersprengt, die meisten Gefangenen verwundet nach Versailles gebracht, das am folgenden Tage von den nachrückenden Preußen genommen wurde. Unermüdlich wurde Heinrich York gesucht; niemand wußte mehr, als daß er gefallen sei. Endlich am 4. fand man ihn in einem Kloster zu Versailles, von den Nonnen dort sorgsam bedient, Blücher, Bülow, Valentini an seinem Schmerzenslager, den schönen Jüngling im qualvollsten Sterben. Man sandte den Eltern die erste Trauerkunde.

In dem vollen Eindruck des ersten Schmerzes schrieb York an Schultze: „... nach allem, was ich weiß, ist mein Heinrich wahrscheinlich schon tot; lebt er noch, so beschwöre ich Sie, nehmen Sie sich seiner an, wenden Sie alles zu seiner Erhaltung an ... Aber um des Himmels willen bitte ich um schleunige Nachricht. Ich bin auf alles gefaßt, nur die Ungewißheit martert mich. Sie sehen, in der Not rechne ich auf Ihre Freundschaft. Dieser Schlag des Schicksals trifft mich sehr hart. Die Freude meines Alters ist dahin. Ich bin ein sehr unglücklicher Vater."   •

Acht Tage vergingen, ehe weitere Nachricht kam. „Ist mein Sohn tot", so schrieb York am 22. Juli an Schack, „so veranlassen Sie, daß seine Sachen nicht verkauft werden; ich wünsche alles zurück zu erhalten. In seiner Schreibtafel ist das Bildnis seiner Mutter; dies und seinen Säbel wünsche ich vorzüglich zu haben; der letztere soll neben meinem und meines Vaters Degen aufbewahrt werden; sie wurden alle tapfer und ehrenvoll für drei undankbare Könige geführt. Mein Heinrich hatte sich, obgleich noch ein Kind, mit männlichem Mut geschlagen. Das ist ein Trost für das blutende Vaterherz."

Daß Heinrich noch am 5., dem Tage nach dem Gefecht, gelebt hatte, wußten die Eltern aus Valentinis Brief. Sie mochten zu hoffen beginnen. Sie schrieben dem Sohn am 23. Juli:

„Wenn die gütige Gottheit das inbrünstige Gebet Deiner bekümmerten Eltern erhört, so treffen Dich diese Zeilen noch am Leben. Seit dem 14. Juli bin ich von Deiner am 2. erhaltenen gefährlichen Verwundung unterrichtet. Seit dieser Zeit bin ich ohne alle Nachricht. Hat Dich Gott erhalten, so bitte ich Dich, lieber Heinrich, laß uns durch Deinen Arzt oder durch sonst Jemandem schreiben – nur zwei Zeilen an jedem Posttag, daß Du lebst, wäre das Höchste, was wir jetzt wünschen. Alles, was Du brauchst, fordere vom Major Graf Nostiz, Adjutanten des Fürsten Blücher; spare nichts, was zu Deiner Erhaltung und baldigen Genesung führen kann. Dein braves Benehmen, mein würdiger Sohn, wird das Glück meines Alters machen. Du hast gezeigt, daß Du der würdige Nachkomme Deiner tapferen Vorfahren bist. Gott erhalte Dich. Schreibe ja recht bald. Schicke Deinen Brief an Graf Nostiz. Deine bekümmerte Mutter bedarf Trost. Mit den zärtlichsten Gefühlen drückt Dich an das blutende Herz

Dein Dich liebender Vater."

Die Mutter schrieb dem Sohn: „Schon so bald sind also meine traurigen Ahnungen in Erfüllung gegangen. Am 14. erhielten wir die Nachricht von Deiner Verwundung. Gott prüft mich sehr hart, mein teurer Sohn; meine Seele hängt so ganz an Dir, und Gott mag es mir vergeben, wenn ich in meinem Schmerz gegen ihn gemurrt habe. Endlich gestern kam ein Brief von Valentini, der uns sagte, daß Du am 5. dieses noch lebtest, aber auch vier Wunden hättest. Welche Schmerzen magst Du leiden; und ich sitze hier untätig und kann nichts für den Liebling meines Herzens tun. Doch ich will Dich nicht mit Klagen beunruhigen, der Himmel erhalte Dich mir und erleichtere Deine Leiden. Ich bete für Dich, mein lieber, lieber Heinrich, und um Segen für alle, die Dir Gutes tun. Gib mir armen Mutter bald die Freude, ein paar Zeilen von Deiner Hand zu lesen. Deine Schwester Bertha küßt Dich tausendmal, sie teilt jetzt meinen Kummer. Dank Dir aber auch, mein Sohn; Du hast unsere Erwartungen erfüllt, sie sind Ehrenzeichen für Dich; mit Schmerz, aber auch mit mütterlichem Stolze denke ich an meinen braven Sohn; mit meinem besten Segen lohne ich Dir dafür. Dein Vater spricht mit Freudentränen von Dir, und seine einzige Sorge ist nur für Dein künftiges Glück … Und nun, mein geliebter Sohn, gebe ich Dich in die schützende Hand Gottes; mit inniger Liebe drückt Dich an ihr Herz

Deine treue zärtliche Mutter

Johanna York."

Als so die Eltern schrieben, lag der Sohn schon in der kühlen Gruft. In der Nacht vom 6. zum 7. Juli war er nach furchtbaren Schmerzen endlich in freundlichen Bildern phantasierend, sanft verschieden. „Als er den Tod nahen fühlte", so schreibt Prediger Schultze, „bat er die barmherzigen Schwestern, die mit wahrhaft schwesterlicher und christlicher Sorge lange um ihn bemüht gewesen: Sie möchten jetzt für seine Seele beten!

Wohl ihm, daß er so sterben konnte!" Die Kameraden schmückten die Leiche im Husarenkleide mit Blumen und trugen ihn am 8. Juli zu Grabe.

Durch Reyher empfingen die Eltern die Todesnachricht. „Ihr Schreiben vom 7.", antwortet ihm York, „das den Tod meines Heinrichs aussprach, ist wahrscheinlich auch der Tod meines armen Weibes ... Durch den Tod meines hoffnungsvollen Sohnes ist alles Glück, alle Ruhe, alle Hoffnung von mir gewichen. Der Tod meines guten Weibes wird auch mir den letzten Stoß geben. Seit einem Jahr widerstand ich den Mißhandlungen, die man mir zufügte. Im Gefühl meiner eigenen Würde, im Bewußtsein der Erfüllung aller meiner Pflichten sah ich mit Verachtung auf meine Feinde und bedauerte den Undank eines irregeführten Königs. Daß mich aber die Gottheit selbst so beugen würde, daß sie mich so unwiderruflich unglücklich machen würde, das ahnte ich nicht und ich gestehe, meine Kräfte unterliegen, ich höre fast auf, Mann zu sein. O lieber Reyher, wir sind sehr, sehr unglücklich." Er hat noch eine peinliche Bitte auf dem Herzen, er bittet Reyher um Nachricht über die letzten Augenblicke seines Heinrich: „... sollte er bewußtlos gewesen sein oder sollte ihn ein falsches Ehrgefühl, nicht kindlich erscheinen zu wollen, abgehalten zu haben, unser Andenken auszusprechen, so bitte ich, schreiben Sie in Ihrem nächsten Brief ein paar Worte über diesen Gegenstand und sagen Sie, daß der Sterbende oft seine Mutter genannt hat. Da in allen erhaltenen Briefen nichts davon erwähnt ist, so glaubt die Mutter von dem sterbenden Sohn vergessen zu sein."

Die Eltern wünschten ihren Sohn in Klein-Öls zu bestatten. Reyher wurde ersucht, das Erforderliche zu besorgen. Die Leiche wurde ausgegraben, sorgfältig einbalsamiert, in einen Zinnsarg getan. Ein königlicher Befehl bestimmte die Eskorte in die Heimat.

Der König widmete den Eltern seine Teilnahme; er sprach sie auf jene ernste und erhebende Weise aus, mit der er, wie selten ein Fürst, Trauernden wohlzutun verstand.

„Ich höre, daß Sie beschlossen haben, den Leichnam Ihres bei Versailles gefallenen Sohnes in das Vaterland zurückführen zu lassen. Ich habe um so lebhafteren Anteil an Ihrem Vaterschmerz genommen, da dieser junge Mann durch den kühnen Mut, womit er sich, umringt von Feinden, verteidigte und seinen Tod ruhmvoll auf dem Bett der Ehre fand, bewiesen hat, daß der Geist seines würdigen und verdienstvollen Vaters auf ihn übergegangen war und Ich in der Folge auch noch von ihm wesentliche Dienste erwarten durfte. Ich wünsche deshalb, daß Sie das eiserne Kreuz, welches Ich Ihnen dazu übersenden werde, auf das Grabmal des Gebliebenen als ein Andenken an seinen rühmlichen Tod setzen lassen, und daß die Teilnahme Ihres Königs Ihrem Schmerz zu einiger Linderung gereichen möge."

II

SCHLUSS

Es währte bis in den November 1815, ehe der zweite Pariser Friede zum Abschluß kam.

Auch das fünfte Armeekorps wurde aufgelöst. „Ich behalte Mir noch vor", hieß es in der betreffenden Kabinettsorder vom 10. November, „Ihnen einen Beweis Meines Wohlwollens zukommen zu lassen."

York erneuerte seine Bitte um den Abschied. Nachdem er, einer Einladung des Königs folgend, im November 1815 in Berlin gewesen, reichte er am 8. Dezember sein Gesuch ein.

Der König antwortete, daß er zwar Yorks Wunsch gerecht finde, ihm aber andererseits an der Fortsetzung der Dienste Yorks zu viel gelegen sei. Er stelle ihm daher anheim, das Gesuch einer nochmaligen Erwägung zu unterziehen.

York beharrte bei seinem Wunsch. „Als ich", schreibt er am 15. Dezember, „Ew. Majestät meine untertänigste Bitte, mich in den Ruhestand treten zu lassen, zu Füßen legte, hatte ich alles das, was zu einem solchen Entschluß führen muß, genau überlegt und mit kalter Vernunft geprüft. Ich gestehe Ew. König. Majestät, daß mir der Gedanke, die Armee, in der ich ehrenvoll gedient und auf deren Vertrauen ich vor kurzem noch stolz war, sowie einen Standpunkt, den zu erwerben mir sehr sauer geworden war, zu verlassen, einen schmerzhaften Kampf gekostet hat. Allein mein sehr leidender Gesundheitszustand und der Gedanke, daß ich bei vorkommenden Ereignissen im Staate, durch die Vergangenheit furchtsam gemacht, gegen meine Ansichten, gegen meine Überzeugung handeln und also im entscheidenden Moment auf die eine oder andere Art fehlgreifen könnte – alles dieses sind die Gründe, die es mir heute noch wie früher zur Pflicht machen, die Bitte um meine Entlassung aus dem Dienst ehrfurchtsvoll zu erneuern."

Eine Kabinettsorder vom 26. Dezember 1815 gewährte die Entlassung. „... Wenngleich Ich es lebhaft bedaure, einen General aus Meiner Armee scheiden zu sehen, der zu dem glücklichen Ausgang des vorigen Krieges so wesentlich beigetragen hat, so will Ich doch Ihrem nach so langjährigen guten Diensten gerechten Wunsch nach Ruhe nicht weiter entgegen sein. Ich entbinde Sie daher hiermit von ferneren Dienstleistungen, und indem Ich Ihnen für alles das, was Sie zum Besten des Vaterlandes gewirkt und geleistet haben, Meinen Dank abstatte, bewillige Ich Ihnen nicht allein zum Beweise Meiner Erkenntlichkeit eine Pension von 3000 Thlr. jährlich, welche Ihnen das Kriegsministerium anweisen wird, sondern habe auch dem Staatskanzler Meine Bestimmung in Ansehung einiger von Ihnen gewünschten Erleichterungen bei Ihrer Dotation bekannt gemacht, der Ihnen das Nähere darüber eröffnen wird. Ich wünsche übrigens, daß Sie den Abend Ihres Lebens mit Zufriedenheit und Heiterkeit verleben mögen, und versichere Ihnen, daß Ich auch in Ihren ferneren Verhältnissen an Ihrem Wohlergehen stets wahren Anteil nehmen werde."

Wenigstens so viel lassen die mitgeteilten Aktenstücke erkennen, daß die Differenzen, die York zur Bitte um seinen Abschied veranlaßten, von wesentlicher Bedeutung gewesen sind. Der König hatte die Absicht, ihm beim Abschiede die Feldmarschallwürde zu erteilen. York sagt darüber in einem Briefe an Valentini: „Die Art, wie sie mir durch den General ... dargeboten wurde, war so jesuitisch, wie die ganze Denk- und Handlungsweise dieses Mannes; die damals obwaltenden Verhältnisse nötigten mich, auch diese Gnadenbezeigung absolut abzulehnen."

Es war dienstlich vollkommen in Ordnung, daß York durch den Abschied die Abzeichen des aktiven Dienstes verlor. Aber es kränkte ihn tief. Als er erfuhr, daß der König sich geäußert habe: er könne zu seinem Vergnügen ja immerhin die alte Uniform tragen, es werde ihm ja niemand die Achselbänder abreißen, meinte er: das denke er auch, abreißen werde ihm niemand sein altes Ehrenkleid. Valentini, der ihn im Herbst 1816 besuchte, schrieb an Schack: „... Er würde vielleicht keine Klage laut werden lassen, wenn man einige kleine Förmlichkeiten bei ihm nicht aus den Augen gesetzt hätte, die man bei seinem reellen und originellen Verdienst wohl hätte beobachten können. Es ist ihm schmerzlich, das Würmchen auf der Achsel nicht ferner tragen zu dürfen, und darum zieht er nie Uniform an. Du kennst ihn und wirst Dir das Übrige sagen."

So war Yorks öffentliche Laufbahn beendet; eben in der Mitte der Fünfziger war er nur noch „ein wohlhabender Gutsbesitzer". Er schied aus dem Dienst mit bitteren Empfindungen; er meinte, daß man „Gott danke, ihn endlich los zu sein"; er äußerte wohl: „Da hat mich der König in die Provinz geschmissen, hat mir da ein paar Güter, wie einem alten Hunde einen Knochen hingeworfen; aber ich kann noch blaffen und noch beißen."

Er empfand es schmerzlich, wie schnell sich ihm alle alten Verhältnisse entfremdeten, wie bald er für den Staat und für die Armee nicht mehr existiere. Es kam wohl noch zum Tage von Wartenburg ein Schreiben seiner damaligen Generalstabsoffiziere, zum „Geburtstag" des Grafen von Wartenburg zu gratulieren, „dessen Wiege ein Schlachtfeld, dessen Wiegenlied Kanonendonner, dessen Angebinde herrlichster Sieg gewesen." Oder es vereinten sich die „Yorkianer" zu einer „Yorkgesellschaft", um das Gedächtnis des gemeinsam Erlebten und Erprobten festzuhalten. Aber schon in den nächsten Jahren schwand auch dies. York mußte begreifen, daß er nur noch eine historische Erinnerung sei, daß er für die Gegenwart so gut wie nicht mehr lebe. Andere Generale wurden in den Staatsrat berufen, oder man fragte sie sonst um ihre Meinung, wünschte ihren Besuch bei Hofe usw.; seiner gedachte man kaum noch mit einer kalten Höflichkeit: „dem alten Soldaten", schreibt er an Schack, „wird das Schicksal einer alten Hure, die man, wenn man sie nicht mehr brauchen kann, mit einem guten Beneficium abgefunden, hinlänglich zufrieden gestellt glaubt."

Wohl kamen Besucher aus Berlin, dann und wann auch ein Kriegskamerad aus der Ferne. Aber wie wenige, die ihm in treuer Herzlichkeit zugetan waren; er hatte ja sein Lebelang nur gefürchtet sein wollen. Mit jedem Jahre mehr vereinsamte er.

Beachte man wohl: was er Großes geleistet, war von der Schärfe, der berechnenden Kälte, der tiefverhaltenen Glut seines Wesens bedingt gewesen; darin wurzelte die ihm eigentümliche Kraft. Noch ungebrochen, aber ohne große Aufgaben, ohne Gegenstand arbeitete sie jetzt weiter; der Friede des Alters kam nicht über ihn.

Und doch war in ihm ein Kern tiefen und innigen Empfindens, wie selten es auch durch die harte Schale drang, mit der es ein Leben voll äußerer und innerer Stürme umgeben hatte.

Es sind nur noch wenige Einzelheiten zu berichten.

Die schnell anwachsende Literatur über die letzten Kriegsjahre verfolgte York mit lebhaftem Interesse; freilich zeigte sich in ihr, „wie schnell sich die Tatsachen in Nebel und Einbildung auflösen." Es schien ihm geflissentlich dahin gearbeitet zu werden, die Erinnerungen jener Zeit falsch geprägt der Nachwelt zu überliefern, und mehr als einmal hat er sich darüber ereifert, daß man strategisch vornehm tue, als wenn in jenem Kriege nichts Mühe gemacht, zum Siege geführt und der Geschichte überliefert zu werden verdient habe, als einige allgemeine Operationsideen, die überdies noch in der Regel verkehrt gewesen und nicht zur Ausführung gekommen seien.

Ein neuer schwerer Schlag sollte das Haus Ende 1819 treffen.

York hatte seine Tochter Berta – sie war ihm 1801 in Mittenwalde geboren – mit dem Kamerherrn Graf Hoverden auf Herzogswalde vermählt. Ihrer Niederkunft nahe erkrankte sie; nach dem Wunsch der Mutter kam sie nach Klein-Öls. Am 2. Dezember 1819 ward sie von einem Knaben entbunden; aber ihr Zustand war hoffnungslos. York saß am Bette der schon Sterbenden, die ihm mit leiser Stimme ihr Knäbchen empfahl; dann erkaltete ihre Hand in der seinen. Seine Miene blieb unverändert, bis er das Sterbezimmer verlassen; dann brach seine Kraft, er stürzte zu Boden.

Es war das zehnte Kind, das diese Eltern verloren.

Dieser Verlust gab seiner eisernen Natur den ersten Stoß. Von dieser Zeit an litt er an schweren, anhaltenden Kopfbeschwerden, Schmerzen, die sich oft bis zum Unerträglichen steigerten. Er rang auf das Gewaltsamste; „ich habe abermals", schreibt er einmal, „einen heftigen Angriff von dem Mann mit der Sense abgeschlagen; noch einmal darf es nicht so kommen, ich müßte den Tod selbst wünschen, denn der Gedanke, durch mein schreckliches Kopfweh zum Wahnsinn gebracht zu werden, ist unerträglich." Erst wiederholte Schlaganfälle 1825 linderten diese Qual, indem sie in ein allgemeines Siechtum übergingen.

Schon immer hatte York die Errichtung eines Familienstatutes in Gedanken getragen, das die Zukunft seines Hauses in dem großartigen

Besitz, der ihm geworden, sichern konnte. Nach dem Tode der Tochter kam der Gedanke zur Ausführung. Neben der Majoratsherrschaft Klein-Öls, das für seinen Sohn und dessen Nachkommen bestimmt wurde, ward dem Kinde der Tochter – Graf Albert York von Hoverden – ein zweites Majorat, Schleibitz, gegründet.

Als ein anderer Teil des Erbes, das der Familie erworben war, konnte das Gedächtnis der Taten gelten, die den Ruhm seines Namens begründet hatten. Der 1814 verabredete Plan eines „Tagebuches", das Schack schreiben sollte, hatte mit dessen Abberufung von York ein Ende gefunden. Ohne Yorks Zutun begann seit 1819 Seydlitz den Feldzug von 1812, Schack den von 1814 in der Form eines Tagebuches zu bearbeiten. Namentlich Seydlitz warnte er. „Ich bitte Sie inständigst", schrieb er ihm im Oktober 1820, „hüten Sie sich, etwas über meine werte Person zu sagen noch weniger zu schreiben; Sie würden die Zahl Ihrer Widersacher nur noch vermehren, und das würde mir sehr leid tun."

Die eigentümliche Wendung, welche die Verhältnisse Preußens, namentlich seit den Karlsbader Konferenzen, nahmen, waren der Erinnerung jener großen Zeit nicht eben günstig. Über den entscheidenden Umschwung im Dezember 1812 schien geflissentlich ein Schleier verbreitet zu werden; und was darauf in Königsberg geschehen war, ward im besten Fall für entschuldbar gehalten. Einflußreiche Personen – „Männer, von denen wir anno 13 nichts zu hören bekamen oder die damals den Kopf schüttelten", heißt es in einem Briefe Schöns an York – datierten von jener „Volkserhebung" das Unglück Preußens oder leugneten, daß eine solche stattgefunden. „Von allen Seiten", so schreibt York an einen ihm nahestehenden Offizier, „hat man die Momente jener Zeit vergessen; und selbst besudelt hat man das, was aus reinen und patriotischen Ansichten und Absichten hervorging."

Die innere Geschichte Preußens aus dieser Zeit ist wenig aufgeklärt. Die unhuldvolle Entlassung Humboldts, die Entlassung Boyens und Grolmans und die Übertragung des Kriegsministeriums an Hake, Hardenbergs vergebliches und charakterloses Ringen gegen die „märkische Partei"', die „zarteren" Fäden, die Fürst Wittgenstein vergebens zu spinnen versucht hatte – kurz, eine Reihe von Dingen, in denen der Verlauf der preußischen Geschichte erst verständlich wird, würde hier zu erörtern sein, wenn es für das, was hier in Frage kommt, nicht genügte, an einige derselben erinnert zu haben.

Begreiflich, daß York mit größtem Interesse das Schicksal der Armee verfolgte. Es wird bezeichnend sein, daß er von Grolman schrieb: „General Grolman zeigt sich in seiner gegenwärtigen Lage wahrhaft groß, und mehr als je verdient er die Achtung der guten Patrioten. Ich halte ihn für die Armee nicht verloren; zu seiner Zeit wird er gewiß noch eine große Rolle ausführen. In unserem Vaterlande müssen leider immer erst große Erschütterungen eintreten, ehe man zur wahren Besinnung kommt."

Als 1821 auch Kleist den Abschied erhielt, und zwar mit dem Titel Feldmarschall, ward für York dieselbe Auszeichnung bestimmt. Er wollte zuerst diese Gnadenbezeigung gar nicht annehmen: er habe ja schon sein Teil; er habe keine Lust, Feldmarschall par occasion zu werden. Der feine und liebenswürdige Canitz, der die Order überbrachte, begütigte so viel wie möglich. York entschloß sich endlich zur Annahme. Als Canitz nach Berlin zurückkam und auf des Königs Frage, wie York die Sache aufgenommen, erwiderte, daß sich York sehr gefreut habe, meinte der König: „Dachte, er werde wieder brummen; ihm ist nichts recht."

Unter den zahlreichen Glückwunschschreiben, die nun einliefen, sind manche tief ergreifende. Der alte Kriegsheld konnte einmal begreifen, welch ein Band es sei, zum Yorkschen Korps gehört zu haben. „Ich gäbe um keinen Preis der Erde", schreibt Herzog Carl von Mecklenburg, „die Ehre hin, gerade unter Ihnen gefochten zu haben." Und der tapfere Prinz Wilhelm bekennt, „daß er die Zeit seines Lebens zu den schönsten rechnet, wo es ihm vergönnt war, in den Soldaten des 1. Armeekorps seine Brüder, in General York seinen Waffenvater zu lieben und zu ehren." Der Prinz von Preußen, schon damals in klar ausgesprochener Eigentümlichkeit: „... als Soldat sowohl als auch von meinem übrigen Standpunkt aus sei es mir erlaubt hinzuzusetzen, daß ich wünsche und dies wohl mit der ganzen Armee, Sie bekleideten im Heere selbst den hohen Platz, zu dem Sie dem verliehenen Range nach jetzt berufen wären. Wenigstens schmeicheln wir uns mit der Aussicht, daß, wenn jemals das Vaterland in Gefahr kommt, wir Sie auch wieder an unsrer Spitze sehn. Rauben Sie uns diese Hoffnung nicht, sondern gönnen Sie uns die Überzeugung, daß wir im entscheidenden Augenblick auf das Yorksche Korps rechnen dürfen, dessen Andenken im Heer und beim Volk gleich hoch steht."

An Valentini schrieb York (26. Juni 1821): „Wenn viele meiner Bekannten die Ansicht hatten, daß diese Charaktererhöhung mir gegenwärtig keine besondere Freude machen würde, so ist diese Meinung nicht unrichtig. Der Zeitpunkt war allerdings schlecht gewählt und die Veranlassung für mich, wie für jeden, der ein warmes Interesse an der Armee nimmt, höchst empfindlich. Es hat seine Richtigkeit, daß ich bei meiner Verabschiedung diese Charaktererhöhung abgelehnt habe; die Art, wie sie mir durch den General ... dargeboten wurde, war so jesuitisch wie die ganze Denk- und Handlungsweise dieses Mannes; die damals obwaltenden Verhältnisse nötigten mich, auch diese Gnadenbezeigung absolut abzulehnen. Es ist daher wahrlich eine Inkonsequenz, daß ich jetzt die Feldmarschallwürde ohne den Stab angenommen habe; auch hat mich die Sache einen mehrtägigen Kampf gekostet. Im ersten Moment war ich entschlossen, die für Kleist und für mich so unzeitige Gnadenbezeigung abzulehnen. Das Kabinettsschreiben kam mir aber so unerwartet und so spät zu, daß ich das öffentliche Gerücht nicht mehr unterdrücken konnte, meine Weigerung also als eine bloße Obstination gegen die gute Meinung des Königs erscheinen mußte, mich dem öffentlichen Tadel ausgesetzt haben würde und eine Erbitterung des Königs herbeiführen mußte. Diese ruhigere Ansicht hielt mich zurück, nach meinem Gefühl zu handeln, und bestimmte mich, den Feldmarschalltitel mit kalter Dankbarkeit anzunehmen. Hätte ich es früher nur ahnden können, daß der König noch einmal auf diese Sache zurückkommen würde, nachdem ich mich über die Nichtannahme dieser Charaktererhöhung so deutlich ausgesprochen hatte, ich würde zur Verhinderung der Sache nach Möglichkeit vorgearbeitet haben. Empfindlich bleibt es jetzt für mich, daß ich in der allgemeinen Meinung diese Berücksichtigung nur dem Abgang des Feldmarschall Kleist zu danken habe; wer die frühern Verhältnisse nicht kennt, muß natürlich so und nicht anders urteilen. Das Ausscheiden von Kleist ist gewiß ein großer Verlust für die Armee. Kleist ist ein ruhig besonnener und verständiger Mann, der die inneren Verhältnisse des Staats und der Armee genau kennt, der, wenn er auch in der jetzt alles verwirrenden Zeitperiode durch ein offenes Entgegenstemmen nicht immer entgegenwirken konnte, doch gewiß jedes Ereignis ergriffen haben würde, das Gute zu tun und das Böse abzuwenden. Von jeher habe ich Kleist für den Mann gehalten, der dem Kriegsministerium am besten vorstehen würde, auch bin ich heute noch der Meinung. Daß Se. Excellenz der jetzige Herr Kriegsminister seinen Posten nicht ausfüllen würde, habe ich gleich bei seiner Ernennung geglaubt; unter den gegenwärtigen verhängnisvollen Zeiten erforderte dieser Posten einen Mann von Ansicht und Charakter, keinen Mantelträger und Ja-Herrn. Aber mein Gott, wo ist heute ein hoher Posten im Staat, der einen Mann an der Spitze hätte? Wo man hinsieht, findet man im hohen Ministerium nichts als Erbärmlichkeit, daher denn auch der Verfall des Staates mit Riesenschritten vorschreitet. Es ist für den treuen Vaterlandsfreund ein herzzerreißendes Gefühl, die Rettung des Vaterlandes nur noch von der Barmherzigkeit Gottes erwarten zu können; von denen den Menschen von Gott verliehenen göttlichen Eigenschaften, der Vernunft und dem Willen, ist leider nichts zu hoffen ... man sollte wahrlich glauben, es herrsche überall Verräterei."

Man begreift nach diesen Äußerungen die Befriedigung, mit der York die Nachricht empfing, daß Kleist an die Spitze der Verwaltung treten werde. Es war dies 1823, als nach Hardenbergs Tod dessen Gegner und Nachfolger Herr v. Voß wenige Monate nach seinem Amtsantritt gleichfalls starb. Aber Kleist starb, ehe nur seine Ernennung vollzogen war. „Der Tod meines Freundes Kleist", schreibt York am 14. März 1823, „hat mich tief erschüttert. Jawohl, ich verliere einen bewährten alten Freund, und der Staat hat durch die Stellung, die dem Seligen bestimmt war, einen unersetzlichen Verlust gemacht. Wie wohltätig ist es, daß die Natur das Alter so verödet; mit jedem Bekannten, der vorangeht, wird die Gleichgültigkeit gegen das Leben und die Sehnsucht nach etwas anderem größer."

Im Sommer 1821 hatte Seydlitz das Tagebuch von 1812 handschriftlich an York geschickt. Er antwortete am 5. Juni 1821: „Mit herzlicher Danksagung rücksende ich sofort das mir freundlich mitgeteilte Tagebuch. Ich habe es mit Aufmerksamkeit gelesen, finde auch nirgend etwas, wodurch der Eitelkeit oder der Selbstsucht irgend eines Individuums zu nahe getreten wird ... Dem allen ohnerachtet bin ich überzeugt, daß die Herausgabe des Tagebuches durch den Druck nicht Beifall finden wird. Man wird entweder mich einer ehrgeizigen Absicht oder doch eines Dranges der Eitelkeit beschuldigen; oder man wird Sie anklagen, einen Mißbrauch des Vertrauens gemacht zu haben ... In einem Zeitlauf, in dem Hinterlist, Falschheit und Kabale so sehr herrschend ist, wird alles ergriffen, um seinem Nächsten zu schaden oder zu kränken, so daß man wahrlich nicht vorsichtig genug sein kann, um alles zu vermeiden, was die geringste Veranlassung dazu geben kann. Ich verkenne, mein edler Freund, Ihre gute Absicht für mich nicht im geringsten; ich erkenne vielmehr mit innigstem Dank Ihren guten Willen, meine im Handeln stets gehabte reine Absicht, meine treue Anhänglichkeit an König und Vaterland, meine bereitwillige Hingabe meiner Selbst für das allgemeine Beste der Mit- und Nachwelt darzulegen. Aber, lieber Seydlitz, ich glaube, das alles muß erst nach meinem Tode geschehen; jetzt wird die Sache wahrhaftig übel aufgenommen werden, und Sie setzen sich unabsehbaren Unannehmlichkeiten aus ... Täuschen Sie sich nicht in der Zahl und in der Absicht Ihrer Feinde. Ehe Sie das Werk zum Druck befördern, sprechen Sie noch einmal mit General Valentini, er ist ein redlicher Mann und Ihr und mein Freund; ein Dritter sieht und urteilt kälter und unbefangener."

Valentini, so scheint es, empfahl die Herausgabe. Daß in der historischen und militärischen Literatur des Auslandes „Yorks Verrat" ein stehender Artikel war, konnte nicht befremden. Aber auch in der preußischen Arme gab man sich seltsamen Urteilen hin. Der militärische Purismus ging so weit, daß ein Flügeladjutant des Königs sich einst dahin äußerte: die Disziplin und Ehre der preußischen Armee hätte Yorks Tod als Sühne gefordert. Im besten Fall behauptete man, daß York nicht nach eigenem Antrieb, sondern nach des Königs Befehl die Kapitulation geschlossen habe.

Mit dem Ausgang 1822 war das Manuskript druckfertig. Auf die Aufforderung des Kriegsministers, General v. Hake, es zur vorschriftsmäßigen Revision einzusenden, antwortete Seydlitz, daß er den Abschnitt, welcher die Konvention enthält, bereits an General Witzleben eingereicht habe, um des Königs spezielle Billigung zu erbitten. „Die große Tat des Feldmarschall York", fügt er hinzu, „ist so vielartig und oft so schief dargestellt worden, daß ich – der ich sie nur allein vollständig und treu zu erzählen vermag – mich verpflichtet hielt, sie gerade in der gegenwärtigen Zeitperiode der Geschichte zu überliefern; nachdem Neid und Mißgunst schon lange an dem Ruhm eines Mannes genagt, dessen Charakter nicht von jedem begriffen, allerdings manchem gerader war, als es der eigene sein mochte."

Es ist nicht nötig, die weiteren Verhandlungen über das Manuskript im einzelnen zu berichten.

Endlich im Anfang 1824 erhielt York das im Druck doch sehr veränderte Tagebuch. Merkwürdig ist, was York in seinem Dankbriefe (8. Februar) äußert: „... Fern sei von mir der egoistische Gedanke der Zeit, daß das, was das Schicksal alles unter meiner Firma erscheinen und geschehen ließ, lediglich mein Werk gewesen sei. Nur wenigen außerordentlichen Menschen wurde dieser Götterfunken zuteil. Ich habe mich daher immer mit dankbarem Gemüt gegen die Gottheit beschieden für das mir erteilte bloß menschliche Maß. Und dazu gehört allerdings als eine vorzügliche Gabe, daß ich die Männer erkannte, die meine Bestimmung aufgegriffen und ergriffen und sodann mit hellem Geist und redlichem Herzen in treuer Freundschaft den Pfad betraten und durchschritten, den der allwaltende Geist für mich bestimmt hatte ... Nie habe ich den unbescheidenen Anspruch gemacht auf den Ruhm eines großen talentvollen Feldherrn; das Ziel meiner Wünsche war treue Erfüllung meiner Pflicht durch Willen und Kraft, so wie das Erlangen des Nachruhmes, daß Habsucht nie meinen Namen befleckte, und daß kein anderes Interesse mich geleitet als das für meinen König und für mein teures Vaterland."

Nicht viel später erschien das bekannte Werk von Ségur. Ich weiß nicht, ob York je von dem schönen Zeugnis Kunde erhalten hat, das ihm der König in Form einer Anmerkung zu diesem Buch ausstellen ließ. „Die Tat des General York wird dereinst in der Geschichte um so glänzender erscheinen, wenn man sie als Gegenstück zu den zahlreichen Beispielen so vieler Staatsmänner und Befehlshaber betrachtet, welche die ihnen übertragene Gewalt mißbrauchten, indem sie nur ihre eigenen Zwecke und Ideen im Auge hatten, die sich aber, wo es auf Verantwortung ankam, hinter höhere Autoritäten flüchteten und ihre Fürsten Beschwerden bloßstellten, die zu vermeiden ihre Schuldigkeit gewesen wäre. Diese Konvention bietet ein bedeutsames Beispiel, wie ein treuer Diener, durch die Umstände zu einem selbständigen Entschluß gedrängt, seinem Könige die ihm anvertrauten Truppen und seinem Vaterlande die Vorteile einer augenblicklichen Entscheidung sichern, die Nachteile der Verzögerung abwenden konnte, ohne weiter zu greifen als ihm gebührte, indem, wenn der von ihm getane Schritt zurückgetan werden sollte, nichts erforderlich war als ein einziges Opfer, wozu er sich selbst weihte, auch in diesem Fall wie immer bereit, seine Treue mit seinem Leben zu besiegeln, wie er sie durch sein ganzes ruhmvolles Leben vor- und nachher bewiesen hat. Nur die seltsamste oder absichtlichste Verblendung kann in dieser Konvention einen Abfall des preußischen Korps und dessen Führer von seinem Könige sehen."

Seit den Schlaganfällen 1825 war Yorks Gehör geschwächt; sein Auge wurde stumpfer. „Meine starke Natur", schreibt er, „kämpft mit dem Alter und allen seinen Schwächen. Wie Gott will; ich bin zum Abmarsch völlig bereit." Nicht minder, nur geduldiger litt seine Frau, glücklich, wenn es ihm einmal erträglicher ging; „solche Tage", schreibt sie, „geben mir dann neuen Mut und Hoffnung, „daß die Vorsehung mein inbrünstiges Gebet erhören und das teure Leben noch länger zu meinem Glück und zum Heil meiner Kinder erhalten wird." Und doch traf sie am ersten und meisten seine mürrische Laune, sein eigenwilliges Hadern oft um das Kleinste.

Seit Seydlitz nach Erfurt versetzt worden war, war Valentini fast der einzige, der von Zeit zu Zeit nach Klein-Öls kam. „Ich weiß wohl", schreibt ihm York, „daß es ein Opfer ist, einige Zeit bei ein paar altertauben Leuten, die von der Welt abgeschieden sind, zu verleben." Es waren Festtage, wenn er kam, wenn er gar sein Töchterchen mitbrachte; Monate voraus freute sich York darauf, „sein Patchen, die kleine sanfte Anna, mit Albert spielen zu sehen."

Im Frühling 1825 sandte York seinen Sohn auf Reisen nach England, Frankreich und Italien. Den alten Eltern blieb nur der kleine kränkelnde Albert. York sorgte, ob er jenen wiedersehen, ob ihn dieser überleben werde. Er quälte sich mit dem Gedanken, daß der Name, den er gegründet, mit ihm aussterben werde; er malte es sich aus, wie er alle, Frau, Kind, Enkel überleben, als der erste und letzte seines Namens ins Grab steigen werde.

Die beiden Alten freuten sich auf die schon nahe Rückkehr des Sohnes. „Daß ich", schreibt York an Seydlitz, „sehnlich wünsche, den Tag der Zurückkunft meines noch einzigen Sohnes zu erleben, können Sie leicht denken, da Sie selbst Vater sind: so hoffe und harre ich denn von Tag zu Tag, und auch dies Hoffen macht glücklich." Die Mutter „lebte nur in dieser Sehnsucht, den Sohn wiederzusehen." Es war ihr nicht beschieden; nach einer Krankheit von wenigen Tagen starb sie am 17. Juni, am Tage vor des Sohnes Rückkehr.

Auch der Sohn mußte, um seiner Militärpflicht zu genügen, bald hinweg. Mit dem Ausgang des Jahres wurde er Offizier. „Ich habe ihn noch einmal gesehen", schreibt York im Januar 1828 an Valentini; „er überraschte mich am Weihnachtsabend ganz unerwartet; er ist jetzt wieder zu seinem Regiment zurück."

„In solchen Trüben der Einsamkeit" lebte der alte Feldmarschall weiter; „es wäre möglich, daß ich den Sommer erlebte", schreibt er im Frühjahr 1828, „ich hoffe auf gut Wetter, wie der Käfer in seiner Verpuppung auf den Mai."

Man würde irren, wenn man sich ihn nun milder gestimmt, minder starren Sinnes, minder herrisch und heftig denken wollte. Es geschah ihm, daß er, wenn er sich zu sonnen auf der Terrasse saß, in die Wolken schauend Kämpfe, Zerstörungen, wildeste Bilder der Phantasie sah. Die alten Gluten tobten noch fort in dem schon morschen Körper.

Nur noch selten erschien er in einer Gesellschaft. „Wer ihn dann nach Tisch bis spät in den Abend hinein erzählen hörte, voll Geist und Leben mit dem oft gemütlichen Lächeln in unverkennbar wohlgelaunter Stimmung, der hätte ihm gut werden, ihn vertraulicher Annäherung zugänglich halten können. Aber der stechende Blick, der aus seinen hellen grauen Augen schoß, und die strenge senkrechte Doppelfalte über der Stirn warnten, daß man sich nicht nahen dürfe. Auch vergaßen die anwesenden Stabsoffiziere bei aller Zwanglosigkeit des Gespräches nicht einen Augenblick des gebührenden Respektes, und nie verleugnete es sich, daß York die zugleich gefeierte und gefürchtete Person der Gesellschaft sei." So beschrieb ein Mitanwesender, ein Geistlicher, den alten Feldmarschall.

Nicht minder ein Bild von ihm aus diesen späteren Tagen ist sein Glückwunschschreiben an General Horn zu dessen Jubelfest, „ein paar herzliche Worte an den alten Horn", wie York an Valentini schreibt. Es lautet:

„Entschuldigen Sie, hochgeschätzter General, daß ich alle Titel beseitige. Wenn das Herz im reinen Gefühl spricht, muß kein Zeremoniell es pressen. Zufällig erfahre ich, daß der 25. d. M. der Tag Ihrer 50jährigen Dienstfeier ist. Ich fühle den innigsten Drang, Ihnen an diesem feierlichen Tage die redlich dankbare Hand zu bieten und von ganzer Seele zu diesem schönen mit Ruhm gekrönten Feste Glück zu wünschen. Wer könnte dies auch wohl inniger und rätlicher tun als ich; schwerlich gibt es außer uns ein paar ältere Kriegsgefährten. Als Sie heute vor einem halben Jahrhundert Ihre Dienste begannen, zogen wir gleich darauf zu Felde. An der Weichsel und am Narew fanden wir uns wieder auf dem Felde der Ehre zusammen; und während der letzten Zeit, worin das gekränkte Vaterland für seinen erhabenen Monarchen und für die eigene Existenz die Waffen ergriff, vereinigte mein glückliches Geschick mich wieder mit Ihnen. Vom Njemen bis zur Seine war ich fast täglich Zeuge Ihrer Kühnheit und Ihrer Taten. Mit jetzt noch staunendem und dankbarem Herzen sehe ich zurück auf Ihren schönen Willen und Ihre hohe Kraft. Bei Groß-Görschen, an der Katzbach, bei Wartenburg, bei dem blutigen Möckern, beim herrlichen Laon sehe ich nur den mutbeseelten und mutbeseelenden Horn vorauf und den Sieg ihm folgen. Mein alter tapferer Freund! ein Rückblick auf jene herrlichen großen Momente Ihres Lebens muß im Gefühl so treu erfüllter Pflicht Ihnen den heutigen Tag zu einer herzerhebenden Feier machen. Der König erkennt Ihr Verdienst in Ihrer hohen Stellung, das Vaterland zählt Sie unter die tapfersten, an nichts verzweifelnden Führer; und wenn die Geschichte sich treu und wahr bleibt, so wird Ihr Andenken und Ihr Name dem Heere noch in spätester Zeit ein aufmunterndes Beispiel sein. – Nehmen Sie diese aus der Innigkeit meiner Seele gesprochenen Gefühle und meinen herzlichen Glückwunsch als einen unumstößlichen Beweis meiner unwandelbaren Dankbarkeit an, und überzeugen Sie sich, lieber Horn, daß niemand als ich redlicher wünsche: es möge die Gottheit Sie so gesund als heiter erhalten und recht lange ungetrübt die Frucht der herrlichen Saat Ihrer langen Laufbahn genießen lassen.

Behalten Sie mich in Ihrem Andenken und glauben Sie, daß ich bis zum letzten Atemzuge mit wahrer Hochachtung bleiben werde, mein lieber General,

Ihr

alter Freund und Waffengefährte
v. York.

Kl. Oels bei Breslau, den 25. März 1828."

Das nächste Jahr brachte York die Erfüllung eines großen Wunsches. Der Sohn verlobte sich; den Vater der Braut, General v. Brause, kannte York von 1812 her, damals war Brause in seinem Stabe gewesen. Die Neuvermählten kamen nach Klein-Öls; „mit unendlicher Freude" empfing er die neue Tochter; ihre Anmut und Innigkeit gewann sein Herz; er war in seiner Art verbindlich und gütig gegen sie. Die nahe Hoffnung auf eines Sohnes Sohn erhellte die letzten Wochen seines sinkenden Lebens.

Auch eine andere letzte Sorge war abgetan, die für den nun zehnjährigen Albert. Er hatte sich entschlossen, ihn dem würdigen Schultze, der die Ritterakademie in Brandenburg leitete, anzuvertrauen; schon im Herbst 1829 hatte er ihm deshalb geschrieben und die erwünschte Antwort erhalten. „Ich hinterlasse Ihnen", antwortete York am 16. November, „meinen Enkel als Pfand der hohen Würdigung, in welcher ich Sie stets erkannte; bewahren Sie in Ihrem Verhalten gegen ihn, wie ich herzlich bitte, das gütige Andenken für mich … in demjenigen, was Sie ihm lehrend, leitend, pflegend sein wollen, sehe ich mein eigenes Verhältnis zu ihm, auch bei seiner Entfernung vor mir, selbst nach meinem Tode fortgesetzt."

Mit dem Frühling 1830 hatte York den Knaben selbst nach Brandenburg bringen wollen. Er fühlte sich nicht mehr imstande zu reisen; „mein bisheriges Hinneigen zum Tode", schreibt er an Valentini, „wird ein so eilendes, daß ich jede verlebte Zeit als eine unverhoffte Zugabe des Lebens betrachte." Bald fühlte er, daß es sein letztes Erkranken sei. Er ordnete, was noch zu ordnen war.

Am 1. August schrieb er an Direktor Schultze:

„Es war gewiß so ganz mein ernstlicher Vorsatz, Ew. Hochehrwürden mit dem Beginn des diesjährigen Frühlings meinen Enkelsohn selbst zuzubringen, daß ich schon meine Reise vorbereitet hatte. Aber Krankheiten hielten mich davon ab; und da ich wohl sah, daß diese auf mein Lebensende zuführten, konnte ich mich nicht überwinden, vor meinem Tode diesen meinen Enkel von mir zu lassen. Ich traf aber Einrichtungen, mittelst welcher er Ihnen bald nach meinem Ableben zugestellt werden wird. Diesem Ereignis bin ich nun ganz nahe, und meine gegenwärtige Mitteilung an Sie ist wahrscheinlich die letzte. In ihr übergebe ich meinen Enkel, mit Schmerzgefühl, ihn in seiner schwachen Kindheit ganz allein stehen zu lassen, Ihnen, würdigster Mann, zur Unterweisung und Führung. Nehmen Sie diesen Liebling meines Herzens als ein Vermächtnis meiner Freundschaft für Sie, um ihm in meiner Stelle Vater und Freund zu werden. Ich habe durch letztwillige Verordnung die Verfügung über seine Erziehung ganz dem Generallieutenant v. Valentini Exz. übergeben; mit diesem allein werden Sie daher wegen alles dessen, was ihn betrifft, in Verbindung stehen.

Sehr beruhigend würde es mir sein, vor meinem Lebensende noch eine Antwort von Ihnen zu erhalten. Ich muß aber dringend bitten, damit zu eilen; denn es ist mir nahe. Deshalb verabschiede ich mich auch von Ihnen mit der Beteuerung:

daß ich den größten Dank für jede Güte, welche ich von
Ihnen gegen meinen Enkel verhoffe, in die Ewigkeit
hinübernehme.
Die Vorsehung leite mit göttlicher Huld Ihren ferneren Lebensgang und
segne denselben mit so viel Heil, wie ich Ihnen lebend und sterbend
wünsche als

> Ew. Hochehrwürden
>
> > ergebenster Diener und Freund
> >
> > > York."

Wenigstens des letzteren Antwort liegt vor. „Nicht ohne eine gewisse
Wehmut", schreibt Direktor Schultze, „kann ich dem Tage entgegense-
hen, wo ich das teure Pfand empfangen soll; um so feierlicher aber wird
mir dieser Moment sein, ich werde dabei eine Stimme vernehmen von
einer anderen Welt her: wie ernst wird dadurch die ganze Verpflichtung
... Mein Dank begleitet Ew. Exzellenz in die Ewigkeit hinüber. Wenn
uns endlich die Welt mit allen ihren Sorgen und Geschäften losgelassen
hat, wenn alles Äußere wohlgeordnet vor uns dasteht, o dann geht der
Blick desto freier in die göttliche Höhe, in stiller Selbstprüfung und gläu-
biger Hingabe des Herzens an Den, der uns durch Nacht zum Licht,
durch Kampf zum Frieden, durch den Tod zum Leben führt."

York fühlte den Tod mit raschen Schritten nahen. Er bestimmte, wie
er beerdigt werden wollte; er bestellte seinen Sarg, er ließ ihn sich bringen, besichtigte ihn.

Er litt schwer und lange. Heftige Brustkämpfe steigerten die Qual des
langsamen Sterbens. Von den krampfstillenden Mitteln aufgeregt, ver-
fiel er – es war die Nacht des 29. September – in wilde Phantasien; sie
währten bis in den Tag hinein. Nun erst schien seine Kraft völlig gebrochen; er vermochte nicht mehr im Stuhl zu sitzen; er blieb im Bett; von
Tag zu Tag ward er matter. Dann eines Mittags ließ er die Fensterladen
öffnen; die Sonne schien freundlich ins Zimmer. Er fragte nach dem
Tage; als der Sohn ihm sagte, er sei der 3. Oktober, antwortete er: „Heut
werde ich sterben." Bald schwand ihm die Besinnung; der Puls begann
zu stocken; nur noch die Finger regten sich. Gegen Morgen war er tot.
Der Sohn drückte ihm die Augen zu.

In dem Grabgewölbe zu Klein-Öls, an der Seite seiner Lieben, ward er
bestattet.

Als Schlußwort stehe hier, was der König dem Sohne auf die Todesan-
zeige schrieb:

„Ich bezeige Ihnen Mein Beileid und Meine besondere Teilnahme an
dem schmerzlichen Verlust, den Sie durch das Ableben Ihres Vaters erlitten haben. Sein glänzendes Verdienst wird in der Geschichte seiner denkwürdigen Zeit aufbewahrt und Mir in stetem ehrenvollen Andenken bleiben."